Quellen
zur
lothringischen Geschichte

Herausgegeben

von der

**Gesellschaft für lothringische Geschichte
und Altertumskunde.**

Band V.

Die Metzer Bannrollen des dreizehnten Jahrhunderts.

Erster Teil.

LEIPZIG
VERLAG VON QUELLE & MEYER

Die übrigen Bände, die in der Handschrift fertig vorliegen, werden voraussichtlich in regelmässiger Folge erscheinen können, und zwar II. Teil (Text der Rollen 1281—1298) Ostern 1909, III. und IV. Teil (Inhaltsverzeichnisse und Karten) Ostern 1910 und 1911.

Quellen
zur
lothringischen Geschichte

Herausgegeben
von der
**Gesellschaft für lothringische Geschichte
und Altertumskunde.**

Band V.

Documents
de
l'Histoire de la Lorraine

publiés
par la
Société d'Histoire et d'Archéologie lorraine.

Tome cinquième.

LEIPZIG
VERLAG VON QUELLE & MEYER

Die Metzer Bannrollen

des

dreizehnten Jahrhunderts.

Erster Teil.

Herausgegeben

von

Dr. KARL WICHMANN.

LEIPZIG

VERLAG VON QUELLE & MEYER

Druck von Gebr. LANG, Metz.

Inhaltsverzeichnis.

	Seite
Einleitung	VII
I. Zur Entstehungsgeschichte der Bannrollen S. VIII. Urkunde Bertrams 1197 S. VIII. Die Amans S. X. Die Maier und Schöffen S. XII. Investitur S. XIII. Bannnahme und Bannrolle S. XIV. Gang des Metzer Verfahrens S. XVIII. Vergleich mit dem Kölner Schreinsverfahren S. XIX. Köln Vorbild, Bertram Vermittler S. XX. Grund der Änderungen in Metz S. XXI.	
II. Form und Inhalt der Bannrollen	XXIII
III. Verhältnis des Rolleneintrags zum Schreinsbrief (escris)	XXVII
IV. Beschreibung der Rollen 1220—1279	XXX
V. Bemerkungen zur Herausgabe	XLVII
Anhang: I Die zwei Übersetzungen von Bertrams Urkunde und der Bestätigungsurkunde König Philipps	XLIX
II Schreinsbriefe und Rolleneinträge	LIV
III Übersicht über die Schreiber	LXXXIII

Die Bannrollen:

	Seite
1220	1—3
1227	4—9
1241	10—25
1245	26—46
1251	47—69
1262	70—103
1267	104—163
1269	164—228
1275	229—288
1278	289—367
1279	368—441

Einleitung.

Seit dem Anfang des 13. Jahrhunderts sind in Metz von Amts wegen Aufzeichnungen über den Wechsel von Grundbesitz gemacht worden. Jahr für Jahr wurde ein Verzeichnis angelegt und abgeschlossen. In der ersten Zeit genügte zur Aufnahme der Einträge ein mässig grosses Pergamentblatt, aber als mit den Jahren die Zahl der Einträge sich mehrte, als ihr Inhalt reicher und ihre Fassung breiter wurde, da kam man mit einem Blatt nicht mehr aus. Man nahm zu dem ersten ein zweites, ein drittes Blatt hinzu, es wurden ihrer nachher viele, aber zur Buchform ging man doch nicht über, sondern nähte die Blätter aneinander und bewahrte sie in Rollenform auf. Das sind die Metzer Bannrollen. Nicht Schreinsrollen, französisch: les rôles de bans de tréfonds, also die Bannrollen des Grundbesitzes, so heissen sie mit Recht; denn von den Schreinsbeamten der Pfarrbezirke sind sie weder geführt noch aufbewahrt, wohl aber ist unter der Banngewalt der drei städtischen Maier von den Schreibern eben dieser drei Beamten ihr Inhalt verfasst und öffentlich verkündigt worden.

Die älteste von allen erhaltenen Rollen stammt aus dem Jahre 1220, die jüngste aus dem Jahre 1546. Bis 1552, dem letzten Jahre der freien Reichsstadt, sind also mindestens 333 angelegt worden. Ein im Metzer Stadtarchiv aufbewahrtes Verzeichnis vom Jahre 1664[1]) gibt ihre Zahl noch auf 286 an, aber von ihnen liegen heute nur 56 in diesem Archiv, im ganzen sind 61 Rollen, zum Teil nicht einmal vollständig, bis auf unsere Zeit gekommen. Die stärkste von ihnen, die aus dem Jahre 1367, besteht aus 64 Pergamentblättern und hat die stattliche Länge von 36 m.

So gross der Verlust an Jahrgängen also auch ist, das was sich erhalten hat, ist immer noch ein reicher und seltener Schatz, wertvoll für die Geschichte der Stadt Metz und für die Geschichte des Mittelalters überhaupt. Aber gerade die übergrosse Fülle des Stoffes, die sich von der Arbeitskraft eines einzelnen im Archiv nicht bewältigen lässt, dazu die Unhandlichkeit der Rollen und die übersichtslose Art der Aufzeichnung haben bis jetzt die Verwertung der wichtigen Geschichtsquelle fast ausgeschlossen. Kurze Auszüge

---

[1]) Metzer Stadtarchiv, 1150 S. 30. Von diesen 286 gehörten 58 dem 13., 94 dem 14., 78 dem 15., 45 dem 16. Jahrhundert an, bei 11 liess sich schon damals wegen schlechter Erhaltung die Jahreszahl nicht mehr feststellen.

aus 37 Jahrgängen hat Aug. Prost veröffentlicht als Anhang zu einem rechtsgeschichtlichen Aufsatz.¹) Aber nur die Herausgabe des vollständigen Textes und die Anlage genauer Verzeichnisse kann dem Geschichtsforscher die wünschenswerte Ausnutzung ermöglichen.

In dieser Erkenntnis hat die von der Gesellschaft für lothringische Geschichte und Altertumskunde gebildete Kommission zur Herausgabe lothringischer Geschichtsquellen auf Anregung ihres Schriftführers, des Geh. Archivrats Dr. Wolfram, die Veröffentlichung der Bannrollen übernommen. Auf Vorschlag des Herausgebers ist die Aufgabe zunächst auf die Veröffentlichung der 17 ältesten Rollen beschränkt worden. Diese sind geschrieben in den Jahren 1220, 1227, 1241, 1245, 1251, 1262, 1267, 1269, 1275, 1278, 1279, 1281, 1285, 1288, 1290, 1293, 1298. Die dann folgenden Rollen gehören erst den Jahren 1335, 1336, 1337, 1338 an. So schien es passend vor dieser grossen Lücke Halt zu machen und mit dem Ende des 13. Jahrhunderts die erste Arbeit abzuschliessen.

I. Zur Entstehungsgeschichte der Bannrollen.

Urkunde Bertrams 1197.

Um die Art der Metzer Grundbuchführung zu verstehen, muss man zurückgehen bis auf eine von Bischof Bertram 1197 ausgestellte und 1198 von König Philipp bestätigte Urkunde, in der schriftliche Aufzeichnung von Privatverträgen, Aufstellung eines Schreines (airche) in jedem Pfarrbezirk und die Wahl zweier Wächter (wardours) für jeden Schrein angeordnet wird.

Das lateinische Original der Urkunde ist nicht auf uns gekommen, aber in dem Kartular der Stadt Metz²) sind uns zwei französische Übersetzungen erhalten, die eine aus dem 14., die andere aus dem 16. Jahrhundert. Von diesen ist die erstere durch den Abdruck in der „Histoire de Metz" und in Huguenins Chroniken³) bekannt geworden, auf sie stützen sich alle späteren Forscher, die zweite erwähnen wohl die Benediktiner in einer Anmerkung, in-

¹) Prost, Étude sur le régime ancien de la propriété. La vesture et la prise de ban à Metz. Sonderabdruck aus der Nouvelle revue historique de droit français et étranger. Paris 1880.
²) Metzer Stadtbibliothek, Mss. 751, fol. 87 und fol. 103.
³) Histoire générale de Metz par des religieux Bénédictins, III, Preuves S. 164—166, Metz 1775. Huguenin, Les chroniques de la ville de Metz, Metz 1838 S. 24, nach der Chronik von Philippe de Vigneulles.

dem sie zugleich auf die Abweichungen hinweisen, und dasselbe tut Prost,[1]) aber auf ihre Veröffentlichung verzichten sie und auf eine Untersuchung der Widersprüche lässt sich keiner von ihnen ein, und doch lohnt es der Sache nachzugehen.

Dem Sinne nach übereinstimmend geben beide Übersetzungen an: Damit zur Vermeidung der bisherigen Streitigkeiten ein zuverlässiges Zeugnisverfahren in der Stadt Geltung gewinnt, sollen Verträge schriftlich ausgefertigt werden, zur Aufbewahrung der Urkunden soll in jedem Pfarrbezirk ein Schrein stehen, mit zwei Schlössern und zwei Schlüsseln, die Aufsicht sollen übernehmen je zwei angesehene Männer des Pfarrbezirks, von denen jeder einen der Schlüssel bewahrt. In Streitfällen entscheidet der Wortlaut der aus dem Schrein hervorgeholten Urkunde.

Wenn dagegen der Vertrag zwar schriftlich abgeschlossen, die Urkunde aber nicht in den Schrein gelegt ist, so befreit im Streitfalle, ohne dass ein Zweikampf stattfindet, die eidliche Ableugnung den Vorgeladenen von jeder Verpflichtung.

Zwischen diesen beiden Absätzen hat die zweite Übersetzung folgende Bestimmungen:

„Sollte es jemand wagen den im Schrein vorgefundenen Urkunden zu widersprechen und auch nach Verwarnung durch die Beamten von seiner Widersetzlichkeit nicht ablassen, dann ist es Pflicht des Maiers ihn vor sich zu laden. Wenn er erschienen ist und die Schreinsbeamten Zeugnis ablegen zu Gunsten eines anderen, so soll diesem das Seinige zurückerstattet werden, nach dem Wortlaut der Vertragsurkunden. Wenn jener aber der Vorladung des Maiers nicht Folge leistet und sich bannen lässt, und wenn er dann vom Vogt in 40 Tagen nicht ergriffen ist, so soll sein Pfarrer auf die Mahnung des Klägers verpflichtet sein, den Schuldigen und sein ganzes Haus zu excommunizieren, und er wird ihn zwingen im Leben und im Tod."

Dieser ganze Absatz ist in der ersten Übersetzug so zusammengezogen, dass nur das Zeugnis der Schreinsbeamten und die Entscheidung zu Gunsten des Klägers erwähnt, die Beteiligung des Maiers, des Vogts und des Priesters aber beseitigt ist.

---

[1]) Prost, Les institutions judiciaires dans la cité de Metz, Paris-Nancy 1893, S. 139 Anm. 1. Übrigens hat Prost (S. 198) aus der zweiten Übersetzung die Angabe übernommen: Les maires frappaient du ban quiconque refusait de se soumettre aux clauses d'un titre mis en arche d'aman, ainsi qu'à leur admonestation à ce sujet (1197).

— X —

Es ist ohne weiteres klar, dass in der älteren Übersetzung eine absichtliche Kürzung vorgenommen ist und dass die jüngere die richtige Fassung der Urkunde wiedergibt. Prost entschuldigt die Unterdrückung mit dem Hinweis, dass die Bestimmungen veraltet gewesen seien. Das ist richtig, trifft aber nicht den Kern der Sache. Denn ein Vergleich der einleitenden Sätze von Bertrams Urkunde in beiden Übersetzungen zeigt deutlich, dass es eine bewusste Fälschung gewesen ist, ausgeführt in der Absicht, die Stadt in dem Kampf um ihre Rechte zu stärken und zu ihrem grösseren Ruhme selbst die Erinnerung an die frühere Macht und an die Wohltaten des Bischofs zu verwischen und zu unterdrücken. Während nämlich nach der zweiten Übersetzung die Bürger Anregung und Einrichtung vom Bischof empfangen haben (ont receu) und während verordnet und verkündet worden ist (ait este ordouncis et avisy), haben nach der ersten sie selbst den besseren Weg gewählt (ont eslut) und ein Statut eingesetzt (ont establi ung statu). Unter willkürlicher Abänderung des Textes hat also der Übersetzer das Verdienst der Neuerung dem Bischof genommen und der Bürgerschaft zugeschoben.[1]

Die Amans. Weder in den oben mitgeteilten Absätzen aus Bertrams Urkunde noch sonst wo in ihr ist ein Wort über die Buchung der Verträge auf Schreinskarten gesagt. Die Tätigkeit der Schreinsbeamten erscheint zunächst darauf beschränkt, dass sie die Vertragsurkunden in den Schrein legen, verschliessen und nötigenfalls hervorholen, um ihren Wortlaut festzustellen und danach zu entscheiden oder Zeugnis abzulegen. Es ist auch nichts davon gesagt, dass sie selbst die Urkunden schrieben oder schreiben liessen. Nach dem Wortlaut von Bertrams Urkunde steht der Annahme nichts im Wege, dass es den Parteien erlaubt war, ehe sie sich an einen Schreinsbeamten wendeten, unter einander alles abzumachen und dann die fertigen Vertragsurkunden zur Aufbewahrung im Schrein den Beamten zu übergeben. Dass es in der Tat so war, beweist die Formel, mit der eine Anzahl besonders von Klöstern und Stiftern ausgestellter Urkunden schliesst: „En tesmoignage de veritei sont ces lettres saieleies ... et misez en l'arche des amans"[2] oder „mises an mains d'amans."[3] Diese sind also erst geschrieben

---

[1] Die beiden Übersetzungen der Urkunde sind nebeneinander abgedruckt als Anhang I S. XLIX.
[2] Ben. III, 197 Urkunde von St. Ladre 1246.
[3] Ben. III, 228 Urkunde von St. Piere a Voult 1284.

und gesiegelt und dann den Amans übergeben. Amans ist der zuerst 1245 nachweisbare Titel, den die Schreinsbeamten in Metz führten.[1]) Aber die Sache brachte es natürlich mit sich, da die meisten Leute des Schreibens unkundig waren, dass die Amans die Abfassung der Vertragsurkunden übernahmen, und die Masse der erhaltenen Urkunden bestätigt, dass diese gewöhnlich in ihren Amtsstuben entstanden sind.

Über die Tätigkeit und die Stellung der Amans ist hier, wo die Entstehung der Bannrollen erklärt werden soll, nicht ausführlich zu handeln. Auskunft darüber geben mehrere städtische Verordnungen, ferner eine von ihnen selbst aufgestellte Dienstanweisung (l'ordonnance des amans) und eine Formelsammlung (style de l'amandellerie).[2]) Die Amans fertigten aus und nahmen in Verwahrung Urkunden betreffend Erbschaft, Mitgift, Vormundschaft, Besitz, Verkauf, Schenkung, Tausch, Verpfändung und Ähnliches, sie sind also mit den heutigen Notaren zu vergleichen. In welcher Ordnung aber die Urkunden aufbewahrt wurden und wie die beiden bei einem Schrein tätigen Beamten, die diesen zwar nur gemeinsam öffnen konnten, von denen jeder aber sein eigenes Geschäft betrieb, es möglich machten, wenn die Forderung an sie kam, gleich das Nötige zu finden, darüber ist gar nichts überliefert.

Sollten die Amans Listen geführt haben,[3]) so waren es jedenfalls nur solche, die ihnen selbst ihr Geschäft erleichterten, aber keine, die bei Streitfällen Rechtsgültigkeit besassen. Beweiskraft hatten nur die aus dem Schrein hervorgeholten

---

[1]) Ben. III, 165 Urkunde des Bischofs Jacob von 1245; Voigt, Jahrbuch f. lothr. Gesch. V, 1893, S. 37 Anm. 4. „Prodommes" in der älteren Übersetzung von Bertrams Urkunde ist nicht Titel, wie Doering, Beiträge zur ältesten Geschichte des Bistums Metz, Innsbruck 1886, S. 86 Anm. 2 annimmt, sondern nur ein Ausdruck für die sachverständigen, angesehenen Männer. In der zweiten Übersetzung heisst es statt dessen „par boinne oppinion notables." Weiter unten in der Übersetzung werden sie „wardours, hommes gardes des lettres" genannt, in der lateinischen Urkunde Bertrams also wohl „custodes".

[2]) Man findet darüber die wünschenswerten Angaben übersichtlich zusammengestellt bei Prost, Les institutions judiciaires, S. 137—146. Die Verordnungen aus den Jahren 1260, 1304, 1306, 1361, 1394, 1423, 1530 sind gedruckt bei den Ben. III ff., die Dienstanweisung bei Calmet, Hist. de Lorraine, 2. Ausgabe III, CCXXXV ff. und nach der Chronik des Philipp von Vigneulles bei Huguenin, Les chroniques de Metz, S. 25. Von dem „Style de l'amandellerie" liegt eine späte Abschrift in der Bibl. nat. in Paris, mss. fonds français 5396.

[3]) Die Benediktiner, Hist. de Metz II 406, sprechen von Registern, ohne Belege anzuführen.

— XII —

Originalurkunden. Nach ihrem Wortlaut wurde festgestellt, was seinerzeit von den Parteien abgemacht war und welche Partei danach Recht hatte. Darüber hinaus stand eine Gerichtsbarkeit den Amans nicht zu.

Die Maier und Schöffen. Kam es nicht zu einer Einigung der Parteien, so ging nach der Bestimmung Bertrams die Sache an den Maier, der, gestützt auf das Zeugnis der Schreinsbeamten, das Urteil sprach und mit dem Vogt und dem Pfarrgeistlichen die Bestrafung des Widerspenstigen durchführte. Geschichtliche Beispiele für diesen Vorgang lassen sich nicht beibringen. Der Rechtsgang spielte sich so ab nur in den ersten Jahrzehnten des 13. Jahrhunderts. Diese gehören aber zu den unruhigsten der Stadt und zu den dunkelsten ihrer Geschichte. Im vierten Jahrzehnt ist der Bischof aus Metz verdrängt, der Sitz des Bistums verlegt nach Vic, die städtischen Behörden schalten und walten für sich allein, bischöfliche Verordnungen haben keine Geltung, bischöfliche Beamten keinen Einfluss. Die Stellung der Amans ist unverändert geblieben, die Maier haben ihre polizeiliche Gewalt behalten, aber einen Vogt kennt die Gerichtsverfassung nicht mehr, dem Schöffengericht steht von nun an die Entscheidung zu. Nur auf Grund eines schöffengerichtlichen Urteils darf der Aman Kauf- und Quittungsscheine aus dem Schrein entfernen,[1] nur die Maier und das weltliche Gericht, so sagt ein Gesetz der Stadt vom Februar 1306, sind in Streitfragen über Grundbesitz zuständig.[2]

Mit diesen Maiern sind nicht nur die drei städtischen gemeint, die den drei Bezirken Porte-Moselle, Porsaillis und Outre-Moselle vorstanden, und mit dem weltlichen Gericht nicht nur das städtische Schöffengericht, dessen Mitglieder ebenso wie die drei Maier aus dem Stadtadel gewählt wurden, sondern auch die Maier und Schöffen des Metzer Landes. Die Maier sind auch nicht andere als der Maier der Urkunde Bertrams. Wenn es in dieser heisst au maior, so soll damit nicht gesagt sein, dass es damals nur einen Maier in Metz gegeben habe. Tres ministri der Stadt werden schon 1130,

---

[1] Huguenin, Chroniques, S. 26: Nul (sc. aman) ne doit oster escript d'acquest ne d'acquictance fuers d'arche, si par droit non; et le droit si est tel que le maistre eschevin de Mets le doit dire pour droict par luy et par ses pairs, luy septiesme des echevins du moins a selle.

[2] Ben. III, 275 ... que plaidissent ... nulz de nos manans de Mes ... de nulz eritaiges k'il aient ne k'il tignent ... par nulles justices, keilles k'elles soient, fors de pardevant les maiours des bans et des leus ou li eritaiges geist, ou perdevant la laie justice de la citeit de Mes.

tres villici seit 1144 statt des früheren einen villicus civitatis genannt.¹) Unter dem Maier Bertrams ist der zuständige Maier zu verstehen, d. h. derjenige, an den die Klage ging, weil der streitige Besitz in seinem Bannbezirk lag, und zuständig waren ebenso gut wie die drei städtischen die Maier aller ländlichen Bannbezirke, „des bans et des leus ou li eritaiges geist."

Maier und Schöffen wirken oft zusammen, sie sind aufeinander angewiesen. Nur dem Maier steht das Bannrecht zu, ohne ihn können weder Schöffenmeister noch Schöffen Gericht halten, erst muss der Maier die Sitzung „bannen", d. h. mit den altüberlieferten Formeln eröffnen. Aber auch der Maier braucht den Schöffen, schon zur Zeit Bertrams, also ehe das Amt des Vogts an Bedeutung verlor und einging, bei der sogenannten „vesture", der Einführung des neuen Besitzers in das erworbene Grundstück. Diese Investitur diente dazu, durch die Mitwirkung der Behörde, eben des Maiers und mindestens eines Schöffen des Bannbezirks, den neuen Besitz gegen Einspruch zu sichern und rechtmässig zu machen. Sie lässt sich aktenmässig in Metz nicht vor 1203 nachweisen,²) aber sie wird darum doch nicht, wie wegen dieses Anfangsjahres gelegentlich vermutet worden ist,³) von Bischof Bertram eingeführt sein. Denn sie war, wenn auch in verschiedener Form, eine altherkömmliche Einrichtung bei Römern wie bei Franken und anderen deutschen Stämmen,⁴) und wenn sie in Metz vor jenem Jahr nicht vorzukommen scheint, so darf man zur Erklärung wohl den Mangel an schriftlichen Privatverträgen vor Bertrams Zeit anführen. Über die Form, in der die Investitur von den Metzern vollzogen wurde, sagen die Urkunden des 13. Jahrhunderts wenig, sie heben meist nur die Tatsache hervor, dass der Maier und der Schöffe, denen die Handlung zusteht, sie auch vollzogen haben.⁵) Es war eine Übertragung an Ort und Stelle. Dass sie vor Zeugen geschah und dass dabei

Investitur.

---

¹) Prost, Institutions judiciaires, S. 196. Sauerland, Immunität von Metz. Metz 1877, S. 42.
²) Prost, Régime ancien, S. 25.
³) Keuffer, Die Stadt-Metzer Kanzleien. Erlangen 1895, S. 7.
⁴) Schröder, Lehrbuch der deutschen Rechtsgeschichte, 5. Aufl., Leipzig 1907, S. 289.
⁵) Die gewöhnlichen Wendungen dafür sind: per maiour et per eschavignes dont li vesture muet (1223), per le maiour et l'escheving dou ban (1229), per le maiour et per l'escheving ke la vesteure en font (1230). v. Prost S. 168 ff. Einmal kommt das auch in den Bannrollen vor, 1262, 385: dont il est veistis par ceous ke la veisture en font.

bestimmte Bewegungen der Hand gebräuchlich waren, geht mit
Sicherheit hervor aus der ältesten der erhaltenen Urkunden, in denen
die Investitur erwähnt wird, einer des Bischofs Bertram vom Jahre
1203, und aus einem Kaufvertrag von 1235, in dem es heisst: Et
si en est vestiz ... per la main ... lo maior ... et de l'escheving ...[1])
Dass aber die Handlung von Maier und Schöffen eines jeden Bann-
bezirks vorgenommen wurde, von denen des Metzer Landes, der
Klöster und der Stifter so gut wie von den städtischen, darüber
lassen keinen Zweifel alle die Urkunden, in denen sie näher be-
zeichnet sind, z. B. als Maier und Schöffe von St. Symphorian,
von St. Peter, von St. Salvator, oder mit Namen genannt sind wie
die von Woippy.[2])

Die Investitur hat Prost aus Urkunden nur bis 1263 nach-
weisen können, ohne aber dieses Jahr gerade als Endjahr ihres
Vorkommens gelten zu lassen, und sie wird auch in der Tat in den
Bannrollen noch erwähnt 1281 und sogar noch 1293.[3]) Sie ist
allmählich verdrängt worden durch eine andere Amtshandlung der
Maier und Schöffen, und zwar durch diejenige die zur Einrichtung
der Bannrollen geführt hat, durch die Bannnahme.

Bannnahme
und
Bannrolle.

Bei der Bannnahme (prise de ban) sind aber, anders als bei
der Investitur, nur die städtischen Maier und Schöffen beteiligt.
Denn obwohl dabei ebenso ländliches Grundeigentum in Frage kam

---

[1]) Prost, Régime ancien, S. 166 zu 1203 (M.-Bez.-A., H 4627, 1). Et in
placito bannali et legali manum suam devestiens (sc. der Verkäufer) per villicum
et scabinum bannalium sextariorum eis facta solutione in inani et tranffundo ...
fecit ... investiri ... Huius rei testes sunt .., und S. 178 zu 1235. Etwas selbst-
tätiger erscheinen Käufer und Verkäufer in einer ungedruckten Urkunde aus dem
Jahre 1206 (M.-Bez.-A., H 1743, 1), aber auch da geht die Handlung vor Zeugen
und in Gegenwart von Maier und Schöffen vor sich: ... in placito bannali et
legali coram viris honestis dispositum fuit et ordinatum a domino Ottone villico
et domino Simone Maleboche schabino, per quos bannus in placito positus fuit.
Notandum praeterea, quod Richerus et Quaremes (die Käufer) ... ab Ecelino et
Oliva (den Verkäufern) sunt investiti ... Huius rei testes sunt ...

[2]) Prost, Régime ancien, zu 1222: li mairez de la chieze Deu Saint Syphorien
et li eschavig ont fait ceste vesteure; 1223: per lo maior et per l'escheving Saint
Piero as nonains; 1236: per maior et per escheving les signorz de Saint Sauvor;
1235: per la main lo maior de Wappei Ysembart et de l'escheving Simonin de
Wappei. Prost, der diese Urkunden als Beilagen zum Régime ancien gegeben
hat, handelt selbst doch nur von den städtischen Maiern und Schöffen, auch in
den Institutions judiciaires, dort erwähnt er S. 196 wenigstens kurz die anderen
„les villici qu'on trouve en même temps dans tous les domaines tant laïques
qu'ecclésiastiques, aux XIe et XIIe siècles."

[3]) 1281, 187, 275; 1293, 124.

wie städtisches, so wurde doch die Handlung in der Stadt vorgenommen, also in den Bannbezirken der Maier von Porte-Moselle, Porsaillis und Outre-Moselle, und vielleicht erst zu diesem Zwecke wurde das Land auf die drei Stadtbezirke in der Weise verteilt, dass der Westen zu Outre-Moselle, der Osten in seinem nördlichen Teile zu Porte-Moselle, in seinem südlichen zu Porsaillis geschlagen wurde.

Dreimal im Jahre, nach Ostern, nach Mitte August und nach Weihnachten, gewöhnlich an einem Montag mehrere Wochen nach der Zeit, die dem Termin den Namen gibt,[1] wurden vom Schöffenmeister und mindestens sechs Schöffen in aller Form und mit grosser Feierlichkeit öffentliche Versammlungen abgehalten. Das geschah Ostern und Weihnachten während des 13. Jahrhunderts anfangs vor dem Palast des Bischofs, dann in der Eingangshalle des Domklosters, seit Beginn des 14. Jahrhunderts dicht dabei in dem neu erbauten Rathaus, im August aber unter den Lauben des Saalfeldes. Diese drei Versammlungen entsprachen ohne Frage den alten echten Dingen, man nannte sie plaids annaux. In ihnen liess der Schöffenmeister zunächst die Rechte des Kaisers verlesen, dann liess er jeden der drei Maier seinen Gerichtsbezirk bannen und empfing diejenigen Prozessakten, die zur Behandlung bereit waren. Darauf riefen die Diener der Maier die Namen ihrer Bezirke, Porte-Mozelle, Porsaillis, Outre-Moselle laut aus und die Maier selbst nahmen, jeder mit seinem Dekan und Schreiber an einem Tisch sitzend, die Erklärungen derjenigen entgegen, die den Erwerb eines Grundstückes anzumelden hatten.[2]

Der für diesen Vorgang gebräuchliche Ausdruck war prendre ban, der neue Besitzer nimmt Bann, d. h. er macht Gebrauch von dem Bannrecht, das allein dem Maier zusteht und der Handlung amtliche Geltung verleiht. Schon vor der Bannahme war der Vertrag von den Parteien geschlossen und die Vertragsurkunde, wenn es überhaupt beabsichtigt war, in dem Schrein eines Amans niedergelegt, an den Maier wandte sich der neue Besitzer, um noch

[1] Prost, Régime ancien S. 89/90 vermisst in den Rollen eine Angabe, die erkennen lässt, dass der Termin von Mitte August beweglich war wie die anderen Termine. Eine solche Angabe findet sich in der Rolle von 1367: Ce sont lez bans de la mey auost de la mairie de Porte Muzelle, que furent pris lou lundy apres feste S. Burthemeu l'appostre (dieser Montag fiel 1367 auf den 30. August) per MCCC et LXVII ans.

[2] Darüber dass die Bannnahme nicht immer mit dem Banntage beendigt war, vergleiche man den Schluss der Beschreibung von Rolle 1267 auf Seite XL.

grössere Sicherheit zu erlangen. Denn vor dem Schrein verhandelten nur die vertragschliessenden Parteien, nur zwischen ihnen also konnte der Schreinsbeamte, wenn ein Streit entstand, vermittelnd und entscheidend auftreten, gegen den Einspruch eines Dritten vermochte er nichts. Ein öffentlicheres Verfahren, als es das Schreinsamt gewährte, lag im Interesse aller, auch des Dritten, ebenso ein Verfahren mit längeren Fristen, und das fand man bei der Bännnahme. Denn vor dem Maier war die Sache nicht mit der einmaligen Erklärung des neuen Besitzers erledigt, erst nach Jahr und Tag, d. h. nach dem vierten Termin, also wenn am Ostertermin die Erklärung abgegeben war, erst nach dem Ostertermin des folgenden Jahres war der Bannnehmer, falls inzwischen niemand Einspruch erhoben hatte, in den vollen und rechtmässigen Besitz des Grundstücks gekommen. Bis dahin musste ihm der Verkäufer den Besitz gewährleisten (doit warantir et asoler an et jor et tant ke li m ban soient corrut en pais),¹) der Käufer hatte die Nutzniessung, er war tenans, die Zeit hiess la tenour. Es war also dem Dritten durch die Öffentlichkeit des Verfahrens die Möglichkeit gegeben zur richtigen Zeit Kenntnis von dem Besitzwechsel zu erhalten, und durch die längere Dauer gewann er Zeit den Einspruch zu erheben und zu begründen. Der Käufer hatte zwar eine Übergangszeit durchzumachen, aber sollte dafür nach Ablauf derselben in ganz gesicherten Besitz kommen.

Die letzte Absicht wurde jedoch nicht immer erreicht. Es kam vor, dass jemand den erhobenen Einspruch suspendierte und ihn erst kurz vor Ablauf des Jahres erneuerte. Dann war die Zeit der Gewährleistung abgelaufen, der Käufer musste dem Verkäufer den abgemachten Kaufpreis bezahlen und war doch noch ein Jahr in Gefahr den neuen Besitz wieder zu verlieren und verlor ihn wirklich, wenn vor Schluss des zweiten Jahres der Einspruch durch Maier und Schöffen als berechtigt anerkannt wurde. Gegen diesen Missbrauch der Suspension des Einspruchs wendet sich eine Verordnung des Schöffenmeisters und der Schöffen vom März 1320.²) Sie bestimmt, dass von der Zeit an ein Einspruch nicht mehr um ein Jahr verschoben werden dürfe, sondern vor Gericht durchzuführen sei bis zum nächsten der drei Jahresbanntage, also vor Ablauf von vier Monaten. Davon war nur eine Ausnahme gestattet:

---

¹) Urkunde von 1267, Anhang II S. LV, ähnlich in der Urkunde von 1241 S. LIV und sonst. Vgl. auch Prost, Régime ancien, S. 189 zum Jahr 1253 und öfter.
²) Ben. III, 330.

Den im März nach Verlesung der Bannrollen erhobenen Einspruch, durfte man, weil die Zeit bis zum Banntage nach Ostern für die Durchführung des Prozesses wohl meist zu kurz war, aufschieben bis zum Banntag im Monat August.[1]

In den Bannrollen ist eine Anzahl von Einträgen gestrichen. Der Grund wird meist darin zu sehen sein, dass ein Dritter die Berechtigung seines Einspruchs vor dem Schöffengericht durchgefochten hat. Dass Streitigkeiten und Prozesse um Grundbesitz nicht selten waren, beweist ausserdem die oft in den Bannrollen vorkommende Angabe „delivre per droit et per jugement."

Auf öffentlichem Platze fand die Verhandlung an den Banntagen statt, aber das Verfahren der Bannnahme erhielt dadurch, dass ausserdem im März jedes Jahres die Anmeldungen jener drei Tage amtlich bekannt gemacht wurden, noch mehr Öffentlichkeit. Wie der Chronist Philipp von Vigneulles erzählt,[2] erschien nämlich an den drei letzten Freitagen vor dem 21. März der Schöffenmeister, begleitet von mindestens sechs Schöffen und den drei Maiern, auf dem Balkon des Rathauses unter dem Klang der Mutte, der grossen Domglocke, und liess alle „aufgeschriebenen Banne des Jahres" öffentlich verlesen, damit jedermann Einspruch erheben könne, der es wolle. Der 25. März war in Metz Jahresanfang, der 21. März Wahltag für den neuen Schöffenmeister. Es war also dafür gesorgt, dass vor Ablauf des Amtsjahres die Banne in aller Feierlichkeit und Öffentlichkeit dreimal[3] verkündet wurden.

Für die Verkündigung brauchte man selbstverständlich eine Liste, in der die „aufgeschriebenen Banne des Jahres" standen, und diese Liste war nichts anderes als die sogenannte Bannrolle. Die Bannrolle des Jahres musste demnach Anfang März fertig ausgefüllt sein, damit sie an jenen Freitagen öffentlich vorgelesen werden konnte. Wurde dann ein Einspruch nicht erhoben und

---

[1] Ben. III, 331: ... fors que tant que ceaulz qui escondiront bans, les dous vandredi c'on leit les bans devant feste Saint Benoy (21. März), doient avoir lou temps de chassier en jusques az antulz plais de la mey awast apres venant.

[2] Huguenin, Chroniques S. 18. und Prost, Régime ancien, S. 122: Et les trois dairiens vendredis devant la St Benoy on sonne moutte par III fois; et vait le maistre eschevin accompaigné de ses eschevins, jusques au nombre de VI du moins, et les III maires au hault pallais, et fait lire l'appel où les bans de l'année sont escripts publiquement, pour escondire, qui escondire veult.

[3] In der S. XVI angeführten Verordnung vom Jahre 1320, oben Anm. [1], Ben. III, 331 heisst es: les dous vandredi c'on leit les bans devant feste Saint Benoit.

waren vier Banntage, also Jahr und Tag, „in Frieden" verstrichen, so war die Rechtsgültigkeit des in der Rolle stehenden Banneintrags nicht mehr zu bestreiten.

Gang des Metzer Verfahrens.

Wer in Metz bei dem Erwerb eines Grundstücks sicher gehen wollte, ging also folgenden Weg. Er liess den Vertrag schriftlich aufsetzen, das Original vom Aman in den Schrein legen, ausserdem eine oder mehrere Abschriften ausfertigen. Am nächsten Banntage meldete er den Besitzwechsel bei dem Maier an. Dessen Schreiber verzeichnete die Bannnahme in der Rolle, aber erst nach der öffentlichen Verlesung im März und nach Verlauf von Jahr und Tag war die Rechtsfrage erledigt. Der Weg kostete Zeit und Geld. Wieviel sich der Aman zahlen liess, wissen wir nicht, aber sein Geschäft muss einträglich gewesen sein, sonst hätte er nicht bei seiner Wahl die Summe von 400 livres an die Stadt gezahlt.[1] Der Eintrag in die Rolle kostete 14 deniers, von denen 6 dem Maier, 6 dem Schöffen und 2 dem Schreiber zukamen.[2] Jede Abschrift des Schreinsbriefes wird das Geschäft verteuert haben, und dann kam es im 13. Jahrhundert in der Übergangszeit auch noch vor, dass der Käufer neben der Bannnahme Maier und Schöffen zur Investitur in Anspruch nahm.[3] Denn es hiess nicht Investitur oder Bannnahme, sondern beides war nebeneinander möglich. War der Weg aber so kostspielig, so wird begreiflich, warum ihn, namentlich im Anfang, nicht jeder gegangen ist. Denn auch das muss hervorgehoben werden: Einen Zwang gab es in Metz weder für die Niederlegung im Schrein noch für die Anmeldung am Banntage. Das erstere geht aus der Urkunde Bertrams hervor, in der für den Fall Vorschrift gegeben wird, dass der Vertrag zwar schriftlich aufgesetzt, aber nicht in den Schrein gekommen ist, und es findet Bestätigung in Angaben der Rolle wie z. B. 1275, 26 por tant con il li doit per escris en arche, et por C s. sans escrit, und das zweite wird damit bewiesen, dass Originalurkunden von Verträgen erhalten sind, deren Inhalt entweder gar nicht oder doch nur mit einem Teil der Erwerbungen, z. B. in dem Schreinsbrief 13 von 6 nur

---

[1] Ben. III, 268 (1304) faire bonne xurteit de quatre cent livres de boins petis Tornois en la main dou chainjour les Trezes.

[2] Prost, l'ordonnance des maiours § 46, Nouvelle revue historique du droit français et étranger, Paris 1878.

[3] Es lassen sich zwar aus den Bannrollen nur wenige Fälle anführen, aber sie genügen zur Feststellung der Tatsache: 1241, 187 et si en est vestiz et tenans; 1262, 385 dont il est veistis par ceous ke la veisture en font.

mit 3 Ankäufen, in der Rolle des entsprechenden Jahres verzeichnet steht.¹) Aber wenn trotzdem bis zum letzten Viertel des 13. Jahrhunderts sich von Jahr zu Jahr die Einträge der Rollen mehren, von 47 im Jahre 1220 bis zu 671 im Jahre 1278 und 686 im Jahre 1298, so folgt daraus, dass dieser Weg doch allmählich als der gangbarste, um zu gesichertem Besitz zu gelangen, erkannt worden ist.

Der Weg, den man in der beschriebenen Weise in Metz ging, entspricht nicht in allen Teilen dem Kölner Schreinsverfahren. Das Verwandte und das Verschiedene liegt auf der Hand. In Köln wird vor dem Schrein der Sondergemeinde, deren Grenzen sich meist mit denen des Pfarrbezirks decken, der Vertrag abgeschlossen und von den Beamten in die Schreinskarte, seit dem 13. Jahrhundert in das Schreinsbuch eingetragen. In den Metzer Pfarrbezirken führte der Aman weder Karte noch Buch, er ist nur verpflichtet die Vertragsurkunde in seinem Archiv aufzubewahren. Eine Verpflichtung den Vertrag vor ihm abzuschliessen besteht nicht, die Parteien können mit den ausgefertigten Urkunden vor ihn hintreten, sie können seine Hülfe ganz umgehen. Wie in Köln die Tatsache, dass ein Besitzwechsel in der Schreinskarte verzeichnet ist, so dient in Metz die Tatsache, dass eine Urkunde von dem Aman in sein Archiv aufgenommen ist, als gültiger Beweis für die Rechtmässigkeit des Vorgangs gegenüber den Parteien und als Zeugnis bei Streitigkeiten mit einem Dritten vor dem Schöffengericht. Der Eintrag des Vertrags in die Schreinskarte ist in Metz durch den Eintrag der Bannahme in die Bannrolle ersetzt. Die unter der Aufsicht der drei städtischen Maier geführte Bannrolle enthält die Bannahmen nur des laufenden Jahres. In der Rolle wird gestrichen, was die Parteien nicht zur Ausführung gebracht haben oder was das Gericht für ungültig erklärt hat, aber es wird nicht gestrichen, weder in der neuen Rolle noch in der alten, was veraltet ist, weil der Besitz inzwischen in neue Hände übergegangen war. Der letzte Eintrag gilt. Karte und Buch in Köln hingegen, die viele Jahre hindurch dienen, bis sie ihren Zweck erfüllt haben, sollen Auskunft geben über den jeweiligen Stand des Besitzes. Was früher einmal war und in welcher Reihenfolge es geworden war, ist nach dem vielen Streichen, Auskratzen und Zwischenschreiben oft gar nicht mehr festzustellen.

<small>Vergleich mit dem Kölner Schreinsverfahren.</small>

¹) Vgl. Schreinsbriefe 27—31, Anhang II S. LXXIX ff. und Brief 13 ebenda S. LXIII.

— XX —

Köln Vorbild, Bertram Vermittler.

Trotz der grossen Unterschiede bei den Einrichtungen in Köln und in Metz wird man doch nicht daran zweifeln, dass richtig ist, was Klipffel und nach ihm andere [1]) angenommen haben, dass die Kölner Schreinspraxis in Metz als Vorbild gedient hat. Der Gedanke liegt so sehr nahe. Denn erstens war Bischof Bertram vor seiner Metzer Zeit Stiftsherr von St. Gereon in Köln und hat während seines Streites mit Kaiser Friedrich I., nachdem er vor diesem aus Metz hatte weichen müssen, $2^{1}/_{2}$ Jahre als Flüchtling wieder in Köln gelebt, und nun ist gerade er, der doch sicher mit den Kölner Einrichtungen gut bekannt war, es gewesen, der die Amans in Metz eingesetzt hat. Und zweitens ist das, was von ihm nachweisbar in der Metzer Einrichtung herrührt, ohne Frage der Kölner sehr ähnlich.

In seiner Urkunde gibt Bertram ausdrücklich als Zweck der Neuerung an, dass die Erinnerung an die vollzogenen Tatsachen bewahrt und verleumderische Anklage in Zukunft unmöglich gemacht werden soll (pour gardeir le memoir des choses faictes et osteir a l'advenir la calumpnie), und Zweck der Kölner Schreine war, wie die bekannte Stelle der Schreinskarten von St. Martin (1, II, 12 memoriam omnium tam posterorum quam presentium exonerantes) beweist, ebenfalls die Entlastung des Gedächtnisses. Das Mittel, mit dem das erreicht wird, ist die schriftliche Ausfertigung der Verträge, auf Grund deren die Schreinsbeamten, in Köln die Amtleute (officiati), in Metz die Amans, bei Streitfragen entscheiden und, falls man sich ihrer Entscheidung nicht unterwirft, vor der höheren Instanz Zeugnis ablegen zu Gunsten dessen, für den der Wortlaut des Vertrages spricht. Wer sich auch dann noch widersetzt, wird in Metz gebannt und excommuniciert, in Köln aus der Gemeinschaft der Bürger ausgestossen. [2])

So sind in der Hauptsache Zweck und Mittel in beiden Städten gleich. Wenn man in Metz in Einzelheiten der Ausführung von Köln abgewichen ist, so lässt sich das sehr wohl aus der Verschiedenheit der schon bestehenden Einrichtungen erklären.

---

[1]) Klipffel, Metz cité épiscopale et impériale, Bruxelles 1867, S. 64. Doering, Beiträge zur ältesten Geschichte des Bistums Metz, Innsbruck 1886, S. 86. Voigt, Bischof Bertram von Metz, Jahrb. f. lothr. Gesch. V, Metz 1893, S. 34. Keuffer, Die Stadt-Metzer Kanzleien, Erlangen 1895, S. 4. Koussen, Untersuchungen der älteren Topographie und Verfassungsgeschichte von Köln, Westdeutsche Ztschr. XX, Trier 1901, S. 80. Prost nimmt nicht Bezug auf Köln.

[2]) Hoeniger, Schreinsurkunden II, 1, S. 54. Traditiones et leges in parrochia Nietherich § 6: rebellis de karta civium et communione nostra repudiabitur.

— XXI —

Die Kölner Bürgerschaft war aus einer Anzahl von Sondergemeinden zusammengewachsen, die in der Altstadt wie in den früheren Vorstädten eigene Verwaltung und Gerichtsbarkeit behalten hatten. Von diesen Sondergemeinden ist die Gründung der Schreine ausgegangen, sie hatten in ihren magistri civium und senatores oder in der Vereinigung der verdienten und unverdienten Amtleute den geborenen Vorstand, der die Verwaltung des Schreins übernehmen konnte und wollte.[1]

In Metz dagegen kannte man nur eine städtische Gemeinde, und diese hatte vor wie nach der Vertreibung des Bischofs nur eine Verwaltung, nur ein Schöffengericht. In diese Einheit die bunte Vielheit der kölnischen Stadtverfassung hineinzutragen wäre ein politischer Fehler gewesen, den zu machen Bertram viel zu klug war. Verkehrt wäre es auch gewesen den bestehenden Beamtenkörpern die Verwaltung der Schreine zu übertragen, sie wären überlastet worden. Es fand sich ein einfacher Ausweg, die Teilung der Arbeit. Die neue Behörde der Amans übernahm die Aufbewahrung, oft auch die Abfassung der Verträge, dann die Entscheidung beim Streit zwischen den abschliessenden Parteien und die Zeugenaussage vor dem Schöffengericht, das seine Gerichtsbarkeit für den ganzen Stadtbezirk behielt. Die drei Maier dagegen sorgten mit ihren Dekanen und Schreibern für die Herstellung der Bannrolle und ihre öffentliche Bekanntmachung.

Die Zahl der Schreine war in Köln und in Metz zufällig gleich. Dort gab es ausser dem Schöffenschrein 19, in Metz einen in jedem der 20 Pfarrbezirke, die es im 13. Jahrhundert zählte.[2] Zwei Beamte verwalteten in Köln den Schrein. Diese wurden jährlich von der Bürgerschaft der Sondergemeinde aus den unverdienten Amtleuten gewählt und traten nach Ablauf ihres Amtsjahres zu den verdienten Amtleuten über. Zwei Vertrauensmänner liess auch Bertram für die Verwaltung des Schreins von jeder Pfarrgemeinde wählen, aber es war gewiss zweckmässig, wenn er sich hierbei nicht genau an sein Vorbild hielt, sondern das Amt seiner 40 Amans

Grund der Änderungen in Metz.

---

[1] Liesegang, Die Sondergemeinden Kölns, Bonn 1885, und Lau, Entwicklung der kommunalen Verfassung und Verwaltung der Stadt Köln bis zum Jahre 1396. Preisschrift der Mevissen-Stiftung, Bonn 1898.

[2] Die Benediktiner zählen II, 404 nur 19 Pfarrkirchen auf, es fehlt bei ihnen St Hylaire a Xauleur. Vgl. Bannrollen III. Teil unter Kirche; und Dorvaux, Les anciens pouillés du diocèse de Metz, Nancy, 1902, S. 10, wo in der Liste von 1360 zusammen mit den 6 Pfarrkirchen der Vororte die 20 städtischen aufgezählt sind.

lebenslänglich machte. Die längere Erfahrung im Geschäft kam dem Beamten selbst und den Pfarreingesessenen in gleichem Masse zu gute. Bertrams Urkunde sagt nichts von der Lebenslänglichkeit des Amtes, aber sie sagt auch nichts von einer jährlichen Wahl. Da nun nachher das Amt lebenslänglich ist, so wird man nicht daran zweifeln, dass es schon seit Bertrams Zeiten so war.

Überliefert ist auch darüber nichts, ob schon Bertram die Führung von Verzeichnissen angeordnet hat. Aber selbst wenn nicht gleichzeitig mit der Einsetzung der Amans im Jahre 1197 Bestimmung darüber sollte getroffen sein, so musste sich die Notwendigkeit von Verzeichnissen doch sehr bald herausstellen, und da Bertram bis 1212 in Metz regiert hat und die älteste der erhaltenen Bannkarten, die von 1220, kaum die erste ihrer Art gewesen ist, so darf man annehmen, dass auch Bertram hierbei das entscheidende Wort gesprochen hat.

Der jährliche Abschluss des Verzeichnisses hing zusammen mit dem jährlichen Wechsel im Amt des Schöffenmeisters, aber auch in Köln wechselten von Jahr zu Jahr die Schreinsbeamten und doch wurden die alten Karten weitergeführt. Wich man hiervon in Metz ab, so wird auch die Überzeugung mitgewirkt haben, dass dadurch grössere Ordnung und bessere Übersicht zu gewinnen sei. In Metz gab es nun zwar jährlich ein neues Verzeichnis, aber doch nur eines, da die der drei Mairien zu einem einzigen vereinigt wurden, während in Köln gleichzeitig 20 Verzeichnisse in Gebrauch waren.

Dass aber in Metz, anders als in Köln, die Bannrollen nicht in den 20 Schreinsämtern, sondern in den drei Mairien ausgearbeitet wurden, hatte, ganz abgesehen von der besonderen Stellung der drei Maier, die in Metz allein die Banngewalt hatten, noch seinen besonderen Grund. Den Kölngau nahm in der Hauptsache die Stadt Köln ein, nur 13 Dörfer werden aufgezählt, „welche mit einiger Sicherheit als zum Kölngau gehörig nachzuweisen sind", [1] ferner beziehen sich die Anschreinungen fast nur auf Grundstücke und Häuser im eigentlichen Stadtgebiet, Metz aber hatte nicht nur ausgedehnte Vororte, sondern noch dazu einen grossen Landbezirk mit ungefähr 200 Pfarrdörfern. Wie sollte man diesen auf die 20 Stadtpfarreien verteilen und doch die Übersicht der Listenführung wahren? Das liess sich leichter mit den drei Mairien der Stadt machen, von denen jede an das Land grenzte und die, wenn sie

[1] Lau, Verfassung und Verwaltung, S. 4.

nicht schon früher das Land in sich begriffen, damals von der Stadt auf dieses ausgedehnt sind.

Aber nicht einmal an der Landesgrenze machte der Metzer Halt, sondern es kam bald dahin, dass er das, was er ausserhalb des Metzer Landes, im Barischen, Lothringischen, Luxemburgischen erworben hatte, in Metz an einem der Banntage anmeldete. In der Bannrolle konnte auch das ohne Schwierigkeit bei derjenigen Mairie, vor deren Grenze es lag, eingeordnet werden. Eine dem 4. Teil beigegebene Karte gibt einen Überblick über die Ausdehnungs- und Kaufkraft der Metzer Bevölkerung, indem auf ihr dargestellt ist, wie weit sich aus den Rollen des 13. Jahrhunderts ein Übergreifen über die Metzer Grenzen bei Erwerbungen und Anmeldungen nachweisen lässt.

So ist also in Metz manches anders gemacht worden als in Köln, aber die Änderungen haben ihre Erklärung gefunden in der Verschiedenheit der Verhältnisse, die hier und dort herrschten. Ihr hat der Bischof Bertram klug und geschickt Rechnung getragen, und so die eigenartige Entwicklung, die das Schreinsverfahren in Metz genommen hat, ermöglicht. Das ist sein Verdienst, der Metzer Bürgerschaft aber muss man nachrühmen, dass sie die Vorteile erfasst und durch vollständige Verschmelzung des Alten mit dem Neuen der nun metzisch gewordenen Einrichtung Kraft und Dauer verliehen hat.

II. Form und Inhalt der Bannrollen.

Die 17 Bannrollen sind alle in der Urschrift erhalten. Nach der äusseren Form lassen sie sich in vier Gruppen teilen:

1. 1220 und 1227. Kleines Pergament, also Karte, nicht Rolle im eigentlichen Sinne, nur auf der Vorderseite beschrieben, in fortlaufenden Zeilen.

2. 1241 und 1245. Grösseres Pergamentblatt, Rolle, auf Vorder- und Rückseite beschrieben, in zwei Spalten. Mit jedem Eintrag fängt eine neue Zeile an.

3. 1251—1269. Mehrere Pergamentblätter, die Zeilen gehen über die ganze Seite, sonst wie bei 2.

4. 1275—1298. Viele Pergamentstücke, nur auf der Vorderseite beschrieben, sonst wie bei 3.

Die Entwicklung vom Kleinen zum Grossen zeigt sich deutlich in folgender Zusammenstellung:

Jahr der Rolle	Anzahl der Einträge	Anzahl der Blätter	Länge und Breite der Rolle		Anzahl der Schreiber
1220	47	I	0,40 m	27 cm	1
1227	66	I	0,47	31	1
1241	204	I	0,68	49	1
1245	255	I	0,76	50	1
1251	268	III	1,52	34—35	1
1262	419	III	1,87	48	1+1
1267	516	VI	2,16	52—54	1+1
1269	569	III	2,39	48—50	2+3
1275	514	XII	4,45	50—53	3+4
1278	671	XIV	5,62	50—53	2+2
1279	596	XI	5,05	48—52	2+1
1281	645	XIII	6,19	50—52	3+1
1285	570	XV	6,63	47—55	3+2
1288	579	XVII	7,94	51—55	3+3
1290	591	XV	7,27	48—54	2
1293	698	XVII	8,97	52—55	2+2
1298	686	XX	8,97	52—55	3+1
17 Rollen	7894	153	71,34 m		20 verschiedene

Jede Rolle beginnt mit der Jahreszahl und dem Namen des Schöffenmeisters. Es folgen die Namen der drei Maier, die Ostern im Amt sind. Dann kommen die Einträge in neun Absätzen, in jedem der drei Termine getrennt nach den drei Mairien. Diese Trennung ist 1220 noch nicht in Gebrauch,[1]) 1227 wechselt die Reihenfolge der Mairien, von 1241 an steht Porte Moselle immer an erster, Porsaillis an zweiter Stelle und Outre Moselle an dritter. Die regelmässige Überschrift der Absätze lautet: „Ce sont li ban de paikes. En la marie de ....", statt „paikes" heisst es beim zweiten Termin „dou mei awast" und beim dritten „dou vintisme jor (de nativitet" 1220) oder „de noiel".

Die Karte von 1220 hat einige wichtige Angaben überliefert, die später weggefallen sind. In jeder der drei Terminüberschriften ist gesagt, dass die Handlung im gebannten und echten Ding (en

---

[1]) Von den Einträgen des dritten Termins gehört 24 zu PS, 31 zu PM, 36 zu PS, 37 zu OM, 40 zu PM, 41 zu PS.

plait banal et leal) vorgenommen ist, beim zweiten Termin ist hinzugefügt, dass sie in den Lauben am Saalfelde (en loges en Champpassail), beim dritten, dass sie am Palast des Bischofs (en paleis l'Evesque) stattgefunden hat. Die Karte von 1227 hat hiervon nur die Eigentümlichkeit noch bewahrt, dass sie die Einträge des zweiten Termins überschreibt „Les bans do Champ a Salle" statt „Li ban dou mei awast".

Von 1241 an sind beim Anfang des zweiten Termins, also beim vierten Absatz, die Namen der am 28. Juni neu gewählten Maier angegeben. Das ist nicht geschehen (ausser bei 1220 und 1227) bei 1288 und 1298 und ist vom 14. Jahrhundert an ganz unterblieben. 1227 fehlen die Namen der Maier auch beim ersten Termin.

Am Ende der Rolle stehen gewöhnlich die Namen der im Laufe des Jahres durch die Maier ausgewiesenen Personen. Sie fehlen — vielleicht weil niemand ausgewiesen ist — in den Jahren 1220, 1251, 1262, 1281, 1285 und 1290.

Den eigentlichen Inhalt der Rolle bilden aber die Einträge, die sich auf den Besitzwechsel beziehen. In ihnen wird die Tatsache der Bannnahme verzeichnet. Es wird nicht gesagt, N hat X gekauft, sondern N nimmt Bann auf X, das er gekauft hat. Davon machen eine Ausnahme nur die Einträge 4—7 des Jahres 1220, in denen vom Schreiber die Bannnahme übergangen ist. Die Formel en aine et en fons, die nach Godefroy und Prost[1]) nur in Metzer Urkunden vorkommt und den vollen Besitz ausdrückt, steht im Anfang oft neben prant ban (1227 fehlt sie bei 65 Einträgen nur dreimal), ist 1241—1269 auf den ersten Eintrag der Rolle beschränkt und verschwindet nach 1278 ganz, während sie sich in den Schreinsbriefen (Anh. II, 23, a. 1293, und 24, a. 1298) länger erhalten hat.

Jeder Eintrag fängt mit dem Namen des Erwerbers an. Dieser Name steht von 1241 an immer am linken Rande des Blattes. Ihn, den Banntag und die Mairie musste also kennen, wer in alten Zeiten in der Rolle etwas nachsehen wollte, oder er hätte die ganze Rolle durchlesen müssen.

Auf den Namen des Erwerbers und die Worte prant ban folgt dann die Angabe des Besitztums, seiner Lage, des früheren Besitzers und, wenn es ein anderer ist als dieser, des Verkäufers, der Erwerbsart, des auf dem Besitztum liegenden Zinses, der von dem

---

[1]) Godefroy, Dictionnaire de l'ancienne langue française unter „aine", Prost, Régime ancien, S. 36—47. Vgl. Bannrollen, Teil IV, Verzeichnis VI.

Käufer übernommen wird, und ein Hinweis auf die Bestimmungen der im Amauschrein liegenden Urkunde.

Doch ist es zu dieser Vollständigkeit der Angaben erst allmählich gekommen. Der Schreiber von 1220 und 1227 begnügt sich oft mit der Nennung des neuen und des alten Besitzers und mit der Angabe der Bannnahme und des Besitztums, z. B. 1220, 13: Richouz et pris ban sur la masun qui fut Huin de Chare.

Das Besitztum, das veräussert und dessen Veräusserung in der Rolle verzeichnet wird, besteht entweder in dem Grundstück oder dem Gebäude selbst oder in dem auf ihm lastenden Zins oder in zugehörigen Rechten, die den Besitzer wechseln können, wenn auch das Grundstück in denselben Händen bleibt. Dieses Besitztum wird von Anfang an nach seiner Art, ob Haus oder Scheune, Mühle, Garten, Feld, Wiese, Wald oder Zins, Zehnten, Renten, Rechte usw. genau bezeichnet.

Dagegen wird über seine Lage anfangs seltener Auskunft gegeben als nachher, 1220 bei 47 Einträgen nur 16 mal, 1227 aber bei 65 Einträgen schon 47 mal. Später wird die Ortsangabe vollständiger, nicht nur die Strasse oder das Dorf wird genannt, sondern oft wird auch in der Strasse die Lage genauer bezeichnet, nach einem Brunnen oder einem bekannten Hause oder einer Seitengasse, oder es werden der oder die Nachbarn zur Seite oder gegenüber genannt.

Ebenso ist es mit der Bezeichnung der Personen gegangen. Dass ein einziger Name ohne irgend einen näher bezeichnenden Zusatz genannt wird, wie Richouz in dem oben angeführten Eintrag 1220, 13, das kommt später nur selten vor. Wenn der Betreffende einen Zunamen nicht hat, so wird der Name eines Verwandten oder der Geburtsort, der Strassenname seiner Wohnung, Stand oder Gewerbe zur Unterscheidung von anderen Personen hinzugefügt.

Die Art des Erwerbs, ob Kauf, ob Rückkauf, Erbschaft, Teilung, Schenkung, Mitgift, Tausch oder Verpfändung wird von Anfang an verzeichnet, ebenso ob ein Besitz schon in den Händen des neuen Besitzers war und durch Urteilsspruch ihm endgültig zugefallen ist.

Selten sind im Anfang die Angaben über den Zins. Sie mehren sich von 1241 an und werden auch genauer, indem oft die Höhe des Zinses vermerkt und mitunter auch der Name des Zinsempfängers hinzugesetzt wird.

Der Hinweis auf das, was die im Schrein liegende Urkunde besagt, findet sich 1227 zweimal, 1241 einmal, 1251 wieder zweimal, einige Male mehr 1262, von 1267 an ist er sehr gewöhnlich.

Es lässt sich also, was Form und Inhalt angeht, deutlich erkennen, dass nicht nur die wachsende Zahl der Einträge, sondern auch die Genauigkeit der Angaben den Rollen mehr und mehr Umfang gibt, wobei später noch die Breite der Darstellung mitwirkt. Die beiden ältesten der erhaltenen Rollen gehören noch ganz der Zeit der Entwicklung an, von 1241 an steht in der Hauptsache die Art der Abfassung im ganzen und die Form der einzelnen Einträge fest, die Rolle selbst gewinnt ihr bleibendes Aussehen erst mit dem Jahre 1275, von dem an nur die Vorderseite beschrieben ist und mehrere Schreiber sich mairienweise in die Arbeit teilen.

III. Verhältnis des Rolleneintrags zum Schreinsbrief (escris).

Eine grosse Anzahl von Schreinsbriefen hat in Abschrift Paul Ferry (1591–1669) in den Observations séculaires (Metzer Stadtbibliothek, Mss. 106—108) erhalten, darunter den ältesten, von dem wir Kenntnis haben, eine kurz gefasste Schuldverschreibung aus dem Jahre 1204. Manche von ihnen stehen gedruckt bei den Benediktinern, Hist. de Metz III, S. 165, 197, 228, 233 etc. Andere Schreinsbriefe sind veröffentlicht von de Wailly[1]) und von Prost[2]), sehr viele, teils in Kartularen und anderen Abschriften, teils im Original erhalten, liegen im Bezirksarchiv von Metz.

Die Schreinsbriefe fangen regelmässig mit der Formel an „Conue chose soit a tos", in älterer Zeit ist auch wohl noch hinzugefügt „ki cest escrit vairont et oront" oder ein ähnlicher Zusatz. Es folgen die Angaben über den Kauf oder die Verpachtung, das Testament usw., weitere Sätze handeln von der Bezahlung, der Garantie, der Zustimmung von Zeugen, und den Schluss bildet das meist mit den Worten „Cist escris fut fais" eingeleitete Datum.

Die Briefe waren nie gesiegelt, viele von ihnen tragen aber einen Schreinsvermerk, z. B. 1241 „an l'airche Tiebaut de Raigecort de S. Mertin" oder 1242 „en l'airche S. Mercel" oder 1255 „a

---

[1]) De Wailly, Notices et extraits des manuscrits de la bibliothèque nationale, publiés par l'institut national de France, XXVIII, Paris 1878.
[2]) Prost, Régime ancien, S. 165—204.

S. Vy l'escrit" oder 1259 „en l'arche Colin Bairon gist cist escrit" oder 1275 „Jaiques de Nonviant l'escrit. De l'airche S. Vy" oder 1292 „Wielz ait l'escrit".¹) Später, bisweilen schon im 13., häufig aber erst im 14. Jahrhundert kommt noch ein Vermerk über die Zeit der Bannnahme hinzu (Anhang II, 9, 20 und 24).

Der Schrein nahm mehr auf als die Bannrolle. Schuldscheine z. B. wurden im Schrein aufbewahrt, in der Bannrolle war für sie kein Platz. Auch in dieser ist von Schulden die Rede, aber nur dann, wenn der auf einem Grundstück lastende Zins nicht rechtzeitig oder gar nicht bezahlt wurde, oder wenn ein Grundstück oder der Zins eines solchen als Pfand eingesetzt war und entweder wieder eingelöst wurde oder wegen Zahlungsunfähigkeit des Schuldners in den Besitz desjenigen, der für diesen gebürgt und schliesslich bezahlt hatte (lo randor), oder in den des Gläubigers überging, und in ähnlichen Fällen. Testamente wurden im Schrein niedergelegt, aber die Testamentsbestimmungen gingen als solche nicht in die Bannrolle über, sondern nur das fand Aufnahme, was Grundbesitz betraf, und auch das nur unter Umständen, z. B. wenn das Erbe geteilt wurde oder durch Kauf in dritte Hand überging und der neue Besitzer es sich durch die Bannnahme sichern wollte. Mit Eheverträgen, überhaupt mit Privatverträgen aller Art ist es ebenso: Rolleneintrag und Schreinsbrief decken sich nur, sofern es

---

¹) Die Bedeutung dieser Schreinsvermerke ist trotz der Arbeit Keuffers, Die Stadt-Metzer Kanzleien, noch nicht genügend aufgeklärt. Ich halte es für wahrscheinlich, dass nur die Briefe ohne jeden Vermerk (z. B. Anhang II, 3, 22, 25) diejenigen gewesen sind, die der Aman in seinem Schrein aufbewahrt hat. Sie konnten die Unterschrift ebenso wie das Siegel entbehren, da sie ja in den Händen dessen waren, der allein die Berechtigung hatte sie vorzuzeigen und für gültig zu erklären. Dagegen war auf den Duplikaten, die sich die Parteien am Tage der Anschreinung ausfertigen liessen (der Schreinsbrief, bibl. nat., Lorr. 791, 43, bei de Wailly 355, erwähnt sogar vier Duplikate), ein Vermerk geradezu notwendig, weil der Besitzer musste nachsehen können, bei welchem Aman er diesen und bei welchem jenen Besitz angeschreint hatte. Der Vermerk „a S. Vy l'escrit" sagt dem Besitzer also „im Schrein von St. Veit liegt die Vertragsurkunde", „Wielz ait l'escrit" oder abgekürzt „Wielz l'escrit" sagt ihm „Wielz hat die Vertragsurkunde in Verwahrung". Die Pluralform „ait les escris" (Anhang II, 24 und de Wailly 134 und 133, 154 und 155) wurde angewendet,, wenn zwei Briefe zusammen gehörten, wenn z. B. der eine den Kauf, der andere die Garantie ausspricht. „Tancris", z. B. Anhang II, 7, 8, 9, selten „Transcrit", Anh. 30, beides = transcriptum, war vielleicht als Vermerk für besonders verlangte Abschriften in Gebrauch. Sicherheit in diesen Fragen lässt sich aber erst gewinnen, wenn die vielen im Metzer Bezirksarchiv liegenden, zum Teil in letzter Zeit erworbenen Schreinsbriefe daraufhin einmal durchgearbeitet werden.

sich um den Besitzwechsel liegender Güter und der dazu gehörigen Rechte handelt. Beide nennen dann den Namen des neuen und des alten Besitzers, bezeichnen den Besitz, seine Lage usw., wie oben angegeben ist. Aber auch dann, wenn sie sich auf denselben Gegenstand beziehen, besteht der Unterschied immer noch darin, dass der Schreinsbrief den Erwerb an sich, der Eintrag in die Bannrolle aber die Bannnahme für den erworbenen Besitz verzeichnet. Durch diese Verschiedenheit des Zweckes ist die verschiedene Form der Urkunden bedingt.

Unter den überlieferten Schreinsbriefen sind auch solche, die gerade in den Jahren der auf uns gekommenen Bannrollen ausgestellt sind und infolgedessen einem der Einträge entsprechen.

Eine Anzahl von ihnen ist, damit man vergleichen kann, mit den entsprechenden Rolleneinträgen im Anhang S. LIV ff. abgedruckt; bei weitern Nachforschungen würden sich ohne Frage noch mehr finden lassen.

Der Vergleich ergibt, dass Schreinsbrief und Rolleneintrag nur selten mit ihren Angaben sich genau decken, dass vielmehr dieser meist kürzer gefasst ist als jener, indem eine Person oder die Lage des Besitztums oder Aehnliches weniger genau in ihm bezeichnet oder gar nicht genannt ist. Man könnte dann geneigt sein ihn als Auszug des Schreinsbriefes anzusehen. Dieser selbst kann dem Schreiber der Bannrolle nicht vorgelegen haben, denn er gehörte in den Schrein und durfte nur in genau bestimmten Fällen herausgenommen werden [1]. Aber man darf annehmen, dass dem Schreiber von dem Bannnehmer ein Schriftstück vorgelegt ist, aus dem jener sich Notizen machte oder das er mit den nötigen Änderungen abschrieb, sei es das Konzept des Schreinsbriefes, das der Käufer behalten, oder ein Duplikat, das er sich vom Aman hatte ausstellen lassen (v. S. LXXV Anm. 1). Aber es kommt auch vor, dass Eintrag und Brief voneinander in der Art abweichen, dass jeder Angaben hat, die dem anderen fehlen. Es ist klar, dass das nur möglich war, wenn der Schreiber der Bannrolle ganz unabhängig von dem Schreinsbrief seine Aufzeichnungen machte, und es fällt dabei wenig ins Gewicht, ob wir annehmen, dass ihm etwas Schriftliches übergeben war, das er so, wie es war, übernahm oder das er durch Nachfragen ergänzte, oder ob wir ein rein mündliches Verfahren für wahrscheinlich halten wollen. Abhängig war er bei der Aufzeichnung höchstens von den Wünschen des Bannnehmers

---

[1] L'ordonnance des amans, bei Huguenin, Chron. S. 26: Nul ne doit oster etc.

— XXX —

oder eines Mitberechtigten, der etwas genauer ausgedrückt wissen wollte[1]), oder von dem Zinsempfänger, wenn dieser eine Angabe über die Höhe des Zinses und die Hinzusetzung seines Namens ausdrücklich forderte[2]). Jedenfalls bestehen die Beziehungen zwischen Rolleneintrag und Schreinsbrief nur darin, dass derjenige, der diesen und jenen veranlasst hatte, ein und dieselbe Person war und dass eben diese Person durch die Ausstellung des Briefes und durch die Bannnahme für ein und dasselbe Grundstück sich doppelte Sicherheit verschaffen wollte.

IV. Beschreibung der Rollen 1220—1279.

1220

Ein Pergamentblatt, 40 cm lang, 27 cm breit, auf der Vorderseite beschrieben, in drei Absätzen, die den drei Meldeterminen entsprechen, Ostern, Mitte August und Weihnachten. Innerhalb dieser Absätze ist der Anfang der Einträge 2—14, 18, 20—24 durch einen Haken kenntlich gemacht, bei den anderen nicht. Die Zeilen nehmen die ganze Breite des Pergaments ein. Buchstabengrösse und Zeilenabstand sind ungleichmässig. Die erste Zeile beginnt dicht oben am Rande. Zwischen den Absätzen ist ein Abstand von zwei Zeilen gelassen. Unter dem dritten Absatz ist ein für etwa 10 Zeilen ($8^1/_2$ cm) ausreichender Raum freigeblieben. Hier steht in der sechsten Zeile die Unterschrift des Schreibers „Adans li Engleis" etc. Keine der späteren Rollen hat eine solche Unterschrift.

    1. Banntag 1*—11   1 Blatt   Schreiber 1
    2.   „   12*—18
    3.   „   19—47.

Das Pergament trägt den Stempel des Grafen Van der Straten-Ponthoz und die schriftliche Bemerkung „Vente des collections du Cte Emery en 1851 (Lapierre)."

Als Graf Van der Straten-Ponthoz vom Direktor des Bezirksarchivs gebeten wurde diese Karte von 1220 und die Rolle von 1251, die beide in seinem Besitz waren, an das Bezirksarchiv nach Metz zu schicken, damit sie hier abgeschrieben werden könnten, hat er sie mit ebenso grosser Liebenswürdigkeit wie Freigebigkeit nicht nur geschickt, sondern sogar geschenkt.

---

[1]) z. B. 1267, 155 und 167.
[2]) z. B. 1267, 247, 296, 413.

1227.

Ein Pergamentblatt, links 47,5, rechts 43 cm lang, 31 cm breit. Es zeigt dieselben Schriftzüge wie 1220. Adans hat die Einträge der beiden ersten Banntage gleichmässig und, wie es scheint, gleichzeitig geschrieben, ohne abzubrechen. Einen Absatz macht er erst bei den Einträgen von Weihnachten. Diese schreibt er mit hellerer Tinte und kleineren Buchstaben als vorher. Unten auf der Vorderseite stehen in grosser Schrift die Namen der Ausgewiesenen.

PS¹ 1—10	PS² 18*—29	OM³ 37*—41	1 Blatt
PM¹ 11—13	OM² 30*—31	PM³ 43*—51	Schreiber 1.
OM¹ 14—17	PM² 32*—36	PS³ 52*—65	
		Forjugiet 66	

1241

Ein Pergamentblatt, oben 49, unten 46 cm breit, links 65, rechts 68, in der Mitte, wo es sich schwanzartig nach unten zuspitzt, 82 cm lang. Nadelstiche am unteren und oberen Ende des Schwanzes lassen erkennen, dass dieser dazu benutzt wurde das aufgerollte Pergamentblatt in Rollenform festzuhalten.

Ein Bleistrich teilt das Blatt von oben nach unten in zwei gleiche Hälften, 4—5 mm von diesem entfernt bezeichnen zwei dem ersten gleichlaufende Striche, der linke das Ende der Zeilen auf der ersten, der rechte den Anfang der Zeilen auf der zweiten Spalte. Die erste Spalte zählt 91 beschriebene Zeilen und eine unbeschriebene, die zweite, da das Pergament hier etwas länger ist, 96 Zeilen. Auch die Rückseite zeigt Spuren der drei senkrechten Bleilinien. Auf ihr stehen links 70 Zeilen, das Übrige ist frei geblieben, nur die Einträge 181 b und 183 greifen auf die rechte Hälfte hinüber. Mit jedem Eintrag beginnt eine neue Zeile.

Die Rolle ist gut erhalten, die Schrift ist von Anfang bis Ende regelmässig und deutlich.

Auf der Rückseite des schwanzartigen Ausläufers steht in der Schrift des 19. Jahrhunderts: 1241 Huguenin. Die Rolle hat also wohl dem Herausgeber der Metzer Chroniken gehört. Nachher war sie im Besitz des Grafen Emmery, de Bouteiller hat sie der Metzer Stadtbibliothek geschenkt, jetzt wird sie in dem mit der Bibliothek in einem Gebäude vereinigten städtischen Archiv aufbewahrt.

— XXXII —

Vorderseite		Rückseite	
1. Spalte	2. Spalte	1. Spalte	1 Blatt
PM¹ 1*—11	PM² 69—73	PS³ 148—183	Schreiber 2.
PS¹ 12*—37	PS² 74*—106	OM³ 184*—202	
OM¹ 38*—55	OM² 107*—120	Forjugie 203/4	
PM² 56*—68	PM³ 121*—135		
	PS³ 136*—147	Durchgestrichen: 5, 19, 131.	

1245

Ein Pergamentblatt, am rechten Rande stark beschädigt, im jetzigen Zustande oben 47,4, unten 45,5, ursprünglich aber wohl 52,1 und 48,5 cm breit, bei einer Länge von 76 cm. Aber nicht nur der Rand ist verloren, noch weit hinein, oben bis zu 9 cm, ist das Pergament mürbe und löcherig geworden, so dass die Schrift an vielen Stellen schwer zu entziffern oder ganz verschwunden ist. Ausserdem ist links der Anfang der drei obersten Zeilen abgerissen.

Die zwei Spalten der Vorderseite haben je 100 Zeilen, auf der Rückseite zählt die erste Spalte 103, die zweite für 250—254 7 Zeilen und nach zwei freigelassenen für 255 5 Zeilen. Es fehlt der Schluss der Einträge 84—171, 250—253 und der Anfang bei 172—249.

Schreiber 2 hat auch diese Rolle gut, aber doch nicht so gleichmässig geschrieben wie die von 1241. Es lässt sich ein Wechsel der Tinte oder Schriftzüge erkennen bei 60, 70, 82, 122, 157 und 172.

Vorderseite		Rückseite	
1. Spalte	2. Spalte	1. Spalte	2. Spalte
PM¹ 1*—18	PS² 84—136	PS³ 172*—227	OM³ 250—254
PS¹ 19*—48	OM² 137*—156	OM³ 228*—249	Forjugie 255
OM¹ 49*—59	PM³ 157*—171		
PM² 60*—81			
PS² 82*—83		Durchgestrichen: 13, 81, 226	

1251

Drei Pergamentblätter, mit weissem Faden in engen Stichen aneinandergenäht, gut erhalten. Schreiber 2 führt in dieser Rolle die Zeilen über die ganze Breite des Blattes und beginnt, wie schon 1241 und 1245 bei der Halbzeile und nach ihm jeder der folgenden Schreiber bei der Vollzeile, mit jedem neuen Eintrag eine neue

Zeile. Er hat anfangs geglaubt mit zwei Blättern auszukommen, denn er hat der Reihe nach die Vorderseite des ersten, dann des zweiten und darauf ihre Rückseite beschrieben, aber als er dann doch nicht auskam, hat er ein drittes Blatt angenäht, zunächst dessen Rückseite und schliesslich, indem er das Blatt über Kopf wendete, auch noch die Hälfte der Vorderseite beschrieben.

Schrift von Anfang bis Ende gleichmässig schön und deutlich, die Tinte ist schwarz, sie wechselt die Farbe zwischen 114 und 120, ist braun von 121—162, schwarz aber wieder bei 147, dem letzten Eintrag von PS², und 163—166, den letzten Einträgen von OM².

Die Rolle trägt den Stempel des Grafen Van der Straten-Ponthoz und den Vermerk wie bei 1220.

Mairie	Eintrag	Blatt	Länge	Breite	Schreiber
PM¹	1*—15	I Vord.	50—51 cm	35²—34⁶ cm	2
PS¹	16*—45	I „			2
PS¹	46—55	II „	52	34⁵	2
OM¹	56*—69	II „			2
PM²	70*—93	II „			2
PS²	94*—98	II „			2
PS²	99—147	I Rücks.			2
OM²	148*—166	II „			2
PM³	167*—193	II „			2
PS³	194*—237	III „	50—50⁵	34	2
OM³	238*—246	III „			2
OM³	247—268	III Vord.			2

Nicht ausgeführt: 43.
Durchgestrichen: 185, 257, 268.

1262

Eigentum der Bibliothèque nationale in Paris, fonds français 8708, dort aufbewahrt nicht als Rolle, sondern gebunden wie ein Buch, und zwar zusammen mit sieben Pergamentblättern einer Metzer Bannrolle aus dem Anfang des 14. Jahrhunderts, von denen zwei die letzten Einträge des Weihnachtstermins von Porsaillis, fünf die gesamten desselben Termins von Outre Moselle enthalten. Diese sieben Pergamentstücke, die einst in Metz, aneinandergenäht, das Ende einer Rolle bildeten, sind in Paris zum Zweck des Einbindens nach Auftrennung der Nähte auseinandergenommen, quer durchgeschnitten, mit Ausnahme des letzten, das schon in der Rolle nur die halbe Höhe der andern hatte, dann mit dem linken Rande in einen Einband gebunden und einmal gefaltet.

Hinter diesen Resten der Rolle von 13.. sind die drei Blätter der Rolle von 1262 eingebunden. Mit ihnen ist dabei ähnlich verfahren wie mit jenen, nur sind sie nicht quer durchgeschnitten, was wegen der Schrift auf Vorder- und Rückseite nicht gut anging, dafür aber doppelt gefaltet, von unten nach oben und von rechts nach links. Die Nahtränder sind zum Teil beschnitten, Nahtlöcher sind noch sichtbar unten beim ersten und oben und unten beim zweiten Blatt.

Die Bannrolle von 1262 ist zur Zeit als sie noch Rolle war, also ehe sie nach Paris kam, verstümmelt worden. Ein Riss, der links oben begann und schräg abwärts zur rechten Seite hinüber verlief, hat von dem ersten Blatt die grössere Hälfte, von dem zweiten Blatt noch ein gutes Stück, die rechte obere Ecke weggenommen. Das erhaltene Stück des ersten Blattes läuft oben links in eine schmale Spitze aus und ist unten nur 24,3 cm breit. Das zweite Blatt hat, bei einer Länge von 70 cm, in seinem jetzigen Zustande oben 27, beim Anfang des zweiten Drittels (Eintrag 126) 48 und unten 48,5 cm Breite.

Infolge eines eigentümlichen Zufalls lässt sich auch die ursprüngliche Grösse des ersten Blattes ziemlich genau angeben. Es sind nämlich aus Versehen von dem Schreiber die Einträge des Ostertermins für Porte Moselle im Augusttermin wiederholt worden. Eintrag 141 ist = 27, also 115 = 1. Von Lowions in 120 ist bei 6 das L, von Allexandrins in 119 bei 5 die untere Ecke des Buchstabens A erhalten. Es ergibt sich, dass ausser den einleitenden Angaben über das Jahr, den Schöffenmeister und die drei Maier die vier ersten Einträge verloren sind, das macht zusammen etwa 6 cm; da das erhaltene Pergamentstück links 66 cm lang ist, so hatte das ganze Pergament eine Länge von 72 cm, die Breite wird wohl ungefähr so viel wie unten beim zweiten Blatt, also 48,5 cm haben betragen.

Der Verlust des abgerissenen Stückes hat zur Folge, dass wir auf der Vorderseite das Ende, auf der Rückseite den Anfang der

— XXXV —

beteiligten Zeilen nicht kennen. Das macht sich sehr empfindlich geltend auf Blatt I, wo in der untersten Zeile von dem Eintrag 96 noch beinahe die Hälfte fehlt, und ist auf Blatt II über 126 hinaus zu spüren bis 136 und noch bei 141 und 144, obwohl sich am Schluss der Zeilen von 119 an fast alles ergänzen lässt. Auf der Rückseite sind die sieben obersten Zeilen mit den Einträgen 197 bis 203 ganz verloren, ferner die Einträge 205—209 und nachher noch einige bis 123, die mit ihrem Ende nicht weit genug nach rechts hinüberreichten. Bei 196 ist das t des letzten Wortes doit, bei 204 das s von ceus erhalten. Die erste ganz überlieferte Zeile ist auf der Rückseite des zweiten Blattes die von 342.

Auf die Vorderseite des zweiten Blattes, die mit dem Eintrag 188 endet, hat Schreiber 2 rechts unten die Worte hingesetzt: Torne la pel. Er glaubte damals, dass zwei Blätter für die Rolle genügen würden, aber man brauchte nachher doch noch ein drittes Blatt. Dieses unversehrt erhaltene Blatt ist 45—45,7 cm lang und 48 breit. Auf der Rückseite haben die Einträge 375—419 Platz gefunden, auf der Vorderseite, die im übrigen leer geblieben ist, liest man, wenn man das Blatt so wendet, dass der letzte Eintrag der Rückseite (419) die oberste Zeile bildet, die mit grossen Buchstaben in den Schriftzügen der alten Zeit geschriebenen Worte Li ban de l'aneie signor Pieron Thomes. Die drei Blätter wurden einst so aufgerollt, dass diese Aufschrift auf der Aussenseite sichtbar war. Sie gibt uns die Möglichkeit, obwohl der Anfang der Rolle mit der Jahreszahl verloren ist, die Zeit der Rolle zu bestimmen. Pieres Thomes ist Schöffenmeister gewesen 1262, vielleicht 1263.[1])

---

[1]) Die Listen der Schöffenmeister sind verhältnismässig jung und für das 13. Jahrhundert nicht gerade zuverlässig. Alle setzen z. B. Matheus Gaillars in das Jahr 1231 und Thiebaus Fouras in das Jahr 1289, und doch entnehmen wir mit Sicherheit aus den in ihren Amtsjahren geschriebenen und im Original erhaltenen Banrollen, dass der eine 1227 und der andere 1288 Schöffenmeister gewesen ist.

Für das 11. und 12. Jahrhundert hat der ältere Teil der in Cheltenham liegenden sogenannten Chronik Praillon (in neuer Abschrift im Metzer Bezirksarchiv) eine Reihe von Namen, die aus Urkunden zusammengesucht sind. Der Chronist hat gearbeitet gerade wie ein Forscher unserer Zeit. Man vergleiche seine von Meurisse, Hist. des Evesques de Metz übernommene Namenreihe mit denen, die Sauerland, Immunität S. 14, und Voigt, Jahrb. V S. 18 zusammengestellt haben. Es sind einige Namen mehr, einige weniger, doch im ganzen dieselben. Aber leider lässt uns die Chronik Praillon für das 13. Jahrhundert

— XXXVI —

Die Rolle ist sorgfältig und schön geschrieben von Schreiber 3, einige Zusätze und Einträge stammen von Schreiber 2.

Mairie	Eintrag	Blatt	Länge	Breite	Schreiber	
PM¹	1*—27	I Vord.	66 (72?) cm	48,5?	3	
PS¹	28*—75	I „			3	2 verb. 46
OM¹	76*—96	I „			3	
OM¹	97—114	II „	70	48,5	3	2 verb. 106
PM²	115*—164	II „			3	
PS²	165*—188	II „			3	
PS²	189—234?	I Rücks.			3	2 Torne la pel
OM²	235*?—254?	I „			3	
PM³	255*?—283	I „			3	
PM³	284—306	II „			3	2 verb. 286, 303
PS³	307*—374	II „			3	2 verb. 381, 383,
PS³	375—383	III „	45—45,7	48	3	schreibt 382 von
OM³	384*—419	III „			3	p. b. an, 419 ganz.
	419*	III Vord.			3	

Nicht ausgeführt: 73, 74, 75.
Irrtümlich wiederholt und deshalb durchgestrichen: 115—131.

---

im Stich. Seine Reihe hört auf mit 1216, nachher nennt er noch die Schöffenmeister von 1221 und 1222.

Als Ersatz haben wir die Chronik von Phil. de Vigneulles, Metz. Stadtbibl. mss. 838—840, und drei Schöffenmeisterlisten, ebenda mss. 828 [78], 855 [105] und 905 [155]. Nach der Chronik und 885 ist Pierre Thomes 1263, nach 828 und 905 aber 1262 Schöffenmeister gewesen. Die beiden Listen, die Tabouillot's Namen tragen, kommen nicht in Betracht, da die eine, 887 [137], von 855 und die andere, 905, von der im Verzeichnis nicht erwähnten, aber hinter fol. 334 eingehefteten älteren Liste 905 abgeschrieben ist. 905 hat die ältesten Namen von Praillon übernommen, sie fängt mit Arnolbert (1032) an und reicht bis 1626; sie entspricht im allgemeinen der von Meurisse 1634 gedruckten, hat sogar für Thomes dieselbe fehlerhafte Form Tonnet, kann aber wegen einiger Abweichungen nicht für ihn Vorlage gewesen sein. Die beiden anderen Listen beginnen wie Phil. von Vigneulles ihre Reihe mit Benoy (1170). 828 endigt mit 1501, und ist, in dieser Zeit oder doch bald nachher geschrieben, die älteste erhaltene Liste. 855 reicht zwar nur bis 1326, ist aber eine Handschrift des 17. Jahrhunderts. Dass sie die Schöffenmeister von 1219 und 1220 vertauscht, ermuntert nicht

1267

Fünf Pergamentblätter, auf Vorder- und Rückseite beschrieben und mit weissem Faden in feinen Stichen aneinandergenäht, und ein schmaler nur auf der Vorderseite beschriebener Pergamentstreifen, der mit groben Stichen zwischen das dritte und vierte Pergamentblatt eingeheftet worden ist.

Die Rolle ist nicht gut erhalten, unversehrt sind nur der Streifen (IV) und das letzte Blatt (VI), von den übrigen Blättern

gerade zu ihrer Benutzung. Auch Phil. von Vigneulles bietet uns für die ältere Zeit und besonders für die Frage, die hier behandelt wird, mit seiner Chronik nur eine sehr unzuverlässige Quelle. Er lässt z. B. Simon Bellegree 1196–1200 Schöffenmeister sein (Huguenin Chron. S. 24), wie in den Listen 828 und 855, und merkt gar nicht, indem er die ältere Uebersetzung von Bertrams Urkunde 1197 mit dem zweifellos für dieses Jahr richtigen Namen des Schöffenmeisters Regnier abschreibt (Hug. S. 25), den offenbaren Widerspruch zwischen beiden Angaben. Es ist flüchtige Flickarbeit. Nicht besser steht es mit dem Absatz, der von 1262 und 63 handelt. Zunächst wird die Wahl des Bischofs Philipp in das Amtsjahr des Schöffenmeisters Jehan Trowan gesetzt, in der Chronik 1262, obwohl die Doppelwahl wahrscheinlich bald nach dem Tode des Vorgängers (1260) stattgefunden hat und obwohl die gegen Philipp entscheidende Bulle des Papstes Urban IV (Ben. III, 214) schon vom 13. April 1262 datiert. Nachdem die Chronik den Tod des abgesetzten Bischofs erwähnt hat, fährt sie fort: A l'encommencement que cest evesque fut creé, quant le milliaire couroit par mil deux cent et LXIII, fut alors maistre eschevin de Metz le sire Pierre Thomas. Das ist mindestens sehr ungenau ausgedrückt. Dann folgt der Satz: Et en celle année furent faictes les alliances de ceulx de Bar et de ceulx de Mets. Es sind zwei Verträge geschlossen worden, der erste 30. VII. 1262 zwischen dem Grafen von Bar und drei Metzer Paraigen und der zweite 18. VI. 1263 zwischen dem Grafen von Bar, dem Bischof von Metz und der Stadt Metz. (Calmet, Hist. de Lorraine, I. Ausg. IV, CCCCLXXXIX ff, de Wailly, Notices et extraits 79 und 84.) Die Liste 828 hat den Zusatz „En celluy temps fuit faicte l'alliance de Bair et de Mets", auch zu Pierre Thomes, aber zum Jahr 1262; wenn damit der erste Vertrag gemeint ist, so fehlt bei 1263 eine Angabe über den zweiten Vertrag. Beide Überlieferungen lassen also die nötige Deutlichkeit und Genauigkeit vermissen. Vor allem aber, da wir nicht feststellen können, von wem und wann dieser Zusatz zuerst mit Pierre Thomes in Verbindung gebracht ist, ob bald nachher oder 100 oder 200 Jahre später, so hat er bei den vorhandenen Widersprüchen und der allgemeinen Unzuverlässigkeit des Chronisten für das, worauf es hier ankommt, gar keine Beweiskraft.

Der Vertrag von 1263 trägt nicht die Unterschrift des Schöffenmeisters, auch sonst sind Urkunden aus den Jahren 1262 und 1263 mit dem Namen des Schöffenmeisters nicht überliefert, wenigstens nicht veröffentlicht. Ein sicherer Beweis lässt sich also zur Zeit weder für 1262 noch für 1263 führen. Daher scheint es richtig, zumal die älteste Liste (828) und die ausführlichste (905) Pierre Thomes in das Jahr 1262 setzen, der Bannrolle das Jahr zu lassen, das ihr Prost, Régime ancien, S. 80, gegeben hat, nämlich 1262.

sind II, III und V am rechten Rand mehr beschädigt als am linken, I nur am linken Rand, aber hier besonders stark, oben bis zu 5 cm in das Blatt hinein. Doch haben sich, abgesehen von einigen Namen am Anfang der Einträge 1—35, alle Lücken ergänzen lassen.

Schreiber 4 führt die Rolle von Anfang bis Ende. Er schreibt gleichmässig und deutlich, mit Zeilenabstand von 7—8 mm, die Bleilinien sind auf der Rückseite von V und VI meist noch erkennbar. Bei jedem der drei Termine arbeitet er der Reihe nach für Porte Moselle, Porsaillis und Outre Moselle, aber er schliesst die Arbeit für alle drei Mairien fast gleichzeitig ab. Er beginnt nämlich, ehe er die nötigen Vorlagen für alle Einträge, ja sogar ehe er alle Anmeldungen hat. Zuerst schreibt er die ihm fertig vorliegenden Anträge nieder, von denen jeder gewöhnlich eine ganze Zeile seines Pergamentblattes ausfüllt. Dann setzt er an die Spitze der folgenden Zeilen die Namen derjenigen Personen, die einen Antrag schon angemeldet, aber die Beweisstücke noch nicht vorgelegt haben, z. B. bei PS^1 69—115, bei OM^1 143—150, bei PS^2 224—241. Schliesslich lässt er, wenn er noch neue Anmeldungen erwartet, für diese einige Zeilen offen. Laufen die Beweisstücke nicht rechtzeitig ein, so wird die Liste geschlossen und der Antragsteller hat vergebens Bann genommen. Sein Name bleibt stehen, wie bei 73 und 82, oder wird durchgestrichen, wie bei 28, oder ausgekratzt, wie zwischen 241 und 242, und die Zeilen werden nicht ausgefüllt.

Schwierig ist für den Schreiber die Berechnung des Platzes für neue Anmeldungen. Bei PS^3 hat er sich verrechnet, zwischen 453 und 454 sind zwei Zeilen freigeblieben und hinter 454 gar 15. Aber er hat sich in diesem Falle zu helfen gewusst. Denn da es bei OM^3 am Ende des letzten Pergamentblattes an Platz fehlte, so schrieb er die kurz vor Schluss des Terminus eingelaufenen Anträge dieser Mairie auf den freigelassenen Raum hinter PS^3 und brachte sie somit statt ans Ende an die Spitze der Einträge von OM^3. Vgl. die Anmerkung zum Text 1267, 469.

Bei jedem der drei Termine verwendet der Schreiber zuletzt viel hellere Tinte als gewöhnlich. Es lässt sich infolge dessen gut übersehen, wie weit er kurz vor Schluss des Termins mit seiner Arbeit war. Am deutlichsten ist es beim dritten Termin. Bei PM^3 sind die zwei letzten Einträge, 324 und 325, bei PS^3 die 21 letzten, 433—453, bei OM^3 514 und 515 und am Schluss der ganzen Rolle der Name der Ausgewiesenen (516) mit der hellen Tinte geschrieben.

— XXXIX —

Bei dieser abschliessenden Arbeit am Ende jedes Termins ist aber Schreiber 4 nicht allein tätig, es hilft Schreiber 2, indem er hinter den Namen des Baunnehmers z. B. bei 27 (PM¹), 93 (PS¹), 143 (OM¹) den Eintrag gesetzt oder diesen wie z. B. bei 228, 233, 240 (PS²) von Anfang bis Ende geschrieben hat. Schreiber 2 führt überhaupt wohl die Aufsicht über die ganze Arbeit; denn er verbessert auch sonst und setzt hinzu, wie die Zusammenstellung unten zeigt.

Mairie	Eintrag	Blatt	Länge	Breite		Schreiber
PM¹	1*—31	I Vord.	42 cm	54,5 cm	4	2 schreibt von p. b. an 27, 93, 109, 143, 145, 146, 149, 150. 5 verb. 79.
PS¹	32*—99	II „	39,5	„	4	
PS¹	100—115	III „	44,5	„	4	
OM¹	116*—150	III „			4	
PM²	151*—154	III „			4	
PM²	155	IV „	7,7—5,7	51,8	4	5 schreibt 155.
PM²	156—179	V „	44,7	54,5	4	2 verb. 197, 201, 212. 241, 2 schreibt von p.b. an 228, 233, 240.
PS²	180*—207	V „			4	
PS²	208—245	VI „	40	„	4	
OM²	246*—259	VI „			4	
OM²	260—267	I Rücks.			4	5 verb. 247.
PM³	268*—310	I „			4	2 verb. 296, 297.
PM³	311—325	II „			4	
PS³	326*—357	II „			4	2 verb. 326, 332, 336, 350/1, 376, 386, 413.
PS³	358—415	III „			4	
PS³	416—454	V „			4	2 schreibt 451, 453 von p. b. an, 454 ganz, verb. 456.
OM³	455*—468	V „			4	
OM³	469—515	VI „			4	
Porjngiot	516	VI „			4	

Nicht ausgeführt: 28, 73, 82, 96, 104, 452.
Durchgestrichen: 9, 28, 37, 84, 96, 104, 312, 326.
Durchgestrichen, aber wiederholt 167, 181—186.

Nachdem diese beiden Schreiber die Arbeit des dritten Termins beendet hatten, sind die fünf Pergamentblätter mit weissem Faden und feinen Stichen zusammengenäht worden.

Es sind aber auch noch die Züge einer dritten Hand bemerkbar, die des Schreibers 5. Auch dieser macht Zusätze, nähere Bestimmungen mit permey anfangend; den Eintrag 167 hat er gestrichen und ihn ersetzt durch den Eintrag 155, dem er einen ausführlichen Zusatz über die Rechte eines Dritten an dem erworbenen Garten gegeben hat. Da die Rolle schon fertig war, schrieb er es auf den erwähnten Pergamentstreifen und schob diesen auf die angegebene Weise ein. Vgl. die Anmerkung zum Text 1267, 155. Das ist einer der auf S. XXX besprochenen Fälle: Ein Dritter verlangte nach der öffentlichen Verlesung der Rolle einen Zusatz, in dem seine Rechte an dem Grundstück genau anzugeben waren.

Die Art, wie Schreiber 4 und mit ihm Schreiber 2 gearbeitet hat, verlangt aber noch eine Besprechung. Dass der Schreiber in dem Getriebe des Banntages die Reinarbeit der Rolle begonnen hat, darf man wohl bezweifeln, keinenfalls hat er an dem einen Tage Zeit und Ruhe gefunden, alle Einträge des Termins für die drei Mairien einzuschreiben. Wenn er nachher gegen das Ende hin zunächst nur die Namen der Bannnehmer eingetragen hat, so ist das schon damit erklärt, dass der Betreffende die Anmeldung zwar gemacht, wohl auch das Banngeld schon entrichtet, aber noch nicht die Belege beigebracht hatte. Wenn aber der Schreiber ausserdem freien Platz gelassen hat, den er selbst oder Schreiber 2 später, wenn auch mitunter nur zum Teil ausfüllte, so sehe ich dafür keine andere Erklärung, als dass auch nach dem Banntage noch Anmeldungen angenommen wurden, ob erlaubter oder unerlaubter Weise mag dahingestellt bleiben.

1269

Drei fast gleich grosse Pergamentblätter, auf Vorder- und Rückseite beschrieben, zusammengenäht wie die Blätter von 1267, gut erhalten, wenn auch etwas fleckig geworden. Es fehlen die beiden oberen Ecken von Blatt I, sie sind abgegriffen und abgerissen, weil man an ihnen die Rollen beim Öffnen anzufassen pflegte.

Schreiber 4 hat bis 53, Schreiber 6 von 54 bis zum Schluss geschrieben. Die Arbeit ist in gleicher Weise eingeteilt und ausgeführt worden wie bei der Rolle von 1267. Es ist also erst der Reihe nach für jede Mairie der vorliegende Stoff aufgearbeitet, dann der inzwischen eingelaufene eingefügt und nachgetragen und am Ende jedes Termins mit Hülfe und unter Aufsicht des Schreibers 2 die Arbeit für die drei Mairien abgeschlossen. Der Anfang jeder der neun Abteilungen ist durch die rote Farbe des ersten

Buchstabens kenntlich gemacht. Von Schreiber 5 rühren wieder drei Zusätze her.

Mit dem Platz kam man diesmal nicht immer so gut aus wie 1267. Wohl hatte man hinter PS^1 mehr Raum als nötig freigelassen, aber bei PM^2 geriet man ins Gedränge, als am Schluss des Termins noch vier Anmeldungen eingingen. Der erste von diesen Einträgen, 197, füllte die einzige freie Zeile, der zweite musste in die Zeile von 195, der dritte hinter die Überschrift von Porsaillis geschrieben werden, der vierte Eintrag war erst aus Versehen bei Porsaillis als 214 untergebracht, wurde dort, sobald der Irrtum erkannt war, gestrichen und fand nun bei PM^2 hinter 184, aber nur in gekürzter Form als 185 Platz. Auf diese Weise waren aber bei 196, 198 und 185 die Namen der Antragsteller nicht wie sonst immer an den Kopf der Zeile gekommen, so dass bei späterem Nachsuchen diese Einträge leicht übersehen werden konnten.

Um das in Zukunft zu vermeiden, liess Schreiber 6 von jetzt an hinter jeder Mairie einen breiten Raum frei. Freilich ist dieser nicht immer ausgenutzt worden. Hinter PS^2 sind 12, vor PS^3 10 Zeilen leer geblieben. Vor PM^3 hat der Schreiber 6 sogar ohne richtige Überlegung 10 Zeilen überschlagen, zwecklos, denn als der dritte Termin begann, gab es nichts mehr, was man für den zweiten Termin hinter OM^2 hätte nachtragen können. Ferner hat Schreiber 2, ohne auf den freien Platz am Ende der Mairie zu achten, anfangs nach alter Gewohnheit noch eingeschoben, wo er Platz fand, auf dem unteren und oberen Rand des Pergaments, so 215—217 oben, 301 unten auf Blatt III. Sehr nützlich erwies sich dafür aber der freie Raum hinter PS^3, wo Schreiber 2 noch 6 Einträge einzufügen hatte, darunter den ungewöhnlich langen von 490, der allein 8 Zeilen des Pergaments füllte. Die Gefahr, dass am Schluss der ganzen Rolle nicht Platz genug blieb, wurde glücklich vermieden, für die Namen der zwei Ausgewiesenen waren gerade noch die nötigen Zeilen übrig.

Wie bei 1267 sind erst nach Beendigung der gesamten Schreibarbeit die Pergamentblätter zusammengenäht worden. Es liegt das schon in der Natur der Sache, denn es war bequemer ein einzelnes Blatt beim Schreiben zu handhaben als eine lange Rolle, aber es geht auch noch besonders daraus hervor, dass auf der Rückseite der drei Blätter die Schriftzüge nicht gleichartig laufen. Denkt man sich die drei Blätter schon zusammengenäht, als Schreiber 6 zur Rückseite überging, so konnte er entweder, wie bei der Rolle von 1267, oben auf Blatt I beginnen, dann standen die Buchstaben wie auf der Vorderseite, oder er fuhr unten auf Blatt III fort, dann standen sie auf der ganzen Rückseite im Verhältnis zur Vorderseite auf dem Kopf. Aber so stehen sie tatsächlich nur auf Blatt I. Das lässt sich nur erklären, wenn die Blätter beim Wenden noch nicht zusammengenäht waren. Schreiber 6 fing mit 302, dem ersten Eintrag auf der Rückseite, nicht oben, sondern unten auf Blatt I an, indem er dieses verkehrt wendete und nicht überlegte, dass Blatt II nicht am oberen Rand von I angenäht werden durfte, weil dann auf der Vorderseite der Anfang der ganzen Rolle nicht oben gewesen wäre. Bei II und III hat er der Vorderseite entsprechend oben angefangen. Als er beim Zusammennähen das Versehen bemerkte, verwies er mit einem roten Merkzeichen, vier kleinen durch wagerechte Striche verbundenen Kreisen, und mit den Worten verte a dame Marguerite auf das untere Ende von Blatt I, wo die Einträge auf der Rückseite mit 302 Dame Mar-

Mairie	Eintrag	Blatt	Länge	Breite	Schreiber	
PM¹	1*—45	I Vord.	81	49⁵—50⁵	4	5 verb. 35, 6 schreibt 45.
PS¹	46*—53	I „			4	
PS¹	54—106	I „			6	2 verb. 50, 69 und 102, schreibt 105 und 110 von p. b. an.
PS¹	107—110	II „			6	
OM¹	111*—157	II „	80⁵	50⁵—49	6	
PM²	158*—198	II „			6	2 schreibt 185, 197, 198, 214-217, 279-282, 301, verb. 218, 230. 5 verb. 193, 258.
PS²	199*—214	II „			6	
PS²	215—282	III „	77⁵	48⁵—50⁵	6	
OM²	283*—301	III „			6	
OM²	302—336	I Rücks.			6	
PM³	337*—387	I „			6	
PS³	388*—484	II „			6	2 verb. 386, 430, 437,
PS³	485—490	III „			6	2 schreibt 484, 486—490,
OM³	491*—568	III „			6	564/5, 567/8.
Forjugiet	569	III „			6	

Nicht ausgeführt 103, 104, 108, 566.
Durchgestrichen 244 (= 437) 335, 446, 455.

guerite beginnen. Bis 387 stehen sie über Kopf, 388* steht unmittelbar unter 302 oben auf Blatt II.

Damit richtig zusammengenäht würde, waren Merkzeichen auf der Vorderseite angebracht, unten links auf Blatt I und oben links auf Blatt II je ein schräg gestelltes Kreuz, unten rechts auf Blatt II und oben rechts auf Blatt III je drei solche Kreuze. Diese letzten standen schon da, als Schreiber 2 die Einträge 214 unten auf Blatt II und 215 oben auf Blatt III einschob, denn beide Male bricht er nahe dem Ende der Zeilen vor dem Merkzeichen ab und setzt en l'arche lou dist bei 214 über und bei 215 unter die Zeile.

Die Bleilinien sind fast überall sichtbar geblieben, nur nicht auf der Rückseite von Blatt I; da sind sie verwischt, weil diese beim Rollen nach aussen kam.

1275

Zwölf Pergamentstücke von gleicher Breite, aber sehr verschiedener Länge, nur auf der Vorderseite beschrieben, in feinen Stichen mit weissem Faden aneinandergenäht, gut erhalten.

Die Schreibarbeit ist anders eingerichtet und verteilt als in den älteren Rollen. Die Unzuträglichkeiten des bisherigen Verfahrens haben sich seit 1269 wohl so gesteigert, dass man neue Wege suchte. Solange beide Pergamentseiten beschrieben wurden, war die Verteilung schwer, und es wird nicht jedesmal geglückt sein mit dem Pergament so auszukommen, dass mit den letzten Einträgen des Jahres die Rückseite des letzten Blattes sich gerade füllte. 1275 benutzte man daher nur die Vorderseite des Pergaments, auf der Rückseite stehen nur die Namen der Ausgewiesenen.

Bei jedem der drei Termine wurde für jede der drei Mairien ein neues Blatt angefangen. Es waren also mindestens neun Blätter nötig. Weil man nun aber aus Sparsamkeit auch kleinere Stücke verwendete, Abschnitte von anderen, (so ist IV der Rest von I, VI der von II, V ist von IX abgeschnitten) und daher bei PM[2] und PS[2], auch nicht bei OM[3] mit einem Blatte auskam, so hat man im ganzen zwölf gebraucht. Die Hülfsstücke wurden vor Schluss des Termins angenäht. Der Eintrag 196, der letzte von PS[2], steht auf dem unteren Rand von VI und dem oberen Rand des Hülfsstückes VII, ist also geschrieben, nachdem die beiden zusammengehörenden Blätter schon vereinigt waren. Die Hauptblätter wurden nach wie vor erst beim Abschluss des dritten Termins aneinandergenäht. Merkzeichen wie bei der Rolle von 1269 waren dazu nicht mehr nötig, da jedes Blatt am Kopf den Namen seiner Mairie und den Termin zeigte.

Mairie	Eintrag	Blatt	Länge	Breite	Schreiber	
PM[1]	1*—30	I	45⁵ cm	50⁵—51⁵	3	5 schreibt 21 von sus an, 22, 24—29.
PS[1]	31*—71	II	37	50⁵—51	6	2 schreibt 31*, 31.
PS[1]	72—84	II			3	
OM[1]	85*—133	III	48—45	51—52	7	8 verb. 133.
PM[2]	134*—152	IV	22	50—50⁵	3	
PM[2]	153—160	V	12	51		5 schreibt 153—160.
PS[2]	161*—196	VI	23⁵	51	6	3 schreibt 196.
PS[2]	196—231	VII	27	51—52	3	2 verb. 185, 218
OM[2]	232*—270	VIII	34⁵—37³	52	7	3 schreibt 247.
PM[3]	271*—328	IX	45—47⁵	50⁵—52	3	5 schreibt 317—328.
PS[3]	329*—428	X	72	51—51⁵	3	7 verb. 330, 412, 416, 419, 424, 425, schreibt 428 auf Blatt X und XI.
OM[3]	429*—499	XI	64—66	51⁵—53	7	2 schreibt 329, 355, verb. 367, 382, 455.
OM[3]	500—513	XII	12	52⁵—53	7	
Perjugiet	514	XII Rücks.	4,45 m		3	
Durchgestrichen: 17, 63, 77, 93, 127, 157, 189 (= 203), 197, 228, 279, 297, 319, 351, 409.						

Eine weitere Neuerung ist, dass nicht mehr ein, sondern drei Schreiber die Hauptarbeit verrichten, indem jede Mairie einen eigenen Schreiber für sich hat. Ausserdem führt Schreiber 2 noch wie bisher die Aufsicht und Schreiber 5 macht Zusätze und tritt aushülfsweise bei der Mairie PM ein. In dieser Mairie wird die Rolle von Schreiber 3 geführt, demselben, der die Rolle von 1262 von Anfang bis Ende geschrieben hat. Er zeichnet sich aus durch eine schöne und klare Schrift, die den besonderen Vorteil hat, dass sie alle Buchstaben genau unterscheiden lässt, vor allem n und u. Es heisst sicher Tiguienne, nicht Tignienne, wie seit Meurisse durch drei Jahrhunderte hindurch gedruckt worden ist, nicht Papennate, sondern Papemiate usw. Schreiber 4 ist für immer verschwunden, Schreiber 6 ist zuletzt bei PS[2] tätig, bei PS[3] hat seine Arbeit auch Schreiber 3 übernommen. Bei beiden, bei 4 und bei 6, ist die Unterscheidung des n und des u sehr schwierig. Schreiber 7

— XLV —

erscheint zum ersten Mal, er übernimmt die Arbeit für die Mairie OM und behält sie durch alle folgenden Jahrgänge bis 1298. Er schreibt zwar nicht so schön wie 3, aber doch auch deutlich.

Beim Beginn hat jeder Schreiber so viel Arbeitsstoff, dass er glatt durchschreibt, gegen Ende aber zeigt sich Wechsel in der Schrift. So hat z. B. Schreiber 7 bei OM^1 von 85*—122 ganz gleichmässig geschrieben, von 123—133 verwendet er dunklere Tinte und schreibt grössere Buchstaben, die von 123—127 stärkeren Druck zeigen als von 128—133. Die zuletzt eingelaufenen Anmeldungen sind also in kürzeren Absätzen eingetragen oder, ganz abgesehen von der Tätigkeit des Schreibers 2, von einem anderen Schreiber hinzugefügt, so bei PM von Schreiber 5. Es steht in dieser Rolle der Name eines Bannnehmers nie allein, wie mehrmals 1267 und 1269, auch ist nicht bemerkbar, dass einer oder eine ganze Reihe dieser Namen im voraus ohne den zugehörigen Satz eingeschrieben wäre, vielmehr ist jeder Satz gleich von Anfang bis Ende eingetragen.

1278

Mairie	Eintrag	Blatt	Länge	Breite	Schreiber	
PM^1	1*—44	I	46 cm	50	3	
PS^1	45*—100	II	44^5	52	3	
PS^1	101—148	III	38^8	50^5—51^5	3	9 verb. 131.
PS^1	149—155	IV	10	50	3	
OM^1	156*—222	V	48	51^5	7	
PM^2	223*—253	VI	26^5	51	3	10 verb. 253, aber erst im Jahr 1282.
PS^2	254*—331	VII	71^3	50^5	3	
OM^2	322*—360	VIII	22	53	7	
PM^3	361*—419	IX	47	52	3	
PM^3	420—429	X	14	51^5	3	
PS^3	430*—519	XI	75	50^5—50^8	3	
PS^3	520—572	XII	46	50^7—51	3	
OM^3	573*—664	XIII	67	52	7	3 verb. 639, 643, 660.
OM^3	665—670	XIV	6^5	52	7	
Vorjagiet	671	III Rücks.	$5{,}62^6$ m		3	

— XLVI —

Nicht ausgeführt: 42, 150, 154, 215/6, 219—222, 324, 326/7, 329—331, 359/60, 429, 567, 571, 670.
Durchgestrichen: 127, 131, 132 (= 155), 225, 389, 474 (= 325), 581, 647 (= 1279, 584).

Vierzehn Pergamentstücke von sehr verschiedener Grösse, die meisten sind mit weissem Faden in engen, etwa 150 Stichen aneinandergenäht, nur die Blätter V und VI, VII und VIII, VIII und IX, XII und XIII, also immer wenn OM beteiligt war, sind in etwa 10 weiten Stichen zusammengeheftet. Blatt I hat rechts oben zwei grosse Risse, die Ecke fehlt, der Rand ist bei den meisten Blättern rechts etwas beschädigt, sonst ist die Rolle gut erhalten.

Bei ihr und bei allen folgenden bis 1298 ist die Einrichtung von 1275 beibehalten. Abgesehen von den wenigen Namen der Ausgewiesenen ist nur die Vorderseite des Pergaments beschrieben. Es wird mit jedem der drei Termine und mit jeder der drei Mairien ein neues Blatt begonnen; reicht man mit ihm nicht aus, so wird ein Hülfsblatt angenäht. Die Bleilinien sind auf allen Blättern sichtbar, sie sind quer über die ganze Seite gezogen, eine Zeile reicht meistens für einen Eintrag aus.

1279

Mairie	Eintrag	Blatt	Länge	Breite		Schreiber
PM¹	1*—35	I	36 cm	52 cm	3	
PS¹	36*—107	II	57	51	3	
OM¹	108*—168	III	51⁵	48—51⁵	7	5 verb. 151 und 156.
PM²	169*—209	IV	41—42	51—52	3	5 verb. 181.
PS²	210*—286	V	65⁵—67	50⁵	3	5 verb. 255.
OM²	287*—344	VI	40	53	7	
PM³	345*—406	VII	61—61⁵	51—51⁵	3	
PM³	407—420	VIII	17	51	3	
PS³	421*—421	VIII			3	
PS³	422—504	IX	68—69	50—50⁵	3	
PS³	505—521	X	14⁵—16	50—51	3	5 verb. 514.
OM³	522*—595	XI	51⁵—52	52—52⁵	7	5 verb. 535, 537, 556.
Vorjugict	596	IX Rücks.	5,05 m		7	

Nicht ausgeführt: 164—166, 168, 337/8, 340—343.
Durchgestrichen: 28, 92, 239, 272.

Elf Pergamentstücke verschiedener Grösse in feinen Stichen mit weissem Faden aneinandergenäht. Die Rolle ist sehr gut erhalten und sehr gut geschrieben.

V. Bemerkungen zur Herausgabe.

Die Schreibung der Vorlage ist mit einigen Ausnahmen getreu beibehalten.

Die Abkürzungen sind aufgelöst. Bei der Wahl von par und per hat der Gebrauch der Rolle oder des Schreibers, soweit er sich feststellen liess, den Ausschlag gegeben. Übernommen sind die Abkürzungen p. b. für prant ban, mt. und met. für messins (metensis), lb. = livres, s. = sols, d. = deniers, S. und Ste; signor ist fast immer ausgeschrieben. Ich selbst habe abgekürzt den so oft wiederkehrenden Satzschluss ensi com li escris en l'airche lou dist.

Aenderungen sind vorgenommen bei den Buchstaben i j und u v, und zwar so, dass i und u für den Vokal, j und v für den Konsonanten gesetzt sind. Es ist also gedruckt jor statt ior, permei statt permej, une statt vne, covant, feivre, stuve, vigne statt couant, feiure, stuue, uigne. uu = w ist beibehalten, z. B. in auuec. Bei Eigennamen ist die alte Schreibung nicht geändert, Vguignon und Vlris sind geblieben und es stehen nebeneinander Auroyns und Avroyns, Chaneuiere und Chaneviere, Chieuremont und Chievremont. Über die Gewohnheiten der alten Schreiber geben die Verzeichnisse nach Möglichkeit Auskunft.

Den Eigennamen sind grosse Anfangsbuchstaben gegeben. Bei manchen Wörtern war es schwierig zu entscheiden, wann sie Eigennamen seien, wann nicht. Berufsbezeichnungen sind zu Personennamen geworden wie li merciers, li xavins, Ortsbezeichnungen zu Flurnamen wie a chene, a l'orme, a la barre. Im einzelnen Falle habe ich oft geschwankt und ich bin durchaus nicht sicher stets das Richtige getroffen zu haben.

Willkürliche Worttrennungen und Wortvereinigungen der Schreiber sind berichtigt. Wenn lai chainge, le stuve geschrieben war, so ist l'aichainge (= l'échange) l'estuve (= Badstube) gedruckt worden. Verbindungen wie lamaison, ouban, demes, delacort sind in ihre Teile zerlegt; permey, ancoste enson sind als ein oder zwei

Wörter belassen. Nicht so einfach war es darüber Regeln zu geben und einzuhalten bei Eigennamen, deren zwei Bestandteile ebenso oft getrennt wie vereinigt waren. Getrennt habe ich outre Saille, Porte Moselle, Hardie Piere. Haut Champel, Longe Roie, Champ a Saille, vereinigt Bellebarbe, Corssenzairme, Abertterme, Bernartfontainne, Wadrimnowe, Furneirue, aber auch Longeawe, Longeteire.

Der damals nicht gebräuchliche Bindestrich ist vermieden, der Apostroph aber, um das Verständnis zu erleichtern, gesetzt.

Statt der alten ganz willkürlichen Interpunktion ist die heutige angewendet. Die Benediktiner haben sehr viele Kommata gesetzt, de Wailly setzt später mehr als anfangs, Prost schwankt, für mich, den an die deutsche Interpunktion gewöhnten, bitte ich um Nachsicht, wenn ich darin gefehlt habe und besonders französischen Lesern nicht gerecht geworden bin.

Das von eckigen Klammern Eingeschlossene fehlt in der Vorlage. Wenn es fehlt, weil das Pergament beschädigt ist, so gibt eine Anmerkung darüber Aufklärung, aber gewöhnlich nicht, wenn der Schreiber sich versehen hat.

Die Einträge sind von mir numeriert worden, damit in den Verzeichnissen auf sie verwiesen werden kann.

Anhang I.

Die Urkunde Bertrams 8. VII. 1197.

Kartular der Stadt Metz. Stadtbibl., Mss. 751.

Fol. 87 no 132.	*Fol. 103 no 149.*
Übersetzung des 14. Jahrhunderts.	*Übersetzung des 16. Jahrhunderts.*

Ben. III, 164.

Huguenin, Chron. S. 24.

Li premiers estaublissement des amans.

Institutions dez amants nouvellement translateis de laitin en francoy sur l'original et principal, venant de l'arche au Grant Moustier de x jour d'octobre mil v^c et xlv comme par le vidymus appairet.

On nom de sainte Triniteit. Amen. Bertrans, par la grace de Dieu evesques de Mes, a tous ses fils en Dieu et fiables les citains de Mets a tous jours maix fais a savoir, que comme il soit enci ke li pueples de toutes gens crestienne se pueent plus avoir par devotion, se li euer dou siecle paixiblement et selon l'ordre dou ciel est aidrecies, et com il appartient a nous et a nostre office amiablement sus lou dit pueple de Mets de metre en paix et d'aidrecier, pour la raixon de la cure que nous en avons resuit, et d'aibaixier les noixes et les ocquisons, de contans et de tous damaiges qui advenir puent devons osteir; com li citains de Mets aucunes coustumes aient eut souventesfois en leur jugemens et ressuit pour droit commun niant profitable, pour la queil chose justice en ait

En nom de la saincte et indivisee Trinite. Bertraud, par la grace de Dieu evesque de Metz, aux tres chiers ses filz et fidelz en Jhesu Crist borgeois de Metz, a tous jour mais, pour autant que le peuple fidel pouldra lors plus facilement en devotion tranquille se rescouir, si par ordre divin le cours de ce monde luy soit dresses paisiblement, il appertient a nous specialement, qui avons prins le nom et l'office d'entendre sur le dit peuple et oster diligentement et par bon estude les occasions des debatz et contention averant l'universel semencier de caption pernicieuse; de ce est il que quant les bourgeois de Metz ont bien longuement receu en jugement aulcunes coustumes moins justes pour droit commun et par ce souvanteffois la justices de plussieurs estoit maintes fois defaillit et en ait esteit abaixiee, toutevoies en la fin nous voulons et entandons les diz citains pourvoir d'uzeir de millour droit; et pour voir yceaulz volantier en cestui cais, pour lou bien et commun profit de pluxours et advenir, et pour la grant xurteit que nous avons veut en ceste chose, de nostre auctoriteit premierement, de toute la clargiet, et par lou consoil de nostre pueple de la citeit de Mets, et pour l'amour de cyaulz, et par lour consantement et lour auctoriteit, li dis citains ont eslut une voie amiable et profitable pour lour bezoingnes metre ai fin, et pour ceaulz qui vainront apres eaulz, ont establit ung statu a wardeir a tous jours maix, par commun aicort, en teil maniere que l tesmoignaiges fiables par toute la citeit courcet et ait vigour, et que li contraict et li merchies et les convenances que faites seront par lai citeit soient mises en escrit, pour avoir juste memoire de ceaulz et pour osteir dor en avant touz falz blaimes que pourroient advenir suz ceaulz; et pour lou dit escrit wardeir en chescune esglise parrochalz serait une airche, en la queille II serres seront et II cleif, les quelles II cleifz[1]) II prodommes seront eslus en lai parroche de bonne re-

en peril, a la fin leurs veuillans proveoir de droitz plus utilz, tant plus facilement et voluntier leurs avons accordes en ceste partie, d'autant que nous avons preveu par ce les comoditez et securitez de plussieurs, pour autant de nostre auctorite avec le conseil, faveur et approbation de tout le clerge et de nostre peuple, les ditz bourgeois ont receu pour tous jour mais d'observer pour [eulx] et leurs posteritez la maniere plus amyable ou plus venable pour termineir les affaires des soubiectz a eulx, il ait este ordonneis et avisy, quil ait este dict receu par ung consentement universel, que ung tesmoignaige fidelz antroit bien par toutte la cite, et que les contractz ou pactions que se feroient par la cite se redigeroient par escriptz, pour gardeir le memoir des choses faictes et osteir a l'advenir la calumpnie; et pour la garde des dictes escriptures il y avera une arche en chacune parroiche, chac[une] avec deulx serrures et autant de cleifz, commise a deulx hommes, esleuz par bonne oppinion notables en chacune parroiche, qui garderont ung chacun les dictes cleifz, pareill sans doubte. Sy par adventure debat en advenoit, tout ce que les dictes lettres contiendront, sera tenus aggreable et stable, en quelcune des dictes airches seront trouvez. Touttefois s'il y

---

[1]) les quelles II cleifz *nnten auf der Seite mit Merkzeichen nachgetragen*; seront *vor* eslus *ist stehen geblieben*.

nommeie warderont fiablement, c'est a entandre chescuns une de celles cleif. Et s'il estoit enci que discence fust entre aucune personne, chose ferme et estauble seroit et crue ceu que seront trouvez en escrit mis en une des airches dezour dittes. Et s'il estoit encor enci que aucuns par sa follie voucist aleir contre l'escrit mis en l'une des airches dezour dittes et par son mallice ne voucist croire lou dit escrit, ceu que par les wardours des dittes airches seroit tesmoignes on doit celui ou celle randre sa chose, selonc la tenour dou dit escrit, sens nulz champs¹) de baitaille.

Et est assavoir que se nulz faixoient nulz marchies ne nulles convenances, se par escrit non mis en airche, cilz a cui on demanderoit seroit crus par son simple sairmant, sens nulz champs¹) de baitaille, se il lou donoioit. Et que ses choses soient fermes, avons ces presantes lettres warnit de nostre seel et des tesmoinaiges si desoubz escris, sus la destroite maldisson d'escumeniement, et deffandons qu'il ne soit nulz par

¹) cha *auf Rasur*.

avoit quelqu'un temeraire qui voulsist obveir aux lettres trouvees en l'airche, et qu'il ne desisteroit de sa mauvaitie par l'admonition des ditz hommes, il appartiendroit au maior de l'appelleir a sa presence, et luy estant present, si les ditz hommes gardes des lettres pourtent tesmoignaige pour ung aultre, la sienne chose luy doit estre restituee, selon la sentence des dictes lettres. Et sy tant estoit que luy admonestes du maire mespriseroit de venir, et qu'il se laisseroit bannir, et qu'il ne seroit prins du voues dedans quairante jours, les quairantes jours passez, a l'admonestement de l'aucteur, son prebstre sera tenus d'excomunier le delinquant et toute sa maison, et le constraindera en la vie et en la mort. En oultre cela ne se doit taire que s'il y ait quelcuns que demande a ung aultre quelques choses par merche fait par escript et non mis en airche, et luy a qui l'on demande sera quitte par son simple sairment, s'il nie la demande, sans aulcun object de duel. Et ad fin que dorsenavant telle forme de[s] ordonnances demoure inviolablement, nous les avons faict coroborer par l'auctorite de nostre seel et soubscriptions des tesmoings soubz la destroicte malediction d'excommuniement, en deffandant qu'il n'y ait aulcun qui par sa damnable lesa leigiereteit ou par autre maillice ozeit cestui status¹) quaisseir, brixier ne encontre alleir. Quiquionques essaieroit ou vouroit alleir encontre ces choses et trespasseir les dis status, se il tost ne s'an repent et dignement, il doit savoir qu'il doit souffrir jugement de mort et par sentance doit estre jugies a mort.

Et furent tesmoignaiges ai ceu appelleis Houwes princiers, Gerairs doiens, Bertalz serchieres de l'esglise de Mets, Frankes de S. Vincent, Wichairs de S. Arnolt, Richairs de S. Symphorien et Wairins de S. Clement, abbeiz, Raulz vivandiers, Symons boutilliers, Pieres Malvixin et Hues, sez freres, et Rambalz de Nommeney, chevaliers, Reniers li maistre eschevins, et li aultrez eschevins de Mets, Hues de Porsailliz, Hues de Porte Muzelle et Gerairs d'Outre Muzelle, maiours, et autres pluxours. Donnees a Mets par la main Willame nostre chancellier l'an de l'incarnation nostre signour mil cent quatre vins et dix cet.

---

¹) status *übergeschrieben*.

gierete ou quelconcque mauvaitie onse coronmpre, enfraindre ou casseir nos dictes ordonnances, et celluy qui se attempteroit pour telle transgression et meffaire, si dont n'estoit que tost et dignement il se repentoit, sairche qu'il encourreroit le jugement de la darniere ultion.

Tesmoings Hugues princier, Geraird doyen, Berthold sourchantre de l'eglise de Mets, Franco abbe de Sainct Vincent, Bouchard abbe de Sainct Arnould, Richaird abbe de Sainct Simphorien et Waroin abbe de Sainct Clement, Raoul escuier, Waithier marrischal, Symon boutillier, Pieroc Mauvaisvoisin, Hugues son frere, et Rembauld de Nommeney, chevallier, Remy maistre eschevin et tous les aultres eschevins de Mets, Vgo de Portsaillis, Hugues de Porte Moselle et Geraird d'Oultre Muselle, maire, et plussieurs aultres. Donnes a Mets par la main de Guillaume nostre chancellier aux ydes huictieme de juillet¹) l'an de l'incarnations nostre seigneur mil cent quatre vingtz dix septz l'indiction... epacta... concurrente...²) l'an dixseptieme de nostre pontificat. Amen.

---

¹) = a. d. VIII Idus Julias = *8. Juli.*
²) *Die Zahlen fehlen.*

Die Bestätigungsurkunde König Philipps 27. VI. 1198.

Ebenda Fol. 87 no 133.
Ben. III, 166.
Huguenin, Chron. S. 25.

Confirmation de l'estaublissement des amans.

Philippes, rois des Rommains et aicroissant, ai ces fiables les citains de Mets sai grace et tous biens. Pour osteir les gries de vous et de vos successours des us contre droit escript, et que de coustume lointenne vous soulies avoir en vos plais et en vos causes, de la louwange et dou consentement nostre amey et fiable prince Bertrans, venerables evesques et vostre signour, et a cui dou consoil des personnes de l'esglise de Mets, des abbeys et de la clergiet par bonne entancion avons estaublit, enci com tesmoignaige fiables courcent dorenavant par la citeit et[1]) la digne peticion dou dit evesque avons ottroiet que enci com il est contenus en son autentique, d'auctoriteit roial lou confermons, et fermement deffendons et estroitement que nulles personnes ecclesiastres ou seculeire en nulle maniere contre ceste confirmation wellent alleir. Donneies ai Wermaixe la cinkime kalandre de julet, l'an de l'incarnacion nostre signour mil cent quatre

---

[1]) et = à.

Fol. 103 no 150.

La confirmacion de l'estaublissement des amans.

Philippe, par la grace de Dieu roy des Romains tous jours Auguste etc., a ses feables bourgeois de Metz sa grace et tout bien. Les choses qui sont pour osteir les griefz de vous et de voz successeurs es plaitz et causes par usaiges contrevenates an droit escript, les quelles vous aviens accoustumes avoir pour droit, par la louenge et consentement de nostre chier et feable nostre prince Bertrand, venerable evesque et seigneur, par la comunication du conseil tant de la Grande Eglise comme aussy d'abbez et du clerge de Metz aves ordonnes en bonne intention, assavoir que adfin que tesmoignaige fidel ait bien dorsenavant par toute la cite, nous avons approuves la digne epandition et demande du dit evesque que touttes les choses contenues en l'escript autenticque di celluy nous les confirmons de nostre auctorite roiale, et voullons que dorsenavant elles demourent a tous jours fermes sans estre enfrainctees, ordonnons aussy en de la dicte auctorite nous deffendons fermement et destroictement que toutalement n'y ait persone ecclesiasticque ne seculiere qui aulcunement prosume

vins et deix et nuef[1]) on premier an de nostre roialme. debuier a ceste nostre confirmation. Donnes a Wormbs la cinquieme kalende de julet, l'an de l'incarnation nostre seigneur mil cent quattre vingtz dix huitz ans l'an premier de nostre regne. Amen.

---

[1]) *Die zweite Übersetzung hat mit 1198 auch hier das Richtige. Denn Philipps erstes Regierungsjahr zählt vom Tage seiner Wahl, 6. März 1198 bis 5. März 1199. König Philipp hat also die Bestätigung unterzeichnet am 27. Juni (a. d. V Kalendas Julias) 1198.*

Anhang II.

Brief und Eintrag decken sich mit ihren Angaben bei 5 und 25, bei 1, 2, 8, 13, 16, 18, 22 hat jeder etwas, was dem anderen fehlt, bei den übrigen ist der Eintrag im Verhältnis zum Brief mehr oder weniger gekürzt. Für 27—31 fehlt der entsprechende Rolleneintrag. v. Einl. S. XVIII unten.

1. Schreinsbrief

M.-Bez.-A. Ste Gloss. Ntrg. Or. membr. 21. XII. 1241.

Conue chose soit a tous ke li abauce et li covans de Ste Glosenain ont aquasteit a Hanrit **de lai stuve dou Chanp a Saille** xxi s. et iiii d. et maille mt. de cens chaic'an a tous jours sus la moitiet de la maxon **ou li stuve ciet**, ke fut Sebelie, per devar lai **rouwelle signor Willame lou Vadois**, et sus une maxon ke ciet dairier celi au lai rowelle meymes. Et cist deniers sont a paier chaic'an a la naitiviteit Nostre Signour x s. de mt. et a lai feste S. Jehan Baptistre x s. et a lai feste S. Mertin xvi d. et maille. A[1]) de cest aquast est vestis li mares de Ste Glosainne an ainne et an fons an leu de lai chiece Deu per maiour et per esxaiving dont lai vesteure muet. A[1]) Hauris davant nommeis l'an doit porteir loial wairautixe an pais et an solle[2]), an et dit[3]), tant com droit, tant ke li maires

Bannrolle

1241, 136.

Werions Sauine p. b. por la chiese Deu de Sainte Glossenne sor xxi s. de cens et iiii d. maille, k'il a aquaste a Hanri **l'Aleman**, sor la moitie de la maison ki fu Sebelie, et sor la maison daier, **ou Champassaille.**

---

[1]) A = Et.
[2]) *Godefroy, Dictionnaire, führt an* an pais et an soletei *aus dem Cartular S. Sauveur zu 1222 und 1236 und aus dem Cartular S. Vincent zu 1278. v. Anm. 1 zum folgenden Brief.*
[3]) = annum et diem.

ait pris ces ııı bans sus an leu de lai chiece
Deu. Et ce il le non faixoit anci com il est de-
vis, li sires Willames li Vadois dou Chanp ai
Saille an randeroit a l'aibauce et a covant de
Ste Glosainne xx lb. de mt. com drois datres pour
Hanrit devant nommeit dedans l'an et lou jour,
et il sai devoit de l'escrit et dou sausaul. Cist
escris fut fais a lai feste S. Thomes devant noiel
an l'an kant li milliares corroit per m et cc et
xli an.

An l'airche Tiebaut de Raigecort de S. Mertin.

2.

M.-Bez.-A. G 825, 4. Or. membr. 18. V. 1267.   *1267, 79.*

Conue chose soit a tous que Thiebaus de la Cort at aquastet a signor Symon de **Augnei**, doien de la Grant Eglise de Mes, la maison que fut dame Colate de Vy, que siet enson l'osteil **la Malgheualerouse**, et tout lo resege qui appant, parmei c s. de met. de cens qu'ille doit as chanones dou Grant Mostier chesc'an, a paier la moitie a feste Saint Jehan Baptistre et l'autre moitie a noiel. Et de cest aquast li at il fait boen paiemant. Et li doiens li doit warantir et asoler[1] an et jor et tant que li ıııı ban soient corrut en pais. Cist escris fut fais vııı jors davant l'ausansion quant li miliaires corroit par mil et cc et lxvıı ans.

An l'arche Saint Jaike.

Thiebaus de la Cort p. b. sus la maison et sus tout lo reseige qui appant que fut dame Colate de Vy, que siet enson l'ostel **Symonin de Chastels**, qu'il at acquasteit au signor Symon de **Chastels**, doien dou Grant Moustier, permey c s. de mt. cha[sk'an] qu'i[l] doit a chapistre dou Grant [Moustier.][2]

---

[1] = essollir *(Brief 30),* faire soile *(Brief 5 B), absolvere, acquitter, freimachen entlasten. v. Prost S. 195 asoillir, de Wailly no 372 essollir.*

[2] *Von* permey an *Zusatz von Schreiber 5.*

3.

M.-Bez.-A. S. Symphor. Ntrg. Or. membr.   *1267, 496 a.*
8. XI. 1267.

Conue chose soit a toz ke li abes Ancels et li covant de S. Siforien ont aquasteit an ein et an trefons a toz jors maix a signor Esteule, **lo fil Badouwin** lou Roy ke fut, lou **seisime** de la vowerie de Plaipeuille, kant ke li sires Badouwin li Rois i avoit, an toz us. Et de cest aquast li ont il fait boin paiement. Et cest vandaige eit fait li sires Estene per lou crant d'Ernout et de Jenat et de Jaikemin, ces III freires. Cist escris fut fais VIII jors apres feste Tousains, kant li miliaires corroit per M et CC et LXVII ans.

Hanrias de Noweroi p. b. por la chieze Deu de S. Syphoriain sus **tel partie** com li sires Bauduyns li Rois avoit en la vouerie de Plapeuille, qu'il ont acquasteit au signor Esterne lo Roi, ensi com li escris en l'arche lo devise.

4.

Paris bibl. nat., Lorr. 984, 2 — De Wailly 166 [1]) —
7. VII. 1275.

1275, 181.

Conue chose soit a tous ke Wairins de S. Simphorien ait aquasteit an treffons a tous jours maix a Collace [= Collate][2]), sa suer, et a **Poincignan** [= Poincignou] **Puigni**, son serouge, les XXX s. de mt. **et III maille** de cens qu'il ait sus la maxon **Aubruau** [= Aubrion] **lou Noir** et sus tout lou ressaige qui appant, **que siet en S. Martin, qu'il aquasteit**[3]) **a dame Maheul** [= Mahout], la fille Bour...in [= Bonami] lou cellier [= tellier] qui fuit, des queilz ou redoit auier [= arrier] a Jenre d'Espinal XV s., et XII d. a preste de S. Martin. Et de cest aquast lor ait il fait boin paiement. Et de cest vendaige

Warins de S. Syphorien p. b. suz XXX s. de met. de cens qui gisent suz l'osteil Bonami lou telier, qu'il at aquesteit a Hauwy et a Colate, ces II serors, ensi com li escris en l'arche le dist.

---

[1]) *Die in Paris liegenden Urkunden sind hier, mit geringen Änderungen, abgedruckt nach de Wailly, Notices et extraits des manuscrits de la bibl. nat., publiés par l'Institut national de France, T. XXVIII, Paris 1887.*

[2]) *Das von eckigen Klammern Eingeschlossene gibt die richtige Lesart; a Hauwit et ist vor Collate ausgefallen.*

[3]) *De Wailly verbessert, qu'il a[it a]quasteit, vgl. aber in den Bannrollen z. B. 1275, 256; 1278, 236, 620; und Brief 30 auf S. LXXXI.*

ait fait Poincignon davant dit per lou crant de Hauwit, sa femme, et per lou consoil de Collace [= Collate], la femme P..... qui fuit, et per lou crant de **dame Anel, la fille Xavol,** que tesmoignent que cest vandaige ait fait Poincignon pour besoigne de vivre, et que c'est li bien et li proulz de Hauwy et de ces anfans an cest vandaige; et il li doient wairentir an et jour et tant que li IIII bans soient corus sus an paix. Ceu fuit fais lou premier diemange de fenal, en l'an que li milliaire corroit per M et CC et LXXV ans.

Jaiques de Noubrant [= Nonviant]¹) l'escrit. De l'airche S. Vy.

5.

A) *Paris, bibl. nat., Lorr. 971, 21. — De Wailly 168. — 20. 1. 1276 (1275 a. St.)*

1275, 448.

Conue chose soit a toz ke li maistre et li frere de la chivalerie de la ch[ie]ze²) D[e]u d[o]u Te[m]ple de [Me]s ont lassiet a toz jors maix a Jacob Perraixon³) totes lor terres areuces⁴) qu'il ont [en Hen],⁵) desoz S. Siphorien, per mei XX s. de mt. de cens qu'il lor en doit chesc'an, a paier la moitiet a feste S. Jehan Baptiste et l'autre moitiet a noiel, dedans Mes en lour ostel. Cist escris fut fais II jors davant la feste Sain Vicent an janvier, kant li miliares corroit per M CC et LX et XV ans.

Colignons Hemmignon l'es[crit].

Jacas Paraisou p. b. sus toutes les terres areures ke li maistre et li frere de la chivelerie dou Temple avoient en Hem, desoz S. Simphorien, k'il li ont laxiet permei XX s. de cens, ensi com li escris en l'arche lo dist.

---

¹) *Jaikiers de Nonviant, li amans de S. Vy, kommt in den Bannrollen mehrmals vor, z. B. 1279, 325; 1278, 336, 641. Keuffer, die Stadt-Metzer Kanzleien S. 58/59 hält Noubrant für ähnlich gebildet wie Houdebrant. Noubrant ist aber ein Lesefehler, den der hochgezogene Niederstrich des v veranlasst hat. Dieser und die anderen Fehler lassen darauf schliessen, dass in der Pariser Nationalbibliothek nur eine Abschrift der Urkunde liegt.*

²) *Das von eckigen Klammern Eingeschlossene fehlt in der Vorlage infolge Beschädigung des Pergaments.*

³) *De Wailly hat* per raixon.

⁴) *De Wailly hat* arences *und in B* arence.

⁵) *Bei de Wailly eine Lücke.*

B) *Zu dem vorstehenden gehört der folgende Brief, der die Garantie enthält.*

Paris, bibl. nat., Lorr. 971, 20. — De Wailly 167. — 20. I. 1276 (1275 a. St.)

Conue chose soit a toz que li maistre et li frere de la chivalerie de la chieze Deu dou Temple de Mes doient warantir et faire soile[1]) a Jacob Perraison toute la terre areuce qu'il li ont lassiet a cens per mei xx s. de mt. chesc'an, que gist e[n H]en, desoz S. Siphorien, dont li escris gist en l'arche, an et jor et tant que li IIII ban soient corrut sus en paix. Cist escris fut fais II jors davant la feste S. Vincent an janvier, kant li miliares corroit per M et CC et LXXV ans.

Colignons Hemmignon l'escrit.

6.

M.-Bez.-A. E 4 Ntrg. Or. membr. 5. VIII. 1279. *1279, 291.*

Conue chose soit a toz ke maistres Thieris li clars de Mirabel ait aquasteit a **signor Thierit Corpel** et a maistre Simon Josnels **de Chambres, ke sont mainbor de la devize Houwin lou clarc de Nekesierue ke fut, per escrit an l'arche a. S. Victour**, la maxon et tout lou resaige ki apant ke fut Houwin lou clarc devant dit, ke siet an Nekesierue, permey teil cens com ille doit, **et por xxv lb. de mt. d'antreie**, dont il lor a fait boin paiement an deniers conteis et nombreis. Et cest vandaige ont il fait por aleuir la devize Houwin devant dit. Et se li doient wairantir an et jor et tant ke sui IIII bans soient corrus an paix. Cist escris fut fais lou samedi devant feste S. Lorant ou mois d'aost, kant il ot a milliare mil CC et LX et XVIII ans.

Maistres Thieris de Mirabel li clers p. b. sus la maison et sus tout lou resage en Nikesinrue ke fut Howin lou clerc, k'il ait aquasteit a Thierit Corpel et a maistre Simon Jones, permei teil cens com elle doit, ensi com li escris en l'arche lou dist.

Wiels l'escrit.

---

[1]) soile = *solutus*, faire soile *also* = *asoler freimachen. v. 2 und 30.*

7.

M.-Bez.-A. H 4198, 1. Or. membr. 21. XII. 1279.   *1279, 374.*

Conue chose soit a tous ke Jaikemins Sollate ait aquasteit a Abillate, la femme Jaikemin de Hem ke fut, sa piese de vigne de II jornaus, ki est sus Muzelle, aireis la vigne Abillate Jornee, permey VIII s. de mt. de cens k'ele doit **a Cordeliere**. Et de ceist aquast li ait Jaikemins Sollate fait boin paiement. Et ceiste vigne li doit Abillate devant dite wairantir, permey les VIII s. de mt. de cens I d. moins davant dit, an et jor et tant ke su IIII ban soient corrut an paix; et c'elle ne li wairantivet ansi com il est deivis, Goudefrins li cordueniers, ke maint an Dairangerue, et Collins de Hem li wairanteroient com droit dators, chescun por lou tot. Cist escris fut fais lou juedy davant noieil, kan li miliaire corroit per M et CC et LX et XVIIII ans.

Tancris a S. Ferruce.

Jakemins Sollate p. b. sus une piece de vigne ou om coutet II jornalz, ke geist sus Muzelle, arreiz la vigne Abillate Jornee, k'il ait aquasteit a Abillate, la femme Jakemin de Hem ke fut, per mey VIII s. de mt. de cens, et ensi com li escris en l'airche lou dist.

8.

M.-Bez.-A. H 4197, 1. Or. membr. 8. X. 1279.   *1279, 396.*

Conue chose soit a tous ke dame Ainels de Vaus, li abbase des Cordelieres dou convant de Mes, et li couvans de selui leu meismes ont aquasteit an preimier sans a Weiberate **la Vadoise**, la fille Jennin Merlo ke fut, les V s. de mt. de cens k'elle avoit sus la maxon Poinsignon Koieawe ke fut, ki est an lai **rouwelle daieir l'ospital a Porte Muzelle**, et sus lou reisage ki apant, ke sont a paier la moitie a noieil et l'atre a la S. Jehan[1]). Et de ceist aquast davant dit li ont madame Ainels, li abbase, et li covans ke sont davant dit fait boin paieman a son greit; et se lor doit Weiberate davant dite

Poënsignous Graicecher p. b. por les Cordelieres dou covant de Mes sus X s. de mt. de cens ke geixent an la rowelatte devant S. Ferruce sus II maisons, c'est a savoir V s. sus une maison ke

---

[1]) *In beiden Briefen und in dem der bibl. nat. (v. folgende Anmerkung) ist* ke sont a paier *bis* S. Jehan *übergeschrieben.*

wairantir an et jor et tant ke lor IIII bans soient corrut an paix. Cist escris fut fais VIII jors apres feste S. Remey, kan li miliaires corroit per M et CC et LX et XVIIII ans.   Tancris a S. Ferruce.

Auf demselben Pergament: [1])

Conue chose soit a tous ke madame Ainels de Vaus, li abbase des **Cordelieres** dou convant de Mes, et li convans de selui leu meismes ont aquasteit an premier sans a **Weiberate la Vadoise**, la fille **Jennin Merlo** ke fut, les v s. de mt. de cens [k'el]le avoit sus la maxon et sus lou resaige ki apant, ki est an **la rouwelle devant S. Ferruce**, aireis la maxon **Arnout Haldore**, ke sont a paier la moitie a noieil et l'atre a la feste S. Jehan [2]). Et de ceist aquast li ont madame Ainels, li abbase, et li convans ke sont davant dit fait boin paiement a son greit; et se lor doit Weiberate devant dite wairantir an et jor et tant ke lor IIII bans soient corrut an paix. Cist escris fut fais VIII jors apres feste S. Remey, kan li miliaire corroit per M et CC et LX et XVIIII ans. Tancris a S. Feruce.

fut Poensignon Coiawe, et v s sus une maison **ke Jennas Aixies tient**, k'illes ont aquasteit a Wiborate, la fille Jennat Merlo ke fut, ausi com li escris an l'airche lou dist.

9

Paris, bibl. nat., Lorr. 975, p. 11, 2 — De Wailly 205 — 18. XI. 1279.

1279, 455.

Conue chose soit a toz ke **Yngrans Forkeus** et **Remions**, **li fils Forkignon Ruece ke fut, li mainbors Ruecelate, la fille signor Garcire Ruece ke fut**, ont aquasteit a toz jors por la chiese Deu des **Cordelieres** a **Colignon Martignon de Porte Serpenoize**

Yngrans Forcons et Remions Ruece p. b. sus les XVIII s. de mt. de cens ke geisent sus la

---

[1]) *Von diesem zweiten Brief liegt auch ein Exemplar in der Pariser Nationalbibliothek, Lorr. 975, p. 11, 1 a. De Wailly hat es veröffentlicht unter No. 203 mit folgenden orthographischen Abweichungen:* premier, Jeinnin. reisage, lai rouwelle, son (= sont), paieir, moitiet, cest, davant, ban, cest, miliaires. *Bei* S. Jehan *steht* Baitistre. *Es fehlt in der Veröffentlichung von de Wailly* Arnout *vor* Haldore *und* Tancris a S. Ferruce.

[2]) *v. Anm. auf voriger Seite.*

XVIII s. de mt. de **premier** cens ke geixent sus la maixon et sus tout lou resaige ki apant A d e l i n l o u t a i l l o r, ke siet an la droite rue de Porte Serpenoize, **ancoste l'osteil Werneson chivalier**[1]**) de Gorze, sus lou tour de la rue** Et de cest aquast li ont il fait boin paiemant. Et cest aquast ont il fait des deniers Ruecelate davant dite ke fut, por les XVIII s. de mt. de cens k'elle lor ait doneit an sa divise apres lou decet **suer Marguerite, sa niece, la fille Renaldin lou mercier,**[2]**)** lor seror meimes des Cordelieres davant dites; en teil maniere ke ces XVIII s. de cens davant dis doient li davant dit Yngrans et Remions panre et resoivre chac'an tote la vie suer Marguerite davant dite sans plux, ansi ke cant il les averont resut chac'an il les doient matre et delivreir an la besoingne et an la necessiteit suer Marguerite davant dite tant com elle viverait, et apres lou decet suer Marguerite sont li XVIII s. de cens davant dis l'abause et lou convant des Cordelieres davant dite, por fare toute lor volenteit com de lor trefons, ke nus n'i poroit niant demandeir. Cist escris fut fais VIII jors apres feste S. Martin, kant li miliares corroit per M et CC et LX et XVIIII ans. — Ce furent pris li bans a tans ke Hanelo Corbels fut maistres eschevins apres noiel. — C'est tancris de l'arche S. Jehan. Lowis de Noweroit les prist.

maison A d e l i n l o u t a i l l o r et sus tout lou ressaige ki apant, ke siet an la droite rowe de Porte Sernenoize, k'il ont aquasteit por la chieze Deu des Cordelieres a Colignon Mertignon, ansi com li escris an l'arche lou dist.

10.

M.-Bez.-A. H 4197, 1. Abschr. 15. Jahrh. Pap. 8. X. 1279.

1279, 489.

Conue chose soit a tous que dame Anel de Vaus, li abbause des C o r d e l l i e r e s dou covant de Metz, et li covent de celui lieu meisme ont

Poensignons Graicecher p. b. por la chieze Deu des Cordelie-

---
[1]) chivalier *ist hier Standesbezeichnung, v. 1279, 479 und 1281, 50; de Wailly:* Chivalier.

[2]) lou Mercier *ist hier Eigenname, v. Teil III, Verzeichnis I; de Wailly:* lou mercier.

— LXII —

aquasteit a Anel, la fille Guesat Graice-
chair que fut, les xxx s. de mt. de cens et
iii d. qu'elle avoit sus la maxon de Coroneney¹)
et sus le resaige qui appant, qui est devant
la maxon S. Laidre a Porte Serpenoize,
que li sont venus conseuwant de pair **Bietris, sa
suer, la feme Lorrant de Staixon que fut**, que sont
a paier a ii termines la moitiet a noiel et l'autre
moitiet a la feste S. Jehan Baptiste. Et de cest
aquast li ont madame Anel l'abbance et li covent
que sont devant dis fait boin paiement a son
gret. Et se lor doit Anel devant dite wairantir
ans et jour et tant com lor iiii bans soient cor-
rus en paix. Cist escript fut fait viiie jour aprez
feste S. Remey, quant li milliaire corroit per
m cc et lx et xviiii ans.

Escript de l'airche S. Ferruce.
Tesmoings Jehan Collon.

res de Mes sus
xxx s. de mt. de
cens et iii d. ke
geixent sus la
maison **Jennat** de
Cronney et sus
tout lou ressaige
ki apant, ke siet
devant la mai-
son S. Laddre
a Porte Ser-
penoize, k'elles
ont aquasteit a
Anel, la fille
Garsat Grai-
cecher ke fut,
et ansi com li
escriz an l'airche
lou dist.

11.

*Paris, bibl. nat., Lorr. 975, p. 11,1ᵇ· — De
Wailly 204 — 8. X. 1279.*

1279, 577.

Conue chose soit a tous ke madame Ainels
de Vaus, li abbase des Cordelieres dou con-
vant de Mes, et li convans de selui leu meismes
ont aquasteit a Weiberate **la Vadoise**, la
fille Jeinnin Merlo **ke fut**, les x s. de mt.
de cens k'elle avoit sus la maxon Thierion lou
cherpantier **cherrey** et sus lou reisage ki apant,
ki est an Franconrue, aireis la maxon les
signors de S. Pole de Verdun, ke son a paieir
la moitieit a noieil et l'atre a la feste S. Jehan
Baitistre. Et de ceist aquast li ont madame
Ainels li abbase et li convans ke sont davant
dit fait boin paiemant a son greit; et se lor doit
Weiberate davant dite wairantir an et jor et

Poinsignons
Graicecher p. b.
por les Cor-
delieres sus x
s. de mt. de cens
ke geisent sus
l'osteil Thierion
lou cherpen-
tier en Fran-
conrue, k'elles
ont aquasteit a
Wiberate, la
fille Jennat
Merlo, ensi com

¹) Jennat *ist wohl bei der Abschrift ausgefallen.*

— LXIII —

tant ke lor ɪɪɪɪ bans soien corrut an paix. Cist escris fut fais vɪɪɪ jors apres feste S. Remey, kan li miliaire corroit per ᴍ et cc et ʟx et xvɪɪɪɪ ans.

Tancris a S. Ferrus.[1]

li escris en l'arche lou dist.

12.
M.-Bez.-A. G 860. Abschr. 14/15. Jahrh. Pap.
14. VIII. 1281.

1281, 278.

Conue chose soit a tous que Jennat de Rouzeruelle ait acquasteit por la chiece Deu de Moirmont a **Jehan l'arcenour dou Champel** et a **Jehan, le filz Poincin le foulon** et **de Renport** que fuit, les xx s. de mt. et ɪɪɪɪ d. de cens qu'il ont sus la maixon Fellepin Pennin et sus la maixon Hanrit le **tennour de Buedange**, que cieet ou Halt Champel et ou Baix Champel, **encoste la stuve Jaicomin Bazin** et erreiz la maixon que fuit **Rechelin Roumacle, aprez xɪɪɪɪ s. de mt. ɪɪɪɪ d. moin** de cens que cil de Moirmont y avoient jai devantirennement. Et de cest aquast lour ait fait Jennat de Rouzeruelle devant nommeiz boin paiement por la chiece Deu de Moirmont devant nommee, et des xx s. de mt. et ɪɪɪɪ d. de cens dessuz dis redoit on ariere chescant xxvɪɪ d. au prestre de St Mertin et ɪx s. et ɪ d. au prestre de St Eukaire. Cist escript fuit fais le londemain de feste Nostre Dame an mey awost, quant li milliaires corroit per ᴍ ɪɪ^{ct} et $\overset{xx}{ɪɪɪɪ}$ et ɪ ans.

Baudat de Landremont de l'airche Jaiquier de Noviant l'escript.

Jennas de Rouzeruelle p. b. pour la chiese Deu de Moremont sus xx s. et ɪɪɪɪ d. de met. de cens ke geisent sus la mason Feleppin Pannon et sus la mason Hanrit **l'arcenor** de Buedanges, ke sieent ou Haut Champel et ou Bais Champel, k'il ait aquasteit a Felepin et a Hanriat desour dit, ensi com li escris en l'airche lou deviset.

13.
Paris, bibl. nat., Lorr. 971, 23. — De Wailly 219 —
24. VIII. 1281.

1281, 286.

Conue choze soit a tous que Maheus Morels ait aquasteit por la chiece Deu

Maiheus Mourelz p. b. por la chiese Deu

---
[1]) *Dazu bemerkt de Wailly:* Une main qui parait posterieure a ajouté: „tancris a S. Ferrus."

— LXIV —

dou Temple de Mes a Thiebaut, **lo fil lou signour Symon** d'Airs qui fut, **xxiiii s.** de mt. de cens ke geisent sus lo four que fut Arnoul de Sanerie, et les viii s. et **demey** de cens que **Pierexels Chaneviere** doit, et les vi s. de mt. de cens que Lietals¹) li parmentiers doit, et les iiii s. de mt. de cens ke Perrius **li berbiers** doit sus sa mason, et **vi deniers** mt. de cens sus une mason a la poirte en Anglemur, et **viii deniers** mt. de cens sus la mason Colemeil et lo stal qu'il ait en la halle des drapiers en Chambres. Et de cest aquast li ait fait Maheus boen paiement. Et cest vandaige ait fait Thiebaus per lou crant et per lo los de ces covenables amis, et des amis de pairt sa femme de part cui li aritaiges vient: c'est a savoir de part luy, de Jennat lou Louf, son freire, et de Colignon, lo fil signour Thierri de Nonviant; et de part sa femme, de Regnaldin lou Bague²) et de Garsiliat, lou frere signour Arnoul lou Savaige que fut, ke tuit dient et tesmoingnent etc. Cist escris fut fais lo jor de feste Saint Bartolomeu, kant li milliaires corroit per M CC IIII^{xx} et I an.

Jaiquemins Frankignons ait l'escrit.

dou Tample sus les vi s. de met. de sans ke geisent sus **les estaus de la halle** des permantiers **an Visegnues** ke Lietaus tient et sus les viii s. et demei de met. de sans ke geisent **sus ii masons an la rowelate devant la mason Saint Laidre**, et sus les iiii s. de met. de sans ke geiseut sus la mason³) Perrin, **lou fil Gerardin lou sainour ke fut**, qu'il ait aquasteit a Thiebaut d'Airs, ensi com li escris en l'airche lou deviset.

14.

*Paris, bibl. nat., Lorr. 971, 24/25. — De Wailly 220/221.*⁴) *— 25. XI. 1281.*

Conue chose soit a tous ke Anelz, li fille signor Jaike Boilawe ke fut, ait aquasteit ai Uguignon Rainbaut lou tanor **de la Vigne S. Awol** les xiiii s. et iiii deniers de mt. de

1281, 430.

Ainel, la fille signor Jaike Boilawe, p. b. sus xiiii s. et iiii d. de sans ke

---

¹) *De Wailly:* li etals.
²) *De Wailly:* Bagne.
³) *Vorlage* sus la masou ancoste la mason Perrin.
⁴) *Zwei Exemplare. In* 220 *fehlt* de la Vigne S. Awol *und* ke Maitheu li Conte tient *und* ou k'il soit; *auch in der Orthographie weicht es ab.*

sans k'il ait sus les menandie ke geisent a pont ai Saille, devant l'osteit Jenat Chavreson, ke **Maitheu li Conte tient, ke furent Lowiat lou chandelier**. Et de cest aquast ait fait Anel lai devant dite boin paiemant. Et ansi li doit Uguignon wairantir si com droit, et por ceste wairantixe devant dite l'an mat Uguignon an waige kant k'il ait d'airitaige, an touz us, ou k'il soit. Cist escris fut fais lou mairdi devant feste S. Andreu, kant il ot a milliaire M. CC. $\overset{XX}{IIII}$ et I ans.

Jaikemins Boilawe ait l'escrit.

geisent sus les menandies a pont a Salle, devant l'osteil Jennat Chaiuerson, k'elle eit aquasteit a Vguignon Rainbaut lou tainor, ensi com li escris en l'airche lou deviset.

15.

M.-Bez.-A. Templer und E 4 Ntrg. (2 Exemplare). Abschr. 14. Jahrh. membr. 25. IX. 1281.

Conue chose soit a touz que Matheu Mourel ait aicquasteit pour la chiesse Deu dou Temple a Poincignou Peldanwille les VIII s. de met. de cens qu'il ait sus la maixon Auburtin Caienatte outre Saille, que ciet en la rue dou Saicq, que fuit **Rollant**, que ciet entre la maixon **Maithiatte, la feme Maheu le cherpenthier** que fuit, et la maixon **Gawin le waingnemaille**. Et de cest aicquast li ait fait Mahen devant dit boin paiement. Et cest aicquast li doit Poincignon wairantir. Cist escript fuit fais le juedy aprez feste S. Matheu, quant li milliaire courroit per M II^c $\overset{XX}{IIII}$ et I ans.

Jaicomain Franquignon l'escript.

1281, 548.

Maiheus Mourels p. b. por la chiese Deu dou Tample sus les VIII s. de met. de sans ke geisent sus la mason Abertin Caienat, ke siet an la rouwe don Saic outre Saille, qu'il ait aquasteit a Poincignon Peldanwille, ensi com li escris en l'airche lou deviset.

16.

M.-Bez.-A. Domkap. Ntrg. Abschr. 15. Jahrh. membr. 17. III. 1285.

Conue chose soit a tous que dame Wiberaite **la Vaudoize, la fille Issanbert** de la Court que fut, ait acquastei a tous jor maix a Matheu,

1285, 84.

Dame Wiborate, li **suer Willame** de la Cort, p. b. aucor

le **filz Bertrand** Domal qui fut, xx s. de met. de premier cens que Matheu desour dis avoit sus la grainge et sus tout lou ressaige qui appant c'on dit le **bourc (?) Domal que fut Steulle le corretier, (?)** que siet **davant la maison** lez Repeuties. Et de cest acquast li ait fait dame Wiberaite desour dite bon paiement. Cist escrit fut fait le samedi devant feste S. Benoit l'abbei, quant il ot a milliare mil et II^c et $\overset{xx}{IIII}$ et IIII ans.

Wiel l'escrit.

sus xx s. de mt. de premier cens ke geixent sus la grainge et sus la **maixiere** et sus tout lou ressaige ki apant ke **Burtignons Paillas** tient, ke siet **deleis la porte** des Repeuties, k'elle ait aquasteit a Maheu Domal, an **alluet**, et ansi com li escris an l'airche lou deviset.

17.

A) *M.-Bez.-A. Domkap. Ntrg. Or. membr.*
3. VI. 1285.

Vguignons Coieauwe li bouchiers de Porte Muselle, li filz Poinsignon Coieauwe ke fut, ait delivreit et aquiteit an plait [1]) a Thielo Louce d'Aiest tout son heritage k'il ait an la mairie de Porte Muselle, an tous us, por tant con Thiebas Louce ait paiet por Vguignon desor dit et por Jaikemate, sa meire, per escris an airche, et por tant con Thiebas devant dis est randeires por Vguignon desor dit et por Jaikemate, sa meire ke fut. Et li ait li maires delivreit la maison per la vel et permey ceu tote la remenance.[2]) De cest plait et de ceste delivrance fut maires Thiebaulz Gerars [3]) et Arnoulz Poujoize eschavins. Ceu fut faiz lou premier diemange de soumertras, quant li miliaires corroit per M et cc et $\overset{xx}{IIII}$ et v ans.

1285, 309.

Li doiens et li chapistre de la Grant Eglixe de Mes prannent ban sus la maxon ke fut Poincignon Coieawe et sus lou resaige ki apant, ke siet an Bucherie a Porte Muselle,

---

[1]) an plait *übergeschrieben.*
[2]) Et li ait *bis* remenance *nachträglich hinzugefügt.*
[3]) *v. 1285, 1*.*

— LXVII —

B) *Angeheftet war, wie die Stichlöcher gut erkennen lassen, folgende Urkunde:*
M.-Bez.-A. Domkap. Ntrg. Or. membr. 15. I. 1286.
(1285 a. St.)

Thielos Louce ait aquiteit en plait et en justice a doien et as signors dou chapitre dou Grant Mostier la maison et tout lou resaige ki apant ke siet en Bucherie a Porte Muselle, ke fut Poinsignon Coieawe, por les xxxv s. de mt. de cens ke li maixons doit a doien et a chapitre desor dis chac'an. Et ceste aquitance lor ait il fait por toutes les estaies trespasseies dont an lor ait defaillit de paiemant, et por les adras de chacune estaie. De ceu fut mares Colins Merlo[1]) et Filipes Tiguienne et Jehans Loue escheving. Ce fut fait lou mardi davant feste S. Vincent, kant li miliares corroit per M et cc et $\overset{xx}{\text{IIII}}$ et v ans.[2])

ke Thieles Lousce lour ait aquiteit an plait, por xxxv s. de met. de cens ke li maxon desor dite lour doit chesc'an, et por toutes les estaies trespasee dont on lor ait defaillit de paiemant, et por les esdras de chescune estaie, et ansi com li plais[2]) lou dist.

18.

M.-Bez.-A. H 1743, 8. Abschr. 14. Jahrh. Pap.
19. V. 1285.

1285, 437.

Je[3]) freire Jehan, procureires de la maxon de Villeirs de Mes, fais savoir a tous ceulz qui cest escrit vairont et oront que je por lou bien et por lou profit de nostre maxon ay **laixieit a cens** a touz jours maix a Willemin Lichirie l'orfeivre unne maxon et ceu qui apant que nos avons, ke sieit **a tour de** Porsaillis, ke fut **Jehan** de Verdun, lou **Janre Willemin Lichirie** qui fut, por xxxviii s. de met. de cens chasc'an, que li devant dis Willemins nos an doit paieir chas-

Willemins Licherie l'orfeivres p. b. sus la maison ke fut **Jennat** de Verdun **l'orfeivre** ke siet **a** Porsaillis, k'il ait **aquasteit** a sous de Willeirs, permey

---

[1]) v. 1285. 146*.
[2]) *Beide Urkunden sind nicht vom Aman ausgestellt, sondern nach richterlicher Entscheidung vom Maier und Schöffen. Daher heisst es in der Bannrolle nicht* com li escris en l'airche, *sondern* com li plais lou dist. *Ebenso 1279, 97. 502; 1285, 53, 54.* Li plais *ist Bezeichnung für die Urkunde selbst.* v. 1285, 236 dout il ait lou plait.
[3]) *Ein von dem Vertreter des Klosters ausgestellter Brief, den Schreinsbrief hatte Wielz und dessen Schrein übernahm später Thiebaut Lambert.*

cun an a touz jours maix a II termines, c'est a
savoir a feste S. Estene londemain de noiel et
la moietiet a feste S. Jehan Baptistre. Et les doit
a[1]) porteir an nostre maxon a Mes chasc'an,
et je freire Jehan desus dis fais cognixans que
permey les XXXVIII s. de cens desus dis li dovons
nos warantir a tous jour maix. Cist escris fut
fais lou samedy apres lou mey may, quant il ot
a milliare M CC et $\overset{XX}{III}$ et v ans.

XXXVIII s. de met.
de cens, et ansi
com li escris en
l'airche lou dist.

Thiebaut Lambert l'escrit, de l'airche Wielz.

19.

Paris, bibl. nat., Lorr. 971, 29. — De Wailly 283.
12. VIII. 1288.

1288, 280.

Conue chose soit a tous ke Thiebas li
Maires,[2]) **ke maint an Chanbres**, ait aquasteit
a tous jor mais a Perrin Marcous dous pie-
ses de vigne k'il avoit an **Aienchanp** ou ban
d'Airs, et la paisatte k'il avoit **desor la sante
ke Frankins d'Orvals fait a moitiet, per mei v
sestieres** de vin de cens ke cist eritaiges doit a
la chiese Deu de Saint Poe et per mei I **franchair
d'avoine**. Et s'ait ancor aquasteit Thiebas desor
dis a Perrin Marcous desor nommeit demei ses-
tier de vin de cens ke **Lanbelins de Bomont li
doit sus une piese de vigne ansom la ville**, et la
piece de terre areure ke Perrins desor dis avoit
a la Peullouse fontenne ou on contet I jornal. Et
de tout cest aquast li a fait Thiebaus desor dis
boin paiement. Et se li doit li dis Perrins wai-
rantir a tous jor mais. Cist escris fut fais lou
juedy devant feste Nostre Dame awost issant,
kant il ot a milliaire mil CC $\overset{XX}{III}$ et VIII ans.

Thiebas li
Mares p. b. sus
III pieces de vigne
et sus une piece
de terre et sus
demei sestier
de vin de cens
ke geisent ou
ban d'Ars **sus
Muselle**, k'il ait
aquasteit a Per-
rin Markout,
ansi com li escris
au l'arche lou
dist.

Wiels l'escrit.

---

[1]) a = on.
[2]) *De Wailly:* li maires, *aber* Thiebas *ist nicht* maires, *sondern heisst* li Maires.
v. Teil III, Verzeichnis I unter Maires.

20.

M.-Bez.-A. Ste Croix, Ntrg. Or. membr. 25. IV. 1293. 1293, 30.

Conue chose soit a tous ke Gerardins Mourelz, li maires de Ste Creux as signors devant ʽMes, et Poinsignons Peldanwille, li maires les dames de la Belle Stainche, ont aquasteit a tous jours maix por la chieze Deu de Ste Creux as signors et por les dames de la Belle Stainche a Symonin Pallate lou vignor, ke maint devant les moulins a Saille, II s. de met. de cens chesc'an sus la maison ou il maint et sus tout lou resaige ki apant, ke siet devant les moulins a Saille, ke sont a paier la moitiet a feste S. Jehan Baiptiste et l'autre moitiet a noiel, apres XIIII s. de met. de cens k'ille doit a **Ste Seguelainne** devanteriennemant. Et de cest aquast l'an ont Gerardins et Poinsignons desor dis fait boin paiemant. Et cest aquast lor doit Symonins desor dis wairantir a tous jors maix. Et ces II s. de mt. de cens doit om porteir chesc'an a la maison lou maior les signors de Ste Creux. Et est a savoir ke ces II s. de mt. de cens doit li maires de Ste Creux delivreir et paier et pourteir chesc'an a **dame Pantecouste la Gournaixe, ke maint ancoste les Proichors,** tant com dame Pantecouste desor dite vivereit, tant sullemant: et apres lou decept dame Pantecouste doient revenir li II s. de mt. de cens desor dis as II chieze Deu desor dittes et les doit li maires de Ste Creux ades resoivre, s'an doit delivreir chesc'an la moitiet as dames de la Belle Chainche ou a lor maior. Cist escris fut fais lou samedi apres feste S. Jorge, kant il ot a milliare M CC $\overset{XX}{IIII}$ et XIII ans.

Colignons Cunemans l'escrit.

Auf der Rückseite:

Ce bans furent pris a la mey awast,[1] kant li sires Jehans Piedechaus fut maistre eschevins, kant il ot a milliare M CC $\overset{XX}{IIII}$ et XIII ans.

Gererdins Morelz, li maires de Sainte Creux davant Mes et Poincignons Pedanwille, li maires les dames de lai Belle Stenche p. b. sus II s. de mt. de cens ke geixent sus lai maxon ou Symonis Pallate li vignieres maint et sus ceu ki apant, ke siet davant les molins a Saille, k'il ont aquasteit por les II chiezes Deu desour dites, apres XIIII s. de cens ke li maxon doit, et ensi com li escris an l'airche lou dist.

---

[1] *In der Rolle steht der Eintrag im Osterverzeichnis.*

21.

M.-Bez.-A. H 1743, 12. Or. membr. 2. IV. 1293.   1293, 53ⁿ.

Conue chose soit a tos ke Vguignons Paitairs, li **fis Jofroit Aixiet ke fut**, ait akasteit a tos jor maix por la chiese Deu de **Nostre Dame** de Villeirs a Wiairt lou Borgon, **ke maint an la ruwe lou Voweit**, xi s. de mt. de cens k'il avoit sus la maixeire et sus tot lou resaige ki apant ke siet devant la cort de Villeirs et tot ceu ke Wiairs desor dis avoit an la maixeire devant dite, an keil maniere ke se soit, **apres xx s.** de mt. de cens ke ciste maixeire desor dite doit **a l'ospital S. Nicollais ou Nuefborc** et apres iii s. de cens k'ille doit a **la pairoche Sainte Creux**, se tant i doit, et **por xx lb.** de mt. dont Vguignons desor dis ait fait boin paiemant a Wiairt devant nomeit des donniers de la chiese Deu desor dite. Cist escris fut fais lou secont jor dedaunst avry, kant il ot a milliare m cc $\overset{xx}{iiij}$ et xiii ans.

Wielz l'escrit.

Vguignons Pettairs p. b. por lai chieze Deu de Villeirs l'abbie sus les xi s. de mt. de cens ke geixent sus lai maixiere et sus ceu ki apant ke siet davant lai court de Villeirs et sus tout ceu ke Wiairs li Borgons avoit an ceste maixiere meymes, an keil maniere ke se soit, k'il ait aquasteit a Wiairt desour nommeit, et ensi com li escris en l'airche lou deviset.

22.

M.-Bez.-A. G 1570, 4. Or. membr. 19. VIII 1293.   1293, 207.

Conue chose soit a tous ke Joifrois, **li fis Houwart** Jaileie ke fut, et aquasteit a signor Estene l'Ermite xv s. de mt. de sans ke geisent sus lai stuive Herbin, **ancouste lai mauxon Recherdin lou chavrier** an Chanbres, ke sont a paier v s. a lai feste S. Remey et x s. a paskes. Et de cest aquast li et Joifrois desor dis fait boen paiemant. Cist escris fut fais lou mercredi apres lai feste Nostre Dame mei awast, kant li miliaires corroit per m et cc et $\overset{xx}{iiij}$ et xiii ans.

Joffrois Jailee p. b. sus xv s. de mt. de cens ke geixent sus lai stuve ke Herbins tient, ke siet **davant lai porte** en Chambres, k'il ait aquasteit a signor Estene **c'on dist** l'Ermite, et ensi com li escris an l'airche lou deviset.

23.

M.-Bez.-A. Clerf. Or. membr. 24. X. 1293.   *1293, 574.*

Conue chose soit a toz ke Remions, li filz Burnekin **de Jeurue ke fut**, ait aquasteit a touz jors maix an ainne et an trefons por les anfans ke li sires Thiebaus li Gronais, **chivelliers**, ait de dame Yzaibel, sa **dairienne** femme, la fille Hanriat Burnekin, et avereit ancor de dame Yzaibel desor dite, a Colignon, lou fil Poinsignon de Laibrie ke fut, la grant maison et tout lou meiz daier k'il ait a Crepey et touz les resaiges antieremant ki apandent, et tout l'eritaige antieremant de kant ke li dis Colignons au ait a Crepey et ou ban et a Pertes et ou ban et a Chenney et ou ban et a Maigney et ou ban, et tout de kant ki a ces leus apant, an tous us et an tous prous et an toutes **vaillances**, an keil maniere ke se soit, **sanz niant a retenir**, dont Poinsignous de Laibrie, li peires Colignon desor dit, fut mors tenans, **arreiz I jornal de terre** ke **Colignon de la Cort** ait aquasteit a Colignon, lou fil Poincignon de Laibrie desor dit, et **arreiz les terres areures** ke Colignons, li filz Poinsignon de Laibrie desor dis, **ait laiet a cens**, dont li cens de celles terres doit estre et demoreir en cest aquast desor dit an trefons. Et tout cest aquast ait fait Remions desor dis per mey III s. et VII d. de mt. ke de cens ke de droiture ke tous cist **aquas** doit, et por VI lb. de mt. dont li dis Remions ait fait boin paiemant a Colignon, lou fil Poincignon de Laibrie devant nommeit. Et tout ceu est fais per lou crant et per la volanteit de Colignon de la Cort, de cui tous cist eritaiges muet an fiez et an plain hommaige, et an ait repris li dis

Remions Burnekins p. b. sus lai grant maixon a Crepey et sus lou meis daier et sus tout lou resaige ki apant entieremant, et sus tout l'eritaige antieremant ke Colignons, li filz Poincignon de Laibrie ki fut, avoit a Crepey et ou ban et a Pertes et ou ban et a Chainney et ou ban et a Maigney et ou ban, en tous us et en tous prous, en keil maniere ke se soit, ke Remions davant dis ait aquasteit a Colignon desour nommeit por les enfans ke li sires Thiebaus li Gornais ait et aveireit de dame Yzaibel, sai femme, lai fille Hanriat Burnekin, permei III s. de mt. et VII d. ke de cens ke de droiture ke tous cist **heritaiges** doit, et ensi com li escris de l'aquast ke geist en l'airche lou deviset.

— LXXII —

Colignons a homme Remion devant dit de plain hommaige. Cist escris fut faiz vIII jors devant feste touz Sains, kant il ot a milliare M cc $\overset{xx}{\text{IIII}}$ et xIII ans.

Wiels l'escrit.

Auf demselben Pergament darunter:

Conue chose soit a toz ke teil aquast com Remions, li filz Burnekin de Jeurue ke fut, ait fait por les anfans ke li sires Thiebaus li Gronais, chivelliers, ait de dame Yzaibel, sa dairienne femme, la fille Hanriat Burnekin, et avereit ancor de dame Yzaibel desor dite, a Colignon, lou fil Poinsignon de Laibrie ke fut, si com de la grant maison et de tout lou meis daier et si com de touz les resaiges antieremant ki apandent, et si com de tout l'eritaige antieremant de kant ke li dis Colignons an avoit a Crepey et ou ban et a Pertes et ou ban et a Chenney et ou ban et a Maigney et ou ban, et si com de de kant ki a ces leus apant, an tous us et an tous prous et an toutes vaillances, an keil maniere ke ce soit, sanz niant a retenir, ke li dis Remions ait aquasteit a Colignon devant nommeit, ansi com li escris de l'aquast ke geist an l'airche lou devizet. Tout celui aquast antieremant li doit Colignons desor dis warantir an et jor et tant ke sui IIII bans soient corrut an paix. Et c'il ne li warantoit ansi com ci devant est devis, il li randeroit $\overset{C}{\text{VI}}$ lb. et XL lb. de mt. com drois dattres. Et por ces $\overset{C}{\text{VI}}$ lb. et XL lb. de mt. desor dites li ait il mis en waige tout de kant k'il ait d'eritaige, an tous us, ou k'il soit. Et c'il ne li randoit, li sires Jehans Goulle et Jehans Roillons et Renals, li filz lou signor Theirit de Laibrie ke fut, li randeroient com droit dator, chescuns por lou tout, et seroient li chaiteis de cest eritaige Remion devant dit de l'ennee awelz ceu k'il an avereit resuit et eut, et seroit nuulz li aquas de cest critaige et en osteroit li amans l'escrit de l'aquast fors de l'airche. Cist escris fut fais vIII jors devant feste touz Sainz, kant il ot a milliare M cc $\overset{xx}{\text{IIII}}$ et xIII ans.

Wielz l'escrit.

Auf demselben Pergament darunter:

Conue chose soit a toz ke li sires Thiebaus li Gronais, chivelliers, doit a signor Jehan Goulle et a Jehan Roillon et a Renalt, lou fil lou signor Theirit de Laibrie ke fut, $\overset{XX}{\text{xIIII}}$ lb. de mt., a paier a paikes ki or vient. Et por ceste date lor an ait il mis

— LXXIII —

en waige kaut k'il ait d'eritaige, ou k'il soit, an toz us. Et c'il ne lor paievet a jor, Jaikes li Grouais et Filippes li Grouais, ses freires, et Haurias Burnekins lor randeroient com droit dattor, chescuns por lou tout. Cist escris fut fais II jors devant feste tous Sains, kant il ot a milliare M CC $\overset{XX}{IIII}$ et XIII ans.

Wiels l'escrit.

24.

M.-Bez.-A. H 4202, 1. Or. membr. 25. IV. 1298.   *1298, 9b.*

Conue chose soit a touz ke Thiebaus Petismaheus ait aquasteit en ainne et an trefons a touz jors maix por la chieze Deu des Cordelieres dou covant de Mes a Jehan, lou fil Thiebaut Kabaie et a Aburtin, son freire, et a Ailixate et a Lorate, lour II serours, les XIIII s. de mt. de cens k'il ont, dont il an geist VI s. de mt. sus la grainge daier la halle an Chambres, ancoste l'osteil Symonat de Rouvre, et les III s. de mt. k'il ont an IIII lb. et **demee** de mt. de cens ke geixent a la rive a Kaiste, ke furent Theirion Domate, **lor ajuel**, et les v s. de mt. ke geixent sus une maixon daier S. Hylaire a pont Renmont, **ke fureht Theirion Domate, lour ajuel, ke doit IIII chappons de cens davanterienemant.** Et cest cens devant dit doit om paier et porteir a II termines a Mes an lor osteil, c'est a savoir la moitiet a feste S. Jehan Baptistre et l'autre moitiet a noiel. Et de cest aquast lor en ait fait li devant dis Thiebaus boin paiemant des deniers des Cordelieres. Et cest aquast li doient il warantir a touz jors, et tant com droit, et chescuns por lou tout. Et cest vandaige ont il fait per lou crant de lour amius de pair peire et de pair meire, c'est a savoir de Thiebaut Kabaie, lor peire, et de Poinsignon Bernaige et de Jaikemin Bernaige lou clerc et de Jaikemin, lou fil Thiebaut Bernaige ke fut, et de pair lor meire de Matheu Panit, lor oncle, et de Matheu Makaire d'Aiest et de Gillat Makaire, son fil, et de Burte-

Thiebaus Petismaiheu p. ancor bans por la chiece Deu des Cordelieres dou covent de Mes, sus XIIII s. de mt. de cens chesc'an dont il an geist VI s. sus la grainge daier la halle an Chanbres, ancoste l'osteit Symonat de Rouvre, et III s. an IIII lb. de mt. de cens ke geixent a la rive a Kaiste, ke furent Thierion Domate, et v s. sus une maxon daier S. Hilaire a pont Renmont, k'il ait aquasteit a Jehan, lou fil Thiebaut Kaibaie, et a Abermin Borrial, ke tuit dient et tesmoignent ke c'est li biens et li prous de Jehan Kabaie et d'Abertin, son freire, et d'Ailixate et de Lorate, lor II serors, ke si desour sont nommeis. Cist escris fut fais londemain de feste S. Jorge, kant il ot a milliare M CC $\overset{\text{XX}}{\text{IIII}}$ et XVIII ans.

tin, son freire, et a Alixate et a Lorate, lor II serors, et ansi com li escris de l'aquast ke geist en l'airche lou deviset.

Auf demselben Pergament nach zwei Zeilen Zwischenraum:

Conue chose soit a touz ke teil aquast com Thiebaus Petismaheus ait fait a Jehan Kabaie et a Abertin, son freire, et a Ailixate et a Lorate, lour II serors, si com des XIII s. de mt. de ceus k'il ait a ous aquasteit por la chieze Deu des Cordelieres dou covant de Mes, ansi com li escris de l'aquast ke geist en l'airche lou devizet, celui aquast li doient il warantir an et jour et tant ke seu IIII bans soient corrus an paix. Et c'il ne li warantivent ansi com si desour est devis, Burterans Borriaulz et Jehans Abrions et Matheus Panis et Abrions, li janres Jaikemin lou maiour de S. Vincent ke fut, li waranteroient com droit dattour, chescuns pour lou tout. Et se li bans ne corroient am paix, il randeroient XV lb. de mt. a l'abbasse des Cordelieres por les XIIII s. de ceus devant dis, et se li doneroient ancor XL s. de mt., chescuns por lou tout. Cist escris fut fais londemain de feste S. Jorge, kant il ot a milliare M CC $\overset{\text{XX}}{\text{IIII}}$ et XVIII ans.

Wichairs Groignas ait les escris.

Auf der Rückseite:

Li bans de cest aquast furent pris a tans ke li sires Jaikes Goules fut maistres eschevins de Mes, kant li miliaires corroit per M et CC et $\overset{\text{XX}}{\text{IIII}}$ et XVIII ans.

Angeheftet ist ein Pergament mit der Zustimmung des Colignon de Laibrie zu diesem Kauf für Ailixate, seine Frau, und mit der Einschränkung seines Protests.

M.-Bez.-A. H 4202, 1. Or. membr. 30. VII. 1299.

Conue chose soit a touz ke Colignons, li filz Poinsignon de Laibrie ke fut, ait cranteit et veult bien ke teil crant et teil vandaige com Ailixatte, sa femme, li fille Thiebaut Kabaie, ait fait a veulz Jehan et a veulz Aburtin, ces II freires, et a veulz Loratte, lour suer, si com des xɪɪɪɪ s. de mt. de cens ke geixent per pluxours pesses, k'il ont vandut a Thiebaut Petitmaheu pour la chieze Deu des Cordelieres dou convent de Mes, ansi com li escris an l'airche lou deviset. Si est il a savoir ke cest bien per lou crant et per la volanteit de Colignon desor dit en teil maniere ke li dis Colignons ait cranteit k'il ne atres por lui ne puet ne ne doit jamais niant demandeir ne reclameir an xɪɪɪɪ s. de cens desus dis, et ait ancor cranteit li dis Colignons ke bans k'il an ait escondit ne soient niant neuxant a Thiebaut desor nommeit pour la chieze Deu desus ditte, et k'il coursent an paix tant com ancontre lui. Cist escris fut fais lou markedi apres feste S. Jaike et S. Cristofe, kant li miliaires corroit per ᴍ et ᴄᴄ et ɪɪɪɪ^{xx} et xvɪɪɪɪ ans.

Wichairs Groignas l'escrit.

25.

Paris, bibl. nat., Lorr. 975 p. 11 no 7. — De Wailly 363, — 15. VII. 1298.

M.-Bez.-A. H 4202, 1. Or. membr. [1] *=Rolle 1298, 221.*

Conue chose soit a tous ke Thiebaus, li filz Petitmaheu ke fut, ait aquesteit an ainne et an trefons ai touz jors mais, por lai chieze Deu des Cordelieres dou covant de Mes, ai dame Contasse, lai feme Lukin Chaimeure ke fut, xxvɪ s. de met. et ɪ donier de sans k'elle ait chesc'ant sus lai maxon ke fut Abrion lou bolangier et sus l'autre maxon darrier celle maxon meisme, ke sieent devant Sainte Glocenne [2]); et les ɪɪɪ s. et demey de sans k'elle ait sus lai maxon Cozemoze [2]); et les xvɪɪɪ s. de sanz ke Arnous de Criencort [3]) doit sus lai maxon an lai rowe Sainte Glocenne [2]); et les x s. de sans

As bans de la mey awast an la mairie de Porte Muzelle, kant li sires Jaikes Goule fut maistres eschevins, l'an ᴍ ᴄᴄ ɪɪɪɪ^{xx} et xvɪɪɪ ans. Thiebaus Petis maheus prant bans

---

[1]) *Der Schreinsbrief ist in der Bannrolle in drei Teile zerlegt, entsprechend den drei Mairien, PM. 1298, 221, PS. 238, OM. 301. Das geschah nicht immer, wenn die erworbenen Grundstücke in verschiedenen Mairien lagen; gewöhnlich wurde der Eintrag in gleicher Form in der zweiten und dritten Mairie wiederholt, z. B. 1298, 393, 503, 656. Neben dem Brief ist diesmal zum Vergleich nicht der Rolleneintrag selbst (PM. 221), sondern das Schriftstück abgedruckt, das dem Schreiber der Mairie von dem Bannnehmer zur Abschrift vorgelegt und von jenem, abgesehen von orthographischen Eigenheiten und einem Schreibfehler (xv s. statt v s. beim zweiten Ankauf) auch wörtlich abgeschrieben worden ist.*

[2]) *r. 1298, 238:* mairie de Porsaillis.

[3]) *De Wailly:* Triencort.

— LXXVI —

k'elle ait sus lai grainge Symon lou meutier[1]) an lai rowe Sainte Glocenne[2]); et les xv s. de met. de sans k'elle ait sus la court et sus lai maxon Houwart d'Ernaville ke fut, ke siet an lai rowe Sainte Glocenne[2]); et les xv s. de sans k'elle **ait** sus lai maxon ke fut Pierexel' Malseneit, de fuers lai posterne as Roches; et les v s. de met. de sans k'elle **ait** sus lai maxon ancoste lai halle an Chambres, ke Vilains de Chambres dovoit; et xv s. de met. de sans k'elle ait sus lai maxon Renbaut lou bolangier, ke siet an Grans Meyzes; et les xii s. de met. de sans k'elle ait sus lai maxon ke fut Matheu Muele, an lai rowe des Allemans[2]); et les xiiii s. de sans k'elle ait sus une grainge devant les pucelles a pont Thiefroit, ke fut Sebeliate, lai feme Bardel[3]); et les xxiii s. de met. de sant (sic) k'elle ait sus lai maxon ke fut Hermant lou feyvre, an lai rowe des Allemans[2]); et les xvii s. et demey de sans k'elle ait sus une maxon ke fut Chaderon, ke siet a Quartal[2]); et les xii s. et demey de sans ke Durans li bolangiers li doit[4]); et les xxi s. et demey de sans k'elle ait sus lai maxon Jennat Bruke, ke siet ancoste lai stuve[5]) an la Nueve rowe[2]); et les xxxi s. de met. de sans k'elle ait sus lai maxon ke fut Cugnat l'oliier, au Saint Mertinrowe[2]); et les viii s. et demey de sans k'elle ait sus lai maxon au Chadelierrowe ke fut Mahou, lai feme Baicelin lou laivor; et les xii por la chieze Deu des Cordelieres dou covent de Mes sus les x v s. de mt. de cens ke dame Contasse, li femme Lukin Chameure ke fut, **avoit** sus la maison ke fut Pierexel Malseneit, ke siet defuers la posterne as Roches; et sus les v s. de cens k'elle **avoit** sus la maison ancoste la halle en Chambres, ke Vilains de Chanbres dovoit; et sus les xv s. de cens k'elle avoit sus la maison Renbaut lou boulangeir, ke siet en Grans Meizes; et sus les viii s. et demey de

---

[1]) *Mit Unrecht hat de Wailly aus dem* meutier *(Küfer) einen* permentier *gemacht.* v. 1298, 238.

[2]) *v. 1298, 238:* mairie de Porsaillis.

[3]) *v. 1298, 301:* mairie d'Outre Moselle.

[4]) *Die Rolle 1298, 238 hat hier den Zusatz* sus sai maxon an S. Martinrue. *Dieser fehlt auch in einer Abschrift des Schreinsbriefs vom 15. Jahrh.,* M.-Bez.-A. H 4208, 4.

[5]) *In den Bannrollen heisst es gewöhnlich* la *oder* lai stuve; *der Nom. heisst* li stuve *1275, 290 und der Plur.* les stuves *1279, 203; 1298, 91;* l'estuve *kommt nur vor 1267, 217 und 1269, 373. Ebenso steht für* stal *nur ausnahmsweise* estal, *z. B. 1269, 140. De Wailly hat hier und folg. S. Zeile 6* l'aistuve.

s. de sans k'elle ait sus lai maxon ke fut Ferrion lou bolangier, an Stoxey; et les XL s. de sanz k'elle ait sus lai maxon ke fut Colin l'Alemant, an lai perroche S. Mertin de Curtis²); et les LX s. et X s. de met. de sans k'elle ait sus lai stuve en lai Nueve rowe²); et les XII s. de met. de sans k'elle ait sus lai maxon de fuers Porte Serpenoise,¹) lai feme Burtran lou feivre²); et les XVII s. et demey de sans k'elle ait sus une maxon a Quartal, ke Cherdas tient²); et les LII doniers et maille³) k'elle ait de sans sus lai maxon ke fut Mallefin, a Porsallis²); et les XV s. de met. de sans k'elle ait sus l'aritaige Domangin de Lorey²); et les XXI s. de sans ke Othins d'Awigney doit por lai terre d'Awigney²); et les X s. de met. de sans k'elle ait sus lai maxon a Quartal ke fut Perrason²); et lou donier de sans k'elle ait sus une eyre de meiz⁴) on champ lou senexal, ke fut Hauriat Pelorit²); et les VII doniers de sans k'elle ait sus une piece de vigne c'on dist on champ lou senexal, ke fut Jennin Xawecote²); et les IIII s. de sans k'elle ait sus lai vigne a poncel ai S. Julien; et les III s. et II doniers de sans k'elle ait sus une vigne ai Longeville, ke Jennas Corlades doit⁵); et les VI s. de met. k'elle ait sus les maixeires ai Montigney, ke cil de S Thiebaut doient²); et les II s. de sans k'elle ait sus une piece de vigne ai S. Julien, ke fut Hanriat Baston, ke siet a poncel; et les XX s. de sans k'elle ait sus lai vigne Hanriat lou cherpantier de Chambres, on ban de Plaipeville, ancoste

cens k'elle avoit sus la maison en Chadeleirowe ke fut Mahout, la feme Bescelin lou lavour; et les XII s. de cens ke fut Ferrion lou boulangeir, an Stoxey;

et sus les IIII s. de cens k'elle avoit sus la vigne a poncel a S. Julien;

et sus les II s. de cens k'elle avoit sus une piece de vigne ke geist a poncel de S.

---

¹) *v. 1298, 238:* ki est lai feme.

²) *v. 1298, 238:* mairie de Porsaillis.

³) *De Wailly hat für das Abkürzungszeichen des Obolus, ein durchstrichenes o, obole eingesetzt, aber in Metz hatte der halbe denier den Namen maille, der oft ganz ausgeschrieben ist. De Wailly hat, als er dem Wort einmal begegnet, in No. 166, oben Brief 4, ein (sic) daneben gesetzt.*

⁴) *De Wailly hat melz.*

⁵) *v. 1298, 301:* mairie d'Outre Moselle.

lai vigne lou maiour de S. Vincent¹); et les x s. de met. de sans k'elle ait sus III jornals et demey de vigne ke furent Garceriat Noixe, ai Awigney²); et la moitiet des XIII s. de sans k'elle ait sus lai maxon desor l'ospitaul des Allemans, et sus I jornal de vigne ke siet an IIII rowelles, ke li feme Howin de Chavillons doit²). Et de tous ces aqwas li ait fait li dis Thiebaus boin paiemant des doniers les Cordelieres devant dites. Et est ai savoir ke les dites Cordelieres doient paiier jusk'ai L [s.] IIII doniers moins et II chapons de sans lai ou an lou redoveront se tant i avoit, et s'ans an redovoit plus arrier dame Contasse lor am porte paix et paieroit lou sorplus. Et tout ceu lor doit dame Contasse warantir a tous jors mais. Cist escris fut fais l'an kant li milliaires corroit per M et CC et $\overset{xx}{IIII}$ et XVIII ans, lou dexeceptime jor davant lou mois d'awast.³)

Julien, ke fut Hanriat Baston; ke li dis Thiebaus ait aquasteit por la chieze Deu des Cordelieres desor dites a dame Contasse devant nommee, permey teil cens com en an redoit arrier, et ansi com li escris de l'aquast ke geist en l'airche lou deviset.

26.

M.-Bez.-A. Ste Croix, Ntrg. Or. membr.
20. I. 1299. (1298 a. St.).

1298, 648.

Conue chose soit a toz ke **Thiebalz Bertadon**, li maires de Ste Creux davant Mes, ait aquasteit a toz jors maix por la chiese Deu de Ste Creux desor dite a **Sedelate**, la femme **Winardin de Lorey deleis Vignueles ki fut**, II s. et demey de mt. de cens, chasc'an a paier a feste S. Martin a Ste Creux davant

Thiebas Bertadons p. b. por la chiese Deu de Ste Creux davant Mes sus II s. et demei de mt. de

---

¹) *v. 1298, 301:* mairie d'Outre Moselle.
²) *v. 1298, 238:* mairie de Porsaillis.
³) *Die zwei bei de Wailly folgenden Verträge, 364 und 365, gehören zu diesem Vertrag 363 und sind, der eine am folgenden und der andere am dritten Tage nachher abgeschlossen worden. In 364 wird für dame Contasse eine Rente von* XXII *lb.* XIII *s.* VII *d. et maille ausgesetzt und in 365 wird für den Rückkauf der Zinsen, wie üblich, das Zwanzigfache dieser Summe,* IIIᶜ *et* LIII *lb. et demee festgesetzt. Aus diesen beiden Summen ist zu schliessen, dass die Zinsposten in 363 nicht ganz richtig überliefert sind, denn sie ergeben zusammengezählt nicht* XXII *lb.* XIII *s.* VII *d. et maille, sondern* XXV *lb.* III *s.* III *d. et maille.*

Mes. Et ces II s. et demey de cens desor dis li ait ille assis sus ses II maisons ke furent lou **Chifairt de Lorey** et sus la maison ke fut **Raimbalt de Lorey**, apres teil cens com ses III maisons davant dites doient davanteriennemant. Et de cest aquast l'en ait Thiebalz desor dis fait boin paiemant. Et ansi li doit ille wairantir cest aquast a toz jors. Et an cest aquast ait li dis Thiebalz mis XX s. de mt. por XII d. de cens por l'anniversaire Colle, la femme Colignon Cunemant, a faire chasc'an, et li XVIII d. sont por Joffroit, lou fil Jaike Roucel, por chasc'an a offerre lou jor de la S. Martin sus l'ateil monsignour S. Alloit. Et por ces II s. et demey de mt. de cens desor dis l'an ait Sedelate desor dite mis an **contrewaige son preit** k'elle ait **daier Lorey**, ke fut Jaicat Lorignon, son peire. Cist escris fut fais lou mairdi davant feste S. Vincent, davant les annalz plais dou vintimme jor de noiel, kant il ot a milliare M CC $\overset{XX}{IIII}$ et XVIII ans. cens k'il ait aquasteit a Sedenate, la femme Wenardin de Lorey, sus ces III masons a Lorei, apres teil cens com elles doient davant, et ensi com li escris en l'arche lou dist.

Jehans Ferriat l'escrit.

Schreinsbriefe,

für die sich in den erhaltenen Bannrollen ein entsprechender Eintrag finden sollte, aber nicht findet.

27.

M.-Bez.-A. H 3178. Or. membr. 28. VIII. 1275.

Conue chose soit a tous ke Robins dou Pont ait aquasteit a Colin Brixelaite les IX s. de mt. de cens ke Colins Brixelaite avoit sus une maison ke siet an la ruwe a Poncel, dont Robins dou Pont tient la moitiet et Houdiatte, li suer Colin Nichat, l'autre moitiet, per mei IIII s. et demei de mt. de cens d'amone ke Robins an doit, chesc'an a paier a la feste S. Jehan Baptiste; c'est a savoir XVIII d. a Saint Piere aus nonains, et a l'esglise de S. Maimin XII d., et a la Belle Estainche XII d., et a S. Clemant XII d., qu'il doient venir querre an l'osteil Robin davant dit. Et de cest aquast li ait Robins dou Pont fait boin paiemant. Et se Colins Brixelaite l'avoit an nul leu ancombreit de datte ne d'autre chose, il lai

descomberroit. Cist escris fut fais lou merkedi apres la feste S
Burtremeu, quant li milliaires corroit per M et CC et LX et XV ans.

L'escrit a S. Mamin.

28.

M.-Bez.-A. H 4228, 1. Or. membr. 9. XI. 1278.

Conue chose soit a tous ke Collins Ruese ait fait eschainge a
freire Jehan, lou convers des Cordelieres, d'un jornal de terre
aireure ke Collins Ruesse avoit deleis lou chan les Cordelieres an
Frankignonchamp, deleis Weitfontainne, et freire Jehan ait don-
neit a Collin Ruese I jornal de terre aireure ke geist ancoste lou
chan Collin davant dit, daier Staipes an Frankignonchamp. Et
ceist achainge ait fait freire Jehan a Collin Ruese l'un ancontre
l'atre an alluet, a crant ma¹) dame Anel de Vaus, l'abase des Cor-
delieres²). Cist escris et ceist achainge fut fais lou merkedy da-
vant feste S. Martin, kan li milliaires corroit per M et CC et LX et
XVIII ans.

Tancris a S. Ferruce.

29.

M.-Bez.-A. H 4200, 2. Or. membr. 12. XII. 1285.

Conue chose soit a tous ke li sires Pieres li prestes, ke maint
an Romesale, ait aquasteit an trefons a tous jours maix ai³) Ailixate
lai chaipeliere, lai femme Theiriat de Ualieres ke fut, ke maint an
lai rouwe S. Gegout, XXX s. de mt. de primier cens ke geixent sus
la maxon Izanbairt lou draipier⁴) et sus tout lou resaige ki apant,
ke ciet davant l'osteil Poincignon Mauexin sus lou tour, a paier
la moitiet a noiel et l'autre moitiet a feste S. Jehan Baptistre
chaic'an, et sou doit on pourteir. A⁵) de cist aquast li ait fait
le sires Pieres boin paiemant. A⁵) cist aquast li doit Ailixate
dezour dite wairantir a tous jours. Cist escris fut fais lai vigille
de feste Ste Lucie, kant il ot a milliare M CC et $\overset{XX}{\text{IIII}}$ et V ans.

Jaikiers de Nonviant ait l'escrit.

---

¹) ma *und* de Vaus *ist übergeschrieben.*
²) *Hinter* Cordelieres *ist* dou covant de selui leu meisme *durchgestrichen.*
³) *In der Vorlage dasselbe Abkürzungszeichen wie für* et.
⁴) enson Vies Bucherie *1267, 471. v. auch 1290. 258.*
⁵) A = Et.

30.

M.-Bez.-A. E 4 Metz Ntrg. Or. membr. 31. XII. 1285.

Conue chose soit a toz ke Marguerons et Ailekins, les II filles Howignon lou tanor de Davant S. Hylaire ke fut, ont aquasteit a Pertreman lou cleirc, lor freire, sa maison et ceu ki apant ke siet ancoste la maison lou preste de S. Hylaire, ke fut Jehan Jaigin, et sa maison ke siet devant sus Saille et tot ceu ki apant, ke fut Jehan Jaigin, ke Petremans desor dis aquasteit a signor Matheu lou preste, ansi con li escris [en l']airche lou deviset. Et cest aquast lor doit Petremans desor dis essollir[1]) et warantir, per mey teil cens com li heritaiges doit chescan. Et de cest aquast l'en ont fait Marguerons et Ailekins desor dites boin paiemant. Cist escris fut fais VIII jors apres noiel, quant li miliaires corroit per M et CC et $\overset{XX}{IIII}$ et V ans.

Transcrit de l'airche Garsiriat Wesselin.

Darunter auf demselben Pergament:

Conue chose soit a toz ke Petremans li cleirs, li filz Howignon lou tanor ke fut, ait doneit et aquiteit a Margueron et a Ailekin, ces II serors, tous les dons et totes les aquitances ke li sires Matheus li prestes, ces oncles ke fut, li doneit et aquiteit, an keil maniere ke ce fut, soit per escris an airche soit sans escris. Et cest dons lor doit Petremans desor dis aidier a retenir p[er] sa loy, se mestier lor est. Cist escris fut fais VIII jors apres noiel, quant li miliaires corroit per M et CC et $\overset{XX}{IIII}$ et V ans.

Transcrit de l'airche Garsiriat Wesselin.

31.

M.-Bez.-A. Domkap. Ntrg. Or. membr. 12. XII. 1293.

Conue chose soit a tous ke Colins Dowaire, li maires S. Pol, ait laieit a tous jors maix a Drowat lou cordeweney de Staixon la maixon et lou resaige ki apant ke fut Gerairt de Prenoy, ke ciet an Staixon, encoste la maixon Aburtin Maizeroit, por xxv s. de met. de cens ke Drowas an doit paier chesc'an as signors de la Grant Egleize de Mes, a paier la moitiet a noeil et l'atre moitiet

---

[1]) = asoler *(Brief 2)*, faire soile *(Brief 5)*, acquitter. *freimachen.*

a la feste S. Jehan Baptistre chesc'an; et les doit porteir en l'osteil celui ke resevereit les cences les signors desus dis, a termines devant nommeiz, et permey xxvii d. de cens ke li maxon doit, dont li xxi d. sont S. Avout et li vi d. Sainte Creux. Cist escris fut fais lou saimedi devant la feste Ste Lucie, kant il ot a milliare m cc $\frac{xx}{iiii}$ et xiii ans.

Jaikemins, li fis Thieriat l'aman, l'escrit.

Jahr	Schreiber 1	2	3	4	5	6	7	8	9	10	11	12	13	14	15	16	17	18	19	20
1220	1ᵒ—4ᴸᵛ																			
1227	1ᵒ—66																			
1241	1ᵒ—204																			
1245	1ᵒ—255																			
1251	1ᵒ—269																			
1262	*PM¹* 46, *OM¹* 196, *PM²* 286, 303, *PS²* 287/3, *OM⁴* 419.	1ᵒ—418																	
1267	*PM¹* 27, *PS¹* 93, 109, *OM¹* 143, 149/6, 149, 150, *PS²* 197, 201, 220, 228, 242, 249, 247, *PM²* 296, 297, 308, *PS³* 326, 326, 350/1, 376, 396, 413, 451, 453, 454, 456.		1ᵒ—454 *PS¹* 79 *OM¹* 247															
1269	*PS¹* 59, 59, 102, 103, 110, *PM¹* 183, 197/8, *PS²* 214—17, 278, 230, 259, 270—82, 301, *PM²* 396, *PS³* 430, 457, 484, 488—90, *OM²* 564/6, 567/8.		1ᵒ—500 *PM¹* 35 *PM²* 193 *PS²* 268			*PS¹* 45 54—568 F.												
1275	*PS¹* 31ᵃ, 31, *PS²* 296, 298, 317, *PS³* 320, 354, 387, 382 *OM¹* 415.		*PM* 1—3, *PS¹* 32, 72—81, *PS* 2 und 3, a. F.		*OM¹* 151, 156, *PM¹* 153—160, *PM²* 317—328	*OM 1—3 PS³ 380, 412, 416, 419—424/5, 433.*													
1278			*PM* 1—3, *OM¹* 629, 643, 660.		*PS* 2, 3.			*PS⁵* 1311 *PM¹* 401	*PM¹* 401										
1279			*PM* 1—3, *PS¹*—³ F.		*OM¹* 514, *PS³* 535, 547, 566.					*PM¹* 266 *PM²*									
1284			*PM¹* 37, 38, *PS¹* 139—70, 83, 84, 81, 89, 135/6, *PM²* 97, 100, 123, 141, 145, *PS²* 150, 153/53, 155, 187—191, 200, 207, 226, 293/4, 295/7, 243/7, *OM¹* 361, 343, 335/36, *PS⁴* 357ᵃ—413, 425/6, 440/1, 445, 449/51, 459/60, 464/7, *OM²* 561, 563, 567, 569/70.		*PM¹* 83, 88, 92, *OM¹* 165, *PM²* ᵃ F. *PS²* 479, 506, 507, 563, 645.		*OM¹*—³			*PS¹*—³	*OM¹*		*PM¹* 195, *PS¹* 71—82, 85, 86, 89—92, *OM¹* 143/4, *PS²* 182—242 ausser 226, 230, 236/7, *PS³* 414—439, 442/4, 446/8, 452/3, 461/3, *OM²* 452, 564/6.	*OM¹* 145					
1285																				
1288						*PS¹* 81, *OM¹* *PS¹* 52									*PM¹*—³ *PS¹*—³ *OM¹*				
1290															*PM¹*—³ *PS¹*—³ *OM¹* 284				
1293	*PM¹* 199.														*PM¹*—³ *PS¹*—³ F.		591 *livls*		
1298		*OM¹* 350.													*PS¹*—³	*PS¹* 580 *PS³* 109/4, 7.		*OM¹* 657	

Kursive Schrift bedeutet, dass der Schreiber an den Eintrag eines anderen Schreibers eine Verbesserung vorge-nommen oder dass er einen Zusatz gemacht hat.

PM¹, PS¹, OM¹ = Osterternin
PM², PS², OM² = Angstiternin
PM³, PS³, OM³ = Weihnachtstermin
PM = Porta Moselle
PS = Porsaillis
OM = Outre Moselle

1220

1* Anno dominice incarnacionis m̊ c̈c xx Troisin de Porte Mosele maistre escheving, Jehan Wichart maior de Porte Mosele, Gelim de Port Salis, Matheu de Oltre Mosele, apres pasches, en barnal pleit et leal.
1 Simon Faucons et pris bauns por ceus de la Creste suz la tierce partie de tot l'eritage qui fut Ernot lo pesor, ke sa femme lor at done por s'arme, au los de Renardim, son mari, et son fuiz Jakemin.
2 E Jehans Basins et pris ban sus le for qui fu Girart Manguiecheure.
3 E Aeliz, la femme Portesal, et pris ban sus totes les vignes Perissel Pate, oltre Seile, for celi en Corschebuef. Enchore et ele aqueste a Esset jornal et demi de vigne as Forches.
4 E Huins, le fiz Simon Sordel, et aqueste a Simon Coleuret la tierce partie de la maison que fu sun perre, e l'autre partie au segnor Aubert de Uandoncort.
5 Huis Coille et aqueste le for Damagin.
6 Morenquins et aqueste la maison Roolun Golon en Uisenuel.
7 Henris li kartis et aqueste a Baudwin Argentel v jornal de vigne em Planteres.
8 Henri li bolongiers et pris ban sor la maison ki li doit venir en eritage, qu'il et aqueste a Odon, son sororge, por lui et por ses oiers.
9 Colin Blanchanrt et pris ban suz xvi jornaus de terre, en aim et en funs, de Jakemin Grasnes.
10 Godefrins et pris ban suz ii maisons qui li venent de part son suere Albert le penirs. Enchor sus iii stas en Chambres et sus iii en Uisinel, et sus tel partie cum il doit de xii sous de cenz, sus la maison Bonfilet, entre lui et la marastre sa femme.
11 Tiris Maleglaue et pris ban sus iiii mesons qui furent dame Susane de Champel.

12* Co fu fet en ioges en Champpassail en plait banal et leal.
12 Isambars por Saint Climent et pris ban sus la quarte partie de une meson qui fut Daniel de Sus lo Mur.
13 Richouz et pris ban sus la masun qui fut Huin de Chare.
14 Colin li Gronas sus la granche qu'[il] et aquestei a la femme seignor Libewin, ou Champiassaile.
15 Alexandres sus la maisun qui fut Jakemin Tempelon et sus la meisun qui fut Odelie, sa suer.

16 Amsilons li Sauages sus la maisun qui fut Huin li Waluz, qu'il et aquestei a Bonami.
17 Matheus sus la maison qu'il et aqueste au fiz Liebaut, en Chambres.
18 Tiris Malebouche sus la vigne Jehan d'Onuile.

19* Au vintime jor de nativitet en plait banal et leal en paleis l'Evesque.
19 Simonins de Closte et pris ban sus la vigne la femme Ottignon.
20 Vginuns et pris ban sus la maison Tierion lo chaderler.
21 Jehans Moisins et pris ban sus demey un molin les ors dame Sibile.
22 Godefrois et pris ban an aine et am fons sus la maison les ors Bertram Champaigne.
23 Ansems Damages et pris ban sus la maison Girart Fieretestepur et sus VIII sous.
24 Baudewin le Flemans davant Sent Martin en Cortins.[1]
25 Nicole Clares et pris ban sus la maison qui fut som pere.
26 Poincenons Pitous et pris ban sus la mason Tieri de Preney.[2]
27 Garsilons Sarie et pris ban sor demeie une maison ki vint de part son ael.
28 Wautier le mercer et Odeliate, sa suer, de l'atre.
29 Doignons li Vadois et pris ban sus la maison Tirion de Chapeleresrue.
30 Hanris de Gramecey et pris ban sus une mason as parrochiens de[3] Seint Suplige, que Folmerons i doneit, et Hanris lor doit v souls de cens.
31 Louuions, lo fiz seignor Matheu, et pris ban sus la mason Wichart en Rimport, lo quart.
32 Simonins Naue et pris ban sus III jornaus et demei de vigne les oirs seignor Naimeri de Joenei, que Colins li Gronais et venduit.
33 Colin de l'Atre et pris ban sus une lunaison qu'il et aqueste a l'abbaesse dou Val Seinte Marie.[4]
34 Li maires de Porte Moselle et pris ban sus la partie Nicole, le frere dame Maance, de la terre qui lui vint consuivant de part dame Maance.

[1] *Der Schreiber hat vergessen das Gekaufte anzuführen.*

[2] *Auch Pargney ist möglich. Vgl. 1262. 100 Symonin de Pargney und 1267, 125 Symonin de Pargney, Besitzer von Hof und Haus a Porte Serpenoise.*

[3] de *zweimal.*

[4] Marie *übergeschrieben.*

35 Vrris li chanones et pris ban sus une mason qu'il et aqueste a seignor Renald, lo fiz seignor Louuit de Tassey.
36 Ansilons, lo fiz seignor Godefroy, et pris ban sus quan que Nicoles Hacecole et sui oir unt en ban de Maigney, en toz us, por aine et por fons.[1])
37 Boinsperres et pris ban sus tout co que Martin tint el ban de Fileres et sus IIII jornals de vigne sansal.
38 Jakemins li Groinas et pris ban por aine et por fons sus le tiers[2]) de[3]) maison qui fut Simon Grantcol, qu'il at queste[4]) a Jehan Charetit.
39 Huginon Maniuecheure et pris ban sus la maison qui fut Pielin de Mancei.
40 Hugins Lietals et pris ban por aine et por funs sus toz les aluez que Gwerions Burdine avoit ou ban de Uilers, et quant ke il aiet, en toz us.
41 Bertrans Hake et pris ban sus le sansal Vrri Segart, sus Seille, en aine et en fons.
42 Martins de Toul et pris ban sus la maison qu'il est aqueste contre Tirri deu pount Remont, qui et en Saint Martinrue.
43 Bernards den Neufborc et pris ban sus la manantie Frelin deu Chaunpel, en aine et en fons, et une maison qui est en la place.
44 Warins d'Aubini et pris ban sus tel heritage cum lui et venu consuiant de part sa sororge Marerite.
45 Arnold de Tiomvile et pris ban sus la mason Hugon deu Quartal, qu'il et aqueste.
46 Li abbes de Sainte Crois et pris ban sus les vignes au Meignil, VIII jornals, qu'il et aqueste a la femme Simon Angvenel et a ses oirs.
47 Le prior a Sainte Marie des Chans et pris ban sus la granche que dame Maance lor at done por s'arme, en Champassaille.

47* Adans li Engleis fit escscrist que vous vees.

---

[1]) *Dahinter ist* sus le tiers de la maison *eingeklammert. Der Schreiber hatte es, durch das wiederkehrende* por aine et por fons *irre gemacht, beim Abschreiben aus No. 38 vorweggenommen.*
[2]) *Von* le *steht* e *und von* tiers t *auf Rasur.*
[3]) de *übergeschrieben.*
[4]) at queste, *sonst* et aqueste.

1227

1* A paskes kant li milliaires corroit per M et CC et XXVII ans, et Matheuz Gailars estoit maistres eschavins, prinst li sires Richars
1 Mauuezins ban an anne et an fons sus la maison Simon lou maistre an Vezinouel.
2 Kunins de Ui prinst ban an anne et an fons sus la vigne Jakemin Rosel, lou fil Nicole Baron.
3 Jakemis dou Pont ait prins ban an anne et an fons sus I jornal de vigne qui fut Colin Pobele, sus la rive de Mozele.
4 Forkinons de Juerue ait pris ban an anne et an fons sus une maison k'il ait aquestee a Guenordin, ki fut Simonin Beguin.
5 Huins d'Ars ait pris ban an anne et an fons sus I jornal de vigne ki fut Colin Pobele, sus la rive de Mozele.
6 Aubers de Bormont ait pris ban an anne et an fons sus une maison k'il ait aquestee au signor Ponson d'Outre Mozele.
7 Wibors de Chastez ait pris ban an anne et an fons sus demei jornal de vigne ki geist sus Haute Rive oltre Sale, ki fut $\int$ [1]) la fame Jehan Niuart.
8 Thierions Jote ait pris ban an anne et an fons sus la maison k'il ait aquestee a Bertrant Belases et a Garsirion Ingrant, ki geist au Change a Porsaliz.
9 Nicoles Barnakins ait pris ban an anne et an fons por lui et por ses compagnons de la hale sus IIII^{or} lb. de mt. de cens, k'il ont aquestez au signor Arnoul de Tionuille, ki doivent choir des XVIII lb. k'il dovoent de cens sus la hale, donc li ban geisent an l'arche, a tens Ancel lo Sauuage;[2]) et LX sols an doivent chaor por la maison ke Arnouz de Tionuille ait acencie a Bertremin lo Vaudois; si ne doveront mais de la hale ke XI lb. de cens au signor Arnoul.
10 Ponsate ait pris ban an anne et an fons sus la maison Aubertien Loueut.
10* C'est li mairie de Porsaliz.

11 An la mairie de Porte Mozele ait pris ban li sires Mateus de la Posterne an anne et an fons sus la maison k'il ait aquestee au signor Garsire Gailart, son frere, et sus tot lo recege.

---
[1]) *Zeichen für den fehlenden Namen.*
[2]) *Schöffenmeister 1226.*

12 Colins li tenneres ait pris ban an anne et an fons sus la maison ki fut Jakemin Carquel, son frere, ki geist darier Saint Hilaire, k'il ait aquestee a Gesperon, sa serorge.

13 Thierions d'Albe ait pris ban an anne et an fons sus la maison ki fut Johan Fauzconuers, ki siet an Rinport, ason la maison dame Poncete, la fame Jehan Kunemant.

14 An la mairie d'Outre Mozele pris Hanriz de Gramecei¹) ban an anne et an fons sus la terre ki geist au pont Thiefroit, ki fut Rainbaut²), lo fil signor Wichart de Porte Mozele, li une moities, et li autre fut Maheu, lou fil signor Ancher.

15 Forkinous de Juerue ait pris ban an anne et an fons sus la vigne ki fut Jehan Pikadee, ki geist au Mainil, k'il ait aquestee au signor Poncon d'Arkancei.

16 Hues Cole ait pris ban an anne et an fons sus les trois parties les IIII freires Carpentiers d'Outre Mozele, ason la maison Auurin d'Orneig.

17 Jehan Belebarbe d'Outre Mozele ait pris ban an anne et an fons sus II jornaus de vignes ki funs aus Desers desor Tigneusmont, et sus I jornal ki geist pres d'Anki.

18* Les bans do Champ a Salle, de la mairie de Porsaliz:

18 Wilemis, li fiz Belenee, ait prins ban an ainne et an fons sus deus jornaus de vigne ki furent aus Aubues, outre Salle, k'il ait aquestez a Jehan Blanche, lo preste de Saint Gergone.

19 Nicholes Coez ait prins ban en anne et an fons sus la maison signor Huon de Porte Serpenoise, ou il menoit.

20 Vguinous Colons ait prins ban en anne et an fons sus une maison en Saint Nicholairue, ki fut Poncet Osel.

21 Vguinons Colons ait pris ban en anne et en fons sus la maison Croleboiz, an la Vigne Saint Auort.

22 Jehans li maires de Saint Julien ait pris ban en anne et en fons sus trois jornaz de vigne oltre Salle, k'il [ait] aquestee a Cholin Barnakin.

23 Colins li Gornais ait pris ban en anne et en fons por lui et por son frere sus une maison davant la maison Jehan Lieboin, k'il ait aquestee a Felipin Belaseiz.

---

¹) nt *statt* m.
²) *Der J-Strich fehlt, man könnte* Rambaut *lesen.*

24 Colins Hasons ait pris ban en anne et en fons sus la maison Androet, lou fil Jehan Turkin, et sus lo censal de Saint Thiebaut.
25 Dame Sabelie ait pris ban en anne et en fons sus la maison Jehan de Urselai, outre Salle.
26 Li priouz de Sainte Marie des Champs ait pris ban sus xv sodees et maille de cens, ke Auroins li parmentiers de Saint Martinrue li doit sus sa maison au puis, ou il maint.
27 Gerars li bolengiers ait pris ban au anne et en fons sus la maison k'il ait aquestee a Bonami Bonsart et a Ancel lo bastonier.
28 Richars Petite ait pris ban en anne et au fons sus une maison k'il ait aquestee aus oirs Wateron lo Noir.
29 Gebonez ait prins ban sus x sols et demei de cens k'il ait aquesteit a Loion de Flouille et a Idete, sa suir, sus une maison darier lou chaucuir Saint Pol, outre[1]) Salle.

30* An la mairie d'Outre Mozele:
30 Arnouz Chaneuiere pris an anne et an fons sus la maison signor Huar de Uirei et sus tout l'eritage k'il ait an la rue Saint Ui, au crant de sa fame et de toz ses oirs.
31 Ances[2]) de Saint Auo prist banc et [an] anne et an fons sor xx jornaus de terre k'il ait achate an alue a Wichart, le fil dame Haui de Sus lo Mur.

32* An la mairie de Porte Mozele:
32 Garsires Poutres ait pris ban an anne et an fons sus la maison et sus la grange ason et sus les deus maisons ki sient ason la Menoe, ke furent Nichole Barbe, et sus tot lo resage antors, k'il ait aqueste a Nicole Barbe.
33 Aubertis, li fiz Jehan Turkin, ait pris ban an anne et an fons sor vii s. et demei de cens ki gesent sus la maison Guerar Pifart, en Bocherie a Porte Mozele, k'il ait aqueste a Aubert lo Saiue.
34 Pieresons, li fiz Warnier lo fevre, ait pris ban sus la maison ki fut Jakemin et Colin, lo fil Morel Torcul, ki siet an Aest.
35 Perins li Herbiers et Abilons, sa fame, ont pris ban an anne et an fons sus la maison Pieron Morin, ki siet ason la maison Huin Gracechart, parmi xxvi s. de cens chak'an.

---

[1]) *Zwischen* Pol *und* outre *ist* olter *durchgestrichen.*
[2]) *Vor* Ances *ist* Ances de Saint Auo ait pris ban an anne et an fons *durchgestrichen.*

36 Thiebaus do Champel ait pris ban an anne et an fons por les
cheses Deu de Sainte Crox sus la maison ki fut Frankelin, k'il
ont aquestee a dame Armangar, sa fame, et a ses oirs.

37* Les bans de noel, en la mairie d'Outre Mozele:
37 Sire Ances prant ban en anne et en fons sus la maison Lorens,
davant les deus molins dales Saint Vincent.
38 Richars Agueline prant ban en anne et en fons sus IIII jornaus
de vigne ke furent Pierom de Maenges, et sus VIII jornaus de
terre arure, et sus lo vivier, et sus lo jardin.¹)
39 Sire Jehans li Merciers prant ban et en enne et an fons sus IX
jornaus de vigne, k'est aluez, ki sunt signor Warnier de Lay, ki
giesent a Siei, et sus les maisieres, et sus tot ceu k'il i tient,
en toz us, por c lb. met., donc il est tenans.
40 Vguinons li Bagues prant ban an anne et en fons sus la maison
Cholin, ou il maint, a Porte Serpenoise, et sor tot ceu k'il i ait
en resage, en toz us, parmei xx s. de cens, k'il arat frans.
41 Huins, li fiz Weiri l'Alemant, prant ban en anne et en fons
sor I jornal de terre, k'il ait aquestee contre Gerardin, et sus
III jornaus ki giesent daier Sante Crox, ke Jeins Wauos et Ge-
rardis, ses freires, ait vendut.
42 Jakemis li tenneres de Rue prant ban an enne et an fons sus
lo forar ki siet davant la maison ki fut Hanri Morel, parmei VII lb
mt., donc li escriz est en l'arche.

43* C'est de la mairie de Porte Mozele:
43 Li sires Troexins prant ban an enne et en fons sus la maison
ki siet a Porte Mozele, en la place, et sus XXII s. et demei de
cens ki giesent sus une maison au pont a Mozele, et sus IIII
jornaz de vigne ki giesent an ban Saint Julien, k'il ait aques-
teit au signor Ponceon d'Archancei.
44 Colins Milekins prant ban an enne et an fons sus la maison
Jehan Pentekoste, ki est an la place an Juerue, et sus tot lo
resage, et sus lo meis.²)
45 Jenis, li fiz Bertrant de la Tor, prant ban en enne et an fons
sus la maison ki fut Simonin Kunemant, an Riport, ason la mai-
son dame Issabel de Mons, par lo crant Bertrant, son pere.

---

¹) *Vor* jardin *ist ein* g *(Anfang von* gerdin*) durchgestrichen.*
²) *Vor* meis *ist* mes *durchgestrichen.*

46 Martis li bochiers prant ban an enne et an fons sus la maison ke fut Steuene Boixart de Ui, an la Bocherie a Porte Mozele.
47 Vlris de Rethonfail prant ban an enne et an fons sus deus maisons an Chanbres, ki li sunt venues de par Annes, sa suer.
48 Gerars Jornee prant ban an enne et an fons su I jornal de vigne en Desiermont, k'il aquestat a Cholate[1]), la fille Bauduin lo Flammein.
49 Richiers li parmentiers prant ban an enne et an fons sus la maison ki fut Gerat Calenaire, an Riport.
50 Jofrois Malrewars prant ban an enne et en fons sus la maison dame Sephiete, la famme Nicole lo chaudelier, ki est sus Sale an la rue de Caudeliers.
51 Jofrois Malrewars prant ban an enne et an fons sus la maison ki fut Poncon, an Caudelerrue.

52* An la mairie de Porsailis:
52 Pieres Faucons prant ban an enne et an fons sus L s. de cens k'il ait aquestei a la[2]) fame Morel Barekel, ki giesent sus la maison Hanrion Moretel, an Vezineul.
53 Rekuins prant ban en enne et an fons sus une maison k'il a aquestee a Robert de Faukemont.
54 Hues de Rozerueles prant ban an enne et an fons sus la maison Huon Gozemose, a Porte Serpenoise.
55 Otenes li muetiers prant ban en enne et en fons sus la grange Bonechose de Vignei.
56 Garsires li Hungres prant ban en enne et an fons sus la maison apres la grange ki fut Bertremin d'Ancei.
57 Dame Wibors, li fame Fafel ki fut, prant ban en anne et an fons por ses aveles, le anfans Marguiloul, sus LXVIII s. et IIII d. de cens k'il aquestat a dame Bele, la fame Jehan Rosel ki fut, et a Poncet, son fil; li LX s. giesent antor Saint Piere, et li VIII s. et IIII d. antor Saint Andreu.
58 Robers de Faukemont prant ban et [en] enne et en fons sus une maison k'il aquestat a Jehan Tratin.
59 Thieriz Malglaiue prant ban en enne et an fons sus la grange et sus la maison et sus V rezeges apres ki giesent an Waide, k'il aquestat a Armanjar de Rumilei, apres ceu ke Sains Thiebaus i ait.

---
[1]) *Vor* Cholate *steht ein durchgestrichenes* d *(Anfang von dame)*.
[2]) la *übergeschrieben*.

60 Robins de Lieons prant ban an anne et an fons sus la moitiet de la maison ki fut dame Becele do Puis, k'il ait aquestee a Richelet de Staison.
61 Ponsas Faukons prant ban an enne et an fons sus l'alueph[1]) Nicole Marcoul, a Sorbei, sus kant k'il i ait an maisons et an homes, an pres, en treres, et de kant k'il i ait an tos us.
62 Vlris Segars prant ban en enne et an fons por Saint Saluor sus la maison Garsire Copel, an Viez Bocherie.
63 Remions de Juerue prant ban an enne et an fons sus la maison Weirion et Chandan, ki fut Aubri Chaudaue.
64 Benoiz de Chastez prant ban an anne et an fons sus demei jornal de vigne ki giest an Chadenoi, k'il aquestat a Jenin Budri.
65 Jofrois Malrewars prant banc an enne et an fons sus tretot l'eritage ke Androes, li fiz Jehan Turkin, avoit au Waide et a Wichelanges, en toz us.
66 Forjugiet furant: Aubertins, li fiz Bonechose de Uignei, Heldel, Annardins, Pieresons de Sus lo Mur, Pierelins de Sus lo Mur.

---

[1]) *gestrichenes* p, *wie 1251, 136 und 187 bei* Fristorph *gestrichenes* h. *Prost*. aluef.

1241

1* En l'an ke li miliares corroit per M et CC et XLI an, quant Thieris Lowis estoit mastres eschevins, Alixandres de Haienges maires de Porte Mosele, Nicholes dou Puis maires de Porsaillis, Jacob Grosveit maires d'Outre Mosele.

Ce sont li ban de paske. En la mairie de Porte Mosele:

1 Rennaldins li taillieres prant ban en ein et en fons sor une maison davant Sainte Segoleine, k'il a aquaste a Colete, la fille Thomas de Porte Mosele, parmi tel cens com li maisons doit.
2 Kathelie, la fille dame Juliene, p. b. sor une grange ensom l'ostel Frowin, k'ele a aquaste a Johan de Rakesanges.
3 Johans li permantiers p. b. sor tel partie d'une maison enson l'ostel Bertran de Faillei k'il a aquaste a Bertremin.
4 Thomas li Franceois p. b. sor la maison ki fu les enfans signor Troissin, parmei XL s. de cens, XX s. a noel et XX s. a la feste Saint Johan.
5 [1]) G..., li filz Th........, p. b. sor la maison et sor tot lo ressage, ki fu Johan Quarteron, en la place, k'il a aquaste a Garset Grassecher.
6 Jakemins Henne p. b. sor une maison davant l'ostel Abert Gratepaille, k'il a aquaste a Abertin, son frere.
7 Bassuis, li feme Auroin lo charpantier, p. b. sor la maison ki fu dame Supplice, k'ele a aquaste a Waterin de la Tor et ans signor de Nostre Dame la Ronde.
8 Jakemins, li filz Aurart, p. b. sor une maison davant Stintefonteine, k'il a aquaste a l'avelet Vlri Sigart.
9 Jennaz Jote p. b. sor une maison sor lo pont Reimout, k'il a aquaste a Willandrut, la feme Ansel de Saint Auor.
10 Dame Marguerite, li feme Johan Wichart, p. b. sor tel partie d'eritage com ele a aquaste a Poincet Lukerel, son fillastre, en la maison en Saunerie et en la vigne en Colonbel, ke li vint consuant de par Johan Wichart, son pere.
11 Colins Belebarbe p. b. sor la partie de la vigne daier Saint Julien, k'il a aquaste a Johan Petitmaire, ke li vint de part sa suer dame Lorate.

12* En la marie de Porsaillis:

---

[1]) *Der ganze Eintrag ist dick durchgestrichen und daher schwer zu lesen.*

12 Andreus, li fiz Reinbaut d'Aireincort, p. b. sor II jornals de vigne davant les molins Saint Arnolt, kil a aquaste aus enfans Johan Barangier.
13 Aubertins Champels p. b. sor la maison Hawion, la feme Poincet l'Asnier, ki siet delez la porte Saint Thiebaut.
14 Hanrions Chamagne p. b. sor I jornal de vigne ke gest a Saint Mamin, ensom lui, k'il a aquaste a Vilein, lo fil Johan Quarteron.
15 Godefrins Brussade p. b. por signor Gregoire lo chanoine sor III jornals de vigne a l'antrer de la ruele de Perte, qu'il a aquaste as oirs Ferrion Brisepain.
16 Jennis Claradine p. b. sor une grange ensom sa maison, k'il a aquaste a Ameline, la feme Wichart de Sor lo Mur ki fu.
17 Viuions de Basoncort p. b. sor une maison en la Vigne Saint Auor, k'il a aquaste a Garsire de Guinguelanges.
18 Pieres de la Fosse p. b. sor la maison Hanri lo Gros de Viez Bucherie, dont il est bien tenanz.
19 [1]) Aubertins d'Outressaille p. b. sor la moitie de II jornals de vigne ki geisent aus Wacuels, ki furent lo ranclus de S. Genoit, qu'il a aquaste a l'abe de Vilers.
20 Thieriaz li Vaskes p. b. sor II jornals de vigne en Abues, k'il a aquaste a Philipin lo clerc, lo fil Cunon Lietalt.
21 Herbins Rochefort p. b. sor II ressages davant S. Thiebaut, parmei v. s. de cens, k'il a aquaste a Abertin Cabaie.
22 Jaquemins li Gronnais p. b. sor XX s. de cens k'il a aquaste a Poincignon, lo fil Bertran lo bollangier, sor la maison et sor lo for et lo ressage enson la grange Nichole lo Gronnais. [2])
23 Joffrois Milikins p. b. por la chiese Deu de Viler sor XX s. de cens ki geisent en Orkes sor la maison Nichole d'Aspremont, k'i[l] a aquaste a Weriat de Saint Arnolt.
24 Colins, li filz Domengin, p. b. sor une maison et lo ressage ou Champel, k'il a aquaste au prestre d'Amele, parmei tel cens com li maisons doit.
25 Poincignons Quaremels p. b. sor une maison sor lo Mur, k'il a aquaste a dame Affelix, parmei tel cens com ele doit.
26 Willemins Raboans p. b. sor la maison dame Aileit Pascate, la feme Warin lo Hongre ki fu, et sor la grange et sor tot lo ressage ki apant, qu'il a aquaste. [3])

---

[1]) *Der ganze Eintrag ist durchgestrichen.*
[2]) *Vorl. Groinais.*
[3]) *Zeile zu Ende.*

27 Weris, li filz Alart lo recovror, p. b. sor demei jornal de vigne ki gist en Burnelchamp, ki fu Aleit, la feme Colin Chanpion.
28 Ansels p. b. por lui et por ses dous joines freres sor une maison sor lo Mur, k'il a aquaste a dame Lucie, la feme signor Gawein ki fu.
29 Garsez li maceons p. b. sor demeie une maison davant l'ostel Arnolt d'Ars, qu'il a aquaste a la feme Simon Senshuue.
30 Balduins de Maleroi p. b. sor jor et demei de vigne k'il a aquaste a Jakemin Vilein, ki gest a Quincei.
31 Nicholes de Chastels p. b. sor une maison en la Mercerie, k'il a aquaste a Maholt Chautpain, parmei tel cens com li maisons doit.
32 Li sires Matheus Malscheualiers p. b. sor une maison defors la Nueve porte, ki fu la feme Hanri Furluein.
33 Garsires li Hongres p. b. sor la moitie de la maison ki fu Hanri Paissel, en Saint Martinrue.
34 Jennins li Truans p. b. sor vii lb. de cens k'il a aquaste a Bernaclin, ki geisent sor sa maison en Visegnuel, et sor tot lo ressage ki apant.
35 Perrins de la Fosse p. b. por la chiese Deu de Longeawe sor ii s. de cens ki geisent sor la maison Willame lo viecer davant la cort lo seneschal, ke Bertrans Makerels lor a done en aumosne. et sor x s. de cens ke Reiniers Tiguiene lor a done sor la grange Wichart lo corveisier en la rue Garsire lo chavrer.
36 Colins Marcous p. b. por la chiese Deu des Bordes sor v s. et demei de cens ki geisent sor la maison Willame lo viecer davant la cort lo seneschal.
37 Jennins Charrate li bochiers¹) p. b. sor une maison en Viez Bucherie, k'il a aquaste a Jaquemin, lo frere lo doien de Saint Sauuor, et a Beliart, sa feme, parmei xxi s. de cens.

38* En la marie d'Outre Mosele:
38 Isenbars Gouions p. b. por la chiese Deu d'Outre Mosele de S. Martin sor i chakeur et sor tot lo ressage ke li abes et li covans ont aquaste a Poinceon Chateblowe, ki siet a Saint Martin, et sor une maison ki siet en la Wade davant les Prochors, et sor iii s. de cens ki geisent sor les dous maisons apres, ki furent les oirs Abert l'Oie.
39 Matheus, li filz signor Pieron, p. b. sor de kan ke Harrals avoit ou ban de Mairanges, en toz us.

---
¹) li bochiers *übergeschrieben*.

40 Dame Blanche, li feme Vguet ki fu, p. b. sor sa maison en Franconrue, k'ele a aquaste aus oirs Vguet, son mari.
41 Pieres, li filz Johan Xarrei, p. b. sor une maison en Chanbeires et sor tot lo ressage, k'il a aquaste a Forkignon, lo fil signor Warnier de Jeurue.
42 Johans, li filz dame Odelie de Davant Sainte Crois, p. b. sor la maison ki fu Auroin de Siei, ensom Viez Bucherie, k'il a aquaste a l'abe et au covant de Warnieruiler.
43 Vguins d'Arei p. b. sor la maison ki fu mastre Adelin, en la rue lo Voe, k'il a aquaste aus signors de Saint Pol, parmei xxx s. de cens.
44 Pieres de Chastels p. b. sor une maison arreis l'ostel de Clerleu, ki fu les enfans Jennin Waborion; ces[1]) bans ait il pris par Piericeon Ruke.
45 Herbillons de Conflans p. b. sor tot l'eritage ke Aubers de Ropadanges avoit en la mairie d'Outre Mosele, en maisons, en vignes, en chans et en toz autres us, k'il a aquaste a l'abe et au covant de Viler, ke Abers de Ropadanges lor a done en aumosne.
46 Willemins et Colins p. b. sor une maison en la ruele au Beffroi davant la maison l'Apostoile, k'il ont aquaste a Piericeon Putteuue.
47 Bertrans Domals p. b. por l'ospital a Saint Thiebaut sor xviii s. de cens ki geisent sor la maison Lanbelin l'arcenor et sor la maison Werion lo bochier, ensom Viez Bucherie, ke Nicoles Dores lor a done en aumosne.
48 Jennis, li filz signor Hvon de la Croix outre Mosele, p. b. sor la maison et sor tot l'eritage Simon, son frere, ke li est venu consuant de part pere et de part mere, et sor tot l'eritage k'il a aquaste a Margueron, la fille de sa soror, ke li est venu consuant de par sa mere.
49 Vguignons, li janres Garsire Sope, p. b. sor v jornals de terre ki geisent daier la grange Petituallet a Turei, k'il a aquaste a Steuenin lo voe de Virei et a ses oirs, et sor i jornal de terre a Turei en Amorne, k'il a aquaste a Thieriat, lo frere Colin Chiexen.
50 Garsires li Hongres p. b. sor lo sazime de Haueconcort, k'il a aquaste a l'eveske Rogier de Tol.

---

[1]) ces bis Ruke *weniger sorgfällig geschriebener Zusatz.*

51 Jennins li bochiers p. b. sor une maison ki siet en la ruele de Viez Bucherie, k'il a aquaste a Jakemin, lo frere lo doien de Saint Sauuor, et a Beliart, sa feme.
52 Vlrias, li filz Watier Picote d'Ars, p. b. sor une pece de vigne ki gist a Ars en Borde, k'il a aquaste a Jakemin Wachier et a ses oirs.
53 Philipins de Moieneuile p. b. sor une maison en Anglemur, k'il a aquaste, parmi VIII s. de cens a dame Sennis la vicceire.
54 Nicholes Belebarbe p. b. sor la maison et sor la grange et sor lo columber et sor lo meis et sor lo jardin et sor tot lo ressage davant, et sor X s. et II chapons de cens ki geisent sor lo for et sor lo molin et sor lo ressage ki apant, ki est Werion, lo fil dame Juliene, a Wapei, et sor kan ke Werions aquasta a Remion de Jeurue, en toz us, ki gist a Wapei, tot ensi com Remions lo tenoit, et sor XVI s. et XVI chapons de cens ki geisent sor XVI maisons et sor les meises daier ki apandent et sor lo jardin daier lo molin a Wapei, k'il a aquaste a Werion, lo fil dame Juliene de Wapei.
55 Rogiers de Baionuile p. b. sor une maison ensom Viez Bucherie, k'il a aquaste a Warin de Busei, et sor VIII jornals de terre k'il a aquaste a Vguignon Xolin; s'en geisent IIII jor delez Savignon et IIII jor a la Piere.

56* Ce sont li ban dou mei awast, en l'an ke Arnoudins Marcoz fu maires de Porte Mosele, Remeis de Jeurue maires de Porsaillis, Ansels Boissons maires d'Outre Mosele.[1] En la marie de Porte Mosele:
56 [2]) Garsez Grassecher (?) p. b. sor une pece de vigne . . . .
. . . . g . . ., p[armei . . . de cens], com li escriz raporte k'il a en l'arche.
57 Piericeons, li filz Gerart d'Alisei, p. b. sor jor et demei de vigne en Chenal, ki fu Poincest Loste de Stoisei, parmei tel cens com ele doit.
58 Watiers d'Osteleincort p. b. sor lo meis ki fu Johan de Rakesanges parmei tel cens com il doit.
59 Ansillons d'Antillei p. b. sor une maisiere a Stintefonteine, ke fu Gerart de Warrise.

---

[1]) *Vorl.* Porte Mosele.
[2]) *Ausgekratzt bis* com. *Zu Garsez Grassechev v. den gestrichenen Eintrag 5.*

60 Gilibers de Voluanges p. b. sor une maison ke fu Jennin Gratepaille, ki est ensom la feme Hartowit.

61 Waterin Corssensairme [p. b.] sor la maison dame Hawi et Ancillon, son nevou, ke siet ensom l'ostel Hvin Bazin.

62 Dame Contesse p. b. sor une maison et tot lo ressiege davant lo Tonboit, k'ele a aquaste a Poincet Faucon, parmei xv s. de cens.

63 Colins Roze p. b. sor une maison en Saunerie, k'il a aquaste a Jakemin Falkenel, parmei xv s. de cens.

64 Bertrans d'Aees p. b. sor une maison en Stoisei, k'il a aquaste a Thierion de Rottonfait.

65 Nicholes de Chastels p. b. sor II jornals et demei de vigne en Briei, k'il a aquaste au signor Simon de Crosnei.

66 Hvins p. b. por la chiese Deu de Gorze sor XII s. de cens ke geisent sor la maison Balduin de Chieuremont, ke li sire Nicoles Dores lor a done en aumosne.

67 Lorate, li fille dame Grosse, et Annelz, sa suer, p. b. sor une maison davant la cort lo princier, ki fu Balduin, lo fil Benoit dou Uiuier.

68 Lowiaz, li fils Simon de Chaillei, p. b. sor la maison Lowiat Wacelin, ensom l'ostel Matheu Furuel.

69 Richars de la Barre p. b. sor II peces de vigne desoz Mons, ke furent Johan Sandelin.

70 Jennins li bollangiers p. b. sor une pece de vigne et sor I meis k'il a aquaste a Polin Falschalonge.

71 Jaquemins li poissieres p. b. sor II jornals de vigne a Bois sor Mosele, ki furent Philipin de Vargnei.

72 Poincignons Lacillons et Rennaldins li taillieres p. b. sor la maison ki fu Chieenchenal, en la ruele ki va a Saille.

73 Joffrois Milikins p. b. sor la maison Pierexel Malsanne en Chanbres.

74* En la marie de Porsaillis:

74 a) Nicholes Aisies p. b. sor x s. de cens ke Frankignons devoit au signor Philipe de Ragecort, por l'eschange k'il et li sires Philippes et dame Suffie de Sor lo Mur ont fait entre ous.

b) Apres p. b. sor III s. de cens ke li eglise de Sainte Croix a aquaste a l'ainsnee fille la dame de Sarebruche, ke Hodiez de Saint Piere aus Areines doit.

75 Arnolt Chaniueire p. b. sor la maison ke fu Bertalt de Chastels, k'il a aquaste a Alaiz, la fille Garsire Noise, parmei xl s. de cens.
76 Jennins li Mies p. b. sor une maison davant les degrez en Saunerie, k'il a aquaste a Saint Ladre, parmei vii d. de cens.
77 Guerars p. b. sor la maison ki fu Hanrion lo teixeran sor lo Mur, k'il a aquaste a lui, parmei xii s. de cens.
78 Mastres Robers li habergieres p. b. sor une maison en Furnerrue, k'il a aquaste a Abrion Domate et a ses freres, parmei xxx s. et ii d. de cens.
79 Guinordins li Gras p. b. sor les ii pars d'une maison en Visegnuel, k'il a aquaste a Colin Cheualier.
80 Hanrias li barbiers p. b. sor une maison a la Posterne, k'il a aquaste aus signors de Saint Thiebaut, parmei iiii lb. de cens.
81 Waltres li bochiers p. b. sor une maison sor Saille, k'il a aquaste a Jennin lo quartier et a Ameline, sa feme, parmei xiii s. de cens.
82 Andruaz, li fiz Balduin lo Truant, p. b. sor xx s. de cens, k'il a aquaste a Abert Rigole, sor sa maison en Visegnuel.
83 Reiniers li viecers p. b. por lui et por son fil sor une maison sor Saille, k'il a aquaste a la feme Rennalt lo bochier, parmei xvii s. de cens.
84 Dame Marguerite de Champels p. b. sor une maison ki siet ensom Bertran Gale,[1]) k'il a aquaste a Weriat, lo fil Abrion Xardeit.
85 Gerardins Michiels p. b. sor jor et demei de vigne sor Saille, k'il a aquaste a Barangin et a Marguerete et a Saumonete, les enfans Johan Barangier.
86 Colins Domangins p. b. sor la maison ki fu Bertran ki fait les astres, ou Chanpel, k'il a aquaste a Clemignon lo taillor et a ses oirs, parmei tel cens com ele doit.
87 Cvnins li chapillers p. b. sor lo tiers d'une maison en Chapillerrue, k'il a aquaste a Colin l'olier.
88 Hanriaz li warcoliers p. b. sor demee une maison au Quartal, k'il a aquaste a Bertremin lo Vadois, parmei tel cens com ele doit.
89 Pierixels de Florei p. b. sor l'autre moitie de ceste maison, parmei tel cens com ele doit.

---

[1]) v. 1251, 131 arres la porte de Maiseles.

90 Colins, li janres Roillon Motat, p. b. sor une maison daier Saint Simplise, ki fu Nicole Raboan, et sor la chanbre ensom, k'il a aquaste a Kasso, parmi tel cens com ele doit.
91 Balduins Trabuchaz p. b. sor une grange en Saint Martinrue, k'il a aquaste a Hanriat Xalogne, parmi tel cens com ele doit.
92 Soibors dou Champel p. b. sor une maison ensom lei, k'ele a aquaste a la feme Gerardin Bugneboc et a ses oirs, parmei tel cens com ele doit.
93 Johans Belcoueines p. b. sor I champ ki gist sor I pre a Beluoir, k'il a aquaste a Hvin Cowedemoton, parmi tel cens com il doit.
94 Colins li oliers p. b. sor une maison ensom lo Wade, k'il a aquaste a Ottin, son sororge, tel partie com il i avoit, parmei tel cens com ele doit.
95 Garsires de Gorze p. b. por la chiese Deu de Moremont sor L s. de cens ki gisent sor l'ostel Hanri Moretel en Visegnuel, ke Pieres de la Fosse lor a done en aumosne, et sor la maison dame Aileit la Jordeine, on ele maint, et sor la grange ensom et sor tot lo ressage, et sor XXXVI s. de cens ki geisent sor la maison Thomassin Grisel en Bucherie, ke dame Aileiz lor a done por Deu en aumosne.
96 Bertrans Domals p. b. por Saint Thiebaut sor XVIIII s. de cens ki geisent au Quartal sor la maison Garsire lo bollangier, et sor XXIII s. de cens et VI chapons ke geisent sor la maison Remei lo mutier.
97 Poincignons li bollangiers p. b. sor tel partie com Warneceons, ses freres, avoit en la maison lor pere, k'il a aquaste a lui, parmei XV s. de cens.
98 Gerardins li wastillers p. b. sor une maison a Porsaillis, k'il a aquaste aus signors de Saint Piere, parmei IIII lb. V sols moins de cens.
99 Jakemins Faucons p. b. por la chiese Deu de la Craste sor IIII lb. de cens ke geisent sor une maison en Visegnuel, ensom les Aruols, ke li signor ont aquaste a Willemin, l'avelet Balduin lo Flamanc.
100 Bertremins li Vadois p. b. sor VIII s. de cens ki gisent sor la maison signor Jakemin lo prestre, davant l'ostel Gerart Giton, k'il a aquaste a lui.
101 Simonins Perraisou p. b. sor la moitie d'un ovreur desoz et sor tot l'estage desor de la maison Niclodin Chapon,[1] k'il a aquaste a lui, parmei XV s. de cens.

[1] Vor Chapon 2 Buchstaben, dahinter 1 oder 2 ausgekratzt.

102 Bertrans li fevres p. b. sor une maison en la rue de l'ospital des Alemans, k'il a aquaste a Hanri lo teixeran, parmi tel cens com ele doit.
103 Jennins li Vadois p. b. sor une maison en la rue Brehel, k'il a aquaste a Lowion Muerdamer, parmi tel cens com ele doit.
104 Gerardins li mastres p. b. sor la maison ou il maint, k'il a aquaste a Wichart Jallat, parmi LXXIII s. de cens.
105 Watiers li wantiers p. b. sor une maison a Porsaillis, k'il a aquaste a Wichart Jallat, parmi XVII s. de cens.
106 Hves Grassecher p. b. sor demie une maison daier Saint Simplise, k'il a aquaste a Philipin, son frere.

107* En la marie d'Outre Mosele:
107 Hanrions li especiers p. b. sor une maison davant Saint Sauuor, k'il a aquaste a la feme Gerart lo selier, parmi L s. de cens.
108 Richars de la Barre p. b. sor une pece de terre a Chastillon outre Mosele, k'il a aquaste a Roillon et Alixandrin, les enfans Archenbaut.
109 Bacelins, li fils Liebor, p. b. sor la maison k'il a aquaste a la feme Boinpere, ki siet ensom sa grange.
110 Eranbors, li feme Pielin, p. b. sor une maison en la rue Saint Vi, k'ele a aquaste a dame Maence et a Gondou,[1]) sa soror.
111 Thierias Charrue p. b. sor la moitie de[2]) II peces de vigne daier Saint Simphorien, k'il a aquaste a l'abe et au covant de Vilers, ki furent lo. ranclus de Saint Genoit.
112 Thierions Deudoneis p. b. sor une maison en Anglemur, k'il a aquaste a Warniceon lo corrier et a Warin, son sororge.
113 Garsires de Gorze p. b. por la chiese Deu de Moremont sor XXXI s. trois mailles moins de cens ke geisent sor la maison Bertremin Crochon en Bucherie.
114 Pierixels li lignelers p. b. sor une maison ki siet sor lo Terme, k'il a aquaste a Rou de Paris, parmi XIII s. et III d. de cens.
115 Balduins Trabuchaz p. b. sor une maison enson Viez Bucherie, k'il a aquaste aus enfans Auber Cussignon.
116 Piericeons Barroche p. b. sor une maison k'il a aquaste au signor Isenbart.

---

[1]) Gondou *übergeschrieben*, Geraudou *durchgestrichen*.
[2]) la moitie de *übergeschrieben*.

117 Matheus, li filz signor Pieron de Porsaillis, p. b sor dous [1] maison en Possalruele, k'il a aquaste a Piericeon Trobat et a fil Simon de Berteranges. [2]
118 Jehans Belebarbe p. b. sor tot l'eritaige qui gist a Noeroit et a Maisieres et a Maranges,[3] en tous us, dont il est tenans, ke fut Weirron de Mailley, dont li oir partent semons.
119 Jennins, li filz Riole, p. b. sor une maison en Fecismeisruele, k'il a aquaste a Lowi Femedaite, parmi tel cens com ele doit.
120 a) Piericeons Barroche p. b. sor une maison davant Saint Johan outre Mosele, k'il a aquaste a Isenbart Gouion.

b) Et si p. b. sor une maison ki siet en la ruele sor lo Terme, k'il a aquaste a Hodiete et a Domengin, son fil.

121* Ce sont li ban dou vintisme jor. En la mairie de Porte Mosele:
121 Balduins Jornee et li filz Marguerite de Faillei p. b. sor une pece de vigne en Desiermont, k'il ont aquaste a Thieri Moixin, parmei XXXI s. de cens.
122 Hanris li maceons p. b. por signor Elfon de Nostre Dame sor II maisons en Chanbres, ki furent Richardin lo clerc, k'il a aquaste parmei lor cens.
123 a) Lowiaz, li filz Simon de Chaillei, p. b. sor la maison mastre Lowi enson Furuel, k'il a aquaste, parmei tel cens com ele doit.

b) Et si prant ban sor la maison ki fu Chauin lo juvlor, parmei tel cens com li maisons doit.
124 Jennin Picotin p. b. sor une maison en Chieuremont, k'il a aquaste a Symonin Bokel, parmei tel cens com li maisons doit.
125 Warniers li drapiers p. b. sor une pece de vigne ki fu Hanriat Noiron, ki siet enson la vigne Philipin Heke.
126 Ottins de Champillons p. b. sor une maison daier Saint Hylaire, ke fu Ancillon lo Blanc, parmei tel cens com ele doit.
127 Nicoles Aisies p. b. sor X s. de cens ki geisent sor une maison a la Salz, ki furent dame Odelie, la feme Parage.
128 Willemins, li filz signor Gilibert, et Balduins, ses freres, p. b. sor une maison et tot lo ressage davant lo Tonbout, k'il ont aquaste a dame Contesse, lor soror, parmei tel cens com li maisons doit.

---

[1] dous *auf Rasur*.
[2] fil *bis zum zweiten* r *von* Berteranges *auf Rasur. Pergament zerknittert, Lesung unsicher.*
[3] Jehans *bis zum* M *von* Maranges *auf Rasur.*

129 Bertrans Domals p. b. sor la maison Marie de Nominei por la chiese Deu de Saint Thiebaut, ki lor doit xii s. de cens, parmei ii sols avant, et sor la maison Gossuin lo corretier, ki lor doit viii s. iii d. moins, parmei v s. et iii d. de cens avant.
130 Poincins Vaillete p. b. sor l'ostel Paskin de Chanbres, parmei tel cens com li maisons doit.
131 ¹) Colins? ...... p. b. ....
132 Becelins de Betteleinuile p. b. sor lo for dame Marie en Chieuremont, parmei tel cens com li fors doit.
133 Dame Poince, li feme Garsire Ruecele, p. b. sor lo quart de la maison ki fu Nicole Coeat, k'ele a aquaste a Jennin Truillart.
134 Li sires Pieres, li filz signor Rov, p. b. sor la maison et sor tot lo ressage ki fu Vlri Sigart, en Waranclous.
135 Hennelo de Stoisei p. b. sor une demee maison en Stoisei, k'il a aquaste a Perrin Pote, parmei tel cens com ele doit.

136* En la marie de Porsaillis:
136 Werions Sauine p. b. por la chiese Deu de Sainte Glossenne sor xxi s. de cens et iiii d. maille, k'il a aquaste a Hanri l'Aleman, sor la moitie de la maison ki fu Sebelie, et sor la maison daier, ou Champassaille.
137 Steuignons Vachate p. b. por l'ospital et por Saint Ladre sor les maisieres ki furent Bonamin Charbonel aus molins.
138 Willemins Paietels p. b. sor la moitie de la maison ou Godefrois de la Tor maint, ki fu Bertran de Hans.
139 Aubertins li cordoeniers p. b. sor une maison en Furnerrue, k'il a aquaste a dame Beatri de Staisons, parmei lx s. de cens.
140 Aubertins, li filz Thiebaut dou Chaupel, p. b. sor une maison ou Champel, k'il a aquaste a Simonin Bardel, parmei xxiii s. de cens.
141 Thomassins de Dornant p. b. sor jor et demei de vigne en Okes, k'il a aquaste aus signors de Saint Poul, c'om faisoit dous a tiers mui, parmei xxii s. de cens chasc'an a la Saint Martin.
142 Jakemins Biatri li merciers p. b. sor la moitie de la maison sa mere, k'il a aquaste a sa soror, parmei lvi s. de cens.
143 Weriaz d'Oisei p. b. sor la moitie de la maison ki fu Lowi Faliuel, k'il a aquaste a Margueron, sa fillastre, parmi tel cens com li maisons doit.

---

¹) *Der grössere Teil ist ausgekratzt, der Schluss dick durchgestrichen.*

144 Mathevs Barons p. b. sor la maison Andruat lo bollangier dou Champel, parmei tel cens com ele doit.
145 Simonins Muisiquaraule p. b. sor la maison ki fu Roillon lo maceon, parmi tel cens com ele doit.
146 Colins Brulleuache p. b. por les Repanties sor la maison Colin Houdebran et sor la maison Werion la Qualle, parmei tel cens com eles doient.
147 Thierias Mordans p. b. por Nostre Dame la Ronde sor III jornals de vigne en Malemarz, k'il ont aquaste a la feme Jordain lo bochier.
148 Hvins de Cerlei p. b. sor demei jornal de vigne k'il a aquaste a Adenat Triche, en Culoit.
149 Waterins Charrue p. b. sor une maison ki fu Cvnon lo tannor, daier Saint Eukaire, parmei tel cens com ele doit.
150 Dame Belenee p. b. sor la maison Colin de Boemont en Staisons, parmei tel cens com ele doit.
151 Rebollez p. b. sor une maison ki fu Gilet lo fevre, ou Champassaille, parmei tel cens com ele doit.
152 Jakemins Bazins p. b. sor tel partie com Weriaz, ses freres, avoit en la maison ki fu lor pere et au ressage.
153 Vguignons Colons p. b. sor la maison aus Aruols et sor lo ressage entierement, ki fu Sebeliate, la feme Piericeon.
154 Dame Lucie p. b. sor une pece de terre arreis les murs, k'ele a aquaste a la feme Pierixel Bernart.
155 Arnols Chaniueire p. b., en son droit et ou droit sa fillastre, sor la maison Jennin lo charpantier en Chapillerrue, parmei tel cens com ele doit.
156 Colins dou Puis p. b. sor la moitie de la maison ou il maint, k'il a aquaste a Jaquemin lo Blanc et a ses enfans, parmei tel cens com ele doit.
157 Jakemins Pancerons p. b. sor I jornal de vigne en Ruffinclou, ki fu Werion Sauine, parmei tel cens com il doit.
158 Jennins Barrois p. b. sor la maison ki fu Andruin d'Acei, davant l'ostel Garsire lo Hongre, parmei XXI s. de cens.
159 Colars, li filz Robert de Paris, p. b. sor une maison en Furnerrue, ki fu Simonin Berdel, parmi XLV s. de cens.
160 Jaquemins, li filz Aurart, p. b. sor II meis daier Saint Eukaire, ki furent Ancillon de Saint Auor, parmei tel cens com il doient.
161 Jennins Gous p. b. sor la maison Wilekin delez Saint Nicolai lo Petit, parmei XIIII s. de cens.

162 Simons li chapillers p. b. sor une demee maison davant l'ostel Brehel,[1]) ki fu Poincet Gondou, parmei tel cens com ele doit.
163 Dame Ide p. b. sor I jornal de vigne en Chardenoi, ou ele avoit les III pars, k'ele a aquaste aus oirs Wichart Tolose, son mari.
164 Anroins li charretons p. b. sor une maison en la Vigne Saint Auor, k'il a aquaste a Eranbor de Cerlei et a sa fille, parmei tel cens com ele doit.
165 Thieriaz de Nonuiant p. b. por lui et por sa mere sor la maison ou Willemins de Noweroi maint, k'il a aquaste a Ansel de Venise, parmei tel cens com ele doit.
166 Lorans li chaucieres p. b. sor la maison enmei, ki fu Jennon de Moince, davant la cort Saint Ladre, parmei tel cens com ele doit.
167 Thomassins, li filz Richelat, p. b. sor la maison Poincignon Quaremel sor lo Mur, parmei tel cens com ele doit.
168 Gilaz li habergieres p. b. sor la maison Colin de Chaillei en Furnerrue, parmei tel cens com li maisons doit.
169 Mathevs li Sauuages p. b. sor jor et demei de vigne et sor III jornals de terre en Malemarz, ki furent Lanbelin Narion.
170 Jennins Barbels p. b. sor une maison ou Champel ensom Marsire, k'il a aquaste a Hanri de Gramecei, parmei VIII s. de cens et II chapons.
171 Lorins, li janres Ernalt, p. b. sor la maison Roillon Ruedol ou Champassaille, parmei tel cens com li maisons doit.
172 Philipins Rossels p. b. sor une maison ou Champel, k'il a aquaste aus oirs dame Framozel, parmei xv s. de cens.
173 a) Jennins Loue p. b. sor la maison ki fu Odelie Gossel, k'il a aquaste aus oirs Gossel, parmei tel cens com ele doit.
b) Et si prant ban sor la vigne ki fu Colin Loue, enson la [vigne?] Jaquemin Falkenel, parmei tel cens com li vigne doit.
174 Arnolz li charpantiers p. b. sor une maison davant lo puis en Chapillerrue, k'il a aquaste a Willemin Brehel, parmei XVIII s. de cens.
175 Lowions li forniers p. b. sor une maison ensom Cultaillie, k'il a aquaste a Colin Colon et a Boinuallin de Porte Mosele, parmei XXIIII s. de cens.

---
[1]) r. *1241, 174* eu Chapillerrue.

176 Lowiaz, li filz Paillat, p. b. sor demei jornal de vigne en Bachiei terme, ki fu Pierixel Bernart, parmei tel cens com li vigne doit.
177 Jaquemins, li filz Balduin lo mutier, p. b. sor les maisons a Porsarpenoise, k'il a aquaste a Joffroi Milikin, parmei L s. et II d. de cens.
178 Garsirions Buderi p. b. sor I jornal de vigne en Herbertclous, et sor demei jornal de vigne en la place au chamin, et sor demei jornal de vigne en Martinchamp, k'il a aquaste a Abertin Chanpels et a Simonin Muisiquaraule.
179 Roris p. b. sor la maison Colin lo rowier ou Champassaille, parmei tel cens com li maisons doit.
180 Clemignons Topaz p. b. sor une maison en la ruele Chaceuilein, k'il a aquaste a Gerart lo chavrer, parmei XVIIII s. et demei de cens.
181 a) Gerars de Montois p. b. sor une maison enson l'ostel lo prestre de Saint Martin, k'il[1]) a aquaste aus oirs[2]) Isenbart Bardon, parmei tel cens com ele doit.
    b) Et si prant ban ancor sor la maison et sor la grange ke siet ensom la maison Thiebaut don Champel.[3])
182 Bertrans Domals p. b. por Saint Thiebaut sor une maison a Pontassaille et sor tot lo ressage, k'il ont aquaste a Thieriat, lo fil Martin lo corveisier.
183 Odars li cordoeniers p. b. sor VI s. de cens k'il a aquaste a Thierion lo barbier, sor sa maison daier Saint Sauuor, por la confrarie dou Cors Deu de Saint Girgoine.

184* En la marie d'Outre Mosele:
184 Jennins, li filz signor Hvon Grassecher, p. b. sor la wagiere ke Bertremins, ses suirs, avoit de signor Lowj a[4]) Jussei et a Roserueles.
185 Bertremevs Domals p. b. sor I meis ke gest en Ham, por la chiese Deu [de] Saint Thiebaut, k'il ont aquaste sus XXVI s. de cens a Abertin Chiotel.
186 Guecins p. b. sor la maison ki fu Meinart lo maceon en la rue lo Voe, k'il a aquaste a Colin Hersant, parmei II s. de cens.

---
[1]) *Vorl.* k'ele.
[2]) aus oirs *übergeschrieben,* a *vor* Isenbart *ist darunter stehen geblieben.*
[3]) *Von* Et *bis* Champel *nachgetragen, und zwar neben 181 a) auf der zweiten, sonst leeren Spalte der Rückseite des Pergaments.*
[4]) *Vorl.* de.

187 Colins, li filz Abert lo xavig, p. b. sor II maisons et sor tot lo ressage davant l'ostel Petituallet lo mutier, k'il a aquaste a la feme Aubert Piedeschals; et si .en est vestiz et tenanz en ein et en fons.
188 Lowions li bollangiers p. b. sor une maison delez la maison de Merual, k'il a aquaste a l'abe de Merual et au covant, parmei xx s. de cens.
189 Gerars li bollangiers p. b. sor une maison et demee en la rue lo Voe, ki fu Meinart lo maceon, k'il a aquaste a Steuenin de Saint Clement et a son fil.
190 Dame Marguerite, li feme Coence, p. b. sor une maison ki siet daier Saint Marc, k'ele a aquaste a Becelin, lo fil Liebor.
191 Bertremins Crochons p. b. sor la maison ki fu Rennaldin lo bochier en Bucherie, k'il a aquaste a Joseph lo poissor et a Guerri.
192 Jakiers li especiers p. b. sor une maison davant lo Mostier,[1]) k'il a aquaste a Hanri de Gramecei, parmei LX[2]) s. de cens.
193 Dame Katherine p. b. sor jor et demei de vigne desor Longeuile, k'ele a aquaste a Mathev, lo fil Johan Borrel.
194 Li maires de Saint Martin p. b. por Saint Martin sor une maison outre Mosele, k'il ont aquaste a dame Affelix, la feme Jakemin Musart.
195 Isenbars Gouions p. b. por les Prochors sor la maison Balduin, lo janre Aubert l'Oie, et sor la maison Bernart lo Borgon et sor la maison Pantecoste, la fille Johan Rossel, ki sieent en la Wade, et k'il ont aquaste a els meismes.
196 Jakemins Falkenels p. b. por Thiebaut et por Jennin et por Jakemete, les enfans Johan[3]) Falkenel, sor la maison Jaquemin, lo fil Hanri lo bochier, en Viez Bucherie.
197 Geraudons li charpantiers p. b. sor une maison a la croix outre Mosele, k'il a aquaste a Abert lo xavig et a Abertin, lo fil Johan Bernage, et a dame Poence la Cunemande, parmi XL s. de cens.
198 Poincins li maceons p. b. sor une maison en Anglemur, k'il a aquaste a Hvin lo Flamanc lo natener, parmi XL s. de cens.
199 Vlrions li Bagues p. b. sor une maison davant Sainte Marie, k'il a aquaste a Jennat Porteasne, parmi tel cens com ele doit.

---
[1]) = *Grant Mostier.*
[2]) *Hinter* x *ist* II *ausgekratzt.*
[3]) *Vor* Johan *ist* Jakemin *durchgestrichen.*

200 Broscars li bollangiers p. b. sor une maison davant Saint Vi, ki fu Weriat et Warnier, k'il a aquaste a lor femes, parmi xxviii s. de cens.

201 Mathevs, li fils signor Pieron, p. b. sor une maison en Possalruele, ki fu Clodin Rossel, k'il a aquaste a sa feme.

202 Jakemins Marrewart p. b. sor une maison outre Mosele, enson l'ostel Colin Wachier, k'il a aquaste a Johan Ferrant, parmei xvi s. de cens.

203 Cist sont forjugie por la pais:
Domeniat[1]) de la rue Saint Vi,
Sigardins de Saunerie,
Werion, lo serjant Magnart,
Andruin, lo fil Cregnart.

204 Cist sont forjugie por la feme ravie:
Waterel de Wideimont de Saint Clement,
Rogiers, li tandeires des Rois,
Maltondus de Saint Clement.

---

[1]) *In der Zeile über und in der Zeile unter* Domeniat *ist je ein Name ausgekratzt, so dass jetzt zwei Zeilen leer sind.*

1245

1* [En l'an ke li miliaires corroit per M et CC et XLV an,] quant li sires Richars de Sor lo Mur fu mastres eschevins, Waterins [........ maires de Porte Mosele, ... mair]es de Porsaillis, Jakemins Malrewars maires d'Outre Mosele.
[Ce sont li ban de pasque. En la mairie de Porte Mosele]:
1 Waterins Gueillars [p. b. en enne et an fo]ns sor la maison et tout lo ressage ki siet ensom la halle en Chanbres, k'il ait aquastei au signor Poinceon de Chastels.
2 Martinete, la feme Pieron lo wantier, p. b. sor la maison Herbou lo musnier en Chanbres, parmi tel cens com ele doit.
3 Becelins de Wadrike p. b. sor la terre ki siet en Rues deca Saint Julien, k'il ait aquastei a Jakemin lo Purit, parmi tel cens com ele doit.
4 Simonins li Moines li seliers p. b. sor la maison Adan lo hugier, ke siet au degrez en Chanbres, parmi tel cens com ele doit.
5 Piericeons Bursei p. b. sor la maison Reimont lo tannor, ke siet sor Mosele, parmi tel cens com ele doit.
6 Piericeons Karitat p. b. por Lowiat, son sororge, sor la maison Lowiat Crotei en Chaderellerrue, parmi tel cens com ele doit.
7 Steuenins de Longeuile p. b. sor la maison Lukin, ki siet au pont des Mors, apres tel cens com ele doit.
8 Gerars li maceons p. b. sor la moutie de la maison ceous de l'ospital, ki siet a Porte Mosele, parmi XXXIIII s. de cens.
9 Jennins Bugleis p. b. por l'ospital ou Nueborc sor LX s. de cens, k'il ait aquastei a Bertignon, lo fil Garsole de la Tor; s'en geisent XLVIII s. de cens sor la maison ou il maint, et XII s. sor la maison Portebien.
10 Poinces Wicelins p. b. sor la maison ki fu Waterin lo taillor, ki siet ensom l'ostel Rennaudin dou Puis, parmi XL s. de cens.
11 Guerars de Davant Sainte Croix p. b. sor XVI s. et demi de cens ke li maisons Richart lo poissor en Chanbres li doit par an.
12 Poincignons Laicillons p. b. sor la moutie de la maison et dou ressage ki fu dame Beletote en Rinport, k'il ait aquastei a Johan Barbe et a Colin Moreton, parmi XXVIII s. de cens.
13 [1]) Colins Bazins et Willames Raboans p. b. por Sairiete, la fille Nicole Raboan ki fu, et por sa fille sor VIII s. de cens . . . . .
. . . . eu . . . . . . sor la maison ki fu . . . . . . lo teixerant.

---
[1]) Von Anfang bis Ende dick durchgestrichen.

14 Garses Grassecher p. b. sor la moutie de la grainge et dou ressage et sor la voie jusk'au Pruner ki siet en Saunerie, k'il ait aquastei a Colin Filleron.

15 Aubertin Strassons p. b. por la frarie de la lampe davant lo crucefi de Sainte Croix sor III s. de cens k'il ont aquastei a Margueron, la fille Suwart, sor une maison en Stoisei.

16 Gerardins Brustans p. b. sor la moutie de la maison Paskete la huviere, ki siet davant l'ostel Waterin Gueillart,[1] parmi III s. de cens.

17 Jakemins Puris p. b. sor demi jornal de vigne ki gist entre Saint Julien et Stoisei, k'il ait aquastei au fil Johan de Reimonuile.

18 [2]) Li frarie des clers dou Grant Mostier p. b. sor une maison ou Uiuier, parmi tel cens com ele doit, k'ele ait aquastei a Herowin lo p[armantier?], lo janre Martin [lo Gous?][3])

19* [2]) En la marie de Porsaillis:

19 Hves li Bagues p. b. sor IIII jornals de vigne sor Saille en II peces, k'il ait aquastei a Huin de Saint Polcort, apres LX s. de cens k'il i avoit davant.

20 Hvars Jalee p. b. sor la maison Lowiat de Chastels darrier Saint Sauuor, parmi tel cens com ele doit lo chantor de Saint Sauuor.

21 Gerardes Chaboce p. b. sor jor et demi de terre a Grisei, ki fu Rennaldin Jalee, parmi tel cens com ele doit.

22 a) Li hospitals dou Nueborc p. b. sor une demie maison en Saint Nicholairue, k'il ait aquastei a Hanri Chiemanceonge, parmi tel cens com ele doit.

b) Et si prant ban ancor sor XX s. de cens et I d. k'il ait aquastei sor la maison Aubertin lo corrier au pont ou Champassaille.

c) Et si p. b. ancor sor une maison ou Petit Wade, k'il ait aquastei aus enfans Veillart d'Orgnei, parmi tel cens com ele doit.

23 Aubertins des Aruols p. b. sor X s. de cens k'il ait aquastei sor la maison Pierixel[4]) lo cordier au Quartal, apres XXXV s. de cens k'ele doit Jakemin de Thionuile.

---

[1]) *r. 1245, 1 en Chambres.*
[2]) *18 und 19* infolge Zerknitterung des Pergaments sehr stark abgerieben. r. 1275, 61; 1279, 229: frairie des clers dou cuer dou Grant Mostier.*
[3]) *r. 1269. 38; 1285, 178.*
[4]) *Vorl. Piexixel.*

24 Willemins de Noweroi p. b. por les signors de Saint Arnoal sor XLV s. de mt. de cens ki geisent sor l'ostel Mucet en Saunerie, apres II d. de cens k'ele doit Maheu Cokinel.
25 Thiebaus Loue p. b. sor la maison Margueron Marchandete ensom Viez Bucherie, parmi tel cens com ele doit.
26 Jakemins Bazins p. b. por Johan lo Vilein de Lineiuile sor la maison Colin lo Markois, ki fu son pere, en Saint Nicolairue, parmi tel cens com ele doit.
27 Jakemins Bazins p. b. sor XXV s. de cens k'il ait aquastei sor la maison Guinordin ou Champassaille, apres les[1]) XXV s. de cens k'ele doit Abert Poterel.
28 Steuenins de la Sals p. b. sor une maison arreis la porte Saint Thiebaut, k'il ait aquastei a Thiecete, parmi tel cens com ele doit.
29 Jennins Morekin p. b. sor une vigne en Ospreiz, ki fu Vguignon de Chastels.
30 Witiers et Poincignons Kalowins p. b. sor la maison ki fu Colart de Paris en Furnerrue, parmi tel cens com ele doit.
31 Colins de Keumont p. b. sor VI sols de cens[2]) k'il ait aquastei a dame Odelie Mulenaire sor III heires de meis ki geisent daier Saint Thiebaut.
32 Bertrans Oceons p. b. sor une maison en Mazelles, k'il ait aquastei a Thieriat d'Ancins, parmi tel cens com ele doit.
33 Bertaldons dou Pont p. b. sor une maison ou pont a Saille, k'il ait aquastei a Bertran Mainiuchieure et a Perrin de Saint Julien, parmi tel cens com ele doit.
34 Hanrias de Chastels p. b. sor VI jornals de vigne au Chesne en Uirkillei, k'il ait aquastei aus hoirs Donekin lo Vadois.
35 Godefrins Brussade p. b. por signor Otton l'arceprestre de Theheicort sor la maison Formeron lo parmantier daier Saint Eukaire, parmi tel cens com ele doit.
36 Gueribede, li janres Mingomart, p. b. sor I maison en Chapillerrue, ki fu signor Bernoit, son oncle, parmi tel cens com ele doit, k'il[3]) aquasta a Barrois et a Jaquemel et aus oirs Thieri Malglaue.
37 Garsires Cher p. b. por Garsirion de Perte, son janre, sor une maison en Mazelles, k'il ait aquastei a Niclodin Galopin, parmi tel cens com ele doit.

---

[1]) *Vorl.* lex.

[2]) VI sols de cens *übergeschrieben über die durchgestrichenen Worte* III heires de meis.

[3]) *Von* k'il *an mit heller Tinte nachgetragen, ebenso das* r *in* Bernoit.

38 Paskins p. b. sor la maison Thiebaut lo mutier ensom l'ostel Blondel, parmi tel cens com ele doit.
39 Michiels p. b. sor demie une maison daier Saint Eukaire et sor I jornal de vigne en la Pretele, k'il ait aquastei a Waterin, son frere, parmi tel cens com ele doit.
40 Aubertins Champels p. b. sor la maison Jennin Sauine outre Saille, parmi vII d. de cens k'ele doit Saint Pol.
41 Gerars de Romebac p. b. sor II maisons davant la tor en Pucemagne, k'il ait aquastei a Arnolt lo maceon, parmi tel cens com eles doient.
42 Jennins, li janres Porirel, p. b. sor la maison Jaquemin Panceron ou Wade, parmi tel cens com ele doit.
43 Piericeons de Girei p. b. sor une maison a Porsaillis, k'il ait aquastei a dame Guepe, la feme Hanri Moretel ki fu, et a Steuenin de Cologne, parmi L s. de cens.
44 Wirias Cornaille p. b. sor une maison ou Petit Wade, k'il ait aquastei a Thieriat, lo fil Bardon, parmi tel cens com ele doit.
45 Jennins li mutiers p. b. sor la moutie d'une maison davant les molins[1] l'ospital et Saint Ladre, k'il ait aquastei a Abertin de Bers et a Yzabel la Deaulasse et a son fil, parmi tel cens com ele doit.
46 Reimars li stuveires p. b. sor la viez stuve ou Champel, k'il ait aquastei a Adan lo musnier, parmi LX s. de cens.
47 a) Werions li marsechals p. b. sor XVI pies de terre davant Saint Thiebaut, deleit ensi com il se portent jusk'au fossei, k'il ait aquastei a Abertin Cabaie, parmi tel cens com il doient.
b) Et si prant ban ancor sor une demie maison apres, k'il ait aquastei a mastre Thieri de Wadonuile, parmi tel cens com ele doit.
48 Colins li Gimels p. b. sor xIIII s. de cens k'il ait aquastei a Johan Lieboin, ki geisent daier Saint Thiebaut sor maisons et sor meis[2] et sor kan ki apant.

49* En la marie d'Outre Mosele:
49 Ansels de Venise p. b. sor la maison et sor tout lo ressage ki fu lo Bague d'Anglemur, parmi tel cens com ele doit.
50 Ansels de Uenise p. b. por signor Bertran de Wolmeranges sor la maison au tor de Romesale, k'il ait aquastei a Aubor et a Poincete, les filles Herbin, parmi xx s. et vI d. de cens k'ele doit Saint Piere au Volz.

[1] les molins *übergeschrieben*.
[2] meis *verbessert aus* maisons.

51 Hves li Bagues p. b. sor VII jornals de vigne, en dou peces, ki geisent en Dailes, k'il ait aquastei a Jaquemat lo Stout et a Philipin, son frere.

52 Lowias de Chastels p. b. sor la maison ki fu Vguignon de Chastels, son frere, et sor celi ensom.

53 Domangins dou For Saint Saunor p. b. sor la grainge Druin de Viez Bucherie,[1]) parmi LIIII s. de mt. de cens, k'il ait aquastei a lui et aus enfans de la soror sa feme.[2])

54 Colete et Poincete, les filles Thomas Peterouse, p. b. sor la maison et sor tout lo ressage Hacelin davant l'ostel les Prochors, parmi tel cens com ele doit.

55 Philipins p. b. sor demie une maison davant Saint George, k'il ait aquastei aus hoirs Adan Maillart, parmi I d. de cens.

56 Nicholes de Davant Sainte Croix p. b. por les puceles de Mance sor la maison ki fu les enfans lo Bauat.

57 Matheus Belebarbe p. b. sor la maison et sor tout lo ressage dame Sezelie, la feme Denise, ki siet deleis Saint Johan outre Mosele, k'il ait aquastei a lei.[2])

58 Hellowate, li fille Cortepanne, p. b. sor la maison et sor lo ressage Morel, lo frere lo prestre des Bordes, en la rue des Prochors, parmi tel cens com ele doit.

59 Bertignons Noise p. b. por les signors de Saint Piere au Volz sor XII s. de cens k'il ont aquastei[3]) a Pierat lo maceon sor son ostel[4]) en Anglemur, por la frairie de l'autel Nostre Dame VI s., et a lor prevande en vont VI s.[5])

60* Ci sont li ban dou mei awast, quant Colins Marcous estoit maires de Porte Mosele, Aubers Champels maires de Porsaillis, Bertaldons, li filz signor Poenceon, maires d'Outre Mosele.

En la mairie de Porte Mosele:

60 Li sires Forkes de Jeurue p. b. sor la maison ensom lui, k'il ait aquastei a Aubriat, lo fil Bertremev lo Blanc.

61 Watiers li fevres p. b. sor XIII s. de cens, k'il ait aquastei a Watier lo tornor sor sa maison.

---

[1]) *Hinter* Bucherie *ist* au crant de ses hoirs *durchgestrichen.*
[2]) *Von* k'il an *mit heller Tinte nachgetragen.*
[3]) *Hinter* aquastei *ein Wort von 7 Buchstaben* (Abertel?) *durchgestrichen.*
[4]) a ror Pierat *und* sor son ostel *mit heller Tinte übergeschrieben.*
[5]) *Von* VI s. *bis* VI s. *mit heller Tinte nachgetragen.*

62 Colate Malrewart p. b. sor XIIII s. de cens k'ele ait aquastei a Mathev lo tannor de Stintefonteine sor II maisons.

63 Jennins Furuels p. b. sor la vigne Jennin lo Glatous, ki gist en la Donowe, parmi IIII d. maille de cens.

64 Auroins li charpantiers p. b. sor la maison Richart de la Barre ki siet davant l'ostel les Furuels, k'il ait acensi a Richart, parmi XXX s. et IX d. et II chapons de cens.

65 Heckars et Garsirions Poillons p. b. sor la vigne ki fu Hurtechanne, daier l'ostel Gondaut, k'il ont acensi a Jennin de Roserueles, parmi X s. de cens.

66 Bertrans li chavrers et Colins, ses filz, p. b. sor une maison a Stintefonteine, ki fu Ancillon de Saint Auol, k'il ont aquastei a Markaire, parmi tel cens com ele doit.[1]

67 Thiebaus Jote p. b. sor II maisons en Saunerie,[2] ki furent Poincet Cortepanne, parmi tel cens com eles doient.

68 Berthelous de Paris p. b. sor une maison k'il ait aquastei a Johan ki fait les alones, parmi tel cens com ele doit.

69 Brunnekins p. b. sor IIII maisons au pont des Mors et sor une vigne sor Mosele, ke furent Margueron, la feme Ottinat lo poissor, k'il ait aquastei a Piericeon Jotelate et a Jaquemin Rait et a Pierixel Fantel et a Jennat Lasnon.

70 Jennins de Ragecort p. b. sor XXX s. de de cens ki furent Lorel, ki geisent sor la maison Warniceon a la clowere en Saunerie, ke li mainbor Jakemin la Perche li ont assannei en son mariage.

71 Hermans Chapart p. b. sor une maison en Dairangerue davant l'ostel Naimeri Maillate, k'il ait aquastei a Guernalt l'Aleman, parmi tel cens com ele doit.

72 Thierions Bons p. b. sor une maison sor Mosele desoz Bucherie, ki fu sa mere, k'il ait aquaste encontre ses hoirs, parmi tel cens com ele doit.

73 Gerars de Pepinuile p. b. sor une maison a la rive aus Chastels, k'il ait aquastei a Jennin, lo fil Robert de Saunerie, parmi tel cens com ele doit.

74 Lowions Aie p. b. sor une maisiere davant la nueve stuve aus Roches, k'il ait aquastei a Gerardin et a Steuenin de Tol, parmi tel cens com ele doit.

---

[1] *Von* parmi *an mit feiner Schrift und heller Tinte nachgetragen.*

[2] *Vor* en Saunerie *ist* a Stintefonteine *durch untergesetzte Punkte als ungültig bezeichnet.*

75 Wobor de Silinguei p. b. sor la maison ki fu Frerion de Haluestor, ensom Weriat Xordel, k'ele ait aquastei a Poincignon Rossel et a Poincignon Lacillon, parmi lo cens.

76 Perrins Thomas et Hvars Jalee p. b. sor II jornals de vigne en II peces a Wapei, k'il ont aquastei au signor Herman de Richiermont, en aluet.

77 Petis li bochiers p. b. sor la moutie d'une maison en Bucherie, k'il ait aquastei a Balduin, lo frere Steuenin, parmi tel cens com, ele doit.

78 Dame Ysantruiz p. b. sor IIII maisons darrier son hostel en la ruele, k'ele ait aquastei a Rennaldin lo taillor et a Poincignon et a Thierion Chieenchenal, dont li cens et suens.

79 Hanrias Puriepoure p. b. sor la maison Thiecelat l'olier davant la rive au Poissons, parmi tel cens com ele doit.

80 Hvignons dou pont a Mosele p. b. por lui et por sa mere sor la moutie d'une maison au pont a Mosele, k'il ait aquastei a Isenbart, lo fil Huat, parmi tel cens com ele doit.

81 ¹) Perrins Thomas p. b. sor XX s. de cens ki geisent sor les ...., k'il ait aquastei ....

82* En la marie de Porsaillis:

82 a) Nicholes li Gronnais p. b. sor une tavle au Viez Chainges, k'il ait aquastei a la feme Johan Wichart ki fu.

b) Et si prant ban ancor sor XX s. de cens k'il ait aquastei a Lorancin lo bochier sor tout l'eritage k'il ait a Saint Piere aus Areines, k'il tient de Saint Piere au nonnains.

83 Hallois li fevres p. b. sor une maison daier Saint Eukaire, k'il ait aquastei a Godefrin Charriande, parmi tel cens com ele doit.

84 Colins Cretons p. b. sor la maison ki fu les Xupes en Chapillerrue, ki fu Pieron [....., parmi tel cens co]m ele doit.

85 Baldoche p. b. sor tout l'eritage Philipin Heke en la mairie de Porsaillis, ke li est [escheut de part ....] son suir.

86 Baldoche p. b. sor tout l'eritage Odeliate, la fille Vilein Belegree, ke li est [escheut de part ....

87 Baldoche p. b. sor tout l'eritage Colignon, lo fil Vilein Belegree, ke li est escheu[t de part ....

---

¹) *Von Anfang bis Ende dick durchgestrichen.*

88 Jakemins Vileins p. b. sor xv s. de cens k'il ait aquastei a Heimonat lo chapille[r, ki geisent sor] la mai[son .... lo B]ague,¹) apres............

89 Jakemins Vileins p. b. sor xv s. de cens k'il ait aquastei a Beudin de Saint Piere s[or] to[ut son eritaige].

90 Neimeris p. b. sor la maison Pierel de Saunerie, parmi tel cens com ele doit.

91 Johans li corveisiers p. b. sor une maison en Pucemagne, k'il ait aquastei a l'ospital, parmi xvi s. de cens.

92 Arnols de Cologne p. b. sor III jornals de vigne ki²) geisent au Sauneraz chamin, k'il ait aquastei a la feme Johan de Mazell[es].

93 Aubers Rigole p. b. sor la maison Mahout la merciere en Visegnuel, parmi tel cens com ele doit.

94 Steuenins Brunnat p. b. sor une demie maison en la Vigne Saint Auol, k'il ait aquastei a Biatri, sa niece.

95 Thiebaus, li filz Viel, p. b. sor demi jornal de vigne³) en Wastenoi, k'il ait aquastei a dame Juliene, parmi tel cens com ele doit.

96 Simonins de Maiscroi p. b. sor la maison ki fu Hauriat lo Saiue ensom l'ospital des Alemans, parmi tel cens com ele doit.

97 Godefrins Brunnaz p. b. sor III jornals de terre en Merlant et en Belnoir, k'il ait aquastei a Jennat Mastillon, parmi tel cens c[om il doient.]

98 Pieres Ranuerdis p. b. sor la grainge Becelin lo chaderellier, ki siet encoste l'ostel Garsire Noise, parmi tel cens com ele doit.

99 Hvins de Louinnei p. b. sor I stal en la halle des viecers en Visegnu[el, k'il ait] aquastei [a ....] Per[rin .... lo parm] antier et a se[s hoirs.]

100 a) Johans li Alemans de la Vigne Saint Auol p. b. sor xxxi s. de cens k'il ait [aquastei a] Jaquem[in ....] en la Vigne [Saint Auol, ki furent Han]ri, lo chanoine de Saint Thiebaut.

b) Et si p. b. sor x s. de cens k'il ait aquast[ei a Fran]soi .... encoste ....

---

¹) *oder* Mague?
²) *Vorl.* kil, *durch untergesetzten Punkt ist das* l *als ungültig bezeichnet.*
³) terre *durch Punkte als ungültig bezeichnet.* vigne *übergeschrieben.*

101 Loraus li cordoeniers p. b. sor une maison et sor lo ressage en la rue Saint Gingo[ut, k'il ait aquastei a ...., par]mi tel cen[s com ele doit.]
102 Balduins Jornee p. b. sor I meis ou Chanpel arreis la porte, k'il ait aquastei aus h[oirs ....] dou pont ....
103 Hanriaz, li filz Simon de Mazelles, p. b. sor I maison en la Vigne Saint Auol, k'il ait aqua[stei a Co]lete, la fille Huin Pap[erel¹) ....
104 Angebor, li fille Balduin Maleboche, p. b. sor I maison en Mazelles et sor II jornals de vigne en [Mal]emarz, ki furent Au[bert ....
105 Aubers Rigole p. b. sor les signors de Saint Saunor sor la maison ki fu Domangin lo doien, davant l'ostel Jakemin Raboan, ki[l ont aquastei a ....
106 Dame Aileiz la Grande p. b. sor la maison ki fu Richier Martellaire, ki est enson l'ostel Rou Trabuchat en Visegnuel, parmi tel cens [com ele doit.]
107 Bertignons Dokes p. b. sor la maison Bertremev Domal ou Nueborc, k'il ait aquastei a ses hoirs, parmi II d. de cens, arreis Bertran ki²) ....
108 Aubertin des Aruols p. b. sor la grainge daier Saint Simplise, ki fu Balduin Raboan, k'il ait aquastei a Nichole lo Gronnais, parmi LX s. [de cens.]
109 Colinaz de Vi p. b. sor lo tierz de la maison daier Saint Simplise, ke Jaquemins Jalee avoit avoc lui.
110 Dame Odelie Belegree p. b. sor I maison sor lo Mur davant l'ostel Gerart lo fevre, k'ele ait aquastei a dame Luke, parmi tel cens com ele [doit.]
111 Dame Poince, li feme lo Malcheualier, p. b. sor la maison Willermin Brehel davant l'ostel signor Mahev lo Mercier, parmi IIII lb. de [cens.]
112 Simons Calabre p. b. sor I maison ou Champel enson la stuve, k'il ait aquastei a Domangin lo ....mb..., apres lo cens k'ele li doit.
113 Thiebaus li Truans p. b. sor I tavle au Nues Chainges davant Saint Simplise, k'il ait aquastei a Piero Maltanpreit.

---
¹) *r. 1275, 334.*
²) *Von* arreis an *mit feiner Schrift nachgetragen.*

114 Colins Bote p. b. sor la maison dame Yzabel d'Aurisei ou Champ a Saille, k'il ait aquastei, parmi LVIIII s. et III d. de cens.
115 Piericeons de Homont p. b. sor I maison defors Porsarpenoise, k'il ait aquastei a Colin lo charpantier, parmi LV s. de cens.
116 Jennins, li filz Robert de Saunerie, p. b. sor la maison Pierixel Pouchat ensom la stuve Helloy, parmi XXVIII s. de cens et IIII ....
117 Waterins Belegree p. b. sor III maisons en Saint Nicolairue, ki furent Rennalt Malehonte, parmi tel cens com eles doient.
118 Waterins Belegree p. b. sor XXX s. de cens ki geisent en la nueve halle, ki furent Aubertin Moixin.
119 Aingebor, li feme Simonin Malglaiue, p. b. sor II jornals et demi de vigne en Ozpreit, k'ele ait aquastei a Thierion lo clerc, lo ....
120 Bertrans li chàvreirs et Colins, ses filz, p. b. sor I meis deca lo fossei a Stintefonteine, k'il ont aquaste a Mathev Makaire, parmi ....
121 Lanbelins li torneires p. b. sor I maisiere encoste l'ostel Garsire Noise, k'il ait aquastei a Cvnat l'olier por lui et por Simon, son fil, ...
122 Thiedris p. b. sor la maisiere dame Angebor, la fille Balduin Maleboche, daier Saint Mamin, parmi XX s. de cens.
123 Jennins Blanche p. b. sor la maison Bawier lo fevre ou Champassaille, parmi XLV s. de cens k'ele doit aus chainjors.
124 Thiebaus d'Acei p. b. sor la partie[1]) de la maison Margueron, la fille signor Pieron Marcout, ou il maint, parmi XVI s. et III d. de [cens.]
125 Domangins p. b. sor la maison ki fu Rennaldin lo charpantier, en la rue Saint Gingout, parmi tel cens com ele doit.
126 Weris de Lupei p. b. sor I vigne en Chardenoi, k'il ait aquastei a Suffion, la feme Colin Baart ki fu.
127 Weris de Lupei p. b. sor I maison en la Vigne Saint Auor, k'il ait aquastei a dame Orable de Morei, parmi tel cens com ele doit.
128 Margueron, li fille signor Pieron Marcout, p. b. sor la moutie de la maison Thiebaut d'Acei, son sororge, ki part a lei, et sor lo meis ....

---
[1]) vigne *durchgestrichen*, partie *übergeschrieben*.

129 Jakemins Quaremels p. b. sor I maison en Saint Thiebautrue, k'il ait aquastei a Lukin Coldoie et a Jennat, son sororge, parmi ....

130 Bertrans Oceons, p. b. sor I vigne en Scorchebuef, k'il ait aquaste a Johan Giruaise et a sa sororge.

131 Simons de Roure p. b. sor I maison en Chapillerrue, k'il ait aquastei a Jennate, le femme Bertran, au Groseuz, parmi tel cens com ele [doit.]

132 Deudoneis li bollangiers p. b. sor une maison en Mazelles, k'il ait aquastei aus enfans Bertremin l'Asne, parmi XXX s. de cens.

133 Jennins Pastels p. b. sor une maison davant la Craste, k'il ait aquastei a Weriat, lo janre Yuernel, parmi XIX s. de cens.

134 Jennins li bollangiers p. b. sor I grainge ou Champel, k'il ait aquastei a Hanri lo fevre et a Colart lo corrier, parmi XLV s. de [cens.]

135 Malefin p. b. sor I maison a Porsaillis, k'il ait aquastei aus hoirs dame Poince la Crotose, parmi IIII lb. de cens.

136 Jaquemins li Gronnais p. b. sor IIII s. et demi de cens ki geisent sor la grainge et sor lo for et tout lo ressage Poincignon, lo fil Bertran, [ki sieent au Champ] a Saille ensom la grainge Thieri Lowi, k'il ait aquastei a lui, apres les XLVI s. et demei de cens k'il i avoit davant.

137* En la marie d'Outre Mosele:

137 Li sires Pieres de Porte Mosele p. b. sor la maison Steuenin lo Bague, ki siet sor lo fossei, parmi XXV s. et demi de cens, et sor [une maison en] Possalruele, parmi XV s. et II d. maille de cens.[1])

138 Godefrins Paperels p. b. sor la maison lo prestre de Liewons, ki siet ensom Ottinat lo mutier.

139 Aubertins Galioz p. b. sor la maison Auqueton en la ruele ensom Bucherie.

140 Chardaz, li freres Hersennon la huviere, p. b. sor la maison Gerardet, ki siet a Porsarpenoise.

141 Thiebaus Loue p. b. sor la maison ki fu Arnout de Gorze, ki siet en la ruele au Puix.

---

¹) r. 1245. 229a.

142 Bochars p. b. por mastre Esteine, lo chanoine de Saint Sauuor, sor la maison ki fu Steuenin lo mutier, parmi tel cens com el[e doit.]

143 Bochars p. b. por Willemin lo chancelier sor la maison Hanrion lo bollangier, ki siet ensom l'ostel l'arcidiacre Pieron, parm[i tel cens com ele doit.]

144 Aubrions, li filz Deudonei de Mardinei, p. b. sor la maison Pieron Baleine de Cheminat, parmi tel cens com ele doit.

145 Watiers de Sainte Marie, p. b. sor la maison Perrin lo corveisier, ki siet ensom lui, parmi tel cens com ele doit.

146 Benoiz li maceons p. b. sor la maison Pierat lo maceon en Anglemur, parmi XII s. de cens k'ele doit Saint Piere au Uolz.

147 Aubertins dou Champel p. b. sor la maison Gontier de Porsarpenoise, por IIII s. de cens.

148 Jakemins Barons p. b. por Hvart, son sororge, sor la maison k'il ait aquastei a Thieri de Viuiers, ensom Ottenat de [P]u[snel . . . . .¹)

149 Li maires Sainte Glossenne p. b. sor tote la terre et sor totes les maisons et toz les ressages ki sieent defors les murs [de la citeit delai la Vigne Saint Mar]cel²) jusk'au pont des Mors, ke li chiese Deu ait aquastei a Lorancin lo maceon, parmi XVII s. de cens k'eles doient Herbin [Wachier . . . . ³)

150 Perrins Thomas et Hvars Jalee p. b. sor II jornals de vigne a Wapei en II peces, k'il ont aquastei au signor Herman de Rich[iermont, en aluet]⁴), ki furent Simon Guilbin.

151 Ancillons de la rue lo Voei p. b. sor la maison Richelin, ki siet davant la cort lo Voei, parmi tel cens com ele doit.

152 Neimeris de Valieres p. b. sor lo plantei Ansillon de Lorei, ki est dou censal signor Forkon de Jeurue, parmi tel cens com [il doit.]

153 Gerardons li potiers p. b. sor la maison Maholt et Simonin, son fil, ki siet en la rue lo Voei, et sor tout lo ressage, parmi [tel cens com ele doit.]

---

¹) *v. 1245, 172; 1278, 59.*
²) *v. 1290, 581.*
³) *v. 1288, 107: Die Witwe von* Herbin Wachier, *der seit 1251, 170 öfters genannt wird, hat Besitz* an la Vigne S. Marcel.
⁴) *v. 1245, 76.*

154 Brunnekins p. b. sor lo tierz de la maison Margueron, la feme Pieron Fichet, k'il ait aquastei a Piericeon Jo[telate et a Jaquemin Rait et a Pie]rixel¹) Fantel et a Jennat Lannon.
155 Li maires dou Tample p. b. por lo Tample sor la maison Helyas lo fevre, ki siet apres la grainge He.... P........ de ....
156 Robins li barbiers p. b. sor la maison Colin Houdion defors Porsarpenoise, parmi tel cens com ele doit.²)

157* Ci sont li ban dou vintisme jor. En la mairie de Porte Mosele:
157 Lowis de Lucelbor p. b. sor une maison davant Saint Ferruce, k'il ait aquastei a Pierixel et a J[a]k[emin] Rennal[t ....³)
158 Jennins Juliaz p. b. sor une maison en Eest, k'il ait aquastei a Godefroi lo charpantier, parmi xx s. de cens k'ele [doit.]
159 Poincignons Laicillons p. b. sor une maison en Rimport, k'il ait acensi a Druat de Porte Mosele et a [Au]bri Clarem[baut ....] d'Outressaille, parmi xxx s. de cens.
160 Adelins li taillieres p. b. sor une maison davant Sainte Croix, ke fu dame Odelie Papemiate, parmi xxx s de cens.
161 Philipins, li maires de Maleroi, p. b. sor I jornal de terre ke geist en trexes de Maleroi, k'il ait aquastei a dame Co[nta]sse, la fe[me ....
162 Nicholes Gouions p. b. sor une maison en Dairangesrue, ki fu signor Herman de Richiermont.
163 Dame Claradine p. b. sor XIII jornals de terre areure ki geisent en IIII peces outre lo pont Thief[roit, k'el]e ait a[quastei ....
164 Colins Chiemairien p. b. sor une maison ki siet ensom lui, k'il ait aquastei a Thierion Bon.
165 Godefrins Choible p. b. por lui et por Thierion de Mascre sor une maison en Dairangerue, parmi tel cens com el[e doit.]
166 Aubertins, li fillastres Cuneman, p. b. sor la maison ki fu Waterel lo fevre de Saunerie, k'il ait aquastei a la feme Tirant, p[armi ....
167 Bertals li potiers p. b. sor la grainge et tout lo ressage davant la posterne a Saille, k'il ait aquastei a Willemin Gilibe[rt ....

---

¹) v. *1245*, 69.
²) r. *1251*, *165*.
³) r. *1245*, *245*; *1251*, *57*, *58* Jakemin Renualt.

168 Li sires Pieres de Porte Mosele p. b. sor XXI s. et dimi de cens ki geisent sor une maison et sor I chaukui[r] en Stoisei [......., ki furent da]me Manegout, k'il ait aquastei au signor Gerart de Sorbei.
169 Nicholes Aisies p. b. sor les II pars de LXX s. de cens ki geisent sor la maison Gaillart lo bochier et sor la maison [............... Cha]pelein [1]) ensom, et sor les II pars de XI s. de cens ki geisent sor la maison Hanriou lo corrier et sor la maison S[.... et sor ..... ki geis]ent en Saunerie davant l'ostel la feme Johan Bernage, k'il ait aquastei a Thierion de Port et au signor Pieron [de Porte Mosele?]. et [2]) sor lo tiers de XXVI d. maille de cens ki geisent sor les vignei ke li fille Jo[han Bernage? ...... men ....]
170 Jennins li charpantiers p. b. sor I maison en Saunerie ki fu Abert lo charpantier, k'il ait acensi a Colin Rose parmi ....
171 Watiers de la Tor p. b. sor I jornal de vigne ki gist au Chauol desor Lanbertfosse, k'il ait aquastei a Benate, s[a ....

172* [En la marie de Porsa]illis:
172 [Li sires Pieres de Por]te Mosele[3]) [...................... sor] XXXV s. de mt. de cens ki geisent sor la manantie Warin Cointerel en la rue [............ et sor] XXII s. d[e cens ki geisent sor la maison] Godefroi de la Tor et sor la [maison] Willemin Pagetel,
5 et sor XVII s. de cens ke gei[sent sor ..... Thie]riat Mord[ant[4]) ....] l'autre, et sor VI s. de cens ki geisent sor la cloweire Wiart ou Champel, et [sor .... de c]ens sor la clo[weire] Thibau[t, et sor .... s. de] cens ki geisent sor II cloweres Marsirion, et sor XXVI s. et III mailles sor la mai[son
10 ...., et s]or XII s. de cens [sor la m]aiso[n Thi]efroit Tatte davant Saint Mamin, et sor XIII s. de cens ke geisent sor la maison Gerau................, et sor V s. de cens sor la maison les enfans Rennart ki siet ou Petit Waide, et sor IIII s. et dimi sor la maison Hawion [..............., et s]or IIII s. de
15 cens ki ge[ise]nt sor la maison Wateron Wolf ou Petit Wade, et sor XX s. et II d. une angevine moins de cens [sor lo chaukuir Ste

---
[1]) r. 1245, 215.
[2]) et sor lo tiers *bis zum Schluss ist ein Zusatz, der unten auf der Vorderseite des Pergaments unter 171 mit heller Tinte nachgetragen ist. Das Merkzeichen fehlt oben, es ist mit dem ganzen Rande des Blattes verloren, so dass die Zugehörigkeit des Nachtrags zu dieser Nummer nicht sicher ist.*
[3]) r. 1245, 137, 168, 228, 229.
[4]) r. 1245, 227.

Glo]cenne¹) au Nuepont a Saille et sor la vigne ki gist en Scorchebue, et sor xxi s. et maille de cens sor la maison Mastillon ki siet [............ Ma]zelles et sor jor et demei de vigne en Abues, et sor viii s. de cens ki geisent sor la maison Johan lo Patart ou Petit Wade, ... et sor la maison Clodin Lisote desor Saint Mamin, et sor xviii d. de cens sor la maison Raiat daier Saint Esteine lo De[pannei, et sor ....] de cens sor la maison Liedoit de Pompaig la meisme, et sor xxvi d. de cens sor la maison Ottinat de Pusuel la meisme, ... sor la maison Lachebarbe la meisme, et sor viii d. de cens sor la maison Soffrignon, et sor xxii d. de cens sor la mai[son ....] au tor de la rue, et sor viii d. de cens sor la maison Adan la Veille la meisme, k'il ait aquastei a signor Gerart de Sorbei.

173 a) .... p. b. sor c.... v s. de [cens] k'il ait aquastei a Aub[ertin] Cabaie sor les maisons Andruat lo bollangier et les iiii ressages ki .... Conrart de ....por.....
b) Et si] p. b. sor .... les maisons meisme, k'il ait aquastei a Andruat lo bollangier.

174 .... in des ....
sor i demee maison davant Saint Simplise, k'il a aquaste a Adan lo furbor²) .... les s...................
.... s . ne.

175 .... n .... soro]rge p. b. sor i maison en Saint Nicolairue, k'il ont aquastei a l'ospital, parmi tel cens com ele doit.

176 .... ce p. b. sor la ma[ison] Arnout lo taillor en Chaurerrue, ki fu Aubriel Kaine, parmi tel cens com ele doit.

177 .... p.] b. sor jor et demei de vi[gne en] Martinchamp, ki fu Jaquemel.

178 .... Thom]assin Muisiquaraule sor la maison Willemin, lo fil Andrev, davant l'ospital, et sor iii mue de vin de cens ki geisent sor [............... et] sor i andange de vigne au Grant Chauol, k'il tient de la feme Balduin Chaboce.

179 .... er p. b. sor i maison en Uisignuel, k'il ait aquastei a Colignon, lo fil Lowi l'Erbier, et a Pauion, sa sororge.

---

¹) *v. 1262, 108* chacheur S. Glosenuen a Nuefpont.
²) furbor *übergeschrieben*, tornor *durchgestrichen*.

180 .... p. b. sor la maison Benoit [Lan?]bert davant Saint Estarne lo Depannei, parmi tel cens com ele doit.
181 .... de Ragecort p. b. sor IIII maisons ensom son hostel, k'il ait aquastei a Steuignon de Mariz, parmi XL. s. de cens.
182 [Ysabels, li feme Jenna]t[1]) de Hoy p. b. sor II maisonceles ensom Hanriat de Cologne, k'ele ait aquastei a Balduin, lo mari Bietri, parmi tel cens com eles doient.
183 .... p. b. sor la] maison en la Vigne Saint Auor, ki fu Jennin de Morei, parmi tel cens com ele doit.
184 .... p. b. sor la grainge Abertin des Aruols deleis Saint Autre, parmi tel cens com ele doit.
185 .... Weiri p. b. sor I maison en P[ucem]agne, k'il ait aquastei a Cunat Poioise, parmi tel sens com ele doit.
186 .... s p. b. sor la .... e ke Haurias li warcoliers avoit avoc lui au Quartal, parmi tel cens com ele doit.
187 .... p. b. sor I] m[ai]son en Sauncrie, k'il ait aquastei a Thieri de la Croix, parmi XXVIII s. de cens.
188 .... d. de cens k'il ait aquastei sor la maison les enfans Rennaldin lo charpantier en la rue Sainte Glossenne.
189 .... a .... ios[2]) p. b. sor la moutie de la maison ou il maint, k'il ait aquastei a mastre Nicole, son frere.
190 .... p. b. sor I j]ornal de vigne en Scorchebuef, k'il ait aquastei a Falkignon de Hulou, en aluet.
191 .... p. b. por les] signors de Saint Pol sor X s. de cens ki geisent sor la maison Neimerion outres Saille, k'il ont aquastei a Lukin lo clerc, apres lo cens k'ele devoit davant.
192 .... li m]erciers p. b. sor une maison en la Mercerie, k'il ait aquastei a Maholt Chaltpain et a ses hoirs, parmi tel cens com ele doit.
193 [Aubertins, li filz Thieba]ut dou Champel[3]) et Willemins Pagetels p. b. sor la maison au pont a Saille, ki fu Jennin Pagaine, parmi tel cens com ele doit.
194 .... p. b.] por signor Willame Bokehor lo prestre sor VI s. de cens ki geisent sor la maison Richart Murlin outres Saille.

[1]) *r. 1267, 391.*
[2]) *unsicher, 1245, 251 Hainnios.*
[3]) *r. 1241, 140; 1245, 207, 226, 248.*

195 .... p. b. sor ɪ vigne en plantei Mahroi, k'il ait aquastei a Waterin lo Gous, parmi tel cens com ele doit.
196 .... p. b. sor la maison ki fu Hanri lo Gros en Bucherie, k'il ait aquastei a Pieron de la Fosse et a Colin Chenalier, parmi tel cens com ele doit.
197 .... p.] b. sor ɪ maison ou Champassaille, ki fu Lowi lo charpantier, parmi xx s. de cens.
198 .... s p. b. sor ɪ maison ensom lo Sauuage, k'il ait aquastei aus hoirs Simon de Liewons, et sor ɪɪ jornals de vigne en Martinchamp, k'il tenoit au quart mui.
199 .... p. b. sor d]emi jornal de vigne en Haute Cortine, k'il ait aquastei a Clodin, lo fil Aubri lo fevre, parmi maille de cens.
200 .... elanges[1]) p. b. sor ɪ demie maison, k'il ait aquastei a Jennat, lo fil Hartowit, parmi tel cens com ele doit.
201 .... p. b. sor ɪ jornal de vigne en Culoit, k'il ait aquastei a la feme Sigart de Saunerie, parmi ɪ d. de cens.
202 .... ls p. b. sor demi jornal de vigne en Chardenoi, k'il ait aquastei a Lowiat lo clerc de Saunerie, parmi ɪ d. de cens.
203 .... p. b. por Sai]nt Simphorien sor v s. et demi de cens k'il ont aquastei sor l'ostel Werion lo lanier de la rue Saint Gingout, et sor xɪɪ s. de cens k'il [ont aquastei .... ites de Saint Arnolt. sor la maison ki est davant l'ostel Benoit.
204 .... p. b. sor] la maison Thierion Wiger en la rue Saint Gingolt, parmi tel cens com ele doit.
205 .... p. b. sor ɪ maison a la Posterne, k'il ait aquastei a Lanbert de Saint Julien, parmi LX s. de cens.
206 .... p. b. sor la maison Mucer en Saunerie, ke doit xLV s. de cens les signors de Saint Arnoal.[2])
207 [Aubertins, li filz Th]iebaut dou Champel,[3]) et Thierions, ses sororges, p. b. sor la maison Rennart lo parmantier daier Saint Simplise, k'il ont aquastei a sa feme, parmi xL s. de cens.
208 .... t p. b. sor la maison Adan de Colignei et sor lo meis jusc'a l'awe en Chaponrue, parmi tel cens com ele doit.
209 .... p. b. sor jor et demi de vigne au Chauol en ɪɪɪɪ rueles, ki fu Ozelie, parmi ɪɪɪ mailles de cens.

---

[1]) *1227, 65* Wichelanges, *1251, 38* Belanges, *1267, 265* Deudelanges *etc.*
[2]) r. *1245. 24.*
[3]) r. *1241, 140; 1245, 193.*

210 .... p. b.] sor II mue et demi de vin de cens a mostage, k'il a aquastei a Godefrin Malroit d'Ars, sor I jornal de vigne en II peces en Malemarz.
211 .... li chav]rers p. b. sor I maison en Pucemagne, k'il ait aquastei a Willame lo tornor, parmi tel cens com ele doit.
212 .... p.] b. sor I maison en Saunerie, k'il ait aquastei a Rembalt l'awiller, parmi tel cens com ele doit.
213 .... Gars]ires Cloudin p. b. sor la maison Willandon a Porsaillis en Bucherie, parmi tel cens com ele doit.
214 .... ei p. b. sor la maison Thieri de Momestor daier Saint Eukaire, parmi tel cens com ele doit.
215 .... as p. b. sor la maison ensom lo Wade, k'il ait aquastei a Chapelein, parmi tel cens com ele doit.
216 .... p. b. sor la maison Bertran de Gramecei et sor tout lo ressage k'il tient en la marie de Porsaillis.
217 .... p. b. sor la] maison en Chaponrue, ki fu Hawiate Geroude, parmi tel cens com ele doit.
218 .... p. b. sor la vigne Johan Boucel en la ruele de Perte, k'il ait aquastei, parmi maille de cens.
219 .... p. b. sor la maison ki fu Thierion lo Uel a Porsarpenoise, parmi tel cens com ele doit.
220 .... e p. b. sor I jornal de vigne k'il ait aquastei a Jaquemel, ki est mouterasse Sainte Glossenne.
221 .... p. b. sor la maison Hvignon de Domangeuile et sor tout l'eritage k'il ait en la marie de Porsaillis.
222 .... p. b. sor la maison Martin de Desmes outre Mazelles, arreis l'ostel Ernalt, parmi tel cens com ele doit.
223 [Hanrias (?) li war]coliers dou Quartal (?)[1]) p. b. sor la maison Martin Torche daier Saint Mamin, parmi tel cens com ele doit.
224 .... eis p. b. sor I jornal de vigne ou[2]) clous Saint Pol, k'il ait aquastei a Hvignon de Domangeuile, ki est mouteresse, parmi lo cens.
225 .... p. b. sor I maison a la Posterne, k'il ait aquastei a Lorancin lo bochier et a Jaquemat, son sororge, parmi XL [s.] de cens k'ele doit [a Matheu, lo fil Pier]ol[3]) de Porsaillis.

---
[1]) v. *1245, 186.*
[2]) *Vorlage* outre, tre *durch untergesetzte Punkte als ungültig bezeichnet.*
[3]) v. *1241, 117* Matheus, li filz signor Pieron de Porsaillis.

226 ¹) .... p. b. sor la maison Thiebaut lo chaponier dou Champel, parmi tel cens com ele doit.

227 .... p. b. sor la maison Thierion lo seinor outre Saille, ensom l'ostel la mere Thieriat Mordant, parmi vi s. de cens ke[le doit ....] lo clerc.

228* [En la marie d'O]utre Mosele:

228 [Li sires Pieres]²) de Porte Mosele p. b. sor lo chaukuir et la manantie et tout lo ressage et sor iiii jornals de vigne ke sieent ou [ban de ...., et sor] les vignes en Dailles et la manantie desoz l'Orme, k'il ait aquastei a dame Biatri, la fille Bonamin Hasson, [et a ....] lo fil Nicole³) de Liewons.

229 a) [Li sires Pieres]⁴) de Porte Mosele p. b. sor la maison et tout lo ressage sor lo fossei outre Mosele, k'il ait aquastei a Esteine lo Bague, [parmi xxv s. et demi de cens]⁴) k'ele doit Saint Vincent, et sor xv s. de mt. de cens et ii d. maille k'il ait aquastei a Esteine meisme sor i maison en [Possalruele]⁴).

b) [Et si] p. b. an[cor] sor xii s. de mt. de cens ki geisent sor la maison Isenbart lo corveisier davant Saint Leueir outre [Mosele, k'il ait] aquast[ei a] signor Gerart de Sorbei.

230 .... p.] b. po[r Saint Sim]phorien sor la maison Arnolt l'olier davant Sainte Marie au nonnains, parmi x s. de cens k'il ont sus aquastei.

231 .... p.] b. sor l[a mais]on ...ion et sor la maison Thiebaut de Linei, ki fu Hanri lo bochier.

232 .... M]art[in]⁵) de Piereuiler p. b. sor la maison ki fu Garsiriat lo teuler, ki est dou cens la Houzate.

233 .... p. b. [sor la] sazime de Haueconcort, k'il ait aquastei aus hoirs lo signor Johan d'Ottanges.

234 [Simonins li Moines] li s[eli]ers⁶) p. b. sor la maison k'il ait aquastei a Simelo de Werrise et a ses hoirs, ses freres et a sa soror,⁷) parmi vi d. et ii chapons de cens.

---

¹) *Durchgestrichen.*
²) *v. 1245, 137, 168, 172.*
³) *Uebergeschrieben über einen durchgestrichenen, nicht lesbaren Namen.*
⁴) *v. 1245, 137.*
⁵) *v. 1245, 241.*
⁶) *v. 1245, 4.*
⁷) *ses freres et a sa soror übergeschrieben.*

235 [Isenbars Govions?][1]) p. b. sor la maison Balduin lo parmantier,[2]) ki siet ou Wade,[3]) por les Prochors.
236 .... li p]arm[antier]s p. b. sor la maison et sor la grainge Lorant Frescheawe, parmi tel cens com ele doit.
237 .... p. b. sor les IIII maisons ki furent Simonin Fottoie, parmi XI s. et VI d. et II chapons de cens.
238 .... us de ...... p. b. sor la maison Ideron en Franconrue, parmi tel cens com ele doit.
239 .... mb .... p. b. sor la maison Formerin Molin, parmi tel cens com ele doit.
240 [Jakemins Bar]ons[4]) [p. b.] por les signors dou Preit de Verdun sor la grainge et sor la maison Hvignon et Martignon, ki sieent davant Saint Johan.
241 .... s p. b. sor la maison Mathev Boinpere, ke siet ensom Martin de Piereuiler, en aluet.
242 .... p. b. sor la maison ki fu Thomassin lo fevre, et sor demi jornal de vigne ou ban Saint Martin, et sor XXXII d. de cens [......... ki furent Thom]assi[n] lo fevre.
243 .... p. b.] sor la maison Jennin lo Gronnais d'Anglemur, et sor VI s. de cens ki furent Jennin lo Gronnais, por lui et por son frere.
244 .... de] Saunerie p. b. sor la maison ki fu Dognon lo bollangier, k'il ait donei Deu et Saint Vi et Saint Piere.
245 .... Saint Sauuor p. b. sor la maison k'il aquasta a[5]) Jaquemin Rennalt, ki fu aquastee a Bertremin, lo fil Poincete dou Puis, et a sa feme et a Poincete et a Biatri, ses II filles.
246 .... H]anrion de La Mars p. b. sor la maison ki fu Jennin lo Gronnais d'Anglemur, parmi tel cens com ele doit.
247 [Frankignons, li filz(?) M]ingomart Blanche de Nonuiant,[6]) p. b. sor la maison Weri lo Grant davant l'ostel l'arcidiacre Pieron, parmi IIII s. de cens.

---

[1]) r. *1241, 195.*
[2]) r. *1241, 195* Balduin, lo jaure Aubert l'Oie.
[3]) ou Wade *nur hier, sonst* en la Wade.
[4]) r. *1251, 236.*
[5]) k'il aquasta a *übergeschrieben.*
[6]) r. *1267, 482* Fraukignons Migomars.

248 [Aubertins, li filz Thieb]aut don Champel,¹) p. b. sor vii s. de cens k'il ait aquastei a Tolouse, ki geisent en Chambeires entre dous portes.

249 .... Perrin lo parm[a]ntier p. b. sor la maison Lukin, ki siet davant les Prochors, parmi tel cens com ele doit.

250 Richar[d]ins, li janres Roillon, p. b. sor la maison ki siet ensom l'ostel Thieriat lo ....

251 Jennins Hainnios p. b. sor la maison k'il ait aquastei a Orban d'Ames, parmi ....

252 Hanrias, li filz Morel, p. b. sor la maison ou il maint, ki fu Nicole lo parmantier et Garsat lo mutier ....

253 Nicholes Aisies p. b. sor xxxiiii s. et dimi de cens sor la maison Lowion de Mongagnier, k'il ait aquastei a Morel Arab............... et] i chapon sor la maison Jakemin, et iii s. et i chapon sor la maison Xandrin, et xviii d. sor la maison Jennin Mole²) et x .... sor la maison Weriat, et xviii d. et i chapon sor la maison Simonin Oroille, et xxiiii s. sor la maison Colin Sarain et ....

254 Jaquemins Serians p. b. sor sa maison, k'il ait aquastei au ii filles Werion Bichier ....³) la maison Lowion lo musnier.

255 C'ist sont forjugie por la paix: Steuenins li Ynglois dou Champel, ...,⁴) Poincet Cokin dou pont Remont, Thierion ..b..... de Ch....ll. ...,⁴) Warrel lo musnier, Aubrion Mustel, Simonat lo corretier dou Champassaille, Jennat Akar...., Guero lo torselier, Steuenin Dabanton, Poincignon Maneual d'Anseruile, Hvignon, lo janre Bonemarz, Bertremin Paillat,⁵) Jennin lo magnien de Sor lo Mur ki manoit en l'ostel Witier lo fevre, Warnier lo Rossel lo mutier, Vancent, lo sororge Colin Boudat, Becelin de Hulou.⁶)

¹) *r. 1241, 140: 1245. 193.*
²) *Zweifelhaft.*
³) *Der Schreiber hat eine Lücke gelassen.*
⁴) *Hinter Champel und hinter Remont ist je ein Name dick durchgestrichen.*
⁵) *Lesung zweifelhaft, Pergament am Rande abgerieben.*
⁶) Becelin de Hulou *und ein Name, der davor stand, sind ausgekratzt, dann ist* Becelin de Hulou *von neuem neben* Boudat *auf die radierte Stelle geschrieben.*

1251

1* En l'an ke li miliaires corroit per m et cc et cinquante et un an, quant li sires Maheus de Porsaillis fut mastres eschevins de Mes, Jakemins de Chambres maires de Porte Mosele, Maheus Malakins mares de Porsaillis, Steuenins de Thiemonuille mares d'Outre Mosele. Ce sont li ban de pasque. En la mairie de Porte Mosele:

1 Jennins Mole prent bans en enne et en fons sor la maison Jazel, ke siet ensom la maison dame Richout en Aiest, k'il at acqastei a Jazel, permi tel cens com ele doit.

2 Colins Vaillars p. b. sor demi jornal de vigne ke gist en Lambertfossei, k'il at acquasteit a Garssilion, lou marit l'avelette Bonatte, permi tel cens com il doit.

3 Odeliatte li Vaudoise p. b. sor la maison Ancillon lou tannor, ke siet en Grans Meises ensom la maison les Feruelz, k'il at acqasteit a lui, permi tel cens com ele doit.

4 Dame Beliars dou pont Remmont p. b. sor la terre d'Ostelencort, ke fut la Blanche Dame, dont ele est bien tenans.

5 Watrins Kathelie p. b. sor la maison Alexandre de Sciey, ke siet ensom lui, k'il at acqastei a lui, permei tel cens com ele doit.

6 Thierions Domatte p. b. sor la maison ke fut Cra et sor tout lou ressiege, ke siet en Aiest ensom la maison Ysambart, en alluet.[1]

7 Jennins Morekins p. b. por lui et por Thierion Domatte sor la maison la fille Piereson Brue, ke siet en Rimport, en allue, et sor I jornal de vigne ke gist en Lambertfosseit, permi trois angevines de cens.

8 Joiffrois d'Aiest p. b. sor la maison Garssat dou Puis et sor tout le ressiege ki appent, ke siet en Grant Meises, ke li est delivree per droit et per jugement.

[9 Phillippins Faixins p. b. sor la maison Thierion, ke siet dessandre de Chieuremont, k'il [at] acquastei a dame Poence de Chambres, permi IIII s. et trois mailles de cens.

10 Doignons d'Aiest p. b. sor x s. de cens ke gissent sor la maison Garssat Massue, k'il at acquastei a Poencignon de Chaille.[2]

---

[1] en alluet *nachträglich hinzugesetzt.*
[2] *Hinter dem Punkt, der nach* Chaille *den Satz schliesst, steht ein* j.

11 Ancillons li Blans p. b. sor la maison ki fut Hanriat le tannor devant Saint Yllaire, et sor trestout lo ressiege ki appent, k'il at acquastei as anfans Hanriat, permi II d. et maille de cens.
12 Ferrils li tanneires de Saint Auol p. b. sor la maison ke siet ensom lui en la rue de Stentefontainne et sor tout le ressaige ki apant, k'il at acquasteit a Werion lou....[1]) et a Jennin d'Otonuile, en allue.
13 Ferris de S. Auol p. b. sor une maison devant son huix, et sor qant k'il apant en meiz et en vignes, k'il at acquastei a Jehan de Hemmigney, permi tel cens [com ele doit.]
14 Waiterins Charrue p. b. sor les trois pars d'un jornal de vigne ke gist en Desiermont, ensom la vigne Sainte Glossenain, k'il at acquasteit a Matheu Guise, en allue.
15 Joiffrois Milikins p. b. por la chieze Deu de Villers sor XXX s. de cens ke gissent sor la maison signor Girart lou prestre, encoste la maison Garssirion Teste, k'il ont acquasteit a signor Girart devant dit.

16* En la mairie de Porsaillis:

16 a) Naimeris Loihers p. b. sor X lb. de met. de cens k'il at acqasteit a Richier de Champels; s'en geissent VII lb. sor la halle de chavrers ou Champ a Saille et sor la maison et sor le ressaige tout entier, ensi com ele se porte jusc'a Nueborc, et LX s. en gissent sor la maison dame Jennatte, la fille Symon Faucon ki fut, ke siet en Chaurerrue.

b) Et se p. b. ancor sor la maison Richier Champels ke siet outre Saille ensom l'ostel signor Baudoyn lou Roi, k'il at acquasteit a Richier meismes, permi tel cens com ele doit.

17 Naimeris Loihiers p. b. sor tout l'eritaige ke Colins Xobairs avoit ou ban de Flanuile, et entresca Saint Aignien et desca la crois desor Silliers et descai Retonfay, en vignes, en chans et en cences.
18 Colins Gimels p. b. sor I meis ke siet darriers Saint Thiebaut k'il at acqastoit a Jakematte, la femme Burtignon Noise, en alluc.
19 Tomacins de Dornanc p. b. sor I jornal de vigne en la Basse Pertele, k'il at acquastei a Girart Atus de Piereuillers, permi I d. de cens.

---

[1]) *Beim Abbruch der Zeile hat sich der Schreiber versehen, indem er mindestens ein Wort ausgelassen hat.*

20 Nicholes Brullevaiche p. b. por maistre Werrit sor la maison ke Jakemins li Blans tenoit a cens de lui.
21 Perrins de Thickestor p. b. sor une maison ke siet ensom la maison Ancel l'Aleman, k'il at acquasteit a la femme Buce, permei VI s. de cens.
22 Poencignons Pouchas p. b. sor XX s. et VI d. et I chapon de cens ke gissent sor la maison Naimerit lou taillor, k'il at acquasteit a Colin Molin.
23 Ferrions de Porte Serpenoise p. b. sor la maison ke siet ensom lui, k'il at acqasteit a Girart lou masson, permi tel cens com ele doit.
24 Armengette do Waide p. b. sor tel partie de maison com Loyons, ses maris, atorneit por s'arme, k'ele at acquastei as mainbors Lowion, permi tel cens com ele doit.
25 Aubertins des Aruolz p. b. sor la maison Jehan le Hongre ou Champ a Saille et sor tout lou ressiege, et sor l'ostel ke fut Nicole lou cherreton ou Champ a Saille, ke li est delivreit per droit et per jugement.
26 Poencignons Chameure p. b. sor la maison ki fut Colin dou Puis et sor tout le ressaige, k'il at acquasteit a Clomenson, la femme Colin dou Puis, permi IIII lb. de cens.[1])
27 Matheus de Genestroit p. b. sor la maison Arembor Uudeborsse, ke siet devant Sainte Glossenain, k'il at acquastei a Arembor meismes, permi XI s. et demi de cens.
28 Colins Molins[2]) p. b. sor une maison ke siet en la roele daier Saint Eukaire, k'il at acqastei a Poencignon Pouchat, permi tel cens com ele doit.
29 Haurias Potiers p. b. sor une maison ou Waide, ke siet ensom sa maison meismez, k'il at acquasteit a Abillon, la fille Pierexel Tortebarbe, permi V s. et VI d. de cens.
30 Warins li Hongres p. b. sor une maison ke siet ensom l'ostel signor Arnolt, k'il at acquasteit a Jennin, son freire, permi XL s. de cens.
31 Bugleiz p. b. por l'ospital dou Nueborc sor VIII s. de met. de cens ke Garssires li Alemans at doneit en amosne a l'ospital devant dit, sor dous maisons en la roele de Chaponrue.

---

[1]) IIII lb. de cens *übergeschrieben,* tel cens com ele doit *durchgestrichen.*
[2]) *Hinter* Molins *ein überflüssiges* sor.

32 Naimeris li maistres p. b. sor XI s. de cens ke gissent sor l'ostel Deudoneit lou bolangier outre Maizeles, k'il at acquastei a Werion, lou fil Burtemin l'Asne ki fut.
33 Bugles p. b. ancor por l'ospital dou Nueborc sor la vigne ke siet sor Maiseles, ke Baudoyns Chabosse lor at donei por Deu et en amosne.
34 Jehans li Alemans p. b. sor IX s. de cens k'il at acquasteit a Gerart d'Orons, sor sa maison ke siet ensom l'ostel ke fut Benoit de Chastels.
35 Jehans li Alemans p. ancor b. sor VII s. de met. k'il at acquasteit a Recuyn, ke gissent sor la maison Recuyn.
36 Perrins, li filz signor Phillippe Piedeschaus, p. b. por lui et por Bertran, son freire, sor une tavle en Nuez Chainges, k'il ont acquasteit a Richart de Champels, permi tel cens com ele doit.
37 Colins Trabuchaz p. b. sor la maison ke fut Goudefrin Brussaude, ke siet ensom l'ostel Jehan Barbe, k'il at acquasteit a Goudefrin Brusaude, permi tel cens com ele doit.
38 Clodins de Belanges p. b. sor la maison ki fut Jehan Moulat, k'il at acquasteit a Thomacin, son janre, permi tel cens com ele doit.
39 Werias d'Oisey p. b. por lui et por Baudowin de Malleroit sor XXXVIII jornals de terre et sor la maison et sor I meis ki fut Waiterin d'Oisey, k'il at acquastei a Loratte, sa femme, et a Rose, sa fille, en alue.
40 Jennins de Rupigney p. b. en allue sor une maison ke siet ensom la maison Hanriat lou Saue, k'il at acqasteit a Mathion Maroit, permi tel cens com ele doit.
41 Steuenins Burnas p. b. sor une vigne ke gist en Montant, k'il at acquasteit a Colin, lou fill Symon le chapeler, et a Hanriat, son serorge, permi tel cens com ele doit.
42 Vguegnons de Liewons p. b. sor la vigne a quartmeu ke gist en Saint Martinchamp, k'il at acquastei a Jakemat Loihier et a Thieriat, lou fil Symon de Liewons.
43 Nicole li Gronais p. b.¹)
44 Huez li Begues p. b. por la chieze Deu de la Stainche delez lo Nue Chastel sor LX s. de met. de cens ke gissent a Quartal, ou li bouchier vandent, k'il at acquasteit a Filipin, lo fil Soiffrignon de Cronney.

---
¹) *Zeile nicht ausgefüllt.*

45 Cuchillo p. b. sor tel partie d'eritaige com il at espartir encontre ses hoirs, dont li femme[1]) Boenvalet de Til c'est ademie permi une rente chesc'an sa vie.

46 Ancels de Tanney p. b. sor la maison ki fut Luckignon, ke siet en la rue des Alemans, ensom l'ostel Halowit lou feivre, k'il at acquasteit a Luckignon, permi tel cens com ele doit.

47 Arnols Noirons p. b. sor l'ostel Colart lou tornor, ke siet ensom l'ostel Pieron lou wantier, k'il at acquastei a Arembor, sa femme, permi tel cens com ele doit.

48 Goudefrins li charpentiers p. b. sor la maison Morekin lou bouchier, ke li est eschutte, permei tel cens com ele doit.

49 Marguerons, le femme Willimin Raboan, [p. b.] sor une maison ke siet vers les molins dou Champ Nainmerit, k'ele at acquastei a Symonin, lou fil Herman, permi xviii s. de cens.

50 Willermins Bazins p. b. sor tout l'eritaige ki fut Jakemin Auerel, ou k'il soit, en vignes et en autres leus, dont sui congiet sont corrut.

51 Jennins Cotterels p. b. sor tel partie de maison com il at acquasteit a Aubrion, son serorge, permi tel cens com ele doit.

52 Poencins, li filz Hodebran, p. b. por lui et por Simonin, lou fil Willame, sor la maison ki fut Ancillon de Saint Auol, k'il at acquasteit a Ancillon, permi tel cens com ele doit.

53 Nicoles Aisiez p. b. sor x s. de met. de cens k'il at acquasteit a Thierion Ruedanguel, sor sa maison ke siet outre Saille.

54 Jaikiers li especiers p. b. por Aucel Damaige lou clerc sor i meis en Hulouf, k'il at acquasteit a Androwat de Fremerei, permi tel cens com il doit.

55 Parissas de Maisele p. b. sor la mason ke fut Colin Briselatte, k'il at acquasteit a Colin Briselatte et a sa femme, permi tel cens com ele doit.

56* En la mairie d'Outre Mosele:

56 Colemes p. b. por la chieze Deu de Saint Martin sor la maison Margueron Paenatte, ke siet em Chamberes, permi tel cens com ele doit.

57 Jakemins Renals p. b. sor xv s. et demi de cens sor la maison Isambart lou bolangier a pont a Mosele, k'il at acquastei a Odelie, la femme Roillon Crokedeu, permi vi d. de cens a S. Simphorien.

---

[1]) *Dahinter ist* denut *durchgestrichen*.

58 Jakemins Renals p. b. sor xii s. et i d. de cens sor la maison Jaikemin de Ruet, k'il at acquastei a Poencim Maillatte et a Odeliatte, la femme Jennin le Maal ki fut, permi i d. de cens a S. Vincent.

59 Poensatte, le femme Burtemin Heckart, p. b. sor la maison ki fut Martin l'escrivain, en la parroiche Saint Vy, ensom l'ostel Eurit d'Ars, k'il at acquastei a lui, permi v s. et demi de cens.

60 Pierres Thomas p. b. sor la maison Jakemin Fraixeawe en Franconrue et sor tout lou ressiege, k'il at acqastei a Joiffroit Piedeschaus, permi vi d. et i chapon et lou tiers d'un chapon de cens.

61 Pierres Thomas p. b. sor xl s. de met. de cens k'il at acquasteit a Thieriat et a Sibiliatte, sa suer, les anfans Symon Grosrien d'Outre Mosele.

62 Perrennas li massons p. b. sor la maison Houygnon, k'il at acquasteit a lui et as mainbors, permi xiii s. de met. de cens.

63 Abrions Domatte p. b. sor lou celiers Jakemat, lou fil Girart Jennin de Sciey ki fut, et sor lo meis darriers, permi ii s. de met. de cens a signor Huon Graicecher, et sus lou nower et sor la terre ki apant, en tous us, k'il at acqasteit a Androwat et a son freire, les anfans Louuatte, en alluet.

64 Garssas Roucels p. b. sor une maison et sor une grainge ensom et sor trois eires de meis darriers en Franconrue, k'il at acquasteit a Margueritte, la femme Boenpere, permi tel cens com ele doit.

65 Jakemins de Vignueles p. b. sor la maison la Jordainne, ke siet ensom Viez Bucherie, k'il at acqasteit a signors de Saint Saluor, permi xxx s. de cens.

66 Nicholes Gouions p. b. sor viii jornals de vigne ke gissent a Wappei, en allue, k'il at acquastei a Colatte, la femme Bouchart ki fut.

67 Rembaldins li bolangiers p. b. sor la maison Jennin Chernaige, en la roelatte devant l'ostel Vgon Brisepain, permi v s. et demi de cens.

68 Jennins Juwes p. b. sor la grainge au pont Thieffroit, ou li chaukeurs est, ki fut Jehan Trabuchat, permi tel cens com ele doit.

69 Jakemins Vilains p. b. sor tout l'eritaige, k'il at acquasteit a signor Jehan Hoichedeit, ke gist en tous les bans d'Ars et de Grauers et de Flauigney et de Risonvile, permi tel cens com il doit.

70* Ce sont li ban dou mi awast, qant Jakemas Loihiers fut maires de Porte Mosele, Warniers Auerels maires de Porssaillis, Colins, li fils signor Vgon lou voe, maires d'Outre Mosele. En la marie de Porte Mosele:

70 Richars de la Barre p. b. sor la maison et sor lou meis et sor la grainge et sor tous les ressaiges ke furent Adam de Chailley, que sient en Darengerue, permi tel cens com elle doit.

71 Hanris li Allemans p. b. sor la maison ke siet ensom la maison la Bottelliere, k'il at acquasteit a Filipin lou poixor, permi XXXIII s. et II d. de cens.

72 Jennins li cherpentiers de Sanerie p. b. sor la moitie de la maison Pierexel, ke siet en Sanerie.

73 Doignons p. b. sor une maison ke fut Jakemin dou Weit a Saint Julian, et sor VII jornal de vigne ke gist en Colonbers, k'il at acquasteit a Garssat de Mons; et se li at relaissiet permi XXI s. de cens chesc'an, la moitie a paier a noiel et l'autre moitie a la Saint Johan Baptiste.

74 Jaikemins Goulle p. b. sor VI jornals de vigne k'il at acquasteit a Luckatte, la femme Garssat Rossce.

75 Thieris Lowis p. b. sor la maison Recherin, ke siet sor la place a Porte Mosele, ke li est delivree per droit et per jugement.

76 Herbols li permantiers p. b. sor la maison Bertran de Boullay, permi tel cens com ele doit.

77 Domangins Raiz p. b. sor la maison Thieriat, lou fill Aubert le xaving, ke siet ensom la maison les anfans Raiz, permi L s. de cens.

78 Aubrias Ingrans p. b. por lo prestre de Saint Girgone et por tous les prestres parroichauz dedans les murs de Mez sor XXX s. de met. de cens ke gissent sor la maison Thierion de Nomency en Chambres, et sor tout le ressaige ke fut Girart lou feivre, ke dame Jakematte, le femme signor Ingrant, lor at donei por Deu et en amosne.

79 Lowis li clers de Sanerie p. b. sor demei une maison ke fut Jalee le musnier, ke gist en Chaudrelerrue devant les molins a Saille, permi VI d. et III chapons de cens.

80 Androwas de Fremerey p. b. sor une maison ke siet devant la porte de l'ospital en Chambres, ke fut Steuenin, lou fill Renaldin d'Oron, permi tel cens com ele doit.

81 Joiffrois Milikins p. b. por la chieze Deu de Villers sor les xxv s. de cens k'il at acquasteit a Nichole le clerc de la Tor, ke gissent en Rinport ensom la tour.

82 Nicholes Aisiez p. b. sor le four et sor tout le ressiege ki apant, ke siet devant la posterne en Chaudelerrue, k'il at acquasteit a Joiffroit Malroart, en alluet.

83 Joiffroiz Milikins p. b. sor xxv s. de met. k'il at acquasteit a Colatte, la fille Allexandrin lo Hongre ki fut, ke gissent sor dous pieces de vignes deles la roele darriers la maison Gondal, et sor une piece de vigne ke gist en Perches dessous le mostier Saint Julian.

84 Luckins de Saint Julian et Poencignons, li fis Jakemin Ceruel, prennent b. sor toutes les vignes k'il ont acquasteit a Jehan Bessat de Vermiey, en alluet, ke gissent ou ban de Failley.

85 Jennins Bruyne d'Aiest p. b. sor une maison ke siet en Glatineirue daier Saint Yllaire, k'il at acquasteit a Othin, lou fil Jehan de Conflans, permi tel cens com ille doit.

86 Poencins de Gorze p. b. sor la maison ke fut Drakignon le musnier, ke siet sor Mosele, k'il at acquastei a Naimeri Loihier, permi une maille de cens.

87 Jennins Bonins p. b. sor la maison Philipin Petre devant Sainte Croix, et sor un stal ki siet en Chambres, permi tel cens com il doient.

88 Colins Drudars p b. sor la maison Colin l'Affichie et sor une vigne, kil at acqasteit a Colin, lou fil Allexandrin lo Hungre, permi tel cens com il en doit.

89 Gerardas, li fil dame Isabel de Stoisey, p. b. sor une maison ke siet en Chieuremont, delez l'ostel Jehan Warnier, k'il at acquasteit a Thieriat le haubergeor, permi tel cens et cetera.

90 Pieresons d'Alesey p. b. sor une maison ke siet en Grans Meises, ke fut Jennin de Wacremont, k'il at acqasteit, permi tel cens com ille doit.

91 Poencins de Gorze p. b. sor la maison ke fut Luckin, ke siet a Roiches en Chambres, k'il at acquasteit a Luckin et a sa seror, permi ii d. et maille de cens.

92 Pieresons Jotelatte p. b. sor la maison la femme Wingnart en Bucherie, k'il at acquasteit, permi tel cens com ille doit.

93 Burtaudons, li filz Philipe Piedeschaus, p. b. sor dous maisons et sor les ressieges ke Jakemins Rabusteis avoit devant la cort le princier, k'il at acqasteit a lui et k'i[l] li at relaissiet permei vint sols et dous deniers et maille de cens chesc'an.

94* En la mairie de Porsaillis:

94 Gerardas de Chapelerrue p. b. sor une maison ke siet en Chappelerrue, ke fut dame Gertruit, k'il at acqasteit a lei, permei tel cens com ele doit.

95 Et si p. b. sor la maison ke fut Buruart, ke siet en Chapelerrue, k'il at acquastei a Simart et a sa seror, permi tel cens com ele doit.

96 Garssirias de Prennoit p. b. sor la maisiere ki siet en Sanerie ensom Hertoy, k'il at acquastei a Cherdat, permi IIII sols de met. de cens chesc'an.

97 Thiecelins de Mercey p. b. sor la moitie d'unne maison ki fut Cristine, la moitie,[1] et sor les[2] trois ressieges darriers l'ospital des Alemans, k'il at acqasteit a lei, permi III s. et demi de cens.

98 Thierris Loys p. b. sor la maison Richillin Romacle, ke siet outre Saille, ke li est delivree per droit et per jugement.

99 Steuenins, li filz signor Baudowin le Truant, p. b. por Arnout, son freire, sor une maison ke siet a Saint Arnout, k'il at acquasteit a Girbert le covresier et a Iderate, permi tel cens com ele doit.

100 Godelo li charpentiers p. b. sor une maison ke siet ensom la maison dame Clarembour, k'il at acquastei a Jennat Dantdasne, permi tel cens com ele doit.

101 Huyms de Bertranges p. b. sor une maison en Chapourue, k'il at acquasteit a Waiterin de Saint Polcort, permei tel cens com ele doit.

102 Isabels li Noire p. b. sor une maison ke siet en la Mercerie, k'ele at acquastei a Jakemin Rabustel et a Symonin, son freire, permi L s. de met. de cens chesc'an.

103 Thierias Bardons p. b. sor demi jornal de vigne ke gist en Bemont, k'il at acquasteit a Jennin Panceron, permi XXI d. de cens.

---

[1] la moitie *übergeschrieben*.
[2] l aus c *verbessert*.

104 Abillatte, le fille Richillin, p. b. sor une maison en Saint Polcort, k'il[le] at acqastei a Willermin, lou fill signor Aubrit ki fut, permi tel cens com ele doit.

105 Gerars de Prenoit p. b. sor la maison en Staison ke fut Hanriat, k'il at acquastei a Hanriat meismez, permi tel cens com ele doit.

106 Martinatte le wantiere p. b. sor la maisan Hanrion de Ranseires et sor tout le ressiege ki apant, permi tel cens com ele doit.

107 Goudefrins li coutelers p. b. sor v s. et demi de cens k'il at acquasteit a Andreu le clerc, ke gissent sor une maison devant l'ostel Thierrit Mingomart.

108 Huyns li charpentiers p. b. sor une maison ou Waide, k'il at acquasteit a Weriat la Pute, permi xiii s. de met. de cens chesc'an.

109 Symonins Musiquaraule p. b. sor demi une maison ke fut Aubrit le feivre, k'il at acqastei a Huygnon, le fil Aubrit, permi tel cens com cele demei maisons doit.

110 Jaikemins Basins p. b. sor x s. de met. de cens k'il at acquastei a Mariatte la forniere sor le for et sor tout¹) le ressaige ki apant, ke siet ensom l'ostel ki fut Robin Cullart, apres les lvi s. de cens k'il i at.

111 Li sires Huez li Begues p. b. sor la maison Lambelat l'orfeivre, ke siet devant la maison Jehan le Truant, k'il li at acquasteit, permi tel cens com li sires Huez meismez avoit sus.

112 Maistres Richars li fisiciens p. b. por lui et por maistre Vgon, son freire, sor la maison devant l'ostel signor Baudowin le Truant, k'il ont acqastei a Jakemin lou berbier, permi l s. de cens.

113 Adans p. b. sor une maison ke siet devant Saint Nicholaz le Petit, k'il at acqasteit a Colin, son serorge, et a Odiliatte, permi tel cens com ele doit.

114 Jaikemins Cretons p. b. sor les dous pars de dous maisons ke furent dame Belepie, sa mere, k'il at acqasteit en alluet a Colin et a Poencin êt a Ancillon et a Andruyn, ses freires.

115 Baudowins Trabuchaz p b. sor xl s. de met. de cens k'il at acqasteit a Alisatte, la femme Thiebaut d'Essey, sor une maison ke siet ensom l'ostel signor Arnolt de Porsaillis qui fut.

---

¹) *Vorl.* sonr fout.

116 Steuenins de Coloigne p. b. por lui et por Remion, son freire, sor la moitie de la maison ke fut Jehan Loy, ke siet en la Draperie, k'il ont aquasteit a Jakemin Broscart, permi tel cens com ele doit.

117 Perrins Noise p. b. sor la maisiere en Pucemaigne ke siet devant lo meiz Philipe Coulon, ensom l'ostel Harowen, permi v s. de cens a l'ospital.

118 Werrels et Rennillons p. b. sor la maison Aubrion le forner et sor tout le ressaige, ke lor est eschutte, permi tel cens com ele doit.

119 Formerons li feivres p. b. sor la maison ke siet devant l'ostel Cuneman le feivre, k'il at acquasteit a Odin et a Jothe, sa femme, permi tel cens com ele doit.

120 Colins Gimels p. b. sor IIII eires de meiz et sor la voie ki apant, ke sient entre Nostre Dame aus Chans et Saint Thiebaut, k'il at acquasteit a Roillon, lou fil Baudoyn Morel, permi XVIII d. de cens.

121 Willermins Basins p. b. sor tout l'eritaige Jakemin Auerel, por la warentise de la maison sor lou Mur, dont li congie sont corru, por ceu k'il ne li warantist mie.

122 Colins Marqous p. b. sor la maison et sor tout le ressaige ke fut Jakemin Auerel, ke siet sor lou Mur, ci com por $\frac{XX}{VII}$ lb. et XX lb. k'il at sus, dont sui congie sont corru.

123 Girars Buce p. b. sor une maison en la rue Saint Gengolt, k'il at acquasteit a Domangin lou vaicher, permi XII s. de cens chesc'an.

124 Steuenins Muniers p. b. sor tel partie com sa suer avoit en sa maison, k'il at acqasteit a lei, permi tel cens com ele doit.

125 Adans li covresiers p. b. sor une maison a Quartal, k'il at acquasteit a Aubertin, lou fil Parisat, permi tel cens com ele doit.

126 Colins Simars p. b. sor la maison ki fut Thierion lou chapeler, et sor v s. de cens outre Saille, et sor la maison Luckart et sor lou quart d'unne maison en Chapelerrue en la roele, permi t[el cens com toz cist heritaiges doit.][1)

127 Matheus Mackerels p. b. sor la maison en Maisele ke fut Girart lou bouuer, k'il at acquasteit a Jennat, lou fil Jaikemin Gontier, a crant de son pere, permi XI s. de cens.

[1)] *Schluss fehlt wegen Mangels an Platz.*

128 Baudowins Trabuchaz p. b. sor la maison Pordom lou meutier et sor tout son heritaige k'il at fors de Porte Serpenoise, k'il at acquasteit, permi tel cens com toz cist heritaiges doit.
129 Auerars li orfeivres p. b. sor la maison Arnolt de Cologne, ke siet en la Mercerie ensom l'ostel Aubert Bonnemere, k'il at acquasteit a Arnolt de Cologne, permi IIII lb. et demee de cens.
130 Clomignons li taillieres p. b. por lui et por Willermin de Noweroit sor sant sols de met. de cens k'il ont chesc'an sor la maison Maheu des Aruolz daer S. Simplise.
131 Steuignons Jarans p. b. sor une maison arres la porte de Maiseles, ensom l'ostel Bertran Galle, k'il at acquasteit a Aubert Champelz, permi XL s. de met. de cens.
132 Joffrois Milikins p. b. sor XIIII s. de met. de cens k'il at acquasteit a Adenat de S. Martinrue, sor une maison darrier S Eukaire, apres une maille de cens a S. Pol et VI deniers a. S. Eukaire.
133 Joiffrois p. b. ancor sor VIIII s. et III [d.] de cens k'il at aquasteit a Waiterin lou Four, sor une maison devant l'ostel Baudowin Gueppe, apres trois mailles a S. Climent.
134 Marchandels p. b. por les malades de S. Priueit sor XXX s. de met. de cens k'il ont acquasteit sor la maison Symonin Monekin.[1]
135 Et si prent ancor b. por ous sor XXXV s. et II d. de cens ke gissent sor la maison Ameline la Flamande.
136 Avrowins li Alemans de Fristorph[2]) p. b. sor une maison en Chaponrue, k'il at acquasteit a Thieriat de la Stainche, permi tel cens com ele doit.
137 Aurowins Chabosse p. b. sor II s. et demei de cens ke gissent sor dous jornals de terre devant la grainge a Belueor, k'il at acquasteit a Symonin de Bu.
138 Perrins Tomas p. b. sor la maison Odelie la Tixatte, ke siet sor lou Mur, k'il at acquastei a lei, permi tel cens com ele doit.
139 Garssirions de Staisons p. b. por Ancel Murllin[3]) sor une maison ki fut Aleit Noise, en Maiselez, ke li est venue de part pere et de part mere.
140 Jennins Tiecelins p. b. sor la moitie de la maison Bertemeu Blanchatte, k'il at acquasteit encontre les hoirs sa femme, permi tel cens com ele doit.

---

[1]) darrier S. Estaine lou Depanneit c. *1251, 239*.
[2]) *gestrichenes* h.
[3]) Mur*llin, r. 1267. 393* Ancels Murlins. *Prost:* Mallin.

141 Poemsars li merciers p. b. sor une maison ke siet en la Mercerie, ensom l'ostel Vgue Coulon, k'il at acquasteit a Colin Deudoneit lou clerc, permi vii lb. de met. de cens.

142 Et si p. b. sor une autre maison ke siet en Visegnuel, ensom la maiso[n] Pierexel Gomerel, k'il at acquasteit a Steuenin de Cologne, permi iiii lb. et demie de cens.

143 Baudowins Louue p. b. sor les dous pars de la maison ki fut signor Pierron de l'Aittre, ke siet ensom la halle des parmentiers en Visegnuel, et sus les stalz ki apandant devant et sus quant ki apant, en tous us, k'il at acqasteit a Jennin Hurteruel et a Vguegnon Faixin, permi tel cens com eles doient.

144 Et si prent b. ancor de celei meismez maison sor lou tiers, ki fut signor Pierron de l'Aittre, et sus les stals devant et sus quant ki apant, k'il at acquasteit a Waiterin Belegree et a Jaikemin de l'Aittre et a Garssat, son freire, permi tel cens com il doit.

145 Li sires Girars li Merciers p. b. sor la moitie de la vigne ki fut Aubrit dou Pont, ke gist outre Saille en droit lou pont daier S. Piere; c'est a savoir cele partie ke gist devers Maigney, ke[1] il at acquasteit a Willermin, lou fil Aubrit de S. Polcort ki fut, permi tel cens com ele doit.

146 Jakemels li bouchiers p. b. sor la moitie d'unne maison a Saint Piere, ki fut Aubrit de Doncort, et sor la grainge darriers et sor tout lou ressaige ki est derrier cele maison, k'il at acquastei a Aubrit de Doncort, permi trois sols et demi de cens chesc'an.

147 Maheus des Aruolz p. b. sor la maison ke siet ensom lui, et sor lou meis darrier et sor qanc k'appant a la maison, k'il at acquasteit a Jaikemin Borgon, permi xl s. de cens.

148* En la marie de Outre Mosele:

148 Aubrions Domatte p. b. en alluet sor lou preit Poencignon la Bouteilliere.

149 Thiebaus de Daier S. Johan p. b. sor une maison darrier S. Johan, k'il at acquasteit a Mathelie, la fille Vergondel, permi tel cens com ille doit.

150 Thomacins de Dornauc p. b. por lui et por Michuel Cherrue sor i jornal de vigne ke gist en Daille, k'il ont acquasteit a Arnolt le forbor, permi tel cens com il doit.

---

[1] gil *ist zwischen* ke *und* il *durchgestrichen.*

151 Aubertins des Aruoz p. b. sor dous jornals¹) et demei de vigne ke gissent²) en Daille, k'il at acquastei a Symonin Chateblowe, permi v angevines de cens.
152 Lowias li clers de Sanerie p. b. sor jor et demi de vigne ke gist en Orieulclose, ensom la vigne Piereson Tortebarbe, k'il at aquastei a Jakemin Tortebarbe, permi III d. de cens.
153 Jennins de la Court p. b. sor la maison k'il at acquasteit a Martin de Pierevillers, ke siet en Franconrue, et sor les VIII s. de cens ke sil de Nostre Damme i avoient.
154 Richars de la Barre p. b. sor III s. de met. de cens ke gissent sor la maison Girart le porreler en Franconrue, k'il at aquasteit a Girart meismes.
155 Eingebors, li filz Chierelatte, p. b. sor la maison³) k'il at acquasteit a Odeliatte et a Windremuet, ke siet en Chambeires, ensom la maison Chierelatte, permi tel cens com ille doit.
156 Lowias d'Aubes p. b. sor une maison ke siet ensom l'ostel Jakematte de Flocort, k'il at acquasteit a Thiebaut Jouthe d'Outre Saille, permi tel cens com ille doit.
157 Jakemins, li filz Nicole Gratepaille, p. b. sor XXIIII s. de met. k'il at acquastei a Flandrine et a Colatte, les filles Werion Bicher, ke gissent sor la maison Sargent.
158 Gerars d'Aube p. b. sor une maison ke siet en Anglemur darrier les Praicheors, k'il at acquasteit a Richier de Clemerey, permi tel cens com ille doit.
159 Jakemins Fackolz p. b. sor la mason Lorancin, ke siet en la Vigne Saint Marcel, permi VI d. de cens ke li maisons doit.
160 Dame Claradine p. b. sor trois jornalz de terre ke gissent sor lou chamin des Bourdes, entre les suens chans.
161 Becelins dou Rait p. b. sor dous maisons ke sient en Fecinmeis, k'il at acquasteit a Colart Riolant, permi tel cens com ele doient.
162 Nicoles Belebarbe p. b. sor la maison ke siet devant lou pont des Mors, k'il at acquasteit a Weri·lou masson, permi XIII s. de cens.
163 Flandrine et Colatte, sa suer, p. b. sor une maison k'iles ont acquasteit a signor Arnolt, lo fil signor Werrit de Virey, ke siet vers les Praicheors, permi XIIII s. de cens.

---
¹) *Vorl.* jonals.
²) *Vorl.* gistent.
³) *Vorl.* la maison la k'il.

164 Jakemins de Marley p. b. sor une maison en Franconrue, k'il at acquasteit a Biautrit de la Rowelle, permi tel cens com ele doit.
165 Robins de Daier Saint Saluor p. b- sor la maison ki fut Colin Houdion, ke siet defors Porte Serpenoise, en alluet.
166 Jakemins Barons p. b. sor vi s. de met. de cens k'il at acquasteit a Hanriat lou fornier, ke gissent sus lou Terme, sor la maison Symonin Roussel lou musnier.

167* Ce sont li ban dou vintime jor.
En la mairie de Porte Mosele: ¹)
167 Pieresons et Aubertins Tornemiche de Saint Julian p. b. sor une vigne k'il ont acquastei a Baudowin le bolangier de Porte Mosele, ke gist dessous Mons, en aluet. ²)
168 Colins Ruillemaille p. b. por Renalt, chanone de S. Estaine, sor iiii jornals de vigne ke furent le pere Colin devant dit, ke gissent dessous Chastillons, permi tel cens com il doient.
169 Arnous li forbeires p. b. por prestre Vlrit Morel sor la maison Adin le hugier, arres les greiz en Chambres, k'il at acquasteit, permi xiii s. de cens.
170 Abrions Domatte p. b. sor les dous parties de la tour et de la place ki fut Steuenin de la Tour, k'il at acquastei a Herbin Waichier et a Jakemin Gaille, en allue.
171 Cunins p. b. sor la maison l'Aleman le charpentier, ke siet en Sanerie, k'il at acquastei a Richart, permi tel cens com ele doit.
172 Aubertins p. b. por la chieze Deu de Sainte Croix a Waire sor iiii s. de cens, ke Nicoles li parmentiers avoit sor la maison Dommangin le mutier, et sor iii s. et demi k'il bastanciet a signors de Ste Crois.
173 Bertrans Piedeschaus p. b. sor une vigne ke siet dessous Mons sor Mosele, k'il at acquasteit a Hawion, permi une angevine de cens.
174 Poences Rouscels p. b. sor la grant maison en Staison et sor tout le ressaige ki fut Symonin Clin, k'il at acquastei a Burnikin, permi tel cens com ele doit.
175 Li sires Forquez de Jurue p. b. por la chieze Deu de Chastillons sor xxx s. de met. de cens k'il at aquastei a Jennin Paigne, ke gissent sor la grange Haurit et sor tot le ressiege ki appant a censal, delez lou puiz, ke furent dame Biautrit la Bezinasse.

---

¹) En la mairie de Porte Moselle *stand erst neben* vintime jor, *wurde dort gelöscht und nach Ueberschlagung einer Zeile an den Anfang der neuen geschrieben.*
²) en aluet *übergeschrieben*, permi tel cens com ele doit *durchgestrichen.*

176 Hanris p. b. sor une maison darrier Saint Illaire, k'il at acquastei a Piereson d'Ascey, permi tel cens com ele doit.

177 Steuenins Copechol p. b. sor la maison Mertin lou Borgon, ke siet delez la maison Colin Chapon, k'il at acquasteit a devant dit Martin, permi vIIII s. et demi de cens.

178 Symonins Pouioise p. b. sor trois ressaiges de maisons ke sient en Hembercort, k'il at acquastei a Perrin Piedeschaz, permei tel cens com il doient.

179 Loyons p. b. sor la maison Adelenatte en Rimport, k'il at acquastei a lei, permi tel cens com ele doit.

180 Richarz de la Barre p. b. sor la moitie de la maison ke fu Becelin, ke siet en Darangerue, k'il at acquastei a Alisatte, permi tel cens com ele doit.

181 Becelins p. b. sor la maison Huyn Blanchart, ke siet en Chaudrelerrue delez les molins Saint Poul, k'il at acquastei, permi tel cens com ele doit.

182 Martinatte p. b. sor IX d. de cens k'il at acquastei a Martignon de Porte Serpenoise, ke gissent sor la maison Herbout.

183 Jakemins Faukenels et Ysambars Govions p. b. sor XV s. de met. de cens et VI d. ke Burtemins avoit sor la maison Hanrion de S. Martin, ke siet as Roiches, et sor la demi maison k'il at ensom Burtemin lou tannor.

184 Et si p. ancor b. sor la maison as Roiches ou Hanrious maint, permi XV s. et demei de cens; et cist censals est les anfanz Colin Faukenel.

185 ¹) Dame Benoise de Chambres p. b. sor la maison entierement Poencignon de Gorze lou clerc, ou il maint, ke siet devant l'ostel Symonin Gaillart en Chambres, permi tel cens com ele doit.

186 Waiterins p. b. sor tel partie com il at assancit de la maison ke siet devers Saint Ferruce, k'il at acquastei a ceos de l'ospital dou Nueborc, permi XX s. et III d. de cens.

187 Garssirions Manegous p. b. por la chieze Deu de Fristorh sor XXXII s. de cens ke furent Habert lou keu, ke li sires Faukes at doneit por Deu et en amosne a Fristorph.²)

---

¹) *Der Eintrag ist oberflächlich weggekratzt und damit als ungültig bezeichnet.*
²) *gestrichenes* h.

188 Willames p. b. por la chieze Deu de Gorze sor la maison Anschier Mague, ke siet ensom la grainge signor Remey, k'il at acquasteit a Anschier, permi xxiiii s. de cens k'ele doit chesc'an a la chieze Deu de Chastrises.
189 Li sires Garcires de Gorze p. b. por la chieze Deu de Moremont sor la maison Renart lou feivre de Chambres, k'il at acquasteit a lui, permi tel cens com ele doit.
190 Thierions p. b. sor la maison k'il at aquasteit a Girart le Vaudoiz, ke siet en Stoizey, ensom la maison Gertruit, permi tel cens com ele doit.
191 Formerz p. b. sor la maison k'il at acquasteit a Aeliz de Bauvile, ke siet a Staintefontaigne, ensom la maison dame Becelatte, permi tel cens com ele doit.
192 Symonins Fauconuers p. b. sor i meis k'il tient de Poensat Mevdevin, ke siet en Conchieeroele darrier¹) la maison Fauconuers, permi xxxv s. de cens.²)
193 Guelars p. b. sor la moitie d'unne maiziere ke siet en Conchieeroele, ensom la maison Huin lou mazuer, permei x s. de met. de cens k'ele doit a Huin Bazin.

194* En la mairie de Porsaillis:
194 Thomacins de Dornanc p. b. sor i jornal de terre ke gist sor le prei arreiz la vigne Colin dou Puis, k'il at acquastei a Jehan Chanuel, permi i d. de cens.
195 Symonins Emblevelle p. b. sor demi jornal de vigne ke gist a Grant Cheuol, deleiz la vigne Saint Laddre, k'il at acquastei a Jehan Chanuel, permi maille de cens.
196 Naimerias li maistres p. b. sor xviiii s. de met. de cens ke gissent sor la maison Deudonei lo bolangier outre Mazele, k'il at acquastei a Piereson Huguelo de Borgney.
197 Burtemins Fromons p. b. sor i jornal de vigne ke gist a Pallerin, ki est moiterasse les signors dou Grant Mostier, k'il at acqastei a Bertran l'Aleman, permi tel cens com il doit.
198 Buglez p. b. por l'ospital dou Nueborc sor x s. et ii d. de cens k'il at acquastei a Mathev lo maor de l'ospital des Alemans, sor une piece de vigne en la Basse Pertele et sor une autre en Glarueles.³)

---

¹) *Vor* darrier *ist* enson *durchgestrichen.*
²) permi xxxv s. de cens *mit flüchtiger Schrift hinzugesetzt.*
³) *Von* une piece *an bis* Glarueles *flüchtig geschriebener Zusatz.*

199 Bugles p. b. por la chieze Deu de Sainte Glossinain sor x. s. de met. de cens k'ele [at] acqastei a Symonin Frexure sor sa maison et sor tout lou ressiege, apres xii d. k'ele i avoit.
200 Werias de Brelise p. b. sor demi jornal de vigne ke gist en Montains, k'il at acquastei a Goudefrin Coural, permi ii s. et demei de cens a Saint Eukaire.
201 Poensas Roussels p. b. sor xx s. et ii d. et maille de cens ke gissent sor lou clos Pasque a Maigney, k'il at aquastei a Jakemin Rabustel, et sor i jornal de vigne en la place ou on vant les paixels, en alluet.
202 Waitrins Cherrue p. b. sor une vigne ke gist delai Biautritrowele,[1]) k'il at acqasteit as anfanz Ancel Musiquaraule, en allue.
203 Bertran de Vegnueles li Alemans p. b. sor une vigne ke gist a Grant Chauol, ki est tiermeu Jehan Noise, k'il at acquastei a Margueron Fromant, permi tel cens com ele doit.
204 Goudefrins, li filz Adan l'Aleman, p. b. sor une maison ou Champel devant l'ostel Colin Corbel, k'il at acquastei a Jakemin lou Gornaix, permi tel cens com ele doit.
205 Colins de Champelz p. b. sor la moitie de la maison Girart de la Roele, k'il at acquastei a Sairiatte et a Luckin, son fil, permi tel cens com ele doit.
206 Goudefrins, li filz Baudowin de Borgney, p. b. sor la maison Jennin Chastron, ke siet ou Champel, et sor qanc ki apant, en toz us, k'il at acquastei a Jennin Chastron, permi xxxvii s. et iii d. de cens.[2])
207 Nicoles Brullevaiche p. b. por lui et por Nicole de Chastelz et por Baudoyn Love sor tout l'eritaige Hanrion de Basoncort, en toz us, ke gist ou ban de Marlley et d'Awigney et de Genestroit jusc'a pont a Molins, permi tel cens com il doit.
208 Avroyns Chabosse p. b. sor i champ ke fut Jennin la Perche, ke gist deles lou champ la femme Bredart a la Pale, k'il at acquasteit as anfanz l'Affichie, en allue.
209 Waiterins Pierel p. b. sor une maison en Sanerie, ki fut Becelin Naimerion, k'il at acqastei a Jehan lou Truant, permei xxx sols de met. de cens.
210 Steuenins de Thiemonville p. b. por la chieze Deu de S Piere as nonains sor une vigne ke gist a Stentefontainne, ke lor est eschutte.

---

[1]) v. *1251, 164* Biautrit de la Rowelle.
[2]) *Von* permi *an flüchtig geschriebener Zusatz.*

211 Odeliatte, le femme Hanriat lou warcolier, p. b. sor xvii s. de met. de cens ke gissent sor la maison Remion a Quartal, ke ses maris at aquastei a Renaldin, lou fil Remion.
212 Hanrions Xaloigne p. b. sor la maison Jennin Chouel et sor tout lou ressiege ki apant, k'il at acquasteit a Jennin Chouel, permi tel cens com ele doit.
213 Gillas li haubergieres p. b. sor tel partie com Marie, le femme Girart lou habergeor, at en la maison ke siet atour vers Porsaillis, permi tel cens com ele doit.
214 Thierias Cullarz p. b. sor vi s. de cens ke gissent sor une piece de vigne en Belueor, k'il at acquastei a Jennin Cullarde.
215 Ameline, le femme Pierexel lou tellier, p. b. sor lo stal Renaldin Deucemere, ke siet en la halle des bolangiers, ke li est escheut, permei tel cens com il doit.
216 Burtemins, li janres Weriat d'Oisey, p. b. sor la maison Goudefroit lou quartier, ke siet outre Saille a la croix, k'il at acquasteit a lui, permei vi s. de cens.
217 Becelins Rauetels p. b. sor lo stal Huat Grosseteste, ke siet en la halle des bolangiers, k'il at acquasteit a lui, permi ii s. et demei de cens.
218 Vguins li tanneres p. b. sor i stal ke siet en la halle des bolangiers, ki fut Jakemin Criepain, permi tel cens com il doit.
219 Garssirions Manegous p. b. por la chieze Deu de Fristorf sor xx s. de met. de cens ke gissent sor la maison Perrin de Cligney, ke dame Wibors lor at donei por Deu et en amone.
220 Jakemins li tanneires p. b. sor la maison Simonin de Werrise en Chaponrue, k'il at aquasteit a lui, permi xv s. de cens.
221 Othes dou Val de Cologne p. b. sor une maison en Chapponrue, k'il at acquasteit as hoirs Palerin de Chiercort, permi vi s. et demei de cens.
222 Auroyns de Vegnuelles¹) p. b. sor une maison ke siet en Chaponrue a puiz, k'il at aquasteit a janre Garssire l'Aleman, permi xii s. de cens.
223 Werions li mutierz p. b. sor la grange ke siet devant l'ostel Goudefrin Paperel, k'il at acquasteit a Baudowin Trabuchat, permi xiii s. de cens.
224 Jennins de Goins li chaponniers p. b. sor la maison Girart lou habergeor ki fut, ke li est eschutte, permi xviiii s. iiii d. moins de cens chesc'an.

---
¹) *Vorl.* Vegnuelles. *Dabei ist g aus n verbessert.*

5

225 Arnols, li filz Jehan l'Aleman, p. b. sor une maison ke siet en Visegnuel, ou il maint, k'il at aquastei a Nicole de Chastelz, permi VII lb. de cens et permi tel voie com Nicoles i at, dont li escriz gist en l'arche.
226 Alexandres de Maiseroy li bolangers p b. sor la maison a tour ou il maint, k'il at acquasteit as anfanz Musiquaraule, permi XXIIII s. III d. moins de cens.
227 Lowions de Lucey p. b. sor la maison ki fut Willimin Pugnat, ke siet outre Masele, k'il at acquastei a lui, permi VI d. et une angevine de cens.
228 Thierias de Molenes li massons p. b. sor tel partie com il est eschutte les avelez Roubert lou chapeler en la maison devant Ste Glossenain, k'il at acquasteit a lor mainbors, permi XI s. et demei de cens.
229 Symonins li charpentiers p. b. sor une maison en la Nueve rue, k'il at acquasteit a Lambelin et a Pielin, permei X s. de cens.
230 Colins Simars p. b. sor la moitie d'une maison ke siet en la roelatte de Chapelerrue, k'il at acquastei a son freire et a sa seror, permi tel cens com cele moitiez doit.
231 Alarz li coutelers p. b. sor la maison ke fut Pieron lou wantier, ke siet en Furnerue, k'il at aquasteit [a] Martinatte, sa femme, ensi com li escriz en l'arche lou devise, permi tel cens com ele doit.
232 Alarz li massons p. b. sor une maison ke siet ensom la maison Cowedemouton, k'il at acquasteit a signor Poenson de Chastels, permi XIIII s. de cens.
233 Vlris li tanneires p. b. sor toute la terre k'Arnols, ses freires, tenoit a Espanges, et sor lou censal d'unne maison outre Saille, et sor une maison en Gobercort, k'il at aquastei a lui, permi tel cens com il en doit.
234 Warnissons li bolangierz p. b. sor I stal en la halle des bolangers, k'il at acquasteit a Huyn le bolangier, permi tel cens com il doit.
235 Othins[1]), li maris Jothe, p. b. sor une maison ensom Bucherie, k'il at acquasteit a Ceziliatte, permi XX s. et IIII d. de cens.
236 Jakemins Barons p. b. por la chieze Deu dou Preit a Verdun sor la grainge et sor lo meiz darrier et sor tot lo ressiege ki fut Thieriat Mouxin, ke siet encoste les murs dou Nueborc, k'ele at aquastei a Nainmeriat, lou janre Thieriat Mouxin, permi C s. de cens.

---

[1]) t aus d verbessert.

237 Jakemins Barons p. b. sor la chieze Deu devant ditte sor la veude terre ki fut damme Amee, ke siet encoste lo meis devant dit, k'ele at aquaste a damme Amee, permi LX s. de cens.

238* En la marie d'Outre Mosele:
238 Viriz li tanneres p. b. por lou prestre de Saint Vitor sor lou planteit ke siet en la croee S. Vincent, ki fut Arnolt lo forbeor.
239 Jakemins Merchandels p. b. por les malades de Saint Privet sor l'ostel Monekin, darrier Saint Estaine lou Depanneit, et sor les XX s. de cens k'il at sus jor et demei de vigne en Frieres et sor jor et demi ou mont Saint Quentin, k'il li ont relaissiet permei XXX s. cens chesc'an.
240 Warniers li Borgons p. b. por l'eglise de Saint Vy sor III s. de met. de cens ke gissent sor la partie de la maison Poixenatte, k'il at acquasteit, permi tel cens com ele doit.
241 Warniers li Borgons p. b. sor dous sols de met. de cens k'il at acquasteit sor la maison Garssirion Raiepierre en la rowe lo Voe, apres tel cens com ille doit.
242 Warniers li Borgons p. b. sor V s. de met. de cens k'il at acquastei sor la maison maistre Jehan de Saint Vy, ke siet devant la cort de Moremont, apres tel cens com ele doit.
243 Thiebaus Chamusis p. b. sor la maison Remmonat atour de Chamberes et sor son meiz darrier Saint Marc, apres tel cens com il doient.
244 Colins li feivres de Pierevillers¹) p. b. sor une maison en Franconrue, ke siet encoste la maison Gauthier, k'il at aquasteit a Richardin, lou janre Roillon de la Croix, permi tel cens com ele doit.
245 Aubertins Ruckels p. b. sor la maison ke siet ensom la maison Foullestrain outre Mosele, k'il at acquastei a Bertaudon, lou fil signor Poenson, permei VIII s. de cens.
246 Jennins Bruyne p. b. sor X jornals de terre outre les Eires et sor I jornal ou ban d'Essey, k'il at aquasteit a Jaicob, lo fil signor Simon, apres tel cens com li terre doit.
247 Dame Claradine p. b. sor la maison Doignou, encoste la grainge Thierion Domatte, permi II s. et demi et II chapons, et sor dous jornals de vigne ou Rowal de Freires, permei XVIII d. de cens.

¹) *Hinter* Pierevillers *ist* doit *durch untergesetzte Punkte als ungültig bezeichnet.*

248 ¹) Jennins de la Cort p. b. sor la moitie d'une maison ke siet en Franconrue, k'il at aquasteit a Auroyn, lo nevou Fraillin Lantille, permi II s. et demei de cens.
249 Colins Domatte p. b. sor v s. et IIII d. de cens k'il at acquasteit a Margueron la forniere, sor sa maison ou ele maint, apres les xx s. de cens k'ele doit la femme Adan Bokel.
250 Colins Domatte p b. ancor sor IIII jornals de terre ke gissent en Goubertnowe, k'il at aquasteit a Pieron lo parfeit, permi II d. de cens a maor de Plapevile.
251 Arnolz Chaneviere p. b. sor IIII jornals de vigne et sor lou preit et sor la fosse ke delez est que gist en Waccons, ke furent Vguegnon de Chastelz, permi tel cens com il doient.
252 Drowins d'Anglemur p. b. sor toute la terre k'il at aquasteit a Colin, lou fil Habert, ke gist en Haim, apres tel cens com ille doit.
253 Jaikemins Malrowars p. b. sor v s. de cens k'il at aquasteit a Girart le Fransoiz de Moeuvre sor sa maison, apres tel cens com ele doit.
254 Richart de la Barre p. b. sor IIII jornals de terre k'il at aquasteit a Philipin Hacke, en alluet, ke gissent entre les Bourdes et lou pont Thieffroit.
255 Mathions Marois p. b. sor x s. de met. de cens k'il at aquasteit sor la maison Steuenin, lou fil Piart lou feivre, ke ²) siet devant S. Saluor, apres xx s. et VI d. ²) de cens k'ele doit.
256 Mathions Malrois p. b. por la chieze Deu de Sainte Marie as nonnains sor x s. de cens k'il at aquasteit a Isabel, la femme Ancillon ki fut, sor la maison en la rue S. Illaire, permi v sols de cens k'ele doit.
257 ³) Colins Moretons et Loratte, le femme Steuenin Roussel, p. b. sor toute la terre Becelin d'Ames, k'il achatait a Herman lo bouchier, et sor sa maison, k'il at aquasteit, permi tel cens com ele doit.
258 Otenas li Petis p. b. sor la maison ki fut Colin, lou fil Otenat, ke siet en Coupereroele dessoz Saint Vy, permi tel cens com ele doit.

---

¹) *Die Einträge von 248—269 stehen auf der sonst leeren Rückseite des 3. Pergamentblattes. Unten auf der Vorderseite links ist der Vermerk gemacht:* Jenins de la Cort verte folium.

²) ke *und* d. *übergeschrieben.*

³) *Der ganze Eintrag ist durchgestrichen.*

259 Jakemins Renalz p. b. sor xv s. et demi de cens k'il[1]) at aquasteit a Filipin, lou fil signor Aubert de S. Julian, ke gissent sor la maison signor Ysambart a pont a Mosele, dont li vi d. sont S. Simforien.

260 Symonins li massons p. b sor tel partie de maison com il at aquasteit a Jehan le masson, ke siet encoste la maison dame Hayt de Nonviant, permi tel cens com ele doit.

261 Gerarz Chaudiere p. b. sor la maison ke fut damme Benoite, k'il at aquasteit, permi vi s. i d. moins de cens ke li maisons doit.

262 Matheus li charpentiers p. b. sor une maison k'il at acquasteit a Willermin lou masson, ke siet devant les Praicheors, apres iii s. de cens k'ele doit.

263 Aubertins dou Champel p. b. por la chieze Deu de Sainte Croix a Waire sor vii s. de cens k'il ont aquastei a Martin Kayn, sor dous maisons en la Vigne, apres[2]) tel cens com eles doient.

264 Cunins d'Espinals p. b. sor la moitie dou molin k'il at aquasteit a Richart l'Aleman, ke siet a Molins lou Duc, permei tel cens com cele partie doit.

265 Lambelins li feivres p. b. sor v jornalz de terre ke gissent sor lou chamin dou Chasne, k'il at acquasteit a Filipin Hecke, permi xii s. de cens.

266 Maheus Malakins p. b. sor toutes les vignes Jakemin Malakin, son freire, ke gissent en Dailles, ke li vinrent de part sa femme et de part lui, k'il at aquasteit a lui, permi tel cens com il en doit.

267 Tomacins Finscuers p. b. sor une maison ke gist en Anglemur, k'il at aquasteit a Roubert d'Aubes et a Jaikemate, sa femme, permi tel cens com ele doit.

268 [3]) Maheus des Aruols p. b. por lui et por Howignon (?) son freire (?) sor la maison .. le en la rue lo Voe, k'il ont acquasteit, permi iiii lb. de met. de cens.

269 Pierexels Sodas p. b. et Pieresons Jotelatte p. b. sor la moitie d'une maison k'il ont aquasteit a Burtemin lo porreler, permi tel cens com ele doit.

---

[1]) k *aus a verbessert.*
[2]) *Vor* apres *ist* permi *durchgestrichen.*
[3]) *Der ganze Eintrag ist dick durchgestrichen.*

1262

1* [En l'an que li miliaires corroit par ᴍ et ᴄᴄ et ʟxɪɪ, quant li sires Pieres Thomes fut maistres eschevins de Mes, ... maires de Porte Mosselle, ... maires de Porsaillis, ... maires d'Outre Mosselle. Ce sunt li ban de pasques. En la mairie de Porte Mosselle:]

1 [1])	....	= 115
2	....	= 116
3	....	= 117
4	....	= 118
5	....	= 119
6	L......	= 120
7	Pie....	= 121
8	Thie...	= 122
9	Burte....	= 123
10	Et ce p....	= 124
11	Jennins C....	= 125
12	Jaikemins...............................	= 126
13	Pieresons Loveu....	= 127
14	Burtemins, li filz H....	= 128
15	Jennas Charenxal p.....................	= 129
16	Ailesate, li fille dame Dem..	= 130
17	Anseillons de Buxey p. b. sus v.........	= 131
18	Roillons li cordewiniers de Cirke.....	= 132
19	Harmans, li filz Lowion Naie, p. b......	= 133
20	Li maistres de la confrarie S. Andreu p.	= 134
21	Perrins, li janres Jehan Maille, p. b. sus	

.... chesc'an a Robin devant dit. Et Robins de [2]) .... = 135

---

[1]) *Die aus drei einst zusammengenähten Pergamentblättern bestehende Rolle ist nur zum Teil erhalten. Von dem ersten Blatt ist der grössere Teil, von dem zweiten ein gutes Stück der rechten Seite abgerissen und verloren. Der Riss nahm die sieben obersten Zeilen ganz weg, er begann links oben beim Eintrag 5, von dem er einen Teil des ersten Buchstabens zurückliess, und ging in schräger Richtung abwärts zur rechten Seite hinüber bis zum Ende des Eintrags 126 und weiter noch bis 144. Auf der Vorderseite ist der Anfang, auf der Rückseite das Ende der Zeilen übrig geblieben. Auf der letzteren fehlen die obersten Einträge ganz und noch von 341 die zwei ersten Buchstaben. Da aber der Schreiber die Einträge der Mairie de Porte Moselle von Ostern irrtümlich im August wiederholt hat, so lassen sich mit Hülfe von 115—141 die Einträge 1—27 vollständig wiederherstellen. Vergleiche die Beschreibung der Rolle in der Einleitung.*

[2]) chesc'an *und* Et Robins de *fehlt bei 135.*

22 Lowions li Merciers de Vicenuels p. b. sus ....
....
fil Lambert l'oixillour, k'il at acquasteit a Col....... = 136
23 Jaikemins li bolangiers, li janres signor Geruai....... = 138
24 Jaikemins li muniers¹) p. b. sus la maison Mariate.... = 137
25 Alexandrins Clairies et Gerardins Coustantins et Ja....²)....
. ... = 139
26 a) Dame Parate, li femme Nicole Aisiet ke fut, p. b. sus.....
....
et sus tout lo reseige ki appant, ke Wascelins, li f.........
b)..
devant Bawereiteire, ke Werions Bares tient, apres...........
.... = 140
27 Symonins, li filz Jofroit Aixiet ke fut, p. b. sus la maison e.....
.... = 141

28* En la mairie de Porsallis:
28 Lowias li clers de Sauerie p. b......................
....
29 Hanrias dou Pont p. b. por lo signor Thieri, prevost de S. Anoual,
....
30 Jennins Girars p. b. sus la maison Gerart Maliorge et sus tout
....
31 Jehans Grifons p. b. sus tote la terre ke Poinceignons et Maheus et
....
32 Bauduyns Bugles p. b. por Ste Glosenain sus une maison ke siet ou
....
33 Pieres Thomes p. b. sus la maison de Bossonville, ke siet enson
la cort..
34 Willermins Languedor p. b. sus une maison ke siet en la rue
dou Prei[t..
35 Jennius Eurechos p. b. sus jor et demey de vigne en Chardenoi
et sus dem..
36 Werias de Grisey p. b. sus tout l'eritaige que Symonas, li filz
Bertran Osson, av[oit...................................
37 Jehans li Allemans p. b. sus demey jornal de vigne que geist
en Chardenoi e...

---

¹) *137:* Jaikemins Turey li muniers.
²) et Ju.... *fehlt bei 139.*

38 Jaikemins et Thiebaus, ses freres, li anfant Auber de la Cort, p. b. sus IIII s. ....
39 Waterins li fevres dou Champ a Saille p. b. sus lo tiers d'une maison ou Champ a [Saille ....
40 Jennas, li filz Thierion lo Grouaix, p. b. sus la maison ke fut son pere en la Vig[ne S. Auol ....
41 Pieresons Karitas p. b. sus une maison en Sanerie, k'il at acquasteit as hoirs ....
42 Sires Jaikes Boilawe et Thiebaus Blanchars p. b. sus tout l'eritaige ke li hoir C ....
43 Et se p. b. ancor sus tout l'eritaige ke Hanrias, li filz Symonin Malglaue, avoit ou ....
44 Dame Willans p. b. sus un jornal de terre que geist en Merlanc, k'ille at acquasteit ....
45 Colars, li freres Garsilion de Chemauat, p. b. sus III jornas de vigne que geisent a Bous[sieres ....
46 Jaikemins Critons prant bans[1]) sus XL s. de cens ke geisent sus les II [2]) ....
47 Thierias Brisepain p. b. sus XII s. et demei de cens ke geisent sus une maison encoste lo ....
48 Warniers li fevres de Sus lou Mur p. b. sus la maison et sus tout lo reseige ke siet devant ....
49 Jennas Poubele p. b. sus V jornals de terre ke geisent en Virkelley, k'il at acquasteit a G ....
50 Et ce p. b. ancors sus I jornal de terre ke geist ou ban de Grisey, k'il at acquasteit ai Ain ....
51 Thierias, li janres Colate la Rouse, p. b. sus une maison ke siet en Vigsenuel, devant S. [Simplice ....
52 Elphes de Saunerie p. b. sus une maisere ke siet en Sanerie, desus lou chancel des Cordel[ieres ....
53 Et ce p. b. encor sus l'autre maisere ke siet encoste cestei, k'il at acquasteit a l'abbeit ....
54 Steuenins li Bagues de S. Clement p. b. sus tout l'eritaige ke Androins, li freres Fa ....
55 Vrrias li maigniens p. b. sus III jornals de terre ke geisent ou ban S. Clement, k'il at acqu ....
56 Mackaires p. b. por la chese Deu de Chasteillons sus la maison Maheu lou chaberlain, ke si[et ....

---
[1]) Critons prant bans *auf Rasur weitläufig geschrieben von Schreiber 2.*
[2]) *v. 1251, 114.*

57 Steuenins Triche p. b. sus v jornals de terre ke geisent daier S. Piere as Roiche[s ....

58 Arnouls Aisieis p. b. por Joffroit lou clerc, son frere, sus tout l'eritaige ke Bauduin[s ....

59 Ancels de la Tour p. b. sus les II pars de tout l'eritaige ki est escheus Alexandrin Arch[enbaut ¹) ....

60 Jennas Bouchate p. b. sus une maison ke siet a la Pousterne enson Nessate, k'il at acq ....

61 Dame Parate, li feme Nicole Aisiet, p. b. sus XX s. de cens ke geisent sus la maison G ....

62 Arnouls Cheneuiere p. b. sus tout l'eritaige ke dame Jennante, li suers Poensat Faucon, ...

63 Lowias Trabuchas p. b. sus VI s. de cens que geisent sus une pesse de terre daier l'ostel Colin ....

64 Lowias li Merciers, li filz Gerart lo Mercier ke fut, p. b. sus la maison que fut signor Math ....

65 Abrias li cordewiniers p. b. sus une maison ke siet a la Posterne, enson la maison ke fut Hawit ....

66 Jaikemins Jalee p. b. sus la maison ke fut Oliuier des Aruols, que siet en Viseignuel, k'il at acq ....

67 Jaikemins Jalee et li anfant Colin de Vy prannent b. sus VI s. de cens que geisent enson Vies B[ucherie ....

68 Bugles p. b. por l'ospital dou Nuefbourc sus XXIX s. et V d. et maille ke geisent sus l'ostel Thieria[t ....

69 Jennins Thiecelins p. b. sus la moitie d'une maison ke fut Pieresin Crolat, que siet en S. Martin[rue ....

70 Jaikemate²) de Rouppeney p. b. sus la motie d'une maison ke fut Pieresin Crolat, que siet en S. Mar[tinrue ....

71 Jaikemins Falcols p. b. sus la vouerie de Borney, et sus quan ki appant, en touz us, k'il at acquasteit a Huignon N [M?] ....

72 Et ce p. b. encor sus I jornal de vigne que geist sus lo ru de Maiselles, que fut Jennin Sauingne, ³) k'il at acquasteit ....

73 ⁴) Et ce. p. b.
74 ⁴) Wichars p. b.
75 ⁴) Wichars p. b.

---
¹) c. 1241, 108.
²) Verbessert aus Jaikemat.
³) S aus Z verbessert.
⁴) Durchgestrichen. Zeile nicht ausgefüllt.

76* En la mairie d'Outre Mosselle:

76 Lowias li clers p. b. sus ɪ jornal de vigne ke geist en Dalle[s
....

77 Coinselois, li janres Hanrion Hariei, p. b. sus une maison ke siet en Anglemur, k'il at acquasteit a Rou d[e ....
....

78 Jennins Bruine p. b. sus xɪɪɪɪ jornals de terre aruere ke geisent ou ban d'Acey, k'il at acquasteit a Jenn[1]) ....
....

79 Thiebaus Faukenels p. b. sus tout l'eritaige ke Martins d'Ancey avoit ai[2]) Ancey et partout ou k'il l'ait, par[mei ....
....

80 Symonins, li filz Poenseignou de Chastels, p. b. sus ɪɪ jornals de vigne ke geisent en Geronvigne ou ban de ....
....

81 Thiebaus Charenxau p. b. sus une piece de vigne ke geist a Longeville, c'om dist en Hawitvigne, encost[e ....
....

82 Howins Jordains p. b. sus la maison ke fut Burtemin Crochon, en Vies Bucherie, et sus une corselle en coste ....
....

83 Boukins de Chieuremont p. b. en alluet sus une piece de vigne ke geist ou Plasit a Longeville, deleis la s[oie ....
....

84 Pieresons Karitals p. b. sus demei jornal de vigne ke geist ou ban S. Martin, ke li est escheus, une partie de [part ....
....

85 Colins Valours li parmantiers p. b. sus une maison ke siet en la rue lo Uoeit, davant la cort lou Vou[eit ....
....

86 Thierions li cordeiers p. b. sus une maison ke siet en la ruelle en S. Vinsantrue, daier l'ostel Rainbaudin ....
....

87 Jaikemins Malrowars p. b. sus un jornal de vigne ke geist en Oriouclous, k'il at acquasteit a Joffroit M ....
....

---

[1]) r. *1251, 246.*
[2]) *In der Vorlage ist das Abkürzungszeichen für* et *hier und oft nachher für* ni *gesetzt.*

88 Pheleppins Tiguenne li xavins p. b. sus xxx s. de cens ke geisent sus la maison Symonin lou bolangier, deva[nt . . . .
. . . .

89 Wichars, li filz Maheu de Jeurne, p. b. por lui et por ces hoirs sus une piece de vigne ke geist ou ban de Cyei, dele[is . . . . .
. . . .

90 Wichars, li filz Maheu de Jeurne, p. b. por lui et por ces hoirs sus I jornal de vigne que geist en III pieces; s'an g[eist
. . . .
chesc'an sestier et demei de vin de cens, et sus XVIII d. de cens que geisent sus une piece de vigne ke Iderons tien[t . . .
. . . .

91 Jehans li taillieres de Daier S. Sauour p. b. por l'eglise de S. Jaike sus x s de met. de cens que geisent sus l[a . . . . . .
. . . .

92 Li sires Geruaises de Lascey p. b. sus tout l'eritaige lo signor Phelippe, lo preste de Lascey, ke fut, et sus tout l'erit[aige
. . . .

93 Poensignons Penchas p. b. sus un jornal de vigne ke sor Gerneivigne geist, entre Lascey et Chastels, k'il [at acquasteit . . . .
. . . .

94 Garsirias Soppe p. b. sus une piece de terre que geist ou ban de Maiseres, ke fut Mavesin de Maisseres, k'il at acqu[asteit
. . . .

95 Jaikemins li prevos p. b. sus la moitie d'une maison ke siet devant la porte S. Vincent et sus lo reseige, k'il . . . .
. . . .

96 Jaikemins Gratepaille [p. b.] sus II maisons ke sient en la Vigne S. Marcel et sus lo reseige ki appant, ki e[st . . . .
. . . .

97 Cardas d'Abes li charpantiers p. b. sus une maison ke siet en Anglemur, au coste l'ostel Saint Martin, devers les [Procheors]
. . . .

98 Colins Fessaus li cordewiniers p. b. sus une maison ke siet a Saint Martin, deleis lou Preit, et sus lo reseige, k'il a[t acquasteit . . . .

99 Bauduyns, li filz Th[o]mescin, p. b. sus une maison ke siet en Vies Bucherie, encoste la soie maison, k'il at acquasteit a Be . . . .

100 Thierias Brisepain p. b. por les hoirs Symonin de Parguey sus une grainge ke siet a Porte Serpenoise, encoste la graing[e
  . . . .
101 Martenate li wantiere p. b. sus VI s. de cens k'ille at acquasteit a Colin Fessal de Staisons, ke geisent sus une mais[on
  . . . .
  . . . .
  apres XV s. ke Martenate avoit sus de davant, et de sous VI s. doit elle randre a Ste Glosenain III s.
102 Dame Parate, li femme Nicole Aisiet ke fut, p. b. sus IIII s. de met. de cens k'ille at acquasteit a Lambelin lo recuvetor de la rue lo [Voueit . . . .
103 Dame Parate p. b. encor sus une charreie de vin de cens k'ille at acosteit a signor Eurrit, lo voueit de Billei, ke geisent sus tou[t . . . .
104 Eurris d'Ames p. b. sus une maison ke siet en S. Vincentrue, ke fut dame Colate Marowarde, et sus une maison daier ke f[ut . . . .
105 Thierions Domate p. b. sus une piece de vigne ke geist desai Longeville, outre la vigne Colin Wachier et Burnekin de Jeurue, k'il a[t . . . .
106 Jaikemes Chiere p. b. por la chese Deu de Belpreit[1]) sus XXX s. de met. de cens ke geisent sus les II maisons ke furent Piereson Ruke, ke . . . .
107 Wateris Groueit p. b. sus lo meis ke fut Raimmonet, ke geist davant la cort Alexandre de Weiure, k'il at acquasteit a Luckin Chameure, par[mei . . . .
108 Jennins Charetons de Vies Bucherie p. b. sus une maison et sus lo reseige ke siet a Nuefpont, deleis lo chacheur Ste Glosennen, k'il at aquasteit . . . .
109 Jennas de Rosseruelles, li janres Bauduyn Griuel, p. b. sus tout l'eritaige ke Symonas d'Ancei at a Molins et ou ban d'Ancei, parmei tel cens com li her[itaiges doit.]
110 Li sires Jehans, ke fut maires de S. Julien, p. b. sus II jornals de vigne ke geisent a la Piere a Chaselles, et sus lo demei chacheur et sus lo demei jor de . . . .
  et sus tout l'eritaige ke Jennins Brichambaus avoit a Nonuoiant, ke li est escheus por son cens.

¹) *Ursprünglich* Belleu, *dann ist* leu *durchgestrichen,* preit *flüchtig übergeschrieben von Schreiber 2.*

111 Baudowins de Chapelerue p. b. sus tout l'eritaige ke Colignons, li fillastres Howeson de Merdeney, avoit ou ban de Resonuille et de Flauigne, parmei ....
112 Marguerons, li feme Stainare lo bolangier, p. b. sus xxx s. de met. de cens k'elle at acquasteit a Marguero, la femme Poencin de la Crux, et a Godefrin lo ....
113 Maistre Abris de Toul, li preste de S. Leuier, p. b. sus ii s. et demei de cens ke geisent sus une piece de preit ke geist ou ban d'Amelanges, k'il at acquasteit ....
114 Abillate, li fille Mensenate de S. Priueit, et Yderons, li niece Jaikemin Martin, prannent b. sus la maison et sus les menoirs ke furent Martin lo parchem[enier ....]
devant l'ostel Alart, la fille Garsire Noixe, k'elles ont acquasteit a signor Garsire de Gorze et a Jaikemin Martin, les mainbours Martin devant dit, [parmei........................

115* Ce sunt li ban dou mey awast, quant Gillas Haike fut maires de Porte Mosselle, Allexandrins Makerels maires de Porsaillis, Garsirions Mainnego[ut maires d'Outre Mosselle. En la mairie de Porte Mosselle:]
115 ¹) Bertous li bolangiers p. b. sus la moitie de la maison ke fut Warin lou masson, ke siet en Darangerue, areis la maison Piereson Peire, k'il at acquasteit a Thieriat lo ....
116 Gueremans, li janres Thierion Coustant, p. b. sus la maison Waterin lou taillour, ke siet devant S. Ferruce, k'il at acquasteit a Waterin devant dit, parmey xviii s. de cens k[e li maisons doit.]
117 Garsires Manegout p. b. por lui et por ces compaignons sus la demee maison ke fut Escelin lo masson, lou janre Rechier, ke part a Richier, son seur, ke siet en Stoixey, dont ....
118 Rollons li bolangiers, li fils Warnier de S. Julien ke fut, p. b. sus la maison ke fut Nicole Clairiet, ke siet a S. Julien, areis lo chacheur Wiskemant, k'il at acquasteit ai Abillate, la m[ere ....
119 Allexandrins, li nies Luckin d'Aiest, p. b. sus la maison Gerart Herbo, ke siet en Dairengerue, areis la maison Jennin Mercille, k'il at acquasteit a Gerart devant dit, parmei x s. et ii d. et i chapon de cens ke [li maisons doit.]

---

¹) *Von 115—131 ist der erste Name oder das erste Wort der Zeile durchgestrichen. Vor 117 und vor 132 steht ein Kreuz. Sie sind durchgestrichen, weil sie zu Ostern schon eingetragen waren als No. 1 ff.*

120 Lowions, li janres Grennelo, p. b. sus la vigne ke fut Colin Bernart, que siet ans Allues, qui est tiercerasce Mathion Maroit, qu'il at acquasteit a Colin Chacemal, ki at l'avelate Colin Bernart.
121 Pieresons Loveus de S. Julien p. b. sus v s. de cens ke geisent sus la maison Leuchar ai Faillei, et sus la vigne daiers et sus tout lo censal ke muet de S. Julien, k'il at acquasteit a Leukart devant dite, apres XVI [s . . . ke] tous cis h[eritaiges doit avant.]
122 Thierias li xarneires p. b. sus la maison et sus lo reseige Warneson lo bolangier, ke siet a S. Julien, k'il at acquasteit a Warneson devant dit, parmey XV s. de cens ke li maisons et tous li reseiges doit.
123 Burtemins, li janres Hanrit l'Alemant, de Nowillei¹) p. b. sus II pesses de terre, s'an geist li une des pesses areis la terre signor Remey, et li autre areis la terre lo preste de Maiey, k'il at acquasteit as anfans Burtemin de Maie ke [fut.]
124 Et ce p. b. encor sus II pesses de terre, s'an geist li une des pesses desor Owigney, areis la terre Remey d'Auancey, et li autre pesses a la mars a Buxi lons lo chamenel, k'il at acquasteit a Jehan, lo vies maior de Maiey, ensi com li escris en [l'arche lo devise.]
125 Jennins Cunemans p. b. sus XL s. de met. de cens ke li sires Thieris d'Oixey at doneit a Jennin devant dit, en fies et en plain homaige, ke geisent en la Menoie.
126 Jaikemins, li filz Roillon Makerel, p. b. sus IIII s. de cens ke geisent sus la maison ke fut Ancel Xate, ke siet en Stoixey, delai la porte de Sparnemaille, areis la maison Thiecelin lo tixerant, qu'il at acquasteit a Piereson, lo fil Ancel Xate, apres VI d. et II chap[ons ke] li maisons doit a[vant.]
127 Pieresons Loveus de S. Julien p. b. sus une pesse de vigne ke geist ans Quartiers desor lo molin a Valieres, k'il at acquasteit a signor Lambert, lo preste des Bourdes, en alluet, ensi com li escris en l'arche lo devise.
128 Burtemins, li filz Herdowit de Stoixey ke fut, p. b. sus XXIII s. de met. de cens ke geisent sus II jornals et demei de vigne ke geisent an Barbelvigne, k'il at acquasteit ai Ancillon, lo fil Jennin Bakillon ke fut, de S. Julien, apres III mailles de cens que toz [li heritaiges] doit.

---

¹) **Burtemins** *selbst ist ans* Nowillei. *r. 1269.* 22 Burtremin de Nowilley, lo janre Hanri l'Aleman.

129 Jennas Charenxal p. b. sus la moitié de jor et demey de vigne ke geist sus Mosselle, areis la vigne Pieron Thomes, k'il at acquasteit a Poensignon, lo fil Thieriat Malglaiue, parmey III mailles de cens que tote li vigne doit, dont Jennas [est tenans.]

130 Alyxate, li fille dame Demeut, p. b. sus la maison ke fut Androwat de Fremerey et sus tout lo reseige ki appant, que siet en la ruelle devant Ste Croix, k'ille at acquasteit a Jennin de Gorze, lo janre Androwat de Fremerey, ensi com [li escris en l'arche lo devise.]

131 Ansillons de Buxey p. b. sus une maison ke siet en Chambres, areis la maison Bescelin lou poixour, k'il at acquasteit a Jennat Jalee, parmey XXIIII s. de met. de cens, ke li maisons doit chesc'an.

132 Roillons li cordewiniers de Cirkes p. b. sus une maison ke siet devant la maison lou signor Pieron de Sanerie, k'il at acquasteit a Clemansate, la fille Garsire Ponterel, parmey XVIII s. de met. de cens, k'ille doit as hoirs Joffroi[t . . . .

133 Harmans, li filz Lowion Naie, p. b. sus une maison ke siet en Chambres, devant la maison Piereson Buxei, k'il at acquasteit a Colin Fessal, parmey X s. de cens que li maisons doit chesc'an.

134 Li maistre de la confrarie S. Andreu p. b. por lui et por touz ces confreres sus II s. de met. de cens que geisent sus tel partie com Colins li vieseirs at en la nueve halle des vieseirs en Chambres, k'il ont acquasteit a Colin devant dit.

135 Perrins, li janres Jehan Maille, p. b. sus la maison Robin, lo fil Hawit la Blanche, ke siet a Porte Mosselle, entre la maison Bauduyn lo bolangier et Remion, k'il at acquasteit a Robin devant dit, ensi com li escris en l'arche lo devi[se.].

136 Lowions li Merciers de Vicenuel p. b. sus XXII s. de met. de cens ke geisent sus II jornals de vigne ke Colins Corjus tient; s'an geist uns des jornals an Paperide lon la vigne Lowion meimes, et li autres jornals an . . . . la vigne Wasat, lou fil Lambert l'oxilour, k'il at aquasteit a Colin Corjus, apres VII s. et demey de cens ke li II jornal de vigne devoient, ensi com li escris en l'arche lo devise.

137 Jaikemins Turey li muniers p. b. sus la maison Mariate, la fille Lambert l'oixillour, ke siet an Stoixey, daier devers Desermont, qu'il at acquasteit a Mariate devant dite, parmey V s. et I d. de cens.

138 Jaikemins li bolangiers, li janres signor Geruaise de Lascey, p. b. sus la maison Hanrit lo tonnelier, que siet enson la maison la Boutilliere, k'il at acquasteit a Hanri devant dit, parmey xxxiii s. et ii d. de cens.

139 Allexandrins Clairies et Gerardins Coustantins p. b. sus la maison Thomescin lo Roucel, ke siet en Sanerie devant les Cordelieres, que lor est delivree par droit et par jugemant, parmei tel cens com li maisons doit.

140 a) Dame Parate, li femme Nicole Aisiet ke fut, p. b. sus vii s. de met. et iiii chapons de cens k'elle at acquasteit a Ferriat Hazart et a Garsiriat, son frere, les anfans Jakemin Hazart ke fut, ke geisent en Stoixey su[s .. maisons] ke furent Gondal et sus tout lo reseige ki appant, ke Wascelins, li filz Lowit Wascelin, et Warnesons li bolangiers tiennent.

b) Et ce p. b. encor dame Parate devant dite sus xxxii s. de met. [de cens k'elle at acquasteit] a Colin dou Rut, ke geisent sus une maison sus lo Terme devant Bawereiteire, ke Werions Bareis tient, apres les viii d. de cens ke li maisons devant dite doit, ke dame Parate doit paier.

141 Symonins, li filz Joffroit Aisiet ke fut, p. b. sus la maison et sus lo reseige Chardel Baiegoule, ke siet a Nowascewille, k'il at acquasteit a Chardel devant dit, parmei i d. de cens.

142 Matheus Blasceteste p. b. sus la moitie d'une maison a Leudonpuix, k'il at acquasteit a Conrart l'Aleman et a Waterin de Rokesanges, parmei tel cens com elle doit.

143 Li sires Jaikes dou Pont p. b. en alluet sus lo quart d'un molin k'il at acquasteit a dame Ysabel Cheneviere, que siet sus Mosselle, et ce part a lui meimes.

144 a) Poensignons de Raigecort p. b. sus i molin que fut Thiebaut de Chambres, que siet en la premiere teire des xii molins audesor.

b) Et p. b. ancor sus les xl s. de cens ke Thiebaus avoit sus la halle des viesceis en Chambres, [k'il at acquasteit] a Boukin, par lou creant de T[hiebaut.]

145 Jaikemins Robevaiche p. b. sus lo meix ke siet daier la maison Fauconuers en Renport, k'il at acquasteit a Poensat Roucel, parmei xxxv s. de cens.

146 Colins Loveus de S. Julien p. b. sus ii jornals de vigne ou ban [de] S. Julien, s'an geist li une pesse en Sorel et li autre en Chaponfontainne, k'il at acquasteit a Jennin Doreit, en alluet.

147 Li sires Jaikes, li preste de S. Marc, p. b. por lui et por touz les prestes parrochas de Mez sus VII s. et demey de cens, k'il at acquasteit a Jennat, lo fil Auburtin Boilo, sus la maison ke fut Jaikemate, sa femme.
148 Jennins Teste p. b. sus une maison as Roiches, k'il at acquasteit a Piereson Buxei, parmey XXVII s. de cens.
149 Luckins Chameure p. b. sus XL s. de cens ke geisent sus la halle les vieseirs areis S. Vitor, k'il at acquasteit a Colin Lowit l'escheving.
150 Steuenins Muniers p. b. por lui et por les viesers sus la maison ke fut Colin Katin, ke siet en Chambres, k'il at acquasteit a Thiebaut de Chambres, parmei XL s. et I d. de cens.
151 Doignons li Veskes p. b. sus XV s. de cens ke geisent sus les II parties de la maison Hauri lo manson de Chadelerrue, qu'il at acquasteit a Hanriat, son fil.
152 Marguerons li Vadoise p. b. por lei et por sa suer sus la maison Garsat Masue, ke siet en Aiest devant l'ostel dame Beliart, parmei XI s. de cens ke li maisons doit, la quel maison elles ont acquasteit a Garsat meimes.
153 Jennins li charpantiers et Pieresons, ses freres, que mainnent en Sanerie, prannent. b. sus une maison en Sanerie, k'il ont acquasteit a Robert lo charpantier et a ces anfans, parmei XVI s. et demei et V d. de cens.
154 Poensignons Coiawe p. b. sus la maison et sus tout lo reseige ki appant, ke fut Vallat lou boucher, que siet en la Bucherie de Porte Mosselle, et sus tout l'eritaige k'il avoit en la mairie de Porte Mosselle, k'il at acquasteit a Jakemin Macowart et a Colin Marcous, parmei tel cens [com] li heritaiges doit.
155 Thierions li cordiers de Porte Mosselle p. b. sus une maison a la Salz en Rinport et sus tout lo reseige ki appant, ke siet areis les murs de la citeit, k'il at acquasteit a Steuenin, lo fil Colin lo soiour, parmey X s. de cens.
156 Roillons li corweisiers p. b. sus une maison en Sanerie, ke siet devant la maison la peingnerase, k'il at acquasteit a dame Sezelie la Sockere de Sanerie, parmey XVI s. de cens.
157 Jaikemins Otins p. b. sus la maison Jaikemin lo tennour, ke siet en Chambres as Roiches sus Mosselle, k'il at acquasteit a dame Aleit, la feme Adan Brisechemin ke fut, et a Jaikemin lo tenour devant dit, en alluet. Et ce maison a relaisiet Jaikemins Otins a Jaikemin lo tenour devant dit parmei XX s. de cens.

158 Li sires Nicoles Govions p. b. sus une maison et sus un chainge a Porte Mosselle, ke fut Warnier Averel, que li est delivree par droit et par jugemant, por son cens k'il li dovoit de iiii estaies.
159 Abrias d'Espinals p. b. sus une maison enson Vies Boucherie, k'il at acquasteit a Godefrin lou charreton, parmei xvi s. de cens.
160 Anceillons, li filz Jaikemin Tarte, p. b. sus une maison devant la vies stuve en Chambres, k'il at acquasteit a Domangin lo Borgon, parmei xv s. maille moins de cens.
161 Jaikemins, li filz Pheleppin Faixin, et Colins, ses freires, p. b. sus ix s. de cens k'il ont acquasteit por ous et por lor ii serours as maistres de l'ospital dou Nuefbourc, k'il avoient sus une maison en Chieuremont ke fut Hawiate Goixe.
162 Domangins, li filz maistre Abri, p. b. sus un ostel en Chadelerrue ke fut Wasselin de Faillei, k'il at acquasteit a Jaikemat Boukel lo potier, parmei vii s. de cens.
163 Jaikemins Gratepaille p. b. sus lo moulin ke fut Jaikemin lo Conte, son seur, ke siet en Longeteire, dont il est bien tenans, ensi com li escris en larche lou devise, et en alluet.
164 Colins Domate p. b. sus xv s. de cens k'il at acquasteit a Rainbaudin lou fornier sus totes les maisons k'il at outre Mosselle sus lo Terme, en alluet, ensi com li escris en l'arche lo devise, apres v s. de cens k'elles doient.

165* En la mairie de Porsaillis:
165 Gerars de Prenoi p. b. sus une maison ke siet a la crux en Staixons, k'il at acquasteit a Jehan Daniel, parmei tel cens com ille doit, et ensi com li escris en l'arche lo dist.
166 Jaikemins Quaremel p. b. sus la maison ke fut Jaikat de Prouins, daier S. Nicolas lou Petit, k'il at acquasteit ai Abillate, sa femme, parmei xvii s. de cens.
167 Jennins Bugles p. b. por S. Thiebaut sus une vigne en Malemars, ke li sires Ferris tenoit, k'il at acquasteit a ces mainbours, parmei tel cens com elle doit.
168 Jennins Bugles p. b. encor por signor Soiffroit de S. Thiebaut sus x s. de cens que geisent sus une maison ke siet daier la maison Weriat lo bolangier, k'il at acquasteit a Lorin lou clerc, dont il redoit i maille a S. Arnout et xii d. [a S.] E[ukaire.][1]

---
[1] Estene, Eure?

169 Jennins Bugles p. b. encor por S. Thiebaut sus II s. et demey de cens que geisent sus la maison Clemanse en la rue S. Gengoul, k'il at acquasteit a lei, apres tel cens com ille en doit.
170 Poensignons de Strabourc p. b. sus xx s. et II d. de cens que geisent sus une maison enson l'ostel Auroyn Chabosse, k'il at acquasteit a Hanriat l'Amiral.
171 Agnels, li feme Bauduyn Griuel, p. b. sus la maison ke fut Formeron Rosse, au tor vers la maison Martignon de Porte Serpennoise, k'il at acquasteit a Formeron, parmei tel cens com elle doit.
172 Li sires Nicoles d'Espainges p. b. por lui et por Remion, son nevout, et por Perrin, lo fil dame Nicole de Porte Mosselle, sus la vouerie dou ban d'Espainges, k'il ont acquastee a Colin Bonton, ensi com li escris en l'arche lo devise.
173 Jennins Bugles p. b. por S. Thiebaut sus lo deime de Flocort et de S. Eure, gros et menuit, k'il ont acquasteit a signor Aubert de Baisei, ensi com li escris en l'arche lo devise.
174 Jaikes, li janres Garsilion lou Begue, p. b. sus la maison Bertran lo parmantier, ke li est delivree par droit et par jugemant.
175 Waterins, li fillastres Roubert, p. b. sus une maison ke siet enson la maison Gillat lou haberjout, k'il at acquasteit a Thomescin Chamussit, parmey xlv s. de cens.
176 Burtrans li chaponniers p. b. sus une maison ke siet ou Champel, enson la maison Richart lo masson, k'il at acquasteit a Fourmeron lo marchant, parmey vi s. de cens.
177 Phelippin Belassey p. b. por l'eglise de S. Jaike sus x s. de cens que geisent en Freneirue sus la maison Steuenin Polain, k'il ont acquasteit a lui, apres xi s. davanteriens.
178 Pieros de Jeurue p. b. sus II jornals de terre que geisent desous S. Andreu, ke furent lou senexal d'Anceville, k'il at acquasteit a Burtemin d'Anceuille, en alluet.
179 Steuenins li bolangiers p. b. sus une maison daier S. Euchaire, k'il at acquasteit as anfans Joffroit Aisiet, parmei xiii s. et maille de cens.
180 Remions Alars p. b. por lui et por son pere sus II jornals de vigne et sus vii s. et demei de cens et sus un jornal de terre areure, ke lor sunt delivreit sus Thierion Alart par droit et par jugemant.
181 Domangins li recuevreres p. b. sus la partie Luckenon Galice k'il at en la maison sa mere en Chaponrue, k'il at acquasteit a lui, parmei vi s. et demei de cens.

182 Cheualiers, li filz Waterin Gaillart, p. b. por la frarie de l'opital¹) .... sus XII s. de cens ke geisent sus la maison Colin Meudevin, k'il at acquasteit a Colin meimes, apres x d. et maille de premier cens.
183 Waterins li feivres p. b. sus une maison devant l'ostel Werion Briselate, k'il at acquasteit a ceous de la Belle Stainche, parmey xx s. de cens et IIII chapons, dont IX s. et li IIII chapon sont Boenualeit lo Mercier davanterien, et li rem[an]ans Recherin de S. Piere.
184 Symonins Aisies p. b. sus la maison ke fut Androwat Bellegreie et sus lo four devant, k'il at acquasteit ai Androwat, parmey III d. de cens ke li maisons doit S. Poul.
185 Luckins Chameure p. b. sus L s. de cens ke geisent sus la grainge lo signor Jehan lo Truant, enson l'ostel Bauduyn lo Roi, k'il at acquasteit a Colignon Lowit l'esxaving.
186 Luckins p. b. sus VII s. IIII d. moins de cens ke geisent sus II jornals de vigne en Malemars, k'il at acquasteit as hoirs Vachate.
187 Thierias de Leons p. b. sus une maison ke siet daier S. Thiebaut, k'il at acquasteit a Colin Gemel, parmei IIII s. de cens.
188 Li sires Jehans li Truans p. b. sus une maison ke siet outre Saille, apres l'ostel Thieriat Mordant, k'il at aquasteit a la femme Clodin Mairien ke fut, parmei tel cens com elle doit.
189 ....
190 ....
191 ....
192 ....
193 ....
194 ....
195 ....
196 ....[doi]t.
197 ....
198 ....
199 ....
200 ....
201 ....
202 ....
203 ....

¹) *Hinter* l'opital *ist Platz für 10 Buchstaben frei gelassen.*

204 . . . . [cen]s.
205 . . . .
206 . . . .
207 . . . .
208 . . . .
209 . . . .
. . . . . . et x s. et vi d. de cens, dont li vi d. sunt S. Sauour.
210 . . . . Jaikemate, les hoirs Gontier de Florey, ensi com li escris en l'arche lo devise.
211 . . . .
212 . . . .
de Porte Serpenoise, parmei xi d. de cens as signors de Marley.
213 . . . .
214 . . . .
215 . . . .
acquas]teit a Gerardin devant dit, apres teil [cens] com elle doient.
216 . . . . en l'arche lo devise.
217 . . . . li escri]s en l'arche lo devise.
218 . . . .
219 . . . .
220 . . . . c]om li escris en l'arche lo devise.
221 . . . . en l'ar]che lo dist.
222 . . . . xiii s. et demei de cens a signor Hugon Colon.
223 . . . .
224 . . . .
acqua]steit a Colingnon, lo fil Sawignon lou charpantier, en alluet.
225 . . . .
f]emme Lambelat, parmey v s. de cens.
226 . . . .
com li escris en l'arche lo dist.
227 . . . .
Jaik]emate, la femme Fackant devant dit, parmey teil cens com elle doit.
228 . . . . e,
k'il at acquasteit au signor Garsire devant dit, parmey lxx s. de met. de cens.
229 x
s. de cens, et sus ii jornals de vigne ke geisent en touz bans, ensi com li escris en l'arche devise.

230 . . . .
Andr]owat Bellegree, son nevout, parmei tel cens com li preis doit.
231 . . . .
[signor Pieron][1]) Noixe lou chanone, en alluet.
232 . . . .
Aurart, apres v s. et demey k'elle doit davanteriennemant de cens.
233 . . . . cen]s.
234 . . . .
froit, en alluet, ensi com li escris en l'arche lo devise.
235 . . . .
l]o fil Ameline la mairase de Turei, k'il at acquasteit a Gerart Magdelenne lou bouchier.
236 . . . . doit.
237 . . . .
238 . . . .
et sus demey jornal de vigne a Parteit, et sus demey jornal de vigne au Channes . . . .
. . . . ensi com li escris en l'arche lo devise.
239 . . . . ce]ns.
240 . . . .
par]mey x s. et III mailles de cens chesc'an.
241 . . . .
[geis]t a Plapeville, parmei tel droiture com li maisons et li terre doit, dont Thierias devant dis est bien tenans.
242 . . . . enco-]
ste la terre erruere k'il avoit ou ban de Plapeuille, k'il at acquasteit a Jennat Bernart, parmei tel c[ens com] elle doit.
243 . . . . s Jaikemate la Magusse.
244 . . . .
245 . . . . de cens.
246 . . . . e,
apres IIII s. de cens ke li maisons doit.
247 . . . .
et en tous autres us, parmei tel cens com il doit, dont Gillas et Colignons, ses freires, sunt b[ien tenant.]
248 . . . .
mere, k'il at acquasteit a Colignon de Marlei devant dit.
249 . . . . de cens.

[1]) r. 1281, 559.

250 . . . . de ce]ns.
251 . . . . .janre, en alluet.
252 . . . . d]e cens.
253 . . . . e de cens.
254 . . . .
    et sus la moitie dou chakeur ke part a dame Mahout et sus la maison devant lo chaukeur, ke furent Poinsat Malingre et Jaikemate, sa femme.
255 [En la mairie de Porte Mosselle:]?¹)
256 . . . .
    geise]nt en l'Awillon desor la Pasture a S. Julien, parmei tel cens com il doient.
257 . . . .
    acquasteit a Colin Moureton, parmei xx s. et vi d. et ii chapons de cens ke li maisons doit.
258 . . . .
    l]o preit Thieriat Brisepain et sus la maison Colin que geist devant la fontainne a Valieres, k'il at [acquasteit . . . .
. . . . c]ens com li vigne et li terre doit.
259 . . . . xii s. de cens.
260 . . . . de met. de cens.
261 . . . . ge, en alluet.
262 . . . .
    juge]mant, parmei xxv s. de cens k'elle doit au signor Werit Troixin.
263 . . . . i d. de cens.
264 . . . . e, parmey viii d. et maille de cens.
265 . . . .
    Petitvaske, k'il at acquaste a Phelippin Haike, en alluet, areis deime paiant.
266 . . . .
    k'i]l ont acquasteit a Phelippin lo parmantier et a Warneson lo wastelier.
267 . . . .
    ac]quasteit a Coustance, la femme Symon lo clerc, parmei tel cens com elle doit.

---
¹) *256 gehört schon zu Porte Mosselle, 242 noch zu Outre Mosselle.*

268 . . . .
de c]ens ke geisent sus lo jardin areis lo vivier lo signor Facon ke fut et sus la maixere, ke geisent a Vantous, k'il at acquasteit a Jennat Modesse.

269 . . . . met. de cens.

270 . . . .
me]nandie lou signor Ancel de S. Julien, et sus xv d. de cens ke geisent a S. Julien sus III maisons devant . . . .
. . . .

271 . . . .
[par dro]it et par jugemant, parmei tel cens com elle doit.

272 . . . . acquast]eit a Colin Fessal.

273 . . . .
acqu]asteit a Poinsignon, lou janre Jaikemin Rabustel, parmei c s. de met. de cens.

274 . . . . B]urtignon Gueppe, en alluet.

275 . . . .
. . . . t Chapelain, parmei tel cens com elle doit.

276 . . . .
nei, lo fillastre Poensignon Walleran, parmey III angevinnes de cens.

277 . . . .

278 . . . .
Ber]temeu de Denowe, qu'il at acquasteit a Willame devant dit, parmei[1] de cens k'elle doit a la cort de S. Julien.

279 [Jaikemins Gratepaille p. b. . . . .
. . . . ke fut Jaikemin l]o Conte[2]); s'an doient cil de Villers VI d. et II chapons, et cil de Fristor VI d. et II chapons, et Thiebaus Girbaus
. . . .
[Ha]wiate, li femme Renbaut Waixe, VI d. et II chapons, et Lambers de Noweroit III d. et I, dont Jaikemins Gratepaille est bien tenans.

280 . . . .
et antor la ville, k'elle at acquasteit a Claressat devant dite, parmey IIII d. et maille de cens, ensi com li escris en l'arche lo devise.

---

[1]) *Die Summe ist ausgelassen.*
[2]) *v. 1262, 163.*

281 . . . .
a Jennat, lo fil Burtemin Drowat, parmei tel cens com elle doit.
282 . . . .
par]mei xv s. de met. et IIII chapons de cens.
283 . . . .
m]aison Thiebaut Jote en Sanerie, que li est delivree par droit et par jugemant, parmei tel cens com elle doit.
284 . . . .
ma]ison devant outre, ke furent Huyn lo stuvor, ou Poensignous avoit LX s. de cens davanteriennema[n]t,[1]) ke li est delivre par droit et par jugemant, parmei teil cens com eles doient.
285 . . . .
Clodin lou boulangier, k'il at acquasteit as anfans Watier devant dit, parmey XVIII s. de cens, et ensi com li escris en l'arche lo devise.
286 . . . .
ma]ison Richardin Haizairt, k'il at acquasteit a Thiecelin devant dit, parmei VIII s. de cens, et apres tel cens com ele doit.[2])
287 . . . .
sig]nor Bertran de Jeurue, que sient en Humbercort, k'il at acquasteit a Margueron, la fille signor Bertran; c'est a savoir la grainge et les II maison et lo meis en alluet.
288 . . . .
...s et sus demey jor de meix ke sie[t] au Rowelle, et sus II pesses de vigne a Wadences, et sus III jornals de terre que geisent ou ban de Geurey.
289 . . . . [et (?)
Jaikemins, li filz Roillon Ma]kerel,[3]) p. b. sus la maison Aubert lo poixor, ke siet a S. Julien, anson la maison Jaikemin Cervel, et sus tout lo reseige ki appant. Et . . . .
. . . .
at Jaikemins relaiet ai Abert lo poixour por XX s. de cens, ensi com li escris en l'arche lo devise.
290 . . . .
son marit, et sus lo reseige ki appant, que siet au pont Rainmont, k'il at acquasteit a Contesce, parmey LXII s. de cens ke li maisons doit.

---
[1]) *Uebergeschrieben.*
[2]) *Von et apres an Zusatz von Schreiber 2.*
[3]) *v. 1262, 126.*

291 . . . .
a]t acquasteit a Colin de la Ruelle en alluet, par lo creant de Jehan Papemiate, ensi com li escris en l'arche lo devise.

292 . . . .
. . . . ate, la femme Poensignon Gerardel, parmey une maille de cens.

293 . . . .
Ver]miey, parmey tel droiture com li heritaiges doit.

294 . . . .
a]t acquiteit par lo creant de ces hoirs par la datte k'il li dovoit, ensi com li escris en l'arche lo devise.

295 . . . .
si]gnor Lambert de Porte Mosselle, enson la maison Adan lo tepenier, k'il at acquasteit a dame Ossanne, la femme Lambert, parmey vii s. et ii d. et maille de cens.

296 . . . .
s. et ix d. et iii chapons de cens ke geisent devant les Grans Meises sus la maison Avroyn Paspoivre, et sus xii s. de cens ke geisent sus la maison ke fut . . . .
. . . .
xii s. de cens sus la maison Autus, k'il ont acquasteit a Poenseignon de la Barre, ensi com li escrit en l'arche lo devisent.

297 . . . . acqua-
stei]t a Jennin Karcheu, parmey x s. et iii d. et i chapon de cens.

298 . . . .
. . . s areis la maixeire, et ii s. et demey de cens que Aubertins at sus la maison Hanrion a Hausanges, et sus demey quarte de fromant que Thierions Warins li doit.

299 . . . .
Grans M]eises ke fut Brocart, k'il at acquasteit as hoirs Garsat de Renport, parmei xvi d. de cens.

300 . . . .
la maison Jennin Joterel de S. Julien, que dame Ysabelz, li femme Burtoul de Guinanges, lor at doneit por Deu en amone.

301 . . . .
ou b]an l'Aveske sus toutes les vignes que furent les filles Philippin Ostexel ou ban de Boray, k'il at acquasteit as filles Philippin devant dites, parmei tel cens com elles doient.

302 . . . .
Poens]ignon Coieawe,¹) [encoste la mais]on Jaikemin Mahretel,
ke siet en la Bucherie a Porte Mosselle, que lor est delivree
par droit et par jugemant.

303 . . . .
Arn]oudin Markout, que siet en Sanerie, devant l'ostel ke fut
dame Colate Markouse, k'ille at acquasteit ai Arnoudin, parmei
XXII s. de cens, dont li x s. davanterien sont Boenvalet lou
Mercier, et li autre XII s. lou signor Pieron Tommas.²)

304 . . . . de vigne
en]s Allues, qu'il at acquasteit a dame Blanche, la femme
Jaikemin Haizart, et a ces anfans, ensi com li escris en l'arche
lo devise.

305 . . . . d]emeie maison
que siet sus la ruelle encoste la maison Hanrit Tarteleit en
Aiest, que part a ley meimes, k'elle at acquasteit a maistre
Gui lo fezisien, lo janre Philippin lo Stout, ensi com li ercris
en l'arche devise.

306 . . . . p. b. sus la] maison Garsilion Rousel, que
siet en Stoixey, areis la maison Poeusin Chobey, k'il at acqua-
steit a Garsilion Roucel, parmei IX s. et III d. et I chapon de
cens ke li maisons doit.

307* [En la mairie de Pors]aillis:

307 Colins Mairiens et Thomescins Haizars p. b. sus teil partie com
Ferrias Haizairs avoit ens II stals en la nueve haille des
marchans de dras au Quartal, k'il ont acquasteit a Ferriat,
parmei tel cens com il doient.

308 . . . . Languedor³) p. b. sus une maison ke siet en
Sanerie en [coste] la maison Ascelin, k'ille at acquasteit ai
Allexandre l'Ynglois, parmei teil cens com elle doit.

309 [Bugles⁴) p. b. po]r l'ospital dou Nuefbourc sus XII s. de cens
k'il ont acquasteit a Weirion Allart sus sa maison outre Saille,
apres les VII s. k'il i avoient davanteriennemant.

---

¹) Poensignon Coieawe *übergeschrieben*, *v. 1262, 154.*
²) *Von* dont *an Zusatz von Schreiber 2.*
³) *v. 1262, 34; 1267, 326.*
⁴) *v. 1262, 68; 1267, 69.*

310 [Et p. b. Langue]dor sus vii s. et viii d. de cens que geisent ou Waide sus la maison Helowit Maille, et dont iiii d. geisent sus la maison Wateron lo masson, dont om redoit ai Abertin Cabaie xxxii d.

311 . . . . ¹) de Strabourc p. b. sus xx s. de cens que geisent outre Saille sus la maison encoste l'ostel Jennin Blanche, et sus i jornal de vigne deleis Bernartfontainne, apres les anfans Barrel, et sus i jornal de vigne en Harbertclos, k'il at acquasteit a Remion Allart, parmei iii d. de cens ke tos cis heritaiges doit.

312 . . . . . . .i]nars p. b. sus la maison Steuenin de S. Clemant, et sus i meis en Genestroi, et sus jor et demey de terre desor Bresey et sus i jornal desus, et sus i jornal et i quart deleis Symonin la Griue, et sus demey jor au Sauelon, et sus xviii d. [sus l]a maison Naimmeriat, et sus xviii d. sus ii heires de meix daier S. Piere, k'il at acquasteit a Steuenin davant dit, parmey tel cens com il en doit.

313 [Thon]iescins Richelas p. b. sus une vigne ke geist en Montain, k'il at acquasteit a Jennin Yngebour, parmey i d. de cens a Ste Glosenain.

314 . . . . airs Stinkelaires p. b. sus une maison en la Vigne S. Avol, k'il at acquasteit a Colin Veille, parmey xii d. de cens a S. Avol.

315 a) [Jehans li Allei]nans²) p. b. sus xvii s. de cens ke geisent sus une maison en la Vigne S. Avol, enson l'ostel Steuenin Brunat, k'il at acquasteit ai Awroyn l'Alemant.

b) Et ce p. b. sus vi s. et iii d. de cens k'il at acquasteit ai Andreu d'Alaincort,³) sus sa maison ou Petit Waide ou il maint.

316 [Bauduins B]oevellat⁴) p. b. por lui et por ces freires sus une demeie maison ke siet a Nuefpont, k'il at acquasteit as anfans Gerardin lou charrier, parmey xii s. de cens.

317 . . . . de M]oienneville⁵) p. b. sus une maison ke siet en Autrerue, k'il at acquasteit a Symonin Flairejote, parmey x s. et iii d. de cens.

---

¹) Poensiguons *r. 1262, 170, 377, oder* Hanrias *c. 1262, 377.*
²) *r. 1245, 100 und 1262, 37.*
³) *r. 1279, 448* Andreu d'Arencort.
⁴) *c. 1288, 26.*
⁵) Girardins de M. *r. 1267, 62,* Philipins de M. *c. 1241, 53.*

318 . . . . es p. b. por Nostre Dame as Chans sus la maison Jennat lo Vaske en la Vigne S. Avol, et sus I jornal de terre en Powillonchamp, k'il at acquasteit a Jennat devant dit, parmei x s. de cens.

319 . . . . Hanrion p. b. sus une vigne que geist en la ruelle de Pertes, k'il at acquasteit a dame Ysabel Cheneviere, en alluet.

320 Jehans li Alemar[is¹) p. b. sus III jornals de terre eiruere ke geisent en Wikeilley, et sus tout lo fosseit, k'il at acquasteit ai Haibelin, parmei III d. de cens.

321 . . . . p. b. s]us une maison en Chaponrue, k'il at acquasteit ai Yngle de Gamelanges, parmei VII s. I d. moins de cens.

322 . . . . de C]hastels p. b. por la frarie S. Germain sus la vigne Vrriat, lo fil Burtemin de S. Piere, k'il at acquasteit a lui, parmei III s. et I d. de cens.

323 . . . . l]i janres Wateriu Bouton, p. b. sus une vigne a la Barre a S. Clemant, k'il at acquasteit a Steuenin de S. Clement, parmei XVI d. de cens.

324 . . . . de Champels p. b. sus XXI s. de cens ke dame Poense avoit sus la maison Colin Walle, ke Colins Walle li at aquiteit en treffons.

325 . . . . li t]anneres p. b. sus lou tiers d'une maison en la Vigne S. Avol, k'il at acquasteit a Bauduin lo chevrier, parmei II d. a S. Avol de cens.

326 . . . . Ri]chart²) de Fronteigney p. b. sus I jornal de vigne ke geist desous les chans en Aiut, k'il at acquasteit a Jaikemin de Jarney, parmei VIII s. de cens.

327 . . . . Th]iebaut p. b. sus VI jornals de terre ke geist en Hen, k'il at acquasteit as anfans la Maguesse, Costantin et Colate, sa seror, parmei XI d. et maille de cens.

328 . . . . Jers p. b. sus la maison ke fut Moinjat en Sanerie, ke siet encoste l'ostel Paien, k'il at acquasteit a lui, parmei XV s. de cens.

329 . . . . ornes p. b. en alluet sus une pesse de terre que geist enson sa vigne meimes, k'il at acquasteit as anfans Jennin Billon.

¹) v. 1267, 99.
²) oder Wichart.

330 .... s Maluoisins p. b. sus la moitie d'une maison que siet en coste lui, k'il at acquasteit a Burtemin lo bouchier et a ces freires et a sa serour et Clemeignon, son serorge, parmei IX s. de cens.

331 [Jehans C]orbeis p. b. sus lou quart de la maison ke fut Godefroi de la Tor, ke siet enson l'ostel Poensignon Corbeit, k'il at acquasteit a Garseriat, son fil, parmei tel cens com il doit.

332 ..... ins¹) Haizars p. b. sus la moitie de la maison ke fut Renaldin, k'il at acquasteit a Domanjat, lou janre Chenuel, parmei V s. de cens.

333 Jenni]ns Bugles p. b. sus un jornal de terre que geist a Grisey, k'il at acquasteit a Thiebaut Belcoueingne, en alluet.

334 [Et ce p. b. e]ncor por les dames de la Belle Stainge sus XIIII s de cens que geisent sus l'ostel Piereson l'oliey, devant S. Mamin, k'il at acquasteit a Jaikemin de Coincey, parmey I maille a S. Auol.

335 Steue]nins,²) li filz Brunat. p. b. sus IIII jornals de terre au Chasne, k'il at acquasteit a Bietris la Bassenasse, en alluet.

336 P]ierexels de Staixons p. b. sus une maison en Staixons, k'il at acquasteit a Colin Fessal, parmey XXXI s. II d. moins de cens.

337 Be]rnars³) li cahorcins p. b. sus XX s. de cens que geisent en Chapellierrue sus la maison Hawit Haguenowe, k'il at acquasteit a lei, parmei VI d. de cens.

338 Lo]wias de Croney p. b. sus la maison que fut Jennat de Flocort, k'il at acquasteit a Poensate, la femme Weriat d'Ars, et a Poensignon, son frere, parmey III fors de cens.

339 Je]nnas Gontiers p. b. sus la maison Jennin Deuslofist, ke siet enson l'ostel Jennat Gontier meimes, k'il at acquasteit a Jennin devant dit, parmei teil cens com ille doit.

340 Sym]onins li Chiens p. b. sus une maison en Chapelleyrue, enson l'ostel Abriat, k'il at acquasteit a Garsire de Gorze, parmei XX s. de cens.

341 Wa]scelins de Fay p. b. sus II pesses de preit que geisent entre Sommey et Fay, k'il at acquasteit a Quaradel et a Androwat, son freire, parmei IIII d. et maille de cens.

---

¹) Jaikemins *1262. 304*. Thomescins *1262. 307.*
²) Steucuin Brunat *1262. 315ᵃ.*
³) *r. 1269. 105; 1279. 36.*

342 Garseirias Bochas p. b. sus la maison ke fut Jennat Alart a la porte en Maiselles, k'il at acquasteit a lui, parmei XII s. I d. moins de cens.

343 Allexandrins Clairies p. b. sus la vigne ke fut Vrriat lo Moinne, que siet ou Saneraschemin en la place as Paixels, ke li est delivree par droit et par jugemant.

344 Aubers li barbiers p. b. sus la maison Bauduyn lo masson devant l'ostel S. Laidre, k'il at acquasteit a lui, parmey teil cens com il en doit.

345 Jaikemins Barreis p. b sus I jornal de vigne en Wastemont, k'il at acquasteit a Faukignon de Hulouf, parmei V s. de cens.

346 Thomescins Haixairs et Abillate Haizars p. b. sus tel partie com Garsilias Haizars avoit ens stals en la nueve halle en Vigcenuel, k'il ont acquasteit a lui, parmei tel cens com il doient.

347 [Goub]ers[1]) li charpantiers p. b. sus une grainge que siet a Pontois, k'il at acquasteit a Colignon Brisepain, parmei II d. de cens.

348 Ma]theus, li filz Remion, p. b. por la frairie S. Nicolas en l'anclostre S. Sauour sus III s. de cens que geisent sus la maison Arnout lo forbour en Freneyrue, k'il at acquasteit ai Arnout devant dit, apres XXVIII s. de cens.

349 M]arguerons de Burneies p. b. sus XVI jornals de terre que geissent devant S. Preueit, k'ille at acquasteit a Jaikemin Morey, parmey III s. et demei de cens.

350 Hanris de Davant Nostre Dame as Chans p. b. sus une maison devant Nostre Dame as Chans, k'il at acquasteit a Steuenat de Wappe, parmei V s. de cens.

351 Burtrans li morteliers p. b. sus une maison sus lo Mur devant l'ostel Averel, k'il at acquasteit a Colignon, lou fil Waterin lo feivre, parmei XIII s. de cens.

352 Waterins d'Arancey p. b. sus la moitie d'une maison en Chaureirue, k'il at acquasteit as hoirs Gerart Marjouse, parmey XIII s. et III d. de cens a Jennin Gerart.

353 Henmonas de S. Arnout p. b. sus un jornal de terre ke geist ou ban S. Clemant, k'il at acquasteit a Jennin de la Fontainne, parmei I d. de cens.

---

[1]) v. 1269, 489.

354 Thomescins de Blorut p. b. sus tout l'eritaige que Steuenins li marechas avoit ou ban de Remeilley, que muet de Renaldin de Marsal, k'il at acquasteit a Steuenin, en fiez.
355 H]allowis li feivres p. b. sus III jornals de terre que geisent desous lo ban de Borney, k'il at acquasteit a Symonin, lo janre Hallowit, parmei tel cens com il en doit.
356 A]llexandrins de Maiseroit et Lambelins de Berlise p. b. por l'eglise de Berlise sus toute la droiture que Burtignons Gueppe avoit ou ban de Fraignoi, sanz lo deime de Chauillon, k'il ont acquasteit a Burtignon Gueppe, ensi com li escris en l'arche lo dist.
357 L]ambelins li bolangiers p. b. sus IX s. et III d. de cens que geisent outre Saille sus la maison Jennin Foui, k'il at acquasteit a lui, ensi com li escris en l'arche lo devise.
358 J]ennas, li filz Androin Malglaive, p. b. por Mathelie, la fille Girart lo bolangier, sus II maisons que sient l'une apres l'autre devant lou chaukeur Nicole Mairase, et sus I jornal de vigne en Rollanmont, parmei XXXIII d. et maille et II chapons de cens.
359 Hu]yns Nerlans p. b. sus I jornal de terre erruere que geist ans Aunois desoz Monteigney, k'il at acquasteit a Goudefroit Carital, parmey I d. de cens.
360 Hu]yns Nerlans p. b. sus III jornals de terre erruere que geisent ou ban de Mandeley desoz Florey, k'il at acquasteit a Thiebaut Badoit de Florey, parmei IIII d. et maille de droiture.
361 Et ce p. b. encor sus quan ke Bouvas et Symonas, ces [freires], ont d'eritaige de par peire et de par meire et de par Hodiate, lor suer, ou ban de Pomeruel areis la grainge et la maison Bouvat, qu'il at acquasteit, parmei tel droiture com li terre doit.
362 Et ce p. b. sus III jornals de terre erruere un quart moins, en alluet, que geisent ou ban de Prenoi, k'il at acquasteit ai Allixon, la femme Garsin de Pregnoi ke fut.
363 Colignons Fakols p. b. sus la maixere ke fut Abert Bataille et sus la grainge daiers, et sus tout lo reseige ki appant a la maison et a la grainge, en touz us,[1]) ke siet areis la maison Bauduyn Trabuchat a la Posterne, et sus les II parties ke Abers B[a]taille avoit eu la maison lo signor Gober de la Posterne, ke Colignons devant dis at acquasteit a dame Colate, la feme Aber Batalle, parmei XL s. de cens que li grainge doit, et parmei V s. ke li maixere doit.

---

[1]) us *übergeschrieben*.

364 Colignons Fackols p. b. sus les II parties que Jaikemins Fackols avoit en la maison et en la grainge que fut lo signor Gobert de la Posterne, lor ajuel, k'il at acquasteit a Jaikemin, son freire, en alluet.

365 Et ce p. b. encor sus les II parties ke Thierias Gemeils et Thiebaus, ces freires, avoient en la maison lo signor Gobert, lor ajuel, que siet a la Posterne, k'il at acquasteit a Thieriat et a Thiebaut devant nomeis, en alluet.

366 Colignons Fackols p. b. sus la maison Jennin de Gorze, ke siet a la Posterne, encoste l'ostel[1]) signor Gobert de la Posterne ke fut, k'il at acquasteit a Jennin de Gorze, parmey III d. de cens ke li maisons doit.

367 Colignons Fackols p. b. encor sus la maison que fut signor Maheu lou Mercier et sus tout lo reseige ki appant, que siet encoste la grainge Abert Bataille, devant l'ostel Bauduyn Trabuchat, qu'il at acquasteit as hoirs signor Maheu.[2])

368 Jaikemins Jalee et li anfant Colin de Vy p. b. sus teil partie com Burtemas Grifons avoit en la halle des drappiers a Quartal, k'il ont acquasteit a lui, parmey tel cens com ille doit.

369 Et ce p. b. encor sus XX s. de cens que geisent sus la maison Androwat Gueppe en Vigsenuel, k'il ont acquasteit a Oliuier des Arvols, apres IIII lb. de cens.

370 Androwas Gueppe p. b. sus la maison ke fut Poensat Gondoul en Viseignuel, k'il at acquasteit a Jaikemin Jalee, parmei tel cens com elle doit.

371 Bauduyns Wichars p. b. sus V jornals de vigne que geisent en Planteires, k'il at acquasteit encontre ces hoirs, parmei IX d. et maille de cens, ensi com li escris en l'arche lo devise.

372 Jaikes Bazins p. b. sus la maison et sus lo four que siet encoste l'ostel Jennin Blanche, que li est acquitee en treffons por lo cens k'il avoit sus.

373 Ottes de Sanerie p. b. sus VIII s. de cens que geisent sus une maison ou Champel, enson Jennin Tago, k'il at acquasteit ai Aleixate, la feme Godefrin que fut.

374 Bietrisate et Ysabels, sa suers, p. b. sus tout l'eritaige k'elles ont acquasteit ai Aleit, la femme Ancherin lou bouchier, ou qu'il soit, tout ensi com li escris en l'arche lo devise.

---

[1]) l'ostel *übergeschrieben*.
[2]) *Hinter* Maheu *ist* en alluet *durchgestrichen*.

375 Colins Gemes p. b. por l'eglise de S. Martin en Cultis sus XXII s. de cens que geisent sus la maison que fut Hanri Crokel, k'il at acquasteit a dame Hawit, sa femme, dont il redoit a S. Clemant XII d. chesc'an.

376 Willermins Gelebers et Anceils[1]) p. b. sus tout lo jardin et sus tout lo meyx et sus kan ki apartient, que siet devant Nostre Dame as Chans, que fut Lowit lo merechaut, k'il ont acquasteit a l'abbeit et au covant de S. Vincent, parmei teil cens com li escris en l'arche devise.

377 Hanrias de Strabor p. b. sus une maison ke siet outre Saille daier la nueve grainge Poensignon de Strabor, ke li est delivree par droit et par jugemant por les XL s. de cens k'il avoit sus.

378 Lowions li Merciers de Vizenuel p. b. sus VI s. de cens que geisent sus I stal en la grant halle des tannours ou Champ a Saille, k'il at acquasteit an Jennin Ferruel.

379 Burtaldons, li filz signor Phelippe Piedeschas, p. b. sus XXIIII s. de cens que geisent desor[2]) Sauerie sus la maison la femme Auber lo paingnier, k'il at acquasteit ai Ernaudin, ensi com li escris en l'arche lo devise, et dont il redoit III d. de cens a la feme Nicole Aisiet.

380 Dame Pantecoste, li femme Thieri Lowit que fut, p. b. sus VIII s. de cens que geisent devant Ste Glosenain sus la maison Willame Macouvart, k'ille at acquastei a signor Gillon de Heu, en alluet.

381 Watremans li feivres p. b. sus une piece de vigne que geist daier La Folie sus Saille, k'il at acquasteit a Bernart, lou fil Barrois dou Champel, parmei XV s. de cens a Loyon le Mercier de Visegnuel,[3]) et ensi com li escris en l'arche lo dist.

382 Bauduyns Louve p. b. por ceos de Saint Laddre d'un eschainge k'il ont fait a Gillat, lou fil Vguin Sennillin, et a Parigon, son oncle, de II cesses ke sient arres la maison Cunnin Potion a Vy.[4])

383 Jaikemis Falcols p. b. en fiez[5]) sus I preit que geist en la fin de Cuuereit, k'il at acquasteit a dame Ysabel, la femme Hanri Luckin ke fut, parmei IIII d. de warde que li preis doit.

---

[1]) = Ancel de la Tor. r. *1269, 443*.
[2]) *Vor* desor *ist en durchgestrichen.*
[3]) a Loyon le Mercier de Visegnuel *ist übergeschrieben von Schreiber 2.*
[4]) *Von* por ceos *an geschrieben von Schreiber 2.*
[5]) en fiez *übergeschrieben von Schreiber 2.*

384* En la marie d'Outre Mosselle:

384 Dame Claradine de Porte Mosselle p. b. sus III jornals de terre aruere ke geisent devant les Bordes outre Mosselle, deleis lo preit lo treszorier, k'elle at acquasteit a Colin Groignat,[1]) parmey XIIII d. de cens; et sus un tries ki est allues, que geist en la Donnowe desor Mosselle, ancoste lou sien tries, k'elle at acquasteit a Colin desor dit, ensi con li escris en l'arche lo devise.

385 Maheus Cokenels p. b por lui et por ces hoirs sus une place de terre que geist encoste S. Marcel, sus l'awe, k'il at acquasteit a l'abbeit et a covant de S. Vinsant, parmei VI d. de cens, dont il est veistis par ceous ke la veisture en font.

386 Guerars de Davant Ste Crois p. b. sus demey jornal de vigne que geist a Longeuille encoste la soie vigne, k'il at acquasteit a Gerardat de S. Martin, parmei tel cens com elle doit.

387 Bauduyns li bouchiers p. b. sus XXX s. de cens que geisent sus sa maison ou il maint, en Vies Boucherie, k'il at acquasteit ai Agnel, la fille Weirion de Deudelanges que fut; se doient cheoir des XL s. k'il li devoit de celle maison meimes.

388 Jacob de Jeurue p. b. sus I jornal de vigne que geist a Manit encoste la soie vigne, k'il at acquasteit a Barekel, lou fil Huon Gracechar, en alluet.

389 Jaikemins Gratepaille p. b. sus X s. de cens que geisent sus lo molin ai Ancey, ke dame Colate, li suers Colin lou Conte, tient, que Jaikemins li Contes, ses seurs, li at donneit et acquiteit.

390 Bauduyns, chanones de Ste Glosenain, p. b. sus VIII s. de cens que geisent sus la maison Jaikemin de Gerney, que siet en la rue lo Voueit, apres XXXIII d. de cens ke li maisons doit. Et cest cens doit Bauduyns devant dis tenir tote sa vie, et apres sa mort revanreit cist cens a celui preste que chantereit a l'auteil Ste Agathe que poze a S. Sauuour.

391 a) Thierions li Jumel p. b. sus une pesse de preit que geist en Flakart, entre Wappei et lo boix S. Jorge, k'il at acquasteit ai Androat Bellegreie, parmei XV d. de deime.

b) Et ce p. b. encor sus tout l'eritaige ke Colins Polains at ou ban de Ciey et de Longeuille; c'est sus sa maison a Ciey, et sus demey jor de vigne a Parteir, et demey jor de vigne

---
[1]) Groignat *ist übergeschrieben.*

ens Chennes, de moiterasce, et la pesse de vigne a Jehantrou, de moiterase. Et tout cest heritaige li at il relaiet parmei ii meues et demei de vin de cens, a paier ou cours de vandanges. et parmei tel droiture com tous li heritaiges doit.

392 Jaikemins Montois p. b. por les signors de S. Poul sus xx s. de cens k'il ont acquasteit a Guiot l'espicier, que geisent sus la maison Guiot ke fut Weirit Beche, que siet en la ruelle devant lou Mostier.[1])

393 Jennas, li filz Jaikemin Facon, p. b. por la chese Deu de la Craste sus iiii s. de cens k'il ont acquasteit a Poensignon lo potier sus sa maison ou il maint, que siet encoste l'ostel S. Ladre, apres viii s. de cens k'il i avoient davant.

394 Maheus Malakins p. b. sus iii s. et demey de cens que Aubertins li Hache avoit sus la cloweire Jehan Soppe, ki est daier, et sus toute la terre aruere k'il avoit outre Mosselle, parmey teil cens com elle doit.

395 Li sires Abris li prestes de Toul p. b. sus xii d. de cens que geisent sus la maison Steuenait Cuerdefer, que siet en S. Vinsantrue, k'il at acquasteit ai Arnout lou charpantier, tout ensi com li escris en l'arche lo dist.

396 Et ce p. b. ancor sus v s. de cens que geisent sus iii maisons que sient daier S. Marc, encoste l'ostel Sezeliate, devant la cort[2]) Nicole Wachier, k'il at acquasteit a Burtemin Valeteil, tout ensi com li escris en l'arche lo dist.

397 Nicoles, li maires S. Vinsant, p. b. por la cheze Deu de S. Vinsant sus une maison et sus lo reseige ki appant que siet a Chacelles, k'il at [a]cquasteit a Pieresin Maleseuures de Chazelles, parmei ii steires de vin de cens k'elle doit ai l'abbeit et au covant devant dit.

398 Bonars, li escuwiers l'abbeit de S. Vinsant, p. b. sus teil partie com Huyns li Quaille avoit en l'osteil son peire, que siet a Noweroit, et sus tel partie com il at en la bouverie et en la cort et en un parier devant la cort, c'est a dire li quars en alluet, k'il at acquasteit a Howin devant dit, tout ensi com li escris en l'arche lo dist.

---

[1]) = Grant Mostier.
[2]) cort *übergeschrieben*, porte *durchgestrichen*.

399 Remious, li filz Watier l'Apostolle, p. b. sus demey jor de vigne que geist a la Piere, encoste la vigne les convers de Ste Croix, k'il at acquasteit as dames de Nostre Dame dou Ruxel deleis Sirkes, parmey III d. de cens.

400 Lorans Mainville li bolangiers p. b. sus une maison ke siet en Chambeires, encoste l'ostel Pierabai, k'il ait aquasteit ai Orrit d'Ames, parmei tel cens com elle doit.

401 Hanrias Hakeres p. b. sus lo meis daier l'ostel, ou li cors corrut, k'il at acquasteit a Burtran de Prenoi, parmei tel cens com il doit.

402 Jaikemins Ottins p. b. sus la moitie dou chaukeur que siet a Chazelles, et sus une piece de vigne que geist daier lou chaukeur ou Grant Roual et ou Petit, ou on conte II jornals et demey, qu'il at acquasteit a Piereson, lou fil Mahout de Chazelles, parmei tel cens com elle doit.

403 Colignons de Gorre p. b. sus une maison que siet en Nekeceirue, encoste l'ostel dame Aleit, qu'il at acquasteit a Colignon Vilenel, parmei teil cens com elle doit.

404 Dame Colate, li femme signor Forkon, p. b. sus une piece de terre que geist daier les planteis a pont Thiefroit, qu'ile at acquasteit as maistres et as pucelles dou pont Thiefroit, en alluet.

405 Poensignons li clers p. b. por lui et por Odeliate, sa suer, sus une maison que siet a puis devant les Proichours, k'il ont acquasteit a signor Cunon lo preste, parmei teil cens com elle doit.

406 Huars Jalee p. b. sus la maison ke fut Jennin Blanche, ke siet en Fracourue, parmei teil cens com elle doit.

407 Hanrias li charpantiers p. b. por Vilenel lo clerc sus une maison ke siet en coste l'ostel l'arcediacre Wautier, k'il at acquasteit a Cunel lo masson, parmei teil cens com elle doit.

408 Nicoles de Weiure et Jennins Wascelins[1]) p. b. por la chese Deu de Nostre Dame dou Carme sus XIII s. de cens que geisent sus la maison Jaikemin Borrel, que siet en Chambeires, et sus VI s. de cens que geisent sus II maisons que sient en la ruelle encoste la grainge Jennin Soppe, qu'il ont acquasteit a Poensignon de la Barre.

---

[1]) et Jennins Wascelius *auf Rasur*.

409 Domangins Bocerels p. b. sus la maison Odeliate, la femme Huyn de Macliue, ke siet en Anglemur, k'il at acquasteit ai Aleit, parmey tel cens com elle doit.

410 Dame Jaikemate li Vadoise de Chambres p. b. sus II pesses de vigne que geisent ou ban de Vignuelles, en coste la soie, k'ille at acquasteit a Colin Ruellemaile, parmei tel cens com elle doit.

411 Colins Ruesce p. b. sus tout l'eritaige Weriat lo Gronaix d'Anglemur, que geist en la mairie d'Outre Mosselle, ke li est delivres par droit et par jugemant, por tant com il at affaire a lui, l'escrit en l'arche.

412 Symonins de Jarney p. b. por lui et por Thieriat, son freire, sus x jornals de terre que geisent ou ban de Wigneuille,[1]) k'il[2]) ont acquasteit a Rennillon de Wigneuille, en alluet.

413 Bauduyns, li filz Bugle, p. b. por la cheze Deu de [Ste] Glosenne sus une maison a Ciey et sus jor et demei de vigne que geist ou mont S. Quointin, ke furent Weirion Griffou, que dovoient l'abbasse et lou covant devant dit x s.[3]) de cens, et sus jor et demey de vigne k'il faisoit a moitie de l'abbasse, ke[3]) geist enson Jehanvigne, k'il at acquasteit a Roillon Mak[er]el et a Jehan Bruenne, ensi con li escris en l'arche lo dist.

414 Li sires Jaikes, li prestes de S. Marc, p. b. por lui et por lo preste de S. Jorge sus II s. de cens k'il ont acquasteit a Colart lou recouvrour, que geisent sus sa maison ou il maint, daier S. Marc, apres XII s. de cens k'elle doit.

415 Ancillons, li filz Burtaut, p. b. sus IIII jornals de terre areure que geisent en IIII pesses en la fin de Rouvres ou ban de Wapei, k'il at acquasteit a Nainmeri de Wappei, ensi com li escris en l'arche lo dist.

416 Symonins Backillons p. b. sus une maison en la Vigne S. Marcel, k'il at acquasteit a Domangin Roucel, parmei tel cens com il en doit; et sus une vigne en Genestroi, k'il at acquasteit a Piereson, l'avelait Jehan Souppe, parmei VI d. de cens.

417 Gerardins, li f[r]eires Colin de Porsaillis, p. b. sus VI jornals de terre erruere que geist en Hen, k'il at aquasteit as anfans Piereson Magues, parmei XI d. et maille de cens.

---

[1]) Wigneuille *verbessert aus* Waigneuille.
[2]) *Vorlage* killont.
[3]) s. *übergeschrieben*, ke *übergeschrieben*.

418 Bauduyns Mouchas p. b. sus une maison en Nekeceirue, k'il at acquasteit a Thieriat et a Jehan, les anfans Colin lo cordewinier, parmei tel cens com elle doit.

419 ¹) Thierions Domate p. b. sus une piece de vigne ke geist desor Longeville, k'il at acquasteit a Roillon dou Puis, ensi com li escriz en l'arche lo dist.

419* Li ban de l'aneie signor Pieron Thomes.²)

---

¹) *Geschrieben von Schreiber 2.*
²) *Auf der Rückseite des Blattes. Vergleiche die Beschreibung der Rolle in der Einleitung.*

1267

1* [En l'an ke li m]iliaires corroit par mil et cc et lx vii, quant Thiebaus Faukenels fut maistres eschevins de Mez, Jaikemins li Doiens maires de Porte Mosselle, Poencignons de Coloingne maires de Porsaillis, Goudefrins des [Aruols¹)] maires d'Out]re-Mosselle. Ce sont li ban de paskes. En la mairie de Porte Mosselle:

1 ²)[Symonins Papemiate] prant bans en einne et en fons sus les IIII lb. de mesains de ceus k'il at acquasteis a Symonin et a Mariate, les anfans Symon lo chapellier, que geisent sus les IIII jornals de vigne sus Mosselle en la Grauiere, et sus les [v meues de v]in que geisent a Lorey an Honclos, et sus les xx quartes de blef que geisent sus I molin en Longeteire, et sus les contrewaiges qui appendent, ensi com li escris en l'arche lo devise.

2 ..... de Porte] Mosselle,³) chanones de Saint Thiebaut de Mes, p. b. sus la maison et sus tout lo resege que fut Joffroit Malrowart, que siet en Chadeleirue, encoste la grainge Piereson Karital, enson la maison Steuenin Malduit, k'il at aquasteit [a........]oc⁴) et a Howenat Xanenel et a Paskin et a Hanriat, ses II freres, et a Xandrin, lo fil Roillon lo doien, que sont de Haueconcort, parmei VII s. et III d. de met. de ceus, e. c. l. e. en l'a. lo dv.⁵)

3 [Ysabels, li feu]ne⁶) Thierion lo taillour de Porte Mosselle, p. b. sus la moitie de la maison que siet devant l'ostel Lambert Katelie, k'ille at acquastee as mainbours Mariate la Waudoise, e. con l. e. en l'a. lo. dv.

4 [Lowias Pior]ee⁷) de S. Julien p. b. por lui et por Jennin Boukechegne sus IIII jornals de vigne que geisent ens Abues, deleis la vigne Nicole Moreton, et sus demei jor de vigne que geist desor Valieres en Naimmeriplanteit, et sus II s. de ceus k'il at sus lo [jornal de] vigne que Beffraillons tient, que geist en Acelinvigne, qu'il at acquasteit a Garsiliat Juwet, e. c. l. e. en l'a. lo dv.

---

¹) *v. 1275, 354; 1278, 259.* ²) = *1267, 148, dort wiederholt, weil ein Teil des Erworbenen in Lorry lag, also in der Mairie OM.*
³) *v. 1267, 98* Richier Faucon de Porte Mosselle, chanone de S. Thiebaut.
⁴) Bugnehoc *1241, 92;* Billeroc *1290, 287.*
⁵) e. c. l. e. en l'a. lo dv. = ensi co. li escris en l'arche lo devise. a. = ansi, d. = dist.
⁶) *v. 1267, 170.* ⁷) *v. 1275, 288; 1278, 422 etc.*

5 [Bauduin]s Wichars p. b. por les signors de S. Piere a Vout sus la cusenate daier S. Gergone, que siet encoste la maison lo chancellier, parmei II s. de met. k'ille doit as signors de S. Sauour.

6 .... Louce p. b. sus xxx s. de met. de cens qu'il at acquasteis a Henne, lou frere Ancel de Curlandal, sus sa maison en Stoixei, que siet encoste la maison Burteignon de Wermeranges, e. com l. e. en l'a. lo dv.

7 [Burtemins]¹) de Nowillei p. b. sus tout l'eritaige que geist ou ban de Nouille et de Nowesceuille, qu'il at acquasteit a Jaikemin de Valieres, lo fil lo Bague de Maleroi, e. com l. e. en l'a. lo dv.

8 [Jaikemin]s²) de Valieres p. b. sus III pieces de vigne que geisent en Quartiers, davant lo molin a Valieres, qu'il at acquasteis a Willermin de Meruals, parmei II s. et demei de met. de cens k'elles doient d'aumosne, e. c. l. e. en l'a. lo dv.

9 ³)[Poencignons],⁴) li filz dame Beliart dou pont Rainmon, p. b. sus la grant maison que siet encoste lo mostier de S. Hylaire, que fut dame Beliart, sa meire, et sus IIII jornals de vigne que geisent sus Desermont en II pieces, et sus la moitie do molin en Longeteire, ke part [a Colin Bur]taldon,⁵) que furent dame Beliart, sa meire, k'il at espartit au signor Thieri, son freire, e. c. l. e. en l'a. lo dv.

10 ...... li co]rvoisiers de Stoixey p. b. sus la maison que siet defuer Esparnemaille, que siet encoste la maison Bauduin, lo marit Ozelie, parmei tel cens com ille doit, e. c. l. e. en l'a. lo dv.

11 .... li e]schevins et Aubers des Aruols p. b. sus la moitie dou molin en Longeteire, qui estoit Colin Burtaldon, et sus totes les vignes qu'il avoit sus Mosselle, parmei III angevines et XXXII cesteres de vin de cens qu'il doit a S. Clemaut.

12 ......, li fill]e⁶) Rorit lo charpantier que fut, p. b. sus tel partie de maison com Symonins, ces serorges, tenoit, parmei tel cens com ille doit, e. c. l. e. en l'a. lo dv.

13 .... as de Raimport p. b. sus la maison en Raimport, que siet delez les Baudeiz, k'il at acquastee ai Yngraut Goule, e com l. e. en l'a. lo dv.

---

¹) r. 1267, 31.   ²) Jaikemins? r. 1267, 7.
³) Durchgestrichen wie 37.
⁴) r. 1267, 37.   ⁵) r. 1267, 11.
⁶) oder li feme?

1267, 14—28

14 ...., li filz?] Ancel lou Blanc, p. b. sus la maison que siet a la porte sus Saille, que fut Colin Blanche, parmei tel cens com ille doit, et e. c. l. e. en l'a. lo dv.

15 Pieres, li avelaz]¹) signor Pieron de Sanerie que fut, p. b. sus la moitie dou chakeur que Maheus Jeuwes avoit a Nouillei, et sus tout lo reseige qui appant, k'il at acquasteit ai ous²) meismes, en alluet, e. com l. e. en l'a. lo dv.

16 .... et M[athe]us Drowas p. b. sus les II maisons que furent lo signor Willame de Chambleiz, que sient daier l'ospital de Chambres, parmei tel cens com elles doient, que lor sont delivrees par droit et par jugemant.

17 .... p. b. sus la piece de terre que geist desor sa crowee a Nowesceuille, et sus II jornals de terre que geisent ou trex devant la crowee, apres lo jornal que fut Thiebaut Badel, k'il at acquasteit a Thieriat Uiole, parmei tel droiture com elles doient, e. c. l. e. en l'a. lo dv.

18 [Pierels(?) li Affi]chies³) p. b. sus lo reseige que fut Nicole de Weure, que siet devant S. Ferruce, qu'il at acquasteit a Jennin Wescelin et a Poencignon de la Barre et a Nicole Moreton et a Poencignon, son fil, parmei tel cens com il en doit, e. c. l. e. en l'a. lo devisett.

19 .... as de S. Julien p. b. sus II xamels de vigne que geisent ou ban de S. Julien, encoste la vigne Perrin lo Ueske, qu'il at acquasteit a Maheu Cokenel, en alluet, e. con l. e. en l'a. lo dv.

20 .... li parma]ntiers⁴) p. b. sus une maison que siet en Houbercort, devant la maison Harmant lo parmantier, qu'il at acquasteit a Thierion, lo frere Harman, parmei tel cens com il en doit, e. c. l. e. en l'a. lo dv.

21 .... Vg]uignons⁵) p. b. sus II stals que geisent en la halle des vieceis parmantiers en Chambres, k'il at acquasteis a Jaikemat Thiecelin et a maistre Poense, son serorge, parmei tel cens com il doient.

---

¹) *r. 1269, 384.*
²) *Die Namen der Verkäufer zu nennen hat der Schreiber vergessen. Vielleicht sind es hier schon dieselben Personen gewesen, die später Besitzungen des Mahen Jenwet verkauft haben. r. 1275, 196, 284, 322, 325.*
³) Pierels li Affichies *1267, 372.* Colins *1251, 88; 1285, 1.* Jehans *1279, 202.*
⁴) Godins de Hunbecort li p. *1281, 372,* Herbo lou p. *1269, 214.*
⁵) *oder* Forquignons?

22 .... Gracecher¹) p. b. sus lo quart de la maison que fut signor Huon, son peire, que siet devant l'ostel Nicole Markout, qu'il at acquasteit a Howignon, son nevout, e. c. l. e. en l'a. lo dv.

23 [Jennins M]arsire²) p. b. por la cheze Deu de Fristor sus LXII s. de cens que li sires Aubris Yngraus et dame Leukate, sa suers, ont doneit a la chieze Deu devant dite en aumosne; s'an geisent XXX s. sus une maison devant les Grans Meises, que fut Erowin [Paspoivr]e,³) et XX s. sus la maison dame Marguerite de Chailey, encoste l'ostel Piereson Peire,⁴) et XII s. sus la maison Girat Autns en Dairangerue, e. com l. e. en l'a. lo dv.

24 [Jennins] Marsille²) p. b. por la cheze Deu devant dite sus XII s. de met. de cens que geisent sus la maison Bietrix, encoste la maison que fut Wautier d'Ostelaincort, qu'il at acquasteit a Jennin Wescelin et a Colin Moreton, e. c. l. e. en l'a. lo d.

25 [Col]ignons⁵) Seruels⁶) et Colignons Gratepalle p. b. sus II jornals de vigne que geisent en Sorels, entre lors II vignes, qu'il ont acquasteit as III filles Matheu Guisel, en alluet, e. c. l. e. en l'a. lo dv.⁷)

26 [Lo]wis li Merciers de Vizenuels p. b.⁸) sus XII s. II d. moins de cens que geisent au pont Rainmont sus la maison Robin lo bouchier, qu'il at acquasteit a Jennat,⁹) lo fil Poensate Maingoude, e. c. l. e. en l'a. lo dv.

27 [Be]rtaldons Piedeschas p. b. sus lou qart d'un molin ke siet sus Muscle, ke part a lui meismez, k'il at acquasteit a Jehan, lou fil signor Weirit Troixin, e. c. l. escriz en l'a. lou dv.¹⁰)

28 [Sy]monins Papemiate¹¹)

---

¹) *Sr. Hues Graicecher hat 5 Söhne gehabt, sein 2. Sohn Garses hat 4 Kinder, einer von diesen, Howignon, verkauft seinen Anteil am grossväterlichen Hause (¹/₄ maison), an einen der Brüder seines Vaters.*
²) *v. 1267, 217 und 415.*
³) *v. 1262, 296; 1279, 410.*
⁴) *en Dairangerue, v. 1262, 115.*
⁵) *v. 1267, 271.*
⁶) *Seruels übergeschrieben.*
⁷) *Von p. b. an später eingetragen.*
⁸) *p. b. übergeschrieben, das Folgende ist später eingetragen.*
⁹) *Vorl. Jennate.*
¹⁰) *Von p. b. an von Schreiber 2 eingetragen.*
¹¹) *Durchgestrichen.*

29 Bauduins Wichars p. b. sus la maison que fut Paienuel, que siet en
la ruelle de la porte a la Saz, que li est escheute por lo cens
qu'il avoit sus.¹)
30 [Ha]nris de Xulles et Pierellins, ses freres, p. b. sus la vigne
que geist entre les convers et lo chemin a la crux, qu'il ont
acquasteit a Girart lo bouchier et a Nicole Markout, e. com l.
e. en l'a. lo dv.
31 [Bur]temins de Nouille p. b. ancor²) sus la maison que fut Jennin
Wiskeman, encoste la maison Hanriat Robin, qu'il at acquastee
a Hawit, la feme Jennin, parmei XIII s. de cens que li maisons doit.

32* [En la] mairie de Porsaillis:

32 Jennas de Maingne p. b. sus une maison que siet devant l'ostel
signor Jehan lo Mercier, que fut Thiebaut Makerel, qu'il at
acquastee as anfans Thiebaut devant dit, e. con l. e. en l'a. lo dv.
33 [Jennin]s³) Panserons p. b. sus lo tier meu qui est Ste Glosenain
an Chardenoit, en coste Hanriat Potier, que fut Burtran⁴) Galle,
parme I angevine de cens, et sus lo demei jornal de vigne an
Herbertclos, que geist encoste Thieriat Coille, que fut Bertran
Galle, parmei I maille de cens.
34 [Warneso]ns⁵) Xeudetruve p. b. sus I maison qu'il at acquastee
a Bertaldon Piedeschaz et sus tout lo reseige qui appant, que
fut dame Nicole de l'Aitre, que siet encoste la maison Nicole
Chenalier ou Nuefbourc, parmei V s. de cens qu'ille doit S. Thie-
baut, et VII s. S. Pol.
35 . . . . li charpantiers, li maris Odeliate de Blorut que fut,
p. b. sus une piece de preit que geist ou ban de Chainnei, apres
Margueron, sa serorge, k'il at acquasteit as anfans Boilawe de
Colombiers, parmei I d. de cens que li piece de preit doit chescan.
36 [Dame S]ophie Poujoise p. b. sus les XXII s. de met. de cens que
Jaikemins Gontiers li doit sus sa terre en Beluoir, que fut lo
xenexal d'Anceruille, et sus les X s. et demei de met. de cens
que Matheus Bazins doit sus la terre en Beluoir que fut lo
xenexal, et sus les X s. et demei que Jennas . . . ite⁶) li doit de

---
¹) *Von p. b. an später mit heller Tinte geschrieben.*
²) *v. 1267, 7.*
³) *v. 1267, 40.*
⁴) *Aus Burtremin verbessert.*
⁵) *v. 1279, 515, Merguerons, li femme Wernesson Xeudetreue.*
⁶) *Bienfaite? v. 1267, 147.*

cens sus la terre de Beluoir que fut lo xenexal, que dame Soffie at acquasteit a Piero de Jeurue.

37 [1]) [Poenc]ignous,[2]) li filz dame Beliart dou pont Rainmon, p. b. sus tout l'eritaige que dame Beliars, sa meire, avoit a Crepei et ou ban. en tous us, k'il at espartit encontre lo signor Thieri de Labrie, son frere, e. c. l. e. en l'a. l. dv., et sus xx s. de met. de cens [que geis]ent sus la maison Muxitquaravle outre Selle,[3]) et sus la moitie d'une maison que siet a Porsaillis, que part a ceous dou Temple, et sus tote la droiture que Poencignons Chalons li doit sus Praels.

38 [Andro]was Brunas p. b. sus III pieces de terre en Wilkeille, qu'il [at] acquastees a Bertran Barrel et a Jaikemin, son frere, et a Adenat, lor serorge,[4]) et a Boenuallet lo clerc, parmei tel cens com il en doit.

39 [Willer]mins[5]) de Meruals p. b. sus demei jornal de vigne que geist ai Oingney, k'il at acquasteit a Jehan, lo fil Guerri de Hate Riue, en alluet.

40 [Colin]s[6]) de Liocort p. b. sus I jornal de vigne que geist en Scorchebuef, encoste la vigne Jaikemin Burlin, qu'il at acquasteit a Jennin Panserou, parmei VIII s. de cens, e. c. l. e. en l'a. lo dv.

41 [Jai]kemins li chanderliers[7]) p. b. sus la maison que fut Weirion lo sarrier, qu'il at acquasteit a lui, parmei XIII s. de cens, e. c. l. e. en l'a. lo dv.

42 [B]urtemin li cordewiniers p. b. sus la maison ou il maint, en Staison, qu'il at acquasteit a Lowit lo Mercier, parmei XXIIII s. de cens, e. c. l. e. en l'a. lo dv.

43 [M]arguerons, li fille Burtaldon d'Outre Mosselle, p. b. sus demei jornal de vigne que geist an Planteires, k'ille at acquasteit a Jennat Brusadel, en alluet.

44 [M]aheus Domals p. b. sus les II maisons que sient desor l'ostel Hanriat Burnekin, et sus les reseiges qui appandent, qu'il at acquasteit a Jaikemin Rossel, parmei tel cens com elles doient, et e. c. l. e. en l'a. lo dv.

---

[1]) *Die erste Zeile des Eintrages, bis* cens, *ist durchgestrichen.*
[2]) *v. 1275. 17* Poinsignon, freire lo signor Thierit de Laibrie.
[3]) Selle *verbessert aus* Mosselle, *(sonst* Saille*).*
[4]) = Adenat de Coincey *1267. 83.*
[5]) *v. 1267. 8.*
[6]) *v. 1279. 468.*
[7]) *Das erste* v *ist übergeschrieben.*

45 Burteignons Quaremels p. b. sus II osteis que furent Auburtin l'uzerier de la Nueue rue, qu'il at acquasteis a Poencignon¹) de Chasteis et au signor Rechart, prestre de Saint Gengoul, et a Poencignon Jalee, parmei XIII s. et demei de cens.
46 Warrels de Mannoncort p. b. sus I maison que siet apres l'ostel Martin lo vieceir, qu'il at acquasteit ai Othenat et a Colignon, les dous janres Vguenat lo masson, parmei XIIII s. de cens.
47 Colins Baiars p. b. por S. Mamin sus II s. de met. de cens qu'il at acquasteis a Poencignon, lo fil dame Amelinne dou Quartal, sus son ostel ou il maint, devant les molins a Saille.
48 Poensignons Chapeblowe p. b. sus la moitie de la maison que fut Magis a la Pousterne, k'il ait acquasteit a Warneson Karital, parmei tel cens com il en doit, c. c. l. e. en l'a. lo dv.
49 Burtemins, li filz Hanrion d'Ars, p. bans sus une maison vers la porte des Alemans, qu'il at acquasteit as hoirs Garsat lo taillour, parmei XII s. et III angevines de cens.
50 Hanrias, li vales la feme Lorel, p. b. sus une maison enson l'ostel la Chieure ou Champ a Saille, qu'il at acquasteit as anfans Wallantruit, parmei VII s. et demei de cens.
51 Jennins Ruke p. b. sus VII s. de cens que geisent en Bucherie sus une maison que fut Paillat, qu'il at acquasteit a Thomesciu Grisel, son frere, e. c. l. e. en l'a. lo dv.
52 [A]ubertins de Vy p. b. por lui et por ces freres sus lo tiers de la maison que fut Luckin Coldoie, que siet daier S. Supplixe, qu'il at acquasteit a Hanrion l'espicier, parmei une maile de cens.
53 Et ce p. b. ancor sus I jornal de terre que geist entre les II Belsuoirs qu'il at acquasteit ai Aubertin, lo fil Steuenin Burnat, parmei I maille de cens.
54 Jennins de Marlei p. b. sus une maison que siet enson lui, qu'il at acquasteit a Godefrin et a ces freres, parmei XXXV s. de cens.
55 Burtemins Blanchars p. b. sus demei jornal de vigne que geist en Glairuelles, que fut Goudefrin, qu'il at acquasteit a lui, e. c. l. e. en l'a. lo dv.
56 Garsas Doignekins et Jennas Cheuresons p. b. sus une piece de vigne que geist daier la Folie, qu'il ont acquasteit a Symonin Malebouche, e. c. l. e. en l'a. lo dv.

---
¹) *Vorlage* Poeucignons.

57 Aubers, li filz Girart lo cellier, p. b. sus XII s. de meten. de cens que geisent sus la maison Mathelo, enson la maison de Belpreit, qu'il at acquasteis a Guerebode et a Poensate Dedyest, dont il redoit IIII s. et demei a Colin de Merdeney, e. c. l. e. en l'a. lo dv.

58 Thomes li corretiers p. b. sus une maison en la Vigne S. [Auol], enson l'ostel Jennin Marrie, qu'il at acquasteit a Lowiat Bagart, parmei XV s. de cens.

59 Jennas de S. Clement p b. sus une maison que siet devant l'ostel S. Laddre, qu'il at acquastee as hoirs Rainmer, parmei XII s. de cens.

60 Thomessas li bouchier p. b. sus la moitie d'une maison que siet enson la maison des quartiers, qu'il at acquasteit a Margueron la wantiere, parmei tel cens com ille doit.

61 Lorate Chabosse p. b. sus la maison Roriat lo masson, que siet ou Waide, qu'ille at acquasteit a ces hoirs, e. com l. e. en l'a. lo dv.

62 Girardins de Moieinneuille p b. sus la maison Hauriat, lo fil Mairasce, que siet sus lo cors de la Vies Bucherie, qu'il at acquasteit a Hauriat devant dit, parmei vint[1]) s. de cens.

63 Willermins li charpantiers p. b. sus l'ostel que fut Molene, que siet a S. Arnout, qu'il at acquasteit a Colin Wachier, parmei X s. de cens, e. c. l. e. en l'a. lo dv.

64 Ancels de la Tour p. b sus une piece de terre erure que geist ou ban Saint Clemant, a columbier les Homgres, qu'il at acquasteit a Jaikemin lo chandelier d'Outre Saille, parmei XXI d. de cens a S. Clement.

65 Hombers li fourbeires p. b, sus une maison que siet a Porsaillis, qu'il at acquasteit a Wauterin lo coutelier, parmei XXXII s. et demei de cens.

66 Wescelins li parmantiers p. b. sus la maison que fut Jaikemin Ruedanguel, que siet daier Saint Euchaire, k'il at acquasteit a Jaikemin devant dit, parmei XIIII[2]) s. et demei de cens.

67 Dame Lorate p. b. sus L s. de met. de cens que geisent en Staisons sus III maisons, k'ille[3]) at acquasteit a Wautier Bellegree, e. c. l. e. en l'a. lo dv.

---

[1]) vint *ist aus* VIII *verbessert.*
[2]) *Vor* XIIII *ist* XXII *gelöscht.*
[3]) *Vorlage* k'illa.

68 Girardins Herecors p. b. sus une maison que siet enson l'ospital a Porte Serpenoise, qu'il at acquasteit a Colignon lo gippour, parmei xxv s. de cens, e. c. l. e. en l'a. lo dv.

69 ¹) Bugles p. b. por l'ospitals dou Nuefbourc sus une piece de preit que geist ou finaige de Macliue, qu'il at acquasteit ai Othenat de Macline, et sus tel partie com Demanges, li prestres de Pontois, i avoit, qu'il lor at doneit por Deu en aumone.

70 Alexandres Mackerels p. b. por les Boens anfans sus la cort que fut lo senexal, entieremant, qu'il ont acquasteit a Piero de Jeurue, parmei x lb. de cens, e. c. l. e. en l'a. lo dv.

71 Alexandres p. b. ancor, por Perrin de Chastels, sus la maison Wauterin Camusat, que siet devant l'ostel Symonin de Chastels, qu'il at acquasteit a lui, en alluet, e. c. l. e. en l'a. lo d.

72 Vguignons Hennebors p. b. sus une piece de vigne que geist en Vendeborse, et sus xvii chapons en Dairangerue et auuec chescun chapon iii d., et sus x s. de cens que geisent sus une maison en S. Polcort, et xii s. de cens sus une maison en Chain[ges], que²) fut Girart Mariouse, qu'il at aquasteit a Colin, son frere, e. c. l. e. en l'a. lo d.

73 Et ce p. b. ancor³)

74 Jaikemins de Montois p. b. por les Bourdes sus vii s. et demei de cens que geisent sus l'ostel que fut Arnout Noiron en Gobertcort, qu'i[l] ont acquasteit ai Odeliate, la fille Richart de S. Julien, apres les ix s. devanterient qu'il i avoient.

75 Et ce p. b. ancor por les Bourdes desus dites sus xx. d. de cens que geisent sus l'ostel que fut Piedelouf, qu'il at acquasteit ai Ysabel Xallebouton, e. c. l. e. en l'a. lo d.

76 Et ce p. b. ancor por les Bourdes sus tout l'eritaige que Houdions, li meire signor Symon lo prestre, avoit ou ban [de] Corcelles et de Luckenesi, e. c. l. e. en l'a. lo dv.

77 Jaikemins, li filz signor Bertran, p. b. sus la terre et sus tout l'eritaige que fut signor Jehan Bellebarbe, que geist ai Owigne et entor Awigne, qu'il at acquasteit a Jehan, lo fil signor Weiri Troixin, parmei vi d. de cens a S. Syphoriain, et parmei

---

¹) *Von 69 bis 115 sind zunächst die Namen der Käufer an die Spitze der Zeilen gesetzt, der Eintrag ist später hinzugefügt, 83, 88, 94, 100, 102 mit heller Tinte.*

²) *Bei* Chain[ges] *ist die Zeile zu Ende. Das Folgende ist mit kleineren Buchstaben zwischen den Anfang dieser und der Zeile von 73 geschrieben.*

³) *73 ist nicht ausgefüllt.*

ı d. que Jaike[mins]¹) i avoit de de[vanterien cens], e. c. l. [e. en l'a. lo dv.]

78 Avroyn Chabosse p. b. sus la maison que fut Jaikemin Maingnart, son frere, et sus lo four la Hertekine, qu'il at acquasteit,²) parmei tel cens com il en doit.

79 Thiebaus de la Cort p. b. sus la maison et sus tout lo reseige qui appant que fut dame Colate de Vy, que siet enson l'ostel Symonin de Chastels, qu'il at acquasteit au signor Symon de Chastels, doien dou Grant Moustier, permey c s. de mt. cha[sk'an] qu'i[l] doit a chapistre dou Grant [Moustier.]³)

80 Hanrias Bataille p. b. sus la maison que fut Burteignon lo Gras, enson l'ostel Jenin Girart, et sus lo quart de la maison que fut Guenordin lo Gras, que siet enson l'ostel Nicole Brulleuaiche, qu'il at acquasteit a Symonat et a Samonate et a Martenate, les anfans Burteignon lo [Gras], parmei xxx s. et v d. de cens que li maisons enson Jenin Girart doit, et parmei [. . s. et] une angevine que li quars de l'autre [doit.]

81 Vguignons Hennebourjas⁴) p. b. sus une vigne ou om conte III jornals, que fut signor Hector, qu'il at acquasteit a lui, en alluet, e. con l. e. en l'a. lo dv.

82 Colins [de Molins] et Thiebaus, ces filz,⁵)

83 Boenualles li clers p. b. por lui et por Bartran Barrel et por Jaikemin, son frere, et por Adenat de Coincey sus tout l'eritaige que fut Hanri Galle lo clerc et Sebeliate, sa serorge, qu'il ont acquasteit a Maheu Coquenel d'Outre Mosselle, e. c. l. e en l'a. [lo d.], parmei tel cens et tel droiture [com il en doit.]

84 ⁶) Vguignons Pettars p. b. sus la grant maison et sus lo reseige que fut Joffroit, son peire, que siet devant les Cordeiliers, qu'il at acquasteit a Thiebaut, son frere, parmei tel cens com il en doit, e. c. l. e. en l'a. l. d.

¹) *Mit* Jaike[mins] *ist die Zeile zu Ende,* i avoit de de . . . . *ist übergeschrieben und darüber* ensi co. l. . . . . *Weitere Buchstabenreste sind nicht sichtbar.*
²) *Vorl.* esquasteit *mit Punkten unter* es.
³) *Vor* permey *ist* en alluet *durchgestrichen,* permey *bis* Grant Moustier *ist von Schreiber 5 nachgetragen.*
⁴) Vguignons Hen *auf Rasur*.
⁵) de Molius *fehlt, aber es ist Platz dafür freigelassen. Die Zeile ist nicht ausgefüllt. v. 1267.* 458 Thiebaus, li filz Colin de Molins.
⁶) *Der Eintrag ist durchgestrichen.*

85 Bugles,¹) li fiz signor Jehan Wichart, p. b. sus une maison que siet enson la maison maistre Lambert outre Saille, qu'il at acquasteit a Thiebaut de la Cort, parmei xxxv s. et II d. de cens, e. c. l. e. en l'a. lo d.

86 Lowis, li filz Girart lo Mercier, p. b. sus les xiiii jornals de terre eireure que geisent daier S. Piere as Arainnes, que furent signor Jehan Bellebarbe, qu'il at acquaste a Jehan, lo fil signor Weiri Troisin, en alluet, e. c. l. e. en l'a. lo dv.

87 Thiebaus dou Champels p. b. sus la maison et sus lo reseige qui appant que fut signor Conrart dou Pont, qu'il at acquasteit a Martenate, sa fille, parmei IIII lb. de cens, e. c. l. e. en l'a. lo d.

88 Burteignons Pallas p. b. sus une tavle que siet as Vies Changes en Vizenuel, qu'il at acquasteit a Colin Hennebour, parmei v s. de cens a S. Supplise.

89 Ysambars li Xauins p. b. sus xlv s. de cens qu'il at acquasteit a Jenin, son frere; s'an geisent xxv s. sus la maison Steve lo corretier ou Champ a Saille, et x s. sus la maison Jehan dou Paige, et vii s. et demei sus la maison Clodin Rouvel en [lai Nueve rue],²) et II s. et demei apres sus la maison Felippin lou taillour, e. c. l. e. [en l'a. lo dv.]

90 Symonins li torneires p. b. por ceous do Preit sus III s. de cens que geisent sus la maison Jaikemin lo messuier, enson l'ostel Maluoisin, qu'il ont acquasteit a Jaikemin, apres ix s. de cens que li maisons doit devanteriennemant, e. c. l. e. en l'a. [lo dv.]

91 Hanrias Burnekins p. b. sus xxv s. de cens que geisent sus la maison Symonat de Coincey, enson sa porte en Freneirue, qu'il at acquasteit ai Orriat et a Margueron, les anfans Symonin Parraison dou Quartal, e. com l. e. en l'a. lo dv.

92 Lietars d'Outre Maizelles p. b. sus IIII s. de cens que geisent sus l'ostel Nainmerit de S. Eure outre Maizelles, qu'il at acquasteit a lui, e. c. l e. en l'a. lo d.

93 Jaikemins, li filz dame Amanjart, p. b. sus une andange de vigne que gist outre Saille ou coste de Martinchamp, k'il at acquasteit a Willermin, lou fillaistre Steuenin Baart, parmei une maille de cens.³)

---

¹) *Hinter* Bugles *ist* p. b. por l'ospital *durchgestrichen.*
²) *r. 1281, 48 und 49.*
³) *Von* p. b. *an von Schreiber 2.*

94 Colins de Maigney don Molins p. b. sus tote la terre eireure que Symonins Aisiez avoit ou ban de Maigney de par sa feme, qu'il at acquasteit a Symonin devant dit, e. c. l. e. en l'a. lo dv.

95 Poenses de Straubourc p. b. sus XIII s. de cens que geisent sus la grainge Goudefrin Paperel, que siet enson l'ostel Symon, lo fil Othenat lo¹) meutier, et sus autre heritaige, qu'il at acquasteit a dame Bietrix, la femme signor Fourkon de Chastels, e. c. l. e. [en l'a. lo dv.]

96 Symonins Papemiate ²)

97 Colins Symars p. b. sus II s. de cens que geisent sus la maison dame Cristine, enson la porte Willermin de [Nouveroit],³) qu'il at aquasteit a lei, e. c. l. e. en l'a. lo dv.

98 Symonas, li filz dame Willans, p. b. por lui et por Richier Faucon, chanone de S. Thiebaut, et Joffroit de Chastels, chanone de S. Sauour, et Maheu lo Flamant, lo clerc, sus lo champ a Pannes que geist devant S. Thiebaut, qu'il ont acquasteit a l'abbasse et au convant de Ste Marie as nonnains, parmei IX lb. de cens chesc'an, e. c. l. e. en l'a. lo dv.

99 ⁴) Jehans li Alemans p. b. sus IIII pieces de terre eireure que geisent a Welkilley et a Beluoir, qu'il at acquasteit a Jennat la Pierche, parmei XII d. de cens, e. c. l. e. en l'a. lo dv.

100 Jennas, li filz Lowis lou tannour, p. b. sus l'ostel que fut Jehan l'Alemant, que siet encoste l'ostel Hanriat de Maizelles, qu'il at acquasteit a Jehan l'Aleman, parmei XXXI s. de cens.

101 Jaikes Rousels p. b. por ⁵) Poensate, la provandiere de S. Laddre, sus IIII s. de cens que geisent devant S. Laddre sus la vigne que fut Adan lo malade, qu'ille at acquaste a Piereson Villain de S. Arnout, e. c. l. e [en l'a.] lo [dv.]

102 Wiars, li filz Garsire Cher, p. b. sus III jornals de terre que geisent ou Xart ou ban de Pertes, qu'il at acquasteis as enfans Grillat de Pertes, parmei III d. de cens.⁶)

103 Weirias de l'Aitre p. b. sus une piece de preit que geist en Mospreis desous Lorey, qu'il at acquasteit a Symonin Herre, en alluet.

¹) *Hinter lo ist* fil *durchgestrichen.*
²) *Durchgestrichen.*
³) *Ausgelassen, r. 1267, 404.*
⁴) = *1267, 382.*
⁵) *Hinter por ist signor* Humbert *durchgestrichen. r. 1279. 206 sg.* Humbert de S. Laddre.
⁶) *Von* li filz *an nachgetragen.*

104 Luckins Chameure¹)

105 Thiebaus Lohiers p. b. sus II jornals et demei de vigne que geisent a la Vanne sus Saille, qu'il at acquasteit a Jennat, son frere, parmei III d. de cens, e. c. l. e. en l'a. lo dv.

106 Ysabeis, li fille Godefrin de S. Polcort, p. b. sus lo quart de la maison a la Posterne que fut dame Pauie, et sus lo quart d'un stal que siet en la nueve halle au Quartal, qu'ille at acquasteit a Jennin Oliue et a Roszelate, sa femme, parmei tel cens com elle en do[it], et e. c. l. e. en l'a. [lo dv.]

107 Warniers li correiers p. b. sus une maison que siet enson la grainge dame Katelie²) d'Aiest, qu'il at acquasteit a Poencignon Heckehart, parmei III d. et I chapon de cens.

108 Girardins Jalee p. b. sus tel eschainge com il at fait a dame Martenate, sa serourge, si com de LV s. de cens encontre une maison, e. c. l. e. en l'a. lo dv.

109 Colignons Baudoiche p. b. sus III sols et demei de met. de cens k'il at acquasteit a Wichart lou Jal et a Willermin, son fil, sus tout l'eritaige ke Pieres Maillars tient de Wichart devant dit et de Willermin, son fil.³)

110 Colins Heinnebours p. b. sus une maison outre Saille, que fut Huon Couvedemouton, qu'il at acquasteit a Matheu lou Conte, parmei XVI s. de cens, e. c. l. e. en l'a. lo dv.

111 Wauterins Heinmignons p. b. sus I stal en la halle des vieceys, enson l'ostel Bauduyn Louve, qu'il at acquasteit a maistre Poense lo fixicien et a Jaikemin, son serorge, parmei XXVII d. de cens.

112 Colignons Tristans p. b. por la frairie de Ste Crux a Waire sus II s. de met. de cens que geisent sus la maison Thierion lo messuier en la Nueve rue, qu'il at acquasteis a lui, e. c. l e. en l'a. lo d.

113 Garsas Bellegreie p. b. por son fil Jennat de sa premiere femme sus tote la terre eiruere et sus tous les preis que furent Rozelate de Longeuille, qu'il at acquasteit a lei, parmei tel cens com il en doit.

---

¹) *Durchgestrichen.*
²) *Hinter* Katelie *ist* deu *gelöscht.*
³) *Von* p. b. *an von Schreiber 2 geschrieben.*

114 Et ce p. b encor por Jennat, son fil devant dit, sus I clos de vigne que geist devant sa grainge a Monteigney, qu'il at acquasteit a Hurtal de Monteignei et a ces hoirs, parmei tel cens com il en doit.

115 Alexandres Clairies p. b. por lui et por Steuenin Baiart sus la grainge que fut Jehan lo Hongre, que siet ou Champ a Saille, enso[n] la maison Martin d'Ais, parmei tel cens com elle doit.

116* En la mairie d'Outre Mosselle:

116 Howins de Gorze p. b. sus XVIII homees de vigne que geisent ai Hernauille, et sus II meues de vin de cens que geisent sus tout l'eritaige Noixel ai Ernauille, et sus tout l'eritaige Jaikemin, lo fil Vguin d'Airey, qu'il at acquasteit [a Jaike]min devant dit, e. c. l. e. en [l'a. lo dv.]

117 Wichars de la Tour p. b. sus la grainge et sus lo reseige et sus lo jardin daier que siet a Wappei, et sus III jornals de terre eireure que geisent a Wappey, qu'il at acquasteit a Richart et a Gellat, les II filz Weirit de Weppei, en alluet.

118 Matheus de Plapeuille p. b. sus une piece de vigne que geist en Maumers en coste la vigne Jaikemin lo Roi, qu'il at acquasteit a dame Aleit, la femme Jehan Burewairt, parmei XXXII d. et maille de cens, a. c. l. e. en l'a. lo dv.

119 Pierexels li cordewiniers p. b. sus une piece de vigne que geist ou ban de Pargney desouz Prinei, qu'il at acquasteit au signor Jehan, lo fil signor Forkon de Jeurne, et au signor Nicole, lo frere l'abbeit de S. Arnout, les mainbours lo chancelier que fut, et en alluet, e. c. l. e. en l'a. lo dv.

120 Baudesons, li aveles Mouxin, p. b. sus la maison Burtemin lo chandelier, que siet desouz l'ostel l'arcediacre Werrit, qu'il at acquasteit a Burtemin devant dit, parmei XI s. de cens, a. c. l. e. en l'a lo d.

121 Jehans li parfeiz p. b. por les pucelles dou pont Thiefroit et por les Cordelieres et por les Repanties et por lo prestre de S. Mamin sus II s. de cens que geisent sus la maison Drowat d'Erlons en Anglemur, en coste la maison Maroit lo masson, que Colins de Chieuremont lor at [doneit] por Deu et en aumone, a. c. l. e. en l'a. lo dv.

122 Dame Luckate, li feme Jaikemin Goule que fut, p. b. sus III pieces de vigne que geisent ou ban de Longeuille; s'an geist

une piece ancoste sa vigne meismes, et li autre en la Pelise, k'ille at acquasteit au signor Adelin d'Ennerey, a. c. l. e. en l'a. lo dv.

123 Colins, li filz Jaike de Weure, p. b. sus IIII lb. de met. de cens que geisent sus tout l'eritaige que fut Jehan lo Bouat; c'est a savoir sus III jornals de vigne a Plapeuille et sus I jarding deleis, et une maison a Plapeuille daier la tor lo voueit et sus lo meis daier, et sus IIII jornals de vigne en Genestroi et I piece devant lo chaukeur les Rinnes, et sus II jornals de vigne en Wacon, et sus VI jornals de vigne que sont tiercerasce S. Pol, et sus IIII jornals de terre eiruere, et XX s. de cens que geisent sus la maison que fut la dame de Murewaut, que Jehans, ses freres, li at eschangiet, e. c. l. e. en l'a. lo dv.

124 Symonins li meutiers p. b. sus III s. de met. de cens que geisent sus la maison Poensignon lo potier, anson l'ostel S. Laddre, qu'il at acquasteit a Poensignon devant dit, apres XII s. qu'elle dovoit davanteriennement.

125 Domangins li corvesiers p. b. sus une maison que siet a Porte Serpenoise, devant l'ostel Symonin de Pargney, qu'il at acquasteit a la femme Colin Champion, a. con l. e. en l'a. lo dv.

126 Jaikemins Gratepaille p. b. sus VII s. de cens que geisent sus la maison Symonin de Clostre lo bolangier en la rue dou pont des Mors, qu'il at acquasteit a Symonin devant dit, apres XXVI s. de cens qu'ille dovoit davanteriennement, e. c. l. e. en l'a. lo dv.

127 Jennins Baudesons d'Aboucort p. b. sus la maison que fut Lowiat Anguenel, que siet devant l'ostel Jaikemin Baron, qu'il at acquasteit a dame Aleit, la femme Herrowin, et a Jaikemin, son fil, parmei IX s. et II deniers de cens.

128 Renaudins li bolangiers p. b. sus la maison que fut Gerart Kaignate, que siet enson l'ostel Colin Baron, qu'il at acquasteit a Girart devant dit, parmei XXXIIII s. de cens, e. com l. e. en l'a. lo dv.

129 Gerars, li filz Warin de Nonviant, p. b. sus la maison que fut Lowiat lo Noir, que siet en Borguignonruelle, qu'il at acquasteit a la femme Lowiat et a Lietal lo parmantier que sont mainbour les anfans Lowiat lo Noir, parmei XLIII d. de cens.

130 Jaikiers de Nonviant, li janres Nicole Colon, p. b, sus tout l'eritaige que fut Chardat Trabreize de Nonviant, qu'il at acquasteit a l'abbeit de Gorze, areis la maison et lo meis, parmei tel cens com il en doit.

131 Jennas li marchans de Rimport p. b. sus totes les vignes Colle Jorgin, que geisent ou ban de Wappei, qu'il at acquasteit a Symon lo Blanc, lo seur Colle devant dit, parmei tel cens com elles doient, et e. c. l. e. en l'a. lo dv.

132 Wautiers de Wart li bolangiers p. b. sus la maison et sus les II pieces de vigne que geisent ou ban de Roszeruelles, qu'il at acquasteit a Howin de Roszeruelles et a Symonat, son frere, et a Helowate, lor serour, parmei tel cens com cist heritaiges doit, e. c. l. e. en l'a. lo dv.

133 Jehans de S. Arnout p. b. sus I stal¹) que siet en la halle des bollangiers en Vizenuel, qu'il at acquasteit ai Alixou, la femme Symon que fut, parmei tel cens com il doit.

134 Jaikemins li Rois de Chambres, li poixieres, p. b sus la maison que fut Colle Jorgin, que siet en Chambres, enson l'ostel Poencin Wacherin, qu'il at acquasteit as mainbors Colle Jorgin, parmei tel cens com li maisons doit, e. c. l. e. en l'a. lo dv.

135 Jehans Brichanbal de Lorei p. b. sus une maison que fut Howin Romebar, que siet au pont des Mors, defuers la porte, qu'il at acquasteit a Hanri lo tonnelier et a maistre Adan lo servoixour, parmei tel cens com li maisons doit, e. c. l. e. en l'a. lo dv.

136 Steuenins de Chastels p. b. sus lo quart dou chaukeur et sus lo reseige qui appant que fut Weiri Maleseuvres a Chazelles, qu'il at acquasteit a dame Poense, la feme Formeron de Chazelles, et a Allexandre, son fil, et l'utime d'un jornal de vigne que geist en l'Aluel a Chazelles, e. c. l. e. en l'a lo dv.

137 Jennas de Sainte Rafine li charpantiers p. b. sus la maison Jennin de Vileirs, que siet en la Vigne S. Marcel, enson l'ostel Thiefroit lo corvisier, qu'il at acquasteit a Jennin de Villers, parmei XXII s. et II chapons de cens.

138 Dame Sofie Poujoize p. b. sus XII d. de cens que geisent sus la maison Godefrin Burnat au pont des Mors, qu'ille at acquasteis a Piero de Jeurue.

139 Lowias d'Abes li bolangiers p. b. sus VI s. et demei de cens que geisent sus la maison dame Helowit de Marlei ou ban S. Arnout, qu'il at acquasteis a Piereson Vilain, apres XII d. qu'ille doit de davanterien cens.

---

¹) Aus II stals verbessert.

140 Howins, li filz Poencin de Gorze, p. b. sus la maison Domangin Boscerel, que siet en Anglemur, qu'il at acquasteit a Domangin Boscerel, parmei vii s. de cens.

141 Clemans li taillieres p. b. sus ii reseiges de maisons que sient en la Vigne S. Marcel. qu'il at acquasteis a Jennin de Trieues, parmei xiiii s. et iiii chapons de cens.

142 Steuenins Gouions p. b. sus xvi s. et demei de met. de cens que geisent sus la moitie dou molin que geist en Seuerainneteire, que part a Hanriat lo Saiue, que Thiecelins li muniers tient a cens de Steuenin Gouion, et sus la maison Thiecelin, que siet outre Mosselle daier S. Jehan, et sus i jornal de vigne que geist en Lambelinchamp, qui est Thiecelin devant dit, ke Thiecelins li at mis en contrewaige, e. c. l. e. en l'a lo dv.

143 [1]) Li maitre [2]) des changes prennent b. por tous les chaingeors sus xx s. de met de cens ke gissent sus la maison Gerardin Rennaire devant S. Johan, k'il ont acquasteit a Malakin, lou fil Maheu Malakin, dont on redoit i d. de cens a ban de Cronney.

144 Jehans de la Cort p. b. sus tote la terre eireure que geist entre Wappei et Ste Crux et lo pont Thieffroit, que fut signor Joffroit d'Aiest, ou om conte lxii jornals, et sus les preis c'on dist en Frankeillouchamp, qu'il at acquasteit a Joffroit, son fil, parmei v ..... de droiture que li vii jornals que geisent a[u ban] de W[appei doient.]

145 Thiebaus Blanchars p. b. sus tout l'eritaige ki est venut coussant Thiebaut Lambert de part dame Poixenatte, sa sure, k'il at eschaingiet a lui, e. com l. escriz en l'a. lou dv.

146 Garsirias, li freires Weiriat de l'Aitre, p. b. sor la maison ki fut Werre, son oncle, ke siet devant l'oste S. Symphorien, et sus lou jardin daier et sus une maisonete ki apent et sus la grainge ensom, k'i[l] at aquasteit a Thiebaut Werre, la maison et seu ki apant en alue, et la grainge parmei iiii s.

---

[1]) *Von 143—150 sind erst die Namen der Käufer geschrieben, später ist der Eintrag hinzugefügt, 144 und 147 mit heller Tinte, 143, 145, 146, 149, 150 von Schreiber 2.*

[2]) *Der Schreiber 4 hat den Singularis* li maistres *geschrieben und davor Platz für den Eigennamen gelassen, der Schreiber 2, der die Zeile ausfüllte, kratzte* li *und* s *aus, füllte den leeren Platz davor mit einem langgezogenen* Li *aus, vergrösserte das* m *und fuhr mit dem Pluralis* prennent *fort.*

147 Phelippins Thigueinne p. b. por lui et por les hoirs Thieri Lowit sus III meues et demeie de vin de cens a mostaige que geisent sus III jornals et demei de vigne en Planteis a Longeawe, deleis l'ordeneit Aubriat Yngrant, et sus v s. de cens que geisent a Syei sus une grainge ensou Bienfaite et sus une maison apres, qu'il at acquasteit ai Odeliate, la feme Maheu Malebo[uche].

148 ¹) Symonins Papemiate p. b. sus les IIII lb. de cens qu'il at acquasteis a Symonin et a Mariate, les anfans Symon lo chapellier, que geisent en la Grauiere sus Mosselle sus IIII jornals de vigne, et sus v meues de vin que geisent a Lorey en Honclos ²) et sus [les xx] quartes de blef en Longeteire sus I molin, et sus les contrewaiges qui appandent, e. c. l. e. en l'a. lo dv.

149 Symonas Bellegree p. b. sus la maison ke siet en la rue de Porte Serpenoise, ensom la maison Demoences, k'il at acquasteit a Baudowin, lou freire Griuel, et a Domangin, son freire.

150 Thiebaus Barnaiges et Ancels de la Tor p. b. por Jehan, lo fil signor Weri Troisin, sus tout l'eritaige que li sires Arnous li Sauaiges avoit a Maiseres et en tous les bans, en bois, en preis, en terres, en maisons, en grainges, en . . . . . ³) en jardins, en censes, ens homes et eus femes d'aluet, qu'il at acquaste au signor Arnout lo Sauaige, e. c. l. e. en l'a. lo dv.

151* Ce sont li ban dou mei awast, quant Poe[n]cignons Corbels fut maires de Porte Mosselle, Steuenins Baiars maires de Porsaillis, Witiers Lambers maires d'Outre Mosselle. En la mairie de Porte Mosselle:

151 Jennas li Herbiers, li filz signor Lowit l'Erbier que fut, p. b. sus la maison et sus tout lo recege qui appant que fut maistre Gillon de Priney, lo chancellier, et que fut signor Jehan Vigour, que siet areis la maison lo prestre de S. Gergone, por tant com maistre Gilles li doit, l'escrit en l'arche, et por tant com Jennas at paiet a Perrin lou Veske por lui, l'escrit en l'arche, et por C et VII s. de met. qu'il li dovoit par defuers, dont Jennas devant dis est bien tenans de la maison, parmei tel cens com ille doit.

---

¹) *v. 1267. 1.*
²) l *ans* h *verbessert.*
³) *Pergament am Ende der Zeile zerstört.*

152 Hauris li tixerans de Reinport p. b. sus une maison que geist en Grans Meises, qu'il at acquasteit a Rollan lo cordewinier, parmei XVII s. de met. de cens, e. c. l. e. en l'a lo dv.

153 Steuenins Rossels de Stoixey p. b. por Girardin, son fil, sus la maison Mahout Boutecorroie, que siet sus Esparnemaille, qu'il at acquasteit a Mahout devant dite, parmei tel cens com li maisons doit.

154 Li sires Jehan Goüerne p. b. sus lo quart de la maison et sus lo quart do chaukeur et lo quart dou meis et des reseiges qui apandent que sient a S. Julien, que furent signor Ancel de Nomeney, qu'il at acquasteit a Thieriat, lo fil Aubert lo xaving de la Place, e. c. l. e. en l'a. lo dv.

155 ¹) Thierias, li filz Luckin d'Aiest, prant bans por lui et por ces serors sus la maison et sus lou meis daier et les resaiges ki apandent ke siet en Aiest, ke fut Nicolle Girbal, k'il ait aquasteit a Burtemin lou Bague d'Ancerville, permey IIII chapons ke li maison doit, et permey ceu ke li sires Abris Yngrans ait sa voie permey la maison, por ailleir veoir ou meis por paure sa part dou frut, et por veoir se li meis est bien waignies, et permey ceu ke li terre en jusc'a mur de la grenge est peirs a l'autre terre ki est waignie, ne c'on ne la puet encoubreir en jusc'a mur de la grenge, et ke, se om i avoit waigniet, li sires Abris i perroit atretant con en l'autre ki est waignie en jusc'a mur de la grenge daier entieremant, et permey ceu c'on fait lou meis a moitiet dou signor Abri Yngrant.

156 Loransas li drappiers de Chambres p. b. sus la maison Alixate la huviere, que siet en Chambres, enson la maison Thiebaut lo barbier que fut, qu'il at acquasteit ai Alixate devant dite et a Richardin, son fil, parmei XXIIII s. de cens.

157 Bertrans de Cuxey p. b. por la chieze Deu de Villers sus XX s. de cens que geisent sus la maison Bertran Blanchart en Stoixey, qu'il at acquasteit a Jennin Chanet, apres X d. et IIII chapons que li maisons doit de davanterien cens.

---

¹) *Der ganze Eintrag steht in vier Zeilen auf der Vorderseite eines 7 cm breiten Pergamentstreifens, der zwischen dem 3. und 4. Pergamentblatt mit groben Stichen erst eingenäht worden ist, nachdem die Rückseite dieser Blätter schon beschrieben war. Denn der Streifen bedeckt dort mit seinem überstossenden Rand die letzte Zeile des 3. und die erste Zeile des 4. Blattes und ist selbst auf der Rückseite unbeschrieben. Schreiber 5 hat mit ihm den durchgestrichenen Eintrag 167 ersetzt und durch den mit* permey IIII chapons *beginnenden Zusatz ergänzt.*

158 Lowias li clers de Sanerie p. b. sus v s. de cens que geisent
sus II maisons ou Viuier, daier la maison Abriat Yngrant,
qu'il at acquasteit a Bueuelat lo munier, apres x s. de cens
que les II maisons doient de davanterien cens, e. con l. e. en
l'a. lo dv. Et ces x s. de cens doit porteir Bueuelas com
mesaiges en leu de Lowiat lo cl[erc.]¹)

159 Jaikemins Cristinons de S. Julien p. b. sus une piece de vigne
que geist a la crois a S. Julien, areis les vignes de l'ospital,
qu'il at acquasteit a Jehan, lo fil signor Weirit Troixin, en
weiranse, e. c. l. e. 'en l'a. lo dv.

160 Jaikemins de Montois et Lowias de Chailley p. b. por la chiese
Deu des Bordes sus III jornals de terre que geisent en Fornels
ou ban de Colambiers, qu'il ont acquasteit a Jennin Cunin,
parmei III deniers de cens k'il doient chesc'an au maiour de
Colambiers.

161 Yssambars li Xavins p. b. sus la moitie de la maison que siet
en Aiest, areis l'ostel Willame Bazin, que partivet a lui meismes,
qu'il at acquasteit a dame Marguerite, la feme Aubertin Mathelie,
en alluet.

162 Thiebaus Anguenels p. b. sus lo tiers d'une maison que siet en
Renport a la Sas, que fut Thierion l'arcenor, celei partie vers
les Bandes, et sus I eire de meis daier la maison areis les
Bandeis, et sus lo tiers de L s. de cens que li Bandeit doient,
k'il at acquasteit a Guerekin et a ces hoirs, e. c. l. e. en
l'a. lo d.

163 Symonins de Hans p. b. por lui et por Alixate et por Ysabel,
les II filles Poensate dou Puix, sus l'ostel Hymbelat, devant
l'ostel Jennat d'Arcancey, qu'il ont acquasteit a Himbelat l'olier
de Lorey, parmei tel cens com li maisons doit.

164 Jennins Spillebone p. b. sus la maison que fut dame Marguerite,
la femme Adan, que siet en Dairangerue, qu'il at acquasteit a
Jennin, lo fil dame Marguerite, et a Piereson Baretel, son
serorge, parmei tel cens com ille doit, et e. c. l. e. en l'a. lo dv.

165 Thiebaus Joute p. b. sus les maisons que sient a Porte Mosselle
et sus tous les reseiges qui appandent, que sient areis l'ostel
Weiriat lo wastellier, qu'il at acquasteit a Jaikemin Facol,
parmei tel cens com elles doient, et e. c. l. e. en l'a. lo dv.

---

¹) *Von* Et ces x s. *an ein Zusatz, der über dem Ende der Zeile hinter den Zeilen von 156 und 157 Platz gefunden hat.*

166 Dame Hawis, li femme Eckart de Cankirke que fut, p. b. sus la maison que fut Ysabel, la suer Perrin Beliart, que siet en Stoixey, qu'ille at acquasteit a Colignon, lo fil Ysabel, parmei XVIII s. de cens, e. c. l. e. en l'a. lo dv.

167 ¹) Thierias, li filz Luckin d'Aiest, p. b. por lui et por ces serors sus la maison et sus lo meis daier et les reseiges qui appandent que siet en Aiest, que fut Nicole Gerbaut, qu'il at acquasteit a Burtemin ²) lo Begue d'Anceruille, e. c. l. e. en l'a. lo dv.

168 Hanrias Monions li muniers p. b. sus la maison Hodiate, la feme Weiriat lo Nain, que siet as Roches, enson l'ostel Jennat lo Nain, qu'il at acquasteit a Hodiate devant dite, parmei XXV ³) s. de cens, e. c. l. e. en l'a. lo dv.

169 Hanrias li charpantiers p. b. sus une maison que siet desai l'ospital en Chambres, devant l'ostel maistre Richart, qu'il at acquasteit ai Arambor la forniere d'Anglemur, parmei VIII s. de cens.

170 Ancels de la Tour et Ysabels, li femme Thierion lo taillour que fut, p. b. sus la maison que fut Adan lo tupenier, que siet devant l'ostel Thiebaut Lambert, k'il ont acquasteit au signor Jaike lo prestre, lo fil Adan desus dit, parmei tel [cens] com ille doit, e. c. l. e. en l'a. lo dv.

171 Thiebaus Lambers p. b. sus C et X s. de met. de cens que geisent sus l'ostel Thiebaut Blanchart en Jeurue, que fut dame Pouxenate, sa meire, e. c. l. e. en l'a. lo dv.

172 Matheus Drowas p. b. sus une quarte de blef wayn moitange de cens, que Jenas et Warenas dovoient a Jenin Kalus sus II jornals de terre, que geisent ou ban de Retonfay, en alluet, k'il at acquasteit a Jennin Kalus, e. c. l. e. en l'a. lo dv.

173 Jenins li charpantiers p. b. sus une maison que siet en Sanerie, enson l'ostel Symon lo charpantier, qu'il at acquasteit a Colin lo haberiour et a Guerart, son frere, parmey VII s. de cens.

174 Sebeliate, li fille Jaikemin Tralin, p. b. sus IIII s. de met. de cens que geisent sus I jarding que geist entre Valieres et Vantous, que fut Jennat Rigal, lo fil Androwat Modesse, qu'ille at acquasteit a Jenat devant dit, e. c. l. e. en l'a. lo dv.

---

¹) *Durchgestrichen und mit einem langen Zusatz zwischen 154 und 156 von neuem eingetragen.*

²) Burtemin *übergeschrieben*, Jennin *durchgestrichen.*

³) XV *in* XXV *verbessert.*

175 Matheus, li filz Nicole lo Conte de Chambres, p. b. por Jenat, son frere, sus la maison que siet encoste l'ostel Wauterin Gaillart, qu'il at acquasteit au signor Cunon lo prestre, parmei XL s. de met. de cens, a. c. l. e en l'a. lo dv.

176 Poencignons li prestres, li filz signor Howon Gracecher que fut, p. b. sus LVI s. de met. de cens que geisent en Stoixey, qu'il at acquasteit a Poencignon Gondal, son janre; s'an geisent XXX s. sus la maison Warneson lo wastellier, que fut Gondal, son peire, et XVI s. sus la moitie de la maison Bauwier lo feivre, cele partie devers l'ostel Perrin lo feivre, et X s. sus une demee maison que siet encoste la maison Perrin lo feivre.

177 a) Aubrions Domate et Poencignons li prestre, li II maistre de l'ospital de Porte Mosselle, p. b. por l'ospital devant dit sus lo cinquinme de la maison que fut Martin lo bouchier, que siet en la Bucherie de Porte Mosselle encoste l'ospital, qu'il ont acquasteit a Gilliat, lo fil Martin devant dit, parmei son avenant de IIII d. de cens que tote li maisons doit.

b) Et ce p. b. ancor sus lo cinquinme de la maison que fut Martin lo bouchier, que siet encoste l'ospital de Porte Mosselle,[1] qu'il ont acquasteit por l'ospital devant dit a Martin Grenol, lo frere Geliat devant dit, parmei son avenant de IIII d. de cens que tote li maisons doit.

c) Et ce p. b. ancor li maistre de l'ospital devant nomeit sus la maison Colin lou charey, ou il maint, que siet en Ruwes entre S. Julien et Stoixey, qu'il ont acquasteit a Colin devant dit por l'ospital de Porte Mosselle. Et ce li ont relaiee ceste maison et I jornal de vigne que li hospitals avoit en Desermont, desor part la maison Colin, por XII s. de cens et por lo premier cens que li maisons doit a S. Vincent.

178 Bauduyns[2] Wichars p. b. por la cheze Deu des Cordelieres de Mes sus I jornal de vigne que fut Jaikemin Goule, que siet sus la Pasture de S. Julien, et sus I jornal de vigne que geist en Sorel en la Planteruelle, que Colins Maillefer fait a moitie, que dame Alleis, li femme Colin Maleherbe,[3] lor at doneit por Deu et en aumone.

---

[1] *Vorlage* Porte Mosse.
[2] s *übergeschrieben*.
[3] Maleherbe *auf Rasur*.

179 Li sires Poeuses de Straubour p. b. sus XXII s. de met. de cens et I d. qu'il at acquasteit a dame Bietrix, la femme signor Forkon de Chastels; s'an geisent XII s. et I d. sus la maison que siet enson la grainge la feme Brisechemin, et X s. sus I maison a la rive as Roiches, enson les maisons la femme Wauterin Gaillart que fut, e. c. l. e. en l'a. lo dv.

180* En la mairie de Porsallis:
180 Bauduyns Bugles p. b. por Sainte Glosenain sus XXII s. et demei de met. de cens ke li abbasse et li convans de Ste Glosenain ont acquasteit a dame Bietrix, la femme signor Forkon de Chastels que fut; s'an geisent X s. sus la maison Jennin Charreton enson Vies Bucherie, s'an redoit om a S. Arnout III d. de cens, et s'an geisent IIII s. et demei sus lo four Boudat et sus la maison Pierel apres, et s'an geisent VIII s. sus une maison que siet sus lo rut defors la porte de Maizelles, que Colins li mainiens tient.

181 [1]) Thieris Brixepain p. b. sus II meues et demeie et II sesteres de vin de cens l'eutime moins, qu'il meismes dovoit sus une vigne qui est a Croney, qu'il at acquasteit a Jehan de Billei et a Odeliate, sa femme, a. c. l. e. en l'a. lo dv.

182 Thomes de Champels p. b. sus lo tiers de XL s. de cens qu'il at acquasteit a dame Lorate Chaboce, qu'il meimes li dovoit[2]) de la maison que fut Pierexel Bernart, et e. c. l. e. en l'a. lo dv.

183 Lowias li chandeliers p. b. sus la maison ou il maint et sus la chambrate encoste, et sus XXVIII s. de cens que geisent sus la maison Hanriat Kenne, et sus XVIII s. de cens que geisent sus la maison Airmangete, sus lo Nuef pont a Saille, qu'il at acquasteit a Jennat, lo fil Bauduyn lo chandelier que fut, parmei LX s. de met. de cens que tous cist heritaiges devant dis doit.

184 Jaikemate, li suers frere Andreu, p. b. sus X s. de cens k'elle at acquasteit a Hennillo de Katanges, sus sa maison en Chaponrue, apres XIX d. et maille[3]) que li maisons doit de premier cens, e. c. l. e. en l'a. lo dv.

---

[1]) *Der Anfang der Einträge 181—186 ist durchgestrichen, ebenso der Anfang der 2. Zeile von 183,* Jennat, lo fil Bauduyn, *weil die Einträge beim folgenden Termin wiederholt sind.* 181 *ist* = 437, 182 = 427, 183 = 428, 184 = 429, 185 = 431, 186 = 435.

[2]) *Vorlage* dovoir.

[3]) *Hinter* maille *ist* de cens *durchgestrichen.*

185 Ancels de la Tour p. b. por les freres des Ses sus la maison que fut Colin et Jehan et Buewignon que sont de Boutemont, parmei III s. de cens, e. c. l. e. en l'a. lo dv.

186 Jehans Daniel p. b. sus la quarte partie de la maison que fut Symon Ronve, que siet en Chapellierrue, que Formerons Roze at acquasteit a Symonin, lo fil dame Hawit la telliere, por Jehan Daniel, e. c. l. e. en l'a. lo dv.

187 Willecort p. b. sus la maison Steuenin de la Sals que fut, parmei XX s. et II d. de cens, qu'ille doit ceous de Moiremont, e. c. l. e. en l'a. lo dv.

188 Thiebaus de la Cort p. b. sus la maison Ruecelin que siet en la Vigne S. Auol, qu'il at acquasteit a lui, parmei XII s. de cens, e. c. l. e. en l'a. lo dv.

189 Howins Nerlans[1]) p. b. sus la moitie de la maison et de la grainge ou il maint, qu'il at acquasteit a Jaikemin l'erdor, parmei XL s. et II d. de cens, e. c. l. e. en l'a. lo d.

190 Steuenins Enginaires[2]) p. b. sus une maison a S. Piere, enson l'ostel Hanriat Chastellain, qu'il at acquasteit ai Androwin Najart, parmei VI s. de cens.

191 Jaikemins Godins de S. Clement p. b. sus III jornals de terre eiruere que geisent devant S. Laddre, qu'il [at] acquasteit a Luckate de Bunees, parmei II s. de cens a S. Thiebaut.

192 Vguinons Damelate et Garsirias, ses freres, p. b. sus la maison que fut Gillat[3]) lo hanbergeour,[4]) enson la cort de Ranseires, qu'il ont acquasteit a Hanriat l'Amiral et as II filles Gillat,[3]) parmei XXVI s. de cens.

193 Ancels de Tanney p. b. sus la maison Ruecelate enson l'ostel Colin l'olier, a l'antree dou Champel, qu'il at acquasteit a Ruecelate, parmei XI s. de cens.

194 Colins Fillipons de S. Clement p. b. sus une maison a S. Clement, que fut Bertemin lo Bossu, qu'il at acquasteit a Bertemin devant dit et a Filippon, son frere, parmei VI s. de cens a Ste Glosenain.

195 Wichardins Groignas p. b. sus IIII s. de cens que geisent [sus] la maison Huisson lo parmantier devant la cort de Fristor, qu'il at acquasteit a dame Hawit, la feme Vguin Bagart.

---

[1]) *Verbessert aus* Nerllans.

[2]) *Oder* Greinaires? *Geschrieben ist* ginaires, *links über dem* g *ein* e *und über diesem ein Abkürzungs-Querstrich.*

[3]) *Gillat übergeschrieben,* Guillame *durchgestrichen.* [4]) *v. 1269. 269* a Porsailliz.

196 Thierias li charpantiers p. b. sus une menandie que siet ou banc S. Arnout, qu'il at acquasteit a Symonin, lo fil signor Garsile de Gorze, parmei xxx s. de cens a signor Poenson lo Moinne.
197 Thierias de Pontois p. b sus demei jornal de vigne a Chemin, que geist deleis la vigne Hanriat Potier, et [sus] IIII s. de cens que geisent sus I jornal de vigne ens Abues, qu'il [at] acquasteit ai Adenat de Quencey et a Bertran Barrel et a Jaikemin, son frere, et a Boenvalleit lo clerc, parmi xv d. de cens.[1]
198 Huars Jalee p. b. sus la maison que fut Wauterin Dator en Chapelleirue, que li est escheute, por son cens apres XXIIII s. de cens que li maisons li doit.
199 Hanrias, li filz Jenin lo lavour, p. b. sus tel partie com ses freres avoit en tout l'eritaige son peire, qu'il at acquasteit as freres de S. Augustin, parmei tel cens com il en doit.
200 Poencignons, li filz Girart lo Mercier, p. b. sus une vigne que gest desor la Folie, qu'il at acquasteit ai Vguignon Damelate, parmei tel cens com elle doit.
201 Aubertins Boustaz p. b. sus v s. de met. de cens que geisent sus une maison et sus I meis encoste Gerardin de la Porte, qu'il at acquasteit a Margueron, sa tante, et c'est li premiers cens, et e. c. l. escriz en l'a. lou dv.[2]
202 Warins de la Vigne p. b. sus VII s. de cens que geisent en Chaponrue sus une maison enson l'ostel Jehan de Crusselanges, qu'il at acquasteit a Thomescin, parmei tel cens com elle doit.
203 Gillebers de Wergauille p. b. sus la maison que fut Burteignon de Wermeranges, qu'il at acquasteit a lui, parmei VI s. de cens.
204 Symonins de Chastels p. b. sus une grainge en la Vigne S. Auol, qu'il at acquasteit a Waterin Frankelin lo tannor, parmei tel cens com elle doit, et e. c. l. e. en l'a. lo dv.
205 Benois de Grisey p. b. sus la vigne que fut Guerart, que siet en la Pretelle, qu'il at acquasteit a Guerart devant dit, parmei x s. de cens.
206 Wauterins d'Ostelaincort p. b. sus une maison en Chaponrue, qu'il at acquasteit a Lucheman de Stoixey, parmei VI s. de cens.
207 Lowias Bagars p. b. por sa meire sus une maison que siet devant l'ostel que fut Arnout d'Ars, k'elle at acquasteit ai Auburtin Charriande, parmei I d. de cens. Et ce li at relasiet parmei v s. et I d. de cens, e. c. l. e. en l'a. lo dv.

[1] parmi xv d. de cens *übergeschrieben von Schreiber* 2. e. v. l. e. en l'a. l. dv. *durchgestrichen*. [2] *Von* et eusi *an Zusatz von Schreiber* 2.

208 Hanrias, li filz signor Ferri, p. b. sus lo meu et demei de vin et sus une gelinne de cens et sus de quan que Jehans de Chaminat avoit a Merdeney ou jardin daier lo molin, qu'il at acquasteit ai Arnelin de Longeuille et a Godefrin, les ıı janres Jehan devant dit, e. c. l. e. en l'a. lo dv.

209 Thierias Tarterins p. b. sus une vigne ou ban de Brouney, que geist encoste la vigne Roillemaile, qu'il at acquasteit a Girardat de S. Julien et a Poencignon Hurel, parmei tel cens com elle doit.

210 Auburtins Renaldas p. b sus une maison que siet sus lo Mur, que fut Howeson lo parmantier, qu'il at acquasteit a Wichardin Groignat, parmei xv s. de cens.

211 Poenses de Strabor p. b. sus xıı d. de cens d'amone qu'il at acquasteit au signor Symon, lo prestre de S. Jehan, que geisent sus la vigne que geist en Ospreis, qu'il at acquasteit au signor Jehan Noise et as hoirs Burteignon, son frere, e. c. l. e. en l'a. lo dv.

212 Hanrias Gelins p. b. sus la grant maison que fut[1]) Auburtin l'uzerier, que siet en la Nueve rue, qu'il at acquasteit a Burteignon Quaremel, parmei v s. de cens et demei.[2])

213 Matheus Charrue et Weirias Chabosse p. b sus la vigne que fut signor Hetor, que geist en Baucheterme, qu'il ont acquasteit a lui, en alluet.

214 Joffrois Bellegree et Steuignons, ces freres, p. b. por Richier, lo[r] frere, sus la tavle as Nues Chainges, que fut Poencin Bellegree, qu'il ont acquasteit a Garsat[3]) Bellegree, parmei tel cens com elle doit, par lo crant Wautier Bellegree.

215 Huissons li corveisiers p. b. sus une maison devant les Sas, que fut dame Bietrix, qu'il at acquasteit a lei, parmei xx s. de cens.

216 Warins de Chaponrue li tanneires p. b. sus la maison ou il maint, qu'il at acquasteit a Renaldin lou tannor et a Wanterin d'Airencort, parmei x s. de cens. e. c. l. e. en l'a. lo dv.

---

[1]) la grant maison que fut *zum Teil auf Rasur. Nachher hat die Vorlage* sient. *Daraus ergibt sich, dass zuerst* les ıı maisons que fureut *geschrieben war.*

[2]) pm. v s. d *und* et dem. *von Schreiber 2 auf Rasur verbessert.* e cens *ist dazwischen von dem ersten Eintrag stehen geblieben, ebenso davor* pmei, *Schreiber 2 hat* pm *unnötig wiederholt.*

[3]) Garsat *auf Rasur und ebenso wie* par lo crant Wautier Bellegree *mit heller Tinte nachgetragen. Statt* Garsat *war also erst* Wautier *geschrieben.*

217 Jenins Mercire p. b. por la chieze Deu de Fristorf sus LX s. de cens que geisent au Haut Champel sus l'estuve Colin Challon, qu'il at acquasteit a Colin Challon, apres les xx s. davanteriens que les dames i avoient, e. c. l. e. en l'a. lo dv.

218 Drowins li Bourgons p. b. sus demei jornal de terre que geist areis lo champ signor Warin, qu'il at acquasteit a Joffroit, parmei maille de cens, e. c. l. e. en l'a. lo dv.

219 Lambers et Avroyns, ces freres, p. b. sus la moitie d'une maison que geist areis l'aitre S. Euchaire, qu'il ont acquasteit au signor Jehan de Cyei, parmei une maille de cens, e. c. l. e. en l'a. lo dv.

220 Jaikemins Cheneuiere p. b. sus une maison que[1]) siet ou Champel, areis la maison Jaikemin Blondel, qu'il at acquasteit a la feme Arnout lou Vadois, parmei x s. de cens.

221 Andreus li clers p. b. sus VI de cens que geisent sus une maison devant la porte des Repanties, qu'il at [acquasteit] a Domangin de la Porte.

222 Colins Chamusis p. b. sus XI s. de cens que geisent sus la maison Girardat lo bolangier en Gobertcort, qu'il at acquasteit a Hanriat Cheuance, son nevout, en alluet.

223 Alexandres de Harney p. b. sus II estals que geisent en la halle des cotelliers en Vizenuel, qu'il at acquasteis a Martin de Verdun, parmei tel cens com il doient.

224 [2]) Vguignons Hennebourjas p. b. sus.VII s. de cens que geisent sus la maison que fut Howin Vadel outre Saille, qu'il at acquasteit a Symonat lo clerc, lo fil Symon lo chapellier que fut, e. c. l. e. en l'a. lo dv.

225 Yngrans Fourkons p. b. en allues sus tel partie com Jaikemins li Rois avoit en la maison desous la chapelle outre Saille, et sus tel partie com il avoit en tout lo reseige qui appant et en la chapelle et ou trait de la chapelle et en ceu qui appant, qu'il at acquasteit a Jaikemin devant dit, e. c. l. e. en l'a. lo. d.

---

[1]) Zwischen que und siet Lücke mit Rasur.

[2]) Von 224—241 sind die Nomen vor p. b. gleichmässig geschrieben mit Ausnahme von 234. die Einträge aber mit anderer Feder und Tinte (mit heller Tinte 234, 235, 237, 239, 241) später hinzugesetzt, die meisten von Schreiber 4 selbst, aber 228, 233, 240 von Schreiber 2. Der Name von 234 steht auf Rasur und ist mit dem ganzen Satz zugleich geschrieben. Zwischen 241 und 242 sind drei Zeilen frei geblieben. Die Namen von drei Käufern waren da eingetragen, sind aber ausgekratzt worden.

226 Jennas Petiveskes p. b. sus iiii s. de met. de cens qu'il at acquasteit a Steuenin Conuers, lo fil Clowat, sus la vote en Sauerie que fut son peire, apres les xxiiii s. de cens qu'il i avoit davanteriennemant.

227 Renaldins li Merciers p. b. por les pucelles de la Vigne sus les l s. de met. de cens que geisent sus une maison enson la halle des tanours ou Champ a Saille, que Colins Hennebours lor at doneit por Deu et en aumone, e. c. l. e. en l'a. lo d.

228 Thierias li chacieres p. b. sus les vii sols de met. de cens ke gissoient sus sa maison ou il maint, k'il at acquasteit a Hanriat, lou fil Jennin lou lavor qui fut, e. c. l. escriz en l'a. lou dv.

229 Crokelas et Hawiate, sa suers, p. b. sus tel partie com lor trois serours et Jaikemins Chamberlans, lor freres, avoient en la maison lor meire, que siet enson l'ostel que fut Cunat l'olier, qu'il ont acquasteit ai ous, parmei tel cens com elles doient, e. c. l. e. en l'a. lo d.

230 Baudvins Wichars p. b. por les Cordelieres sus v s. de met. de cens que geisent sus une piece de terre devant les Vies Chainges en Vizenuel, qu'elles ont acquasteit a Leukate, la femme Garsat Rousse, et a son fil, apres les v s. de cens qu'elles i ont davanterienment, e. c. l. e. en l'a. lo dv.

231 Jennas, li filz Jaikemin Faucon, p. b. sus la maison en S. Thiebautrue ou il maint, qu'il at acquasteit au doien et au chapistre de S. Thiebaut, parmei tel cens com ille doit, et e. c. l. e. en l'a. lo dv.

232 Poencignons li Oie p. b. sus la moitie de la maison que fut Magis, que siet a la Pousterne, que part a lui meismes, qu'il at acquasteit a Piereson lo poingnour, parmei tel cens com il en doit, e. c. l. e. en l'a. lo dv.

233 Symonas Hesxars p. b. sor vi s. de met. de cens k'il at acquasteit a Otenat de Saint Laddre, sus un stal en la halle des tannors ou Champ a Saille, e. c. l. escriz en l'a. lou dv.

234 Warins, li maires de Wauille, p. b. sus la maison que fut Arnout de Trieues, enson l'ostel que fut Hanri Blondel, qu'il at acquasteit ai Arnout devant dit, parmei tel cens com elle doit.

235 Et ce p. b. ancor sus x s. de cens que geisent enson ceste maison meismes, qu'il at acquasteis au signor Thieri de Labrie, e. c. l. e. en l'a. lo dv.

236 Salemons p. b. sus l'ostel que fut maistre Lambert lo meie, que geist ou Waide, et sus une andange de vigne en la Pretelle, qu'il at acquasteit a maistre Lambert devant dit, parmei XVII s. IIII d. moins¹) de cens, e. c. l. e. en l'a. lo dv.

237 Marcilions de Staixons p. b. sus VII s. IIII d. moins de cens que geisent sus II maisons en la Nueve rue,²) qu'il at acquastei ai Jaikemin, son serorge, e. c. l. e. en la. lo dv.

238 Jaikemins Othins p. b. sus XI jornals de terre eireure que geisent en la fin de Mairuelles, en une piece, qu'il at acquasteit ai Aubrion de Merdeney, parmei II s. de cens, e. c. l. e. en l'a. lo dv.

239 Jenins Bouchate li bolangiers p. b. sus la moitie de l'eritaige que fut dame Aleit Bouchate, sa meire, ou qu'il soit, en tous us,³) I quar que l'en escheut, et l'autre quart qu'il at acquasteit as anfans Amelinne, sa serour, e. c. l. e. en l'a. lo d.

240 Colignons, li filz Lukin lo chausour, p. b. sor teil partie com Hanrias Waignevolantiers avoit sus la maison Nicole, son pere, ke siet daiers Sainte †, et sus tel partie com il avoit en I stal en la viez halle de Visegnuel, k'il at acquaste a Hanriat devant dit, parmei tel cens com il en doit

241 Steuenins Baiars p. b por lui et por Allexandrin Sclarie⁴) sus les XII jornals de terre que furent Jehan lou Hongre, que geisent en Genestroit ou ban S Clement, parmei tel cens com il doient, e con l. e en l'a lo dv.

242 Jennas Lohiers p b. sus XI lb. de met. de cens, qu'il at acquasteis ai Aubert des Arnols, que geisent sus la maison que fut Jehan lo Hongre au Champ a Saille et sus tout lo reseige qui appant, que siet areis l'ostel Jenat Lohier meymes, et sus la maison et sus la grainge que siet encoste l'ostel Hanri de Gramecey que fut, apres XXXIII s. de met. de cens que li maisons et li grainge que siet en coste Henri de Gramecey que fut, Jehan lo Hongre doient.

---

¹) *Das Abkürzungszeichen von* moins *ist übergeschrieben.*
²) *Vor* Nueve rue *ist* Staixons *durchgestrichen.*
³) *Hinter* us *ist* et sus *durchgestrichen.*
⁴) *Der Eintrag ist von Schreiber 4 mit heller Tinte geschrieben, Schreiber 2 hat* por lui et por Allexandrin Sclarie *übergeschrieben und die Buchstaben von* p. b. *bis* XII *mit dunkler Tinte nachgezogen.*

243 Jennas Lohiers p. b. ancor sus lo quart de la maison que fut Jehan lo Hongre, que siet en coste son ostel meymes, qu'il at acquasteit a Colignon lo Hongre, apres tel cens com cist quars dovoit a Jenat Lohier meymes.

244 a) Et ce p b. ancor sus lo quart de la maison que fut Jehan lo Hongre, que siet enson son ostel meimes, qu'il at acquasteit a Steuenin Baiart et a Willermin et a Colate, ces II fillastres, apres tel [cens] com Jenas meimes i avoit

b) Jenas Lohiers p b. ancore sus lou quart de la maison que fut Jehan lou Hongre et sus tout lo reseige qui¹) appant, que siet enson l'ostel Jenat meimes, qu'il at acquasteit a Willermin et a Ysabel, sa suer, les enfans Willermin Berdin que fut, apres tel cens com Jennas meymes i avoit.

245 Jenas Lohiers p. b. ancor sus lo quart de la maison que fut Jehan lo Hong[r]e, que siet encoste l'ostel Jenat meimes, qu'il at acquasteit a Jaikemate, la feme Joffroit lo Hongre, apres tel cens com Jennas Lohiers i avoit.

246* En la mairie d'Outre Mosselle:

246 Jaikelos li bouchiers p. b. sus une maison en Vies Bucherie, que siet encoste l'ostel Sebile, qu'il at acquasteit a Domangin d'Ars lo bolangier, parmei XL s. de cens que li maisons doit.

247 Thierias, li janres Arnoudin, p. b. por signor Aubert, lo prestre de Landes, lou fil signor Arnout de Vy que fut, sus une maison que siet devant l'ostel signor Symon de Chastels, doien de Mes, qu'il at acquasteit a Jaikemin Martin lo drappier, permey teil cens con ille doit as oirs signor Boenvallat de Porsaillis ke fut. ²)

248 Jenins li oliers p. b. por signor Jehan Bonc, prestre de Loppei, sus une maison en Romesalle, qu'il at acquasteit a Domangin lo masson de Verdun, parmei VI s. de cens qu'elle doit.

249 Jehans li tixerans de Nomenei p. b. sus une maison en la ruelle enson Vies Bucherie, qu'il at acquasteit a maistre Thieri lo masson, parmei XIII s. de cens, e. c. l. e. en l'a. lo dv.

250 Odeliate de Chambeires, li femme Gerardin Clement, p. b. sus II pieces de vigne que geisent ou ban de Wappei, une piece en Souerainrual et li autre en Froisauweurs, qu'ille at acquasteit a Piereson Blanchart, e. c. l. e. en l'a. lo dv.

---
¹) *Hinter* reseige *ist* s *und hinter* qui l *ausgekratzt.*
²) *Von* permey *an Zusatz von Schreiber 5,* permey *bis* oirs *steht auf Rasur.*

251 Thiebaus Lohiers p. b. sus trois pieces de preit que geisent ou ban de Monteignei, qu'il at acquasteit a Jennat Lohier, son frere, en alluet, e. c. l. e. en l'a. lo dv.

252 Abrias Yngrans et dame Lukate, sa suers, p. b. por les Cordelieres de Mes sus xvi s. et demei de cens que geisent en Vaus, en dous leus, qu'il ont acquasteit a Symouin, lo fil Joffroit Aisiet, qu'il lor ont doneit por Deu et en aumone, e. c. l. e. en l'a. lo dv.

253 Rollins, li clers lo signor Nicole de Nuefchastel, p. b. sus I jornal de vigne que geist ou ban de Plapeuille, qu'il at acquasteit a Robert lo bolangier, parmei II s. de cens, e. c. l. e. en l'a. lo dv.

254 Jaikes Parraison p. b. sus une grainge que siet en Romesalle, encoste l'ostel maistre Thieri lo masson, qu'il at acquasteit as signors de S. Piere au Vout, parmei xxv s. de cens qu'elle [doit], et e. c. l. e. en l'a. lo dv.

255 Hescelos, li filz Adan Brisechemin, p. b. por dame Aleit, sa meire, sus tout l'eritaige que fut Jennin Braie[1]) de Longeuille, ou qu'il soit, en la mairie d'Outre Mosselle et aillours, que li est delivres par droit et par jugemant, parmei tel cens com li heritaiges doit.

256 Willermins li voueis de Mangnei, p. b. sus une grainge que siet outre Mosselle, que fut sa meire, qu'il at aquasteit a Jaikemin Chameure, son serorge, en alluet.

257 Symons de Bystorf p. b. sus une maison en la rue de S. Vy, qu'il at acquasteit as mainbours Hawiate d'Onuille que fut, parmei x s. de cens que li maisons doit.

258 Girardins et Cunins, ses freres, et Marions, lor suers, p. b. sus la maison que fut Wescelin de Chastels, qu'il ont acquasteit ai Odeliate et a Abillate, sa suer, les filles Wescelin, en alluet.

259 Clemignons li tixerans p. b. sus une maison en la ruelle daier S. Marc, qu'il at acquasteit a Maheut Juwet, parmei xi s. de cens que li maisons doit.

260 Domangins li poissieres p. b. sus une maison en la rue dou Benitvout, qu'il at acquasteit a Thieriat Malebeste et a Felippin, son frere, parmei viii s. de cens que li maisons doit as Repanties.

---

[1]) a aus u verbessert.

261 Remions, li filz Wathier¹) l'Apostole que fut, p. b. sus ɪ jornal de terre eiruere que geist ou ban de Plapeuille, qu'il at acquasteit ai Alexandrin Makerel, en alluet.

262 Symoins Champest li bollangiers p. b. sus ɪ stal que siet en Vizenuel en la halle des bollangiers, qu'il at acquasteit a Symonin Xonion dou pont des Mors, parmei xɪɪ d. de cens, e. c. l. e. en l'a. lo dv.

263 Andreus li clers p. b. por la chieze Deu de S. Sauour sus ɪɪɪ s. de cens qu'il at acquasteit a Piereson Esueillechien sus demei jornal de vigne, que geist ou ban de Wappei, c'om dist en Werrimont.

264 Anchiers Mague p. b. sus une piece de preit que geist en Flascart, que part a Thieriat Gemel, qu'il at acquasteit a Jennat, lo fil Colin d'Arkancei, parmei xv d. que li piece de preit doit.

265 Arnins de Filieres p. b. sus une maison que siet en Ponsalruelle, en coste la grainge Weirion de Deudelanges que fut, qu'il at acquasteit a Poencignon dou Puix, parmei x s. et ɪɪ d. de cens qu'ille doit.

266 Gillas li vieceis

267 Jaikes Roucels p. b. por l'ospital et por S. Laddre sus une maison que siet au pont des Mors, devant lo chaukeur Ste Glosenne, qu'il ont ancquasteit a l'abbasse et au covant Ste Glosenain, parmei xɪɪɪɪ s. de cens.

268* Ce sont li ban dou viutime jor. En la mairie de Porte Mosselle:

268 Garsilions Hecke p. b. sus ɪ jornal de vigne que geist sus Mosselle ai Arambatro, qu'il at acquasteit a Jaikemin Chenal de S. Julien, e. c. l. e. en l'a. lo dv.

269 Wichars de la Tor p. b. sus la piece de vigne que fut la dame de l'Aitre, que geist desor S. Julien a Chanponfontaine, qu'il at acquasteit au signor Thieri de Laibrie et a Bertaldon Piedeschas de Jeurue, en alluet, e. c. l. e. en l'a. lo dv.

270 Wichars de la Tor p. b. ancor sus ɪɪɪ s. et demei de cens que geisent sus une piece de vigne en Orsain, que Weirias Vogenes tient, qu'il at acquasteit a Burtemin, lo fil Jenin Bonnel de S. Julien, e. c. l. e. en l'a. lo dv.

---

¹) *Vorlage* Wachier. *r. 1262, 399* Remions, li filz Watier l'Apostolle.

271 Colignons Sirvels et Poencignons, li filz lo maiour de S. Julien, p. b. sus III jornals de vigne que geisent en Orsain, et sus une piece de trex que geist encoste la vigne Colignon Pioree, qu'il ont acquasteit a Beliart, la fille signor Howin Bazin, parme[i .....][1]) que li tre[x doit.]

272 Jehans Makexade de Stoixey p. b. sus la moitie de la maison que fut Alixon Ganange en Stoixei, qu'il at[2]) acquasteit a Steuenat Jornee, parmei III s. de cens, et e. c. l. e. en l'a. lo dv.

273 Rechars, li maires de Werrise, p. b. sus XX. s. de cens que geisent sus la maison que fut Richart, lo janre Gannange, en Stoixei, qu'il at acquasteit a Steuenat, lo fil Poensate Jornee, apres XXII d. de cens, e. c, l. e. en l'a. lo dv.

274 Willames Berbis p. b. sus la maison Abertin, lo prevost de Remlevanges, que siet en Rues de S. Julien, encoste l'ostel Thieriat l'olier, qu'il at acquasteit a Willecol, e. c. l. e. en l'a. lo dv.

275 Thierias, li nies Lowion Louce, p. b. sus la maison Gerart lou parmantier de Buevanges, a la porte d'Esparnemaille, encoste l'ostel Thiecelin, qu'il at acquasteit a Gerart devant dit, e. c. l. e. en l'a. lo d.

276 Dame Jaikemate Paillate p. b. sus X s. de cens que geisent sus la maison Jennin Gouval de S. Ylaire, qu'ille at acquasteis a Colin, lo fil Piereson d'Alyxei, apres VI [s.][3]) et II chapons que li maisons doit de premerien cens.

277 Bertrans li clers, li filz Bacelin Gaielat de Malleroi, p. b. sus la maison que fut dame Henmisse, que siet areis la porte a Saille, qu'il at acquaste a Thomescin, lo fil dame Henmise, et a Abillate, la fille Guizelaire, et a Alixate, sa niece, e. c. l. e. en l'a. [lo dv.].

278 Bauduins Stenars p. b. sus la maison en Rainport ou il maint, qu'il at acquasteit a dame Colate, la femme signor Fourkon, et a dame Beliart do Pont, parmei IIII lb. de cens.

279 Gueremans, li janres Thieriou Costan, p. b. sus la maison Aidelon la ciriere que siet encoste son ostel meymes, qu'il at acquasteit ai Aidelon, parmei XII s. de cens, et e. c. l. e. en l'a. lo dv.

---

[1]) *Zeile zu Ende, Rand beschädigt, der Schluss des Satzes ist übergeschrieben.*
[2]) att *in der Vorlage.*
[3]) s. *oder* d. *ausgelassen.*

280 Jenas dou Weit p. b. sus la piece de vigne que geist en la Roichelle sus Mosselle, en coste la vigne lo fil Warin, qu'il tient de S. Laddre, qu'il at acquasteit a Colignon Joutelate, parmei XVI d. et maille de cens.

281 Poencignons de Saint Martin li poixieres p. b. sus la maison ou il maint au pont des Mors, encoste l'ostel Poencignon Blatel, qu'il at acquasteit a Jennat de Rixonuille lo poixour, e. c. l. e. en l'a. lo dv.

282 Steuenas, li filz Poensate Jornee dou pont Rainmont, p. b. sus la maison Richart lo tennour en Stoixei, areis l'ostel Evrart que fut, qu'il at acquasteit a Richart devant dit, parmei XXII d.[1]) de cens.

283 Jennas Teste et Renaudins, ces freres, p. b. sus la moitie de la maison que siet en Rues de S. Julien, areis l'ostel Hanrit Coinrart, qu'il ont acquasteit a Hanri, lour serorge, parmei VI s. de cens.

284 Burtrans de Cuxey p. b. sus une piece de vigne que geist sus Mosselle, areis sa vigne meimes, qu'il at acquasteit a Thieriat de Sanrei, parmei une angevine de cens que li vigne doit.

285 Steuenas li Vadois, li valeis l'abbeit de S. Pieremont, p. b. sus la maison Wauterin lo charpantier, que siet en Chambres, areis l'ostel Colin d'Arkancey, qu'il at acquasteit a Wauterin devant dit, parmei tel cens com il en doit, e. c. l. e. en l'a lo dv.

286 Jehans Bugles p. b. por l'ospital dou Nuefbourc sus VI s. de cens que geisent sus la maison Arnout a Stentefontainne, qu'il at acquasteit ai Arnout devant dit, apres VI s. de cens que li maisons doit davanteriennement.[2])

287 Maistres Guis, li prestres de S. Hylaire au pont Rainmont, p. b. sus V s. de cens que geisent sus la maison Ysabel, la feme Ancillon Burney que fut, qu'il at acquasteit ai Ysabel devant dite, e. c. l. e. en l'a. lo dv.

288 Willermins li hugiers p. b. sus la maison que fut Baudyn Rousate, que siet a la pousterne en Chambres, qu'il at acquasteit a Jehan de la Cort, parmei tel cens com ille doit.

289 Dame Sebelie, li feme Bascelin Loueus, p. b. sus XVI s. de cens que geisent sus la maison dame Lucie, la feme Vguignon d'Oixei, qu'ille at acquaste a Garsiliat Ruece, e. c. l. e. en l'a. lo dv.

---

[1]) d. übergeschrieben. s. ausgekratzt.
[2]) r. 1267, 368.

290 Renaldes li cordewiniers de Chambres p. b. sus la maison Coinse lo tonnellier, que siet en Chambres, qu'il at acquasteit a Coinse devant dit, e. c. l. e. en l'a. lo dv.

291 Guios, li filz dame Claradine de Porte Mosselle, p. b. sus la maison Clemignon lo vanour, que siet en Renport, qu'il at acquasteit a Thiebaut de la Cort, en alluet.

292 Poencignons Joterels de S. Julien p. b. sus une piece de vigne que geist sus Mosselle, areis sa vigne meimes, qu'il at acquasteit a Burtran lo tanor de Chaillei que maint en Stoixei, en allue.

293 Wasas, li filz Lambert l'oixillour, p. b. sus tel partie com Jennas, ces freres, avoit en la maison et ou meis daier que siet en Stoixei, que partivet a lui meymes, qu'il at acquasteit a Jennat devant dit.

294 Hennelos de Saunerie li charpantiers p. b. sus v s. de cens que geisent sus la maison Guelart a Leudoupuix, qu'il at acquasteit a Guelart devant dit.

295 Colins et Ysambars et Thierias, li troi fil Aubert lo xaving de la Place que fut, p. b. sus les vignes Bertaldon, lor frere, que geisent en Chapoufontainne, et sus son chaukeur devant lo pont a S. Julien, et sus tout son heritaige que geist ou ban de Valieres en Te[rme?],[1] et sus tout kan que Bertrans, lo[r] freres, at d'eritaige en la mairie de Porte Mosselle, en tous us, por cc lb. de met. que Bertaldons, lor freres, lor doit.

296 Li sires Nicoles, li prestres de Sainte Croix, p. b. por la frarie des prestres parrochas de Mes sus xv s. de met. de cens que geisent sus la maison Mouchat lo parmantier devant la cort de Ste Crois, qu'il ont acquasteit au signor Jehan, lou prestre de S. Esteine lo [Depan]ueit,[2] et a Wacherin lo charreton, apres v s. de cens ke Jehans de la Cort i ait.[3]

297 Jennas, li filz signor Lowis l'Erbier que fut, p. b. sus lo molin que fut Jennin Cuneman, lou jaure dame Poence de Chambres,[4] emey la teire daier la vies stuve en Chambres, qu'il at aquasteit as hoirs Jennin Cunemant devant dit, e. c. l. e. en l'a. lo dv.

---

[1]) *Zeile zu Ende, Rand beschädigt, c. 1278, 371* en Beustairtterme.
[2]) *Ende der Zeile beschädigt, der Rest mit* neit *beginnend ist übergeschrieben.*
[3]) tel cens com ele doit *ausgekratzt und durch* v s. etc. *von Schreiber 2 ersetzt.*
[4]) *Von* lou an bis Chambres *von Schreiber 2 übergeschrieben, ebenso* devant dit.

298 Dame Yde, li feme Andreu lo texerant que fut, et Bascelins, ces filz, p. b. sus une maison que siet encoste lor ostel meimes, qu'il ont acquasteit as IIII filz Willame de Mommedorf, parmei III [s.]¹) et I chapon de cens que li maisons doit.

299 Dame Poeuse, li feme Poencin Gos que fut, p. b. sus la maison les signors de Clerevals, que siet en Chambres, qu'il at acquasteit au signor de Clerevals, parmei LX s. de cens.

300 Jaikemins, li filz Frizant de Stoixey, p. b. sus la maison Jenat Trotel, que siet delai la porte d'Esparnemaille, qu'il at acquasteit a Jenat devant dit, parmei V s. de cens.

301 Jaikemins, li filz Jennin lo doien que fut, p. b. sus la maison que siet a la barre a Stentefontainne, et sus une piece de vigne que geist areis la ruelle, que fut Matheu lo Gros, qu'il at acquasteit a Renaldin lo tanour et as anfans Matheu lo Gros, parmei VI s. de ce[ns.]

302 Remions, li filz l'Apostole, p. b. sus l'eritaige Ysabel, l'avelate Osson, que geist a S. Julien et a Valieres, qu'il at acquasteit ai Ysabel devant dite, parmei tel cens com li heritaiges doit, e. c. l. e. en l'a. lo dv.

303 Ferris de S. Anol p. b. sus la demee maison que siet en Stoixey, enson l'ostel Jehan, lo janre Barangiel lo meutier, qu'il at acquasteit a Jennin Auberon, parmei tel cens com ille doit.

304 Colins Gratepalle p. b. sus une piece de terre que geist desor Valieres, desous la vigne Colin meimes, qu'il at acquasteit a Margueron, la femme Hanrion Bouchat, en alluet.

305 Othins, li janres Aubertin de Prinei, p. b. sus la maison Hennelo, lo fil Waze, que fut Symon Hercon, que siet areis l'ostel Burtemin Nigre, qu'il at acquasteit ai Hennelo devant dit, parmei XV s. et IIII chapons de cens.

306 Matheus, li filz Jennin de la Tor que fut, p. b. sus VIII s. de cens que geisent sus la maison Poencin lou follon en Renport, qu'il at acquasteit a Colignon, lo fil Xandrin Coinrart, e. c. l. e. en l'a. lo dv.

307 Auburtius Vaichate p. b. sus la maison que fut Wauterin Plaisance, que siet en Chadelcirue devant les molins a Saille, qu'il at acquasteit a Piereson lo Bague, lo fil Warin devant dit, parmei III s. et III d. de cens que li maisons doit.

---
¹) s. oder d. ist ausgelassen.

308 Perrins, li filz Androwin Malglaive de Chambeires, p. b. sus une piece de vigne que geist sus Mosselle desor lo poncel, encoste la vigne Pieron Thomes, qu'il at acquasteit ai Jennat, lo¹) fil Thieri Charenxal que fut, parmei III mailles de cens.

309 ²) Xandrins Gracecher p. b. sus XII jornals et demei de terre eireure que geisent en la fin de Molins, qu'il at acquasteit a Howignon, lo fil Colin Willerit de Chazelles, parmei XI d. de cens, a. c. l. e. en l'a. lo dv.

310 ³) Arnous Poujoize p. b. por lui et⁴) por dame Soffie, sa meire, sus XXVII livrees de terre que li sires Renaus dou Nuefchastel lor [at] assis a Retonfay en l'awe de Mosselle, por l'eschange de Lustremanges, a. c. l. e. en l'a. lo dv.

311 Poencignons de Coloigne et Collez Gomerels p. b sus la moitie de la vigne Hanriat Robin, que geist en Chenal, encoste la vigne Jaikemin Cristenon, qu'il ont acquasteit a Hanriat Robin, e. c. l. e. en l'a. lo dv.

312 ⁵) Colins Ruece p. b. sus tout l'eritaige Bescelin lou poixour des Roiches, qu'il at ou ban de S. Julien et ou ban de Valieres, et sus III s. de cens que Vguenas et Pierexels et Allexandres li doient sus I planteit de vigne que geist en Orsain, encoste lo planteit Colin Ruece meimes.

313 Thieris Domate p. b. su[s] II pieces de terre⁶) que geisent ou ban de Vermiey; s'an geist I jornals en Maixeruelles, que doit VI d. d'aumone, et li autres jornals en Beonchamp, qui est allues, qu'il at acquasteit ai Ysambart, lo jaure Bessat de Vermiey, e. c. l. e. en l'a. lo d.

314 Jennas Warniers p. b. sus jor et demei de vigne que geist sus Mosselle, que fut Jennat, lo fil Abertin Fauconuers, qu'il at acquasteit a Jennat devant dit, e. c. l. e. en l'a. lo dv.

315 [T]hieris Domate et Matheus Makaires p. b. sus VIII s. de cens que geisent sus la maison Hawiate, la femme Aubertin de Perte, en Chadeleirue, qu'il ont acquasteis a Hawiante devant dite, apres III s. et I chapon de premier cens que li maisons doit, e. c. l. e. en l'a. lo dv.

---

¹) Jennat lo *ist mit heller Tinte übergeschrieben*, ai *aus* au *verbessert*.
²) *309 gehört zur mairie d'Outre Moselle oder de Porsaillis*.
³) = *455 (mairie d'Outre Moselle)*.
⁴) por lui et *übergeschrieben*.
⁵) *Der Eintrag ist durchgestrichen*, v. *1267. 323*.
⁶) *Auf Rasur*.

316 Garsilias, li filz Jehan Barbel, et Wichardins, ces freres, p. b. sus la maison Garsiliat, lo fil Poencin de Champillons, en Aiest, qu'il ont acquasteit a Garsiliat¹) devant dit, e. c. l. e. en l'a. lo dv.

317 [T]hiebaus de la Cort p. b. sus L s. de met. de cens qu'il at acquasteit a dame Marguerite, la femme Nicole Mairase que fut, que geisent sus trois maisons en Staixons que Hanrias, li filz Harbin, et Jennas Boukel et Symonins Maches tiennent, e. c. l. e. en l'a. lo [dv.]

318 Jehans de la Cort p. b. sus VII s. de cens que geisent sus la maison Jehan de Verdun que fut, que siet en Ymbercort, qu'il at acquasteit a dame Marguerite, la feme Nicole Mairasce que fut.

319 Et ce p. b. ancore sus la maison Pierat lo masson que fut, qu'il at acquasteit ai Abillon, sa feme, que siet enson l'ostel Morel lo parmantier que fut, parmei XV s. de cens.

320 [P]oensignons, li filz Howart Jalee, p. b. sus L s. de met. de cens que geisent sus la maison Wauterin, lo fil Hescel, et sus la maison Burtemin, lo janre Hescel, que sient en Rainport, que furent dame Bietris, la fille Jaikemin Fackenel, qu'il at [acqua]steit au signor Garsire de Gorze et a Alixandre Makerel, les maimbours dame Bietris devant dite, e. c. l. e. en l'a. lo dv.

321 Hennelos Roichas p. b. sus I jornal de vigne que geist en Chenals, lons la vigne Piereson d'Alisey, parmei III s. de cens, et sus IIII quartes de wayn moitange I quarteron moins que Bescelins Zinde de Chaillei doit as hoirs Gerart Grennion s[us son] heritaige a Chailley, qu'il at acquasteit a Hanriat lo clerc et a Margueron, sa suer, les anfans Gerart Grenion, e. c. l. e. en l'a lo dv.

322 Jaikemins li doiens de Davant S. Sauour p. b. sus IX s. et demei de cens que geisent sus II jornal de vigne que li femme Jennin Bakillon de S. Julien tient, qu'il at acquasteit a Jennin Osson, son frere, et a Margueron, lor serour, et ai Ysabel, lo[r] nessien, e. c. l. e. en l'a. lo dv.

323 ²) Colins Ruece p. b. sus III s. de cens que geisent en Orsain sus I planteit enson sa vigne meimes, qu'il at acquasteit a Bescelin lo poixour des Roiches, dont il redoit III d. I angevine moins a S. Pol.

---

¹) *Hinter* Garsiliat *ist* lo mercier *durchgestrichen.* ²) r. 1267. 312.

324 Steuenins Gouvions p. b. sus IIII lb. de met. de cens et II wastels, douze d. que geisent sus II maisons au pont a Moszelle, et sus XX s. de cens a Villers a l'Orme, que Girars de S. Julien doit sus II jornals de vigne, et sus XX s. de met. sus la maison Roillon lo poixour en Remport et sus l'awe a S. Julien, et sus VII s. de met. que geisent sus la maison Girart Hulanges, qu'il at acquasteit a Steuenin Facke[nel].¹)

325 Dame Jaikemat[e] Paillate p. b. ancor²) sus VI s. de cens que geisent sus la maison que fut dame Cunesate daier S. Hylaire, qu'ille at acquasteit a Maffroit, son fil, apres I d. de premier cens.

326* [E]n la mairie de Porsaillis:

326 ³) [C]lemignons li taillieres et Colles Gomerals p. b. por la frairie dou Tortis dou cor Den de S. Supplixe sus XXX s. de met. chesc'an de cens, qu'il ont acquasteit a Jaikemin, lo fil Languedor, sus sa partie de tout son heritaige, ou qu'il soit, e. c. l. e. en l'a. lo dv., et apres tel cens com il doit.⁴)

327 [T]hierias li massons p. b. sus une maison ator de la roelate en la Nueve rue, qu'il at acquasteit a Pierat d'Outre Saille, parmei XII s. de cens.⁵)

328 [J]ehans, li filz Jehan de Cronney, p. b. sus une maison que siet devant l'ostel de S. Laddre, qu'il at acquasteit a la feme Lorant lo cordewinier, parmei XXX s. et III d. de cens.

329 [G]illas de Vauls p. b. sus lo four de Vals et sus la maison et sus lo reseige et sus . . . . ,⁶) que part a Gillat meimes, qu'il at acquasteit ai Aubert de Vals, e. c. l. e. en l'a. lo dv.

330 [L]owias li vegnieres p. b. sus une maison que siet ou Waide, qu'il at acquasteit a Colin Lascheprunne, parmei II s. et demei de cens.

331 Steuenins li Bourgons p. b. sus une maison devant les Repanties, qu'il at acquasteit ai Alixate Cheneuiere, parmei XIII s. de cens.

332 Poenses de Straubor p. b. sus I jornal de vigne que geist outre Saille en Hospreit, qu'il at acquasteit a dame Martinate, la femme Jaikemin Villain, en alluet.⁷)

---

¹) *Von* p. b. *bis* Fackenel *mit heller Tinte geschrieben.*
²) *v. 1267, 276.*
³) *Bis* Gomerels *durchgestrichen.*
⁴) et apres *bis* doit *Zusatz von Schreiber 2.*
⁵) *Dahinter steht das Zeichen* +
⁶) *Lücke gelassen etwa für 13 Buchstaben.*
⁷) *Von* la femme *an geschrieben von Schreiber 2,* la femme Jaikemin *auf Rasur.*

333 Thierias Bawiers p. b. sus une maison encoste l'ostel Marsiliun, qu'il at acquasteit a Garsiliat Damelate, parmei xxx s. de cens.

334 [A]rnous de Trieues p. b. sus une maison enson Jenat Gohier, qu'il at acquasteit a Rechardin Haran lo tonnellier, parmei xxii s. de cens.

335 Demangins Compere p. b. sus une maison que fut Wauterin, que siet a Porsaillis, qu'il at acquasteit ai Alixandre,[1]) lo chanone de Nostre Dame la Ronde, parmei lx s. de cens a S. Sauuour.

336 Alixate p. b. por lei et por ses ii serors sus une maison que siet ou Petit Waide, qu'elles ont acquasteit ai Androwat, lo fil Poencin l'escrevain, parmei xxii s. et demei[2]) de ceus.

337 Ancillons li feivres p. b. sus une maison devant la Triniteit, qu'il at acquasteit a Colin Brasdeu, parmei xviii s. de cens.

338 [S]ymonins d'Anceuille p. b. sus la maison que fut Piereson Burtemel en la rue des Alemans, qu'il at acquasteit a lui, parmei iiii s. de cens.

339 [T]hierias li amans p. b. sus une maison en la Vigne S. Auol, qu'il at acquasteit a l'avelate Bertran Osson,[3]) parmei xii d. de cens.

340 [W]auterins li tanneres p. b. sus i stal en la halle des tannours ou Champ a Saille, qu'il at acquasteit a Houdiate, parmei iiii s. de cens, et e. c. l. e. en l'a. lo dv.

341 [J]enins Xawecote p. b. sus demei jornal de vigne a Bernartfontainne, qu'il at acquasteit a Jenin Chabosse, parmei i d. de cens.

342 [B]ernissons,[4]) li filz signor Bernart dou Nuefbourc, p. b. sus une maison que siet ou Nuefbourc et sus tout lo reseige qui appant, qu'il at acquasteit as hoirs signor Bernart, parmei tel cens com ille doit, et e. c. l. e. en l'a. lo dv.

343 [Gar]silions Beudris p. b. sus une piece de vigne que geist en Scorchebuef, qu'il at acquasteit a Baudeson, parmei ii s. de cens, et e. c. l. e. en l'a. lo dv.

---

[1]) *Verbessert aus* Alixate.
[2]) et demei *von Schreiber 2 übergeschrieben.*
[3]) Ysabel *v.* 1267, 302, 398.
[4]) *v.* 1288, 200.

344 [Haw]iate¹) de Chapelleirue p. b. sus xv s. que geisent sus l'ostel Coinse, qu'ille at acquasteit a Symonin, son frere, e. c. l. e. en l'a. lo dv.

345 [J]aikemins Gratepaille p. b. sus une piece de vigne a Maigney, deleis la soie meimes, qu'il at acquasteit a Lowiat Brulleit, parmei xxxi d. de cens, et e. c. l. e. en l'a. lo dv.

346 [M]aheus, li filz Lambresat Clarie, p. b. sus une piece de vigne que geist en Scorchebuef, qu'il at acquasteit a Symonin de Perte, en alluet, e. c. l. e. en l'a. lo dv.

347 [C]olins li taillieres p. b. sus une maison que siet atour de la rue Martignon de Porte Serpenoise, qu'il at acquasteit a la femme Bauduyn Griuel, e. c. l. e. en l'a. lo dv.

348 [B]urtemins Guebouas p. b. sus la grant maison les anfans Jehan Vallin, qu'il at acquasteit a Jehan Vallin, parmei xiii s. de cens.

349 [E]sselins li chavriers p. b. sus v de cens que geisent sus la maison Colignon lou Vasque, qu'il at acquasteit a lui, apres xviii s. et vii d. et 1 angevine de cens, e. c. l. e. en l'a. lo dv.

350 [Lo]wis et Richars, ses freres, et Agnes, lor seror,²) p. b. sus une maisere que siet ou meis Felippe Colon, qu'il at acquasteit au signor Vgou Colon, parmei xxiiii s. de cens.

351 Mariate, li damiselle Colin lo maistre, p. b. sus une maison que siet ou Petit Waide, qu'ille at acquasteit a Jennat, lou fil Poensat lo masson,³) parmei xiii s. et demei de cens.

352 [B]urtemeus, li filz Dowenat, p. b. sus une maison que siet en Maizelle, qu'il at acquasteit a la femme Colin Xallebouton, parmei xiii s. de cens.

353 [Y]sabels li viecere p. b. sus une maison que siet enson l'ostel Barrixel en la rue S. Gengol, qu'ille at acquasteit a Humber lo viecey, parmei xvi s. de cens.

354 [W]auterins de Chalons p. b. sus une maison devant l'ostel Renaudin lo Mercier, et sus xxiiii s. de cens que geisent sus une maison encoste cesteie, qu'il at acquasteit a Weirion de Leubey, e. con l. e. en l'a. lo dv.

---

¹) v. 1267, 186 und 435 Symonin, lo fil dame Hawit la telliere. *Die Tochter der* Hawit *könnte* Hawiate *heissen. Aber das i in* Hawiato *ist nicht sicher, da nur das untere Ende des Buchstabens erhalten ist und ein noch geringerer Rest des vorhergehenden. Es könnte z. B. auch* Collate *heissen.*

²) et Agnes, lor seror *von Schreiber 2 mit heller Tinte übergeschrieben.*

³) Jennat *bis* masson *von Schreiber 2 geschrieben auf Rasur.*

355 [C]olignons, li filz Colin Roillon, p. b. sus la maison que fut Warnier lou bouclier, qu'il at acquasteit a Willermin Languedor, parmei XXI s. et demei de cens.

356 Howignons Boücheruels p. b. sus la maison que fut Lambelin Ravat, que siet enson l'ostel Gervout lo parmantier, qu'il at acquasteit a ces anfans, parmei XI s. de cens, e. c. l. e. en l'a. lo dv.

357 Pieresons Xocort p. b. sus la maison que fut Wautier Agase, que siet devant l'ostel Demangin de Toul, qu'il at acquasteit a Jaikemat, son fil, parmei XV s. et III mailles de cens, et e. c. l. e. en l'a. lo dv.

358 [Bau]duyns Froideviande p. b. sus l'ostel que fut dame Minne, que siet en la Mercerie, qu'il at acquasteit a Jaikemin Minne et as anfans de son frere, parmei VII lb. de cens chesc'an, et e. c. l. e.. en l'a. lo dv.

359 [1]) Poencignons Challons p. b. sus II jornals de vigne et sus I preit que geisent ou ban d'Awignei, qu'il at acquasteit a Jaikemin dou Paire, les II jornals de vigne parmei I d. et lou preit parmei X d. de cens, e. c. l. e. en l'a. lo dv.

360 Et ce p. b. ancor por lui et por Escelin de Fayt sus toute la terre eireure et sus tous les bois que Jennas Bossonmeis avoit en tous les bois[2]) de Praiels, qu'il ont acquasteit a lui, parmei tel cens com cist heritaiges doit a S. Sauuour.

361 Poencignons Challons p. b. sus IIII jornals de terre eireure que geisent areis les Bordes, qu'il at acquasteit a Weirion, lo maiour de Vignueles, parmei tel cens com il doient.

362 [L]owis, li filz signor Girart lo Mercier, p. b. sus une piece de terre eireure ou om conte IIII[3]) jornals et demei, que geisent sus Saille desous Saint Andreu, areis la terre S. Thiebaut, qu'il at acquasteit a Poencignon, lo fil Jenin lo feivre de Porte Serpenoise que fut, parmei V s. de cens, et e. c. l. e. en la. lo dv.

363 [A]ubrias Yngrans p. b. por lui et por dame Lukate, sa serour, sus V s. de met. de cens que geisent sus une andange de vigne que gest au chemin Sauneras, en coste la vigne signo[r] Felippe d'Aist, qu'il ont acquasteit a dame Alleit, la femme signor Weirit d'Ancey que fut, e. con l. e. en l'a. lo dv.

---

[1]) Poencignons *bis* II *durchgestrichen*.
[2]) *Verbessert aus* bans.
[3]) IIII *übergeschrieben*.

364 ¹) Aubrias Yngrans et dame Lukate, sa suers, p. b. por la chieze Deu de S. Clement sus v s. de cens que geisent sus la maison Sebeliate a S. Clement, la fille Piereson d'Anweirecort, qu'il ont acquasteit a lei. Et ces v s. ont il donneit a S. Clement en aumosne por l'erme dame Marie dou Nuefchastel, e. c. l. e. en l'a. lo dv.

365 Phelippins Thigueinne li xavins p. b. sus la g[r]ainge et sus la salle desour et sus ceu qui appant que siet enson l'ostel Weirion lo marexal, et sus toute la partie qui estoit venue Colin lou xaving de par son peire, qu'il at acquasteit a lui, e. c. l. e. en l'a. lo dv.

366 Et ce p. b. ancor sus c s. de cens que li grainge qu'il at acquasteit a Colin Lowit ²) dovoit a l'ospital, qu'il at eschangiet a l'ospital et asis aillors, e. c. l. e. en l'a. lo dv.

367 Bugles p. b. por l'ospital dou Nuefborc sus xl s. de cens que geisent sus la maison Steuenin Roucel au tor de Staixons et sus l'ostel apres, et sus xx s. et iiii d. sus l'ostel Poencignon de Champels, dont om redoit iiii d. a S. Pol, et sus xxxiiii s. sus l'ostel Oliue de Girey, dont om redoit iii mailles aire,³) et sus viii s. et iiii d. que li hospitals dovoit as dames de Fristor. Et cest cens lor at Felippins li xavins eschangiet por les cent s. qu'il lor dovoit sus la grainge que siet enson Lowion lo marexal.

368 Bugles p. b. ancor por l'ospital devant dit sus vi s. de cens que geisent sus l'ostel Arnout de Stentefontainne, qu'il at [acquasteit] a lui, apres vii s. de devanterien,⁴) et sus ix s. sus la maison Piereson Villain de S. Arnout, apres iii s. de cens que li maisons doit, qu'il at acquasteit [a] Piereson meismes.

369 Andreus li clers p. b. sus v s. de cens qu'il at aquasteit a Willermin Morel de Fremerey, des xiiii s. de cens que Garsas Bouxons li doit sus la moitie de sa maison que siet enson l'ostel Lorant Panseron.

370 Garsas Donekins p. b. sus tel partie com as anfans Bauduin Belleneie vient consuant de par Thieri Lowit, lor awel,⁵) en

---

¹) *364 setzt die 2. Zeile von 363 fort.*

²) = Colin lou xaving *1267, 365. r. 1262, 149. 185* Colin Lowit l'escheving.

³) *Der Zwischenraum zwischen* mailles *und* aire *ist um einen Buchstaben grösser als gewöhnlich zwischen zwei Wörtern. Ist zu lesen* a S. Eukaire *oder ist* aire = arcis?

⁴) *r. 1267. 286* apres vi s.

⁵) awel *übergeschrieben.* peire *durchgestrichen.*

sa maison sus lo Champ a Saille, qu'il at acquasteit as anfans devant nomeis, parmei tel cens com il doit, et e. c. l. e. en l'a. lo dv.

371 [M]aheus Juwes p. b. sus la maison que fut Garsiliat Juwet daier Ste Crux, et sus II maisons en Staisons daier ceste maison meismes, qu'il at acquasteit a Garsiliat devant dit, parmei tel cens com il en doit, e. c. l. e. en l'a. lo dv.

372 Pierels li Affichies p. b. sus tel partie de heritaige[1]) qui es[t] escheut Felippin Bouchate lou clerc de par sa meire, qu'il at acquasteit a lui, parmei tel cens com il en doit, et e. c. l. e. en l'a. lo dv.

373 Aubertins Charbonee p. b. sus la vigne que fut Jaikemin Raboau en Rollantmont, qu'il at acquasteit a Jaikemin devant dit, et en alluet,[2]) e. c. l. e. en l'a. lo dv.

374 Poensate, li feme[3]) Nainmeriat Lohier, p. b. sus les c s. de met. de cens que geisent sus la maison dou Preit et sus lo jardin daier, que fut Thieriat Moxin, son ajuel, que li vient consuant de par sa mere.

375 Hanrias Beckels[4]) p. b. sus totes les terres eireures que furent Aubert Clairie, que geisent ou ban de Maingne, qu'il at acquasteit a Thiebaut Fackenel et a Xandrin Clairie, e. c. l. e. en l'a. lo dv.

376 Drowins Bouchate, li janres Werion lo marexal,[5]) p. b. sus XXI s. de cens que geisent sus la maison qui fut Steuenin lo Louf au Quartal, qu'il at acquasteit ai Armanjate, sa fille, et a Colate, sa suer, et ai Ysabel, sa niece, apres XXXII s. de met. de cens que Bauduyns d'Espinals et Colins Gemels i ont, et VII d. a. Saint Martin.[5])

377 Felippins Faixins p. b. sus L s. et III d. de cens, s'an geisent X s. sus l'ostel Jehan de Rinel, et XI s. sus l'ostel Steve lo corretier, et VII s. sus l'ostel enson, et III s. et demei sus l'ostel que fut Blondel, et VI s. et demei sus l'ostel enson, et II s. et demei sus la maison lo tonnellier,[6]) qu'il at acquasteit a Margueron de Buneies, e. c. l. e. en l'a. lo dv.

---

[1]) *Ursprünglich* de tout, *hinter* tout *war eine Lücke gelassen; in diese ist* heritaigo *nach Streichung von* tout *eingetragen. v. 1267, 412,* tel partie d'eritaige.

[2]) et en alluet *übergeschrieben.*

[3]) *v. 1269, 48* fille.

[4]) *Das erste* e *ist aus* o *verbessert.*

[5]) li janres Werion lo marexal *und* et VII d. a Saint Martin *von Schreiber 2 übergeschrieben.* [6]) *Der Personenname fehlt.*

378 Colignons de Vy p. b. sus III maisons que sient atour encoste son ostel, vers Saille, qu'il at acquasteit a Colin Grosseherre, parmei XXXVI s. de cens, e. c. l. e. en l'a. lo dv.

379 Xoinnate, damisselle de Sainte Glosenain, p. b. sus XVII s. et maille de cens que geisent outre Saille sus la maison Colate, la feme Joffroit Sauvegrain, qu'ille at acquasteit a dame Martenate, la feme Jennin Bellegoule, e. c. l. e. en l'a. lo dv.

380 Jennas Cheuresous p. b. sus la moitie de II maisons que geisent ou Petit Waide, que furent Hanri l'Aleman, qu'il at acquasteit a Jennat Pettart, son avelat, parmei V. s. de cens.

381 Robins dou Pont p. b. sus III meues de vin de cens que geisent sus I jornal de vigne en Maizelles, daier l'ostel que fut Hanrikel d'Airey, et sus I jornal de vigne c'om dist a la Barre, enson la vigne Martignon de Porte Serpenoise, qu'il at acquasteit ai Androwat Bellegree, e. c. l. e. en l'a lo dv.

382 [1]) Jehans li Alemans dou Champ a Saille p. b. sus IIII pieces[2]) de terre eireure que geisent a Wilkelei et a Beluoir, qu'il at acquasteit a Jenat la Perche, parmei XII d. de cens, et e. c. l. e. en l'a. lo dv.

383 Thiebaus de la Cort p. b. sus XVI s. III[3]) [d.] moins de cens que geisent sus les[4]) maisons les Repanties, que furent frere Alain, qu'il at acquasteit a dame Marguerite, la femme Nicole Mairase, e. c. l. e. en l'a. lo dv.

384 Forquignons, li filz Symonel Bellegree, [p. b.] sus une tavle as Vies Chainges, qui fut la dame de l'Aitre, qu'il at acquasteit a Bertaldon Piedeschas et a Jennat Chaureson et a Thiebaut lo Gronaix et a Joffroit Bellegree, e. c. l. e. en l'a. lo dv.

385 Parins, li filz dame Nicole,[5]) p. b. sus XX s. de cens que Thierias Mallebouche, li fillastres Werit de S. Arnout, avoit ens premieis chatels ai Espainges, qu'il at acquasteit a lui, e. c. l. e. en l'a. lo dv.

386 Jaikemins, li freres[6]) Garsat Bellegree, p. b. sus XXXVIII jornals de terre eireure que geisent ou ban de Monteigney, et sus XIII s. et VIII chapons de cens a Monteigney, k'il at acquasteit

---

[1]) = *1267. 99.*
[2]) pieces *übergeschrieben*, jornals *durchgestrichen.*
[3]) III *verbessert aus* IIII; d. *oder* m. *oder* a. *ist ausgelassen.*
[4]) *Vorlage* la; s *übergeschrieben*, a *nicht geändert.*
[5]) de Porte Mosselle *v. 1262. 172.*
[6]) freres *übergeschrieben,* filz *durchgestrichen.*

a Colin Marchant,¹) parmei tel cens com il en doit, et e. c. l. e. en l'a. lo dv.

387 Li sires Thomes, prestres de S. Eucaire, p. b. por l'eglise de S. Eucaire sus II s. de cens que geisent sus II maisons ou Petit Waide, que furent Hanri l'Aleman, qu'il at acquasteit a Jennat Pettart, e. c. l. e. en l'a. lo dv.

388 Thierias Briselate p. b. sor I jornal de vigne en Culloit, que fut Jennat Goihier, qu'il at acquasteit a lui, parmei I denier de cens.

389 Felippins Pistals. p. b. sus une moiterasce de vigne S. Auol, qui fut Clodignon, que siet en Rowal, qu'il at acquasteit a Clodignon, e. com l. e. en l'a. lo dv.

390 Odeliate li huviere p. b. sus une maison en S. Nicolasrue, encoste l'ostel Wautier Bellegree, qu'ille at acquasteit a dame Mathiate, la femme Jaikemin lo Gronaix, parmei XVI s. de cens.

391 Willescos p. b. sus la maison que fut Stevle de la Saz, que siet en S. Nicolasrue, que dame Ysabels, li femme Jennat de Heu que fut, li at aquiteit, parmei tel cens com il en doit, et e. c. l. e. en l'a. lo dv.

392 Jaikemins de Montois p. b. sus tote la terre Jenat d'Aubigney et Colignon Boilawe, que geist a Luppei et aillours, qu'il at acquasteit ai ous, parmei tel cens com il en doit.

393 Et ce p. b. ancor sus la maisere que siet en Froitmont, enson Arnout lo feivre, qu'Ancels Murlins donat as chiezes Deu en aumone, e. c. l. e. en l'a. lo dv.

394 Willermins li voueis p. b. sus V s. de cens que geisent sus une maison ou Waide, enson la maison Colin Chenal, qu'il at acquasteit a Jennat Patuel,²) parmei XVI d. de cens, e. c. l. e. en l'a. lo dv.

395 Weirias de l'Aitre p. b. sus II pieces de preit que geisent desous Mairuelles, et sus II pieces desous Lorey et sus II pieces desous Merdeney, qu'il at acquasteit a Poencignon Pichol, lo fil Warrel, e. c. l. e. en l'a. lo dv.

396 Jaikemins Minne p. b. sus une vigne que geist en la Haute Pretelle, qu'il at acquasteit a Rekece, la fille Hanrion d'Ars que fut, parmei I d. de cens, et e. c. l. e. en l'a. lo dv.

---

¹) k'il bis Marchant von Schreiber 2 übergeschrieben.
²) Zwischen a und t ist ein Buchstabe ausgekratzt.

1267, 397—415   150

397 Aubrias li Xavins p. b. sus la maison que fut signor Aubri de
   S. Polcort outre Saille, et sus les xv s. de cens qui appandent,
   qu'il at acquasteit encoutre ces hoirs, parmei tel cens com il
   en doit, e. c. l. e. en l'a. lo dv.
398 Mathelie, li fille Girart lo fournier d'Aiest, p. b. sus xix s. de
   met de cens que geisent en Maizelles sus la maison Colin Galien,
   qu'elle at acquasteit ai Ysabel, l'avelate¹) Bertran Osson, parmei
   tel cens com ille en doit.
399 Colate et Guepperate, les II filles dame Blanche, p. b. sus la
   maison que fut Bertran Janremaire, que siet enson l'ostel
   Weirion de Flanuille, qu'elles ont acquasteit a lui, parmei xII s.
   de cens.
400 Jennas, li filz Clement de Villers, et Poensate, li fille Bascelin
   Rauetel, p. b. sus xII s. de cens que geisent sus l'ostel Bescelin
   devant dit, qu'elles ont acquasteit a Martenate, la femme Belle-
   goule, e. c. l. e. en l'a. lo dv.
401 Pierex[e]ls, li aveles Bouchate, p. b. sus la maison que fut Huon
   de S. Arnout, que siet enson l'ostel Lowiat lo cordewinier a la
   Posterne, qu'il at acquasteit a Jaike Bazin, parmei xxxv s. de
   cens, e. c. l. e. en l'a. lo d.
402 Jennas Backaus, li filz Odeliate la merciere, p. b. sus une
   maison que siet en la Mercerie, entre la maison Lowion lo
   Mercier, et la maison Arnout de Coloigne, qu'il at acquasteit
   a Martenate, la feme Perrin lo wantier que fut, parmei vI lb.
   de cens, et e. c. l. e. en l'a. lo dv.
403 Luckins Chameure p. b. sus xxxv s. de cens que geisent sus
   l'ostel Pierexel, l'avelet Bouchate, que siet a la Posterne, enson
   l'ostel Lowiat lo cordewinier,²) et sus la maison apres, que fut
   signor Huon de S. Arnout, qu'il at acquasteit a Jaike Bazin,
   parmei I d. de cens.
404 Colins Symars p. b. sus xII d. de cens que geisent sus la maison
   dame Crestine, enson la porte Willermin de Nouveroit, qu'il at
   acquasteit a lei, apres les II s. de cens qu'il i avoit devan-
   teriennement.³)
405 Jennas Petisvaskes p. b. sus la maison que fut Willermin
   Lecherie, que siet sus lo Mur enson sa maison, et sus la vote
   devant en Sanerie, qu'il at acquasteit a Margueron Lecherie,
   parmei L s. de cens, et e. c. l. e. en l'a. lo d.

   ¹) *Vor* l'avelate *ist* la fill *durchgestrichen.*
   ²) *c. 1269, 254.*   ³) *c. 1267, 97.*

406 Colins Barrois d'Outre Saille p. b. sus x s. de cens que geisent
enson sou ostel sus la maison Thieriat d'Oisey, qu'il at acqua-
steit ai Allisate, la fille Goudefrin lo corrier que fut, e. c. l.
e. en l'a. lo dv.

407 Goudefrins, li filz Jehan de la Porte, p. b. sus une piece de vigne
que geist apres la vigne Jehan de la Porte, qu'il at acquasteit
ai Odeliate de Nowescenille, e. c. l. e. en l'a. lo dv.

408 Lowias li clers p. b. sus VIII jornals de terre et sus les preis
ki atiennent entor,[1]) que geisent en la fin de Poutois, qu'il
at acquasteit a Vgin de Poutois, parmei IIII d. de cens, e. c.
l. e. en l'a. lo dv.

409 Et ce p. b. ancor, por les Cordelieres de Mes, sus XXV s. de cens
que geisent sus la maison Hessat lo barbier au pont a Saille,
qu'il at acquasteit a Poensate, la fille Burtran Mainnjuechieure,
dont om redoit VIII [s.] et V d. une angevine moins, e. c. l. e.
en l'a. lo dv.

410 Thiecelins li marechas p. b. sus tel partie com Auburtins, ces
freres, avoit en la maison ou il maint, ou Champ a Saille,
qu'il at acquasteit a lui, parmei tel cens com celle partie doit.

411 Jaikemins Quaremels p. b. sus XIII s. de cens que geisent sus
l'ostel que fut Jaike de Prouing, qu'il dovoit a Martenate, la
feme Bellegoule, qu'il at acquasteit a lei, e. c. l. e. en l'a. lo dv.

412 Rossate, li fille Steuenin lo munier, p. b. sus tel partie d'eri-
taige com il estoit venue consuant Roillon, son frere, en la
maison son peire et aillours, qu'il at acquasteit a lui, parmei
tel cens com ille en doit, e. c. l. e. en l'a. lo dv.

413 Jaikes Bazins p. b. sus totes les censes que li sires Hector li
chevaliers avoit dedans Mes, en tous us, qu'il at acquasteit a
lui, e. c. l. e. en l'a. lo d., arres les XI sols de cens ke Sainz
Arnous i ait.[2])

414 Arnous li Rois p. b. por la chieze Deu de S. Arnout sus XI s.
de cens que geisent outre Saille sus la maison Hanri lo marechal
que fut, qu'il at acquasteit au signor Hector lo chevalier, e. c.
l. e. en l'a. lo dv.

415 Jenins Marcilles p. b. por la chieze Deu de Fristor sus c s. de
met. de cens que doient cheoir des XI lb. de cens que Phillip-
pins li xavins avoit sus l'ostel de Fristor, enson l'ostel Ancel

---
[1]) entor *übergeschrieben.*
[2]) *Von* arres *bis* ait *von Schreiber 2 hinzugefügt.*

de la Tort,¹) que li abbasse de Fristor li at assegies allours, e. c. l. e. en l'a. lo dv.

416 Thiebaus de la Cort p. b. sus lo quart de la vouerie de Coincey, qu'il at acquasteit a Garsiliat Rabowan, e. c. l. e. en l'a. lo d.

417 Bauduyns Bugles p. b. por Ste Glosenain sus ıx s. de premier cens que geisent sus la grant maison Gillat de Vaus ou Waide, qu'il at acquasteit a Martenate, la feme Bellegoule, e. c. l. e. en l'a. lo d.

418 Bauduyns Bugles p. b. encor, por lo signor Rechart, prestre de S. Gengoul, sus la maison que fut signor Nicole lo prestre, son conpaignon, qu'il at acquasteit a lui, parmei tel cens com il en doit, e. c. l. e. en l'a. lo d.

419 Jehans de Weiure p. b. sus les ıııı lb. de cens que Maheus Lowis avoit sus lo ches de la grant maison son peire, que vint en part as anfans Jaike de Weiure, qu'il at acquasteit a Maheu devant dit, en tel point et en tel droit com Maheus les i avoit, e. c. l. e. en l'a. lo d.

420 Willermins li voueis p. b. en alluet, por les anfans que Jaikemins Chameure²) at de sa serour, sus totes les vignes que geisent ou ban de Maigne, que furent les anfans Willermin Bazin, Contasce, Symonin, Rabiere, Perrin et Collate, qu'il at acquasteit ai ous, e. c. l. e. en l'a. lo d.

421 Et ce p. b. ancor por les anfans devant dis sus tous les estals et sus la piece de terre qui appant, que siet en la vies halle devant les osteis Jaikemin Chameure, qu'il at acquasteit as signors de S. Sanour, parmei xx s. de cens, e. c. l. e. en l'a. lo d.

422 Et encor p. b. por les anfans devant dis sus ıı estals et sus la piece de terre qui appant, que siet en la viez halle devant les ostels Jaikemin Chameure, qu'il at acquasteit a Jenat Tortehuve lo viecer, parmei ııı s. et demei de cens.

423 Symonas Bellegree p. b. sus ıııı jornals de vigne que geisent en Pauillonchamp, en ıı pieces, qu'il at acquasteit ai Jaikemate, la feme Joffrignon Villain, parmei tel cens com il doient, et e. c. l. e. en l'a. lo dv.

424 Jennas Peuchas p. b. sus une maison ou Champ a Saille, cuson l'ostel Wauterin lo feivre, qu'il at acquasteit a dame Alleit la Tyrande et ai Androwat Morat, parmei xxx s. de cens.

---
¹) = Tour, v. 1267, 185 und 431.
²) Chameure übergeschrieben.

425 Thielles de Thionville p. b. sus une maison que siet outre Saille, enson la maison Briselatte, qu'il at acquasteit ai Otenel lo corretier, parmei xix s. de cens.

426 Dame Agnes, li fille signor Boenuallat de Porsaillis, p. b. sus une maison que siet sus lo Mur, enson l'ostel lo surien, qu'ille at acquasteit a Jennat l'orfeivre, parmei lx s. de cens, e. c. l. e. en l'a. lo dv.

427 [1]) Thomes de Champels p. b. sus lo tiers de xl s. de cens qu'il at acquasteit a dame Lorate Chabosce, qu'il meismes li dovoit de la maison Pierexel Bernart, e. c. l. e. en l'a lo d.

428 [1]) Lowias li chandeliers p. b. sus la maison ou il maint et sus la chambrate encoste, et sus xxviii s. de cens que geisent sus l'ostel Hanriat Kenne,[2]) et sus xviii s. de cens que geisent sus la maison Armangete a Nuef pont a Saille, qu'il at acquasteit a Jennat lou chandelier,[3]) parmei lx s. de cens.

429 [1]) Jaikemate, li suers frere Andreu, p. b. sus x s. de cens qu'ille at acquasteit a Hennelo de Katanges, sus sa maison en Chaponrue, apres xix d. et maille de premier cens.

430 Lorate, li fille Collenat de Vy, p. b. sus la maison que siet apres la maison dame Ysabel d'Ascey, qu'elle at acquasteit a Hawit de Merdenei et a Marion, sa serour, parmei tel cens com elle en doit, et e. c. l. e. en l'a. lo dv.

431 [1]) Ancels de la Tort[4]) p. b. por les freres des Ces sus la maison que fut Colin et Jehan et Buewignon,[5]) parmei iii s. de cens, e. c. l. e. en l'a. lo d.

432 Jehans Bugles p. b. por l'eglise de S. Martin en Culti sus iiii s. et iii mailles de cens que geisent a S. Clement sus la maison Jennin lo charpantier, qu'il at acquasteit a Jennin Bouchate, e. c. l. e. en l'a. lo dv.

433 Et ce p. b. ancor por l'eglise de[6]) S. Martin devant dit[e] sus iiii s. de cens que geisent sus la maison Hanri lo huvier ou Nuefbour, qu'il at acquasteit a signor Garsire de Gorze, por la frairie dou cor Deu de S. Martin, e.[7]) c. l. e. en l'a. lo dv.

---

[1]) 427, 428, 429, 431, 435, 437 = 182, 183, 184, 185, 186, 181.
[2]) k ist aus h verbessert.
[3]) 1267, 183: Jennat, lo fil Banduyn lo chandelier que fut.
[4]) 1267, 185: de la Tour.
[5]) 1267, 185: que sont de Boutemont.
[6]) l'eglise de übergeschrieben.
[7]) Von hier an helle Tinte bis 453.

434 Burteignons de Suleigney p. b. sus la maison que fut Perrin l'olieir devant la cort Ste Glosenain, que li est escheute por tant com il avoit sus, l'escrit en l'arche, et parmei tel cens com ille doit.

435 [1]) Jehans Daniel p. b. sus la quarte part de la maison que fut Symon de Ronvre en Chapellerne, qu'il at acquasteit a Symonin, lo fil dame Hawit la telliere, e. c. l. e. en l'a. lo d.

436 Jaikemenes li tanneires p. b. sus une maison que siet enson sa maison meismes, qu'il at acquasteit a Wauterin lo charpantier, parmei tel cens com il en doit, e. c. l. e. en l'a. lo dv.

437 [2]) Thierias Brisepain p. b. sus II meues et demeie et II sesteres de vin de cens l'eutinme moins, qu'il meismes dovoit sus une vigne qui est a Croney, qu'il at acquasteit a Jehan de Billey et a Odelie, sa femme, e. c. l. e. en l'a lo dv.

438 Thiebaus de Moihelain p. b. sus la maison que fut Poencin Belegre, que siet en la place a Porsaillis, et sus lo reseige qui appant, et sus les v s. de cens que geisent sus l'ostel Colin Fransois, qu'il at acquasteit a Wautier Bellegree, e. c. l. e. en l'a. lo dv.

439 Thiebaus de Moihelain p. b. por lui et por Hauriat, lo fil Thomescin de Champels, sus tout l'eritaige que fut Willame lo tournour, et sus tout l'eritaige Howin, son janre, et Colate, sa feme, que lor est delivres par droit et par jugemant, por tant com il lor doient, l'escrit en l'arche.

440 Symonas Fackols p. b. sus une demeie[3]) maison que siet enson l'ostel que fut Ancel l'espicier ou Nuefbourc, qu'il at acquasteit as hoirs Ancel devant dit, e. c. l. e. en l'a. lo d.

441 Et ce p. b. ancor sus tel partie com Lowias, li filz Ancel l'espicier, avoit en la maison Ancel, son peire que fut, qu'il at acquasteit a Lowiat devant dit, e. com l. e. en l'a. lo. d.

442 Androwas Burnas p. b. sus la maison Garsat lo bolangier, que siet enson l'ostel sa meire, qu'il at acquasteit a Poencignon Fernagu, parmei xxv s. de cens.

443 Joffrois Boilawe p. b. sus une piece de terre que geist en S. Pierepreit, en son la terre que fut Audelon, qu'il at acquasteit ai Adenat Paillart et ai Arambor, sa serour, e. c. l. e. en l'a. lo d.

---

[1]) = *1267, 186, aber dort* que Formerons Roze ... por Jehan Daniel *statt* qu'il.
[2]) = *1267, 181, aber dort* Thieris *und* Odeliate, *hier* Thierias *und* Odelie.
[3]) demeie *übergeschrieben*.

444 Fourkes, li janres d'Espinals, p. b. sus la maison Colin Marchant ou Nuefbourc, ou il maint, et sus la grainge dariers et sus tou[t] ceu qui appant, et sus v jornals de vigne que geisent outre Saille, apres la vigne Aubert de Champels, et sus IIII jornals et demei de vigne en Rufinclos, qu'il at acquasteit a Colin Marchant. Et ce li at relaisiet parmei x lb. de met. de cens chesc'an. e. c. l. e. en l'a. lo d.

445 Jaikemins li Moinnes, li filz signor Jehan Wichart, p. b. sus la maison que fut maistre Gelebert lo masson, que siet devant l'ostel Matheu Migomart, que li est escheute por sa date qu'il avoit sus, parmei tel cens com ille doit.

446 Thierias li Gemels p. b. sus III s. de cens que li priours de S. Piere as Harainnes avoit chesc'an sus la maison que fut lo voueit de Nomeney a S. Piere as Harainnes, qu'il at acquasteit a l'abbeit et au priour de S. Clement, e. c. l. e. en l'a. lo d.

447 Jehans de la Cort p. b. sus IIII [s.] de met. de cens que geisent sus la maison Warnier lo corrier en Sanerie, qu'il at acquasteit a dame Marguerite, la feme Nicole Marasce que fut.

448 Hanrias de Chieuremont p. b. sus une maison que siet ou Bes Champel, qu'il at acquasteit a Hermenat, lo ja[n]re Chauin, parmei xxv s. de cens.

449 Thierions li charpantiers p. b. sus une maison que siet en la rue dou Preit, enson sa maison meismes, qu'il at acquasteit a Thomescin Boudat lo bolangier, parmei XII s. de cens.

450 Jennas Hertowis p. b. sus II jornals de terre que geisent en Wilkelei, et sus II d. de cens en Wilkelei, qu'i[l] at acquasteit a Harbelin, e. c. l. e. en l'a. lo dv.[1]

451 Lambelins de Maixeroi p. b. sor I stal que gist en la halle des tannours ou Champ a Saille, k'il at acquasteit a Roubat lou tainor; et se li at relaisiet parmei IIII s. de cens, e. c. l. escriz en l'a. lou d.[2]

452 Bauduyns li parmanti[e]rs d'Anglemur[3]

---

[1] Von p. b. an in grösserer Schrift hinzugefügt.
[2] Von p. b. an von Schreiber 2 mit dunkler Tinte geschrieben.
[3] Nicht ausgefüllt, c. 1267, 494.

453 Banduyns Bugles p. b. por la Belle Stainche sus¹) xii s. de met.
de cens ke gissent sus la maison les aufanz Huyn Velin, ke
siet ou Grant Waide, k'il at acquastei a Martinatte, la femme
Jennin Belegoulle, apres les xii sols de cens k'Aubertins Cabaie
i at, et e. com l. escriz en l'a. lou dv.

454 ¹) Aubertins Gallioz p. b. sus tel partie com Blancherons, sa
suer, avoit en la maison ki fut Aubertin, lor pere, ensom l'ostel
Thierit Brisepain. et sus tel partie com ele avoit en v s. et
iiii d. de cens sus trois eires de meis daier Saint Piere as
Harennes, k'il at acquasteit a Blancheron devant dite, e. com
l. escriz en l'a. d.

455* En la mairie d'Outre Moszelle:

455 ²) Arnous Poujoise p. b. por lui et por dame Sefie, sa meire,
sus xxvii livrees [de terre que li sires] Renals dou Nuefchastel
lor at assis a Retonfay en l'awe de Muselle, por l'eschainge de
Lustremanges, e. c. l. e. en l'a. lo dv.

456 Poencignons Lambers p. b. sus xii s. de met. de cens que geisent
sus la maison Ancillou lo feivre en la Vigne S. Marcel, qu'il
at acquasteis a Jennin de Villers, e. c. l. e. en l'a. lo dv., et
apres tel cens com S. Vincens i ait.³)

457 Matheus Drowas p. b. sus iiii s. et d. de cens que geisent en
Franconrue sus la maison Bacelin lo Borgne, k'il at acquasteit
a Banduyn, lo maiour de Faillei, et a Thiebaut Anguenel, e. c.
l. e. en l'a. lo dv.

458 Girars de Nonuiant p. b. sus tout l'eritaige que Thiebaus, li
filz Colin de Molins, avoit en tous les baus de Syei⁴) et de
Chastels, qu'il at acquasteit a Thiebaut meisme, e. c. l. e. en
l'a. lo dv.

459 Ferrias Juves p. b. sus une maixeire outre Mosselle, devant
la porte, qu'il at acquasteit a dame Marguerite, la feme
Aubert de Champels que fut, parmei xx s. de cens, et e. c. l.
e. en l'a. lo dv.

---

¹) *453 von* sus xii s. *au. 454 von Anfang bis Ende von Schreiber 2 mit
dunkler Tinte geschrieben. Zwischen 453 und 454 sind zwei Zeilen frei geblieben.*
²) = *310 (PM), v. Bem. zu 469.*
³) *Von* et apres *an Zusatz von Schreiber 2.*
⁴) Syei *übergeschrieben,* Molius *durchgestrichen.*

460 Andreus li clers p. b. sus III s. de cens que geisent sus une maison en Anglemur, apres Ysambart lo charreton, qu'il at acquasteit a Martin lo corvoisier et a Thiebaut, son serorge, apres VIIII¹) s. et v d. de premier cens, e. c. l. e. en l'a. lo dv.

461 Ancels de la Tor p. b. sus IIII jornals et demei de terre eireure que geisent en Chambeires, et sus v s. et demei de cens que geisent sus les meizes en Chambeires, vers lo vies pont Thiefroit, qu'il at acquasteit as hoirs Warneson d'Arcancey, e. c. l. e. en l'a. lo d.

462 Alexandrins, li filz Garsat Gracecher, et Jehans, ces freres. p. b. sus de quan que Howignons, lor freres, avoit d'eritaige en tous les bans de Jussey et de Ste Rafine et de Vaus, en signorie et en vouerie, en allues, en fiez, en censals et en tous autres us, qu'il ont acquasteit a Howignon meisme.

463 Thiebaus Fackenes p. b. sus une grainge que siet en Franconrue, qu'il at acquasteit a dame Colate Poterelle, parmei III s. et demei et II chapons de cens, et e. c. l. e. en l'a lo dv.

464 Jaikemins Othins p. b. sus la moitie d'une maison et sus II pieces de vigne que geisent daier la grainge Howin Maleurteit, ou ban de Chazelles, qu'il at acquasteit ai Yderon de Doncort, en alluet, et e. c. l. e. en l'a. lo dv.

465 Jenins Bugles p. b. por la chieze Deu de S. Martin en Culti sus III s. de cens que geisent sus la maison Colignon, lo fillastre Haral, devant la porte Ste Marie as nonnains, que li sires Esteines²) at acquasteit a Colin meismes, e. c. l. e. en l'a. lo dv.

466 a) Phelippins Thiguene li xavins p. b. sus jor et demei de vigne que geist ou ban de Lescey, qu'il at acquasteit a Thiebaut Morin et ai Hanreton, son serorge, en alluet.

b) Et ce p. b. ancor sus I piece de vigne que geist en Angleis, et sus une piece que geist en Hanrivigne, et sus une piece que geist en la Haste, et sus une piece de vigne que fut l'Espaingnois, que geisent ou ban de Syey, qu'il at acquasteit a Matheu, lo fil Chardevel de Rozeruelles, et ai Jaikemin, l'avelet Drowin de Clarei, et a Heluwit et ai Armanjart, les II filles Jenin Gelinate de Syei que fut, e. c. l. e. en l'a. lo dv.

---

¹) VIIII *verbessert aus* VIII.
²) prestez. *c. 1269, 123.*

467 Phelippins Thigneigne p. b. por la chieze Deu dou Temple sus
de quan que li sires Hector li chevaliers, li fillastres signor
Arnout lo Sauaige, avoit d'autre part Mosselle, en quelque
maniere qu'il l'i eust, en tous us et en tous prous, en home et
en femes et en anfans d'aluet, et en lor tenors ou k'il l'aient,
et sus qu'an qu'il i at, en tous us et en tous prous, areis
l'omaige lo signor Pieron de Syei, qu'il at acquasteit au signor
Hector meismes, e. c. l. e. en l'a. lo dv.

468 Et ce p. b. encor por la chiese Deu dou Temple sus Armanjart,
la fille Jennin Gelinate de Syei, et sus de quan qu'ille at, et
sus tote sa tenour, en tous us, qui estoit de l'aluet lo signor
Symon d'Ars, qu'il at acquasteit au signor Symon meismes,
e. c. l. e. en l'a. lo d.

469 [1]) Matheus Vellars p. b. sus une piece de terre eireure que geist
en Hein, qu'il at acquasteit a Richar, lo fil Hurtal de Monteigney, parmei xiii d. de cens que li terre doit.

470 Girardes de Warc p. b. sus la moitie d'une maison et sus la
moitie d'une cort que siet en Anglemur, qu'il at acquasteit a
Maffroit, lo marit Parisate des Roiches, parmei ix s. et demei
de cens, e. c. l. e. en l'a. lo dv.

471 Ysambars li drappiers de Lucembourc p. b. sus une maison que
siet enson Vies Bucherie, qu'il at acquasteit a Thieriat Harton
lo parmantier, parmei xxx s. de cens.

472 a) Colins Gratepaille p. b. sus ii pieces de vigne que geisent
ou ban de Syei, c'om dist en Pomeroit, qu'il at acquasteit a
Robin Paillat et a Weriat Roscel, son serorge, e. c. l. e. en
l'a. lo dv.

b) Et ce p. b. ancor sus une vigne a Syei desous Preelle, qu'il
at acquastei a Geraldon Monton, parmei i angevine de cens
que li vigne doit.

---

[1]) *Vor* Matheus *ist eine Rasur. An diese Stelle, an den Anfang des letzten Pergamentblattes, hatte der Schreiber (ohne den rot zu malenden Anfangsbuchstaben E) n la mairie d'Outre Moszelle geschrieben, in der Meinung, das Blatt werde für die Einträge von OM ausreichen. Als dieses aber nicht ausreichte, schrieb er die letzten Einträge von OM mit einer neuen Überschrift auf den freigebliebenen Platz des vorigen Blattes hinter die Einträge von PS und kratzte die alte Überschrift aus. So sind die Einträge von 455—468, die der Zeit nach die letzten waren, an den Anfang gekommen, während 469 ursprünglich der erste Eintrag war. Vgl. den Platz von 455 mit dem Platz des gleichen Eintrages 310.*

473 Hanrias, li filz Vguin Barrois, p. b. sus la maison que fut Jennin
Guedre en Vies Bucherie, qu'il at acquasteit a Jenin, lo janre
Menegout, parmei XL s. de cens.
474 Jenas li tixeraus p. b. sus une maison daier S. Marc, qu'il at
acquasteit a Thierion Goudalone lo masson, e. c. l. e. en
l'a lo dv.
475 Winas li feivres p. b. sus lo tiers d'un jornal de vigne que geist
en Brie, qu'il at acquasteit a Jaikemin, lo maiour de S. Vincent,
parmei I angevine et demeie de cens qu'ille doit.
476 Lowias Trabuchas p. b. sus I jornal de vigne que geist en
Spinoit, qu'il at acquasteit ai Agnel d'Anglemur, la feme Drowin,
parmei III d. de cens.
477 Belissans p. b. sus une maison que siet devant l'ostel l'arcediacre
Werrit, k'elle at acquasteit a Colin lou Noir, e. c. l. e. en
l'a. lo dv.
478 Pieresons li Borgnes p. b. sus une maison en Anglemur, encoste
l'ostel Meudevin, qu'il at acquasteit a dame Poense, parmei
XVIII s. de cens.
479 Arnous, li filz signor Bauduyn lo Roi, p. b. sus XV d. de cens
qu'il at acquasteis a Gelin, lo fil Poencignon de Chastels,
c'Arnous meismes li dovoit sus sa maison a Molins.
480 Matheus Veillars et Renals de Monteignei p. b. sus IIII jornals
de terre eireure en Genestroi, qu'il ont acquasteit a Jennat et
a Garsiliat, les anfans Burtignon Noisei, parmei IIII d. de cens.
481 Maheus Burtaldons p. b. sus la maison ou il maint, encoste la
ruelle, qu'il at espartie encontre ces hoirs de par Orrit, parmei
tel cens com li maisons doit.
482 Frankignons Migomars p. b. sus V jornas[1]) de vigne que
geisent ou ban de Novoiant, qu'il at acquasteis a Coinrart de
Donstene, et sus tout l'eritaige que Coinrars avoit ou ban de
Nonvoiant, en tous us, parmei tel droiture com tous li heri-
taiges doit.
483 Et ce p. b. ancor sus I jornal de vigne que geist en Tignou-
mont, en II pieces, qu'il at acquasteit as maistres de la frarie
des prestres de Mes, parmei demei meu de vin de cens que li
jornals de vigne doit.
484 Jennas, li filz Colin Grifon, p. b. sus une vigne que siet ou
ban de Ciey, qu'il at acquasteit a Thiebaut Cherenxal, en alluet,
e. c. l. e. en l'a. lo dv.

---
[1]) V jornas *verbessert aus* I jornal.

485 Jaikemins Xardeis p. b. sus XIII meues et demei de vin et XL s.
de met. de cens, qu'il at acquasteit a dame Odelie, la feme
Warnier lou poingnier que fut, que geist ai Arnaluille.
486 Jennas de Roszeruelles p. b. sus une maison et I chaukeur et
lo reseige qui appant que geist a Lescey, qu'il at acquasteit
ai Oliuier, lo fil Hanriat de Lescey, parmei XVIII d. de cens que
cist heritaiges doit a S. Pol.
487 Thiebaus de la Cort p. b. por les signors de S. Piere as Vous
sus XVI s. et V angevines de cens qu'il ont acquasteit a Jaike-
min[1]) Gratepaille, sus l'ostel Colin, lou janre Steuenin Pioreie,[2])
au chief de Nekecerue, e. c. l. e. en l'a. lo dv.
488 Li sires Nicoles, li prestres de Sainte Crux, p. b. por la frairie
des prestres de Mes sus VI s. de met. de cens que geisent sus
la maison Lowit lo masson, enson l'ostel Vguin lo barbier,
qu'il at acquasteit a Lowit devant dit, apres XXVI d. a S. Sanour,
et II s. a Ste Crux, et V s. que li frairie i avoit devanteriennement.
489 Jenas de Roszeruelles p. b. por Bertran lou clerc sus la maison
lo signor Jehan Barnewit que fut, qu'il at acquasteit as hoirs
lo signor Jehan devant dit, e. c. l. e. en l'a. lo dv.
490 Fouchars de Vaus p. b. sus IIII pieces de terre eireure que
geisent as Bourdes desour Vals, qu'il at acquasteit a Colin
Malroit lou poisour, en alluet.
491 Thiebaus Hessons et Maheus, ces freres, p. b. sus la moitie
d'un molin que siet daier S. Jehan outre Moszelle, qu'il ont
acquasteit a Matheu lo bouvier, en alluet.
492 Thomescins li taillieres p. b. sus une maison en la rue lo
Voueit, devant l'ostel Colin Fessal, qu'il at acquasteit as main-
bórs signor Garcire de S. Aman que fut, parmei VIII s. de cens,
e. c. l. e. en l'a. lo dv.
493 Jenas, li filz Goudexal, p. b. sus VI d. de cens que geisent sus
lo tiers de la maison Geliat que fut, que siet en Coperelrue,
qu'il at acquasteit a Demanjat, lo fil Geliat, e. c. l. e. en
l'a. lo dv.
494 Androwate et Marguerons, li femme Renaldin lou Bourgon que
fut, p. b. sus la maison que fut Jaikemin lo Hidous en Neke-
ceirue, qu'elles ont acquasteit a Banduyn lo parmantier d'Angle-
mur, e. c. l. e. en l'a. lo dv.

---

[1]) Jaikemin *übergeschrieben*, Colin *durchgestrichen*.
[2]) Pioreie *übergeschrieben*.

495 Poencignons de la Barre p. b. sus vi s. de cens que geisent sus ii maisons en Franconrue, que furent Gerart lo porrellier, qu'il at acquasteit as freres dou Carme, e. c. l. e. en l'a. lo dv.

496 a) Hanrias de Noweroi p. b. por la chieze Deu de S. Syphoriain sus tel partie com li sires Bauduyns li Rois avoit en la vouerie de Plapeuille, qu'il ont acquasteit au signor Esterne lo Roi, e. c. l. e. en l'a. lo dv.
b) Et ce p. b. ancor por la chieze Deu de Saint Syphoriain sus de quan que Burtignons Gueppe avoit ou ban de Plapeuille, en tous us et en tous prous, e. c. l. e. en l'a. lo dv.

497 Bauduyns Wichars p. b. por les Cordelieres sus la maison que fut lo conte de Castes en la rue lo Voueit, qu'elles ont acquasteit as signors de la Triniteit, en alluet.

498 Jaikemins li muniers, li filz Jenin de la Mars, p. b. sus une maison que siet outre Mosselle sus lo Terme, qu'il at acquasteit a Colin Crispel lo munier, parmei viii s. de cens que li maisons doit.

499 Jaikemins Gratepaille p. b. sus une maison en la ruelle deleis lo Grant Mostier, qu'il at acquasteit a Colin, son frere, qui est mainbours frere Heinme des Cordelles, parmei x s. de cens que li maisons doit.

500 Burtemis Frommodes p. b. sus demei jornal de vigne que geist en Mairetelclos, qu'il at acquasteit a Burtemin, lo janre Jennat d'Abiney, en alluet.

501 Colignons, li filz Colemel de S. Martin, p. b. sus ii jornals de vigne que geisent ou ban de Saint Martin, desous l'aglise, qu'il at acquasteis a la dame de l'Aitre, en alluet.

502 Ancillons li feivres de la Vigne p. b. sus une maison que siet devant lo jardin des pucelles de la Vigne, qu'il at acquasteit ai Jenin de Vilers, parmei xv s. et ii chapons de cens, e. c. l. e. en l'a. lo dv.

503 Jenas Facons p. b. por lo signor Soifroit de S. Thiebaut sus iii s. de cens qu'il at acquasteit a Marguerite, la feme Bueuelat lo charpantier, qu'elle avoit sus l'ostel Sebelie Vachate, et sus les iiii s. de cens qu'elle avoit sus l'ostel Bouson, enson celi maison meismes.

504 Rollins li clers de Chambres p. b. sus une maison en Anglemur, que siet encoste la maison Demangin de Vandeires, qu'il at acquasteit a Weriat de Gorze lo masson, parmei x. s. de cens qu'elle doit.

505 Poincins Moille de Chambres p. b. por l'anglise Saint Jorge sus vi d. de cens qu'il at acquasteit a Jehan lo parfit, sus la maison Warneson lou feivre, e. c. l. e. en l'a. lo dv.
506 Hanrias Fauerjous de Franconrue p. b. sus une maison qui est en mei Francorue, en coste lo puix, qu'il at acquasteit a Girart lo potier, parmei viii s. de cens, e. c. l. e. en l'a. lo dv.
507 Drowas de Vaus p. b. sus jornal de vigne que geist a la desandue de Vaus, qu'il at acquasteit a maistre Remei de Porte Mosselle, e. c. l. e. en l'a. lo dv.
508 Poencignons, li fils lo signor Huon Gracecher que fut, p. b. sus i jornal de vigne que geist ai Ars, en Malterme, qu'il at acquasteit a Renaldin et a Willermin, son frere, parmei demei meu de vin de cens, et e. c. l. e. en l'a. lo dv.
509 Alexandrins Gracecher et Thierias de Liehons p. b. sus jor et demei de vigne que geist ai Ars, en Rollanchamp, et sus demei jornal de terre encoste la vigne, et sus iii jornals de terre que geisent ou ban de Groney, qu'il ont acquasteit ai Androwin Chapon d'Ars, parmei demei sestier de vin et une maille de cens que tous cist heritaiges [doit], e. c. l. e. en l'a. lo dv.
510 Maheus de Molins p. b. por lui et por Jenat Noiron, son nevout, sus tout l'eritaige que Thiebaus, li freres Maheu, avoit, en touz us, qu'il at acquasteit a lui meimes, en alluet, e. c. l. e. en l'a. lo dv.
511 Alexandres Claries p. b. sus xl s. de met. de cens que geisent sus la maison lo signor Bertran de Wermeranges desoz Vies Bucherie et sus la grainge en Romesalle, que li sires Bertrans devant nomeis at doneit por Deu et en aumosne as freres Menours de Mes, k'il at acquasteit a Jaike Rousel et a Jehan de la Cort, les porveours les freres Menours, e. c. l. e. en l'a. lo dv.
512 Thiebaus Lambers p. b. sus une maison en Chambres, encoste l'ostel Piereson lo poixour, qu'il at acquasteit a Jaikemin lo poixour, e. c. l. e. en l'a. lo dv.
513 Jaikemins Chameure et Poencignous Chardes p. b. sus tout l'eritaige que Demangins Boscerels at en Anglemur, que lor est delivres par droit et par jugement, parmei tel cens com cist heritaiges doit.
514 a) Stenenins Gouvions p. b.¹) sus vii jornals et demei de vigne

---

¹) *Von* p. b. *an bis 516 helle Tinte.*

que furent dame Aleit de Jeurue, que geisent a Wappeit, et
sus xi s. et demei de cens que geisent sus les maisons en
Chambeires sus lo Rone, et sus x s. de cens que geisent sus la
5 maison Girardin Costantin en Chambeires; et sus xxxiii jornals
de terre eireure que geisent a Thurey, parmei x d. et maille
de cens, et sus ii jornals et demei de vigne que geisent en la
ruelle de Frieres, et sus xv s. de cens que geisent sus la maison
Germain lo feivre a Porte Serpenoise, et xv s. et ii d. de cens
10 que Wauterins Grosveit doit sus une maison devant S. Jorge,
qu'il at acquasteit a Steuenin Fackenel.

b) Et ce p. b. ancor sus la maison que fut Cayn lo poixour,
et sus lo saveur daier et sus tout lo reseige qui appant, qu'il
at acquasteit a Jehan de Weiure, parmei tel cens com il en doit.
515 Et ce p. b. ancor sus jor et demei de vigne que geist ou mont
S. Cointin, entre les vignes S. Syphoriain, c'om dist la vigne
de Plapeuille, que li est escheute par la datte dont il fut ran-
deires por dame Colate Poterelle.
516 ¹) Cist est fourjugies por la pais: Jaikemins Vehelins.

---

¹) *Auf dem freien Raum hinter 473—479 mit heller Tinte eingetragen.*

1269

1* [En] l'an que li miliaires corroit par mil et dous cens et seixante et nuef ans, kant Joffrois li Gronaix fut maistres eschevins de Mes, Thiebaus li Gronaix, ces freres, maires de Porte Moszelle, Jennas, li filz Gille de He[u],[1]) maires de Porsaillis, Jennas Facquenes maires d'Outre Moszelle. Ce sont li ban de paskes. En la mairie de Porte Moszelle:

1 Bauduins Wichars prant bans en ene et en fons por les Cordelieres de Mes sus une piece de vigne que geist en Sorel, encoste la vigne Jaikemin d'Ars, que Colins Maillefer faisoit a moitie des Cordelieres, qu'il at acquasteit a Colin devant nomeit, ensi com li escris en l'arche lo devise.

2 Abrias Yngrans et dame Lukate, sa suers, p. b. sus XX s. de met. de cens que geisent sus la maison Wauterin Haiche, que siet en Chambres, daier la maison Symonin Bokel, qu'il ont acquasteis a Howignon lo charpantier, lo fil maistre Abri de Chambres, e. c. l. e. en l'a. lo dv.[2])

3 Bertaldons Piedeschaz li Grans p. b. sus LX s. de met. de cens que geisent sus la maison ou Jennins li Xavins maint, outre l'anclostre, et sus tout lo reseige qui appant, qu'il at acquasteit a Jennin Xaving devant dit.

4 Godefrins li Stous p. b. sus la maison et sus tout lo reseige qui appant que fut Jehan Burewart, que siet en la place en Rimport, devant l'ostel Howin Mainjuechieure lo clerc, qu'il at acquasteit a dame Aleit, la feme Jehan Burewart, parmei XXX s. de cens, e. c. l. e. en l'a. lo d.

5 Thierias Malebouche, li filz Symonin do Nuef pont a Saille que fut, p. b. sus tel partie com Ysabes, sa serorge, avoit ou deime que part as anfans Roillon Makerel et as anfans Abriat Ygrant et as anfans Jaikemin de Chambres, que lor est escheus de par Symonaire lou clerc, lor oncle, qu'il at aquasteit ai Ysabel devant dite, e. c. l. e. en l'a. lo dv.

---

[1]) *Die Ecken des Pergaments links und rechts oben sind abgerissen.*

[2]) e. c. l. e. en l'a. lo dv. = ensi co. li escris en l'arche lo devise. a. = ansi. d. = dist. dvt. = deviset. escris *bis 65, dann* escris *oder* escriz, *von 173 an nur* escriz.

6 Thiebaus de Moihelain p. b. por les pucelles de la Vigne sus xxxiii s. iiii d. moins de met. de cens que˙geisent sus l'ostel que fut Baudoiche, que siet devant l'ostel Abriat Yngrant, dont om redoit aier viii d. de cens a Saint Ladre; et sus xi s. iiii d. moins de cens que geisent sus une maison en la ruelle Nicole Remey, que Giraudons li bouchiers doit, que Thiebaus de Moihelain at acquasteit a Marguerite de Weure, e. c. l. e. en l'a. lo dv.

7 Perrins, li filz signor Howon Gracecher, p. b. por lo signor Symon, lo grant doient de Mes, sus tout l'eritaige que dame Bietris, la femme Colin Narardin, et Katherine, sa fille, ont, en tous us, ou qu'il soit, qui est escheus a grant doien de Mes devant nomeit, e. c. l. e. en l'a. lo dv.

8 Renaudins li Merciers, li janres Hanriat Robin, p. b. sus une piece de vigne que geist desous lo cheue en Cheuals, encoste la vigne Jaikemin Cristinon, qu'il at acquasteit a Poinsignon de Coloigne et a Colle Gomerel, e. c. l. e. en l'a. lo dv.

9 Thierias, li filz signor Aubert l'escheving, p. b. sus xxxiiii s. de cens que geisent sus les vignes que furent Haremant de Barus, sus Moszelle, qu'il at acquasteit a Jennin Xaving, son frere, e. com l. e. en l'a. lo d.

10 Jaikemins Bonechose p. b. sus la maison Adan lo bouchier, que siet entre la maison Poencignon Coiawe et la maison Poencignon Pochat, qu'il at acquasteit ai Adan devant dit, parmei xv s. de cens qu'ille doit a l'ospital de Porte Moszelle.

11 Dame Aleis li Tirande p. b. sus iii jornals de vigne que geisent en Senenvauls ou ban de S. Julien, areis la vigne Colin de Valieres, qu'ille at acquasteit a Hanriat l'Amiral, parmei tel droiture com la vigne doit, e. c. l. e. en l'a. lo dv.

12 Et ce p. b. ancor sus iiii s. et demei de cens que geisent sus une piece de terre en Orsain, deleis lo planteit les anfans Willame de Vantous, qu'ille at acquasteit as anfans Nainmeri lo Mailla de Valieres, e. com l. e. en l'a. lo dv.

13 Colins, li filz Mathion Malroit, p. b. sus la maison que fut Jehan Warnier et sus tout lo reseige qui appant, que siet en Chieuremont, encoste l'ostel Bouchart, qu'il at acquasteit a Bietris, la fille signor Arnout Ysangrin, parmei xxx s. de cens, e. c. l. e. en l'a. lo dv.

14 Ansels, li filz la Vigne de Valieres, p. b. sus i jornal de terre que geist en ii pieces ou ban de Valieres, li une encoste sa terre

meismes, et li autre encoste la terre Jennin Oson, qu'il at acquasteit a Guepperon, la feme lo Gronaix, en waranse.

15 Li sires Weiris Xordes p. b. sus VIII jornals de terre et sus II pieces de preit que geisent ou ban d'Arcancei, qu'il at acquasteit a Ferriat, lo fil Nicolle Girbaut d'Aiest que fut, parmei XII d. que li jornals a la Longe Roie doit a l'anglise d'Arkancey, e. c. l. e. en l'a. lo dv.

16 Thiellemans, li freres Hennelo lo charpantier, p. b. sus une maison que siet en Grans Meises et sus lo reseige qui appant, que siet encoste l'ostel Pakat Suruel, qu'il at acquasteit a Margueron, la brus Wautier lo tixeran, parmei XII s. de cens, e. com l. e. en l'a. lo dv.

17 Harmans li parmantiers de Chieuremont p. b. sus I stal que siet en la halle des parmantiers en Chambres, qu'il at acquasteit a Thieriat Nion, parmei XVIII d. de cens qu'il doit a Nostre Dame as Chans.

18 Jennas Wastels li drappiers de Stoixey p. b. sus I jornal de vigne que geist sus Desermont, areis la vigne Perrin lo Veske et areis la vigne Jennat Pakier, qu'il at acquasteit a Colin et a Garsart et a Colin, les anfans Colin lou Rouge, en alluet.

19 Steuenius Gouions p. b. sus la moitie d'un meis que geist a Pont, daicr encoste son jarding, qu'il at acquasteit ai Abillate dou Pont de Niet, en alluet, e. com l. e. en l'a. lo d.

20 Jennas Faccons p. b. por lo signor Soiffroit, chanone de S. Thiebaut, sus VI s. de cens que geisent sus la maison Thiebaut d'Appillei et Amelinne, la fille Luccat, en Rinport, qu'il at acquasteit ai Luckat et ai Ameline, apres tel cens com li maisons doit, et e. c. [l.] e. en l'a. lo dv.

21 Hanrias de Maizelles p. b. sus une piece de vi[g]ne que geist en Genoicham, areis sa vigne meismes, qu'il at acquasteit a Colin Meudeuin, en alluet.

22 Ancels, li filz Jehan l'ardour, p. b. sus III jornals de terre eireure qu'il at acquasteit a Burtremin de Nowilley, lo janre Hanri l'Aleman, en alluet, e. c. l. e. en l'a. lo dv.

23 Hanrias li barbiers p. b. sus la maison que fut Warneson lo bolangier a pont des Mors, qu'il at acquasteit a Warneson desus dit, parmei XVI s. de cens qu'elle doit a Jaike Bazin, et e. c. l. e. en l'a. lo dv.

24 Thomescins Richelas p. b. sus demei jornal de vigne que geist en Sorel, areis sa vigne meismes, qu'il at acquasteit a Jaikelo, lo fil Burtran de Faillei que fut, en alluet.

25 Jaikemins li Godeires p. b. sus la maison que fut Geliat lo clerc, que siet en Chambres, parmei tel cens com li maisons doit.

26 Colins Chamusis p. b. sus une piece de vigne que geist en Werimont, encoste sa vigne meismes, qu'il at acquastee a Thieriat Chamusit, son frere, parmei tel cens com ille doit.

27 Durans li barbiers p. b. sus la maison Wautier lo Clope, que siet en Chambres, qu'il at acquasteit a Wautier lo Clope, parmei xx s. de cens.

28 Jaikemate, li fille dame Mabelie de Rimport que fut, p. b. sus lo quart d'une maison ou ille maint, en Rimport, qu'ille at acquasteit ai Ancillon, lo fil Saueri, et a Jaikemate, sa feme, e. com l e. en l'a. lo dv.

29 Matheus, li filz Nicole lo Conte, p. b. sus tout l'eritaige que Jennas, li filz Androwat Modesse, avoit en tous les bans de Vantous, et sus quan qu'il avoit d'eritaige a Valieres et ou ban de S. Julien, en tous us, qu'il at acquasteit a Jennat, lo fil Androwat[1]) Modesse que fut, e. c. l. e. en l'a. lo d.

30 Petres de Thionuille p. b. sus la moitie d'une maison que siet en Stoixey, devers Stentefonteinne, qu'il at acquasteit a Garsilion Menegont, parmei x s. de cens, e. com l. e. en l'a. lo dv.

31 Hanris li charpantiers de Rimport p. b. sus la maison Wauterin Chastron en Rimport, enson l'ostel Hanri meismes, qu'il at acquasteit a Wauterin Chastron, parmei xx s. de cens a l'ospital.

32 Vguignons Hennebors p. b. sus xxi s. de cens que Jaikemins li Rois avoit sus une maison en Stoixey, encoste la maison Yderon la sanere, qu'il at acquasteit ai Jaikemin lo Roi, e. com l. e. en l'a. lo dv.

33 Symonins Monaires de Valieres p. b. sus I piece de vigne ou om conte I jornal et demey, que geist en Senenval, en coste la vigne Steuenin la Vigne, et sus totes les vignes qu'il at acquasteit a Poencigno[n], lo fil Willame Brehel, parmei tel cens com elles doient et tel droiture, et e. c. l. e. en l'a. lo d.

34 Avroyns, li janres Garsat Masue, p. b. sus une maison que siet en Rowes, qu'il at acquasteit ai Hanriat et a son frere, les anfans Otenat de Siruigne, parmei xx s. et II chapons de cens.

35 Garsas Masue p. b. sus III pieces de vigne que geisent ou ban de Nowilley, qu'il at acquesteit a Weriat lo Bague de Marcey,

---

[1]) Jennat, lo fil Androwat *auf Rasur*.

parmei IIII d. et maille de droiture et demei quarteron de blef,
e. com l. e. en l'a. lo dv., et les plais ke li terre doit.¹)

36 Petres de Rinanges que maint en Stoixey p. b. sus la maison
que fut Lowion lo feivre, qu'il at²) acquasteit a Lowion devant
dit, parmei X s. de cens.

37 Li sires Matheus li prestres p. b. sus la maison que [fut] Jennin
Strasous, son frere, que siet devant lo moustier Saint Hylare a
pont Rainmon, qu'il at acquasteit a Jennin Strasous devant dit,
parmei XXX s. et II d. de cens.

38 Colins Ruece p. b. sus V s.³) I maille moins de cens et sus IIII
chapons. S'an doit li prestre de S. Ylaire a Xavleur II d. et
maille sus I maison en Anglemur, ou Colins de Longeuille maint;
——————— ⁴), li femme Colin de Champel, IIII d. sus une maison
5 devant cestie desus dite; et li frairie S. Gergoine XII d. sus une
maison que fut lo sanier, encoste la maison Martin lo Gous;
et li [suers?]⁵) Burtemin Ruece VIII d. et II chapons sus les
maisoncelles que sont en la ruelle Martin lo Gous; et li fille
Packin XII d. et II chapons sus une maison enson maistre Jaike;
10 et cil de la frairie des feivres de S. Piere IIII [d.] sus les maisan-
celles en la ruelle deleis Martin lou Gous; et li filz Jaikemin
Colon II [d.] en la ruelle Martin lou Gous sus la grainge que fut
Burtemin Ruece; et Herbous⁶) II d. sus sa maison ou il maint,
enson Hanri de Bistor; et Clemignous li parmantiers XI d. sus
15 une maison⁷) devant l'ostel maistre Jaike l'escrevain; et li prestres
de S. Gergoine II d. sus une maison Herbo, enson Harman lo
parmantier.⁸)

39 Ancillons, li prevos d'Otonuille, p. b. por lui et por Colin Faupain
de S. Julien sus une piece de vigne que fut Hennelo l'Aleman,
que geist en Lambelinchant, qu'il ont acquasteit a Lowiat, lo
fil Phelippin d'Ottonuille, parmei VIII d. de cens, e. c. l. e. en
l'a. lo dv.

¹) et les plais ke li terre doit *Zusatz von Schreiber 5.*
²) att *in der Vorlage.*
³) VI I maille moins *in der Vorlage.*
⁴) *Statt des Namens ein Strich.* v. 1269, 54 Jacommette, la fame Colin de Champez.
⁵) v. 1269, 188.
⁶) = Herboix lou parmantier 1288, 301.
⁷) *Vorlage* maissons.
⁸) de Chieuremont 1269, 17.

40 Marguerons, li fille Jehan Barbel d'Aiest que fut, p. b. sus une maison que siet en Dairangerue, qu'ille at espartit encontre ces hoirs, parmei IIII d. et II chapons de cens que li maisons doit, e. com l. e. en l'a. lo dv.

41 Ancillons li charpantiers, li james Arnout Colue, et Garsirias de Wieze li tonnelliers p. b. sus une maison que siet en Rimport, devant l'ostel Baudnyn Steinart, que fut signor Hanri de Porte Mosselle, qu'il ont acquasteit a Thieri Domate, parmei IIII lb. et XII s. de cens, e. c. l. e. en l'a. lo dv.

42 Arnous li meutiers p. b. sus la maison que fut maistre Symon l'escollier en la ruelle S. Ferruce, qu'il at acquasteit a Poencignon de la Barre, parmei VI s. de cens a Poencignon devant dit et parmei XVIII s. de premier cens, e. c. l. e. en l'a. lo d.

43 Abrions Domate et Poencignons Lambers p. b. por l'ospital de Porte Moszelle sus la maison que fut Martin lou bouchier, que siet areis l'ospital devant dit, qu'il ont acquasteit as anfans Martin lo bouchier, parmei tel cens com ille doit, e. c. l. e. en l'a. lo dv.

44 Jaikemins li Doiens p. b. sus la grainge et sus la cort devant et sus la vigne daier et sus tout ceu qui appant que fut Steuenin Morel, que siet ai Allexey, qu'il at acquasteit a Steuenin Morel devant dit, en alluet.

45 Mathens, li freres Poencignon Grenon, p. b. suz I maison ke fut la Buruarde, ke siet devant l'osteil de Chatillonz, kil at acquesteit a la Buruarde, parmei XXX s. de cens.[1]

46* En la mairie de Porsaillis:

46 Maistres Poenses li fisicieus p. b. sus une maixon que siet devant l'ostel Aubert des Aruols, que fut Phelippin lo Vadois, qu'il at acquasteit a Nicole Bruleuaiche et a Huart Jalee et as anfans signor Huon lo Bague et a Poencingnon de Raigecort, parmei XL s, de cens.

47 Jehans li Merciers p. b. sus la piece de terre que geist a la Planche desai lo pont a Maigney, deles la soie terre meismes, qu'il at acquasteit a Warinnat et a Allexandrin, les dous filz Jaikemin Maltaillie que fut, e. c. l. e. en l'a. lo d.

48 Thiebaus de Moielain p. b. por les pucelles de la Vigne sus les c. s. de met. de cens que geisent sus la grainge et sus tote la

---

[1] *Von* suz *an mit anderer Tinte geschrieben von Schreiber 6.*

terre daier que siet encoste les murs dou Nuefbourc, qu'il at acquasteit a Poensate, la fille Nainmeriat Lohier, que li priours et li covans dou Preit doient, e. c. l. e. en l'a. lo dv.

49 Colins li cordewiniers p. b. sus tout l'eritaige que Steuenius de Fremerey laiet a ces hoirs, que geist ou ban de Croney, qu'il at aquasteit as oirs Steuenin desus nomeit, e. c. l. e. en l'a. lo dv.

50 Hanrias, li filz signor Ferri de Porte Serpenoise, p. b. sus tout l'eritaige qu'il at acquasteit ai Abrion, lo fil Deudeneit de Merdeney, et a Phelippin et a Howesson, ces II freres, que geist ou jardin a Mardeney, daier lo molin Hanriat meismes, e. c. l. e. en l'a. lo dv.

51 Abrions de Merdeney [p. b.] sus lo boix ou Lowes que geist ou ban de Lorey, et sus la piece de boix que geist ou Rowal desous lo preit de Froimont, et sus une piece de sacis que geist desor lo preit de Froimont, et sus les II jornals de terre eireure que geisent a Hembilluet, et sus lo jornal que vet par lon la fosce, et sus une petite pesate que geist a Chafour, qu'il at acquasteit a Poencignon Piebol, parmei tel cens com cist heritaiges doit.

52 Symonas li torneres p. b. por lui et por Willermin, son frere, et por Ceziliate et Collate, ces II serours, sus XIII s. de cens que geisen[t] sus l'ostel Hanriat lo corvoisier devant lo Preit, qu'il ont acquasteit a Howin et a Colate, sa femme, dont il redoient VII s. de cens, e. c. l. e. en l'a. lo d.

53 Thierias li clers, li filz Mabelie la torneras[ce], p. b. por les III anfans Symon, son oncle, sus lo tiers de LX s. de cens que Symonins et Willermins et Ceziliate et Collate, li anfant Mabelie la tornerasce, doient por les II demees maisons et por la vigne et por lo jor de terre que furent Symon lo tornour, que li abbes dou Preit et Thierias devant dis ont aquasteit a Howin et a Colate, sa femme, e. com l. e. en l'a. lo d.

54 [1]) Bauduyns Wychars p. b. por les Cordelieres suz XIII s. de cens ki gesent suz l'osteil Avruyn Sillet en Maiselles, k'il at aquestet a Jacoumette, la fame Colin de Champez, et cil cens est li premerains.

55 Jakemins, li filz Garsat Bellegree, p. b. suz demei jornal de vigne ki gist a Haute Riue, encoste Thiebaut Bataille, k'il at akestet a Colin Briselatte, parmei III engevinez a Sainte Marie au Bois.

---

[1]) *Schreiber 6 löst Schreiber 4 ab und führt die Rolle bis zum Schluss.*

56 Et si p. b. en alluet sus II jornax de vigne ki gesent a Haute Riue, k'il at akestet a Thiebaut davaut dit.
57 Et si p. b. ancor suz I grainge ki siet daier les molins S. Ladre, en la Vigne Saint Auout, k'il at akestet a Symonin de Chastez, parmei tel cens com elle doit.
58 Colins Huches p. b. por Sainte Crois a Waire sus XXX s. de cens ki gesent sus la maison ki fut Glorieul en Frenelrue, ke Jenins lor at donet por Deu en aumosne.
59 Jenins Sarie p. b. suz la maison ki fut Willaume le tornour, k'il at akestet a Huyn, son jaure, et a Colate, sa fame, parmei LX et XII s. de cens as hoirs Nicole lo Gronnaix,¹) et e. com l. e. en l'a. le d.
60 Pieroz p. b. por les anfaus Lowy²) Luce et por lor maimbors suz XV s. de cens ki gesent suz la maison Raimbaut Buxelo en Chapourue, k'il ont akestet a Raimbaut devant dit, apres XV d. daventeriens.
61 Lowyas, li fiz Symonin Noiron, p. b. suz I jornal de vigne ki gist an Haibertcloz, k'il at akestet a Jenin Moysel, parmei teil cens com il doit, e. com l e. en l'a. le d.
62 Jakemins de Marcei et Jakemins Bokeres p. b. suz II pieces de vigne enz Aubues, k'il ont akestet a Lowyon de Bicei et a Lowyon de Basoncort, parmei I d. de cens, e. com l. e. en l'a. le d.
63 Poinsarz p. b. sus XX s. de cens ki gesent suz la maison Thieriat, son serorge, k'il at akestet a lui, e. com l. e. en l'a. le d.
64 Wyrias de Grisei p. b. suz I maison ki siet a Grisei, encoste l'osteil Symonat Patin, k'il at akestet a Lorate,³) la fille Nichole Basin, en aluez, e. com l. e. en l'a. le d.
65 Colins Chauuins li parmentiers p. b. suz I maison ou Champel, k'il at akestet a Bietriz et a Colin, son filastre, e. com l. e. en l'a. le dv.
66 Willemins li Rouez et Bauduyns Louve p. b. suz XXV s. de cens k'il ont en waige de Poincignon Richart, ki gesent suz la maison Huguignon de Lyouz.
67 Aubers des Arvoz p. b. sus la piece de terre ki gist darrier sa maison a Saint Climent, k'il at akestet as anfans Brunat de Saint Climent, en aluez.

---

¹) de cens as hoirs Nicole lo Gronnaix *übergeschrieben von Schreiber 2.*
²) Lowy *auf Rasur.* ³) Lorate *übergeschrieben,* Colate *durch drei untergesetzte Punkte als falsch bezeichnet.*

68 Pieresons, li fiz Rogier, p. b. por lui et por Durant, son janre, suz la maison ki fust Godefroi l'olier en Saint Martinrue, k'il ont akestet a Jakemate et a Renaut, son frere, parmei v s. et demei de cens.

69 Willemins li chapeliers p. b. suz la maison Poinsart, ki siet en Saunerie, k'il at akestet a lui, parmei xxxiiii s. de cens et parmei ceu k'ele est contrewaige¹) Colin Deudenet le clerc, e. com l. e. en l'a. le d.

70 Symonins, li fiz Nichole de Chatelz, p. b. sus i maison ki siet devant son osteil ou il maint, k'il at akestet a Colate et a Alisate, les douz filles Felepin Makerel, en aluez, e. com l. c. en l'a. le d.

71 Wyrias, li fiz Colin Cretinne, p. b. suz la maison Ancillon Sillat outre Maisellez, k'il at akestet a Ancillon, parmei xvi s. de cens.

72 Gilas de Vauz p. b. suz tout l'eritaige ke li fame seignor Warri d'Orei et si oir avoient ou ban de Charisei, en touz us, e. com l. e. en l'a. le d.

73 Lowyas li cordoweniers p. b. suz une maison en Hulouf, k'il at akestet a Wyrion de Grisei et a Girardat, son fil, parmei iiii s. de cens.

74 Cezelie et Ysabez, sa suers, p. b. sus xviii s. de cens ki gesent en Viez Boucherie suz la maison ki fut la Hidouse, k'ellez ont akestet a Poinsate, la fille Aubert dou Champel, dont ellez redoient iii d. de cens davanterainnement.

75 Poincignons Corbes p. b. suz les trois pars d'un jornal de vigne ki gisent sus le rut de Maisellez, k'il at akestet a Jenat Alart, parmei iii mailles de cens.

76 Garcelias Damelate p. b. suz xxii s. de met. de cens ki gisent en Saunerie suz la maison Thieriat Bawier, k'il at akestet a Jenat Porree, aprez viii s. de cens davanteriens.

77 Ancillons Xillas p. b. por les freres de la Trinetei suz le fosseit ki est a la porte a Maisellez, et suz la terre et la vigne et le cors de l'awe, et quant ke Biatriz, li fille Garsire Cheir, i tenoit, k'il ont akestei a lui, en aluez.

78 Garsilias Damelate p. b. suz la maison Cunin et Felepin, les salierz, ki siet en Frenelrue, ki li est delivree par droit et par jugement por tant com il at suz, l'escrit en l'arche, parmei teil cens com ille doit.

---

¹) ceu k'ele est contrewaige *von Schreiber 2 auf Rasur.*

79 Symonins, li fiz Symon de Maisellez, p. b. suz une piece de vigne ki est en Powillonchamp, k'il at akestet a Colin de Verdun, parmei I d. de cens.

80 Colins li cherruers et Bauduyns, ces frerez, p. b. suz I jornal de vigne en Malemars, k'il ont akesteit a Lowyon Briselate, parmei teil cens com ille doit.

81 Jakemas, li fiz Raimbaudin le bouchier, p. b. suz VII s. de met. k'il meismes devoit suz l'osteil ou il maint, k'il at akesteit a Jenin Ruke, e. com l. e. en l'a. le d.

82 Jenins Guillins et Thierias Rauuille p. b. suz X s. de cens ki gesent suz l'osteil Colin Veillel outre Saille, k'il ont akesteit a Jenin le Gronais, e. com l. e. en l'a. le d.

83 Bartignons de Sulignei¹) p. b. suz la maison ki fut Bonvallat, ki siet ensom l'osteil son pere, k'il at akesteit as freres de l'ospital dou Nuefborc, parmei IX s. de cens.

84 Jakemins li Pierche p. b. suz tout l'eritaige ke²) li sirez Jehans Noize³) avoit ou ban de Faiz, en touz us, ki li est delivrez par droit et par jugement, parmei teil cenz com il doit.

85 Tierias Clowas p. b. suz une maison ki siet davant Nostre Dame au Chans, k'il at akesteit a Garsin de Desmez le quartier, parmei teil cens com ille doit.

86 Robins dou Pont p. b. suz XX s. de met. de cens ki gesent en la rue dou Sac suz l'osteil Piereson Gossat, k'il at akesteit au seignor Ferri le preste, le fil Harmant⁴) de Morehangez, et a Renier, son frere, dont il redoit IX s. III d. moins, e. com l. e. en l'a. le dv.

87 Maheuz Morez p. b. suz VIII s. et demei de cens, c'en gesent suz la demee maison ki fut Bauduyn dou Kartal VII s., et XII d. suz l'osteil Godefrin de Saint Poucort, k'il at akesteit a Tieriat Jote. e. com l. e. en l'a. le d.

88 Lowys, li fiz seignor Girart le Mercier, p. b. suz demei jornal de terre ki siet suz Saille desouz Saint Andreu, k'il at akesteit a Barbel de Chambres, en aluel.

89 Jenas Petizvakes p. b. suz VI s. de cens ki gesent suz la demeie maison ki fut Girart de Sirkez en Saunerie, k'il at akesteit a Jenat Creature, e. com l. e. en l'a. le d.; et ces bans at il pris por souz de Haute Saule.

---

¹) *Vor Sulignei ist Sor le Mur p. b. durchgestrichen.*
²) *Vorlage ki.* ³) *Jehans Noize auf Rasur.*
⁴) *le fil Harmant übergeschrieben.*

90 Guedelo li fevres p. b. suz la maison ki fut Androwat, le fil Poincin l'escrivein, k'il at akesteit a Androwat, parmei x s. de cens, e. com l. e. en l'a. le d.¹)

91 Tiebaus Kabaie p. b. suz la moitiet de douz herez de meix ki gesent daier Nostre Dame au Chans, k'il at akesteit a Poincignon Barnaige, parmei i engevinne de cens.

92 Roillons li furberes p. b. suz une demeie maison ki siet ou Petit Waide, k'il at akesteit a Herbillon le parcheminier, parmei ii s. et demei de cens.

93 Doreiz p. b. suz xxx s. de met. de cens ki gesent [ou] Nuefborc suz l'osteil Alisate de Romebac, k'il at akesteit a Pierissel Lohier et a Jakemin et a Nainmeriat, ces ii freres, et a Rochefort, lor serorge, dont il redoit ii d. a l'ospital, a. com l. e. en l'a. le d.

94 Aubers Brasdeu p. b. suz la maison ki fut Colignon Mauglaine, k'il at akesteit au seignor Nichole de Blouru et au seignor Huon Barbe et a Colin Boton et a Weriat, ces ii frerez, et a Bauduyn Louue et a Baudoche et a Jenin lo Xavin, parmei xl s. de cens, e. con l. e. en l'a. le dv.

95 Poincignons Corbes p. b. suz i piece de vigne ki gist sor le ru en Maisellez, k'il at akesteit a Jehan le chanoinne, le fil seignor Forkon de Jeurue, en aluez, e. com l. e. en l'a. le d.

96 Poinsate, li fille Jehan Barbel, p. b. suz xl s. de cens ki gisent suz la maison ki fut Garsille Naichart, son auuel, et suz i piece de vigne suz Saille, k'elle at apartit ancontre ces oirs, parmei iii d. de cens ke li vigne doit, e. com l. e. en l'a. le d.

97 Symons, li janres Hanriat d'Araucort, p. b. suz une maison outre Maisellez, k'il at akesteit a Werion de Basoncort et a Lowyon de Lucei, parmei iii engevinnez de cens.

98 Godefrins li awillierz de Saunerie p. b. suz la maison ki fut Aubertin Billart, k'il at akesteit ai Aubertin devant dit, parmei xxi s. de cens.

99 Ancelz de la Tor p. b. por lui et por Colart le Francois suz la maison ki fut Alainne, ki siet a Saint Climent desoz l'orme, k'il ont akesteit a Thieri Corpel et a Robin dou Pont, e. com l. e. en l'a. le d.

---

¹) ou Petit Waide, c. *1269, 456.*

100 Ancillons Warnemens p. b. suz la maison Piereson Kouedepelle, k'il at akesteit a Piereson devant dit, parmei IIII s. de cens, et e. com l. e. en l'a. le dv.
101 Jenas Creature p. b. suz teil partie com Thomas, li janres Girart de Sirkes, avoit en l'osteil Girart, k'il at akesteit a Thomas devant dit, parmei teil cens com ille doit.
102 Arnos li Rois p. b. suz la maison et suz tout lo reseige ki fut les Repanties, ki siet desai le pont a Molins, et sus toutes les terres erreures k'eles avoient ou ban de Marlley et de Siey, k'il at acquasteit a la priouse et a covant des Repantiez, e. com l. e. en l'a. lou d.[1])
103 Pofins p. b.
104 Jehans Bugles p. b. por l'ospital dou Nuefborc[2])
105 Jenas des Arvoz p. b. sus[3]) la viez maison ki fut Bernart lou kaurssin, ke siet encoste la maison Arnolt Chaneviere,[4]) et sus la moitie de la grainge ke siet devant la maison meisme, k'il at aquasteit as hoirs Bernart devant dit, parmei tel cens com il doit, et e. c. l. e. en l'a. lou dv.
106 Hanrias, li fiz Thomassin dou Champel, p. b. suz[5]) trois jornax et demei de vigne ki geisent en Fourchez, k'il at akesteit ai Aufelix, la fame Chielairon, e. com l. e. en l'a. lou dvt.
107 [6]) Colins Lietaus et Jenins Rauetez[7]) p. b. sus teil partie com Jennas Prevotez avoit en les II maisonz ke furent Bertran de Villerz, k'il ont akasteit a Jennat devant dit, e. c. l. e. en l'a. le d.
108 Lowyas Blondes p. b.
109 Roillons de la Porte p. b. sus la maison ki fut Adant de Baumeiz, ki siet enson la maison Weriat lou boulangier, k'il at akesteit ai Adan devant dit, parmei XVI s. et IIII d. et maille de cenz.

---

[1]) *Von* et de Siey *an von Schreiber 2.*
[2]) *v. 1269, 242.*
[3]) *Von* sus la viez maison *bis zum Schluss von Schreiber 2.*
[4]) en Chapillerue *v. 1241, 155.*
[5]) *Den Namen des Käufers bis* p. b. *hat Schreiber 6 gleichzeitig mit den Käufernamen der vorstehenden Einträge geschrieben, den Eintrag selbst von* suz *an später nachgetragen.*
[6]) *Nach 106 ist auf Blatt I eine, vor 107 sind auf Blatt II drei Zeilen frei geblieben. v. Bem. zu 217.*
[7]) Rauetez *auf Rasur.*

110 Jakes Basins p. b.¹) sus tel partie com Jehans li torneres, li filz Jehan lou tornor ki fut, avoit en la maison en Visegnuel ke siet devant Saint Simplise, dont Jaikes Basins est bien tenans, parmei tel cens com il en doit.

111* En la mairie d'Outre Muselle:
111 Thierias, li fiz seignor Aubert le xaving, p. b. suz x s. de cens ki gesent outre Muselle sus l'osteil dame Colate Poterel, k'il at akesteit a Jenin Xavin, son frere, e. com l. e. en l'a. le d.

112 Thierias li Gemez p. b. suz kan ke Frankins de Chastez at en Plappeville, en censez, en deniers et en preis, k'il at akesteit a Frankin meismez, en aluez, e. com l. e. en l'a. le d.

113 Et p. b. ancor suz v s. IIII d. et maille moins ki gesent a Plappeuille suz trois pieces de jardingnes, k'il at akesteit a Thieriat Grosveit, e. com l. e. en l'a. le d.

114 Li sires Jakes, li prestes de Saint Meidart, p. b. por la frairie de prestez de Mes sus II s. de cens k'il ont aquesteit a Colin lou lamier, ki maint davant S. Marc, ki geisent suz la maison Steinnart daier Saint Marc, apres IIII s. de cens ke li maisonz doit davanterinnement, e. com l. e. en l'a. le d.

115 Steuenas de Losei li cordueniers de Staizons p. b. sus une maison devant l'osteil Hanriat Bernart, en la rue de Saint Jehan, k'il at aquesteit a Richier de Vaus et a Fouchart, son neveu, parmei XXVI s. de cens, e. com l. e. en l'a. le d.

116 Thiebaus de Moielain p. b. por les pucelles de la Vigne suz les XXX s. de met. de cens ke li fame Barbel doit suz II maisonz ki sieent antor S. Jorge. et sus les XV s. de met. de cens ke Huyns Cerkeuz doit suz la maison au pont des Mors, et suz
5 les XIIII s. de cens ke li fame Richier doit suz une maison ki siet en som cest maison meismez, et des XV s. de cens et de ces XIIII s. de cens redoit on arrier IX s. de cens a souz dou Grant Mostier, et suz les XIII s. de cens ke li fame Beacerin Marion doit suz sa maison ou elle maint, en Franconrue, et
10 suz les VI s. et I d. de cens ke li fame Renaut le charpantier doit suz son meis k'elle at outre Muselle, pres de l'osteil

---

¹) *Hinter* Jakes Basins p. b. *ist die Zeile frei geblieben, der Anfangsname der folgenden Zeile ist mit* p. b. *ausgekratzt, der dahinter mit* sus *beginnende Eintrag ist von Schreiber 2 geschrieben und durch einen schrägen Strich von* sus *nach dem ersten* p. b. *hin als zu 110 gehörig bezeichnet.*

Hanriat Bernart, et suz les vııı s. de met. de cens ki geisent suz ı maison et suz ı greinge an Poursalrue, ke Felizate et Lowyas doient, et suz les ııı d. de cens ke Jehans de Weiure
15 doit suz la maison Jenat Denise ki fut, outre Muselle, ke li devant diz Thiebaus at akesteit a Marguerite de Weiure, e. com l. e. en a. le dv.

117 Huguignons Heynnebors p. b. suz ıx s. et demei de cens ke Jakemins li Rois avoit suz la maison les pucelles au pont Thiefroit, k'il at akestei a Jakemin le Roi, e. com l. e. en l'a. le d.

118 Aubrias Ingrans p. b. por la chiese Deu de Nostre Dame la Ronde suz xvı s. de cens k'il ont akesteit a Jenin Boudat le fornier d'Outre Muselle, suz trois maisonz k'il at devant Saint Vincent, aprés xxx s. et ıııı d. de cens k'elles doient davanterainnement.

119 Li sires Thomas, li prestez de Saint Eukaire, p. b. por la frairie de prestez de Mes suz v s de cens k'il ont akesteit a Lowyon le masson suz sa maison ou il maint, et suz tout lou reseige ki apent, aprez xxxıı s. de cens ke li maisonz et li reseigez doient davanteriennement, e. com l. e. en l'a. le d.

120 Berte de Luppei et Adelate, sa suer, p. b. suz ı maison en la Wande, en coste les Prechors, k'elles ont akesteit a Jenat Luckel le masson, parmei teil cens com elle doit, e. com l. e. en l'a. d.

121 Jenas li charretons p. b. suz une maison en Ainglemur, ki fut Conrat le charreton, k'il at akesteit a Maffroit, le fillastre maistre Jordain, parmei x s. de cens, e- com l. e. en l'a le d.

122 Jakemins de Rozeruelez p. b. suz ı maison en Francourue,[1] ki siet encoste l'osteil Girart le potier, k'il at akesteit a Jenat Cheualier, parmei vııı s. et ııı d. et ı chapon de cens, e. com l. e. en l'a. le d.

123 Jehans Buglez p. b. por la chieze Deu de Saint Martin en Curtiz suz ıı s. de cens ki gisent suz la maison Poincignon le parmantier, devant la porte Sainte Marie as nonains, ke li sirez Estenez li prestez at akesteit a Poincignon meismez, e. com l. e. en. l'a. d.

124 [2]) Pierixes Chaneueire p. b. suz ı partie de terre areure ki geist en Genestoi, delez le champ Lowy de Noweroit, k'il

---

[1]) *Vorl. Fanconrue, aber Girars wohnt en Franconrue. v. 1267, 506; 1278, 166.*
[2]) *Der ganze Eintrag ist durchgestrichen.*

at akestei ai Alixandrin Makerel et a Lowy de Noweroit, les mainbors Garceliat de l'Aitre, parmei teil cens com li terre doit, e. com l. e. en l'a. le d.

125 Jakemins li prevoz prent b. suz III jornauz de terre areure ki geisent en Goubertnowe, encoste lui meismez, k'il at aquesteit a Poincignon de la Barre, en aluez, e. com l. e. en l'a. le d.

126 Thomassins, li fiz seignor Pieron Thomas ki fut, p. b. suz IIII jornax de terre areure ki geisent ou ban de Thurei, k'il at akesteit a Mariate de Baizelle et a Pierixel, le fil Faillart de Franconrue, en aluez, e. com l. e. en l'a. le d.

127 Yzambars Xilleromans p. b. suz III piecez de terre areure ki geisent en la fin de Maisieres, k'il at akesteit a Symonin Noiron, en aluez, e. com l. e. en l'a. le dv.

128 Jakemins li mairez p. b. por la chieze Deu de Saint Vincent suz I hosteil en la Vigne Saint Marcel, ki fut maistre Lambert, k'il ont akesteit a maistre Garzille de Moielain et a maistre Guerri et a maistre Huede et a seignor Alixandre Makerel, les mainbors maistre Lambert devant nomei, a. e. l. e. en l'a. d.

129 Et p. b. ancor por la chieze Deu de S. Vincent suz tout l'eritaige ke li abbes et li couvens de Saint Martin a la Glandiere avoient ou ban de Maisierez, en touz us et en toutes menieres, ke li abbes de S. Vincent at akesteit ai ouz par eschange.

130 Colignons Colemes p. b. suz lou tierz d'une maison ki siet en coste l'osteil Girart le boulangier d'Ainglemur et suz le tierz de XVIII s. de cens, k'il at akesteit a Jenat, son serorge, e. com l. e. en l'a. le d.

131 Jakemins Gratepaille p. b. suz tout l'eritaige ke Richardins li Porcez at ou ban de Syei, en touz us, k'il at akesteit a lui meismez, parmei teil cens et teil droiture com cist heritaigez doit; et si li at relaissiet tout cest heritaige parmei II muiez et demei de vin a moustaige, chacun an a paier ou droit cors de vandangez, parmei teil cens et teil droiture com cist heritaigez doit, e. com l. e. en l'a. le dv.

132 Jenas, li fiz Armaniart d'Ainglemur, p. b. suz une chambre k'est en l'osteil Jenat le Jal, k'il at akesteit a Jenat meismez, parmei IIII s. de cens, e. com l. e. en [l']a. lou d.

133 Li sirez Jakes li prestes p. b. suz I maison devant l'osteil le grant doien, k'il at akestei ai Yderon, la niece Jakemin Martin, parmei lou sien cens ke tuit li resiege doient as oinz seignor Bonvallet de Porsailliz, e. com l. e. en l'a. lou d.

134 Li sires Nicholez Brulevaiche p. b. suz ɪ chaukeur ki siet a
Longeuille et suz tout lou reseige ki i apant et suz la cheneveire
devant, k'il at akesteit a Alixandre Makerel et a Lowy de
Noweroi, les maimbors Garceriat de l'Aitre, parmei ɪɪɪ d. de
cens ke li chaukeurz et li reseigez ki i apent doient as seignors
de Saint Pou, e. com l. e. en l'a. lou d.

135 Jakemins Otins p. b. suz une piece de vigne ki gist an Chauuis,
arreiz la vigne S. Sauuor, k'il at akesteit en aluez ai Alixandre
Makerel et a Lowi de Noweroi, les maimbor Garceriat de
l'Aitre, a. com l. e. en l'a. le d.

136 Wasselins Seriaus li parmantiers p. b. suz ɪ maison ki fut
Mahen le frutier et suz tout lou reseige, k'il at akesteit au
preste de S. Vi et as parochiens, parmei xɪɪɪ s. de c[ens], e. com
l. e. en l'a. le d.

137 Dame Wyborate, li fame Lowiat de Chastelz ki fut, p. b. suz
les xɪɪɪɪ s. de cens k'ile at akestei as oirs Colin Colon ki fut,
k'ille meismez lour devoit suz une soie maison ki est encoste
lei meismez, e. com l. e. en l'a. lou d.

138 Arnous li Rois p. b. suz une piece de vigne ki geist en Gerart-
vigne, et suz ɪɪɪɪ s. et demei ki gesent suz la maison lou
Bourdenel a Molins, parmei ɪɪɪ s. et demei ke li vigne doit au
pont a Molins, k'il at akesteit a Matheu de Molins, e. com l.
e. en l'a. le d.

139 Wyars li parmantiers p. b. por lou preste de S. Vit suz vɪ s.
de cens k'il at akesteit suz l'osteil Milat le boulangier, ki siet
en la rue le Woueit, en coste l'osteil maistre Thieri l'escrivain,
apres xɪɪɪ s. de cens ke ceste maisonz doit davanterinement,
e. com l. e. en l'a. le d.

140 Jenas Brihiers li boulangierz p. b. suz ɪ maisont ki siet devant
lou pont des Mors, et suz ɪ estal en la hale des boulangiers
en Chambres, k'il at akesteit a Symonin de Clostre, parmei
xxxv s. de cens, e. com l. e. en l'a. lou d.

141 Jenas, li fiz Hanriat Morel, p. b. suz ɪɪ pieces de vigne ki
gisent ai Arz, k'il at akesteit a Jenat, lou fil Robin dou Chesne,
parmei ɪɪ se[s]tierez et une pinte de vin de cens k'ellez doient,
a. com l. e. en l'a. lou dv.

142 Warnessons li Besgues p. b. sus une maison en Ainglemur et
suz tout lou reseige ki apant, ki fut Adant lou charreton, k'il
at akesteit a Coince, le janre Hanrion Hariei, parmei teil cens
com li maisonz doit, e. com l. e. en l'a. le d.

143 Jenins li clers, li fiz Jakemin Grasneiz ki fut, p. b. suz xv s. de cens ki geisent en Vies Boucherie suz la maison Banduyn le bouchier ki fut, encoste la maison Colin Aici, k'il at akesteit a Jakemin, le fil Lowyat dou Puix, e. com l. e. en l'a. le d.
144 Pieressons, li fiz Colin Aillie d'Outre Muselle, p. b. sus demei jornal de vigne en Frierres, k'il at akesteit [a] Boucel, parmei II s. de cens k'elle doit.
145 Weirias li fevrez p. b. suz XII s. de cens ki geisent suz III jornax de terre areure outre Muselle, encoste la crowee de Saint Vincent, k'il at akesteit a Jakemin de l'Aitre, e. c. l. e. en l'a. le d.
146 Thiebauz li massons, li fiz Weiriat de Gorze, p. b. suz I maison en Einglemur ki fut son pere, k'il at akesteit a Rolin le clerc, parmei x s. de cens, e. c. l. e. en l'a. le d.
147 Renillons li parmantierz p. b. suz II jornax et demei de terre areure ki geisent ou ban de Wappei a la Corre, encoste la vigne Garceriat Fouterel, k'il at akesteit a Hawiate la deschauce et a ces oirs, en aluez, e. c. l. e. en l'a. le d.
148 Thierias, li fiz Symonin Malebouche ki fut, dou Nuet pont a Saille p. b. suz trois jornax et demei de vigne ki gesent a Longeawe et a Sainte Rafine, k'il at akesteit ai Ysabel, sa serorge, la fille Willaume Naire, e. c. l. e. en l'a. le d.
149 Clodas de Staizons li corduenierz p. b. suz I vigne ki siet ou ban de Lassey ou Deulixe, k'il at akesteit a Gerardat, le fil Winart de Syei, parmei I maille ke li vigne doit, e. c. l. e. en l'a. le d.
150 Thiebaus Kabaie p. b. suz XII s. de cens ki geisent suz une vigne en Frieires, k'il at akesteit a Poincignon Barnaige, son oncle, e. c. l. e. en l'a. le d.
151 Thierias Rafaus et Pierons, li fiz Giraldon, p. b. suz tout l'eritaige ki est escheus a Matheu de Marlei et a sa fame de par Odeliate, la seure Matheu, la fame Pierexon Weidart ki fut, ki gist ou ban de Lascey et de Chastez, en touz us, et aillors ou k'il gesent, k'il ont akesteit a Matheu meismes, e. c. l. e. en l'a. le d.
152 Poincignons Gracecharz p. b. suz la moitie d'une maison ki siet devant Ste Marie as nonains, k'il at akesteit a Pieson de Jussei, le fil Lowiat Cockille ki fut, parmei teil cens com ille doit.
153 Eurias li drapierz de Vezignuez p. b. suz IX s. I engevine moins de cens et demei sestier de vin de cens ki geisent ou

ban de Vauz et ou ban de Jussey, k'il at akesteit a maistre Remei de Porte Muselle, e. c. l. e. en l'a. lou d.

154 Colins Gratepaille p. b. suz xiii jornax de vigne ki geisent ou ban de Syei, et suz i chaukeur et suz tout lou reseige ki apent, ki furent signor Jehan de Syei, chanoinne de S. Thiebaut, et suz de kan ke li sires Jehans devant diz avoit ou ban de Syei, eu toz us, k'il et Jakemins, ces freres, ont akesteit a signor Alixandre Makerel et a signor Wery et a signor Soiffroi, chanoinnez de S. Thiebaut, les mainbors lou signor Jehan de Syei desor nomei, parmei teil cens et teil droiture com cist heritaiges doit.

155 Et si p. b. encor suz i jornal de vigne ki geist ou ban de Syei, eu douz pieces, dont l'une des pieces geist au Pairon a Syei, et li autre piece geist en Burleivigne, ke Jakemins, ces freres, at akesteit por lui a la fame Thieriat la Vachate de Syei ki fut, parmei un sestierez de vin en l'aixe ke li piece en Burleivigne doit a l'abbei de Gorze.

156 Et p. b. ancor suz demei jornal de vigne ki geist ou ban de Syei ou Chans, k'il at akesteit au signor Jake, lou preste de Syei, parmei i maille de cens, e. c. l. e. en l'a. le d.

157 Et p. b. encor suz i jornal de vigne ke geist ou ban de Syei eu Mausel, k'il at akesteit a Mahaut de Syei, la fille Drouyn de Chastelz, et ai Olinier de Lassei et a Thieriat dou Mur de Chastelz, en aluez, e. c. l. e. en l'a. le d.

158* Ce sont li ban dou mei awast, kant Hanrias de l'Aitre fut maires de Porte Muselle, Jenas Barbe maires de Porsailliz, Milekins maires d'Outre Muselle. En la mairie de Porte Muselle:

158 Colignons de la Cort p. b. por lui et por ces freres suz trois piece de vigne, ou on conte v jornax et demei, suz Muselle, k'il at akesteit a Poincignon Ysacart, en aluez; si en gist ii jornax et demei encoste la vigne Colin Gouion ke fut, et ii jornax en coste la vigne Nicole Aiziet ke fut, et i jornal en coste la vigne Chierelate.

159 Jenas Groignaiz prant b. suz i maison ki siet en Saumerie, encoste la maison Poincignon Lambert, k'il at akesteit a dame Odeli[e], la fame Warnier le peignier ki fut, parmei vii s. de cens.

160 Hanrekez Museraigne de S. Julien et Jenas, ces frerez, p. b. suz v muez de vin de cens k'il ont akesteit a Lowyat Grenole,

suz son chaukeur en Stozei et kan ki apant, et suz la vigne tiercerasse, en aluez, k'il tient de Mathion Mauroi, apres les L s. de met. de cens ke li chaukeurz doit, e. com l. e. en l'a. le d.

161 Roillons, li janres Warin de Nowillei, ki maint a S. Julien, p. b. suz la vigne en Veudeborse, ki geist ou ban de S. Julien, k'il at akesteit a Jakemin, le fil signor Bertran de Jeurue ki fut, et a Maheu Malakin et a Maheu Jenat, parmei teil cens et teil droiture com li terre doit a bas de S. Julien et aillors.

162 Dame Jakemate Pellatte p. b. suz la maison k'ille at acheteit a Jakelo, le fil Ancel de Coclandat, en aluez, ki siet encoste la maison Symonin de Warmeranges en Stozei; et est a savoir ke dame Jakemate li at relaissiet parmei XX s. de met. de cens, e. c. l. e. en l'a. le dit.

163 Willermins, li fiz Willermin Bardin, p. b. suz teil droiture com on doit Willermin Cobin ou ban de Vermiei,[1] en blef, en denierz, en touz us et en touz poins, k'il at akesteit a Willemin Cobin, e. com l. e. en l'a. le d.

164 Colignons, li avelas Nicole Bazin ki fut, p. b. suz les XL s. de met. de cens ke li sires Thieris de Labrie li at asseneit, jusk'a part k'il doit panre par devant, suz teil cens com Waterins Champions li doit suz sa maison, et suz les XIII chapons de cens c'om li doit en la rue des Bandeiz, e. c. l. e. en l'a. le d.

165 Dame Odelie, li fame Warnier le peignier ki fut, p. b. suz la moitiet d'une maison[2] k'elle at akesteit a Colate la Waluce, a. com l. e. en l'a. le d.

166 Clarissate li Vaudoize p. b. suz XII s. et demei de met. de cens ki gisent suz la maison dame Sebelie, ki siet a la porte en Chambres, k'elle at akesteit ai Odeliate Donekine, e. com l. e. en l'a. le d.

167 Aubertins li barbierz de Chambres p. b. suz la maison k'il at akesteit a Warnier le feivre, ki siet as Rochez, devant l'osteil Warnesson le chavrier, parmei VII s. de met. de cens.

168 Dame Aleiz li Tyrande de Saunerie p. b. suz IIII s. de met. de cens k'elle at akesteit a Colignon, le fil Jenin Roucel ki fut, [ki geisent suz la maison . . . . . . ?] ki siet ensom Colinat le fornier en Saunerie, e. com l. e. en l'a. le d.

---

[1] miei *übergeschrieben*, gney *durchgestrichen*.
[2] en Aiest *1279, 206*.

169 Dame Pantecoste, li fame Pieron Thomas ki fut, p. b. suz la maison Bauduyn le bolengier ki fut, ki siet a Porte Muselle, en l'angle encoste Thierion Domate, ki est la wagiere, dont elle est bien tenans, parmei teil cens com elle doit.

170 Werias, li fiz Jenin le doien dou pont Rainmont, p. b. suz la maison Ancillon d'Ancildangez, ki est encoste signor Godefroi le preste ki fut en Darangerue, k'il at akesteit a Ancillon devant dit, parmei XII s. et VI d. et II chapous de cenz.

171 Steuenins li bergiers p. b. suz I maison en Sannerie, ki siet en coste la soie meismez, ki fut Fladone, k'il at akesteit a dame Colate Poterelle, parmei XXIII s. de met. de cens ke li maisonz doit a Poincignon Lambert.

172 Dame Poince, li fame signor Matheu[1]) Mauchenalier ki fut, p. b. suz VI jornax de terre k'elle at akesteit a Thieriat de Maigney, ki geisent en la Maisiere, arreiz Renaudin le Besgue.

173 Marseriate, li fame Sigart de Valieres, p. b. suz IIII jornax de terre ki gesent ou ban de Valierez, k'il at akesteit a Symonin From, e. com l. e. en l'a. le d.

174 Remions li boulangierz de Porte Muselle p. b. suz VI s. et demei de cens k'il at akesteit a Mariate de l'Aingle, ki geisent suz la maison la fille Benoit le masson ki fut, e. c. l. e. en l'a. le d.

175 Li sirez Ymerz, li prestez de S. Gergone, p. b. suz VI s. de met. de cens ki geisent suz la maison Remion le parmantier outre l'aclostre, k'il at akesteit a Jenat le salier por la chieze Deu de S. Gergone, e. c. l. e. en l'a. le d.

176 Haurias, li fiz Othinat de Ciruignei, p. b. suz I maison ki siet encoste la maison Laignel lou charretou, defuer la porte en Stozei, k'il at akesteit a Symonat, le fil Margueron Siwade de Stozei, parmei teil cens com elle doit, e. c. l. e. en l'a. le d.

177 Thomascins Rechelas p. b. suz I demeie maison et suz lou meiz daier et suz la vigne daier et suz kan ki apent, en werance, ki siet a Valierez, ensom sa grainge meismez, k'il at akesteit a Bertran, le fil Berrei de Vantouz ki fut.

178 Wauterins li peinierz p. b. suz I maison k'il at asansit a la fame signor Piere Thomas ki fut, parmei XXIIII s. de met. de cens, e. com l. e. en l'a. le d.

---

[1]) t übergeschrieben.

179 Alisate, li fille Nichole le Vaske d'Aiest, p. b. suz la maison ki fut Bertran Mainguchieure et suz tout lou resiege ki i apent, ki siet devant la maison signor Joffroi d'Aiest, k'elle at akesteit a Paniatte, sa fille, parmei XL s. de met. de cens ke li maisons doit a souz de Vilerz, e. c. l. e. en l'a. le d.

180 [1]) Howas li bourcierz[2]) de Pariz, ki maint en Saunerie, p. b. suz I maison en Saunerie et suz tout lou reciege ki apent, ki siet encoste l'osteil Andreu l'awillier, k'il at aquesteit a Bertelo de Pariz, parmei XVIII s. de met. de cens chask'an, e. c. l. e. en l'a. le d.

181 [1]) Weirias Murie li peinierz de Saunerie p. b. suz I maison en Saunerie,[3]) ki siet encoste l'osteil Erfe de Pariz, k'il at akesteit a Bertelo de Pariz, parmei XVIII s. de met. de cens, e. c. l. e. en l'a. le d.

182 [1]) Baudnyns Wichars p. b. suz I piece de terre ou on conte II jornax et demei, ke geist suz lou petit chamin devant lo jardin de Bordez, k'il at akesteit a Colate, la suer la fame Poinsat de Valierez, parmei teil droiture com li terre doit.

183 Li sires Cunez li prestez, chanoinnez de S. Piere au Vot, p. b. suz tout l'eritaige Piereson Buzei ki gist en la mairie de Porte Muselle, en cences, en maisonz, en molins, ke li est delivrez par droit.

184 Gerardas de Rimport, li janres Chauin, p. b. suz la maison Poincignon le follon de la Sauz en Rimport, ki siet encoste l'osteil Thiecelin ki fut, et suz les V s. de met. de cens ke Thiebauz Anguenelz li devoit, ke geisent suz la maison encoste Thiebaut, ki muet de cest censal meismez, parmei XXXVIII s. de met. II d. moins et II chapons [de cens],[4]) e. com l. e. en l'a. lou dv.

185 Burtignous, li fis Nicole lou Conte, p. b. por ceos de S. Laddre sus VII s. de cens sus l'ostel Herbo, k'il ont aquasteit a Colate Clomignon, e. [c. l. e.] en l'a. le d.[5])

---

[1]) Bei 180—182 ist zunächst nur der Name des Käufers geschrieben, der Eintrag, bei 180 von bourcierz an, bei 181 und 182 von p. b. an ist später mit dunkler Tinte hinzugefügt.

[2]) Vor bourcierz ist boucenierz durchgestrichen.

[3]) Dahinter ist et suz tout lou reseige durchgestrichen.

[4]) de cens ist hinter met. durchgestrichen und hinter chapons ausgelassen.

[5]) Auf dem freien Raum der 2. Zeile von 184 von Schreiber 2 nachgetragen, als Ersatz für den gestrichenen Eintrag 214, aber gekürzt, weil der Raum der Zeile nicht ausreichte. Von der Schlussformel fand Platz nur das erste Wort ensi. Dieses stiess an die Klammer, mit der die übergeschriebenen, zu 186 gehörenden Worte en l'a. le d. abgeschlossen waren. Schreiber 2 kratzte die Klammer aus, so dass die Worte nun den Schluss von 185 bilden, und setzte hinter escriz ans Ende der Zeile von 186 die Worte lo dist.

186 Li sires Aubriz Yngrans p. b. suz la maison et sus la grainge et suz tout lou reseige ki apent ki fut Odeliate, la fille signor Huon Goz, ki siet en coste la maison Faxin en Chambres, k'il at akesteit as mainbors Odeliate devant dite, parmei teil cens com ille doit. e. c. l. e. [en l'a.] lo d.

187 Thierias Chamaigne p. b. suz la maison ke fut Lambert l'Ardenois, ki siet en la ruelle deverz Saille ke fierz suz Warancloz, et suz tout lou reseige ki apent, k'il at akesteit a Lambert l'Ardenoiz, parmei IIII s. de met. de cens ke li maisonz doit chak'an a la fame Bugnon. e. c. l. e. en l'a. le d.

188 [1]) Renaudins li Mercierz et Colins Ruece et Rueselete, sa suer, p. b. suz tout l'eritaige Garceriat, Je fil Forkignon Ruece ki fut, en la mairie de Porte Muselle; c'est a savoir suz la maison et suz tout lou reseige ki apant ke siet en Aiest, encoste l'osteil Luckin d'Aiest ki fut, et suz la petite maison ki siet en la ruelle ki fiert suz le jardin daier de ceste maison meismez devant dite, et suz la maison et suz tout lou reseige ki apant ki siet a Rimport, encoste l'osteil signor Pieron de Saunerie ki fut, et suz tout lou remenant de l'eritaige Garceriat ki gist en la mairie de Porte Muselle, ki lor est delivreie par droit et par jugement, por $\overset{XX}{XXII}$ lb. de met. ke Garcerias devant diz [doit] a Gilat Ruece ki fut, par escriz en arche, dont il sont mainbor.

189 Thiebaus Hasonz p. b. suz la maison Jenat Matekin et suz tout lou reseige ki apant, ki siet a Rimport, ensom l'ostei la fame Salemon, et suz sa vigne a Vairnei, k'il at akesteit a Jenat Mathekin, parmei teil cens com li maisonz doit, e. c. l. e. en l'a. le d.

190 Aubrions Domate p. b. suz I piece de vigne ke geist en Rowes de S. Julien, k'il at akesteit a Jenin Burnat et a Anroyn Brikenie de S. Julien, parmei teil cens com ille doit a S. Vincent, et e. c. l. e. en l'a. le d.

191 Thiebaus, li fiz Jehan Wichart, p. b. suz I jornal de vigne en Coigne a Valierez, k'il at akesteit a Colate, sa suer, parmei teil cens com ille doit, et e. c. l. e. en l'a. le dv.

192 Jakemins li Moines, li fiz signor Jehan Wichart ki fut, p. b. por lui et por Thieriat de Nowillei, ki maint a S. Julien, suz la maison Colate, la fille signor Jehan Wichart, ke siet a

---
[1]) r. 1269. 271 und 331.

Valierez, et suz tout lou reseige ki apant; et suz demei jornal de vigne ke geist en Angrez, encoste la vigne les aufans Guizel, et suz I jornal de terre ki geist au mur devant les Bordes, eu coste la terre Steuenin Bonroi de Valieres, k'il at aquasteit a Colate devant dite, parmei teil droiture com ille doit.

193 Vinons, li fame Bauduyn le boucheir, p. b. suz I maison ki siet ensom l'osteil Pierecon Rukout, k'il at aquasteit a Poincignon Koieawe, per mi L s. de met. de cens k'elle doit a Boenuallet le Mercier.[1]

194 Jennas, li fiz Aubartin Fauconuers, p. b. suz teil partie de maison et de reseige ki fut son pere, ki est acheute Maheu, son oncle, k'il at aquasteit a Maheu devant dit, e. c. l. e. en l'a. le d.

195 Symonius Papemiate p. b. suz I piece de vigne ki geist en la Grauiere suz Muselle, k'il at akesteit a Colin Bertandon, en aluet.

196 [2]) Thiebaus Wicharz p. b. sus I jornal de wigne ki geist en Cuguez a Valierez, k'il at akeisteit a Colate, sa suer, parmei teil cens com elle doit.

197 [3]) Jennas Chauderons p. b. sus la maison ki fut Jakemin Ribe, ke siet en Chaudrelerrue, dont il est bien tenans, parmei XIII s. de cens ke li maisons doit.

198 [4]) Burtignons, li fis Nicole lou Conte, p. b. por seos de Saint Laddre sus lou molin ki fut Poe[n]cignon de Ragecort lou Gros, ke siet en la teire[5] devant l'ostel Thiebaut lou Maor, k'il ont aquasteit a Poencignon devant dit, en alluet, et e. c. l. e. en l'a. lou dv.

199* En la mairie de Porsailliz, dou mei awast:

199 Nicholes Marcoz p. b. suz [la] piece de terre c'on dit de Trois jornax ki geist en la fin de Grizei, ou Sart arreis le boiz Buglel, k'il at akesteit a Thomassin Bouuart d'Outre Saille, parmei IIII d. et maille de cens.

---

[1]) Von per mi an Zusatz von Schreiber 5. hinter Koieawe ist e. c. l. e. en l'a. le d. durchgestrichen.

[2]) Von Schreiber 6 nachträglich in die Zeile von 195 geschrieben.

[3]) Von Schreiber 2 in die von Schreiber 6 freigelassene Zeile über 199* geschrieben.

[4]) Von Schreiber 2 in die Zeile von 199* hinter awast geschrieben.

[5]) i verbessert aus r.

200 Jenas, li fiz Martin de Lorei, p. b. suz teil heritaige com Thiebaus, li fiz Warrel, avoit ou ban de Lorey et aillors, an preiz et en chans, k'il at akesteit a lui, parmei teil cens com ille doit.

201 Pierixez, li avelaz Bouchate, p. b. suz la maison ki fut Steuenin lou Lof, ki siet au Kartal, k'il at akesteit as maimbors les anfans Drouyn[1]) ki fut, parmei XXXII s. et demei de cens.

202 Huygnons li Bossuz p. b. suz une maison ki siet devant la cort de Sainte Glocenin, k'il at akesteit ai Odeliate la Borguignate, parmei X s. de cenz.

203 Matheus, li fiz Wauterin le mercier ki fut, p. b. suz la moitiet de la maison Girardin Traicuisse, ke siet en la Boucherie a Porsalliz, k'il at akesteit a Jenin Lucie, parmei XXXVIII s. de cens.

204 Germains li fevrez p. b. suz I maison ki siet a S. Arnol, k'il at akesteit a Jenat de Fauz, parmei XII s. et demei de cenz.

205 Hanrias Gerins et Arnoz li maistrez p. b. suz la maison Bauduyn la Baile, ki siet devant l'osteil la dame d'Acey, ki lor est eschent por tant com il lor doit et por tant com il li sont randor, par escriz en arche.

206 Alizate, li fille Hanrion Boukerel, p. b. suz I maison ki siet devant S. Mamin, k'ille at akesteit a Colin Panceron, parmei XX s. de cenz.

207 Roillons Chabosse p. b. suz une andange de vigne ki gist en la Basse Pretelle, k'il at akesteit a Bietriz, la fame Ancel l'Alemant, parmei I d. de cenz.

208 Girbordins de Stoncort p. b. suz la moitiet de la maison ke fut Girbaut dou Waide, k'il at akesteit as mainborz Jenat Gondrei, parmei teil cenz com il en doit.

209 Colins Galiens p. b. suz les douz parz d'une vigne ki geist en Belmont, delez la vigne Jakemin Veuien, k'il at akesteit ai Ancillon, son frere, et a Bauduyn de Frontignei, en aluez.

210 Colate Cymarz p. b. suz XII d. de cenz ki geisent suz l'osteil ki siet asom l'osteil Willemin de Noweroi, k'elle at akesteit a dame Cristine, e. c. l. e. en l'a. le d.

211 Wauterius Haymmignons p. b. por les frerez de S. Augustin suz la maison ki fut seignor Jehan Golias, ki siet en S. Thiebautrue, k'il ont akesteit as mainbors le signor Jehan devant dit, parmei XV s. de cens.

---

[1]) Drouyn Bouchate r 1267, 376.

212 Jakemins Veuiens p. b. suz une piece de vigne ki gist an la Pretelle, k'il at akesteit a Warin, le fil Drowyn de Bruney, e. c. l. e. en l'a. le dv.

213 Colins Barrois p. b. por lui et por Thieriat le Petit de la Vigne S. Avot¹) suz II maisonz ki sient davant l'osteil Colin de Weure, k'il ont akesteit ai Abillon, li fame Roillon de Tehecort, e. c. l. e. en l'a. le d.

214 ²) Burtignons, li filz Nicole lou Conte, p. b. por la maison de Saint Laddre sus VII s. de cens ke gissent sus l'ostel Herbo lou parmantier en Hembercort, k'il ont acquasteit a Colatte, la fille Clomignon lou parmantier, e. c. l. e. en l'a. lou d.

215 ²) Xandrins li massons p. b. sus tel partie com Xandrins, ses niez, avoit en XL sols de met. de cens ke gissent en Furnerue sus la maison Auerart lou masson, k'il at aquaste a Xandrin, son nevout, e. c. l, e. en l'a. lou d.

216 ²) Willermins li parmantiers de la Nueve rue p. b. sus la moitie d'unne maison ke giet en la Nueve rue, ki fut³) Waiterin lou Borgon, k'il at acquasteit a Gerardin Jalee, parmi tel cens com cele moitiez doit.

217 ²) Hanrias de Florey, li bolangiers p. b. sus la moitie de la maison ki fut Waiterin lou Borgon, ke siet en la Nueve rue, por tant com Waiterins li doit, l'escrit en l'arche, dont Hanrias est bien tenans, parmi tel cens com cele moitie doit.

218 Ancillons de Morledangez p. b. suz I maison ki siet en Chaponrue, k'il at akesteit a Jenin Galice et a Lukln, son frere, parmei VI s. de cens. ⁴)

219 Odelie, li fame Hurel, p. b. suz I meiz ki siet a Maiserei, k'il at akesteit a Garsat Rabuan, an aluez.

220 Dame Climence, li fame signor Jehan le Mercier ki fut, p. b. suz VI jornax de terre ki geisent au pont a Maignei, k'elle at akesteit ai Alixandre, le fil Jakemin Maltailliet, et a Warnat, son frere, en aluez.

---

¹) *v. 1269. 442.*

²) *214—217 von Schreiber 2 auf den freien Raum unter die letzte Zeile von Blatt II und über die erste Zeile von Blatt III geschrieben und zwar 214 auf Blatt II, 215—217 auf Blatt III. v. Bem. zu 107. Der Eintrag 214 ist aber wieder durchgestrichen, weil er zu der Mairie PM gehört, und dort (v. 185) in kürzerer Form von neuem eingetragen worden.*

³) *Hinter ki ist l at aquasteit a durchgestrichen, fut ist übergeschrieben.*

⁴) *Schreiber 2 hat einen Zusatz gemacht und wieder ausgekratzt.*

221 Marsillez li cordoweniers p. b. suz I maison en Staisonz, k'il at akesteit a Bauduyn Wychart, parmei L s. de cens.
222 Crestiens p. b. suz une vigne en Malemarz, k'il at akesteit a la fame Thieriat Chanillon de S. Piere, parmei XII s. de cens.
223 Jenas, li fiz Symon de Maiselle, p. b. suz la maison ki fut Huguin de Maisellez, ki siet asom l'osteil Matheu le Saine, k'il at akesteit a Wanterin Bresee, parmei teil cens com ille doit.
224 Jenas Hunez p. b. suz la maison Martin l'arcenor, k'il et akesteit a Martin, parmei XV s. de cens, et e. c. l. e. en l'a. le dv.
225 Alixandres li boulangierz p. b. suz la maison [ki fut .... de] Chaillei,¹) k'il at akesteit a lui et a sa serour, parmei LX s. et II d. de cens.
226 Lambers, li vallez les anfanz Huon le Begue, p. b. suz la maison ki fut Formeron dou Champel, k'il at akesteit a lui, parmei IX s. et demei de cens. et e. c. l. e. en l'a. lou d.
227 Ysambars li peniers p. b. suz I maison ki siet en Saunerie, encoste l'osteil Thieriat Pelut, k'il at akesteit a Godefroi l'awillier, parmei XXI s. de cens.
228 Veuions li corrierz de Domangeville b. b. suz la maison k'il at akesteit a Jakemenel de Vesignuez, ki fut Pierixel Boucenin, ki siet en Saunerie desoz les Cordelierz. en som la maison Jenat Vigei.
229 Li sires Soifroiz, chanonez de S. Thiebaut, p. b. suz VII s. de met. de cens k'il at akesteit a Colin l'olier suz sa maison et suz tout le reseige ki apant, ki siet an S. Martinrue, devant l'osteil Warnesson de Goinz, aprez XIIII s. de cens ke li maisonz doit premereinnement.
230 Werias, li fiz Werit Meutenaire, p. b. suz une part ki fait II stalz et ce ki apant ki sient en la nueve hale au Kartal, en coste l'osteil Thieriat Lowit ki fut, k'il at akesteit a Jake Bazin, parmei XXV s. de met. de cens, et e. c. l. e. en l'a. le dv., et parmi tel cens com la halle doit. ²)
231 Thierias Brizepain p. b. suz la maison dame Aileit, la fame Jakemin Grantdeu, ou ille maint, et suz la maison en coste, ou Margueronz, li fame Jakemin Quaille, maint, et suz touz les reseigez, k'il at en waige, e. c. l. e. en l'a. le dv.
232 Bertremins, li janres Jenat d'Aunignei, p. b. suz demei jornel de vigne ki gist en Maretelcloz, a l'Ormissel, k'il at akesteit a Lowiat Charrue, parmei II s. et demei k'ille doit a l'ospital.

---
¹) *Der Personenname vor Chaillei ist vom Schreiber ausgelassen.*
²) *l'on et parmi an Zusatz von Schreiber 2.*

233 Rollons de la Porte p. b. suz la maison maistre Lambert, ki siet a la porte des Alemans, k'il at akesteit a l'abbei et au couvent dou Preit de Verdun, parmei teil cenz com ille doit, et e. c. l. e. en l'a. lou dv.
234 Nicholes Markouz p. b. por lui et por Dowygnon¹) suz tout l'eritaige [ki geist ou ban]²) de Montignei ke fut Poincin Bellegree, k'il ont akasteit a Garsat Bellegree, a. c. l. e. en l'a. le d.
235 Jehans Papemiate p. b. por lui et por dame Marguerite, sa suer, suz v jornalz de vigne ke geisent a Perrelies en Andreuax, encoste la vigne Nostre Dame as Chans, ke furent Nicole de Chastez, k'il ont akasteit a Poin[ci]gnon le preste et a Maheu et a Joffroi, les tros anfans signor Huon le Besgue ki fut, et e. com l. e. en l'a. le dv.
236 Hanrias Gerins p. b. suz la maison et suz tout le reseige ki apant ki fut Huguenat le masson en la Nueve rue, k'il at akasteit a Colignon le parmantier, le janre Huguenat, et a Hawyate, sa fame, parmei XIII s. et demei, e. com l. e. en l'a. le d.
237 Aubertins, li fiz Jakemin Boufat dou Champel, p. b. por lui et por Matheu Roguenel suz I part ki fait II stalz et suz ce ki apant ki est en la nueve halle au Kartal, encoste l'osteil Thierit Lowyt ki fut, k'il at akasteit a Jake Bazin, parmei XXV s. de met. de cens, et apres teil cens com li halle doit premierz, et e. com l. e. en l'a. le dv.
238 Poinsate et Ysabelz, les II fillez Jacob de Jeurue, p. b. suz XI s. de met. de cens ki geisent en S. Martinrue suz la moitiet de l'eritaige ke fut dame Aleyt Bouchate, k'elles ont akasteit ai Alison et a Thiebaut et a Ysabel et a Lorate et a Jakemate et a Ameline, les anfans Drowyn le tálier, e. c. l. e. en l'a. le d.
239 Dame Martinate, li fame Jakemin Jalee ki fut, p. b. suz XL s. de met. de cens ki geisent suz I maison outre Saille, ensom l'osteil Colin Brasden, k'il at akasteit au signor Nichole de Blouru et au signor Huon Barbe et a Colin Bouton et a Weriat, son frere, et a Bauduyn Louue et a Colignon Baudoiche et a Jennin Xanin, e. com l. e. en l'a. le dv.
240 Lowyas Begarz p. b. por lui et por le daien de S. Thiebaut suz VI jornax de vigne ke geisent ou ban de Creppey, encoste

---
¹) *Verschrieben für* Drowygnon?
²) *Vom Schreiber ausgelassen.*

la vigne Poincignon Chalon, k'il ont akasteit a Jakemin Gontier, e. com l. e. en l'a. le d.

241 Jennas Mouxins p. b. suz la maison ke fut Jakemin Jalee, ensom l'osteil Jakemin le Jal, k'il at akasteit a dame Martinate, sa fame, parmei c s. de met. de cens, et e. c. l. e. en l'a. le dv.

242 Bauduyns Buglez p. b. por l'ospital ou Nuefborc suz la maison Yderate la buerasse, ki siet daier S. Thiebaut, k'elle at donoit a l'ospital devant dit por Deu et en aumosne, parmei teil cens com ille doit.

243 Thierias Chamaigne p. b. suz demei jornal de vigne ki geist ou cloz S. Ladre, arreiz la vigne Poincignon lo boulengier, k'il at aquasteit a Colignon Noblet, parmei xv d. de cens, e. c. l. e. en l'a. le d.

244 Francois, li fiz Nicole Brullevaiche, p. b. suz xx s. de met. de cens ke geisent suz la maison Bertel¹) en Vezignuelz, et suz vi s. de met. et II chappons de cens ki geisent suz stalz devant l'osteil Bauduyn Lonne, et suz xxIII s.²)

245 Colins Lietauz p. b. suz xv s. de cens ki geisent suz la maison Lowyat Charrue daier S. Eukaire, k'il at akasteit a lui, parmei teil cens com elle doit.

246 Colins Lietauz p. b. ancor, por l'ospital des Alemans, suz v s. de met. de cens ki geisent suz l'osteil le maior de Maubertfontainne, davant l'ospital des Alemanz, k'il at akasteit au maior devant dit, aprez teil cens com il doit.

247 Colins Lietauz p. b. por signor Thomas, le preste de S. Eukaire, suz la maison ki fut Colin de Coinsei le clerc, k'il at akasteit au daien et au chapistre de S. Tiebaut, parmei xL s. et II d. de cens.

248 Poincignons li Oie p. b. por lui et por Symonin le talier suz IIII stalz ki sont devant la halle les parmantierz en Vezignuez, k'il at akasteit ai Eingebort la taliere, en aluet.

249 Colignons de Mardeney p. b. suz I piece de boiz ki geist en la Weure delez Mardeney, k'il at akasteit a Thiebaut Warrel, parmei I maille de cens.

250 Tiebauz Blanchars p. b. suz tonz les preiz ki geisent a Cheinney, ki estoient venut consuiant Poincignon Barnaige de par dame

¹) *1269. 437* la meire Bertel.
²) *Abgebrochen, durchgestrichen und mit der Fortsetzung eingetragen unter 437.*

l'oixonnate, son auuele, k'il at akasteit a Poincignon devant dit, e. c. l. e. en l'a. le dv.

251 Hanrias li vecierz p. b. suz la maison ki fut Bartremat le taillor, ke siet en Vezignuel, k'il at akasteit a Bertremat devant dit, parmei LX et XII s. de cens.

252 Jennas, li fiz Alixandre le parmantier, p. b. suz la maison ki fut Hanriat l'espi[ci]er, ki siet [en] Vezignuel, ke part a Loratte Noiron, k'il at akasteit a Hanriat devant dit, parmei teil cens com ille doit.

253 Gerardins et Vevions, ces niez, p. b. suz la maison Colin Fancin, ki siet devant S. Supplize, k'il ont akasteit as anfans Colin devant dit, parmei VII lb. de cenz.

254 Alizate, li fille Poincignon Chameure, p. b. suz XXXV s. de cens ki geisent suz l'osteil ki siet en som l'osteil Lowyat, le janre Ruecelin, a la Posterne, k'elle at akasteit a Lukin Chameure, son frere, e. c. l. e. en l'a. lo d.[1]

255 Lietaz li parmantiers p. b. suz X s. de cens k'il at aquasteit a Jennin de Couperelrue, suz sa maison ki siet en Chapelerrue, devant l'ostel Jakemel Chiere, aprez XVI s. de davanterien cens, et e. c. l. e. en l'a. le d.

256 Pierixes Chaneuiere p. b. suz une maison ki siet ensom l'osteil Martignon de Porte Serpenoize, k'il at aquasteit a l'abbei et au convent de Vauz en Ornoiz, parmei XII d. de cens.

257 Jakemins de Montois p. b. suz demei jornal de terre en Virkilley, k'il at akasteit a Jennin Wallandel, parmei teil cens com ille doit.

258 Colins Gomeres p. b. suz X s. de met. de cens ki geisent suz lo tiers de la maison ki siet en Saunerie, ensom l'osteil Hanrit de Bunneez, k'il at aquasteit a Colignon, lou fil Waterin le parmantier, e. c. l. e. en l'a. lo d., apres teil cens com li maisons doit a Boenualat le Mercier.[2]

259 Lukins Chameure p. b. suz X s. de met. de cens ki geisent suz III jornas de vigne ai Awignei, k'il at akasteit a Garceriat, lou fil Bertignon Noize, e. c. l. e. en l'a. lo d.

260 Jehans Petisvakes et Aubertins de Vy et Steuenins Bellegree p. b. suz L s. de cens ki geisent suz la maison Jennin Culletel en Vezignuez, et suz la voie ki est parmei la maison. k'il at

---

[1] *r. 1267. 403 und 1269. 425.*

[2] *Von* apres *an Zusatz von Schreiber 5, flüchtig geschrieben.*

akasteit a Nichole Brulevaiche et a Huart Jalee et a Poincignon et a Maheu et a Joffroit, les III fis Huon lo Bague, e. c. l. e en l'a. lo d.

261 Arnos Aisiez p. b. suz II s. de cens k'il at akasteit a Godefroit lou charpantier, ki geisent suz l'osteil ki fut Goidemant en la ruelle Willaume le Vaudois, e. c. l. e. en l'a. lou d.

262 Li pustis maires de Saint Clement p. b. por la chieze Deu de S. Clement suz IIII s. et demei de cens, k'il ont akasteit suz l'eritaige ki gist a Montignei, ki fut Bertran, le filastre Petal, e. c. l. e. en l'a. lo dv.

263 Et ce p. b. ancor por la chieze Deu devant dite suz IIII s. et demei de cens ki gist a Montigneit sor l'eritaige Felippin, lo fil Pierart, a. c. l. e. en l'a. lo dvt.

264 Jennas Bruzaude p. b. suz I jornal de terre ki gist en Cortez vignez, k'il at akasteit a Jakemin la Perche, parmei I maille de cens.

265 Et ce p. b. ancor suz I jornal de vigne ki gist ou planteit de Ramborney, k'il at akasteit a Colignon d'Ars et a Thiebaut, son frere, parmei III d. de cens.

266 Jakemins Bertrans et Bauduyns Louve p. b. suz tout le ban et suz toute la centainne d'Awygneit, et suz toute la justice[1]) de la centeinne d'Awygneit, et suz kan ki apant et ki au muet, en toz huz, k'il ont akasteit au signor Jake dou Nuefchastel, en aluet.

267 Colignons Baudoche p. b. por signor Thieri Corpel, son oncle, suz tout l'eritaige ke Thierias Baudoche avoit ou ban d'Awygney, ke li sires Thieriz devant diz at akasteit a Thieriat Baudoche, a. com l. e. en l'a. lo dv.

268 Thiebaus de Champelz p. b. suz VII jornax de vigne, s'en geisent IIII jornas en Rollantmont et III en Ospreit, et suz VII quartes de bleif de rante ki geisent a Marlei, k'il at akasteit a Poinsate, la fille Thomascin dou Champez, e. c. l. e. en l'a. lo d.

269 Bertaudons Piezdeschanz li Granz p. b. suz la maison ki fut Gilat lou hauberiour, ke siet a Porsailliz,[2]) k'il at akasteit a Marguerite et ai Ysabel, les II filles Gilat devant dit, et a Hanriat l'Amiral,[3]) parmei L s. de cens ke li maisons doit.

---
[1]) *Vor justice ist* centainne *durchgestrichen*.
[2]) *v. 1267, 192* enson la cort de Ranseires.
[3]) et a Hanriat l'Amiral *übergeschrieben*.

270 Bertaudons Piezdeschauz li Grans p. b. por Hanriat Bataille suz
lo quart de la mason et de tout lou resiege ki apent ki siet
encoste la maison Nichole Brullevaiche as Chainges, et suz lou
quart de la maison et dou resiege ki siet encoste S. Supplize,
et suz lou quart de xxvi s. de cens ki geisent en Saunerie suz
la maison Thierion Goydeman, et suz lo quart d'une tavle as
Nues Changez, ke¹) Hanriat at akasteit a Pentecoste, sa²)
serorge, parmei teil cens con cist heritaigez doit, et parmei
teil cens com il en doit a Pentecoste devant dite, e. c. l. e.
en l'a. lou d.

271 ³) Renaudins li Mercierz et Colins Ruece et Ruecelate, sa suer,
p. b. suz tout l'eritaige Garseriat, lou fil Forkignon Ruece ki
fust, ki gist en la mairie de Porsailliz; c'est a savoir suz la
maison ki siet en Estaizon, en coste l'osteil Bertremin Durelat
lo cordowenier, et suz les iiii estalz ki sie[n]t en Vesignuez devant
les Viez Changez et suz les reseigez ki apendent, et suz tout
lou remenant de l'eritaige Garsiriat ki geist en la mairie de
Porsailliz, ki lor est delivree par droit et par jugement, por
$\overset{xx}{xiii}$ lb. de met. ke Garserias devant diz doit a Gilat Ruece,
par escriz en arche, dont il sont mainbor.

272 Asselinz de Fayz p. b. suz toutez les terrez areurez ke Jake-
mate, li fille Poinsat Faukon, avoit ou ban de Marleit et de
S. Sauuor et de Fayz, k'il at akasteit a Jakemate, parmei ix s.
i maille moins de cens que li terre doit.

273 Jennas li Vaskes p. b. suz une piesse de vigne⁴) ki geist en
Glairuelez, encoste la vigne Jennat devant dit, k'il at akasteit
a Bertremin, lo fil Bertremin Blanchart, parmei ii d. ke li vigne
doit, e. c. l. e. en l'a. lou d.

274 Jakemins Faixins p. b. suz i jornal de vigne ki gist en Peue-
nelle, et suz i jornal de vigne ki gist au Chesne, et suz i jornal
de vigne ki gist en Aubuez, et suz viii s. de cens ki geisent suz
demei jornal de vigne et demei jornal de terre ki geist en Corche-
buef, k'il at akasteit a Jakemin Xolaire et a Hanriat, son frere,
parmei teil cens com il en doit, et e. c. l. e. en l'a. le d.

275 Li maistres des arcenorz p. b. por la frairie des arcenorz suz
v s. de met. de cens ki geisent en Baz Champel suz l'osteil

---

¹) *Vor* ke *ist* k'il a *durchgestrichen.*
²) *Vorlage* se.
³) *r. 1269, 188 und 331.*
⁴) *Vor* vigne *ist* terre *durchgestrichen.*

dame Colate la Sauvaige, k'il at akasteit a lei, e. c. l. e. en
l'a. le d.

276 Perrins Brusaude p. b. suz II s. de met. de cens ki geisent suz
la maison Aubertin Bureton et suz lou meiz daier, ki siet suz
les fosseiz outre Saille, k'il at akasteit ai Aubertin Buretel[1])
devant dit, e. c. l. e. en l'a. le d.

277 Perrins Bruesaude p. b. suz I meu de vin et demei sestier de
vin a moustaige ki geisent suz demei jornal de vigne Watre
Miche de S. Julien, ki geist arreiz la vigne Jennat Brusaude,
desai les Bordez, et suz I jornal de vigne ki geist en la Com-
mune, tier meu S. Vincent, k'il at akasteit a Wauterel Miche
devant dit, e. c. l. e. en l'a. le d.

278 Perrins Brusaude p. b. suz V s. de met. de cens ki geisent suz
demei jornal de vigne en la Bertaille, quart meu l'ospital, et
suz demei jornal de vigne en la Pertelle, parmei teil cens com
ille doit a Poincignon Challon, et suz I quarteron de vigne
ensom la vigne Lowyat Pieree, parmei teil cens com ille doit
a Lowyat, et suz la maison Jakemin Chenal en Burey, k'il
at akasteit a Jakemin Chenal devant dit, e. c. l. e. en l'a. lou d.

279 [2]) Toupas p. b. suz la maison ki fut Lowiat Trabuchat, ke siet
ensom Viez Bucherie, k'il at acquasteit a Lowiat Trabuchat,
parmi XXIIII sols de cens.

280 [2]) Et si p. b. ancor suz XVI jornals de terre ke gissent ou ban
Saint Saluor, k'il at aquasteit a ceos de la Triniteit, parmi
XIX d. et maille de cens, c. com l. e. en l'a. lou dv.

281 [2]) Burtignons, li filz Nicole lou Conte, p. b. por ceos de S. Ladre[3])
sus motie de la maison ki fut Clomignon lou parmantier, ke
siet daier Saint Simplise, et sus XII s. de cens ki gissent sus
dous stalz ensom en la halle des parmantiers, k'il ont aquasteit
a Colette, la fille Clomignon lou [parmantier] parmi tel cens com
il en doient.

282 [2]) Pierissels li clers, li janres Morels de Beonville ki fut, p. b.
sor la maison ki fut Baudowin d'Espinalz et sus la grainge
daier, ke siet en Saint Thiebautrue, k'il at aquasteit a hoirs
Baudowin devant dit, parmei tel cens com il en doit, e. c. l. e.
en l'a. lou d.[4])

---

[1]) t aus d verbessert.
[2]) 279—282 sind von Schreiber 2 eingetragen.
[3]) por ceos de S. Ladre ist übergeschrieben.
[4]) Zwischen 282 und 283ª sind 12 Zeilen frei geblieben.

283* En la mairie d'Outre Muselle, dou mei awast:
283 Jakemins Borres p. b. suz kan ke Esselins, li fiz Jehan Chamaigne de Dornanc, et Jenins Hernouz de Dornanc et Gerardins Bichas et Aleudas de S. Marcel, ki maint ai Ancey, et Garsirez, li fiz Jenat dou Ru d'Ancei, ont d'eritaige ou ban d'Ancei et aillors, parmei teil cens et teil droiture com cist heritaiges doit, e. c. l. e. en l'a. le d., k'il at akesteit as oirs meismez.
284 Aubertins de Preiz li bouchiers p. b. suz la maison et suz tout lou reseige ki apant ki fut Demangel le bouchel, encoste l'osteil Huyn Jordein, k'il [at] akesteit a Werrion Malclairiet le bouchier, parmei L s. de cens, e. c. l. e. en l'a. le d.
285 Gerars li boulangierz d'Ainglemur p. b. suz I maison en Ainglemur, k'il [at] aquasteit a Hunbelat le corvezier, parmei XII s. et VII d. et maille ke li maisonz doit de cenz.
286 Richars li rekuvreires de Chaudeleirrue p. b. suz I maison outre Muselle, ki siet encoste la mason Kakemin de Gorze, k'il at aquasteit a dame Colate, la fame signor Forcon ki fust, parmei VIII s. de cens k'elle doit, et doit paier Richars avoc le menu cens.
287 Poincins de Gorze p. b. snz une cort en Einglemur, daier l'osteil Piereson le boulengier, k'il at akesteit a Girart le bolengier, parmei teil cenz com li cors doit, e. c. l. e. en l'a. le dv.
288 Li maistrez de la frairie des v lampez S. Estene¹) p. b. suz III s. de cens k'il at akesteit a Jakemin Porcel, suz sa maison deleiz Romesale, aprez teil cens com ille doit davanteriennement, e. c. l. e. de l'a. d.
289 Jenins li boulangierz p. b. suz I maison a Nouviant, k'il at akesteit a Jakemin, lou fil signor Lowy Beudin, parmei VII s. de cens k'ille doit, e. com l. e. en l'a. le d.
290 Colins Gratepaille p. b. suz VI s. de cens k'il at aquasteit a Joffroi, le fil Symon d'Aspremont ki fut, des XVI s. de cens que sa maisonz meismez li devoit, ki siet encoste la maison Jakemin le Daien devant S. Sauuor.
291 Symonas li Rouces p. b. suz une maison au tornant de Couperelrue, k'il at akesteit ai Androuat, le fil Gerart Roucel, parmei XIII s. k[e] li maisonz doit, e. c. l. e. en l'a. le d.
292 Wiars li parmantiers p. b. por le preste de S. Vy suz II s. de cens k'il at aquasteit a Garcire au Piet, suz son osteil ki fut en la rue S. Vy, e. c. l. e. en l'a. le dv.

---
¹) *Vor* S. Estene *ist* Nostre Dame *durchgestrichen.*

293 Arambaus li Mueis p. b. suz vi s. de cens k'il at aquasteit a Climansate, la fille Garcire Poterel, k'il meismez li devoit suz la moitiet d'une soie maison en Pousalruelle.

294 Drowygnons de Chastez p. b. suz ii jornax de vigne ki sient ou ban de Syei, c'on dist ouz Chans, et en Fercort, k'il at aquasteit a la fame la Vachate de Syei, en aluez.

295 Armaniars dou Pont p. b. suz i demeie maison ki part a lei meismez, ke siet en la rue des Prechors, k'ille at aquasteit ai Alison de Venderez et a Lorensate d'Onville, parmei iiii s. i d. moins de cens ke li demeie maisonz doit, e. c. l. e. en l'a. d.

296 Li sires Symons, li prestez de Ste Siguelainne, p. b. suz xiii s. de cens k'il at aquasteit a Maheu le Vaudoiz de S. Ladre, ke geisent suz i maison qui siet suz le tour, aprez vii d. de cens k'ille doit davanterinement, e. c. l. e. en l'a. le d.

297 Pieresons Sturbaz et Ancillons Bertaus p. b. suz ix s. de cens k'il ont aquasteit por les ii eglizes de S. Leuier et de S. Medart a Thieriat Grosveit, k'il avoit suz la maison et suz lou reseige ou Huynz Stargiz mainnt, et suz la grainge encoste la maison devant dite, et suz la masnete ki siet devant la grainge, e. c. l. e. en l'a. le d.

298 Thiebaus Hassonz et Maheuz, ces frerez, p. b. suz jor et demei de vigne que geist en Gerichamp, k'il ont aquasteit a Poinsate, la fame Arnol de la Porte ki fut, parmei teil cenz com ille doit.

299 Tiebaus Hassonz et Maheuz, ces frerez, p. b. suz ii jornax de terre areure ke geisent suz le chemin de la Borde, en droit le poncel, k'il ont aquasteit a Jakemin de l'Aitre, en aluez.

300 Li sirez Thiebauz Faukenez p. b. suz la vourie d'Eucangez et suz toz lez preiz ke li sirez Ancelz de Briey avoit antre Eukangez et Tyonuille, et suz toutez les terrez areurez et suz toutez les droiturez et suz kan k'il at ou ban d'Eucangez, en toz uz, k'il at aquasteit a signor Ancel de Briey, en aluez.

301 ¹) Burtignons, li filz Nicole lou Conte, p. b. por ceos de Saint Laddre sus x s. de met. ke gissent sus une maison

---

¹) *Von Schreiber 2 eingetragen.*

ensom la court lou vowet, parmi II d. k'il en redoient, et e. c. l. e. en l'a. lou dv.¹)

302 Dame Marguerite, li fille lou signor Phelippe de Raigecort ki fut, p. b. suz II maisonz ki sient devant l'osteil les Preschors, encoste l'osteil le signor Lowy de Jandelaincort, k'ille at aquasteit a dame Martinate la wantiere, parmei LX et X s. de cens, e. c. l. e. en l'a. le d.

303 Poincignous Pichos, li fiz Warrel, p. b. por lui et por Thiebaut, son frere, suz I maison ke siet devant la porte Ste Marie as nonains, k'il at aquasteit a Thieriat Lihart, le fil Malebeste, parmei III s. de cens k'ille doit.

304 Gerardaz li charpantierz p. b. suz la maison preste Aubri, ki li est delivree, parmei teil cenz com ille doit, par droit et par jugement.

305 Rollans, li fiz le maior de S. Martin, p. b. suz I maison en S. Vincentrue, k'il at aquasteit a Poincin de Gorze, parmei XX s. et III d. de cens, e. c. l. e. en l'a. le d.

306 ²) Bartaudons d'Outre Muselle p. b. por la chieze Deu de S. Poule de Verdun suz la maison ki fut Reinmer de Filierez, ki siet en Francourue, [k'il at aquasteit] a Parrin³) Chaingne, parmei X s. et II chappons de cens ke li maisonz doit, e. c. l. e. en l'a. le d.

307 Li sires Abris Yngrans p. b. suz V jornax de vigne, dont li III geisent en Braimant ou ban de Plappeville, et li autrez geist en Bachieterme ou ban de S. Martin, k'il at aquasteit as mainbors Odeliate, la fille signor Huon Gol ke fut, parmei teil cens com elles doient, e. c. l. e. en l'a. le dit.

308 Marcerions li cordouuenierz de Staizons p. b. suz II s. de cens k'il at aquasteit a Jakemin Sorel de Chamberez, ke gesent suz sa maison ou il maint, aprez X s. de cens ke li maisonz doit, e. c. l. e. en l'a. le d.

309 Colins Jakierz p. b. por lou mestier des meutierz suz V s. de cenz k'il at aquasteit a Colin Carcal, ke geisent suz sa maison

---

¹) *Ende des 3. Pergamentblattes. Mit den Worten* verte a dame Marguerite *und mit einem Merkzeichen hat Schreiber 6 auf die Rückseite des 1. Pergamentblattes verwiesen. Aber da er das 1. Blatt verkehrt wendete, hat er mit 302 nicht oben, sondern unten begonnen, so dass die Schrift jetzt über Kopf steht. Auf der Rückseite der beiden anderen Blätter steht sie dagegen wie auf der Vorderseite. Daraus geht hervor, dass die Blätter erst nachher zusammengenäht worden sind.*

²) *v. 1269, 518.*

³) *Vor* Parrin Chaingne *ist* par eschange *durchgestrichen.*

en Vies Bucherie, apres xxii s. et demei k'ille doit de ceus davanterinemeut, e. com l. e. en l'a. le d.

310 Banduyns Buglez p. b. por l'ospital dou Nuefborc suz xii s. de ceus k'il ont aquasteit a Bartremin des Roichez lou tanour, ke geiseut suz sa maison as Rochez en Chambrez, e. com l. e. en l'a. lou d.

311 Jakemins li tanuerez p. b. suz i maison en la Vigne S. Marcel, k'il at aquasteit a Jakemin Cain le poixor, ki siet en coste la maison Simonin le chavrier, parmei viii s. et i chappon de cens.

312 Thiebaus Morins p. b. suz jor et demei de vigne ke geisent ou ban de Lassei, ki siet delez la vigne lou signor Giruaise, k'il at akasteit a Phelepiu lou xavin, en aluez.

313 Herberans de Maixieres p. b. suz une maison outre Muselle, delez la maison Flore, k'il at aquasteit a Thieriou le corvezier de Porsailliz, parmei iii s. et ii chaponz k'ille doit.

314 Howins li chairetons p. b. suz une maison en Einglemur, k'il at akasteit a Wauterin l'Asne, parmei vii s. et une quarte d'oile et iii d. de cens k'ille doit.

315 Piereconz Copechiens p. b. suz une maison ki siet suz lou Rone, k'il at aquasteit a Lowyon Malewaigne, parmei teil cens com ille doit, e. c. l. e. en l'a. le d.

316 Ancillons Haisat p. b. por lui et por Jakemin Custantin suz i maison ki siet au pont a Muselle, en coste l'osteil Steuenin lou boulangier, et suz tout lou reseige ki apaut, k'il at akasteit a Huygnon, le fil Symonin de la Vigne, parmei xxvi s. et deme de cens, e. c. l. e. en l'a. le d.

317 Symonius Papemiate p. b. por lou signor Symon le preste de Nekisselrue, chauone de Ste Marie as nonains, suz xxxii s. de cens k'il at akasteit a Gilat le viescier de S. Martinrue, ke gesent suz la maison Strabade ki fut,¹) ke siet en coste l'osteil signor Piere de Bu, aprez xiiii s. de cens ke li maisons doit davantereinnement, e. c. l. e. en l'a. le dvt.

318 Jakemas de S. Arnol, li fiz dame Annez de Rozeruelez ke fut, p. b. suz i piece de vigne ki geist en Paskevigne, et suz une vigne ki geist en Jarronvigne, et suz ii pieces de vigne ke gesent en Ferrecort, et suz une piece en Gerartvigne, et suz ii meuz et demei de cens ke gesent a Chastelz, k'il at aquasteit a Symonin le Porcel, le fil Steuenin le fevre de Molinz ki fut, en aluez, e. c. l. e. en l'a. le d.; et tout cest heritaige li at il

---

¹) *Zwischen* ki fut *und* ke siet *steht* ke fut.

relaissiet Jakemins parmei xii menez et demeez de vin en moustaige dou vin des vignez, a touz jors mais, et chak'an a paier ou cors de vandanges.

319 Thomassinz, li fiz Symonin de Porte Sarpenoize, p. b. suz i maison a Porte Sarpenoise, arreiz la maison Colin Centmars, k'il at akasteit a Huygnon le Bossut, parmei xxx s. de cens, e. c. l. e. en l'a. le d.

320 Li sires Nicholes, li prestez marlierz de S. Estene, p. b. por la chiese Deu de S. Estene suz iii s. de cens k'il at akasteit a Martin Coupat, suz sa maison en Einglemur, e. c. l. e. en l'a. le d.

321 Colignons de Parei p. b. suz une maison a Porte Sarpenoise, en coste l'osteil Jenin le cordier ki fut, k'il at akasteit a Jenin Minnerel lou parmantier, parmei xxv s. de cens k'ille doit, e. c. l. e. en l'a. le d.

322 Colignons de Porte Serpenoise, li fiz Colin Centmarz, p. b. suz une sante ke Thomassins avoit par suz lou cellier Clemignon, k'il at akasteit a lui, parmei iiii s. de cens, e. c. l. e. en l'a. le d.

323 Sebelie, li fille Perrin le Mercier ki fut, p. b. suz xv s. de met. de cens k'il at akasteit a Renaudin le Mercier, son oncle, ki gesent en som Viez Bucherie, suz la maison Renaudin meismez ou il maint, e. c. l. e. en l'a. le d.

324 Oliniers, li fiz Hargaut, p. b. suz un hosteil daier S. Marc, k'il at akasteit au preste de S. Ferrusce et au maistre de la frairie dou corz Deu, parmei xiii s. et iii d. et i chapon de cens, e. c. l. e. en l'a. le d.

325 Lietas Marchans li parmantiers p. b. sus xvi s. et vi d. de cens k'il at akasteit a Colate, sa niece, ke geisent suz ii maisonz en Pierelruelle, en som Viez Bucherie devant l'osteil Lowyon le charreton; et de ces xvi s. doit il a l'eglise de S. Martin xii d. de cens por l'anniversaire la mere Colate desor nomee, e. com l. e. en l'a. lou dv.

326 Jenas Griffons p. b. suz iii piescez de vigne ke geisent ou ban de Syei, si en geisent ii pieces en Quartez, et li autre piece geist suz Muselle, k'il at akasteit a Ricete, la fame Willaume le munier de Chieuremont ke fut, e. c. l. e. en l'a. le d.

327 Jenas p. b. ancor suz une piece de terre areure ke geist devant le chaukeur l'Aveske a Longeville, k'il at akasteit ai Annel, la fame la Vaichate de Syei ki fut, en aluez, e. c. l. e. en l'a. le d.

328 Richars li charpantierz p. b. suz une maison ke geist en Rome sale, k'il at aquasteit a Werion lou charpantier, parmei xiii s de cens. e. com l. e. en l'a. le dv.

329 Huguignons Cunemans p. b. suz x s. et x chappons de cens k'il at akasteit a Jakelo, le fil Guelart dou Nuef pont ke fut ke gesent suz toute la terre et suz tout l'eritaige ke Jakelos at en touz les bans de Puppinville et de Richiermont, en touz us, e. c. l. e. en l'a. lou d.

330 Jakemins Chardins p. b. por lui et por Chardignon de Labrie suz une maison a Syei, ki fut Clomin dou Clos, et suz ce ki apant, et suz la vigne daier la maison, k'il at aquasteit ai Abillate, la fame Clomin dou Clos ke fut, parmei teil cens et teil droiture com cist heritaigez doit, e. c. l. e. en a. dv.

331 [1]) Renaudins li Mercierz et Colins Ruece et Ruecelate, sa suer. p. b. suz tout l'eritaige Garseriat Ruece, le fil Forkignon Ruece ke fut, ke geist en la mairie d'Outre Muselle; c'est a savoir suz la tour et suz lou vivier daier ke sient en Einglemur, et suz tout lou remenant de l'eritaige Garseriat ke geist en la mairie d'Outre Muselle, ki lor est delivreiz par droit et par jugement, por $\overset{xx}{xiii}$ de met. ke Garserias devant diz doit a Gilet Ruece, par escriz en arche, dont il sont maimbor.

332 Nicoles Markos p. b. suz tout l'eritaige ke fut Mainnardin de Mairangez, k'il at en wage de Mainnardin devant dit, et suz tout l'eritaige ke fut Gerardin Graixin de Fontois, celui dont Garsez Roucez estoit tenans, k'il at ataint contre la fame Garset devant dit.

333 Ingrans, li fiz Jakemin Gole ke fut, p. b. suz tout l'eritaige ke Marguerons de Longeville, li fame Colin de Saint Kointin, at ou ban de Longeville et ou ban de S. Martin et ou ban de Turey, en vignez, en maisonz, en jardins, parmei teil cens et teil droiture com li heritages doit, ke li est delivrez par droit et par jugement, por tant com Marguerons devant dite li doit, par escriz en arche.

334 Ingrans, li fiz Jakemin Gouie, p. b. por lui et por Jennat, son frere, suz xxv s. de met. de cens k'il ont akesteit a Huart de Morey, le fil Willermin de la Fosse, ke geisent suz la maison Renaudin le Mercier asom Viez Bucherie, e. c. l. e. en l'a. le d.

---

[1]) v. *1269, 188 und 271.*

335 ¹) Banduyns Buglez p. b. por la chiese Deu de la Belle Stainche suz xv s. de cens k'ellez ont akesteit a Jennat de la Barre, suz III jornax de vigne ke geisent desor le mostier de Lassei, e. c. l. e. en l'a. le d.

336 Renaudins li Merciers p. b. sus xxv [s.] de met. k'il meismes devoit suz sa maison ou il maint, ke fut signor Pieron de la Fosse, k'il at akasteit a Contesse, la fille Aileit de Morei, e. c. l. e. en l'a. lou dv.

337* Ce sont li ban dou vinteme jor. En la mairie de Porte Muselle:

337 Matheus, li freres Poincignon Grenon, p. b. suz la maison ki fut Clemignon le vannor et suz tout lou reseige ki apant, ki siet au Rimport, en som l'osteil ki fut Colin Noiradin, k'il at aquasteit a Guiot de Porte Muselle, parmei XL s. de cens.

338 Warniers, li fiz Boite, p. b. suz I piece de vigne ki geist enz Aluez, k'il at akasteit a Jennat Graindamors, parmei IX d. de cens ke ceste piece de vigne doit, e. c. l. e. en l'a. le d.

339 Marserions li corversierz de Staisonz et Symonins, ces serorgez, p. b. suz teil partie d'eritaige com il est escheut a Jakemin, son serorge, de par Thieri l'arcenor de Stroitpei, son annel, e. c. l. e. en l'a. le d.

340 Hanrias Museraigne de S. Julien p. b. por lui et por Jennat, son frere, suz la piece de vigne ki geist en Champonfontainne, ke fut la dame de l'Aitre, k'il ont akasteit a Wychart de la Tor, e. com l. e. en l'a. le d.

341 Jennas li corrierz de Corcellez, ki maint en Saunerie, p. b. suz une vigne k'il at akesteit en aluez a Thieriat lou Vaudoiz de Failley, ki geist en la fin de Faillei, ou leu c'om dist en la Closatte, desouz le sorbey.

342 Hanriaz de Xuelle et Werias Macors p. b. suz une vigne ki geist en Oizelainvigne, encoste la vigne dame Lucie, k'il ont aquasteit a Thomassyn de Pierevillerz, e. c. l. e. en l'a. le d.

343 Gerardas de S. Julien p. b. suz la maison en coste Thiebaut de Villerz a l'Orme et suz de quan ke Jennas tenoit d'Alisatte de Maiserey, k'il at akasteit a Jennat devant dit, e. c. l. e. en l'a. le d.

344 Ancelz, li fiz Jehan l'ardor ke fut, p. b. suz XIII jornax de terre areure ki geisent en la fin de Vantouz ou ban S. Martin,

---

¹) *Der Eintrag ist durchgestrichen.*

k'il at akasteit a Perrate, la fille Willaume Nare, parmei teil cens com li terre doit, e. c. l. e. en l'a. le d.

345 Bertignons de Vantoz, li fiz Jehan de Roupignei ki fut, p. b. suz une maiseire et suz tout lou reseige ki apant k'il at a Ventouz, et suz III jornax de vigne ke geisent ou ban S. Pol et ou ban S. Julien, k'il at aquasteit a Perrate, la fille Willemin Naire, parmei teil cens com li heritaiges doit, e. c. l. e. en l'a. le d.

346 Ancelz li Waigne de Vallieres et maistrez Acelins li clerz p. b. suz demei jor de vigne ke geist en Senainvalz, et suz II jo[r]nals de terre areure ki geist desor Senainvalz, ancoste Faukenel et Gerardin, k'il ont akasteit a Domauget, le jaure Chanouel d'Outre Saille,[1] e. c. l. e. en l'a. le dv.

347 Bauduyns Buglez p. b. por l'ospital S. Nicholaiz ou Nuetborc suz VI s. I d. moins de cens ke Huwyns de Valierez doit suz sa maison a Valierez, et de ces VI s. I d. moins redoit ou a Thiebaut Faukenel II d. et maille, et suz III s. de met. de cens [ke Ysabelz, li suer Huwyn?][2] de Valierez, doit a l'ospital devant dit suz I jornal de vigne, k'il at akasteit ai Ysabel, e. com l. e. en l'a. le d.

348 Symonas Leudinz de Chailey p. b. suz I jornal de terre areure ki geist desor Bienuoi, encoste la terre signor Remei de Jeurne, k'il at akasteit a Poincignon Hurel de Faillei, e. c. l. e. en l'a. le d.

349 Symonas Leudinz de Chailey p. b. suz les V s. de met. de cens et suz teil heritaige de maison et de meiz com il est escheut [a] Vguin et Mahout, la suer dame Odelie la Soiberde, ke Symonas at akasteit a Vguin et a Mahout devant diz, e. c. l. e. en l'a. le d.

350 Colins et Jakeloz, ces frerez, li dui aufant Bertran de Failley, p. b. suz une vigne k'il out akasteit en aluez a Poincignon, le[3] fil Nicole Ysacart, ke geist en Gyrouchamp en coste Thieriat Borrial, e. c. l. e. en l'a. le d.

351 Jakemins li fiz Ysabillon de Nowasseville, ki maint en Aiest, p. b. suz VI jornalz de terre et suz I meiz et une maison ki geisent ou ban de Nowasseville, et suz III jornax de terre ke geisent ou ban de Retonfail, k'il at akasteit a Thieriat, le fil Geliat Saiuetel, e. c. l. e. en l'a. le d.

---
[1] *Vor* Saille *ist* ville *durchgestrichen.*
[2] *r. 1290, 337 und 1298, 38.*   [3] *Vorlage* li.

352 Gerardins, li filz Steuenin¹) Roucel, p. b. suz jor et demei de vigne en la Nowe, k'il at akasteit a Jenin, le fil Habignon, parmei III s. de met. de cens, e. c. l. e. en l'a. le d.
353 Andreuz li clers p. b. suz IIII s. de met. de cens ke geisent suz la maison Margueron, la fame Colin Chapon ki fut, en Chieuremont, ki siet encoste l'osteil Colin Copechauce, k'il at aquasteit a Ma[r]gueron devant dite, e. c. l. e. en l'a. le d.
354 Colins, li fiz Bertran de Failley, p. b. suz III s. et II˙chapons de cens ki geisent suz la grainge et suz lou reseige ki apant ki est Gerardin, le fil la mairesse d'Alisey, et suz une piece de terre ki geist en Longez Roiez, delez signor Weri Soxdel, k'il at akasteit a Gerardin devant dit, e. c. l. e. en l'a. le d.
355 Ferrias de Challei p. b. suz XXIIII s. de met. de cens ki geisent suz la maison Colin Puitaise le bolangier en Stoisey, k'il at aquasteit a Poincin Cobei, e. c. l. e. en l'a. le d.
356 Gerardes d'Alisey p. b. suz I piece de vigne ke geist en Chenals, encoste la vigne Piereson d'Alisey, k'il at akasteit a Hanelo Rochet, parmei III s. de met. de cens ke li vigne doit.
357 Thiebaus Lambers p. b. suz la maison ke fut dame Colate Marcout en Saunerie, devant lou chakeur Thiebaut Barnaige, k'il at akasteit a Jakemin l'Aine, parmei teil cens com ille doit, e. c. l. e. en l'a. lo d.
358 Colins Xandras p. b. por lui et por Jakemin, son serorge, suz la maison et suz tout lou reseige et suz tout l'eritaige ke Thierias de Maiserey, li fiz Phelepin Makerel, avoit ai Oizei et ou ban, en touz us, k'il ont akasteit a Thieriat devant dit.
359 Poincins, li fiz Choible de Blabueville, p. b. suz II maisonz ke sient a la posterne a la Sauz a Rimport, k'il at akasteit a Thieleman de Thyonuille, le fil Colin Mingol, parmei x s. et IX d. de met. de cens et II chapons ke les II maisonz doient, e. c. l. e. en l'a. le d.
360 Steuenins Roncelz et Bertignons d'Antilley p. b. suz II piecez de vigne en Chenalz, k'il ont akasteit a Colin Croujuz, parmei teil cens com ellez doient, e. c. l. e. en l'a. le d.
361 Jennas Galee p. b. suz XXVIII s. et demei de met. de cens ki geisent suz la maison Thiecelin l'olier et suz la maison Parrin, lo fil Colin le juvlor, ki geisent devant la rive au Poixorz, k'il at aquasteit a Hacel le natenier, en teil maniere ke

---

¹) *Vor* Steuenin *ist* Girardin *durchgestrichen.*

Jennins devant diz en doit se paier xvii s. et ix d. i angevine moinz de premierz cens ke les maisonz doient, e. c. l. e. en l'a. le dv.

362 Li sirez Renalz, li prestez de Saint Ferruce, p. b. por l'eglise de S. Ferruce suz v s. de met. de cens k'il at de contrewaige suz la maison Halowit de Crume, ki est antre S. Julien et Stoizey, suz son reseige de maison k'il at arreiz Hanriat Hartowy, et suz xii d. de cens k'il at aquasteit a Mathelo de Luestangez suz sa maison en Ruez et suz tout l'eritaige ki apant, et suz xii d. de cens ke Poinsate Mainiuchieure at doneit por Deu et en aumosne a l'eglise de S. Ferruce suz la maison Symonin de Xuelez, et suz v d. de cens ke li sirez Renalz
10 devant diz at akasteit por la devant dite eglise a la davant dite Poinsate suz la devant dite maison, et e. c. l. e. en l'a. le d.

363 Li maistres de la confrairie S. Piere le Viel p. b. suz iiii s. de met. de cens suz la maison dame Claradine, ke siet encoste l'osteil c'on dit Poincin le clerc, en Chambres, k'il at akasteit a dame Claradine, aprez iiii s. de met. de cens ke li maisonz doit davanteraimement.

364 Androwas Modaisse li bouchierz p. b. suz la maison en la rouelle en Staneul, ki siet encoste la maison les anfans Rais, k'il at akasteit a Jakemin, le fil Bertran Chanon, e. c. l. e. en l'a. le d.

365 Dame Aleyz li Tyrande p. b. suz xlv s. de met. de cens ki geisent suz la maison dame Sezille, e. com l. e. en l'a. le d.

366 Dame Poince, li fille Cowedemouton, p. b. suz une maison ki siet en Saunerie, encoste le puiz, k'elle at akasteit a Bauduyn Gilebert, e. com l. e. en l'a. le d.

367 Huesouz [Buras]¹) de Chaudeleirue p. b. suz une vigne ke geist en Abeson ou ban de Maiey, k'il at akesteit a Wautier, le maior de Vantouz, e. c. l. e. en l'a. le d.

368 Poinceignons Peuchas et Colignons, li fiz seignor Jehan de la Tor, p. b. suz xvii s. de met. de cens ki geisent suz la maison Mathion Mauroit, ki fut Jennin Picotin, ki siet devant la maison Jennin Gernaise ki fut, k'il ont akasteit a Jennin Bokel, dont il doient randre viii d. et maille de cens a S. Pou.

---

¹) Zwischen Huesouz und de hat der Schreiber eine Lücke für den Zunamen gelassen, aber nachher vergessen sie auszufüllen. v. 1288, 339 Houwesons Buras li chadeliers p. b. ... au Chadeleirnwe.

369 Wauterins de Canteuanne li meutiers p. b. suz une maison k'il at akasteit a Howygnon Noirdal, encoste la maison Aubertin le meutier, parmei xxii s. de met. de cens, e. c. l. e. en l'a. le dv.
370 Hanris li corvezierz, li mariz Alizate, p. b. suz i maison ki geist en Bucherie, encoste l'osteil Rais, k'il at akasteit a Thiebaut le Besgue le wastelier, parmei xxviii s. de met. de cens ke li maisonz doit, e. c. l. e. en l'a. le d.
371 Wauterins li Haiche p. b. suz la maison ki fut Bertremin le tannor as Rochez en Chambrez, ensom l'osteil Piereson le chavrier, k'il at akasteit [1]) a Bertremin devant dit, parmei xxx s. de met. de cens ke li maisonz doit, e. c. l. e. en l'a. d.
372 Jakemate, li fille dame Mabille de Rimport, p. b. suz le quart de la maison ou ille maint, k'ille at akasteit a Bertremin, le fil Weiriat le Gronaiz, e. c. l. e. en l'a. le d.
373 Dame Hauyz, li fame Akehart ke fut, de Gankirke p. b. suz la demeie maison ki siet en som l'estuve a Loidonpuiz, ke [2]) fut Gerardat le texerant, k'elle at akasteit a Girardat devant dit, parmei ix s. de met. de cens ke li demeie maisonz doit, e. c. l. e. en l'a. d.
374 Waterins li massons de Weiz p. b. suz la maison Willecol, le fil Garcerion le tixerant, k'il at akasteit a Willecol devant dit, parmei x s. et ii chapon ke li maisonz doit, e. c. l. e. en l'a. le d.
375 Ingrans Goule p. b. suz la motiet de la tor et suz la moitiet de la maison et dou four et sus de kan ki apant ki siet a Vantouz, ke fut signor Jake Makerel, k'il at akasteit a Perrate, la fille Willaume Naire, e. c. l. e. en l'a. le d.
376 Lowias li fiz Bertignon de la Tor, p. b. suz i maison et suz le rescige ki apant ki siet antre la maison Abrion Domatte et la maison son pere, k'il at akasteit a Poincignon, le fil Colin Veillart, parmei xxvii s. de met. de cens, e. c. l. e. en l'a. le d.
377 Li sires Jehans Gouerne et Poincignons Ceruelz de S. Julien p. b. suz tout l'eritaige ke Joffroiz, li fiz Poince Richart, ovoit ou ban de Choibey et ou ban de S. Julien, en touz [us], e. c. l. e. en l'a. le d.

---

[1]) *Vorlage* akaster.
[2]) *Vorlage* a Loidon ke puiz fut. ke *ist aus* be *verbessert und irrtümlich vor* puiz *belassen.*

378 Demanginz Rayz p. b. suz la maison ki fut dame Pauie, la fame Ancillon le bolengier ki fut, ki siet au dessandre de la Bucherie de Porte Muselle, k'il at akesteit a dame Pauie devant dite, e. c. l. e. en l'a. le d.
379 Bertignons de Warmerangez, ki maint en Staizon, p. b. suz la maison ki fut Sephiatte, li fillastre Piereaubai, ke siet daier S. Hylaire arreiz la porte a Saille, k'il at akesteit a Sophiate devant dite, parmei v s. de met. de cens ke li maisonz doit.
380 Alixandrins li Stouz de Rimport p. b. suz I stal en la halle en Chambrez, k'il at akesteit a Maheu et a Gilet, les II fiz Huguignon Roucel ke fut, de Rimport, parmei teil cens com il doit.
381 Jennas Chauresons p. b. suz xxx s. de met. de cens ki geisent suz l'osteil Burtignon de Wirmerangez en Stosey, et suz XIII s. de met. de cenz ke geisent suz la maison Jakemin Guerart desoz les Cordelers, k'il at akesteit as anfans Colin Colon.
382 Francoiz, li fiz Nichole Brulevaiche, p. b. suz x s. de met. de cens ke geisent suz la maison Lowyat le soudor en Chaudelierrue, et suz VI s. de met. de cens ki geisent suz une maison et suz une grainge et suz II jornax de vigne ki geisent a S. Julien, ki furent Abraham, k'il at akesteit a son pere[1] [et] a Huart Jalee et a Poincignon et a Maheu et a Joffroit, les III anfanz seignor Huon le Besgue, e. c. l. e. en l'a. le d.
383 Jakemins, li fiz Jennin Morekin de Rimport ki fut, p. b. suz teil partie de vigne com Renaldins Chauketerre avoit avec Colate, sa suer, ki siet en Colombez, k'il at akesteit a Renaldin, parmei teil cenz com ille doit, e. c. l. e. en l'a. le d.
384 [2] [Pieres, li av]elaz signor Pieron de Saunerie ki fut,[3] p. b. suz IIII jornalz de vigne ke geisent en Orsain, ki furent Jakemin Fakol, k'il at akesteit ai Aubertin, son serorge, le fil signor Raoul Makerel, ki fut, e. c. l. e. en l'a. le d.
385 Ha............ p. b suz I maison et suz tout lou reseige ki apent ki siet encoste l'osteil Jehan de Metri, k'il at akesteit

---

[1] a son pere *ist übergeschrieben*, et *ist dabei ausgelassen. r. 1269, 437* a signor Nicole, son pere, et a Huart Jalee et a trois fis etc. *r. auch 1269, 260.*

[2] *Der Anfang der vier untersten Zeilen auf der Rückseite des 1. Blattes (384—387) ist infolge häufigen Anfassens bis zur Unkenntlichkeit abgerieben, die Ecke mit den ersten Buchstaben von 386 und 387 fehlt ganz. r. Bem. zu 1269, 1*.*

[3] *r. 1279, 194* dame Nicolle, la fille signor Pieron de Saucrie *und 1290, 231* li sires Pieres, li filz dame Nicolle de Saucrie ki fut.

ai Ottenat et a Colignon, son frere, les anfans Willemin le Porc, parmei teil cens com ille doit, e. c. l. e. en l'a. le. d.

386 .... p. b. suz la maison ki est arreiz Laberal, devant l'osteil de Chastillons, k'il at akesteit a Matheu Grenon, e. com l. e. en l'a. le d., et parmi xxx s. de cens.[1]

387 .... p. b. suz la partie de la maison Hanriat Recout ki fut son pere, ki siet encoste la soie maison meismez, ki li est delivree par droit et par jugement, e. c. l. e. en l'a. le d.

388* En la mairie de Porsailliz, dou vintisme jor:

388 Jennas li merciers p. b. suz demei jornal de vigne ki geist en Glairuelez, k'il at akesteit a Jennin Ponel, parmei I maille de cens.

389 Jakemins, li fiz Bokereit, p. b. suz I jornal de vigne ki geist en Rolantmont, k'il at akesteit a Jennat, son frere, en aluez.

390 Steuenins de Flainuille li corrierz p. b. suz II maisierez ki sient apres l'osteil Warnier le corrier, k'il at akesteit a Jakemate, la fame Ricart, parmei xxxvi s. de cens.

391 Jakemins Xobins p. b. suz I maison en Chaponrue, ki fut Giron, k'il at akesteit ai Arnout le Roi, e. c. l. e. en l'a. le d.

392 Hanrias li taillieres p. b. suz I maison ke siet daier S. Mamin. k'il at akesteit a Ancillon Warnement, parmei v s. de cens.

393 Garsaz li boulangierz de Pertez p. b. suz III piecez de terre ki geisent entre Marcei et Pertez, k'il at akesteit a ces oirs, parmei III d. de cens, e. c. l. e. en l'a. le d.

394 Thiebauz Blancharz p. b. suz la moitiet dou four banal de Pertez, ke fut Jennat, le fil Alixandre le parmantier, et suz tout l'eritaige k'il avoit ou suz de Pertez et de Marcei et de Creppei, en touz us, k'il at akasteit a Jennat devant dit, en aluez, et e. c. l. e. en l'a. le d.

395 Hanris li Alemans de S. Climent p. b. suz I maison ki siet a S. Clement, devant l'osteil Thiehart, k'il at akesteit au signorz de S. Clement, parmei VII s. de cenz.

396 Jennius de Cuuerei li charpantierz p. b. suz I maison en S. Thiebautrue, ki siet ensom l'osteil ki fust maistre Garri, k'il at akesteit au daien de S. Thiebaut et a Nicole Brulevaiche, parmei xxxv s. de cens.

---

[1] et parmi xxx s. de cens *ist Zusatz von Schreiber 2.*

397 Gerardins Roicheforz p. b. suz I maisiere ki siet en Saunerie, entre l'osteil Warnier le corrier et Paien, kil at akasteit a la fame Richart, parmei VIII s. de cens.
398 Lamprez li arceneres p. b. por la confrairie dou corz Deu de S. Gengol suz IIII s. de met. de cens ki gesent suz la maison Bueuelat ou il maint, et suz II stalz en Vezignuez devant la viez halle, k'il at akasteit a Bueuelat, e. c. l. e. en l'a. le d.
399 Pieressonz li taillierez p. b. suz I maison en la Nueve rue, ki fut Pinaudel, k'il at akesteit as oirz dame Lucie, parmei XIIII s. et demei de cens.
400 Warins d'Outre Maiselle p. b. suz I quarteron de vigne ki geist en Piuenellez, k'il at akasteit a Wychardin Haranc, parmei teil cenz com il en doit.
401 Li daiens et li chapistrez de S. Thiebaut p. b. suz I maison ki siet outre Saille, entre l'osteil Heynneborc et l'osteil Poincignon de Champez, k'il ont akasteit a Bancelin le recuvrour; et si li ont relaissiet parmei VI s. et demei de cens, e. c. l. e. en l'a. le d.
402 Jehans li Vaudois p. b. suz I maison ki siet ou Waide, k'il at akasteit ai Aubartin, parmei XII s. et VII d. de cens.
403 Parrins Begarz p. b. suz XXX s. de met. de cens, s'en geisent suz l'osteil Colin Marchant X s. et suz l'osteil Colin Blanchatte X s. et suz l'osteil ki fut Girart de Valtrauerz X s., k'il at akasteit a Loratte, la fille Bauduyn d'Espinax ki fut, et cist cens est li premeriens.
404 Matheuz Clarei p. b. suz I piece de vigne ki geist ou plantei Mauroit, k'il at akasteit a la fame Lorent Panceron, parmei teil cens com il en doit.
405 Avruyns Herbo p. b. suz I piece de vigne ki gist ou ban¹) S. Pol outre Saille, k'il at akasteit a Huygnon Gauaie, et c'est moiterasse S. Pol, e. com l. e. en l'a. le d.
406 Avruyns Heibers p. b. suz XIII s. de cens ki geisent suz l'osteil Jakemin le chandelier, et suz VII s. et demei de cens suz l'osteil Haranc et suz une andaigne de vigne en Rolantmont, k'il at akasteit a Jennin Lucie et a Bertremin Briselatte, e. c. l. e. en l'a. le d.
407 Wyrias li natenierz p. b. suz demei jornal de vigne ki geist en Rolantmont, k'il at akasteit a Jakemin le clerc, parmei teil cens com il en doit.

---
¹) Vor ban ist clo *durchgestrichen*.

408 Matheus Bellebrasse p. b. suz ɪ piece de vigne ki geist en Malemarz, k'il at akasteit a Jennin Walandel, parmei xxɪ d. de cens.
409 Jakemins Constantinz p. b. suz ɪ maison ki siet sor le Mur, encoste l'osteil Hanri le fevre, k'il at akasteit ai Aubert Dalestain, parmei ɪɪɪɪ s. et demei de cenz.
410 Marguerons Chabosse p. b. suz la maison Hanriat Chabosse, ki siet defors la porte des Alemans, k'ille at akasteit a Hanriat devant dit, parmei teil cens com il en doit.
411 Alixandres li tanneirez p. b. suz ɪ maison ki siet ou Champel, k'il at akasteit a Symonin, le janre Dudinat, parmei xɪɪɪɪ s. et demei de cens.
412 Alixandres li boulangierz p. b. sus vɪɪɪ s. de cens ki geisent suz ɪɪɪ jornax de vigne, c'en geist en Watenat ɪɪ et demei, et a la Barre demei jornal, k'il at akasteit a Thieriat le Grant de Maisellez, e. c. l. e. en l'a. le d.
413 Burtemins Borrez p. b. suz la maison Aubartin Rouguelle, ki siet en Frenelrue, k'il at aquasteit a lui, parmei teil cens com il en doit, e. c. l. e. en l'a. le d.
414 Poincignons, li fiz Aubert de Champez, p. b. suz ɪ piece de vigne ki geist en Humbertclos, daleiz la vigne Jake Bazin, k'il at akasteit a Willemin Bardin, en aluet, e. c. l. e. en l'a. le d.
415 Wauterins, li fiz Witon de S. Clement, p. b. suz ɪ jornal de terre ki geist en Quatre Quillez, k'il at akasteit a Huguignon Couuat, parmei ɪ d. de cens.
416 Jennas li barbierz, li fiz Cayfaz, p. b. por lui et por Agnez, sa seror, suz teil partie com Aubartins, lor frerez, avoit en l'osteil lor pere, ki siet autor dou Nuefborc, k'il ont aquasteit a lui, parmei teil cens com elle doit.
417 Jennas Otignons p. b. suz ɪ maison et suz ce ki apant ki siet ensom l'osteil Lietaut le parmantier, k'il at akasteit a Ferriat le clerc, parmei xʟ s. et ɪɪɪ d. de cens, e. c. l. e. en l'a. le d.
418 Godefrins li oliers d'Outre Saille p. b. suz la maison ke fut Jennat le bouchier, ki siet autour dou Waide, k'il at akasteit a Chauuin le parmantier, parmei xxvɪɪɪ s. de cens.
419 Aubartins Porteaubai p. b. suz jor et demei de vigne ki geist en Nowyllon ou ban de Montigney, k'il at akasteit a Colin de S. Nicolairue, parmei v s. et demei de cenz.
420 Alizate, li fille Hanrion de Marcillei, p. b. suz ɪ mason ke siet

en Chaponrue, devant le puiz, k'il at aquasteit a Jakemat Renart, parmei teil cens com ille doit, e. c. l. e. en l'a. le d.

421 Jennas d'Abignei p. b. suz demei jornal de vigne ki geist au Grant Chauol, k'il at akasteit a Lowyat Charrue, parmei I d. de cens.

422 Alixandrins, li fiz Jakemin le Hungre, p. b. suz I jornal de terre ke geist decei le pont a Maignei, et suz I piece de terre ke geist au Sauelon, k'il at akesteit a Warin, son frere, e. c. l. e. en l'a. le d.

423 Thomassinz Richelaz p. b. suz I maison ki siet suz le Mur, asom lui meimez, k'il at akasteit a Jennat Corneailliee, parmei XXVII s. de cens.

424 Gerardins li barbierz p. b. suz I maison ki siet daier S. Sauuor, asom l'osteil de la Glandiere, k'il at akasteit as anfans[1] Othin le salier, parmei L s. V d. de cens.

425 Huguignons Barekez et Joffrois, ces frerez, p. b. suz la maison ki fut Pierixel Bouchate,[2] ki siet ensom l'osteil Lowyat, le janre Ruecelin, k'il ont akasteit a Pierixel devant dit, parmei XXXV s. de cens.

426 Maistrez Symons li clerz p. b. suz la maison ki fut Lowyat le boulangier, ki siet daier la chapelle de S. Nicolaiz le Petit, k'il at akasteit a Lowyat devant dit, parmei teil cens com ille doit.

427 Colins Lietax p. b. por l'ospital des Alemans suz la maison Hawyate la Russate, k'il ont akasteit a lei, a. c. l. e. en l'a. le d.

428 Et si p. b. ancor por l'ospital devant dit suz la moitie de XII s. de cens k'il ont akasteit a la fame Nicole Marasse, e c. l. e. en l'a. le d.

429 Thiebauz Kabaie p. b. suz tout l'eritaige k'Eudelins, li fiz Jennin le Grant ki fut, avoit ou ban de Crepey, en touz us, ou k'il soit, k'il at akasteit a Eudelin devant dit, e. c. l. e. en l'a. le d.

430 Poinsate et Yzabez, le II fille Jacob de Jeurne, p. b. suz XXX s. et demei de cens ki geisent suz II maisonz en Staizon, daier la grainge Maheu Jewat, k'ellez ont akasteit a Colate, la fille Willemin Bardin ki fut, dont elles redoient VI d.[3] de cens a S. Vincent, e. c. l. e. en l'a. le dit.

---

[1] *Vor* anfans *ist* oirs Ot *durchgestrichen.*
[2] *r. 1267, 403; 1269, 254* a la Posterne.
[3] d. *von Schreiber 2 übergeschrieben.*

431 Thiebax de Straborc p. b. suz ɪ maison ki siet en Vezignuez, ensom l'osteil Poinsart le mercier, k'il at akasteit a Jennin Xarie,¹) parmei teil cens com ille doit, e. c. l. e. en l'a. le d.
432 Jennas Chauresonz p. b. suz xl s. de met. de cens ki geisent en Saunerie suz l'osteil ki fut Tornai, dont on redoit xvɪ d. a S. Ladre, et suz xx s. de cens ki geisent suz l'osteil Thieriat le charpantier en la rue dou Preit, dont on redoit a Ste Glocenin v s., et suz v s. de cens ki gesent suz l'osteil Huat l'olier, k'il at akasteit as anfans Colin Colon, e. c. l. e. en l'a. le d.
433 Colins Xandras p. b. por lui et por Jakemin, son serorge, suz la vigne et suz tout l'eritaige ke Tierias de Maiseroi,²) li fiz Felippin Makerel ki fut, avoit ou ban de Coincey, en toz us, k'il ont akasteit a Tieriat devant dit, parmei teil cens com li eritaigez doit au ban dont il muet, et e. c. l. e. en l'a. le d.
434 Poincignons Lucie p. b. suz la maison ki fut Symon de Pouille, et suz demei jornal de vigne k'il avoit en Malemars, k'il at akasteit a lui, parmei xv s. et demei de cens, et e. c. l. e. en l'a. le d.
435 Wyrias de S. Clement p. b. suz xɪɪɪɪ jornax de terre ki geist en Gene[s]troi³) ou ban S. Clement, k'il at akasteit a Joffroit de Chastelz, chanone de S. Sauuor, parmei xxvɪ d. et maille de cens.
436 Arnoz li viecierz p. b. suz la maison et suz la grainge et suz kan ki apant ki siet en Saint Martinrue, devant le cors, k'il at akasteit a Jennat Aiziet, parmei lx et x s. de cens.
437 ⁴) Francois, li fiz Nicole Brulevaiche, p. b. suz xx s. de met. de cens ki geisent suz la maison la meire Bertel en Vezignulz, et suz vɪ s. de met. et ɪɪ chappons de cens ki geisent suz stalz devant l'osteil Bauduyn Louve, et suz xxɪɪɪ s. de met. de cens
5 ɪɪɪ d. moins ki geisent suz meises a S. Piere as Roches, d'une part et d'autre la fosse Colignon le Gronaiz, et suz xx s. de met. de cens ki geisent suz l'osteil maistre Poince le phisicien, devant l'osteil Aubert des Aruoz, et sus vɪɪɪ jornas de terre a Virkilley,⁵) k'il at akasteit a signor Nicole, son pere, et a

---

¹) *Vor* Xarie *ist* Zaric *durchgestrichen.* r. *1269, 472* Jennat Sairie, *1275, 58* Jenin Sairei.

²) r. *1269, 358* Thierias de Maiserey. *Das stimmt besser mit* ban de Coincey.

³) *Der Schreiber hat sich verschrieben und verbessert, aber undeutlich. Es steht jetzt da* Genetroi, t *scheint aus* r *verbessert zu sein,* s *fehlt.*

⁴) r. *1269, 244.*

⁵) et sus vɪɪɪ *bis* Virkilley *von Schreiber 2 übergeschrieben,* vor a signor Nicole *ist* a Nicole de Chastelz *durchgestrichen.*

10 Huart Jalee et a trois fis signor Huon lo Bague,¹) e. c. l. e. en l'a. le d.; et de ce redoit il aier a l'abbei de Villerz v s. et as oirs Renier Teguienne II s. et demei.

438 Arambors, li fille maistre Garsire le masson ki fut, p. b. suz la maison et suz lo reseige ki apant ki siet ensom l'osteil Godefrin Wynat ou Waide, parmei vi d. k'ille doit de cens, k'ille at akasteit a Jakemate et a Thomassat et a Sezenate et a Colin et a Gerart, les anfans Tieriat Roucel ki fut, et a Awroyn, lou fil Ancillon Xillat, par lou crant de sa fame, tout ce k'il i avoient, a. com l. e. en l'a. le d.

439 Li sires Joffroiz li Gronaiz, li maistres eschavinz, p. b. por lui et por Huguignon Damelate et por Steuignon, le fil Wautier Bellegree, suz la grant maison ki siet en coste l'ospital, ke fut dame Colate de l'Aitre, et suz la maison au Kartal ou li
5 bouchier vandent et suz tout lou reseige ki apant, et suz xxiii s. de met. de cens ke geisent suz la maison Colin Symart en Chapelerrue, et suz II jornalz et demei de vigne ke geisent en Reual et en Penrelle, ke furent tout la dame de l'Aitre, k'il ont akasteit a Jennat Chaureson et a Thiebaut le Gronais
10 et a Joffroit, le fil signor Wautier Bellegree, parmei teil cens com li eritaigez doit.

440 Jakas Parraison p. b. suz demei jornal- de vigne ki geist en Quatre Quillez ou ban de S. Clement, k'il at akasteit a Acelin Karesmeantreit, parmei teil cens con ille doit, e. c. l. e. en l'a. le dvt.

441 Hanriz li hanepierz et Bertremins Moretelz p. b. suz I demeie maison ke siet en Vezignuez, devant S. Supplize, apres la maison Symon le tornor ki fut, k'il ont akesteit a Colin, le frere Jehant le tornor, parmei teil cens com ille doit.

442 Alizate, li fille signor Pieron Thomas, p. b. suz la maison ki est sor le Mur, encoste la maison Warnier le fevre, k'ille at akasteit a Colignon Barroiz et a Thieriat²) le tannor de la Vigne S. Auol,³) parmei v s. de met. de cens ke li maisonz doit as signors de S. Sauuor.

443 Jakemins Minne p. b. suz la partie d'un jardin ki fut Lowyt le marexal, devant Nostre Dame as Chans, des le vivier ensai ansi com les bonnes se portent verz la porte les Repantiez, k'il at

---

¹) a signor Nicole *(Seite 212)* bis lo Bague *von Schreiber 2 übergeschrieben.*
²) *Vor* Thieriat *ist* Thiebaut *durchgestrichen.*
³) *v. 1269, 213.*

akasteit a Willemin Gilebert et ai Ancel de la Tor, parmei
L s. de cenz.

444 Burtremins, li fiz Jakemin Boufat dou Champel, p. b. suz les
x s. de met. de cens ki geisent suz la maison ki fut Burtemin,
le janre Remei d'Arz, ki siet en son l'osteil Lowion le watelier
en la rue de l'ospital des Alemans, et suz les XII s. et demei
de met. de cens ki geisent suz les IIII maisonz ke Hanriz li
charpantierz et Houdebrans li tanneirez tiennent, ki sieent a
darien de Chaponrue, devant la barre, ke li viennent de par
Poinsate, sa fame, la fille Nicole Coulon, aprez XII d. de cens
k'ille doit aier a S. Pol.

445 Li sires Jehans de Raigecort[1]) p. b. suz IIII jornalz de vigne
et suz tout l'eritaige ke Wichars li Jas, li janrez Nicole
Robauan ki fut, avoit ou ban de Joiey, k'il at akasteit a
Wychart devant dit, en aluet, et e. c. l. e. en l'a. le d.

446 [2]) . . . .

447 Parrins Broscars p. b. por lui et por Jennat, son freire, et por
Mathiate, sa seror, et por Grillat, son serorge, suz II s. de
cens ki geisent suz l'osteil Makowart daier Ste Glossenaiu,
k'il ont aquasteit a lui, aprez VIII s. de cens k'il ont davan-
terinement.

448 Colins Barons p. b. por lui et por Gobert le clerc, son serorge,
suz teil partie com Bertremins Boueiz avoit en la maison Vinun
lo messuer, ki siet ensom Bucherie, k'il ont akasteit a lui,
parmei XXXIIII d. de cens.

449 Colins Haroweus p. b. suz II pieces de vigne, don li une geist
en IIII Keres et li autre daier S. Andreu, k'il at aquasteit a
Faskenate de S. Climent, parmei XXIII d. de cens.

450 Burtignons Paillars p. b. suz la maison ki fut Colignon de
S. Arnolt et suz tout lou resiege, ki siet ou Nuefborc, k'il at
aquasteit a Colignon devant dit, parmei VI lb. de cens, et e. c.
l. e. en l'a. lo d.

451 Colignons li Gronaiz p. b. por l'abbei et por le convent de
Gorze suz XL esmas de bleif ki geisent a Moruille delez Vy,
k'il at akasteit a Joffroit de Suz le Mur, e. c. l. e. en l'a. lo d.

---

[1]) *Der Name einer zweiten Person ist dick durchgestrichen; der Nachname* Gelins *ist noch zu lesen, der Vorname und ein zweiter über diesen geschriebener Vorname nicht mehr;* ont *vor* akasteit *ist nur so verbessert, dass aus dem* o *ein* a *gemacht ist.*

[2]) *Erst ausgekratzt, dann durchgestrichen und auf diese Weise ganz unleserlich gemacht.*

452 Thomas li corretiers p. b. suz I maison ki siet en la Vigne
S. Auol, k'il at akasteit a Jennat Menne, parmei x s. de cens,
et e. c. l. e. en l'a. le d.
453 Lowyas li tanneres, li fiz Jakemin, p. b. suz une maisiere ki
siet en la Vigne S. Avol, k'il at akasteit a Symonat, lo fil
Symon de Maiselle, parmei xvIII d. de cens, et e. c l. e. en
l'a. lo d.
454 Jakemins de Montois p. b. suz IIII jornas de terre an Virkillei,
k'il at akasteit a Colin Baiart, parmei teil cens com ille doit,
et e. c. l. e. en l'a. lo d.
455 ¹) Jennas Dantdasne p. b. suz demei jornal de vigne ki geist
en coste la soie meismez, k'il at aquasteit a Thiebaut Borgant,
parmei teil cens com ille doit, et suz II s. de cens k'il at
akasteit a lui.
456 Guedelo li fevrez p. b. suz I maison ki siet ou Petit Waide,
k'il at akasteit ai Androwat, lou fil Poincin l'escrivain, parmei
xvI s. de cens. ²)
457 Poinsate, li fille Bencelin Rauetel, p. b. suz teil partie com
Jennas Rauetez, ces oncles, avoit en xII s. de cens ki geisent
suz la maison Becelin Rauetel, k'il at akasteit a Jennat devant
dit, e. c. l. e. en l'a. le d.
458 Lambelins de Maiseroit p. b. suz xII s. de cens suz la maison
ki fut Thieriat de Montois, ensom la grainge Colin d'Ars,
k'il at akasteit as anfans Thieriat devant dit, e. c. l. e. en
l'a. le d.
459 Adenas de Koincey p. b. suz la maison ki fut Garsirion lou
Gossat en la Vigne S. Auol, k'il at akasteit a lui, parmei xxI s.
460 Arnos Aisiez p. b. suz v s. de cens k'il devoit a S. Ladre suz
la maison Jennin Morel ki fut, k'il at akasteit a souz de
S. Ladre, e. c. l. e. en l'a. le d.
461 Warniers li corriers p. b. por la frairie dou Temple suz II s.
de met. de cens ki geisent suz la maison Ruecelin ou Champel,
k'il at akasteit a Ruecelin devant dit, e. c. l. e. en l'a. lo d.
462 Arnos ³) Aisiez p. b. ancor suz les IIII s. IIII d. et maille moins
de cens k'il devoit as puceles de la Vigne S. Marcel, de l'osteil
Jennin Morel en Vesignuez, k'il at aquasteit as pucelles devant
dites, e. c. l. e. en l'a. le d.

---

¹) *Der Eintrag ist durchgestrichen.*
²) *v. 1269, 90.*
³) Arnos *übergeschrieben,* Jennas *durchgestrichen.*

463 Jenas Aisiez p. b. suz c soudeez de terre ke gesent a Secors, k'il at akasteit a Symonin Aisiet, e. c. l. e. en l'a. le d.

464 Parrins li barbierz p. b. suz les II maisons ke furent Gerardin le barbier, k'il at akasteit ai Alixandre Makerel, parmei teil cens com elles doient.

465 Hanrias de Champes et Jennas, ces freres, li anfant Thomassin de Champes, p. b. suz teil partie d'eritaige com il est escheut Thiebaut le Gronaiz, lor serorge, de par Lorate, sa fille, e c. l. e. en l'a. lo dvt.

466 Jakemins Rabouans p. b. suz demei jornal de vigne et suz demei jornal de terre ki geist en Corchebuef, k'il at akasteit a Wychardin Haranc, parmei VI s. de cens.

467 Lowys, li fis signor Gerart le Mercier[1]) ki fut, p. b. suz IX jornax de vigne ki geisent daier S. Clement, c'om dist eu Veudeborce, k'il at akasteit as anfans Colignon de S. Arnolt, parmei IX d. de cens, e. c. l. e. en l'a. lo d.

468 Jakemins Bertrans et Baudowyns Louve p. b. suz tout lou preit ki fut Hawyate, la fille Garri de Haute Riue, ki gist ai Awygneit on Roual, k'il ont akasteit a Girart Brasdeu, on franc aluet.

469 Bauduyns Louve p. b. suz II pieces de terre et suz I fosseit ki gist on Roual ai Awygneit, k'il at akasteit a Jakemin lo potier, e. c. l. e. en l'a. lo d.

470 Et se p. b. ancor suz II maisonz ki sient ai Awygneit, ansom l'osteil ki fut Raimbaut, k'il at akasteit a Jennate, la fame Pierel, e. c. l. e. en l'a. le d.

471 Symonas Facouz p. b. suz I demee maison ki siet devant l'osteil Colin Grantcol, ki part a Pekate[2]) Grantcol, k'il at akasteit as anfans Ysabel, ke fut fame Godignon, parmei II d. de cens.

472 Parrins Froideviande p. b. suz la moitiet de la maison ki fut signor Hugon Colon, ki siet en Vezignuel, k'il at akasteit a Jennat Sairie, parmei IIII lb. et demei de cens, e. c. l. e. en l'a. le d.

473 Poincignons Chalons p. b. suz toute la terre areure Marot de Fayz, et suz toutez ces vignez et suz touz cez preiz et suz touz ces menors,[3]) et suz lou chaukeur et suz la teulerie, et suz ces jardins et suz toz

---

[1]) le Mercier *übergeschrieben*.

[2]) *Ans* Colate *verbessert*.

[3]) r *aus* j *verbessert*.

ces boiz, et suz tout l'eritaige ke Maroz de Faiz avoit a Fais[1]) et antor, ai I leue, ou k'il soit.

474 Poincignons Chalons p. b. suz la maison Jakemin Malrainaule lo bouchier, ki gist a Porsailliz, parmei teil cens com ille doit, et suz XII s. de cens, k'il at akasteit a Jakemin Malrainnaule, ke geisent suz la maison Denizate, la fille Charmat.

475 Et prant b. ancor suz la maison Steuenin lou bouchier, lou fil Ameline de suz Saille, ki siet encoste la maison Willermat lou felon, k'est suz Saille.

476 Et p. b. ancor suz toute la terre areure et suz toutez les vignez et suz touz les menoirz et suz touz les jardins et suz tout l'eritaige ke Bertremeuz et Pieras, ces freires, d'Awygneit ont ai Awygney et antor Awygney, a une leue, et partout ou k'il soit.

477 Vguignons Hunebors [et] Poincignons Chalons et Jennas Goutierz p. b. suz la maison ke fut Hanriat l'Amiral, ki siet encoste lou chaukeur lou seignor Felippe d'Ais, et suz la grainge et suz tout lou reseige ki apant, k'il ont akasteit a signor Pieron, lou preste de S. Marcel, et as pucellez de Mances, parmei LXVI s. III d. moins de met. et I chapon de cens ke toz cist heritaiges doit, e. c. l. e. en l'a. le d.

478 Vguignons Hunebors et Poincignons li Gronais, li dui janre Bauduyn Louve, p. b. suz I stal ki siet en la place devant les Nues Changes en Vezignuel, k'il ont akasteit a Willemin Bouetel lou frutier, parmei II s. et demei k'il doit de cens, e. c. l. e. en l'a. le dit.

479 Renaudins li Baguez p. b. suz I maison ki siet enson la grainge Aubert des Aruoz, k'il at akasteit a Demangin Zomdac[2]) et a Blanche, sa suer, parmei XIX s. et demei de cens, e. c. l. e. en l'a. le d,

480 Albelinz de Fayz p. b. por Jakemin, son janre, suz la moitiet de toute la terre ke fut signor Lowyt, son pere, k'il at akasteit ai Ysabel, sa suer, parmei teil cens com li terre doit.

481 Jennas Chauressons p. b. suz V s. de cens ki geisent suz demei jornal de vigne en Malemarz, et suz la maison ki fut Hanriat Chastelain a S. Piere as Areinnez, et suz VI herez de meiz daier, k'il at akasteit a Symonin, lou janre Hanriat devant dit, apres V s. de cens que li maisons et les VI herez de meiz doient.

---

[1]) a Fais *bei Abbruch der Zeile ausgelassen und nachher mit feiner Schrift an das Ende der Zeile geschrieben.* [2]) d *aus* b *verbessert.*

482 Jennas de S. Climent li bolangierz p. b. suz II maisonz ki sient en la rue S. Ladre, enson l'osteil le maior de Wauille, k'il at akasteit a Jennat de Roseruelez le corvisier, parmei XXIX s. de cens.

483 Reignowars p. b. suz I demeie maison ki siet ou Petit Waide, devant lou puix, k'il at akasteit a Colate Noiron, parmei V s. et I d. de cens, e. c. l. e. en l'a. le d.

484 ¹) Baudowins Bugles p. b. suz L jornalz de boix qui gissent entre Mercey et la grainge Vguegnon Faixin, k'il at aquasteit a Jehan et a Matheu, ses dous freires, parmi tel cens com il en doit, et e. c. l. e. en l'a. lo d.

485 Hanrias, li janres Colin lo charpantier de Saunerie, p. b. suz I maisiere ke siet au descendre de Saunerie, ensom l'osteil Paien, k'il at akasteit a Jakemate, la fame Richart lo charpantier ki fut, parmei XIII s. de met. de cens, e. c. l. e. en l'a. lo d.

486 Thierias Gimels, li filz Nicole Gimel,²) p. b. sus XX s. de met. de cens ke gissent sus une maison a feivrez a Quartal, ki fut Steuenin lou Louf, k'il at aquasteit a Jehan, lou fil Baudowin d'Espinals, e. com l. e. en l'a. lou dv., et cist cens est premeriens.

487 Aubers des Aruoz p. b. sus une piece de terre ke gist a Saint Climent, daier son ostel, k'il at aquasteit a Jehanne, la fille Lowion Malart, en alluet, et e c. l. e. en l'a. lou dv.

488 Werias de l'Aitre p. b. sor une grainge ke siet a Airey, sus l'aittre, k'il at aquasteit as hoirs Petit d'Arey, parmei VIII d. de cens, et e. c. l. e. en l'a. lou dv.

489 Lowias li clers de Sanerie p. b. sor VII jo[r]nalz de terre ereure, et sor III s. de met. de cens ke gissent sor une vigne en Pesquis, et sor II pieces de preit ke gissent ou ban de Pontois, k'il at aquasteit a Goubert lou charpantier de Pon[tois],³) parmi tel cens com' cist eritaiges doit a ban, et e. c. l. e. lo dv.

490 ⁴) Baudowins Bugles p. b. por l'ospital dou Nuebourc suz VI lb.

---

¹) *484, 486—490 von Schreiber 2.*

²) *li filz Nicole Gimel übergeschrieben.*

³) *Vorlage de Pon, wegen Ende der Zeile ist bei Pon abgebrochen, tois vergessen.*

⁴) *In der Zeile unter 489 hat Schreiber 2 mit Baudou angefangen, es aber wieder gelöscht, noch eine zweite Zeile überschlagen und dann erst den Eintrag 490 hingeschrieben.*

de met. IIII s. et demei moins et I chapon de cens k'Ysabels
Osson at doneit por Deu et en amosne a l'ospital devant dit;
s'en gissent trois s. et v angevinnes en Maiseles sus la maison
5 Paskatte Avri, et VIII s. et I chapon sus la maison Matheu
Pecherise, et maille sus la maison Jennin Xauwecote et sus
sa vigne en Rollantmont, et II s. et demei sus la maison
Armantrut, la fille Heilezas, et VI s. sus la vigne Aubertin
Charbonnee en Culloit, et v s. sus la maison Berte'o lou char-
10 pentier en Hulouf, et III s. et demei sus la maison Morizat
en Hulof, et III s. et demei sus la maison Andreu en Hulof,
et IIII s. et demei sus lo demei jornal de vigne Cayn Habert
sus lou rut de Maiseles, et VIII s. sus la maison Faukignon, et
VII sus la maison Colin lou natonnier en Hulof et sus I jornal
15 de vigne a la Barre, et VI s. sus demei jornal de vigne en
Burnechamp, et sus XXVI d. et maille ke cil de la Triniteit
doient por lor hospital, et sus II s. et demi sus I quarteron
de vigne en Wastenoit, et IX s. sus demi jornal de vigne en
Rollanmont, et sus VIIII s. et I d. sus trois pars de vignes en
20 Abuwes, et XII s. et demei sus la maison Roillon, lou freire
Kallison, et sus IIII s. et demei sus trois pars de vigne en
Scorchebues, et x s. ke gissent en la Vigne Saint Auol sus la
grainge dame Sefie, et sus III s. ke gissent en Rollanmont sus
la vigne Thieriat Xufflart, et sus IIII s. sus demei une maison
25 Colignon Soiffroit, et XX d. et maille sus la maison Ancel lou
Roi en Fromont et sus une maisiere en Hulouf, e. c. l. e. en
l'a. lou dv.

491* Ce sont li ban d'Outre Muselle, dou vintisme jor:

491 Pieressonz li massonz p. b. suz VI s. de cens ki geisent suz
I maison devant S. Vincent, aprez v s. et III d. de cens ke li
maisons doit davantereinnement, et suz I jornal de vigne en
Freires, ki doit VI s. et I d. de cens, et suz demei jornal de
vigne en Wacon, ki doit IIII s. et demei de cens, k'il at aqua-
steit a Wauterin Boriois, e. c. l. e. en l'a. le d.

492 Veuiens, li janrez Ancel de S. Arnol, p. b. suz une vigne a
l'Ormixel S. Arnol, ki fut Fremerion, k'il at akasteit a Wauterin
Hairecort et a Girart Chaudiere, parmei II s. de cens k'ille
doit, a. c. l. e. en l'a. le d.

493 Jennins, li janres Symonin Guille de S. Arnol, p. b. suz demei
jornal de vigne ki geist ou Plantez devant Androuat, ke fut

Fremerion, k'il avoit akasteit a Girart Chaudiere et a Wauterin Haircort, parmei II s. de cens, e. c. l. e. en l'a. le d.

494 Soybers de Plappeuille p. b. suz I vigne ki geist a Plappeuille, ou meiz Steuenel, k'il at akasteit a Symonin et a Willemat, son frere, les anfans Stiuenel, parmei II d. de cens, e. c. l. e. en l'a. le d.

495 Jennas de Ste Rafine p. b. suz I maison ki siet ou ban de Jussei, et suz I quarrel de vigne en Brueires, k'il at akasteit a Thomassat, le frere Howygnon, parmei teil cens et teil droiture com cist heritaigez doit.

496 Perrins, li freres Pieresson Kussenel, p. b. suz une maison en Franconrue, k'il at akasteit a Godefrin Olee, parmei IIII s. de cens k'ille doit, e. c. l. e. en l'a. le d.

497 Jennas Marion p. b. suz II jornalz de terre areure ki geisent decai Ste Crois au signorz, deleiz la soie terre meismez, k'il at akasteit a Thierion Domate, parmei VI s. de cens, e. c. l. e. en l'a. le d.

498 Jennas dou Pont de Niet p. b. suz I maison en Franconrue, en la ruelle a l'Ormixel, k'il at akasteit a Hanrekel le Gris, parmei IIII s. de cens, e. c. l. e. en l'a. le d.

499 Dame Ruece, li fame Gerart d'Ars ke fut, p. b. suz demei jornal de champ et suz le tiers d'un jornal de vigne ki geist outre rue ou ban S. Arnol, k'il at aquasteit a Howyn, le frere le preste d'Ars ki fut, parmei teil cens et teil droiture com li terre doit.

500 Thiebaus Faukenes¹) p. b. suz toute la terre areure et suz touz les preiz et suz toutes les vignez ki sont ou ban de Cloanges, [k'il at akasteit] a Wauterin Boieri de Rochelangez, e. c. l. e. en l'a. le d.

501 Aubrias, li fiz Jennin Xaving, p. b. suz XII jornas de terre areure ki geseut ou ban de Staplez, deleiz la teulerie, et suz IIII s. et demei ki geisent sus la grainge et suz tout lou reseige ou Thiebauz de Turei maint, a Wappei, et suz la maison ki fut Faukignon, le fil Tieriat dou Weyt, ke siet a Wappei, k'il at akasteit a Richart Chagaie et a Gillat, le fil Werion de Wappei, e. c. l. e. en l'a. le d.

502 Thiebaus Faukenes p. b. suz II pieces de vigne ki geisent ou ban de Lorey, encoste les soiez vignez meismez, k'il at akasteit a Raimbaudin le boulangier, e. c. l. e. en l'a. le d.

---

¹) *Vorlage* Kaukenes.

503 Matheuz Makaires p. b. por Alixandre de Labrie suz tout l'eritaige ke Alixandrez devant diz at aquasteit a Chardignon, le fil Girart le Mouchous de Gernei, ki geist ou ban de Labrie.

504 Gerardins d'Abeiville p. b. suz ı demei molin ki siet suz Muselle, daier la maison Barbe d'Outre Muselle, k'il at akasteit a Doingnon, le fil la Vakenasse d'Aiest, parmei xxx s. de met. de cens, e. c. l. e. en l'a. le d.

505 Hanrias Rikeus p. b. suz ı preit ki geist en Plainne, encoste lo preit Hanriat Rotier, parmei xv s. de cens ke li xesimez[1]) dou preit doit, et la remeinence en aluet, et suz ı champ ki geist en Crusenascre ....,[2]) en aluet, k'il at akasteit a Symonin Kenabelin de Leirs, e. com l. e. en l'a. le dvt.

506 Lowyas, li fiz Ricart de Chamberes, p. b. suz xv s. de cens k'il at akasteit as oirs dame Arambort de la Porte, la fame Thieriat, ki geisent suz ı maison en Viez Bucherie, k'est Bauduyn lo bouchier, e. c. l. e. en l'a. lo d.

507 Jennins de Rozeruelez p. b. suz ı grainge a Rozeruelez et suz tout ce ki apant, k'il at akasteit a Chardeuel de Roseruelez, parmei teil cens com ille doit, e. c. l. e. en l'a. lo d.

508 Wychars de la Cort p. b. suz x s. de cens k'il at akasteit ai Auburtin Jarrillat de Wappei, k'il avoit a Longeville, e. c. l. e. en l'a. le d.

509 Wauterins li barbiers p. b. por signor Asselin, [lo preste?][2]) de Mairangez, suz ı maison ki siet au pont des Mors, ki fut lo seignor Nicole Barbiz lo preste, k'il at akasteit a ces oirs, parmei xx s. de cens, e. c. l. e en l'a. le d.

510 Aubertins de S. Arnol, li fis Pieresson Pourel, p. b. sus ı vigne a S. Arnol, k'il at akasteit a Mathiat de S. Arnol, parmei xxv d. de cens, e. c. l. e. en l'a. le d.

511 Flandine de Chastelz, li suer[3]) Betenat, p. b. suz ı alautrers de Chastelz, k'elle at akasteit a signor[4]) Pieron Malvesin, en aluet, e. c. l. e. en l'a. le d.

512 Hanrias de Maisierez p. b. suz ıı piecez de terre areure ke geisent a Maizierez, k'il at akasteit a Symonin Noiron, parmei ııı engevinez de cens ke li terre doit, e. c. l. e. en l'a. le d.

---

[1]) *Vor* xesimez *ist* se *durchgestrichen.*
[2]) *Lücke gelassen.*
[3]) *Vor* suer *ist* fille *durchgestrichen.*
[4]) *Vorlage* signou.

513 Yngrans, li fis signor Forkon, p. b. suz une charree de vin ki geist ai Ancey, k'il at akasteit a signor Simon Naire, e. c. l. e. en l'a. le d.

514 Wauterins de Noeroit, li janres Jehant Jenat ki fut, p. b. suz I maison ki siet en la ruelle a l'Ormixel en Franconrue,[1]) et suz IX s. de cens ki geisent suz lo meix ki muet de ceste maison meimez, aprez XVI s. ke li meix et li maisonz doient, k'il at akasteit a Bueuelat, le fil Pierescon de Noeroit, e. c. l. e. en l'a. le d.

515 Jakemins Gratepaille p. b. suz les trois pars d'un jornal de vigne ki geisent davant lo chaukeur les [Rinnes][2]) ou ban de Plappeville, k'il at akasteit a Symonin de S. Martin le vignor, ki maint en la Vigne S. Marcel, parmei XXI d. de cens ke li uns des tiers doit, e. c. l. e. en l'a. lo d.

516 Li sires Jehans de la Cort p. b. suz VIII jornax de vigne ki geisent en Herbalmont et suz une grainge et lo reseige ki apant et suz IIII s. et VII d. et XXVIIII chappons de cens, en aluet, ki geisent a Vignuelez, k'il at akasteit ai Androwat, le fil Joffroit Aisiet ke fut

517 Li sires Jehans de la Cort p. b. suz v. s. et IIII chappons de cens k'il meismes devoit suz la terre en Besson, ke furent Jakemin Mauglaine, k'il at akasteit a Poincignon Barnaige, son serorge.

518 [3]) Bertaudons d'Outre Muselle p. b. por la chieze Deu de S. Poule de Verdun suz une maison en Franconrue, k'il at akasteit a Parrin Chaigne, lo fil signor Huon Grassecher ki fut, parmei teil cens com ille doit, e. c. l. e. en l'a. lo d.

519 Huedate, li fame Thieriat Tumelouf de Nonviant, p. b. suz I selier ki siet en l'aitre S. Martin a Nonviant, k'ille at akasteit a Jennat, lo fil Huart le Veule, en aluet.

520 Huygnons de Ste Rafine p. b. suz la maison ki fut Richart lo maior a Rozeruelez, k'il at akasteit a Wautier de Warc, parmei IIII sestierez de vin de cens.

521 Poincignons, li fiz Huart Jalee, p. b. por la chieze Deu de Moiremont suz X s. de cens ki geisent en Chambeires, k'il at akasteit a Simiat le poixor[4]) suz sa maison, aprez teil cens

---

[1]) r hinter F übergeschrieben.
[2]) Lücke gelassen. r. 1267, 123; 1275, 111 etc.
[3]) r. 1269, 306.
[4]) Vorlage poixou.

com ciste maisonz meismez devoit a la chieze Deu devant dite, e. c. l. e. en l'a. le d.

522 Hanrias Vilains p. b. por lo signor Nicole, son oncle, chanone de S. Sauuor, suz II maiseires et suz lo jardin daier, k'il at akasteit au chapistre de S. Sauuor, ki siet encoste l'osteil l'aveske Felippe, parmei xxxIIII s. de cens, e. c. l. e. en l'a. le d.

523 Jakemins Costantins p. b. suz I demeie maison ki siet au pont a Muselle, ki part a lui meismez, k'il at akasteit a Hessat le barbier, parmei xIII s. et III d. de cens ke li meite de la maison doit, e. c. l. e. en l'a. d.

524 Jakemins . . . . ¹) p. b. suz I maison en Chambeirez, ki fut Raibaut Couart, ke li est delivree par droit et par jugement.

525 Dame Lorate, li fille Colin Bazin ki fut, p. b. suz demei jornal de vigne ki geist en la Dorrie, k'il at akasteit a Crestiain Morat de S. Martin, parmei xv d. de cens, et suz teil droit com Crestianz at ou tercerassez²) S. Pol, et cestui heritaige li at elle relaixiet parmei I meu de vin en moustaige de cens, e. c. l. e. en l'a. le dv.

526 Gerardaz Treborins p. b. suz I vigne au Chesne, k'il at akasteit au janre Aubertin Foutat, parmei IIII s. de cens k'elle doit, e. c. l. e. en l'a. le d.

527 Jehans de Chalons p. b. suz I maison ki siet en la ruelle ensom Viez Bucherie, k'il at akasteit ai Ysambart lo taillor, parmei xxIIII s. de cens k'ille doit.

528 Burtemins li feivres p. b. suz I maison en la ruelle asom Viez Bucherie, k'il at akasteit a Warin le poixor, parmei vIII s. de cens, e. c. l. e. en l'a. le d.

529 Matheus de Plappeville p. b. suz IIII jornax de terre areure ke geisent en³) Hem, en trois pieces, k'il at akasteit ai Annel, la fame Druel ki fut, en aluet, e. c. l. e. en l'a. le d.

530 Jennas Charenxou p. b. suz la maison Thiebaut, son frere, ki siet encoste la maison Richart de Maus, et suz tout l'eritaige k'il at en la mairie d'Outre Muselle, parmei teil cens com touz cist heritaigez doit, ki li est delivrez par droit et par jugement.

531 Burtemins Fromons p. b. suz demei jornal de vigne ki geist

---

¹) *Lücke gelassen.*

²) *Vorlage* tercenassez.

³) *Vorlage* on.

en Maretelclos, k'il at aquasteit a Lowyat Charrue, parmei II s. et demei de cens k'elle doit.

532 Jennas Barbe d'Outre Muselle p. b. suz le bois en Anuertmont, ki siet desoz Lorei, ke part a signor Pieron Malvesin, ke Jehans, li freres monsignor Bertran d'Anserville, li at doneit en fiez et en homaige, e. c. l. e. en l'a. le d.

533 Poincignons Pouioise p. b. suz I mason ki siet ou Manil a Lassey, k'il at akasteit a Pierecon le Bawier,[1]) parmei I d. de cens, e. c. l. e. en l'a. le d.

534 Jennas Houdebrans p. b. suz la moitiet d'une maison devant l'osteil Wernetel et suz ce ki apant, ki part tout a lui meismez, k'il at akesteit a Bertran le feivre, parmei v s. de cens ke li meite de la maison devoit, e. c. l. e. en l'a. le d.

535 Martins li charpantiers p. b. suz une maison en S. Vincentrue, ki fut preste Aubri de S. Levier, ki li est delivree par droit et par jugement, parmei XII s. de cens ke li maisonz doit.

536 Jehans li orfevrez, li janrez Willemin Licherie, p. b. suz VI s. de cens k'il at akasteiz a maistre Remei de Porte Muselle le clerc, ki geisent suz sa maison devant le pont des Mors, apres III s. et II d. de cens ke li maisonz doit davanterinement, e. c. l. e. en l'a. le d.

537 Girardins Costantins p. b. suz I maison ki siet defuerz la porte de Chambeirez, suz le Rait, et suz ce ki apant, et suz une here ki siet on meisez de Chambeires, ke furent Colin de Ste Rafine, et qui li est delivrez par droit et par jugement, et dont il est bien tenans.

538 Jennas Griffons p. b. suz I jornal de vigne a Longeuille, k'il at akasteit a Gerart Heirlauge, ki estoit tiercerasse S. Pol, e. c. l. e. en l'a. le d.

539 Phelippins, li fiz Thieffroit de Jussei, p. b. suz trois jornalz et demei de terre areure ke geisent as Bordez desoz Jussei, s'en geist I piece suz lo rut de Vaus as Sas, et s'en geist I piece on Nowez, et s'en geist I piece desouz le larriz de Jussei, k'il at akasteit a Poincignon et ai Aubertin,[2]) ses douz serorges, parmei teil droiture com ciste terre doit au ban.

540 Thieffroiz de Jussei p. b. por lui et por Buevon suz tout l'eritaige ki fut Chamon de Jussei, ki geist ou ban de Jussei et

---

[1]) *Der Schreiber hat mitten im Wort eingehalten und mit feinerer Schrift später den Satz vollendet.*

[2]) *Vorlage* Aubertins.

aillors, ou k'il soit, k'il ont akesteit as oirz Joffroit Aisiet ki fut, parmei teil cens et teil droiture com cist eritaigez doit.

541 Jennas de Roseruele p. b. por lou preste de S. Vit suz II s. et demei de cens k'il at aquasteit a Sebelie la lamiere et a son janre, ki geisent suz la maison Girart le lamier ki fut, aprez teil cens com li maisonz doit, e. c. l. e. en l'a. le d.

542 Jakeminz Bardeis p. b. suz II piecez de vigne ki geisent ou ban de Chasellez, k'il at aquasteit a Piereson l'Aleman de Chasellez, parmei teil cens et teil droiture com ces vignez doient, e. c. l. e. en l'a. le d.

543 Jakemins Bardeiz p. b. suz tout l'eritaige ke fut Willemin de Browauz, ki geist ou ban de Mairangez, k'il at akasteit ai Alizate, sa fame, parmei teil cens et teil droiture com touz cist heritaigez doit, e. c. l. e. en l'a. d.

544 Colins Malebouche p. b. por la chieze Deu de Sainte Croix a Waire suz X s. de cens k'il at akasteit a Jakemin, le fil Lowyat dou Puiz, ki geisent suz la meite d'une maison desoz la porte au Chambeires, ki fut dame Odelie, s'auuele,[1]) aprez I maille de cens ke li maisons [doit] davanterinement.

545 Poincignons de la Barre p. b. suz trois jornax de terre areure ki geisent ou ban de Turey, encoste son champ meismez, k'il at akasteit a Poincignon[2]) lo charpantier, en aluez.

546 Poncignons Chaitebloe p. b. suz I maison a Lassey ke fut Othenat lou prodome, et suz tout l'eritaige k'il at ou ban de Lassey, en toz us, k'il at akasteit ai Othinat meismez, parmei teil cens et teil droiture com li heritaigez doit, et tout cest heritage li at relaixiet Poncignons parmei X s. de cens, e. c. l. e. en l'a. le d.

547 Poincignons Chateblowe p. b. suz I maison a Lassey, et suz II pieces de vigne ki gesent ou ban de Lassei, et sus II jornax de terre areure ki geisent ou ban d'Aunoi, k'il at aquasteit a Poince Gru de Lassey, parmei teil cens et teil droiture com toz cist heritaigez doit, et tout cest heritage li at relaixiet Poincignon parmei X s. de cens, e. c. l. e. en l'a. [le d.]

548 Poincignons Chardeiz p. b. suz X s. II d. et maille moins de cens ki geisent a Porte Sarpenoize suz la maison Hanriat Bernart le feivre, k'il at akasteit a Warin, son serorge, lou fil Jakemin le Hungre ki fut, e. c. l. e en l'a. lo d.

---

[1]) *1269, 250* son auuele. *Vorlage* sa uuele.
[2]) *Vorlage* Poincignons.

549 Ynguerans, li fiz seignor Forkon ki fut, p. b. suz xx s. de
cens k'il at akasteit a Jakemin le Roi, ki geisent suz II maisonz
en Viez Bucherie, daier la maison le princier Elfon ki fut,
aprez xxx s, de cens ke les II maisonz doient davantrinnement,
e. c. l. e. en l'a. le d.
550 Forkignons, li fiz Jennin lou Xavin, p. b. suz I piece de terre
ki geist a Wappei, encoste le jardin Waterat Katelie, k'il at
aquasteit a Chardat et a Burtin de Wappey, parmei III s. de
cens, e. c. l. e. en l'a. le d.
551 Jennas Aisiez p. b. suz IIII s. de cens ki geisent suz la maison
le Picart ensom Viez Boucherie, devant lo puix, k'il at akasteit
a Huguignon Petart, son nevout, e. c. l. e. en l'a. lo d.
552 Dame Jakemate, li fame Symonin Gaillart ki fut, p. b. suz tout
l'eritaige ki fut Raimbaut de Longeville, et suz tout l'eritaige
ki fut Jakemin, son fil, ki geist ou ban S. Pol et ou ban
l'Aveske a Longeuille, ki li est delivrez par droit et par jugement.
553 Francois, li fis signor Nicole Brulevaiche, [p. b.] suz XL s. de
cens ki geisent ai Ancey suz vignez ki furent Steuignon d'Ancey,
et suz I meu de vin en mostaige de cens ki geist en Vauz suz
les vignes ki sont Reinnillon de Vaus, et suz xx s. de cens ki
geisent suz IIII jornax de vigne a l'Ormixel, k'il at akasteit a
signor Nicole, son pere, et a Huart Jalee et a Poincignon et a
Maheu¹) et a Joffroit, les anfans signor Huon lou Bague ki
fut, e. c. l. e. en l'a. lou d.
554 Steuenas Cuerdefer p. b. suz I maison ki siet en Saint Vincent-
rue, daier lou chancel de S. Vincent, k'il at akasteit ai Odeliate,
la fille Bertran Oixel ki fut, parmei XI s. et demei de cens,
e. c. l. e. en l'a. le dv.
555 Jakemins, li fiz Jakemin le Gronaiz, p. b. suz l'eritaige
ki fut Nicole de Chastelz, ki siet ou ban de Syey et de
Longeville,²) c'est a savoir suz la grant maison ki siet a
Longeuille et suz les II chakeurs encoste et suz touz les
reseigez ki apandent, et suz XII jornax et demei de vigne,
dont il en geist III jornax en II pieces daier lou jardin, et
I jornal c'on dist a l'Ospital, et demei jornal c'on dist en
Pouerouze, et demei jornal c'on dist en la Fouchiere, et desor
la Fouchiere delez la vigne ke fut Malakin douz jornax en I
¹⁰ piece, et en la Bunerie demei jornal, et enmei la ville encoste

¹) Maheu *ist aus* Matheu *verbessert.*
²) *Vor* Longeville *ist* Chastelz *durchgestrichen.*

la maison Jehan le Mercier ɪ jornal, et asom Longeville par
deverz Mes ɪ jornal, et en la plante devant la maison ɪɪɪ jornas
en ɪ piece, ki geisent encoste ɪ jornal ki fust lou Borgonsel,
et desoz la vigne c'om dist a l'Ospital une petite piece, et
15 ɪɪɪɪ s. et demei de met. et vɪ quartes de bleif, ɪɪɪ de soille et
ɪɪɪ d'avainne, de cens ke geisent suz la maison ki fut Martin
Foulat, et xɪɪ s. de met. et ɪɪɪɪ chappons de cens ki geisent
suz lou jardin as serezierz de fuerz Longeuille, et la moitiet
dou preit ki siet entre Lougeuille et Molins, et xxɪ jornal de
20 terre areure, dont il en geist x jornax desor lou preit devant
dit, ki partent au signor Pieron de Chastelz, et ɪɪɪɪ jornax en
ɪ piece ki geisent suz Muselle, et ɪ jornal ki geist encoste la
terre lou fil lou Couperel, et en Cortez Roiez demei jornal, et
au Lac demei jornal, et arreiz lou jardin as serizeirz ɪɪɪɪ jornax
25 en ɪɪ pieces, et prez dou Viez Bokin¹) [ɪ] jornal, parmei teil cens
com cist heritaiges doit, k'il at akasteit a Huart Jalee et a
Poincignon et a Maheu et Joffroit, les trois enfans Huon le
Bague ki fut, e. com l. e. en l'a. lou dvt.

556 Poinsate, li fille²) Aubert dou Champel, p. b. suz ɪ piece de
vigne ki siet en Puemont, deleiz la vigne Huguignon Lawaite,
k'ille at akasteit a Renaudin de Vaus, parmei v s. et demei
et ɪɪɪɪ sestieres de vin et ɪ tierce de cens k'ille doit, e. com l.
e. en l'a. lou d.

557 Symonins Troche p. b. suz ɪ maison a Porte Sarpenoize, ke
fut Reinnillon, k'il at akasteit a Pierixel de Baionuille, parmei
xxxɪ s. et ɪɪ d. de cens ke li maisonz doit, e. c. l. e. en l'a. le d.

558 Jakemins Othins p. b. suz ɪ maison ki siet en la rue S. Vy et
suz tout lou reseige ki apant, arreiz lou puiz, k'il at akasteit
a la fame maistre Jordain et a Maffroit, son fil, parmei x s.
de cens, e. c. l. e. en l'a. lo d.

559 Et p. b. ancor suz demei jornal de vigne ke geist au Chesne,
encoste la vigne Symonat Toirgnart, k'il at akasteit a Colin,
lou serorge Xandrin, parmei xɪɪ d. de cens, e. c. l. e. en l'a. lou d.

560 Et p. b. ancor suz les trois partiez d'un jornal de vigne k'il
at akasteit a Steuenat le Bague de Lorey, en aluet, ki geist
ou planteit deleiz lou Chesne, arreiz lou planteit Noblat, e. com
l. e. en l'a. lou d.

561 Li sires Jehans de Ragecort p. b. suz v jornax et demei de

---

¹) *Vor* prez *ist der Buchstabe* a, *vor* Bokin *sind zwei Buchstaben ausgekratzt.*
²) *Vorlage* fil.

vigne ki geisent ou ban de Nouvyant, c'est a savoir en Jouenat
ii jornas et demei, et iii jornax outre Muselle, k'il at akasteit
a signor Girart Gaidat, en aluet, e. c. l. e. en l'a. lou d.
562 Poincignons Chalonz p. b. suz ii maisonz k'il at akasteit as
oirz Jennin Xissot, s'en geist li une ensom l'osteil Sebille en
Viez Bucherie, et li autre en Merdesonruelle ensom Viez
Bucherie, parmei teil cens com ellez doient.
563 Et se p. b. ancor suz la maison Joffrignon le bouchier, ki siet
en Viez Bucherie, parmei teil cens com ille doit.
564 ¹) Jakemins li Rois p. b. sus xxi s. iii d. de cens et sus trois
muez et demee de vin de cens ke gissent a Molins, k'il at
acquasteit a damme Biliart, sa serorge, en alluet.
565 Et se p. b. ancor sus une grainge et sus qant ki appant ke
siet en Valz, a monter de l'aittre, k'il at acquasteit a Colin,
lou fil Steuenin de la Cort, parmi tel cens com il en doit.
566 Li fille Baiart p. b.
567 Symonas Fakos p. b. suz vi jornaz de vigne ke gissent outre
Mosele en Freires, k'il at acquasteit a Poioise Colon, parmi
vi stiere de vin de cens ke li vigne doit, e. c. l. e. en l'a. lou d.
568 Symonas Fakouz p. b. encor sus iii s. de met. de cens ke gissent
ou ban de Weppey sus les x jornalz de terre ke furent Jaikemin
Villain, k'il at aquasteit a Thiebaut Faccol, son freire, e c. l.
e. en l'a. lou d.
569 Cist sont fourjugiet por la pais:
Adenas li savetiers de la Posterne
et Ancillons Keuce.

¹) *564, 567, 568 von* sus an, *565 von* ancor an *von Schreiber 2 eingetragen.*

1275

1* En l'an ke li miliaires corroit per mil et cc et LX et XV ans, kant Jehans, li filz Jaikemin lou Gornaix, fut maistres eschavins de Mes, Rainguelons Tiguienne maires de Porte Muzelle, Thiebaus Makaires maires de Porsaillis, Abrias Xavins maires d'Outre Muzelle. Ce sont li ban de paikes. En la mairie de Porte Muzelle:

1 Vueiris li tenneires de Burtoncort prant ban sus la maison ke fut Burteran Blanchairt, et sus lo meis daier et sus tout ceu ki apant, ke siet en Stoxey, ansom l'osteit Burteran Gouliairt, k'il ait aquasteit a Jenat, lo fil Burteran davant dit, per mei XXII s. de mt. II d. moius et IIII chappons ke li maxon doit de cens, et a. com l. e. en l'ai. lo dv.[1]

2 Jenins Bairetels prant ban sus une pesse de vigne ou an contet I jornal, ke geist a Poncel sus Muzelle, encoste la vigne les signors de Sainte Creux, k'il ait aquasteit a Belion la couzerasse, permei VIII s. de mt. de cens ke li pesse de vigne doit chesc'an.

3 Jenas Cowerel prant ban sus demey jornal de vigne ke geist en Burnelrowal, ancoste la vigne Thomessat, et sus lo jarding ke geist daier lou molin de Valieres, ke fut Steuenin Cullete, per mey II d. et maille de droiture ke tous cist heritaiges doit, et a. con l. e. en l'ai. lo dv.

4 Li sires Jehans li prestes, li filz Jaikelo de Metri ke fut, prant ban sus les XXII s. de met. de cens ke geissent sus la maison Jehan de Metri, ke Jehans dovoit a sous de l'ospitaul ou Nuefbor, et sus la maison Watrin Chastron ke siet encoste, k'il ait aquasteit a sous de l'ospitaul davant dit, a. com l. e. en l'ai. lo dv.

5 Colignons Poietel prant ban sus une maixeire ke siet a Antilley et ceu ki apant, anson sa maison meymes, k'il ait aquasteit a Symon d'Antilley, a. con l. e. en l'ai. lou dv.

6 Jehans de Weivre prant ban sus XIIII s. de mt. de cens ke geissent sus la maison ke fut Steuenin de S. Pieremont en Chanbres, ancoste l'osteit maistre Richairt lou fezicien, k'il ait aquasteit a Luckin Chameure, e. c. l. e. en l'ai. lo dv.

7 Domangius, li filz Piereson Baranjon lo pouxor, prant ban sus la maison ke fut Jenat de Moulins, ke siet daier l'ospitaul, ancontre

---

[1] a. com l. e. en l'ai. lo dv. = ansi com li escris en l'airche lo deviset. *Weiter unten ist* e. = ensi, c. *ist abgekürztes* com *oder* con, a. = arche, d. = dist, div. = diviset.

la pousternate, k'il ait aquasteit a Colignon, son janre, et a Jenat, son fil, per mey VIII s. de met. de cens k'ille doit as signors dou Grant Mostier, et a con l. e. en l'ai. lou dv.

8 Jenas de Burtoncort li taneires prant ban sus la maison ke fut Jenin Chanet, ke siet en Stoxey, ancoste l'osteit ke fut Hallowit, et sus tot lou resaige ki apant, k'il ait aquasteit a Richairt lou maior de Werrixe, per mey XXX s. de mt. de cens, et a. con l. e. en l'ai. lou dv.

9 Aburtins, li fils signor Roul Makerel ke fut, prant ban sus la maison ke fut Lowiat de Chailley, et sus lo meis et sus la vigne daier et sus tout lou resaige, k'il ait aquasteit a Jehan et a Jaikematte, les anfans Lowiat de Chailley ke fut, ke siet en Aiest, en coste la maison les anfans Goudefroit de Mons, en alluet, e. com l. e. en l'ai. lou dv.

10 Aburtins, li filz signor Roul Makerel ke fut, prant ban sus la maison et sus lo meis daier ke siet a la porte a Saille, en Chadeleirowe, k'il ait aquasteit [a] Colin Louus de S. Julien, en alluet, a. con l. e. en l'ai. lou dv.

11 Pierairs de Chacey li boulangeirs prant ban sus les II pairs de la maison ke fut Garsat lo boulangeir, ke siet en Renport, ancoste l'osteit Jaikemate Mabelie, et sus tout ceu ki apant, k'il ait aquasteit a Aburtin Xaving, per mey XXV s. et IIII d. de mt. [de] ceus k'il an doit, et dont il puet racheteir XII s. de cens, e. com l. e. en l'ai. lou dv.

12 Hanrias de l'Aitre et Colignons, li filz Jaikemin lou Mersier ke fut, prannent bans sus tout l'eritaige ke fut Jaikemin de l'Aitre, lou freire Hanriat davant dit, ke geist a Nowilley et ou ban et an la mairie de Porte Muzelle, por tant con Hanrias et Colignons davant dis sont randors et ancombreiz por Jaikemin davant dit, per escrit en airche.[1]

13 Crestiens Coustans li cordeweniers prant ban sus la maison ke fut Weiriat Crepat lou corvesier et sus tout ceu ki apant, ke siet en Stoisey, areiz l'osteit Burteran Gouliairt, k'il ait aquasteit a Jaikemel Kaiemel de Maicy, per mey XII s. I d. moins et II chappons de cens ke li maison doit, et a. con l. e. en l'ai. lo dv.

14 Willames de Lupey et Gerairt Baron prant ban sus la moitiet des XI s. de met. de cens ke geissent sus une maison en coste

---

[1] v. 1275, 121.

la cort d'Oire, ke Guizelate tient, k'il on[t] aquasteit a Bietrexatte, l'avelete Nicolle de Chastel,¹) a. con l. e. en l'ai. lou dv.

15 Boinvallas, li aveles Boinvalat lou Mercier, prant bans sus xxx s. de mt.²) de cens sus la maison Thierion lou marexaul en Aiest, ke siet ancoste l'osteit Lorant d'Erkansey, k'il ait anpertit ancontre Roienate, sa serorge, la fille Arnout lou Roi, a. com l. e. en l'ai. lou dv.

16 Maistres Guerairs li avocas prant ban sus la maison Jaikemin Ottin et sus tout ceu ki apant, ke siet en Celleyrue,³) ancoste la maison signor Otton lou cellier, lo peire Jaikemin davant dit, k'il ait aquasteit a signor Nicolle, lo doien de S. Sauor, et a dame Douce, sa suer, ke sont oirs et mainbors Jaikemin Ottin, lor freire davant dit, permey xxx s. de cens ke ceste maison doit chesc'an.

17 ⁴) Philipes Faixins et Thiebaus li Maires et Bertadons Pietdeschaus et Yngrans Goule prannent bans sus la maison et sus la grainge lo signor Thierit de Laibrie, ke siet en Aiest, encoste l'osteit Poinsignon, son freire, et sus tout ceu ki apant, et sus les vIIII jornals de vigne ke li sires Thieris ait per pesses ou ban de S. Julien et ou ban de Vallieres, et sus kant k'il avoit a Aiees et a Tremerey et a Ostelaincort, et sus la maison ke fut Chatal en Dairangerue, et sus kant k'il ait d'eritaige en la mairie de Porte Muzelle, por tant com il lor doit et por tant com il sont randors por lou signor Thierit, les escris en l'airche.

18 Watrins Winterels prant ban sus une maison ke fut Colate Guerebode, ke siet a pont Renmont, et sus tot ceu ki apant, k'il ait aquasteit a Mairiate, la fille Guerebode, permey xx s. de cens, et a. con l. e. en l'ai. lou devise.

19 Domangins li permanteirs et Wiairs, ces freires, prannent bans sus la maison Renbaut Rave et sus tout lou resaige ki apant, ke siet devant l'osteit ke fut Bokin, k'il ait aquasteit a signor Andreu de Hanpont, lou preste de S. Sauor, permei xxvI s. de cens.

20 Burterans, li maris Crestinate, prant ban sus une chambre ki est de la maison Gerardin ⁵) lou Borgne, devant l'osteit Hallowit

---
¹) = Bietresatte, f. Maheu Petitvake ke fut, *1275, 410*.
²) de mt. *übergeschrieben*.
³) Celleyrue = Forneirowe, *v. 1281, 193*.
⁴) *Durchgestrichen, v. 1275, 63 und 127*.
⁵) Jaikemin *durchgestrichen*, Gerardin *übergeschrieben*.

en Stoxey ke fut, k'il ait aquasteit a Hanrit lou Grant, lou marit Sufiate, permey XII s. de cens ke li chambre doit.

21 Arnouls Poujoise prant ban sus[1]) kant ke messires Werris de Bolai, li freires monsignor Arnout de la Roche ke fut, avoit ai[2]) Aies et en Tramerey et a Anerey et en bans, en touz us, dont Arnous Poujoze est tenans.

22 [3]) Guios Claradine p. b. suz XII jornals et demey de terre et sus XIIII omees de vigne et sus IIII facie de preit ke geissent ou ban d'Arcancey, k'il ait aquasteit a Mahev Poietel, en alluet, et a. con l. e. en l'a. lou dv.

23 Lowias Wesselins prant ban sus une maison ke fut Ysanbairt Roussel de Vantouz et sus tout ceu ki apant, ke li est delivres per droit et per jugement, por tant con il doit a Jenin Wesselin, per escris en arche, et dont Lowias est mainbors.

24 Gillas Haike prant ban sus teil partie con Jenas Bataille avoit en l'aritage k'il avoient ensanble, ke fut Steuenin Roucel, c'est a savoir la moitiet de totes ses maisons ke sient sus Parnemaille, et la moitiet de IIII eires de meis ke geisent sus Muselle daier les maisons, et la moitiet de II jornals de vigne ke geissent sus Muselle en Lanbertfoce, et la moitiet de VII s. de cens ke geissent sus la demee maison ke siet en Stoixey, ancoste la maison Margueron Siwade, k'il ait aquasteit a Jenat Bataille, permey teil cens con cist heritages doit.

25 Li sires Thiebaus Fakenels prant ban sus IIII jornals de vigne ke geissent en la Donnowe, ke furent Abert des Arnols, k'il ait aquasteit ai[2]) Abert devant dit, permey XVIIII s. de cens, et a. con l. e. en l'a. lo dv.

26 Thielo Louce prant ban sus la maison Herlanguel, ke siet defuers la porte de Parnemaille, et sus tot ceu ki apant, por tant con il li doit per escris en arche, et por c s. sans escrit, dont Thieles est tenans, permey x s. de cens k'elle doit.

27 Jakemins Faixins prant ban sus c et x s, de mt. de cens ke geissent sus la meite dou molin ke Thiebaus de Moielain tient, ke part a Nostre Dame a Chans, et sus XVIII s. de mt. de cens ke geissent sus la maison Domangin lo Borgon ke fut, ke siet a la porte en Chanbres, ou en aboivre les chevals, k'il ait aquasteit a Nicole de Weivre et a Colin Ruece et a Jenat

---
[1]) *Von* sus *bis* tenans *von Schreiber 5 auf Rasur.*
[2]) *Für* ai *ist dasselbe Abkürzungszeichen gebraucht wie für* et.
[3]) *Schreiber 5 hat 22* (Guios *bis* vigne *auf Rasur*) *und 24—29 geschrieben.*

Chavreson et a Yngrant Forkon et a Garsat Donekin et a Thomessin Savaige et a Colin Beckal et a Vguignon Demelate et a Thiebaut Pistal, et ou point et ou droit ke l. e. en l'a. lou devisent.

28 Yngrant Forkon et Hanrias de Chanpel pranent ban por la maison des Bordes sus une pesse de terre ke geist encoste la Roine, daier lou meis des Bordes, et sus I jornal de vigne ke geist en Cugnes, en coste la vigne Jakemin Kamelin, k'il ont aquasteit a Perrin, lo fil signor Howon Gracecher ke fut, per mey teil droiture con li heritages doit.

29 Hanelos Corbels et Thiebaus Strabor pranent ban sus lo sinkime de la maison ke fut Mahelat, lo fil Vguignon Roucel, ke siet en Renport, k'il ont aquasteit a Margueron, la femme Abertin Faconvers, et a Poinsignon Chason[1]), permey xx s. de cens ke li sinkimes doit.

30 Dame Aileit, li feme Jaike de Chambres, p. b. sus tot l'eritaige Jenat la Peirche en la mairie de Porte Muzelle, ke li est escheus de pair Matheu,[2]) k'elle ait aquasteit a Jenat davant dit, permei teil cens con li heritaiges doit, et a. con l. e. en l'a. lo d.

31* De pasques. En la marie de Porsaillis:[3])

31 Nicoles li Gornais p. b. sus LXX s. de met. de cens ke gissent sus la maison ki fut Baudowin Lonne en Visegnuel, k'il at acquasteit a Poencignon, son freire, e. c. l. escriz en l'a. lou devise.

32 Jaikemins Faixins p. b. sus toz les estaulz et totes les pesses ke Jaikemins Sohiers[4]) avoit en Visegnuel, ke partent a Thiebaut Xillekeur, k'il a aquasteit a Jaikemin davant dit, e. c. l. e. en l'a. lo d.

33 Ancillons, li filz Jehan l'Alement, p. b. sus une piece de vigne

---

[1]) *Verschrieben für* Chalon?

[2]) = sg. Matheu de Chambres *1275, 89.*

[3]) *Schreiber 6 hat die Einträge für PS auf Blatt II mit der Überschrift* En la mairie de Porsaillis *in der 4. Zeile und mit 33 in der 5. begonnen und bis 71 geschrieben. Schreiber 3 setzte die Arbeit mit 72 fort und erreichte mit 84 den unteren Rand des Blattes. Er hatte aber noch eine Nummer, nach der jetzigen Zählung 32, einzutragen und setzte diese auf den von 6 hinter der Überschrift freigelassenen Raum. Dann hatte Schreiber 2 noch eine Nummer hinzuzufügen. Er fand Platz über 32, kratzte die alte Überschrift aus, setzte eine neue darüber und schrieb in dieselbe Zeile den Eintrag 31. Schliesslich hat Schreiber 6 zur Unterscheidung von den Einträgen im August ganz oben am Rande* de pasques *vermerkt.*

[4]) *Vielleicht verschrieben für* Lohiers.

qui gist en Belmont, encoste la vigne Chalons, qu'il at aquestei a Guelart[1] le tannor et a Fardel, son serorge, en aluet.

34 Jenins, li filz Ancel le Croisiet, p. b. sus demei jornal de vigne que gist en la Basse Pretelle, qu'il at aquesteit a Jaquemin, son serorge, parmei XVIII d. de cens, a. com l. e. en l'a. le dit.

35 Li sires Bauduyns li prestes p. b. pour lui et pour ces compaignons chanoinne de Sainte Glocenein sus II maisons en Vies Bucherie, qui furent Werion Malclairiet, que li sont delivre par droit et par jugement, pour les LX et VI s. de cens qu'il avoient sus.

36 Burtemins Crauillons p. b. sus XXXII s. de met. de cens qui gesent sus II maisons en la Vigne Saint Avou, qu'il at aquesteit a Ancillon, le fil Jehan l'Alemant, dont il redoit a Saint Avou II s. de cens, e. com l. e. en l'a. le dit.

37 Jenas li Neins p. b. sus une maison qui siet enson la maison Lorette d'Acey, qu'il at aquesteit a lei, parmei X s. de cens.

38 Symonins Fremerions de la Vigne S. Avou p. b. sus une piece de vigne qui gist en Chardenoi, arreiz la sente, qu'il at aquestei a Margueron de Chaillei, parmei demei mui de vin de cens.

39 Bauduyns Gilebers p. b. sus tout l'eritaige que Willemins, ces freires, at ou ban de Cheminat, et suz tout l'eritaige que Werions, ces sororges, at ou ban de Cheminat, et que Lowys de Vigei at ou ban de Cheminat, e. c. l. e. en l'a. le devise.[2]

40 Colignons Bouues p. b. sus lo xesime de la maison qui siet encoste la chapelle, qui fut Jenin Saiechauce de par sa fame, qu'il at aquesteit a dame Marguerite de Champes, e. c. l. e. en l'a. le d.

41 Warnesons, li filz dame Poince de Mardenei, p. b. suz un preit qui gist ou Roal ou ban de Mairueles, qu'il at aquesteit a Richart, le fil Poinsat qui fut, parmei II setierez de vin chak'an.

42 Jenas Pinas de S. Clement p. b. suz demei jornal de terre qui gist en Florichamp, qu'il at aquesteit a Nainmeriat de Maignei, parmei une maille de cens, e. c. l. escriz en l'a. le d.

43 Thierions Barons p. b. sus toutes les vignes que Colignons, ces nies, li filz Huart de Nonviant, avoit en la fin de Wasaiges et de Cronnei, et sus tout l'eritaige qu'il avoit en la mairie de Porsaillis, qu'il at aquesteit a Colignon devant dit, parmei teil cens com il en doit.

---
[1] G aus V verbessert. [2] v. 1275, 78.

44 a) Hanrias de S. Arnout p. b. sus une vigne qui gist ou ban de Montignei, qu'il at aqueisteit a Colin Jote, parmei II s. de cens, e. c. l. e. en l'a. le d.

b) Et si prant bans ancor suz III s. et demei de cens qui gisent suz une plante qui est daier S. Lardre, qu'il at aquestei a Symonat Hasart, e. c. l. escriz en l'a. le d.

45 Androuas, li filz Poincin l'escrivein, p. b. pour Felepin, le fil Thieriat le Grant, suz demei une maison qui gist outre Maizellez, qu'il at aquestei a Thieree, sa marrastre, parmei teil cens com il en doit.

46 Jaquemins Mouxetes p. b. sus une maison qui siet ou Grant Waide, qu'il at aquestei a Colin le mareschal et a Steuenin Miteinne, e. c. l. e. en l'a. le d.

47 Godefrins Motas p. b. sus une maison qui siet a S. Climent, qu'il at aquesteit a Raimbort de Pertes, et suz une vigne qui gist daier, parmei XVIII s. de cens, e. c. l. e. en l'a. le d.

48 Steuenins, li maris Clarice, p. b. sus II maisons qui gesent a l'antree de Chaudrenelrue, qu'il at aquestei au maistre de la frairie dou cor Deu de S. Suplize, parmei XXXVI s. de met. de cens, e. c. l. e. en l'a. le d.

49 Matheus, li filz Gueperette, p. b. suz tout l'eritaige Mabelie de Marlei, qui gist ou ban de Luquenesi, et suz une piece de terre ou ban de Quincey, et suz I bois ou ban de Champel, qu'il at aquestei a Mabelie, e. c. l. e. en l'a. le d.

50 Gerars Barons, chanoinnes de S. Sauuor, et Willaumes de Lupei p. b. suz XXX s. de met. de cens qui gisent suz la maison qui fut Jenet Culetel en Vezignuel, et suz XV d. de cens suz la maison Bauduyn Froideviande, qu'il ont aquesteit a Bietrizatte, l'avelate Nichole de Chatel, e. c. l. e. en l'a. le d.

51 Colignons de Lupei p. b. suz lou tiers de la maison qui fut Nichole de Chastez, et suz lou tiers de la grainge qui siet entre l'osteil Thiebaut de Moielein et l'osteil Arnol de Coloingne, et suz ce qu'il a en la voie qui va en Vezignuel, qui li est venu de par Bietrisate, sa fame.

52 Colignons Chobelo de Saunerie p. b. suz teil partie com Colignons, ces serorges, avoit en la maison qui siet en Saunerie, ansom l'osteil Wauterin lou hanepier, qu'il at aquestei a lui, parmei teil cens com il en doit.

53 Thierias Briselate p. b. suz II s. et demei de cens qui gesent en

Culoit sus demei jornal de vigne, qu'il at aquesteit a Thieriat, lou fil Jenat Gohier, e. c. l. e. en l'a. lou d.

54 Hanris li hanepiers p. b. suz une maison en Saunerie, qui fut Garsin, son seur, qu'il at aquesteit a Jenesson, son serorge, parmei teil cens com il en doit.

55 Jaquemins Quaremes p. b. suz la maison qui fut Jenin Goz, qui siet asom lui, qu'il at aquesteit a Watremant lou fevre et a Jaquemin, son serorge, parmei xiiii s., e. c. l. e. en l'a. le d.

56 Thiebaus Guelins p. b. suz les dous pars de la maison qui fut sa meire, ou il maint, qu'il at aquesteit a son freire et a ces II serors, parmei teil cens com il en doit.

57 Colignons de Mardenci p. b. suz jour et demei de vigne qui gist a Lorey, qu'il at aquesteit a Wiborette, la fame Wauterin Willo qui fut, parmei teil cens com il en doit.

58 Bonvales, li filz Joffroi le Mercier qui fut, p. b. suz VII lb. et IIII s. et II d. de cens qui gisent suz la grant hale au drapiers au Quartal, et suz XVIII s. et I d. de cens qui gesent en Vezignuez suz la maison qui fut Jenin Sairei, et suz XV s. de cens en Saunerie suz la maison que fut Goidemant, qu'il at esparti encontre Roinete, sa serorge, e. c. l. e. en l'a. le d.

59 Jehans de la Court p. b. suz tout l'eritaige que li sires Geruaisez de Lacey ot a Maupas et en la marie de Porsaillis, qui li est delivrez par droit et par jugement, pour tant com il li devoit, l'escrit en l'arche, et pour tant com il et paiet pour lui, parmei teil cens com il en doit.

60 Parrins de la Cort p. b. suz teil partie com dame Pantecoste avoit en l'eritaige qui li vint de par Jaquemin Goutier, son peire, et dame Oliue, sa seror, qu'il at aqueisteit a li, parmei teil cens com il en doit.

61 Li sires Thiebaus, li prestes de Briones, p. b. pour la frairie des clers dou cuer dou Grant Mostier suz IIII s. de met. de premier cens, qui gisent suz la maison Colignon lo Vaque en la Vigne S. Auol, que li sires Bertrans Grauice li clers at aquesteit por la frairie desor dite a Jaquemin, lo fil Symonat de Bu, e. c. l. e. en l'a. lo devise.

62 Li maistre des changes p. b. sus VIII s. de cens k'il ont aquesteit as freires Menors, qui furent seignor Matheu dou Champel, lo prestre, ki gisent suz une maison arreiz la porte dou Champel, et suz VI d. de cens qu'il ont aquesteit a Willemin, lo fil Poincignon Lonbar, ki gisent suz ceste maison meimez.

63 ¹) Felippes Faixins et Thiebaus li Maires et Bertaudons Piez-
deschauz et Yngrans Goule p. b. suz kan ke li sires Thieris de
Labrie at a Crepey et a Aisins et a Silliers et a Abes et
Helestor, et suz le molin de Blasey, et suz kan k'il at d'eritaige
en la mairie de Porsaillis, en tous huz, pour tant com il lor
doit et por tant com il sont randor por lo seignor Thieri, escriz
en arche.
64 Lukins Chameure p. b. suz la grainge que fut Nichole le Gronaiz,
qui siet devant outre la maison Jehan Daniel, qu'il at aquesteit
a Hanriat de l'Aitre, en aluet, et suz une tavle on Vies Changes,
qu'il at aquesteit a lui, parmei xxx d. de cens.
65 Thiebaus de Moielein p. b. suz vi lb. de met. de cens qui gesent
suz l'osteil qui fut Thiebaut de Syei, davant l'osteil Renaudin
le Mercier, et suz les IIII jornas de vigne qui gesent en la
Poixerie ou ban de Joiey,²) qu'il at aquesteit ai Ysabel, la fame
Jenat Cheneuiere, e. c. l. e. en l'a. d.
66 Hanrias de Champes p. b. suz III jornaus de vigne ki gisent a
Pertes, ou ban de Crepey, k'il at aquesteit a Poincignon lou
Grant, lou fil Bertaudon, parmei teil cens com il en doit.
67 Hanrias de Champes p. b. ancor, pour les Cordelieres, suz III s.
de met. de cens ki gisent suz III jornaus de vigne en Coroit,
et suz xx d. et I chapon de cens qui gisent suz une maison en
Maisellez devant l'orme, k'il at aquesteit a dame Ysabel, la
fame Colin le Hungre, e. c. l. e. en l'a. le d.
68 Jeuas Demanges p. b. suz la maison ki fut Ancherin le bouchier,
qui siet en Viez Boucherie, qu'il at aquesteit a Burtemin de
Sulignei, parmei vi lb. de met. de cens, e. c. l. e. en l'a. le d.
69 Huars d'Arnauville p. b. suz tout l'eritaige que Jacomate, li
fille Symon Herre, avoit en tous les bans de Lorei, parmei teil
cens et teil droiture com il en doit.
70 Godechaus li fevres, qui fait les coutes, p. b. suz la maison qui
fut Arnout lo maistre et suz tout ce qui i apent, qui siet
outre Saille, ausom la grainge Poince de Strauborc, k'il at
aquesteit a Colin le maistre, parmei teil cens com ille doit,
e. c. l. e. en l'a. le d.
71 Li sires Thiebaus Faukenes p. b. suz xvi s. de met. [de cens]
qui gesent suz la maison Franke lou boulengier, qui siet devant

---

¹) *Durchgestrichen, v. 1275, 17 und 127.*
²) ou ban de Joiey *übergeschrieben.*

la maison Aubert des Aruos, et suz la greinge qui siet a som, k'il at aquesteit ai Aubert des Aruos, en aluez, e. c. l. escriz en l'a. lou d.

72 Maheus, li filz Burtadon d'Outre Muzelle, p. b. suz ii jornailz de vigne ke gesent en Pawillonchamp, k'il ait aquasteit a Piero, lou fil Renier de Namur, permei ii d. de cens, e. com l. e. en l'ai. lo d.

73 Jenas Pouchas p. b. sus une maison ke siet a Quancey, en som la maison Jenat lou Vadois, k'il ait aquasteit a signor Petre, chanone de Sainte Glosenain, en alluet.

74 Jenas Chauresons p. b. sus lou quart de x jornalz de terre areure, s'en geisent iiii jornalz daier S. Andreu et vi jornalz a Chesne an Virkilley, k'il ait aquasteit a Abillate de Chazelles et a Lorant, son nevout, les aveles Burtemin Pin, e. con l. e. en l'a. lo d.

75 Lucate, li suer Jenat Wernier, p. b. sus une maxon ke siet outre Saille deilai lo Nuef pont, ke fut Jenin Lucie, ke sui fillaistre et li mainbors Jenin Lucie li ont delivreit por lou dowaire ke Jenins Lucie vandit, k'ille tenivet de pair son premier marit.

76 Jaikemins Faixins p. b. sus vi lb. et demee de mt. de cens ke geissent sus la maison Pogne en Visegnuel, k'il ait aquasteit a Nicolle de Weiure et a Colin Ruece et a Jenat Chaureson et a Yngrant Forcon et a Garsat Donekin et a Thomessin Sauaige et a Colin Pecka et a Thiebaut Pista, dont il redoit x s. a Nostre Dame as Chans et xxv s. a S. Sauuor et xxv s. a dame Jennate, la fille signor Jaike Boilawe ke fut, et ou point et ou droit ke l. e. en l'a. lou d.

77 [1]) Steuignons Bellegree p. b. sus la maison Hanriat Bataille, ke fut en Visegnuel, ke li est delivree per droit et per jugement, permei teil cens com elle doit.

78 Baudowins Gillebers p. b. sus tout l'eritaige ke Willemins, ses freires, et Lowis de Vigey, ses serorges, ont ou ban de Chamenat, e. com l. e. en l'a. lo d.[2])

79 Howins Nerlans p. b. sus teil partie de terre areure com Steuenas Cuerdefer avoit ou ban de Mandilley desouz Florey, k'il ait aquasteit a Steuenat davant dit, permei xii d., ke cens ke droiture, e. com l. e. en l'a. lo d.

---

[1]) *Durchgestrichen.*
[2]) *v. 1275, 39.*

80 Gerardins Jallee et Colignons de Merdeney p. b. sus une piesse de vigne ke geist encoste lo meis Gerairt de Montigney, et sus I meis a S. Arnout, encoste Marote, k'il ont aquasteit a Euriat, lo janre Thieriat de Molins, permei teil cens com il en doit, et e. c. l. e. en l'a. lo d.

81 Weirias Rullemaille d'Abocort p. b. sus tout l'eritaige ke Cunins li oliers avoit a Abocort et ou ban, en touz us, k'il ait aquasteit a lui, per mei teil cens com il en doit, e. c. l. e. en l'ai. lo d.

82 Luckins Chameure p. b. sus III s. de mt. de cens ke geissent sus la maison ke fut Morekin sus Saille, k'il ait aquasteit a Philipe Faixin, a. com l. e. en l'a. lo d.

83 Ferris de Cullendal li taineires p. b. sus une maixon ke siet en Chapponrue, encoste la maison lo signor Hanrit de Montois, k'il ait aquasteit a Jehan Gobe d'Ostelencort et a Clemensate, sa suer, per mei v s. de cens, e. con l. e. en l'a. lo d.

84 Thiebaus Faukenels p. b. sus une piece de vigne en Frieres ou ban de Maiclive, k'il ait aquasteit a Hanriat Chappeit, permei III mailles de cens.

85* Se sont li ban de pasques. En la mairie d'Outre Moselle:

85 Jehans Rafals prant bans en ainne et en trefons sus une piece de vigne a Chenne, k'il ait aquasteit a Colignon, lou janre Jenat de Molins, permei teil cens com li vigne doit, e. c. l. e. en l'a. lou div.

86 Jakemins li prevos de S. Vicentrue p. b. sus XXXVI jornals de terre, ke chans ke preis, ke geissent en preis de Mes, ke furent Jakemin de l'Aitre, k'il ait aquasteit a Vguignon et a Burnekin, les II fis Thiebat de l'Aitre, en alluet.

87 Jenas li feivres de S. Nicolais p. b. sus la maison ke fut Jenat lou feivre, ke siet a S. Arnolt, k'il ait aquasteit a Poinsignon lou cherpentier, permei teil cens com elle doit, e. c. l. e. en l'a. lou div.

88 Thiebas Louve p. b. por maistre Gerart d'Arches sus une maison ensom l'osteil l'archediacre Werrit, k'il ait aquasteit a Jenat, lou neveir Thiebaut Louve, permey teil cens com elle doit, e. c. l. e. en l'a. lou div.

89 Dame Aileis, li femme Jake de Chambres ki fut, p. b. sus tot l'eritage ki fut Richardin, lou fil signor Matheu de Chambres.

ke li vint de part signor Matheu, son peire, k'elle ait a lui aquasteit, e. c. l. e. en l'a. lo d.

90 Jenas li cherpentiers, li fis Thieriat de Ste Rafine, p. b. sus la moitiet d'une maison et dou meis daier ke siet en la Vigne S. Marcel, k'il ait aquasteit a Willemin lou cherrier, permei teil cens com elle doit, e. c. l. e. en l'a. lou d.

91 Steuenins, li freires Bitenat de Chastels, p. b. sus I jornal de terre en Genivals a la Cowilluele, k'il ait aquasteit a Marguerite la Louvate, e. c l. e. en l'a. lou div.

92 Waterins, li fis Remion l'Apostoile, p. b. sus une maison ke siet en Franconrue, encoste l'osteil Perral, k'il ait aquasteit a Perrin, son freire, permei x s. de cens, e. c. l. e. en l'a. lou div.

93 [1]) Hanelos Corbels p. b. sus III pesses de preit ke geissent ou ban de Noweroit, ke li sont delivrees encontre Colin Batal per droit et per jugemant, et dont il est bien tenans.

94 Dame Heilowis, li fille Gerart lo cellier, p. b. sus une maison en la rue lo Voweit, ke fut Jenin Charrate, ke li est delivree per droit et per jugemant encontre Ysambart lo charreton.

95 Jakemins Borrels p. b. sus III mues de vin de cens ke geissent sus tot l'eritage Margueron la Vadoise, la fille Escelin de Dornant, k'il ait a ley aquasteit, e. c. l. e. en l'a. lou div.

96 Jakemins Graitepaille p. b. sus une piece de terre ke geist sus Moselle, delai lou pont des Mors, encoste la soie terre meimes, k'il ait aquasteit a dame Colate la Vauaise, en alluet, e. c. l. e. en l'a. lou d.

97 Bertadons d'Outre Moselle p. b. sus IIII s. de cens k'il meimes devoit sus II jornals de terre en Gibernowe, k'il ait aquasteit as hoirs Jakemin de l'Aitre, e. c. l. e. en l'a. lou div.

98 Simons li feivres, li janres Piereson Strubat, p. b. sus une maison ke siet en Franconrue, encoste l'osteil Remion lou permentier, et sus tot lou resage ki apant, k'il ait aquasteit as hoirs Piereson Strubat, permey teil cens com elle doit, e. c. l. e. en l'a. lou d.

99 Weiris li taneires de Bertoncort p. b. sus tot l'eritage ke Poinsignons Calowins avoit ou ban de Juxey et de Ste Rafine, k'il ait aquasteit a Badat dou Pont et a Lowit de Noweroit et a Arnolt, les mainbors Poinsignon desor dit, permei teil cens et teil droiture com il doit, e. c. l. e. en l'a. lou d.

---

[1]) *Durchgestrichen.*

100 Gochewins, li neveirs maistre Richart lo fezisien, p. b. sus une maison a S. Arnolt, k'il ait aquasteit a Matheu de Plapeuille, permei teil cens com elle doit, e. c. l. e. en l'a. lou div.

101 Poinsignons de Duedelanges et Thierias li massons p. b. sus la maison Simonat Ferrechait en Anglemur, ke lor est delivree per droit et per jugemant encontre Simonat desor dit, por tant com il lor doit, l'escrit en l'arche, et por les adras, et permei viii s. de cens·

102 Colins Chamusis p. b. sus une pessate de vigne ke geist en Weritmont a Parier de Wacon, entre la vigne Howart Jalee et la soie meimes, k'il ait aquasteit a Jakemin lo maior de S. Vincent, en alluet, e. c. l. e. en l'a. lou d.

103 Poinsignons, li fis Troixin de Ste Rafine, p. b. sus tot l'eritage ke Donas d'Ars avoit ou ban de Ste Rafine, desous la ville, k'il ait aquasteit a Colignon Poirel dou Quartal, permei teil droiture com li eritages doit a ban, dont il est bien tenans.

104 Mathions Drude de Vals p. b. sus tot l'eritage ke Drowignons de Chastels avoit en Vals de part Bertree, sa femme, k'il ait aquasteit a Drowignon desor dit et a Willemat, son fil, permey teil droiture com il doit a ban, e. c. l. e. en l'a. lo d.

105 Clemans Vaillans, li fis Gerart Chadiere, p. b. sus tot l'eritage Willame lo feivre et Ailixete, sa femme, ke geist ou ban de Rouserueles, ke lor est escheus de part Jehan, lo fil Watier do Wart, en chans, en preis, en vignes, k'il ait a ous aquasteit, permei teil cens com il doit, e. c. l. e. en l'a lo d.

106 Xandrins Boinvallas li clers p. b. sus i jornal de vigne ke geist en Benoitchamp, en la fin de Lessey, ke fut Lowiat de Lessey, k'il ait aquasteit a Mathiat de S. Martin, en alluet, e. c. l. e. en l'a. lou d.

107 Jenas, li fils Androwin Malglaue, p. b. sus la maison Poinsignon Poulain, ke siet en Chambieres, encoste l'osteil Richart de Mons, k'il ait aquasteit a Poinsignon davant dit, permey xxv s. de cens, e. c. l. e. en l'a. lou d.

108 Jenas Domangels p. b. sus les ii maisons a pux en la rowelle de Viez Bucherie et sus tot lou resage ki apant, k'il ait aquasteit a Burtignon de Suligney, permey teil cens com elle doient, e. c. l. e. en l'a. lou d.

109 Colignons Malglaues p. b. sus une maison ke siet en Chambieres, encoste l'osteil Jenat Fardel, k'il ait aquasteit as enfans Jenin Sauerit, permei viiii s. de cens ke li maisons doit a S. Vicent, e. c. l. e. en l'a. lo d.

110 Lowias Rikars de Chambieres p. b. sus III jornals de terre ke
geissent ou ban d'Essey, encoste Clariet Domate, k'il ait aquasteit ai Abertin Huchat, en alluet, e. c. l. e. en l'a. lou div.

111 Perrins li taillieres de Franconrue p. b. sus I jornal de vigne
ke geist davant lou chakeur les Rines, k'il ait aquasteit a
signor Lowit Baron, permey II s. de cens, e. c. l. e. en l'a. lou d.

112 Dame Jakemate Brisee p. b. sus I jornal de vigne c'om dist a
la Piere, ou ban de Plapeuille, en II pieces, ke geist encoste
la soie meimes, k'elle ait aquasteit a Soibillon de Plapeuille,
permei teil cens com elle doit, e. c. l. e. en l'a. lo d.

113 Maheus Hessons et Vguignons, ces niez, p. b. sus V jornals de
vigne ke geisent a Wapey, k'il ont aquasteit a Jehenne de
Vals et a Lowiat, son fil, permei teil cens com li eritages doit,
e. c. l. e. en l'a. lou div.

114 Bertrans, li fis Thieriat Borrial, p. b. sus tot l'eritage ke fut
Gerart de Duese, ke geist ou ban d'Amanvilleirs, c'est a savoir
en chans, en preis, en bos, en maisons, en grainges, en rantes
et en censes, k'il ait aquasteit a Jakemin, lo fil Gerart desor
dit, permei teil cens et teil droi[ture]¹) com il doit, e. c. l. e.
en l'a. lou d.

115 Jehans de la Cort p. b. sus III s. de cens ke geisent sus la
maison signor Geruaise en la Vigne S. Marcel, et sus tot l'eritage
k'il avoit a Lessey et ou ban, en toz us, et sus sa grainge a
Chanterainne et sus tote la terre ki apant, en toz us, en preis,
en chans, en bos, et sus tot l'eritage k'il avoit a Batilley, et
sus tot l'eritage ke li sires Geruaises avoit dela Moselle, permei tel cens com cist eritages doit, ke li est delivres per droit
et per jugemant, por tant com li sires Geruaises li doit, per
escris en arche.

116 Jenins li espinciers et Arnols et Pieresons, seu dui frere, et
Ermangete et Liebors, lor serors, p. b. sus tot l'eritage ke
Steuenas Cuerdefer avoit ou ban de Noweroit, en preis, en
chans, en vignes, en bos, k'il avoit aquasteit a Thieriat
l'espinciet, ke Jenins desor dis ait raquasteit a Steuenat Cuerdefer, permei teil cens et teil droiture com toz li eritages doit,
e. c. l. e. en l'a. lou div.

117 Poinsignons Mauesins p. b. sus une maison et sus la court
davant et sus lou meis daier et sus tout lou resage ki apant,

---

¹) *Beim Abbruch der Zeile vergessen.*

et sus lou chakeur ke siet en la maison meimes, ke siet a Nonuiant, sus Gorge, ke muet dou fiez l'abeit de Gorre, k'il ait aquasteit a Garsirion, son frere, c'est a savoir teil partie com il i avoit de part son pere, et e. c. l. e. en l'a. lo d.

118 Willames de Lupey et Gerars Barons[1]) p. b. sus vii s. et iiii d. de cens ke geissent sus une vigne a l'Ormesel, ke Palerins tient, et sus les xliiii d. de cens ke geissent sus une vigne ke Felepins, li fillaistres Pierexel l'Afichiet, tient, k'il ont aquasteit a Bietrisate, l'avelate Nicole de Chastels, e. c. l. e. en l'a. lou d.

119 Thierions Barons p. b. sus viiii s. de cens ke geissent sus vignes ou ban de Nonviant, et sus une maison a Nonuiant, et sus viii hommees de vigne ou ban de Nonuiant, et sus tot l'eritage ke Colignons, li fis Howart de Nonuiant, ait en la mairie d'Outre Moselle, k'il ait a lui aquasteit, permei teil cens com tous cist heritages doit, et e. c. l. e. en l'a. lou div.

120 Li sires Jakes, li prestes de Nostre Dame la Ronde, et Domangins, ces freres, p. b. sus une maison et sus une partie dou meis daier ke siet en Nikesinrue, davant l'osteil Jenat lou cherpentier, k'il ont aquasteit a signor Werit, chanone de S. Thiebat, ki fut oficials, permey xx s. de cens k'elle doit, e. c. l. e. en l'a. lou d.

121 Hanrias de l'Aitre et Colignons, li fis Jakemin lo Mercier, p. b. sus tot l'eritage ke fut Jakemin de l'Aitre, ke geist ou ban de Vignueles et de Lorey et en la marie d'Otre Moselle, en toz us, por tant com Jakemins ait a fare a ous et com il sont randor et encombreit por lui, tot per escris en arche.[2])

122 Howignons et Jehans, li dui fil Piere Thomes, p b. sus i chakeur et la maison encoste, ke sient a Wapey, et sus les ii jardins encoste, et sus les ii pieces de vigne daier lo chakeur, et sus tot lo resage ki apant, k'il ont aquasteit a Colignon, lo fil Piereson Wandart de Lessey, permei vii sestieres de vin de cens ke toz cist heritages doit, et e. c. l. e. en l'a. lou div.

123 Thiebas Clemignons p. b. sus demee une maison vers Porte Xapenoise, en la teire Hanriat Bernart, ke part a lui meimes, k'il ait aquasteit a Steuenat Cuerdefer, en aluet, e. c. l. e. en l'a. lo d.

124 [3]) Renaldins, li fis signor Geruaise de Lessey, p. b. sus tot

---
[1]) chanoinnes de S. Sauuor, v. 1275, 50.
[2]) v. 1275, 12.
[3]) v. 1275, 236.

l'eritage ke fut Lorate, la fille signor Hanrit d'Orieucort, ke li vint de part sa meire, k'il ait aquasteit a signor Renalt de Charisey et Abertin Xaving, les mainbors Lorate, e. c. l. e. en l'a. lo d.

125 Sibiliate, li femme Jakemin Bardel, p. b. sus I jornal de vigne a Maranges, encoste la vigne Herman de Penil, en Pierevigne, k'elle ait aquasteit a Heilowate, la femme Bertol Wandart, permei teil cens com elle doit, e. c. l. e. en l'a. lou d.

126 Bertadons Piedeschals p. b. sus la maison Jennin Aileit a Siey, k'il ait aquasteit a Waterel et a Ermengart, sa serorge, permei teil cens com elle doit.

127 [1]) Felipes Faxins et Thiébas li Mares et Bertadons Piedeschals et Yngrans Goule p. b. sus la charree de vin d'Ars et sus la charree de vin de Siey, et sus can ke li sires Thieris de Laibrie ait a Richiermont et a Vcanges et delai Orne, ou k'il soit, et sus can ke li sires Thieris de Labrie ait d'eritage en la marie d'Otre Moselle, por tant com il lor doit et com il sont randor por lui, les escris en l'arche.

128 Burtignons Paillas p. b. sus une piece de vigne en Burlevigne, arreis la soie, et sus une piece de preit desoz Ollerey, encoste lo preit Escelin de Fay, k'il ait aquasteit a Alixandre de Lessey, e. c. l. e. en l'a. lo d.

129 Li sires Thiebaus Fakenels p. b. sus la maison Steuenin Romon de Thionville, ke siet a Mairanges, et sus totes ces vignes et ces terres areuses' et sus can k'il eit en toz les bans de Maranges, et sus XI jornals de terre deleis les bordes a pont Thiefroit, k'il ait aquasteit a Steuenin desor dit, permei teil cens et teil droiture com toz cist eritages doit, e. c. l. e. en l'a. lou d.

130 Poinsignons Chalons p. b. sus jor et demey de vigne en Jouenat, k'il ait aquasteit a la femme Pieron Gramare de Nonviant, permei teil droiture com il en doit, e. c. l. e. en l'a. lo d.

131 Jehans Barbe p, b. sus III maisons en Anglemur, arreis la porte, ke furent Weriat lou rotier, et sus les II maisons Cuminee daier S. Marc, ke li sont delivrees per escris en arche, por teil cens com il avoit sus, et permei teil cens com il en doit.

132 Thiebas Fakenels p. b. ancor sus XI s. de cens ke geissent sus la maison Poinsignon lo chastelain davant l'osteil Werrel de

---

[1]) *Durchgestrichen, v. 1275, 17 und 63.*

Porte Serpenoise, et sus xv s. de cens ke geissent sus les II maisons en Viez Bucherie ke Colins Chiueliers tenivet, k'il ait aquasteit ai Abert des Arvols, e. c. 1 e. en l'a. lou div.

133 Lowias li clers de Sanerie p. b. sus tout l'eritage ke Colins Crollas de Dornant avoit ou ban de Dornant et aillors, en touz us, por tant com il li doit, per escris en arche, et dont il est bien tenans, permi teil cens et teil droitures com cist eritages doit.[1])

134* Ce sont li ban dou mei awast, kant Luckins Chameure fut maires de Porte Muzelle, Simonas de Chambres maires de Porsaillis, Jaikemins Bellegree maires d'Outre Muzelle. En la mairie de Porte Muzelle:

134 Hanrekel Muzeraingne de S. Julien p. b. por lui et por Jenat, son freire, sus II jornals de vigne ke geissent en Orsain, en coste la vigne Ysambart de Xuelles, k'il ait aquasteit a Burtemat, lo fil Jenin Bonnel de S. Julien, a. con l. e. en l'a. lo d.

135 Berthelos li bolangeirs de Chaponrue p. b. sus III chappons et IX d. de cens k'il meismes dovoit a Colignon, lo fil Jaikemin de l'Aitre ke fut, sus II maisons ke sient a Levdonpuix, k'il ait aquasteit a Colignon devant dit, a. con l. e. en l'a. lo d.

136 Perrins Brokart p. b. sus la moitiet de II jornals et demey de vigne ke geissent ou ban de S. Julien, ke Hanrekel Muzeraingne fait a moitiet, ke venrent consuant Willemin Bazin de pair dame Yzabel la Broskarde, sa seure, k'il ait aquasteit a Willemin Bazin davant dit, en alluet, et a. com l. e. en l'a. lo devise.

137 Wicherdins Groignas p. b sus tout l'eritaige ke fut dame Cunegon de Ruxit ke fut, ke geist a Ruxit et ou ban d'Anerey et ou ban de Borray et ou ban d'Arcancey et aillors, ou k'il soit, permey teil cens et teil droiture com toz cist heritages doit, et dont Wicherdins Groignas est bien tenans.

138 Dame Marguerite Roze p. b. sus lo quart de la maison ou elle maint, ke fut Beral, ke siet devant la cort de Chastillon, k'elle ait aquasteit a Ydete, la feme Jenat Geude de S. Julian ke fut, permey teil cens con li quars de la maison doit, et a. com l. e. en l'a. lo d.

139 Li sires Abers, li prestes de S. Ferruce, p. b. sus totes les maisons ke li prestes barrechas avoient, ke sient devant les

---

[1]) *Von* permi *an in flüchtiger Schrift hinzugefügt von Schreiber 8.*

Cordelieres, k'il ait aquasteit as prestes barechas de Mes, permey xxx s. de cens, et a. con l. e. en l'a. lo d.

140 Jennate, li fille Burteran Charrate ke fut, p. b. sus lo chapou et sus les III d. de cens k'elle meymes dovoit a Colin, lo fil Jaikemin de l'Aitre, sus sa maison a Leudonpuix, ou elle maint, k'elle ait aquasteit a Colin davant dit, e. con l. e. en l'a. lo d.

141 Colins de Sanerie, li filz Mathelo ke fut, p. b. sus une maison ke siet en Sanerie, et sus tot lo resaige ke siet ensom l'osteit Drowat lo paignor, k'il ait aquasteit a Thiebaut Morin de Vizegnuel, permei XVI s. de mt. de cens, a. con l. e. en l'a. lo d.

142 Li sires Pierres, prestes de Sainte Segolenne, p. b. por l'eglise de Sainte Segolene sus la maison ke fut Mathion Cornate en Sanerie et sus tot ceu ki apant, k'il ait aquasteit a souz de Villeirs, permey VII s. de mt. de cens ke li maison doit chesc'an.

143 Thierias Bawiers de Sanerie p. b. sus lo cillier desouz la maison Gillebin, ki oivret en la Baixe Sanerie, k'il ait aquasteit a Gillebin davant dit, permey v. s. de cens, et a. con l. e. en l'a. lo d.

144 Jenas Mouxin p. b. sus I staul ke siet en la halle des drapiers en Chambres, k'il ait aquasteit a Jenat Kairin, lo fil Lowit lo tanor, permey teil cens com il doit.

145 Thierias, li filz Pieres lo masson, p. b. sus la maison et sus lo meis daier et sus ceu ki apant ke fut dame Odelie de Grais, ke siet antre la maison Moxin de Sainte Barbe et Burtemin dou Puix, k'il ait aquasteit a Ailexate Parage et a ses anfans, permey VI s. de cens ke li maison doit, e. c. l. e. en l'a. lo d.

146 Jaikemins Frankignons p. b. por la chieze Deu de S. Thiebaut sus III jornalz de vigne ke geissent en la Pasture S. Julien, ke dame Abillete, li fille dame Aileit la Grande ke fut, lor ait doneit por Deu et en amosne.

147 [1]) Vguignons Hunebors et Collins d'Espinals et Poinsignons, li fils Jaikemin lo Gronais ke fut, p. b. sus teil partie d'aritage con li anfant Huon lo Bague [avoient] ou grant tonneur de Mes et ou petit tonneur de Mes, k'il ont aquasteit a Poensignon et a Maheu et a Joiffroit, les III fis signor Huon lo Bague ke fut, e. c. l. e. en l'a. lo d.

---

[1]) = *1275. 162 und 263.*

148 Richairs, li maires de Werrixe, p. b. sus la maison Margueron, la fille Symon de Chailley, ke siet en Aiest, et sus tout ceu ki apant ke siet ensom la maison les enfans Jehan Bruyne, permey VI d. et II chapons ke li maison doit, et les IIII s. de cens k'elle avoit sus la maison ke fut Bietrit, la feme Jennin Novelat, k'il ait aquasteit a Margueron davant dite. Et tot cist heritaige desor dit li ait Richars relaiet permei XL s. de mt. de cens, a. com l. e. en l'a. lo d.

149 Burtemins Hertewis p. b. sus II resaiges, ou il doit avoir XL pies de terre, ke sont eu Rowes, encoste les maisons Gerart de Dalesten, k'il ait aquasteit a Collin lo charrier, en alluet.

150 Burtemins Hertewis p. b. ancor sus III maisonselles ke furent Steuenin Roussel, ke sient sus lo cors de la fontainne de Parnemaille, desouz part la maison dame Abour ke fut, k'il ait aquasteit a Gillat Haike, en alluet.

151 Pieresons Rochefors p. b. sus tout l'aritaige ke Jaikemins, li filz Richardin Lohier, ses serorges, ait ou ban de S. Julien et ou ban de Vallieres et ou ban de Vautous, en touz us, k'il ait aquasteit a Jaikemin davant dit, permey teil cens et teil droiture com toz cist heritaiges doit.

152 Maheus Bertadous p. b. sus XV s. de cens ke geissent sus la maison Paraige en Chievremont, ke furent Colignon Wachier, ke li sont delivrees per droit et per jugement.

153 Pieresons Rohars p. b. sus la maison dame Poinse la Growe, ke siet a pont a Muselle, k'il[1]) ait aquasteit a dame Poinse devant dite, permey XXXI s. de mt. de cens, et a. con l. e. en l'a. lou dv.

154 Jenas de Daier S. Jehan p. ban por la chieze Deu de Sainte Crux sus la grant maison ke fut Jakemin Mersabille en Rowes de S. Julien, ki est delivre a la chieze Deu devant dite per droit et per jugemant, por XV s. de mt., chescune estaie de V s. de III estaies, ke li maison doit a la chieze Deu devant dite.

155 a) Mathions de Xuelles, ke maint en Renport, p. b. sus une pesse de vigne ke geist a Ponsel sus Muselle, k'il ait aquasteit a Belion la couzerasse, permey II s. de cens, et a. con l. e. en l'a. lou dv.

b) Et ancor prant ban Mathions sus une maison et sus lo meis daier ke fut Ailexon, la femme Jakemin Chauin, ancoste

---

[1]) *Vorlage* kelle.

la maison Mathion devant dit, k'il ait aquasteit ai¹) Ailexon devant dite, permey vIII s. et demey et II chaupons de cens, et a. con l. e. en l'a. lo dv.

156 Li sires Cunes, chanoines de S. Piere a Vout, p. b. sus vIII s. de mt. de cens k'il ait aquasteit a Boens anfans et a maistres de la maison des Boen anfans, ke li sires Cunes meymes lor randoit chesc'an, k'il avoient sus la vies stuve en Chanbres, ou en aboivre les chevals, les keils vIII s. li sires Warniers dou Grant Mostier lor doneit en amosne.

157 ²) Ansels li Wegne de Vallieres p. b. sus III jornals et demey de vigne ke geissent en Gillochanp, encoste la vigne Watrin, lou maior de Vallieres, k'il ait aquasteit a Colin Drowat, permey xv d. d'amosne k'ille doit a S. Vincent.

158 Thielemans Brou li meutiers p. b. sus la maison Watrin Chanpion, ke siet sus la rive a Kaistes, k'il ait aquasteit a Watrin devant dit, permey xxv s. de mt. de cens.

159 Abertins Rollons prant ban sus teil partie con Simonins Mercille avoit ou meis ke pertivet a Colignon Loveus, son serorge, k'il ait aquasteit a Simonin devant dit, a. con l. e. en l'a. lou dv.

160 Lowias Wescelins et Hanrias li doiens de S. Julien pranent ban sus vI s. de mt. de cens des xII s. de mt. de cens ke Colignons, li filz Wescelin de Charley, avoit sus la maison Odelie, la suer Coustant de Wallestor, en Stoixey, antre la maison Jenat Wastel et la maison Mathiate, k'il ont aquasteit a Colignon devant dit, a. con l e. en l'a. lou dv.

161* Dou mei awast. En la mairie de Porsaillis:

161 Cefiate, li fame Perrin Mairasse ki fut, p. b. suz xI s. de met. de cens ki gesent suz II jornaus de vigne delai lou Grant Chauuot, et suz I jornal, que vigne que terre, qui gist en som, qu'il at aquesteit a Jenat Bruesaudel, e. c. l. e. en l'a. le d.

162 ³) Huguignons Hanebors et Colins d'Espinaus et Poincignons li Gronais p. b. suz teil partie d'eritaige com li anfant Huon lou Besgue avoient ou grant touneu et ou petit touneu de Mes, qu'il ont aquesteit a Poincignon et a Maheu et a Joffroi, les III anfans seignor Huon le Besgue, e. c. l. e. en l'a. le d.

---

¹) *Für ai ist dasselbe Abkürzungszeichen gebraucht wie für et.*
²) *Durchgestrichen.*
³) *= 1275, 147 und 263.*

163 Bertrans dou Champel p. b. sus lou tiers d'une maison ki siet ou Champel, k'il at aquesteit contre ces hoirs, parmei teil cens com il en doit.

164 Maheus Bertaudous p. b. suz la moitiet de la maison Nicole Gouion, qui siet en Geurue, qui li est delivree par droit et par jugement contre Colignon Wauchier.[1]

165 Harmans li forberes p. b. suz II homees de vigne ki gisent en Bugneichamp ou ban d'Airei, qu'il at aquesteit a Pieresson. son serorge, parmei I sestier de vin, e. c. l. e. en l'a. lou d.[2]

166 Thierias, li maris Gertru la chandeliere, p. b. suz une maison devant l'ospital des Alemans, k'il at aquestei as freires de l'ospital devant diz, parmei XXI s. de cens.

167 Burtemins Toupas p. b. suz la maison ki fut Acelin de Faijs, et suz la vigne ou Douaire qui fut le Borgon, et sus la vigne qui fut Hauri l'Alemant, et suz teil aquest com il at fait a lui, parmei teil cens com il doit.

168 Jenas, li filz Colin le porreleir, p. b. suz une maison qui siet a Saint Piere, qu'il at aquesteit a Symonat Gueuaude et a sa suer, parmei VII s. et demei de cens.

169 Li sires Jehans, li prestes de S. Estene lou Depanei, p. b. por S. Estene suz II s. de cens qui gesent suz la maison Armangette, la fille Heilesaus, qu'il at aquesteit a Margueron de Chaillei, parmei teil cens com ille doit.

170 Bauduyns li princiers de Fontignei p. b. suz III pieces de terre qui gesent ou ban de Fontignei, qu'il at aquestei a Margueron, la fame Jenat Blanche, parmei III d. de cens.

171 Jehans li Gronnais, li maistrez xavins, p. b. pour lui et pour ces conpaignons, qui sont maimbor de la devise maistre Jake de Tiaucort, suz VIII s. de met. et II d. de cens, qu'il out aquesteit ai Aubertin Galiot pour la chiese Deu de Saint Arnout, e. c. l. e. en l'a. le d.

172 Harmenas de Champel p. b. suz une[3] maison qui siet ou Haut Champel, qu'il at aquesteit a Huguin Mordant, parmei VIII s. de cens.

173 Reinnaires li Jones li arceneires p. b. suz une maison qui siet en la rue des Alemans, k'il at aquesteit a Cune le corvisier, parmei III s. de cens.

---

[1] *v. 1275, 350.*

[2] *v. 1275, 336.*

[3] *Vor* une *ist* la *durch untergesetzte Punkte als falsch bezeichnet.*

174 Conras de la Vigne S. Avou p. b. suz la maison ki fut Jenat, le fil Louuyat le tanour, qui siet en la Vigne S. Avou, k'il at aquestei a lui, parmei XXXI s. de cens.

175 Clemence de Venise p. b. suz tout l'eritaige ke Thiebaus Faukenes avoit aquesteit a lei meismez, c'est a savoir suz sa grainge et suz sa maison a Maignei et suz lou reciege qui i apant, et suz ces chans et suz ces pres et suz ces vignez et suz quan qu'ille at ou ban de Maignei et de Poillei, et suz tout son heritaige, en tous huiz, ou qu'il soit, e. c. l. e. en l'a. lo d.

176 Burtemins Crafillons de la Vigne S. Auou p. b. suz la moitiet d'un stal qui siet en la hale des tanors, k'il at aquesteit ai Abillate, la fame Huygnon lou daien, en aluet.

177 Willemins, li maris la Noire, p. b. suz une maison davant S. Thiebaut, k'il at aquesteit a Colignon, le fil Drouygnon, parmei VIII s et demei de cens.

178 Li prevos de Ste Glosanne p. b. pour la chiese Deu de Sainte Glossanne suz I estal de bois qui gist ou ban de Florei, k'il at aquesteit ai Aubertin d'Orseual, en aluez.

179 Garcelias Barbes¹) p. b. suz XL s. de met. de cens k'il at aquesteit a Poinsate, sa suer, k il meismes li devoit de sa maison qui siet outre Saille.

180 Willemins li chapelerz p. b. suz teil partie com Symonas, li filz Colin le parmantier, at en la maison qui fut Colin de Chapelelrue, qu'il at aquesteit a Symonat devant dit, parmei III s. et IIII d. de cens.

181 Warins de S. Syphorien p. b. suz XXX s. de met. de cens qui giseut suz l'osteil Bonami lou telier, qu'il at aquesteit a Hauwy et a Colate, ces II serors, e. c. l. e. en l'a. le d.

182 Colins Lietaus et Gilas Kaies p. b. suz une vigne en Herberclos, delez la vigne Huguignon Faixin, qu'il ont aquesteit a Hawyate et a Colate, lor suer, les dous filles Avruyn Malnouel, e. c. l. e. en l'a. lo devise.

183 Huygnons li parmantiers de Ste Glosseleinne p. b. suz la maison qui fut Huyn Rauat, davant les degres a Porte Sarpenoise, qu'il at aquesteit a ces aufans, parmei teil cens com ille devoit.

184 Hurias de S. Nicolais p. b. suz une maison qui siet a som

---

¹) Barbes *steht auf einer radierten Stelle, die für 4 Buchstaben mehr Platz hatte.*

Huygnon lou parmentier, qu'il at aquesteit a Jenin Meinnerel, parmei x s. de cens, e. c. l. e. en l'a. lou d.

185 Thomassins li portiers de Porte Sarpenoise p. b. suz teil aquaist com il at fait a Bauduyn de Flocourt suz vignez, suz preiz, suz bois, suz II sestiere et une quarte de vin, qui gisent ou ban de Lorey, e. c. l. e. en l'a. le d.

186 Jaquemins, li freires Garsat Bellegree, p. b. sus la maison qui fut Nichole Cheualeir et suz tout lou reciege qui i apent, qui siet ou Nuefbourc, devant la maison Colin Grantcol,[1]) qu'il at aquesteit au seignor Tiebaut Fauquenel, parmei teil cens com on en doit; c'est a savoir XIII d. c'om doit venir querre.[2])

187 Sairiate, li fame Jehan de Croney, p. b. suz la maison Robinat lou parmentier en la Nueue rue, qui li est acheute pour le cens qu'ille avoit suz.

188 Colins li Hungres et Willemins Bardins, ces nies, p. b. suz X s. de met. de cens qui gisoient suz lor maison meismez, qu'il ont aquesteit a Jaquemin Clairiet, e. c. l. e. en l'a. le d.

189 [3]) Sybeliate et Colate et Lorate,[4]) les III filles Joffroi lou Hungre, p, b. sus XXX s. de met. de cens qui gisent suz la maison Colin le Hungre et Willemin, son neveu, qu'elles ont aquesteit a Jaquemin Clairiet, e. c. l. e. en l'a. le d.

190 Jenas Matelie p. b. suz la mason qui fut Warin de Charisey en la rue dou Prey, k'il at aquesteit as freires de l'ospital de Chambres, parmei XXI s. de cens, e. c. l. e. en l'a. le d.

191 Colate, li fame Colin Symart qui fut, p. b. suz une chambre qui siet en la cort de Pauillon, qu'elle at aquesteit a Parise, la fille Godefroy, parmei XVIII d. de cens, e. c. l. e. en l'a. lou d.

192 Colins Malebouche p. b. suz teil partie com Sefiate, sa suer, avoit en l'osteil seignor Bauduyn, son peire, k'il at aquesteit a lei, en aluez.

193 Richelins Romacles p. b. suz la maison et suz lou recege qui siet devant S. Thiebaut, ensom la maison maistre Godefroy, qu'il at aquesteit a Colignon l'olier et a Jenat Rolant et a Godefrin l'olier, parmei VII s. et demei de cens.

194 Likins Chameure p. b. suz L s. de met. de cens et suz X s. de met. de cens et suz une maison asom Colin l'Alemant, et suz

---

[1]) *Gra verbessert aus Go.*
[2]) *Von c'est an Zusatz von Schreiber 2.*
[3]) *Durchgestrichen, v. 1275, 203.*
[4]) *Bei 203 verbessert in* Lovate.

x s. de cens suz la maison Perrin au Quartal, et suz la maison et suz lou reciege Aubert des Aruos, qui siet a S. Clement, qu'il at aquesteit ai Aubert des Aruos, parmei teil cens com il en doit, e. c. l. e. en l'a. lou d.

195 Garcelias de la Tour prant b. suz de kau que Hanrias de Chaucey at a Baixey et ou ban, en tous luz, qu'il at aquesteit a lui, e. c. l. escriz en l'a. lou d.

196 [1]) Burterans et Thiebaus et Thierias, li III filz Nicolle Gemel, p. b. sus la maison ke fut Maheu Jeuwet,[2]) ke siet ancoste la maison Aburtin Xaving, et sus tot lo resaige ki apant, et sus les II maisons daier ke se tiennent a ceste maison, ke vont fuers a Staixons, et sus tous les resaiges ki apandent, k'il ont aquasteit a Nicolle de Weiure et a Colin Ruece et a Yngrant Forcon et a Garsat Donekin et a Jeunat Chaureson et a Thomessin Savaige et a Vguignon Demelate et a Colin Beckal, parmei c et x s. de mt. de cens chesc'an.

197 [3]) Poinsignons Chaneuiere p. b. sus c et XIIII s. de cens ki estoient escheut a Gillat Brullevaiche de pair son seur, ke li sont delivres per droit et per jugement contre Gillat Brullevaiche.

198 Pierexels Chaneviere p. b. por la Craste sus la maison Poinsignon lou potier,[4]) ke lor est delivre por teil cens com il avoit sus.

199 Colignons li boulangeirs de Porte Muzelle p. b. sus une maison et sus tout lou resaige ki apant ke siet en Viseguuel, enson l'osteit Baudowin Froideviande, ke li est delivres per droit et per jugement encontre Pieresel Gomerel, per lou crant de Pierexel, permei teil cens con on en doit.

200 Hanrias et Jehans, li dui fil Thomessin Chapelz[5]) ke fut, p. b. sus IIII lb. de mt. de cens ke geissent sus la maison ke fut Nicolle Brullevaiche en Viseguuel, ke il ont aquasteit a Jenat de Coloingne, e. com l. e. en l'ai lou d.

---

[1]) *Schreiber 3, der bei 197 den Schreiber 6 ablöste, hat nachträglich, nachdem die Pergamentblätter VI und VII schon zusammengenäht waren, auf dem freien Raum am Ende von VI und am Anfang von VII 196 eingetragen. v. Anmerkung zu 1275, 428.*

[2]) *v. 1267, 371 daier Ste Crux.*

[3]) *Durchgestrichen.*

[4]) *v. 1262, 393 encoste l'ostel S. Ladre.*

[5]) = de Champelz.

201 Jenas Bataille prant b. sus une piece de vigne ou on conte II jornals, ke geist en Cherdenoit, entre les soies vignes meismes, k'il ait aquasteit a Hanriat, son freire, e. com l. e. en l'a. le d.

202 Pieressons Roichefors prant b. sus II jornalz de vigne ke geisent en Pawillonchamp, k'il ait aquasteit a Poinsignon Colon, per mei XI d. de cens, e. com l. e. en l'ai. lo d.

203 [1]) Sebeliate et Collate et Lorate,[2]) les III fille Joffroit lou Hongre, p. b. sus XXX s. de mt. de cens ke geissent sus la maxon Colin lou Hungre et Willemin Berdin, son nevont, k'elles ont aquasteit a Jaikemin Clairiet, e. con l. e. en l'a. lo d.

204 Perrins Brouscairs p. b. sus lo quairt de la maison en Visegnuel ou Thiebaus Morans maint et sus tout ceu ki apant, et sus XV s. de mt. de cens que geissent sus la moitiet de celle maison meismes, k'il ait aquasteit a Willemin Basin, permei I d. de cens, e. c. l. e. en l'a. lo d.

205 Androwas, li maires de l'ospitaul, p. b. por les Repanties sus XXIIII s. et demei de mt. de cens, s'en geissent sus la maison Jennin d'Ariance X s., et sus l'osteit Simonin Brehel lou covresier V s. et III d., et sus l'osteit Andreu d'Arencort IX s., k'il ait aquasteit a Ancillon, lou fil Jehan l'Alleman ke fut, e. com l. e. en l'ai. lo d.

206 Androwas prant ancor b., por l'ospitaul dou Nuefborc, sus teil partie com li hospitaulz davant dis ait sus l'osteit Simonin lou Drut, ke li hoir Simonin lour ait doneit por Deu et en amosne, e. com l. e. en l'a. lo d.

207 Androwas prant ancor b. por l'ospitaul davant dit sus toute la terre ke Jaikemins de Sanrey ait a Awigney, ou ban Perrin Badoiche, k'il ait aquasteit a lui, per mei teil cens et teil droiture com il en doit.

208 Thiebaus Henmignons p. b. sus VI jornalz de terre, que geissent V jornals defors les meises de Blorut et I jornal entre Dous chamins, k'il ait aquasteit a Blossat de S. Clemant, en alluet, e. com l. e. en l'a. le d.

209 Thierias Mallebouche p. b. sus la maison ke fut Harowen,[3]) ke siet devant S. Martin, ke li est delivres per droit et per jugement, permei VII s. de mt. de cens k'elle doit a Nostre Dame as Chans.

---

[1]) = dem durchgestrichenen Eintrag 189.
[2]) Lorate durchgestrichen, Lovate übergeschrieben.
[3]) r. 1278. 137 Aburtin Hairowain.

210 Vguignons Renbaus p. b. sus I staul ke siet en la halle des tanors ou Champ a Salle, ke fut Jenat de Loxey, k'il ait aquasteit a Thieriat lou Petit, en alluet.
211 Ancels li Waingne de Vallieres p. b. sus jor et demei de terre que geist a Borney, ou ban de S. Piere, et sus demei quarte de wayn moitenge, k'il ait aquasteit a Adelenate de Borney, en alluet.
212 Jenas, li filz Gillon de Heu, p. b. sus la maison ke fut Jaikemin Hairewain en S. Nicolaisrue, k'il ait aquasteit a Jaike Baizin, permei IIII s. de cens, e. com l. e. en l'ai. lo d.
213 Garsas Donekins p. b. sus la maison ke fut Estene lou Truant sus lo Mur, et sus II piesses de vigne ke geixent sus Saille daier la Follie, et sus XXX s. de mt. de cens ke geixent sus la maison Jenat Menne, dont an redoit aier XX d. de cens a
    5 Collin d'Espinals, et sus XX s. de mt. de cens que Colignons de Vi doit, ke geissent sus II maisons en coste la soie, dont an redoit aier V s. de cens a S. Piere as nonnains, et sus XV s. de mt. de cens ke geisent sus la maison Pesseit ou Champ a Saille, et sus X s. de mt. de cens ki Arnouls Aixies doit,
   10 ke geisent sus la maison ke fut Vguignon dou Champel en Visegnuel, et sus VIII s. de mt. de cens ke geissent sus la maison les pucelles de Sus lou Mur, et sus VI s. de mt. de cens ke li anfant lou signor Richart de Sus lou Mur doient, ke geisent sus la maison ke fut Adan lo sainnor, et sus V. d. de
   15 cens ke Collins Lowis doit, que geisent sus la merchaucie lou signor Jehan lou Truant ke fut, k'il ait aquasteit as enfans Abert des Aruols, e. com l. e. en l'a. lo dv.
214 Thiebaus de Strabour prant b. sus XXX s. de mt. et III mailles de cens k'il meismes dovoit de sa maxon ou il maint, ke siet daier S. Suplixe, k'il ait aquasteit a Jenat Corrion, e. con l. e. en l'ai. lou d.
215 Poinsignons li Trowans p. b. sus la maison ke fut les enfans lou signor Huon lou Bague ke fut, ke siet outre Saille, devant la maison ke fut Arnout lou maistre, et sus tot lo resaige ki apant, k'il ait aquasteit as enfans davant dis, permei XII d. de cens, e. c. l. e. en l'a. lo d.
216 Poinsignons li Trowans p. b. ancor sus VII s. de mt. de cens ke geisent en Sanerie sus I osteit encoste la maxon Erfe de Sanerie, k'il ait aquasteit a Garsat Donekin, e. com l. e. en l'a. lou d.

217 Boinsvallas Lichierie p. b. sus teil pertie com Jaikemete, li fille Jehan l'Alleman, avoit en la maison Jehan l'Alleman, son peire, k'il ait aquasteit a preste de S. Mercel et as pucelles de Mances, et e. con l. e. en l'a. lo d., et permei teil cens com li pertie doit.

218 Jenas Lowias li espiciers p. b. sus teil pertie com Willemins li chaponniers avoit en la maison Maifroit a Porsaillis; qu'il ait aquasteit a Willemin davant dit, e. com l. e. en l'a. lo d., et parmi tel cens com ele doit.[1]

219 Elyas li boulangeirs p. b. sus la maxon Ancillon lou boulangeir, ke siet an la Nueue rue, ke li est delivree per droit et per jugement, por tant com il avoit sus, l'escrit en l'arche.

220 Collas li meuteirs p. b. sus la maison ke fut Weirion lou meuteir, ke siet ator, k'il a aquasteit a Bouat et a Abillate, sa suer, permei xvi s. de met. de cens, e. com l. e. en l'a. lo d.

221 Pieresons Karetaulz p. b. sus xii s. de mt. de cens des xiii s. de mt. de cens k'il meismes dovoit a Jaikemate, la feme Richart lo charpante[i]r ke fut, sus sa maxon a monter de Chadeleirue, k'il ait aquasteit a Jaikemete davant dite, e. c. l. e. en l'ai. lo d.

222 Collins Baiars p. b. sus i jornal de vigne ki est quartmeus S. Pol, ke geist sus lo rut de Maizelles, k'il a aquasteit a Poinsignon lo Grant, son nevont, e. c. l. e. en l'a. lo d.

223 Simons, li maires de Pontois, p. b. sus i preit ke geist en la Praie, ke part a dame Yzabel, k'il a aquasteit a Jenat Brunboix, e. com l. e. en l'a. lo d.

224 Pierairs de Chambres p. b. sus iii piesses de champ ke geisent en Renairtchamp, et sus une piesse de champ ke geist ou Terme, k'il ait aquasteit a Gerardin Wesse de Maingney, permei xxv d. et maille de cens, e. com l. e. en l'a. lo d.

225 Robins dou Pont p. b. por la chieze Deu de S. Pol de Mes sus Richairt et sus Jenat et sus Burtemin et sus Thieriat et sus Luckate, lor suer, le anfans Herman lou Polut de Wackremont ke fut, ke Jaikemins, li filz Bauduyn lou Roi ke fut, ait doneit a chieze Deu davant dite por Deu et en amosne, et a. com l. e. en l'ai. lou d.

226 Burtemins Filizate p. b. sus la maison ke fut Arnoult de Vy, k'il ait aquasteit as oirs Arnolt de Vy, permey xii s et iii mailles de cens, e. com l. e. en l'ai. lou d.

---

[1] *Von* et parmi *an Zusatz von Schreiber 2.*

227 Li sires Thomais li prestes p. b. sus la maison ke fut Niclo l'arcenor, ke siet eu Chapponrue, permey x s. de cens ke li maxon doit.

228 ¹) Jenas de Maingney p. b. sus III jornalz de vigne ke geissent outre Saille, et sus xx s. de mt. de cens ke geissent ou Champel, k'il ait aquasteit a Xand[r]in et a Jehan, les anfans Piere Thomais, e. com l. e. en l'a. lo d.

229 Poensignons de Couloigne et Thiebaus de Moielain p. b. por les malaides de S. Laidre sus VIII s. de mt. de cens ke geissent an la Vigne S. Auol sus la maison Garssel ke fut, k'il ont aquasteit a Ancillon, lo fil Jehan l'Alleman, a. com l. e. en l'a. lo d.

230 Contasse, li fille Jaikemin lou Gornaix ke fut, p. b. en ainne et en trefons sus la maison et sus tout lou resaige ki apant ke fut dame Collaite des Aruols, ke siet ancoste la grenge lo signor Vgon Coulon ke fut, k'elle ait aquasteit a Joiffroit Malcheual, permey I d. de cens ke li maison et touz li resaiges doit a touz jors mais, et permey xx s. de mt. de cens k'en an doit a Jaikemate, la fille Collin Cheualeir ke fut, sa vie, a. com l. e. en l'a. lo devise.

231 Jaikes Roussels p. b. sus une tavle a Nuelz Chainges devant S. Simplise, k'il ait aquasteit a dame Yzabel, la feme Huart Jallee ki fut, permey XXXII d. de cens.

232* Se sont li ban dou mei awast. En la mairie d'Outre Moselle:

232 Bietris, li fille²) signor Ysambart lou marchant, prant bans sus la maison ke fut Otenat lou mersier a la Hardie Piere, desouz part l'osteil Thierit Corpel, k'elle ait aquasteit a sa vie a Willame de la Cort, permei teil cens com elle en doit, e. c. l. e. en l'a. lou d.

233 Goubers li clers, chanones de S. Piere, p. b. sus la maison ke fut Perrin l'escrivain, ke siet davant l'osteil l'arcediacre Watier, k'il ait aquasteit a Colin Baron, permei XL s. de cens, e. c. l. e. en l'a. lo div.

234 Perrins de Marsal li clers p. b. sus la moitiet d'une maison en la rue lou Voweit, encoste l'osteil de Cleirleu, ke part a lui meimes, k'il ait aquasteit a signor Thierit, lou preste de Thionville, permei teil cens com il en doit, e. c. l. e. en l'a. lo d.

---

¹) *Durchgestrichen.*

²) femme *durchgestrichen,* fille *übergeschrieben.*

235 Abertins Porteabay p. b. sus la grainge et sus tot lo resage ke siet a Wapey ke fut Abertin Belin, k'il ait aquasteit a lui,¹) en alluet, e. c. l. e. en l'a. lou div.
236 ²) Renaldins, li fis signor Geruaise de Lessey, p. b. sus tot l'eritage Lorate, la fille signor Hanrit d'Orieucort, k'il ait aquasteit ai Abertin Xaving et a signor Renalt de Charisey, les mainbors Lorate, en vignes, en hommes, et en tot atre eritage.
237 Maheus Bertadons p. b. sus iiii jornals de vigne ke geissent entre Longeuille et S. Martin, ke furent Colignon Wachier, et sus ii mues et demee de vin de cens ke Renbaldins³) li bolengiers li doit, ke sont delivreit a Maheu desor dit per droit et per jugemant.
238 Guios Claradine p. b. sus lo preit ke fut Howart Jalee, et sus l'atre preit ki vient jusc'a chamin, k'il ait aquasteit a la femme Howart Jalee, permei vi s. de cens et permei xv d. de warde, e. c. l. e. en l'a. lo d.
239 Maistres Guersires li massons p. b. sus v jornals de terre ke geissent ou ban de Molins, k'il ait aquasteit ai Abillate, la fille Piereson Malleseuvres de Chazelles, en alluet, e. c. l. e. en l'a. lo d.
240 Jakemins Moretels p. b. sus i jornal de vigne a Siey, k'il ait aquasteit as eufans Weriat de la Pargie d'Ars, permei teil cens com il en doit, e. c. l. e. en l'a. lou d.
241 Claresate, li femme Howin Jordain, p. b. sus une maison en Viez Bucherie, encoste la soie meimes, et sus tot lo resage, et sus l'astage ke li seurs Colin, lo fil la Picarde, i avoit, k'elle ait aquasteit a Colin desor dit, permei xxv s. de cens, e. c. l. e. en l'a. lo d.
242 Aurowins li Roucels li frutiers p. b. sus une maison ke siet a pont des Mors, ke fut Amion lou masson, k'il ait aquasteit a Thiebat de Genaville lou Meie, permei teil cens com elle doit, e. c. l. e. en l'a. lou d.
243 Pieresons d'Anglemur li charretons p. b. sus la maison ou Domangins Boscerels menoit, en Anglemur, et sus tot lo resage, por tant com il ait paiet por Domangin desor dit, per escris en arche, dont Pieresons est tenans, et permei teil cens com elle doit.

---
¹) *Vorlage* k'il a lui aquasteit.
²) *v. 1275, 124.*
³) b *übergeschrieben.*

244 Li sires Andreus, li prestes de S. Sauor, p. b. sus VIII s. et demei de cens ke geissent sus l'osteil Jakemin lo charpentier a la creus outre Moselle, k'il ait aquasteit a Philipin Brehier, e. c. l. e. en l'a. lou div.

245 Et si p. b. ancor sus les VI s. de cens ke geissent sus la maison Palerin lou parmantier en la rue lou Voweit, k'il ait aquasteit a Palerin desor dit, apres les VI s. et demey de cens k'elle doit davanterienemant a signors de Ste Crox, e. c. l. e. en l'a. lou d.

246 Weiris li taneires, ki maint en Stoisey, p. b. sus teil partie com Colignons de la Xupe avoit ou jornal de vigne ke geist ou ban de Juxey, ke li est escheus de part Colate, sa tante, la femme Poinsignon Calowin, k'il ait aquasteit a Colignon desor dit, permey teil cens com celle part doit, e. c. l. e. en l'a. lo d.

247 Poinsignons, li fis Arnolt Chaneviere, p. b. sus teil eritage com Pierexels Chaneuiere ait aquasteit a signor Pieron de Chastels lo chanone, ke geist o[u] ban de Siey et de Longeuille, ke Poinsignons ait en wage de Pierexel desor dit, per escrit en arche, et dont il est bien tenans, parmi demi meu de vin et XV stiere et III d. de cens a Saint Vincent.[1])

248 Pierexels Chaneuiere p. b. sus XXXI s. de cens ke geissent sus la maison Ricowin lou bolengier en la rue lo Voweit, et sus une maizeire as Roches, k'il ait aquasteit as mainbors Poinsignon Calowin, e. c. l. e. en l'a. lo d.

249 Simonins de Chastels li corvesiers p. b. sus une maison ke siet a Chastels, davant lou mostier Nostre Dame, et sus tot lo resage, k'il ait aquasteit a Gillat lo berbier et a Jakemin lo corrier, permei II s. de cens, e. c. l. e. en l'a. lou div.

250 Jehans Vallas p. b. sus une piece de vigne, encoste la soie meimes, arreis lo preit, a S. Martin, k'il ait aquasteit a Perrin lo berbier, permei III mailles de cens, e. c. l. e. en l'a. lou div.

251 Thierions d'Ernaville p. b. sus XIII s. et demei de cens ke geissent a Gorze et ou ban, k'il ait aquasteit a signor Guersire, lo preste de Chacey, son serorge.

252 Jennins Formeis de Chastels p. b. sus une maison ke siet a Chastels, en Clarey, et sus lo resage, et sus lo jarding desoz lou box, et sus une piece de terre en Goule sus la fontainne,

---

[1]) *Von parmi an Zusatz von Schreiber 2.*

et sus une pessate ou Gran Meis, ke fut Pierexel Benoiton,[1]
k'il ait aquasteit a Mahou de Siey et a Colate de Chastels,
permei teil cens com il en doit, e. c. l. e. en l'a. lo d.

253 Li sires Thiebas, li prestes de Brionne, p. b. sus une maison
ke siet daier Ste Marie as nonnains et sus tot lo resage,
k'il ait aquasteit a maistre Remei de Porte Moselle, permei
x s. de cens k'elle doit, e. c. l. e. en l'a. lou d.

254 Li abause de Ste Glosanne p. b. sus lou fiez d'une cherree
de vin k'elle doit ai Ars, lou keil fiez elle ait aquasteit a
Habram, lou fil signor Jehan de Moaville.[2]

255 Colins li retondeires p. b. sus une maison ke siet a pont a
Moselle, ke fut Poinsate la sainnerasce, et sus tot lo resage,
k'il ait aquasteit a Poinsate, la femme Jakemat lou paror, permei
xxvi s. et demei de cens k'elle doit, e. c. l. e. en l'a. lo d.

256 Jakiers, li fis Warin de Nonuiant, et Howars d'Arnauille p. b.
sus xxv s. de cens mt., k'il ont aquasteit a Thieriat Potion de
Nonviant, sus tot l'eritage ke li est escheus de part Liebor,
la femme Doignon Crochart de Nonuiant, et sus tot l'eritage,
k'il aquasteit as hoirs Liebor meimes, e. c. l. e. en l'a. lo d.

257 Maheus Hessons et Contasse, sa serorge, p. b. sus une piece
de vigne en Dales, encoste lor vigne meimes, en aluet, et sus
iii jornals et demei de terre ou ban de S. Martin, permei viii d.
de cens ke li uns des jornals doit, k'il ont aquasteit a Colignon
et a Richardin, les ii fis Bietrit de la Corcelle, e. c. l. e. en
l'a. lou div.

258 Colins d'Espinals p. b. sus ii jornals et demei de terre et sus
tot lou remenant de l'eritage ke li ospitals ou Nuefborc avoit
ou ban de Maixeires, k'il ait aquasteit a signor Abrit Yngrant
et a Robin dou Pont, les maistres de l'ospital, permei teil cens
com li terre doit, e. c. l. e. en l'a. lou div.

259 Et si p. b. ancor sus une piece de preit ke geist ou ban de
Maixeires, encoste lui meimes, k'il ait aquasteit a Jeunin Jacob,
en alluet, e. c. l. e. en l'a. lou div.

260 Colins Ruece p. b. sus tot l'eritage ke Jennas Morels ait en la
marie d'Otre Moselle, ke li est delivreis per droit et per juge-
mant, por tant com il li doit, les escris en l'arche.

261 Thiebas Morins p. b. sus teil partie com Gerardins, li fis Belion
de Plapenille, avoit en la vigne en Foillut, encoste la vigne

---
[1] ke fut Pierexel Beuoiton *übergeschrieben.*
[2] *r. 1275, 435.*

Jofroit de Chastels, k'il ait aquasteit a Gerardin desor dit, permei teil cens com elle doit, et k'il faisoit a tiers meu de Thiebat meimes, et e. c. l. e. en l'a. lou d.

262 Felipes Tiguienne et Jehans de la Cort p. b. por les Prochors et les Menors sus la maison signor Bertran de Wermeranges ensom Viez Bucherie, ki lor est delivre por les LX s. de cens ke li sires Bertrans [doit] sus celle mason, e. c. l. e. en l'a. lo d.

263 [1]) Vguignons Hunebor et Colins d'Espinals et Poinsignons, li fis Jakemin lo Gronais, p. b. sus teil partie d'eritage com li enfant signor Huon lo Bague avoient ou grant tonneur de Mes et ou petit tonneur de Mes, k'il ont aquasteit a Poinsignon et a Maheu et a Jofroit, les III fis signor Huon lou Bague, e. c. l. e. en l'a. lou d.

264 Jehans Rafaus p. b. sus jor et demey de vigne en Werimont, k'il ait aquasteit a signor Werrit Troixin et a Jehan, son fil, en aluet, e. c. l. e. en l'a. lou d.

265 Li archediacres Watiers p. b. sus une maison et tot lo resage ke siet en la rue lo Voweit, davant la soie meimes, k'il ait aquasteit a Jennat, lo janre Matheu lo Conte, permei teil cens com elle doit, e. c. l. e. en l'a. lou d.

266 Simonas, li fis Jake Facol, p. b. sus une piece de vigne ou an contet IIII jornals, ke geist en Frieres ou ban de Wapey, k'il ait aquasteit a Maheu Burleuache, en aluet, e. c. l. e. en l'a. lou d.

267 Li sires Nicoles Fakenels p. b. sus teil partie com mesires Jofrois de Bertranges li Jones avoit en Haueconcort, c'est a savoir en hommes, en awe, en preis, en bos, en terres areures et en totes atres manieres, k'il ait aquasteit a signor Jofroit desor dit, e. c. l. e. en l'a. lo d.

268 Jennins li clers, li fis Felepin de Serouille, p. b. sus teil parties com Jakemins, ces freres, et Yeble et Lorate, ces II serors, avoient en la mason davant S. Jorge ke fut Felepin, lor peire, k'il ait aquasteit a Jakemin, son frere, et a Jakemin Maillat et a Jennat de Serouille, ces II serorges, permei teil cens com il en doit, e. c. l. e. en l'a. lou div.

269 Hanrias de l'Aitre p. b. por lui et por les III fis Thiebat, son frere, sus teil partie c'on Katelie, li femme Thieriat Maleboche, avoit en XX s. de fiez c'on doit en chateis de Saney chac'an

---

[1]) = *1275, 147 und 162.*

as signors de Lorey, et sus tot l'eritage k'elle tenoit a Lorey et ou ban et ou signerage et en la justice, ke li vint de part Thieriat, son marit, k'elle li ait donneit en fiez, e. c. l. e. en l'a. lou div.

270 Colignons Wachiers p. b. por lui et por ces freres sus lou molin a Chenne, ke fut signor Werrit Troixin, dont il sont bien tenant, por tant com li sires Werris desor dis doit a Colin Wachier, lor peire, l'escrit en l'arche.

271* Li bans dou vintisme jor. [En la mairie de Porte Muzelle]:
271 Thierias, li maires de Grais, prant b. sus toute la terre areure ke Burtemins Lorance avoit a Grais ou ban S. Pol, k'il ait aquasteit a Burtemin devant dit, permey lo tiers d'une quarte de bleif, ke wayn ke tramois, et vi d. de cens ke tous cist heritaiges doit, a. con l. e. en l'a. lou d.

272 Watrins, li filz Wernier lo maior de Vallieres ke fut, p. b. sus iii pars d'un jornal de vigne ke geist ou ban de S. Julien, ancoste la vigne Lambelin dou Waide, k'il ait aquasteit a Luckin, lo fil Warin de Puligney, a. con l. e. en l'a. lo d.

273 Burtemins, li filz Wernier lo maior, p. b. sus iii pesses de terre ke geissent ou ban de Vallieres, ke furent Thieriat Tribodaine, k'il ait aquasteit a Mairiate, la femme Thieriat Tribodaine, permey teil droiture con li terre doit a ban, e. com l. e. en l'a. lo d.

274 Aurowins li parmantiers p. b. sus la maison Philipin Monderan, ke siet ansom l'osteit Luckin d'Aiest ke fut, et sus tout lou resaige ki apant, k'il ait aquasteit a Philipin Monderan davant dit, permey xxviii s. de cens iiii d. moins.

275 Dame Anguenel, li femme Thiebaut ke fut, p. b. sus une maison ke fut Adelin de Lustanges, ke siet ancoste lo mostier dou Carme, et sus tot ceu ki apant, k'il ait aquasteit a Abertin Xaving et a Abriat, son freire, permey vi d. et ii chapons de cens et permey xii d. d'amone a l'aglixe S. Hylaire.

276 Li sires Jehans li prestes, li filz Jaikelo de Metri ke fut, p. b. sus viii s. de cens ke geissent sus la maison Adan Maidelo, ke siet en la rue des Bandeis, k'il ait aquasteit a Adan davant dit, permey teil cens com li maison doit davanterienement, et a. con l. e. en l'a. lo d.

277 Hanrias Vertons de Vallieres p. b. sus une piesse de vigne ke geist en la Pelise, ke fut Sigart, et sus les iiii s. iii d. moins

de cens ke li vigne davant dite doit a Colignon, lo fil Herbin Wachier, k'il ait aquasteit a Colignon davant dit, a. com l. e. en l'a. lou d.

278 Bauduyns Bairekels p. b. sus la maison ke fut Drowat, ke siet ancoste l'osteit Garsiriat Poterel, k'il ait aquasteit a Collin Drowat, a. com l. e. en l'a. lo d.

279 ¹) Forkignons d'Arcancey p. b. sus tot l'eritaige ke Joffrois et Contesse, sa suer, li anfans Bauduyn Muneir ke fut, avoient ou ban d'Erkancey, en toz us, ke fut lo signor Matheu, k'il ait aquasteit a Joffroit et a Contesse davant dis, en alluet, et a. con l. e. en l'a. lou d.

280 Hanrias Hertowis p. b. sus II jornals de vigne ke geissent sus Mozelle en Lambertfoce, ke furent Steuenin Roussel, k'il ait aquasteit a Gillat Haike, permey XIII s. de cens.

281 Burtemeus de Macres, ke maint en Stoixey, p. b. sus la maison et sus lo meis daier et sus tot ceu ki apaut ke siet en Stoixey, ancoste la maison Odewignon, ke fut Yngle, lo maior de Gamelanges, k'il ait aquasteit a Crestine, la femme Yngle davant dit, permei XII s. de ceus ke li maison doit chesc'an, et a com l. e. en l'a. lo d.

282 Jenas, li filz Burtemev de Mascres, ke maint en Stoixey, et Pieresons, ces freires, p. b. sus une pesse de vigne moiterasse S. Vincent, ou an contet II jornalz, ke geist en l'Awillon desor lo poncel de la Chazine, k'il ont aquasteit a Arambor, la femme Jenin Gouval, et a. con l. e. en l'a. lo d.

283 Jenas Bataille p. b. sus I jornal de vigne ke geist a pont de piere ou ban de d'Arkancey, k'il ait aquasteit a dame Aileit, la femme Colin Gueperon d'Arcancey ke fut, en alluet.

284 Lowias Pioree et Collins, ces freires, p. b. sus XXX s. de mt. de cens ke geissent sus III jornals de vigne antre Villers a l'Orme et la vigne Colin Ruece, ke furent Maheu Jeuwet, k'il ont aquasteit a Garsat Donekin et a Vguignon Demelate et a Colin, lo fil Mathev Maroit, et a Savaige, lo fil Ferriat, et a. com l. e. en l'a. lo d.

285 Lowias Pioree p. b. sus la maison Abert lo poxour ke fut et sus la vigne a perche desor Vallieres, permei XX s. de cens, et sus une pesse de vigne en S. Pol commune, quarterasse S. Pol, permei XII s. de cens, ke li est delivree per droit et per jugement encontre la feme Abert davant dit.

¹) *Durchgestrichen.*

286 Jenas Graisneiz li clers p. b. sus la vigne Jaikemin, lo fil Lowiat dou Puix, ke geist sus Muzelle desor Mons, areiz la vigne Margueron, la feme Colin lo charpantier, k'il ait aquasteit a Jaikemin davant dit, permey vi sestiere de vin en l'aixe ke li vigne doit, et a. com l. e. en l'a. lou d.

287 Burtignos Paillat p. b. sus x s. de cens ke geissent sus une pesse de vigne, ou an contet jor et demey, ke geist ens Allues a Chastillons, k'il ait aquasteit a Simonat lo Four, encoste la vigne Hanriat de Champel, a. com l. e. en l'a. lou d.

288 Lowias Pioree et Ysambars de Xuelles, ke mainnent a S. Julien, p. b. sus tout l'eritaige ke Burtemins Lorans avoit ou ban de S. Julien, ki lor est delivres per droit et per jugement, por tant com il ont paiet por lui et por tant con il sont ancombreiz por lui, per escris en arche.

289 Lowias Pioree et Piereson, li fils Bauduyn Walant, p. b. sus II pesses de vigne, s'en geist I jornal antre Dous chamins, et une pesse daier lo jarding ancoste la vigne Hanriat lo doien, k'il ont aquasteit a Jehan Jeuet lo cler, permey vi s. ke li jornalz de vigne doit, et permey III s. ke li pessate de vigne doit ke geist daier lo jarding, et a. com l. e. en l'a. lou d.

290 Li sires Esteuenes li prestes, ke maint en l'osteit de S. Pieremont, p. b. sus xv s. de met. de cens des IIII lb. de mt. de cens ke Poinsate, li feme Watier lo bolangier, et li anfant Ancillon Vaillairt, son freire, avoient sus la maxon ou li stuve est, ke siet an Chanbres, ancoste l'osteit Richardin lo chavrey, k'il ait aquasteit a Poinsate davant dite, a. c. l. e. en l'a. lo d.

291 Colignons Sirvel p. b. sus II s. de cens ke geissent sus III pesses de vigne ke geissent a Villeirs a l'Orme, ou ban de Failley, k'il ait aquasteit a Gerardat, lo fil Wernier, a. com l. e. en l'a. lo devise.

292 Poinsignons Josterelz de S. Julien p. b. por lui et por ces freires et por Poinsate, sa suer, sus la maison ke fut Jenat Gueude, ke siet a S. Julien, ancoste l'osteit Philipin de Malleroit, k'il ait aquasteit a Ydate, la feme Jenat Guevde, a. com l. e. en l'a. lo d.

293 Colins de Chailey p. b. sus une maison ke siet ansom l'osteit Jenin Pillebone, ke fut Harton lo charpanteir, k'il ait aquasteit a la chieze Deu de Villeirs, permei xviii s. et vi d. et II chappons ke li maxon doit de cens, a. com l. e. en l'a. lo d.

294 Gerardins Pouxerainne li bolangiers p. b. sus la maison ke fut
Brokairt Haise, ke siet devant l'osteit Weirit Xordel, et sus
ceu ki apant, k'il ait [aquasteit] a Jaikemate Mabelion, permei
xxiiii s. et vi d. et ii chapons de cens k'elle doit.
295 Lowias, li filz Gerairt de la Court, p. b. sus une maison ke
fut Thierion Goidealone, ke siet en Rimport, ancoste l'osteit
Rouperel ke fut, et sus tot ceu ki apant, k'il ait aquasteit a
Thierion Goidealone et a Hanriat, son fil, permey iiii s. et
demey et ii d. et maille et i chapon ke li maison doit, a. c. l.
e. en l'a. lou d.
296 Poisignons Bolande p. b. por les pucelles de Mances ke mainnent
en coste S. Mercel sus les ii osteilz en Chadeleirue, k'il ait
aquasteit a dame Hawit, la feme Burat lo chadelier, por les
pucelles davant dites, permey ix s. et iiii d. de cens, et a. com
l. e. en l'a. lou d.
297 Thiebaus Faukenelz p. b. sus la maison W..................[1])
298 Watiers Godiers li charpanteirs p. b. por la chieze Deu de
S. Pieremont sus les xxiii s. de cens ke geissent sus la maison
Howignon, lou fil maistre Abrit, en Chambres, k'il ait aquasteit
a Howignon davant dit, a. com l. e. en l'a. lo d.
299 Watiers Godiers li charpanteirs p. b. ancor por la chieze Deu
de S. Pieremont sus v s. de cens ke geissent sus la maison
Hanriat Pelpaingniet lou charpantier de Chieuremont, k'il ait
aquasteit a Hanriat davant dit, a. com l. e. en l'a. lou d.
300 Gerars de Vallieres p. b. sus jor et demei de vigne ke geist
an Cugnes, ou ban S. Pol, ancoste la vigne Hanriat lou doien,
k'il ait aquasteit a Jaikemin Pouxon et a Yssambart de Xuelles
et a Theiriat Xallowin et a Jenat, lo fil Vguignon de Cuxey,
et a Lowiat Pioree, permey teil cens com cist heritaiges doit,
et a. c. l. e. en l'a. lo d.
301 Philipins, li filz Nicolle lo Vake ke fut, p. b. sus la maison
ke fut Perrin, lou fil Howon Bazin, et sus lo meis daier et sus
tot lo resaige ki apant, ke siet antre la maison Matheu Makaire
et la maison Watrin Corssenzairme, k'il ait aquasteit a Per-
rin devant dit, en alluet.
302 Thiebaus Barnaige p. b. sus viiii s. de cens ke geissent sus la
maison apres la stuve ou tour devant Longeteire, ke fut Herman
lo charpanteir, k'il ait aquasteit a Facon, lo fil Watrin Katelie.

---

[1]) *Der Eintrag ist nicht weiter lesbar, er ist in seiner ganzen Länge von etwa drei Druckzeilen dick durchgestrichen.*

303 Lowias Kairetaulz li retondeires p. b. sus la maison ke siet sus lo tour de la rue¹) an la plaice eu Rimport, ancoste l'osteit Collin Vizekin, et sus tout ceu ki apaut, k'il ait aquasteit a signor Thiebaut Faukenel, permey xxxv s. de mt. de cens ke li maison doit.

304 Witiers Lambers p. b. sus II s. de cens ke geissent sus la maison Colin lo Borgue en Sanerie, k'il ait aquasteit a Colignon lo charpantier, lo fil Mathelo l'awillier ke fut.

305 Hennelos, li filz Simon Xelerde de Boenville, p. b. sus la maison Euriat lo chavrey, ke siet au Stoxey, ancoste la maison Burteran, lo maior de Gauanges, et sus tot ceu ki apant, k'il ait aquasteit a Euriat davant dit, permey XII s. et v d. et maille de cens ke li maxon doit.

306 Richars de Werrixe, ke maint en Aiest, p. b. sus la moitiet d'un molin et sus ceu ki apant ke Thiebaus Viels de la rowe des Allemans avoit sus Muzelle, en Severainneteire, k'il ait aquasteit a Thiebaut davant dit, permei xv s. de cens ke li moitiez dou molin doit.

307 Jenas Cockelorge p. b. sus la maison ke fut Fransois lo mairechat, ke siet a S. Julien, en coste l'osteil Colin Lowat, k'il ait aquasteit a Yderate, la feme Fransois ke fut, per mey XIII s. de cens et III angevines.

308 Vguenas Doreis p. b. sus la vigne Gobillon ke fut, ke siet en som lo preit de la Paisture a S. Julien, k'il ait aquasteit a Thieriat Xallowin et a Abertin Doreit, per mey I meu de vin et vI s. de cens ke li vigne doit.

309 Pieresons Rochefors p. b. sus III quarterons de vigne ke furent Simon Chaitebloe, ke geissent en Sourel, deleiz les vignes les signors de S. Thiebaut, et sus lo jardin ke geist ou ban de S. Julien en Burey, k'il ait aquasteit a Simon Chatebloe, en alluet.

310 Poinsignons li celleirs p. b. sus les XIII s. de mt. de cens k'il meymes dovoit sus une de ses maisons, ke siet devant l'osteit Joiffroit de Chastel, k'il ait aquasteit a Willemin, lo fil Poinsignon Brehel, a. com l. e. en l'a. lou d.

311 Willemins de Burtoncort p. b. sus la maison ke fut Mathiate, ke siet en Stoxey, et sus tout ceu ki apant, k'il ait aquasteit en contre sous de Villers, permei XIIII s. de cens et I chapon et III d. de cens ke li mason doit chesc'an.

---

¹) *Vorlage* de larrue.

312 Roillons Yssantrus p. b. sus la maison Aleit, la feme Thobis de Gamelanges ke fut, ke siet a Leudonpuix, k'il ait aquasteit a Aileit davant dite, permey vi d. et ii chapons de cens ke li maison doit.
313 Wicherdins Groignas p. b. sus la maison ke fut Abertin Mathelie et sus lo meis daier et sus tot ceu ki apant, ke siet a Porte Muzelle, en coste l'osteit Xandrin Clairiet ke fut, k'il ait aquasteit a Herbin Wachier, permey lx et xii s. de cens, et ke Wicherdins puet racheteir, a. con l. e. en l'a. lou d.
314 Godefrins, li filz Chardel de Nowilley, p. b. sus tout l'eritaige Burtemin Lorance, ke geist a Nowilley, por tant com il et[1] en wage, per escris en arche, ke li est delivres en plait et dont il est tenans, permey teil cens et teil droiture com cist heritaiges doit.
315 Robins li celliers p. b. sus teil partie com Jenins li bolangeirs, ces freires, avoit en la maison dame Guepe ke fut, ke siet an som l'ospital en Chambres, k'il ait aquasteit a Jenat davant dit, a. com l. e. en l'a. lo d.
316 Simonins Simairt d'Oixey p. b. sus la moitiet de la grenge Jaikemin Wikernel et sus la maixeire Renairt, son freire, ke siet a Oixey sus la fontainne, k'il ait aquasteit a Jaikemat et a Chardat, les anfans Renairt, en alluet.
317 Perrins Brokairs prant ban sus jor et demey de vigne et une omee ke geist sus Muselle, ancoste la vigne Jehan de Weivre, k'il ait aquasteit a Willemin Bazin, en alluet, et a. con l. e. en l'a. lou dv.
318 Jenas Aixies prant ban sus la maison Stennairt, ke siet a pont a Muselle, et sus[2] tot ceu ki apant, ke li est escheus por les l s. de mt. de cens ke li maisons li dovoit.
319 [3] Dame Saire li Vadoize p. b. sus la maison ke fut Colin, lou janre Ansel de Buedestor, ke siet en coste la maison Vermecol lou tanour, ke li est delivres per droit, permey teil cens con ille doit.
320 Ancillons Puligney de S. Julien p. b. sus la maison Gobillon, ke siet a S. Julien, et sus tot ceu ki apant, k'il ait aquasteit a Garsat de Maixeroit, permey teil cens con ille doit.
321 Dame Aingebor Chierelate p. b. sus demey jornal de vigne ke

---

[1] *Vorlage* illet.
[2] *Vorlage* sev.
[3] *Durchgestrichen.*

geist en vignes lou Conte, k'elle ait aquasteit a Jehan Philipin, permey III s. de mt. et une angevine de cens.

322 Ferrias Jues p. b. sus III jornals de vigne ke geissent a Chaponfontainne ou ban de S. Julien, ke furent Mahev Juet, k'il ait aquasteit a Garsat Donekin et a Colin Beckal et a Vguignon Demelate et a Savaige, lo fil Ferriat, en alluet, a. c. l. e. en l'a. lou dv.

323 Simonins Mourel de Porte Muselle p. b. sus la maison Willemin Gillebert, ke siet ou Tonboit, devant outre lou grant osteil Willemin devant dit, et sus tot ceu ki apant, k'il ait aquasteit a Willemin Gillebert, permey XVIII s. de mt. et I chapon de cens.

324 Colignons Poietels p. b. sus III jornals de terre ke geissent ou ban d'Arcancey, et sus I jornal de vigne ke geist ai [1]) Antilley, k'il ait aquasteit a Vienat d'Antilley, a. con l. e. en l'a. lou dv.

325 Jehans Barbe d'Outre Muselle p. b. sus de kant ke Mahevs Jues avoit a Nowilley et a Nowesceville, ou ban de Morinville et en touz les autres bans, en touz us, k'il ait aquasteit a Garsat Donekin et a Vguignon Demelate et a Thomessin Savaige et a Colin Beckal, et a. con l. e. en l'a. lou dv.

326 Forkignons, li filz signor Jake dou Pont ke fut, p. b. por Weriat, lo fil Forkignou lo Xaving ke fut, sus lo quart de la maison ke fut Forkignon lou Xaving, ke siet en la place en Renport, k'il ait aquasteit ai [1]) Abertin, lo fil Forkignou Xaving, a. c. l. e. en l'a. lou dv.

327 Jenas Sennate p. b. sus II pesses de vigne et sus II jornals de terre errure ke geissent ai [1]) Antilley, k'il ait aquasteit as anfans Amee d'Antilley, a. con l. e. en l'a. lou dv.

328 Jakemate, li femme Abertin Birzee ke fut, p. b. sus la maison ke fut Colin de l'Angle, ke siet daier S. Ylaire, et sus lou meis daier et sus kant ki apant, et sus tot l'aritage ke Thomessins et Ansillons et Coulons, lor seror, ont ai [1]) Aies et a Tramercey et aillors ou k'il soit, k'elle ait aquasteit a Thomessin et a Ansillon et a Coulon, lor seror, devant dis, permey teil cens con li maison doit et permey teil droiture con li heritages doit.

329* En la mairie de Porsaillis:

329 [2]) Jehans dou Nuechastel p. b. sus X quartes de wain moitange k'il dovoit chesc'an sor son molin a Boenfay, k'il at acquasteit a hoirs Makowart, e. com l. escriz en l'a. lou d.

---

[1]) *Für* ai *ist dasselbe Abkürzungszeichen gebraucht wie für* et.
[2]) *Von Schreiber 2 nachträglich auf den freien Raum hinter* Porsaillis *geschrieben.*

330 Collins Pouchas¹) p. b. sus une vigne a Coignat sus Maizelle, et sus une autre ke geist arreiz Arnelin, et sus une autre en Habertclos, et sus une maison ou Waide, k'il ait aquasteit a Colin lo Sauaige, per mei teil cens com il doit, et a. com l. e. en l'ai. lo dv.
331 Ancillons Bosse p. b. sus une demee maison ke siet ou Waide, et sus VIII s. et demei de mt. de cens ou planteit Maroit, et sus III s. et demei de mt. de cens en la Baisse Mallemairs, k'il ait aquasteit a Steuenin Metenne, permei teil cens com il doit, et e. con l. e. en l'a. le d.
332 Hvins li clers p. b. por Sainte Glossenain sus I bois ke geist en Hartonparteit, k'il ont aquasteit a Abertin d'Orceualz, e. com l. e. en l'a. lou d.
333 Willermins li vieceirs de la Nueverue p. b. sus la maison que fut Domangin de Toul et sus tout lou ressiege, ke siet en S. Martinrue, k'il ait aquasteit a Lorate, la fille Collin de Vy ke fut, permei L s. de mt. de cens, e. com l. e. en l'a. lou d.
334 Philipins Nerllans p. b. sus la maison ke fut Huyn Paperel, ensom la maison Simon lou muitier, et sus tout lou ressaige ki apant, k'il ait aquasteit as II filz Gode[f]rin Paperel, permei XXIIII s. de mt. de cens, et e. com l. e. en l'a. lou d.
335 Philipins Nerlans prant b. ancor sus I jornal de terre que geist deleis Corbusfousseit ou ban de Mairley, k'il ait aquasteit a Jeinin Siriate de Molins, per mei I d. de cens.
336 Hermans li forbeires p. b. sus XVI steires de vin et sus II hommees de vigne ke geissent ou ban d'Airey, k'il ait aquasteit a Piereson, son serorge, per mei une quarte de vin de cens, et e. com l. e. en l'a. lou d. ²)
337 Dame Lorate, li fame Berteran Domal, p. b. sus lou cinquime de la maison dame Aileit Guillin, ke li est delivres per droit et per jugement contre Remmonin de Malleroit, por tant com elle ait sus, per escris en arche.
338 Poinsignons Malvoisins p. b. sus une piece de vigne ke geist en la coste dou chastel, qu'il ait aquasteit a Poensignon, lou fil Weiriat de Grosue, permei teil cens com il doit, et e. con l. e. en l'a. lo d.
339 Collignons Xocort p. b. sus demi I stal ke siet en la halle des

---

¹) Poirelz *durchgestrichen*, Pouchas *übergeschrieben von Schreiber 7.*
²) *r. 1275, 165.*

parmanteirs, ensom l'osteit Poinsignon lou Gronais, k'il ait aquasteit a Gerardin Jallee, per mei teil cens com il doit.

340 Colins Tristans p. b. sus I stal et I quairt ke siet en ceste halle meismes, ki fut Watrin Henmignon, k'il ait en waige de Watrin davant dit, et dont il est bien tenans.

341 Colignons de Vy p. b. sus IIII maisons ke sient sus Saille, en coste la soie, et sus touz les resaiges qui apandent, k'il ait aquasteit a Hanriat de l'Aitre, permei teil cens con elles doient, e. com l. e. en l'a. lou d.

342 Colignons de Vy p. b. ancor sus II jornalz de terre ke geisent ensom la grainge Thiebaut Forat, k'il ait aquasteit a Huignon lou Gornaix, lou fil la mairasse de Pertes ke fut, en alluet, e. com l. e. en l'a. lou d.

343 Garsirias de la Tour p. b. sus VIII jornals de terre, en une piece, ke geisent ou ban S. Vincent a Borgney, k'il ait aquasteit a Burtignon, lou fil Simonin de Pairgney, en alluet, e. com l. e. en l'a. lou d.

344 Garsirias de la Tour p. b. ancor sus X jornalz de terre et sus III jornalz et demei de bois ke geisent ou ban de Borgney, et sus II s. et demei de mt. de cens sus tout son heritaige de Chaucey, k'il ait aquasteit a Jenat Roussel, lo vaillet signor Thierit de Laibrie, permei teil cens com il en doit.

345 Jenas Palleis de Virduns p. b. sus XXX s. de mt. de cens ke geisent sus l'osteit Hanriat de l'Aitre, ou il maint, k'il ait aquasteit a Hanriat, e. com l. e. en l'ai. lou d.

346 Colignons Mertenatte p. b. sus une maison en la rowelle en Chapeleirue, k'il ait aquasteit a Simonat lou clerc, permei teil cens com il en doit, et e. com l. e. en l'a. lou d.

347 Poinsignons Lucie p. b. sus jor et demei de terre ke geist en Girairtchamp ou ban de Quencey, k'il ait aquasteit a Garsat Boixon, permei I d. de cens.

348 Hanris li feivres p. b. sus la maison ke fut Arnout lou feivre, k'il ait aquasteit a Ailixate, la fille Arnout, permei XIII s. de cens.

349 Poinsignons Peldanwille p. b. sus la moitiet de la maison ke fut Jaikemin lo meutier, et sus la moitiet de III jornalz de vigne en la Pretelle, k'il ait aquasteit a Jehan de S. Polcort, per mei teil cens com il doit, et e. con l. e. en l'ai. lo d.

350 Li sires Jehans de la Cort et Burterans Mague et Jehans li Gronais et Joffrois Euriel prannent b. sus la moitiet de la

maison et sus la grainge daier, en Jeurue, ke fut Nicolle Govion, k'il ont aquasteit a Colignon Wachier, l'avelet Nicolle Govion, permei v d. et maille de cens ke li moitiez de la maison doit.[1]

351 [2]) Jehans de Metri p. b. sus xxiiii s. de met. de cens ke geisent sus toutes les maisons Wernier lou feivre sus lo Mur et sus tout lou resaige ki apant, k'il ait aquasteit a Wernier desor dit, apres xxvi s. de cens ke les maisons doient davanteriennement, e. c. l. e. en l'a. lo d.

352 Jehans de Metri p. ancor b. sus une maison a Porte Serpenoize, ancoste l'osteit Jaikemin lou boulangier, k'il ait aquasteit a Lowiat lou haranguier de Porsaillis, permei xx s. de mt. de cens ke li maison doit, e. con l. e. en l'a. lou d.

353 Philipins li Gornais p. b. sus v s. de mt. de cens ke geissent en Culloit sus i jornal de vigne, et sus x s. de cens sus i jornal en Bachieterme, k'il ait aquasteit a Ancillon, lou fil Jehan l'Aleman, e. com l. e. en l'ai. lo d.

354 Thiebaus de Strabour et Francois Brullevaiche p. b. sus la demee maison Jenat des Aruols et sus la grainge devant, ke furent maistre Bernairt, son devanterien,[3]) ke lor est delivres per droit et per jugemant ancontre Goudefrin des Airuolz, cui il est delivres per droit et per jugement ancontre Jenat des Aruols, permey teil cens com cist heritaiges doit.

355 [4]) Simonas de Cons p. b. sus trois pieces de preit ke gissent desouz Cons, k'il at aquasteit a Marguerate, la fille Jenin de Gorze, parmi viii deniers de cens.

356 Hanrias Burnekins p. b. sus xx s. de mt. de cens k'il meismes dovoit sus sa maison ou il maint a Yderate, la fille signor Boinvallat de Porsaillis ke fut, k'il ait aquasteit a Yderate davant dite, e. con l. e. en l'ai. lo d.

357 Collins Mallebouche p. b. sus teil partie con Jennolles Mallebouche et Aingebor, sa suer, avoient en l'osteit lor peire, ke siet outre Saille, k'il ait aquasteit a ous, en alluet, e. com l. e. en l'a. lou dient.

358 Poinsignons Bolande p. b. por les pucelles de Mances sus xxviiii s. de met. de cens ke geiseut sus la maison Simonat

---

[1]) *v. 1275, 164.*

[2]) *Durchgestrichen von Jehans bis xxiiii s.*

[3]) *v. 1269, 105, Bernart lou kaurssin.*

[4]) *Von Schreiber 2 nachträglich auf den freien Raum der zweiten Zeile von 354 geschrieben.*

Facol daier S. Martin, qu'elles ont aquasteit a maistre Adan l'avocat, lou fil Pierre lou wantier, e. com l. e. en l'a. lou d.

359 Collins Mallebouche p. ancor b. sus teil partie com Vguignons Louvate avoit en l'osteit ke fut Philipe Tiguienne, en coste Colin, k'il ait espertit ancontre Colignon Mairasse, k'il ait aquasteit a Vguignon davant dit, en alluet, e. com l. e. en l'ai. lou d.

360 Henmouins de S. Piere p. b. por lui et por son freire sus une maison a S. Piere, k'il ait aquasteit a Jenat Fisson de S. Clemant, permei VII s. et demei de mt. de cens, e. com l. e. en l'a. lou d.

361 Jaikemins Chapas de la Vigne S. Auol p. b. sus stal et demei en la halle des tanors ou Champ a Saille, k'il ait aquasteit a Lowiat Wascelin, en alluet, et e. com l. e. en l'ai. lo d.

362 Hanrias Bokeson, ke maint a Quartal, p. b. sus la maxon ke fut Jenin Bokeson en S. Martinrue, et sus teil partie com Jaikemins Bokesons avoit en x s. de mt. de cens ke geixent sus une maison ou Champel, et sus teil partie com il avoit en la maison a Quartal, k'il ait aquasteit a Jenat de S. Arnout, permei teil cens com ille doit, e. com l. e. en l'a. lo d.

363 Berthe de la Vigne S. Auol p. b. sus demee une maison ke siet en la Vigne S. Auol, k'il ait aquasteit a Colignon de Perthe, per mei VI s. de mt. de cens, et e. con l. e. en l'a. lo d.

364 Luckins Chameure p. b. sus xv s. de mt. de cens ke geisent en la Nueue rue sus l'osteit Ancillon lou boulangier, k'il ait aquasteit a fil Willemin Brehel, e. con l. e. en l'a. lo d.

365 Vguignons Damelate p. b. sus IIII s. de met. de cens ke geisent ou Champel sus la maison Lanbelin d'Ameles, k'il ait aquasteit a Fransois, lo fil Wernier lou corrier, apres XI s. de mt. davanteriennement, et e. com l. e. en l'a. lo d.

366 Baudowins Ysanbairs et Simonins de Werrixe p. b. sus teil heritaige con Thomessins li Blans avoit ou ban de Villeirs et de Loisey, permei teil droiture com il en doient, et e. con l. e. en l'a. lo d.

367 Joiffrois Barekes[1]) p. b. sus VIII s. de mt. de cens ke geissent sus la maison Adan lou bolangier daier S. Nicolais lou Petit,

---

[1]) *Schreiber 2 hat den Zunamen hinter Joiffrois ausgekratzt und dafür Barekes eingesetzt.*

et sus xviii d. de cens sus i stal en la halle des bolangiers, ke fut Jaikemin lou Vadois,[1]) k'il ait aquasteit a Jehan de Nancey, et e. con l. e. en l'a. lo d.

368 Jaikemins Berrois p. b. sus une maison ke siet ou Champel, k'il ait aquasteit a Euriel Tago, permei teil cens com ille doit, et e. com l. e. en l'a. lo d.

369 Poensate et Ysabels, les ii filles Jacob de Jeurue, p. b. sus xi s. de mt. de cens ke geisent sus la maison ensom Pierexel l'Affichier, k'elles ont aquasteit a Jenat Bouchate dou Quartal, et e. con l. e. en l'ai. lo d.[2])

370 Baudowins de Flocort p. b. sus iii quars de la maison et sus i quart de la graingne encoste ke siet a Merdeney, k'il ait aquasteit a Margueron la Villainne de Merdeney, et ii jornalz de terre en la Petite Fin, et sus i preit en la Meise, et sus ii homees de vigne en Waiemers, permei teil cens et teil droiture com il doit, et e. con l. e. en l'a. lo d.

371 Collins Mairesse p. b. sus la moitiet de la maison ke siet entre la maison dame Luckete, la meire Colin davant dit, et la maison Baudowin Mallebouche ki fut, k'il ait aquasteit a Gillat de Vals, en alluet, et e. com l. e. en l'a. lo d.

372 Thiebaus de Moielain p. b. por lui et por i Roussel sus ii tavles en Nues Chainges, k'il ait aquasteit a Fransois Brullevaiche, permei xxxii d. de cens, e. con l. e. en l'a. lo d.

373 Thiebaus de Moielain p. b. sus c s. de mt. de cens ke geisent sus tout l'eritaige ke Simonins Chamberlains ait ou ban de Merlley, et sus tot l'eritaige k'il ait en Mes et fors de Mes, ou k'il soit, k'il ait aquasteit a Simonin davant dit, e. con l. e. en l'ai. le d.

374 Lowias li hairanguiers p. b. sus une maison a Porsaillis, areiz la maison ke fut Maiffroit, k'il ait aquasteit a Jenat Lowiat l'espicier, permei l s. de mt. de cens, e. con l. e. en l'a. lo d.

375 Remions de Tiechecort li feivres p. b. sus la maison Ancel lou feivre[3]) en Maizelles, devant la Triniteit, k'il ait aquasteit a Beautrit de Maizelles, permei xviii s. de mt. de cens, et e. con l. e. en l'a. lo d.

---

[1]) *et sus xviii d. bis bolangiers ist am Ende des Satzes hinter* lo dist *von Schreiber 3 nachgetragen und durch ein Zeichen an den Platz hinter* Petit *verwiesen, Schreiber 2 hat dann noch* ke fut Jaikemin lou Vadois *hinzugefügt.*

[2]) *v. 1279, 507.*

[3]) *Hinter* feivre *ist de durchgestrichen.*

376 Berterans li permantiers de Chaureirue p. b. sus une maison en Chavreirue, k'il ait aquasteit a Thieriat de Buj, permei xiii s. de mt. de cens, et e. con l. e. en l'a. lo d.
377 Perrins Bagairs p. b. sus x s. de mt. de cens ke geisent en la Vigne S. Avol sus la maison Thieriat de Grissecort, k'il ait aquasteit a Ancillon, lou fil Jehan l'Alleman, dont an redoit a S. Avol xii d. de cens, et e. com l. e. eu l'a. lo d.
378 Jehans de Nancey p. b. sus une maison ke siet davant outre la maison Daniel, k'il ait aquasteit a Vguignon Bairekel et a Joiffroit, son freire, permei L s. de mt. de cens.
379 Jehans de Nancey p. b. ancor sus une eire de meis daier S. Thiebaut, k'il ait aquasteit a Rembaut Trabuchat, per mei xv d. de cens, e. con l. e. en l'a. lo d.
380 Siffiate, li feme Perrin Mairasse ke fut, p. b. sus xvi s. de mt. de cens ke geisent sus la maison Perrin Brussaude outre Saille, k'il ait aquasteit a Poensignon Peldanwille, e. con l. e. en l'a. lo d.
381 Siffiate, li feme Perrin Mairasse, p. b. ancor sus i jornal et i quarteron de vigne ke geist en Cherdenoit, ke fut Jenin Cristine, et sus teil partie com il avoit en Troisson dessouz, k'elle ait aquasteit a Jenin Cristine, en alluet.
382 Poensignons de Raigecort li Gros p. b. por la chieze Deu de Chaherei sus la maison ke fut Signisson lou Bossut, ke siet ensom l'osteit ke fut Philipin lou taillor, k'il ait aquasteit a Vguignon Damelate et a Ermangete la Vadoise, e. com l. e. en l'a. lo d., et parmi xx s. de cens.[1])
383 Vguignons Hennebour p- b. sus vi lb. de mt. de cens ke sa maison ou il maint dovoit a Jenin Villain, son freire, k'il ait aquasteit a Jenin davant dit, e. con l. e. en l'a. lou d.
384 Jenas Faucons p. b. por S. Thiebaut sus viii s. de mt. et v d. de cens ke geissent sus la maison Jenin' Marroit, k'il ait aquasteit a Ancillon, lou fil Jehan l'Alleman, et e. com l. e. en l'a. lo d.
385 Thiebaus Kabaie p. b. sus i quarteron de vigne ke geist en Boullons ou ban de Crispey, k'il ait aquasteit a Wiart Cher, permei une maille de cens.
386 Roichefors p. b. sus la maison Simon Chatebloe daier Sainte Creux, k'il ait aquasteit a signor Simon davant dit, permei xl s. de mt. de cens.

---
[1]) et parmi xx s. de cens *ist Zusatz von Schreiber 2.*

387 Roichefors p. b. ancor sus III jornalz de vigne en Mallemars, k'il ait aquasteit a signor Simon davant dit, per mei teil cens con il en doit, e. com l. e. en l'ai. lo. d.

388 Herbins li meutiers p. b. sus XXI s. et demei de mt. de cens ke geisent sus la maison ke fut Weiriat lou meutier, k'il ait aquasteit a Collat lou meutier, e. com l. e. en l'ai. lo d.

389 Androwas, li maires de l'ospitaul, p. b. por l'ospitaul[1]) sus II maisons ke sient li une encoste l'osteit Jenin lou hollier et li autre encoste l'osteit ki fut Quares, ke lor sont delivres et aquitees por teil cens com il avoient[2]) sus.

390 Simonins, li janres Jordenat, p. b. sus la maison ke fut Rogier en la rue des Allemans, k'il ait aquasteit, permei VIII s. et demei de cens, et e. con l. e. en l'a. lou d.

391 Thierions Barons p. b. sus XL s. de mt. de cens ke geissent sus teil partie con li sires Gerairs, ses oncles, avoit sus l'osteit son peire, k'il ait aquasteit a lui, e. con l. e. en l'ai. lo d.

392 Colignons li paveires p. b. sus II staulz en la halle des vieceirs en Visegnuel, k'il ait aquasteit a Jaikemin, lou fil Musnier,[3]) permei teil cens com il doient.

393 Ancillons de Staixons p. b. por la chieze Deu de Moremont sus XXXII s. de mt. de cens ke geissent sus II maisons en la Vigne S. Auol, k'il ait aquasteit a Burtemin Craffillon, e. com l. e. en l'a. lo d.

394 Jehans li tonnelers p. b. sus la maison ke fut Wierion lo meutier, ke siet ensom Pairexate, k'il ait aquasteit a Hanriat, lou fil lo Bague, permei XIII s. et demei de mt. et permei III pintes d'ole et I d. de cens a S. Arnout.

395 Arnoulz li tonneleirs p. b. sus la maison ke fut Collin lo Roussel de Virduns, k'il ait aquasteit as oirs Colin davant dit, permei XVIII s. de mt. de cens, e. com l. e. en l'a. lo d.

396 Arnous li Rois p. b. sus XV d. de cens k'il meimes dovoit sus piesse de terre daier sa maison a Molins, k'il ait aquasteit a Thiebaut, lou fil Poinsignon de Chastelz.

397 Loransate, li feme Hanrit de Trieures, p. b. sus la maxon ke fut Hanrit lou tonneleir, ke siet davant la maison Jehan lo soiour, k'il ait aquasteit a Arnout de Criencort, permei V s. et III chapons de cens, e. com l. e. en l'a. lo d.

---

[1]) = l'ospitaul dou Nuebour, r. *1275, 422.*

[2]) *Vorlage* avoiens sus.

[3]) = Muneir lou vicier, r. *1285, 462.*

398 Arnouls li Rois et Clemignons, li filz Lowit lou Mercier, p. b. sus la maison Lodewit, encoste Hanriat lou wasteleir, ke lor est delivree per droit et per jugement, por iiii lb. et demee ke Lodewis lor doit de la staie de la S. Remey ke passee est, et permei teil cens com elle doit.
399 Poensignons li celleirs p. b. por la frairie des v lampes de S. Ennerey sus iiii s. de mt. et vii d. de cens ke geisent sus la maison Matheu Maguelot en Maizelles, k'il ait aquasteit a Ancillon, lou fil Jehan l'Alleman, e. com l. e. en l'a. lo d.
400 Thiebaus Fakenels p. b. sus v jornalz et demei de vigne ke geisent ou ban de Maingney, k'il ait aquasteit a Colignon, lou fil Jaikemin Chameure, permei x s. de mt. de cens, e. com l. e. en l'a. lou d.
401 Collins Gomerelz p. b. sus lou teirs de la maison ke fut Watrin lou permanter en Sanerie, k'il ait aquasteit a la fille Watrin davant dit, e. com l. e. en l'a. lo d., et apres teil cens com ille doit.
402 Joiffrois Boilawe p. b. sus une piece de meis ensom sa merchaucie, k'il ait aquasteit a Burteran, lou maior d'Airs, en alluet, e. com l. e. en l'ai. lou d.
403 Jaikemins Barnaiges li clers p. b. sus les viiii lb. de met. de cens k'il ait aquasteit a l'abbeit et a convant de S. Clement, a sa vie, ke geixent en Furneirue sus les iiii maisons et sus touz les resaiges ke Sebiliatte, li feme Collin lo cellier ke fut, tient, e. com l. e. en l'a. lo d.
404 Thierias de Mercey p. b. sus ii pieces de terre ke geiseut ou ban d'Ars, k'il ait aquasteit a Jenat Malnoues, son freire, e. com l. e. en l'a. lo d.
405 Lorate Chabosse p. b. sus la maison ke fut Roiriat lo masson, ke siet ou Waide, k'il ait aquasteit a Roynon, la fille Weirion Muelle, per mei teil cens com elle doit, e. com l. e. en l'a. lo d.
406 Li sires Thomais, li arceprestes de Mes,[1] p. b. sus xlv s. de mt. de cens ke geissent sus les ii maissons ke furent Mercire dou Champel, k'il ait aquasteit a Arambor, la femme Jenat lo Pain, dont il redoit xxi s. de cens, e. com l. e. en l'a. lo d.
407 Arnoulz Aixies p. b. sus une maison devant les mollins a Saille, ke fut Waltre lo boucheir, ke li est delivree per droit et per jugement, por lou cens k'il avoit sus.

---

[1] de Mes *übergeschrieben*.

408 Arnouls Aisies p. b. ancor sus II maisons ke geisent en la rowelate encoste l'osteit Rochefort, ke li sont delivres per droit et per jugement, por teil cens com il avoit sus.

409 ¹) Colignons Boilawe, li serorges Colin d'Ars, p. b. sus VIII jornalz de terre, k'il ait aquasteit a Philippin Manegout, e. com l. e. en l'a. lo d.

410 Bietresatte²) et Simonas, ses freires, li anfant Maheu Petitvake ke fut, p. b. sus XXX s. de mt. de cens ke geisent sus la maison ke siet daier la maison Nicolle de Chastelz, ke fut en Visegnuel, et sus la moitiet de XI s. de mt. de cens ke geissent sus une maison encoste la cort d'Ores,³) et sus VII s. et IIII d. de cens ke Pallerins doit sus II jornalz de vigne a Petit Chauol, et sus XLIIII d. de cens ke geisent sus une vigne a l'Ormisel, et sus la moitiet de XXX d. de cens sus la maison Baudowin Froideviande en Visegnuel, k'il ont aquasteit a Willame de Lupey et a Girairt Baron, chanone de Saint Saluor, e. com l. e. en l'a. lo d.

411 Li sires Jehans, prestes de S. Martin, p. b. sus VIII s. de mt. de cens ke geisent sus la maison Coence lo vieceir, k'il ait aquasteit a Coence davant dit, e. com l. e. en l'a. lo d.

412 Collins, li filz Willame de Lupey, p. b. sus teil partie con Biautris et Simonas, li anfant Maheu Petitvaske, avoient en la grainge ke siet an la plaice, encoste l'osteit Thiebaut de Moielain, et an la maison et an la voie ki dessent an Visegnuel,⁴) ki fut Nicolle de Chastelz, k'il ait aquasteit a ous, a. com l. e. en l'a. lou d.

413 Petres li tenneires de Chapponrue p. b. sus la moitiet d'une maison ke fut Simelo Roussel lo covresier, ke siet en Chapponrue, entre la maison Humbert lo covresier et Thomessin Deuloseit, k'il a aquasteit a Lanbelin dou Waide et a Howin de Villeirs, permei teil cens com ille doit, a. con l. e. en l'a. lo d.

414 Thierias Briselate p. b. sus la maison ke fut son peire, ke siet outre Saille, k'il ait aquasteit a Marguerite, sa serorge, permey XXVIII s. de cens, e. com l. e. en l'a. lo d.

415 Jennins Malnouelz p. b. por lui et por ses conpaingnons sus teil

---

¹) *Durchgestrichen.*

²) = Bietrexatte, l'avelete Nicolle de Chastel, *v. 1275, 14.*

³) la cort d'Ores *liegt in der Mairie de PM., v. 1275, 14.*

⁴) *Dahinter ist* ke siet ancoste l'osteit *durchgestrichen,* ki fut *übergeschrieben von Schreiber 7.*

heritaige com Symonins Frisure tenoit, en tous us, que lor est delivres per droit, a. com l. e. en l'a. lo d.

416 Steuenins Govions p. b. sus xxv s. de mt. de cens ke geissent outre Saille sus IIII maisons, ke sont devant l'osteit ke fut Kallabre, k'il ait aquasteit a Colat lo Saive, e. com l. e. en l'a. lo d., apres XL s. de cens c'on li doit davanterienement.¹)

417 Henmonas de S. Climent p. b. sus une vigne ke geist an Petilloclos, k'il ait aquasteit a Jenat Morey, e. com l. e. en l'a. lou d.

418 Baudowins de Pontois p. b. sus une vigne ke geist a Andrevalz, qu'est moiterasse Nostre Dame as Chans, k'il ait aquasteit a Colin, lo freire Lecelin, por la datte de ses nevous a paier.

419 Perrins Marcous²) p. b. sus xi s. et III d. de cens, dont li VII s. et demei geissent sus II stals en Visegnuel, devant l'osteit Poinsignon lo Gronais, et III s. III d. moins sus une maixon dessous les Cordeliers, ke li sont delivreit per droit et per jugement.

420 Jennas, li filz Jenat Dantdasne, p. b. sus demey jornal de vigne ke geist a Grant Chauol, k'il ait aquasteit a Burtemin, lo janre Jenat d'Abigney, permei teil cens com ille doit, e. com l. e. en l'a. lo d.

421 Hawiate, li fille Thierrit de Prennoit, p. b. sus la maison Esselin de Fayt, ke siet ensom Vies Bucherie, k'elle ait aquasteit a Bertemin Toupat et a Wacelat et a Jenat et a Colairt de Cronney, permei xxv s. et demei de cens, et a. com l. e. en la. lo d.

422 Androwas p. b. ancor por l'ospital dou Nuebour sus IIII lb. et XIII s. et demey de mt. de cens, s'en geissent L s. sus la maison ke fut Jenin lou pisor, atour Abert des Aruolz, et xxx s. sus III maisons et sus IIII circs de meis a S. Piere, et x s. sus IIII jornalz de vigne en Mallemars, et III s. et demei sus la grainge la feme Lorel, ke³) Ysabelz, li fille Guenardre, ait doneit por Deu et en amosne a l'ospitaul davant dit, a. com l. e. en l'a. lo d.

423 Jenas Buhiers⁴) p. b. sus I staul en la halle des boulangiers k'il ait aquasteit a Clemignon lou bolangier, per mei teil cens com il en doit, e. con l. e. en l'a. lo d.

---

¹) *Von* apres *an in sehr flüchtiger Schrift hinzugefügt von Schreiber 7.*
²) Marcous *übergeschrieben von Schreiber 7,* Malrois *durchgestrichen.*
³) *Zwischen* ke *und* Ysabelz *steht* ille.
⁴) Buhiers *verschrieben für* Brihiers? *v. 1269, 140* Jenas Brihiers li boulangierz.

424 Perrins Bagairs p. b. sus v¹) jornalz de terre ke geissent deleis Burey, k'il ait aquasteit as oirs Thomessin de Burey, permei v¹) d. de cens, e. com l. e. en l'a. lou d.

425 Willames de la Cort p. b. por S. Piere a Volz sor XXIII s. de mt. de premier²) cens ke geissent sus la maison la feme Colin Simart, devant lo Morier, k'il ait³) aquasteit a Hanriat de l'Aitre, e. con l. e. en l'a. lo d.

426 Renaldins li Bagues p. b. sus VI s. de mt. et II d. de cens ke geissent sus I preit a pont a Laueres, ou ban de Trognuel, k'il meymes dovoit, k'il ait aquasteit a Jenat Bellegree, e. con l. e. en l'a. lo d.

427 Thiebaus Vielz de la rowe des Allemans p. b. sus jor et demei de vigne ke geist outre Saille, en l'Aluet, k'il ait aquasteit a Jenin lou prevost, permei XV s. de cens, e. com l. e. en l'a. lo d.

428 ⁴) Colins d'Ars p. b. sus tot l'eritage ke Perrins Malerbe et Jenas de Cuxei et Hanrias et Jakemins, sus dui frere, et Perrins Vrtrie d'Antillei et seu enfant avoient a Hans sus Niet et dela lo pont a Remilley, et sus tot l'eritage k'il ont dela Moselle et aillors, ou k'il soit, ki lor⁵) est venus consewant de part Remmonin d'Arcansei, k'il ait aquasteit ai ous, e. c. l. e. en l'a. lo d.

429* Se sont li bans dou vintime jor de noel. En la marie d'Outre Moselle:

429 ⁶) Li sires Thiebas Fakenels p. b. sus la maison et sus la grainge et tot lo resage et sus totes les vignes ke Gayte, li femme Simonin de Henmemont, et Gerardins, ces fis, avoient en toz les bans d'Ars, k'il ait ai ous aquasteit, permei teil cens et teil droiture com toz li eritages doit.

430 Jennins Graneis li clers prant bans en ainne et en trefons sus une maison ke siet en Chambieres, k'il ait aquasteit a Jakemin,

---

¹) *Schreiber 7 hat* IIII *durchgestrichen und* v *übergeschrieben.*

²) premier *übergeschrieben von Schreiber 7.*

³) *Ursprünglich* k'elles ont. k'elles *ist durchgestrichen,* k'il *übergeschrieben,* ont *aber stehen geblieben.*

⁴) *Schreiber 7 erhielt von Schreiber 3 das beschriebene Blatt* x *(PS) und trug, nachdem es mit seinem Blatt* xI *(OM) zusammengenäht war, die inzwischen eingelaufene Nummer von PS, 428, auf der letzten Zeile von* x *und der ersten von* xI *über 429* ein. v. Anm. zu 1275, 196.*

⁵) *Vorlage* killor.

⁶) *Nachträglich auf den freien Raum hinter 429* geschrieben.*

lou fil Lowiat dou Pux, permei XI s. et une maille de cens, e. c. l. e. en l'a. lou div.

431 Jennas li cherpentiers de Nikesinrue p. b. sus la teulerie Rennier, lou viez prevost d'Ars, ke siet ai Ars, k'il ait aquasteit a Rennier desor dit, permei teil cens com elle doit, e. c. l. e. en l'a. lou d.

432 Willames de la Cort, chanones de S. Piere a Vout,[1]) p. b. sus VII s. de mt. de cens k'il ait aquasteit a Jehan Barbe d'Otre Moselle, ke Willames meimes li dovoit de sa maison en Anglemur, ke siet entre la maison Richart de Nancey et la maison la femme Chardat d'Abes.

433 Et si p. b. ancor sus XVIII s. de cens ke geissent en Anglemur sus la maison la femme Chardat d'Abes, ke Willames ait aquasteit a maistre Adan, lo fil dame Martenate la wanteire, et ces XVIII s. de cens doit on porteir chac'an a feste S. Jehan la moitiet et a noel l'autre, e. c. l. e. en l'a. lou div.

434 Jennas, li fis Lowit Wescelin, p. b. sus une piece de vigne ou an contet V jornals, ke fut l'arcediacre Jehan, lo fil signor Richart de Sus lou Mur, ke li est venus conseuwant de part signor Richart, son peire, ki est partie au signor Poinson Troixin, ke geist en Briey deleis les tercerasces S. Pou, k'il ait aquasteit a signor Jehan desor dit, en aluet, e. c. l. e. en l'a. lou d.

435 Huyns li clers p. b. por Ste Glosenain sus lo fiez d'une charree de vin ai Ars, ke li abause et li convans de la chiese Deu desor dite ont aquasteit a Habran, lo fil signor Jehan de Moaville, e. c. l. e. en l'a. lou d.[2])

436 Thierias Bitenas p. b. sus I jornal de vigne a Rouserueles, ke fut Drowin de Molins, ke part a Jehan de Jerney et a Gerardin, son serorge, et sus les II pars d'un jornal en Akes, daier l'osteil Drowin de Molins, k'il ait aquasteit a Odeliate, la femme Jofroit Corbel, en aluet, e. c. l. e. en l'a. lou d.

437 Et si p b. ancor sus teil aquast com il ait fait a Gerardin, lo janre Hawit de Molins, ke geist a Moulius, e. c. l. e. en l'a. lou div.

438 Jehans Bertrans et dame Anels, li femme signor Remei de Jeurne, et Ancels, ces janres, et Gillas de Vals p. b. sus

---

[1]) chanones *bis* Vout *übergeschrieben*.
[2]) *v. 1275, 254.*

vIIII mues de vin de cens ke geisent ou ban de Rouserueles, k'il ont aquasteit a Renaldin, lo fil signor Poinsart de Chauancey, e. c. l. e. en l'a. lou d.

439 Jennas Fernaise de Rouserueles p. b. sus I jornal de terre en Aignelvals, k'il ait aquasteit a Richardin de Rouserueles, ki maint en Vals, permei une maille de cens.

440 Colignons, li fis Willame de Lupey, p. b. sus une maison et lou meis daier, ou an contet demei jornal de vigne, ke siet enmei Longeuille, ke Harols tent, k'il ait aquasteit a signor Pieron de Chastels, permei teil cens com il en doit, e. c. l. e. en l'a. lo d.

441 Waterins Boukerels et Arnols Grosels et Jofrois de Siey p. b. sus VII jornals de vigne ke geissent ou clos les Rines, k'il ont aquasteit a Jofroit Boukin, permey VII mues et demee de vin de cens, e. c. l. e. en l'a. lo d.

442 Felepins Nerlans p. b. sus la maison et sus tot lo resage ke fut Pasquete de Honguerie, k'il ait aquasteit a Simonat Honguerie, permei XXIIII s. de cens, e. c. l. e. en l'a. lo d.

443 Et si p. b. ancor sus VI d. de cens k'il meimes dovoit ai Abertin de Marley sus sa vigne en Vaselles ou ban de Chastels, k'il ait a lui aquasteit, e. c. l. e. en l'a. lou d.

444 Et si p. b. ancor sus II jornals de terre en Jorsenainnowe, k'il ait aquasteit a Piereson lou munier et a Androwin, lou fil lou Vadois de Chastels, en alluet, e. c. l. e. en l'a. lo d.

445 Hanrias Rekeus p. b. sus XII jornals de terre ke geissent sus Pionfosseit, et sus III jornals en Loke entre la terre les Cordelieres, ke geissent ou ban d'Essey et de Turey, k'il ait aquasteit a Jakemate, la femme Poinsignon de la Barre, permei XIII d. et une angevine ke li XII jornals doient de cens ou de droiture, e. c. l. e. en l'a. lo d.

446 Bertadons d'Otre Moselle p. b. sus III jornals de vigne a Mesnit, k'il ait aquasteit a Colin lo maistre, en aluet, e. c. l. e. en l'a. lou d.

447 Maheus Bertadons p. b. sus XXX s. de cens ke geisent sus l'osteil Jennat, lo janre Chichedane, a pont a Moselle, k'il ait aquasteit a Guersat Donekin et a Thomessin Sauage, e. c. l. e. en l'a. lou d.

448 Jacas Parraison p. b. sus toutes les terres areures ke li maistre et li frere de la chivelerie dou Temple avoient en Hem, desoz S. Simphorien, k'il li ont laxiet permei XX s. de cens, e. c. l. e. en l'a. lo d.

449 Colignons Facols p. b. sus v s. et demei de cens ke geissent ai Ars sus la maison et lou meis daier ou Wernesons, li fis Vguignon, maint, et sus II s. de cens ke Gelias, li freres Froimont, li doit sus sa maison et sus lo meis encoste, et sus VII d. de cens ke Colignons meimes dovoit sus sa fosse arreis son chakeur, k'il ait aquasteit a Gerardin, lo fil Gaite d'Ars,[1]) e. c. l. e. en l'a. lou d.

450 Et si p. b. ancor sus une piece de vigne ke geist deleis jor et demei de vigne Ste Marie de Verdun, c'on dist en Bordes, ou ban d'Ars, k'il ait aquasteit a Colignon lo clerc, lo fil Poinsat Condut d'Ars, en aluet, e. c. l. e. en l'a. lou d.

451 Et si p. b. ancor sus une piece de vigne en Bordes, arreis sa vigne meimes, c'on dist en Mercilley, k'il ait aquasteit a Jennat, lo fil Rennier lo prevost d'Ars, en alluet, e. c. l. e. en l'a. lou d.

452 Leudas de Hageuille p. b. sus tot l'eritage ke Colignons, li fis Howart, avoit ou ban de Nonuiant, fuers une piece de vigne en Gerartnowe, k'il ait aquasteit a Colignon desor dit, e. c. l. e. en l'a. lo d.

453 Li sires Thiebas, li prestes de Brionne, p. b. sus la mason Orban lo corretier en la rue lo Voweit, en l'angle ou ñ pus est, ensom Colignon Fessal, k'il ait aquasteit ai Orban desor dit, permei v s. de cens ke li masons doit a S. Seplice, e. c. l. e. en l'a. lou d.

454 Odilie, li femme Jofroit Bellegree, p. b. sus I jornal de vigne en Planteres, a l'antree de Longeuille, et sus I jornal de vigne enmei Longeuille, encoste l'osteil Jehan lo Mercier, k'elle ait aquasteit a signor Pieron de Chastels lo chanone, permei teil cens com elle en doit, e. c. l. e. en l'a. lo d.

455 Et si p. b. ancor sus une mason a Longeuille, encoste lo chakeur Poinsignon Chaneuiere, et sus une partie dou jardin Poinsignon, et sus I jornal de vigne ke geist daier la partie dou jardin, encoste lo chakeur S. Pou, k'elle ait aquasteit a Poinsignon desor dit, permei teil cens com toz cist eritages doit; c'est [2])

---

[1]) *Gerardin, lo fil Gaite auf Rasur, zwischen Gaite und d'Ars ist ein radierter Raum von etwa 9 Buchstaben freigeblieben, hinter d'Ars ist* en alluet *durchgestrichen.*

[2]) *Schreiber 2 hat* ensi com li escris en l'arche lo diviset *durchgestrichen und* c'est a savoir *bis* Saint Vincent *dafür hinzugefügt.*

a savoir permei xv stiere de vin et III d. de cens a Saint Vincent.

456 Odins li espiciers et Coutasse, sa serorge, p. b. por ous et por les hoirs Hanrion l'espicier sus lou tiers de la maison ke fut Vicent, ke siet davant lou Mostier,¹) k'il ont aquasteit a Jennat Morel, e. c. l. e. en l'a. lou d.

457 Li sires Estenes, li prestes de l'osteil S. Pieremont, p. b. sus une maison et sus tot lo resage ke siet a Molins, encoste la maixeire Malefin, et sus I jornal de terre encoste les Repenties a Molins, encoste lo champ Tieriat Bitenat, k'il ait aquasteit a Rolat lo cherpentier dou pont a Molins, la maison en alluet, et lo jornal permei I d. de cens, et e. c. l. e. en l'a. lo div.

458 Colins d'Espinals p. b. sus une piece de terre ou an contet xxx jornals, ke fut dame Ermengete Lescharse, ke geissent davant Ste Creus as signors, sus lou rut, k'il ait aquasteit a Thieriat, lo fil Simonin Maleboche, permei x d. et maille ke cist eritages doit sus tot, sauf lo demme, et e. c. l. e. en l'a. lou d.

459 Et si p. b. ancor sus II jornals et demey de terre, en II pieces, ke geissent ou ban de Molins, k'il ait aquasteit ai Abertin de Marley, e. c. l. e. en l'a. lou d.

460 Jennas, li fis Thiebat de Daier S. Jehan, p. b. sus IIII pieces de terre ou an contet III jornals et demey, ke geissent ou ban de S. Martin, k'il ait aquasteit a Rollan de S. Martin, en alluet, e. c. l. e. en l'a. lou d.

461 Et si p. b. ancor sus III pieces de terre ou an contet III jornals, ke geissent ou ban de S. Martin, k'il ait aquasteit a Hawiate, la femme Poinsin Dabeit de S. Martin, permei v d. de cens, e. c. l. e. en l'a. lo d.

462 Lowias d'Abes p. b. sus la maison ke fut Martin d'Apremont, ke siet ensom l'osteil lou Borgon d'Airey en la rue lo Voweit, ke li est delivree per droit et per jugemant contre Martin desor dit, por teil cens com elle li doit.

463 Ancillas de Staisons p. b. por la chiese Deu de Moremont sus VI s. de cens ke geissent sus la maison et sus lo resage ensom l'osteil la femme Otignon de Prenoit, k'il ait aquasteit a Jennat de Roserueles, e. c. l. e. en l'a. lou d.

464 Otenas d'Alencort, li bolengiers, p. b. sus une maison ensom Viez Bucherie, ator de Rommesale, en droit lou pux, k'il ait

---

¹) = Grant Mostier.

aquasteit a Perrin lou cawesin, permei vιιιι s. de cens, e. c. l. e. en l'a. lo d.

465 Burtignons Paillas p. b. sus can ke li enfant signor Pieron Chabotel avoient ou val de Mosele,[1]) en chans, en preis, en vignes, en censes, en hommes et en femmes, en maisons et en totes atres manieres, k'il ait aquasteit a Erart et a Remmont, les ιι fils signor Pieron desor dit, et e. c. l. e. en l'a. lo d.

466 Jakemins li prevos p. b. sus ι jornal de vigne en Wacons, ke fut Waterin Borjois, lo fil Wiart de Davant S. Vicent, ke li est delivreis per droit et per jugemant contre Waterin desor dit, et permei teil cens com il doit.

467 Steuenins de Chastels p. b. sus tot l'eritage ke Bitenas, ces freres, avoit ou ban de Chastels et d'Amanvillers, en maisons, en meises, en jardins, en vignes, en preis, en bos, en terres areures, et en toz prous, permei teil cens com toz cist eritages doit a ban, dont Steuenins est tenans.

468 Felepins Tiguienne p. b. sus lo chakeur et sus la maison ensom et sus tot lou resage ke siet a Siey, k'il ait aquasteit a Lowit de Lucembor, en alluet, et e. c. l. e. en l'a. lo d.

469 Et si p. b. ancor sus vιι jornals de vigne defuers Siey, en une piece, k'il ait aquasteit a Odiliate, la fille Poincin Bellegree, apres les xxx s. de cens ke Felepins i avoit davanterienemant, et e. c. l. e. en l'a. lo d.

470 Jakemins Faxins p. b. sus v s. de cens ke geissent sus une piece de vigne et sus ιιιι jornals de terre en Vals, k'il ait aquasteit a Jakemin Xolaire, e. c. l. e. en l'a. lou d.

471 Thierias Joute p. b. sus xιι s. et ιιιι chapons de cens ke geisent sus lo jardin en la voie de Molins as serexeis, ke li femme Lovet tient, et sus ιιιι s. et vι d. de cens et vι quartes de bleif, ιιι de soile et ιιι d'avoinne, c'Arnols, li fis Jakemin Colon,
5 et Jakemins de S. Martin davant Mes doient sus terres areures ou ban de Montigney et de Longeuille, et sus maisons et jardins a Longeuille, davant l'osteil ke fut Nicole de Chastels, et sus ιι jornals de vigne en la coste S. Quintin, c'on dist les ιι jornals Malakin, encoste la vigne Tierit Domate et Colin Fransois,
10 et sus ι jornals de vigne c'on dist l'Ospital, et sus demei jor en la coste c'on dist la Fouchiere, et sus demei jornal bas sus lo chamin, apres l'osteil Tierit Domate, c'on dist la Buverie,

---

[1]) de Mosele *ist übergeschrieben*, ou val *ist verbessert aus* eu Vals.

k'il ait aquasteit a signor Pieron de Chastels lo chanone, e. c. l. e. en l'a. lo d.

472 Li mares de S. Sauor p. b. por S. Sauor sus la maison de la Triniteit, en la rue lo Voweit, et sus tot lo resage ki apent, et davant et daier.

473 Warins li Haie p. b. sus la grainge et sus tot lo resage ke siet a l'antree de la rue dou Benitvout, k'il ait aquasteit a Burtignon, lo fil Simonin de Pairgney, permei x s. et demei de cens, e. c. l. e. en l'a. lo d.

474 Thierias Basoncort p. b. por Lucate, sa fillaistre, sus teil partie com Jennas Sauignons avoit en la maison ke fut son peire, otre Moselle daier S. Vicent, k'il ait eschengiet a Jennat desor dit, permei teil cens com elle doit, e. c. l. e. en l'a. lo d.

475 Gillas, li freres Houwat lou Roucel de Maizelles, p. b. sus une maison en la rue lo Voweit, davant la Triniteit, k'il ait aquasteit a Willame de Valieres lou clerc, permey XVI s. de cens, e. c. l. e. en l'a. lo d.

476 Ailixete, li femme Amin, p. b. sus jor et demey de terre ou ban d'Essey, ke geist encoste la terre Jennat Marion, k'elle ait aquasteit a Pierexel, lo fil Fraillat de Franconrue, en alluet, e. c. l. e. en. l'a. lou d.

477 Colins Badares p. b. sus IIII s. et demei de cens k'il ait aquasteit a Jennat Pichart et a Thiebat Borriel, les maiors de la confrarie de Plapeuille, et a Steuenat, lo maior de Plapeuille, et a Remion lo Rine et a Burtin de Tignomont, ke Jakemins Palerins dovoit a la frarie desor dite, sus lo jardin k'il ait ou ban de Plapeuille, e. c. l. e. en l'a. lou div.

478 Yngrans Gole p. b. por lui et por ces enfans sus teil partie com il ait en la maison d'Anout et en fosseis, k'il ait espartit encontre ces hoirs de part sa femme, e. c. l. e. en l'a. l. d., et sus teil partie com il ait en chans, en preis, en bos, en vignes a Lessey, en censes et en hommes d'aluet ai Anout et a Lessey.

479 Maistre Adans li clers, li fils Piere lou wantier, p. b. sus la maison ke fut maistre Lambert en la Vigne S. Marcel et sus lou resage ki apent, k'il ait aquasteit a sa vie a l'abeit et a convent de S. Vicent, en alluet, ensi com les letres saielees de saiels l'abeit[1]) et dou convent lo dient.

---

[1]) *Vorlage* abeiteit, saiels *übergeschrieben.*

480 Li sires Jehans, li prestes de S. George, p. b. sus xviii d. de premier cens ke geisent sus une maison daier S. Madart, entre lo meis Colin Wachier et la mason Aurowin de Failley, k'il ait aquasteit a Parisete, la fille Bertran l'Apostole, c. c. l. e. en l'a. lo d.

481 Abertins d'Eurecort p. b. sus iiii pieces de terre ke geissent ou ban d'Eurecort, k'il ait aquasteit as hoirs Gerardin Lorgnal, en alluet, et e. c. l. e. en l'a. lo d.

482 Wiennas li feivres p. b. sus une piece de terre entre Longeuille et Molins, ke fut Poinsignon Maleurteit, et sus jor et demei de vigne eu Grisevigne, ki est moiterasce S. Sauor, et ceu ki apent, et sus teil droit com Lowias Xarrans de Chezelles ait en la maison ke fut Poinsignon Maleurteit, k'il ait aquasteit a Lowiat desor dit, e. c. l. e. en l'a. lo d.

483 Thiebas Mague li massons p. b. sus la maison et sus tot lou resage ke siet a puis en Rommesale, k'il ait aquasteit a l'abeit et a convent de S. Clement, permei xii s. de cens, et e. c. l. e. en l'a. lou d.

484 Buevelas, li fis Poinsegart de Lessey, p. b. sus une maison a Lessey, lonc lo chakeur S. Clemant, k'il ait aquasteit a Gerardin, lo fil Rennillon de Bettilley, et a Fracent, sa seure, permei i d. de cens, e. c. l. e. en l'a. lou d.

485 Jennins Xerde de Juxey p. b. sus une maison et sus ceu ki apent et sus i meis ke siet davant l'osteil Leucart, ke fut Berdenat, ke siet ou ban de Juxey, k'il ait aquasteit a Baduyn Barekel, permei i d. de cens ke li meis doit.

486 Jakemius Quarisme et Jakemins li corriers p. b. sus xiiii s. de cens ke geissent sus ii maisons davant la porte d'Anglemur, k'il ont aquasteit a Clemensete, la fille Benoitin Quaremel, et a Jennat Prodomme, son marit, e. c. l. e. en l'a. lo d.

487 Thomessas de Ste Rafine p. b. sus une maison et sus can ki apent ke siet a Ste Rafine, ou ban S. Symphorien, en la voie dou mostier, k'il ait aquasteit a Boennallat de Ste Rafine, lo fil Cokan, permei teil cens com elle [doit], et e. c. l. e. en l'a. lo d.

488 Colins Kalandre p. b. sus une maison en Franconrue, entre l'osteil Salemon lou feivre et l'osteil lo Moinne, k'il ait aquasteit a Willemin lo permantier de Franconrue, permei xii s. de cens, e. c. l. e. en l'a. lo d.

489 Wiars, li fis Herbillon de Conflans, p. b. sus teil partie com

Colins de Marsal, li fis de la suer Wiart, avoit en la grans maison en la rue lo Vowcit, k'il ait aquasteit a Colin desor dit, permei teil cens com celle partie doit, e. c. l. e. en l'a. lo d.

490 Li sires Gerars li Lombars, chanones de Mes, p. b. sus une maison ke siet en la ruelle ensom l'osteil de Clerleu, k'il ait aquasteit a Robin lou chavrey, permey viii s. et iii d. de cens, e. c. l. e. en l'a. lo d.

491 Jakemins Gratepaille p. b. sus une piece de terre sus Moselle, en la voie de S. Martin, arreis la soie terre, k'il ait aquasteit a Jennat Gocenee, permey ii d. de cens, e. c. l. e. en l'a. lo d.

492 Et si p. b. ancor sus une atre piece de terre ke geist a chief de cestei terre meimes, k'il ait aquasteit a Mangin de S. Martin, permei ii d. et maille de cens, e. c. l. e. en l'a. lo d.

493 Li sires Jakes, li prestes de S. Medart, p. b. por l'eglise de S. Medart sus xii d. de cens ke geisent sus la maison Colin lo lamier davant S. Madart, k'il ait a lui aquasteit, apres teil cens com elle doit davanterienemant, e. c. l. e. en l'a. lo d.

494 Leukairs li Vadoise p. b. sus une maison ke siet en la ruelle davant S. Madart, k'elle ait aquasteit ai Alison de Montois, la femme Jehan lo Petit, permei teil cens com elle doit, et e. c. l. e. en l'a. lo d.

495 Dame Sibilie, li marasce de Jerney, p. b. sus viiii jornals de vigne ke geissent desoz lo mont S. Quintin, et sus la maison et la grainge et lo jardin ke geisent desoz lo mont S. Quintin, et sus xxiii jornals de terre ou ban de Plapeuille, k'elle ait aquasteit a signor Pieron de Chastels, en aluet, e. c. l. e. en l'a. lo d.

496 Werniers, li fis Berdin de Ste Rafine, p. b. sus tote la terre areuse ke Gelias li feivres avoit en Bordes ou ban de Juxey, k'il ait aquasteit a Giliat desor dit, permei teil cens com li terre doit, et e. c. l. e. en l'a. lo d.

497 Colignons Trejals p. b. sus une maison ke siet a la creus otre Moselle, entre l'osteil lo ferbor et Thiebat lo taillor, k'il ait aquasteit a Wateriu Fovy, permei xvi s. de cens, e. c. l. e. en l'a. lou d.

498 Poinsignons li Trowans p. b. sus teil heritage com il est escheus a Jenat lou Louf et a Margueron, sa suer, les enfans signor Simon d'Ars, de part lor peire, por tant com Poinsignons est randeres por lor peire, per escris en arche, et ke li est delivres per droit et per escrit en arche.

499 Jennas Corsiers li permantiers p. b. sus une maison ke siet a tor de Coupereruelle et sus tot lo resage, ke fut Jennat Guizelate, k'il ait aquasteit a Colignon Xocort, permei xviii s. de cens, e. c. l. e. en l'a. lo d.
500 Arnols Maletrace de Ste Rafine p. b. sus teil heritage com il ait espartit contre Remmouin de Plapeville, ke fut dame Ruece et Troixin, son fil, dont il est bien tenans, permei teil cens com li heritages doit.
501 Howignons Gracecher p. b. sus une maison en la rue lo Voweit, k'il ait aquasteit a Poinsignon Cokan et a Boinvallat, son frere, permey teil cens com elle doit, e. c. l. e. en l'a. lou d.
502 Perrins Gracecher p. b. sus tot l'eritage ke dame Alart avoit ou ban de Ste Rafine et de Juxey, k'il ait a ley aquasteit, permey teil cens com il doit, e. c. l. e. en l'a. lou d.
503 Jakemins Burey et Aignels, sa femme, p. b. sus une mason ke fut Jofroit Makerel, ke siet en Nikesinrue, deleis la maison Marguerate la wenpliere, k'il ont aquasteit a coustor de S. Sauor, permei xii s. de cens, e. c. l. e. en l'a. lo d.
504 Li sires Andreus, li prestes de Hampon, p. b. sus xiiii s. de cens ke geissent sus l'osteil Wernier lo bochier de Viez Bucherie, k'il ait aquasteit a Sibilie, la meire Rennier de Viez Bucherie, e. c. l. e. en l'a. lo d.
505 Guios li espiciers et Pieresons d'Anglemur li bolengiers p. b. por Poinsignon de S. Arnolt et por Biatrit, sa femme, sus ii jornals de terre davant Longeuille, ensom la crowee Howart Jalee, k'il ont aquasteit a Vguignon Cunemant, permei ii d. de cens, e. c. l. e. en l'a. lo d.
506 Werias de Jerney p. b. sus la maison ke fut Pierexel lo permantier davant l'osteil Poxerel[1]) en la rue lo Voweit, k'il ait aquasteit a Pierexel desor dit, permei x s. et demei de cens, e. c. l. e. en l'a. lo d.
507 Colignons de Moncels p. b. sus demee une maison en Anglemur, ensom l'osteil Domangin Boscerel, k'il ait aquasteit a Drowin de Penil, permei iiii s. iii d. et maille moins de cens, e. c. l. e. en l'a. lo d.
508 Poinsignons, li fis Jennat lo feivre, p. b. sus la maison ke fut Jacat de Vals et Anchier, son frere, ke siet encoste l'osteil Colin Chiotel, k'il ait aquasteit as signors de S. Piere a Vout, permei x s. de cens, e. c. l e. en l'a. lo d.

---

[1]) *Vor* Poxerel *ist* Poirel *durchgestrichen.*

509 Li sires Jakes de Nonviant p. b. sus 11 maisons a Nonviant, ke sient encoste l'osteil Thieriat lou petor, k'il ait aquasteit a Jakemate, la femme Colignon lou Lovet, et a Gerardin Anchier et a sa femme, permei teil cens com elles doient.
510 Thierias de Molins, li janre Girart Chadiere, p. b. sus lo quart de tot l'eritage ke fut Boinvallat de Ste Rafine et Ruecelate, sa femme, ke geist ou ban de Ste Rafine, ou ban S. Simphorien, k'il ait aquasteit a Troixin, lo fil Boinvallat desor dit, permei teil cens com il en doit, et e. c. l. e. en l'a. lo d.
511 Jennas Pichons d'Ars p. b. sus une tierce de vigne ke geist ai Ars, daier l'osteil l'abbeit de Gorze, k'il ait aquasteit as enfans Hanriat lou Saue, permey teil cens com li vigne doit.
512 Poinsignons li prestes, li fis Howon Gracecher, p. b. sus tot l'eritage ke fut Willame de Flauigney, ke geist ou ban de Flauigney, en maisons, en grainges, en meises, en maxeres, en chans, en preis, en bos, et en toz us, k'il ait en wage, per escris en arche, et dont il est bien tenans, permei teis droitures com toz cist eritages doit.
513 Rolas Desier de Juxey p. b. sus une maison a Juxey, encoste l'osteil Gerardat, lou frere Thiefroit, et sus tot lo resage, k'il ait aquasteit a Poinsignon lo corvesier, lo janre Jacot, et Abillate, la femme Willame de Juxey, permei 111 d. de cens ke li maisons doit.
514 [1]) Cist sont forjugiet por la paix:
 Perrins, li filz Colin Rollan,
 Poencignons, li filz Rogier lou chaudrelier,
 Cunnelz li covresiers de la porte des Allemans.

---

[1]) *Von Schreiber 3 mit grösseren Buchstaben und noch sorgfältiger als gewöhnlich auf die Rückseite von* xii *geschrieben.*

1278

1* En l'an ke li miliares corroit per M et CC et LX et XVIII ans, quant Jaikes Fakenels fut maistres eschavins de Mes, Vilains de Chambres maires de Porte Muselle, Bauduyns, li filz Robin dou Po[nt, maires de Porsaillis,][1]) Vguignons Bourguiere maires d'Outre Muzelle. Ce sont li bans de paikes. En la mairie de Porte Muzelle:

1 Perrins Marcous prant bans sus XXXVI jornalz de terre areure et sus IIII pieces de preit et sus une grainge et sus lou meis davant et sus lou meis daier ke sient a Vigey et an la fin antor, et sus une piece de v[igne ke geist . . . . . . ou an] contet I jornal, per mey teil cens et teil droiture com tous eritaiges doit, et per mey teil pension com il en doit a sa seure sa vie, k'il ait anpartit ancontre ces serorges, a. com l. e. en l'ai. lou dvz.[2])

2 Houdebrans de Bretenakes p. b. sus la maison et sus tout lou ressaige ki apant ke siet a S. Julien, encoste la maison Simonin Bigois ke fut, k'il ait aquasteit a Kathelie, la fille Mathion de S. Julien ke fut, permey II d. d[e cens.]

3 Jehans de Metri p. b. sus I jornal de vigne ke geist as Chans ou ban de S. Julien, k'il ait aquasteit a Kathelie, la fille Mathion de S. Julien ke fut, en alluet, et dont il est bien tenans.

4 Weiris li permanteirs p. b. sus la maison ke fut Lambelin Rayx, ke siet en Staintefontenne, ke li est delivree per droit et per jugemant, por tant com Lambelins li dovoit et por tant com il estoit randeires por lui, et permei tel [cens com elle] doit.

5 Matheus, li fils Goudefroit de Mons ke fut, p. b. sus tout l'eritaige ke Aurowins, li fils Richairt, et Marguerons, sa suer, et Renaldins, ces maris, avoient ou ban de Charley, en toz us, c'est a savoir en chans, en vignes, en maison[s, en grain]ges, en meizes, en boix et en preis et en tout autre eritaige cil i estoit, en toz us, k'il ait a ous aquasteit, per mey teil cens et teil droiture com toz cist eritaiges doit, et per lou crant de Hanriat Burnekin, ki an waige l'avoit, et a. c. l. e. en l'ai. lou d.

6 Jennas Cowerels p. b. sus la maison Yzaibel, la femme Lukin lou muneir ke fut, ke siet en Chadeleirue, encoste la maison

---

[1]) *Die Ecke rechts oben fehlt.*
[2]) a. com l. e. en l'ai. lou dvz. = ansi com li escris en l'airche lou devizet. *Weiter unten ist* c. = ensi, c. *ist abgekürztes* com *oder* con, a. = arche, d. = dist, dv. = deviset, div. = diviset, divz. = divizet.

Lowiat lou clarc, por tant com Lukins, li maris Yzabel, li doit, per escrit en l'arche, et permey xviii d. de cens ke li m[ai]son doit.

7 Jenins Aberons de Sanerie p. b. sus une maison ke siet en Chaudeleirue, devant lou puix, et sus kant ki apant, k'il ait aquasteit a Weiriat lou wasteleir, permey xvi s. de mt. de cens, et a. com l. e. en l'ai. lou d.

8 Yngrans Forcons et Hanrias de Champels p. b. por la chieze Deu des Bordes sus ii jornals de vigne ke geixent en Allues, ke furent dame Merguerite Roze, k'il ont aquasteit a dame Merguerite, la femme Frankignon Migomart, et a Jaikemin, son fil, et a Perrin Chaingne et a Jennat Saiuetel, les mainbors dame Merguerite devant dite, en alluet, et a. c. l. e. en l'ai. lou dv.

9 Forkignons d'Ercancey p. b. sus tout l'eritaige ke Steuolz d'Ercancey avoit ou ban d'Ercancey et ou ban de Bui et ou ban d'Anerey et ou ban de Haueconcort, en toz us, ki est per pesses en l'escrit,[1]) k'il ait aquasteit a Matheu Macaire, permei teil cens et teil droiture com toz cist eritaiges doit, et a. c. l. e. en l'ai. lou d.

10 Garsas, li filz Jennin de Mercey, p. b. sus ii pieces de terre ke geixent ou ban d'Auancey, s'en geist li une en Hairowainchamp et li atre en Roubertpreit, k'il ait aquasteit a Perrin Marcout, permey iii d. et maille de cens, et e. com l. e. en l'ai. lou d.

11 Robins dou Pont p. b. por l'abbeyt de Sainte Marie a Boix sus la maison ke fut Watier lou tuxeran, ke siet en Rimport, ke lor est escheute por les xx s. de mt. de cens k'il avoient sus, et permey iii chappons et viiii d. ke li maison doit de davanterien cens.

12 Thiebaus li Maires, ke maint en Chambres, p. b. sus lou chakeur et sus la maison daier et sus tout lou ressaige ki apant ke siet devant lou pont a S. Julien, encoste lou chakeur Poencignon Chameure ke fut, k'il ait aquasteit a Burtadon, lou fil lou signor Abert lou xaving de la Plaice ke fut, permey iiii d. de cens ke li maison doit, et k'il li ait relaiet permey xxv s. de mt. de cens, a paier a ii termines, e. c. l. e. en l'ai. lou dvz.

13 Thomessins Richelas p. b. sus i jarding ke geist daier lou molin a Vallieres, en werance, k'il ait aquasteit a Jennat Cowerel, e. c. l. e. en l'ai. lo d.

---

[1]) ki est per pesses en l'escrit *übergeschrieben*.

14 Jakemins, li fils Mennat d'Ercancey, p. b. sus II pieces de terre areure, s'en geist une piece sus Muzelle ou ban d'Erkancey, ancoste les VIII jornals l'Aveske, et li atre piece en Quarteirs ou ban de Borray, ke fiert sus lou preit ke fut Weirit Xordel, k'il ait aquasteit a Burtemin lou Grant de Chambeires, en alluet.

15 Aburtins, li fils Abillate Roze, p. b. por lui et por ces freires sus I jornal de vigne ke geist an la Baixe Sourelz ou ban de S. Julien, k'il ait aquasteit a Ancel la Wegne, en alluet, et a. c. l. e. en l'ai. lou d.

16 Mathias, li fils Poencignon Kenche, p. b. por lui et por ces freires sus une piece de vigne ke geist en la Cumine en Sourelz, tercerasse S. Vincent, k'il ait aquasteit a Colignon Ceruel, a. com l. e. en l'a. lou d.

17 Poencignons li Oie p. b. sus une maison ke siet an la cort en Staixons et sus tout lou ressaige ki apant, k'il ait aquasteit a l'abbauce et a covant de S. Piere as nonnains, per mey XX s. de mt. de cens, et ansi com les lettres saielees ke geixent en l'arche lou devizent, et dont Poinsignons est bien tenans.

18 Jennas de Rouzernelles p. b. por la chieze Deu de Moremont sus L s. de mt. de premier cens ke geixent sus la maison Garseriat Poterel et sus tot lou ressaige ki apant, ke siet ancoste la maison lou preste de S. Ferruce, k'il ait aquasteit a Garseriat deva[nt] dit por la chieze Deu devant dite, et e. com l. e. en l'ai. lou dvz.

19 Dame Louve p. b. sus X lb. de mt. de cens ke Poences de Coloigne avoit aquasteit a ley meymes, ke geissent sus tout l'eritaige ke fut Androwat, lou fil dame Louve, ke geist ou ban d'Ercancey et ou ban de Vignueles et ou ban de Bui, ensi com li escris en l'arche de l'aquast lou devizet, dont Poences de Coloigne dovoit faire la volanteit de freire Simon Grippe et de freire Poence Bellegree, e. c. l. e. en l'a. [lou d.]

20 Wiborate, li femme Hanriat l'Ameral ke fut, p. b. sus XII s. de mt. de cens ke geixent sus une maison a S. Julien, devant l'osteit Lowiat Pioree, k'elle ait aquasteit a Clemansate la Vadoize, sa suer, e. c. l. e. en l'ai. lou d.

21 Merguerite, li fille Alexandre de Weiure ke fut, p. b. sus la maison Felepin Brehier lou fornier, ke siet ancoste lou cors des Proichors a pont des Mors, ke li est delivree per droit et per jugement, por les XIII s. de mt. de cens ke li maison li dovoit.

22 Aburtins Gallios p. b. sus x s. de mt. et iiii d. et maille de cens, dont om redoit iiii d. et maille arier, ke geissent sus la maison Hanriat lou chapponier en Rimport, k'il ait aquasteit a Matheu d'Essey et a Heilowit et a Mebelate, ces ii serors, e. c. l. e. en l'ai. lou d.

23 Dame Aileit Moretelle p. b. sus les xvi s. de mt. de cens ke Mariate, li fille Peskin ke fut, avoit sus une maison en Humbecort, c'on dist a la Roche, k'elle ait aquasteit a Mariate devant dite, dont elle en redoit iii s. arier, c'est a savoir ii s. a Colin Ruece et xii d. a S. Estene, et e. c. l. e. en l'a. lo d.

24 Vguignons Patars p. b. por la chieze Deu de Nostre Dame a Villeirs l'abbaye sus la maison ke fut dame Goidela, ke siet ancoste la grenge dame Catelie, ke li est delivre per droit et per jugement, por les x s. de mt. de cens ke dame Cathelie doneit a la chieze Deu devant dite, k'elle avoit sus la maison desor dite.

25 Et si p. b. ancor por ia chieze Deu devant dite sus la maison a S. Julien, et sus i jarding outre l'awe, et sus i jornal de vigne an Longe Roie, et sus i jarding defuers Burey, ke Yzanbars de Xueles tenivet a cens de la chieze Deu devant dite, ke li est delivres per droit et per jugemant.

26 ¹) Pieresons de la Vigne, li seurs Wiel, p. b. sus x lb. de mt. de cens qu'il ait aquasteit a Jehan Daniel dou Quartal, sus tout l'eritaige k'il ait en toz les bans de Nowesseville, c'est a dire an chans, en preis, en bois, an sances, an vignes, en rantes, en droitures, en maisons, an chakeurs et an toz autres eritaiges, en tous us, et sus de kant k'il ait d'eritage en la mairie de Porte Muzelle, en tous us, apres teil cens com touz cist eritages doit devant, et e. c. l. e. en l'a. lou d.

27 Colignons li poxieres, li filz Engebor, p. b. sus i jornal de vigne ke geist a colanbeir a Mons, encoste la wigne Wichairt de la Tor, k'il ait aquasteit a Matheu, lou fil Goudefroit de Mons ke fut, permey vi d. d'amosne, et e. c. l. e. en l'ai. lou [d.]

28 Willames de la Cort p. b. sus la maison et sus tout lou ressaige ki apant ke fut maistre Adan, lou fil dame Mertenate la wantiere, ke siet a tour en Staixons, ke vait vers la maison lou princier, en la parroche S. Girgone, k'il ait aquasteit

---

¹) v. 1278, 102 und 162.

a [.....]¹) pourveour des freires Menors, per mey xv s. de cens ke li maison doit a l'auteit Nostre Dame la Tiaxe.

29 Hermans de Xonville li draipiers p. b. por Jennin, lou fil Burtremin Trauers de Maiey, sus une piece de terre ke geist dezour la cherreire de Vallieres, a koing vers Mes, ke fut Hanriat Bouchat, k'il ait aquasteit a Gerardin Gueremant et a Colignon et et a Jennat, ces II freires, en [alluet], et e. c. l. e. en l'ai. lou d.

30 Dame Lorate, li fille Nicolle Baizin ke fut, p. b. sus une maison ke fut Cherdenal, ke siet sus Spairnemaille, ke li est escheute por teil cens com elle avoit sus, dont elle est bien tenans.

31 Ferrias de Chailley p. b. sus les xxx s. de mt. de cens k'il meymes dovoit sus sa maison ou il maint, ke siet en Aiest, ancoste la maison lou signor Roul Makerel ke fut, k'il ait aquasteit a l'abbeyt et a covant de Villeirs, e. c. l. e. en l'ai. lou d.

32 Jaikemins Faixins et Colins Badaires et Garserias, li troi fil lou signor Felippe Faixin ke fut, p. b. sus I moulin sus Muzelle, ke siet en la teire a la stuve,²) k'il ont eschaingiet³) a Jennat l'Erbier, e. com l. e. en l'ai. lou dv.

33 Jakemins Faixins p. b. sus la maison et sus tout lou ressaige ki apant ke fut Bureteit, ke siet en Chanbres, encoste la maison Matheu lou bouweir, k'il ait aquasteit as oirs Bureteit, permei teil cens com li maison doit, et e. c. l. e. en l'ai. lou d.

34 Dame Likate, li femme Jakemin Goule ke fut, p. b. sus la piece de vigne ke geist ens Allues, entre les II pieces dame Licatte meymes, ke fut Colignon, lou fil Choible Blancpain, k'elle ait aquasteit a Jakemate, la femme Broukairt Haize lou boulangier de Rimport [ke fut], et a Jennat, son fil, les mainbors Colignon, lou fil Choible, per mey III s. de mt. et de II chappons de cens, et e. com l. e. en l'ai. lou d.

35 Jennas, li fils Broukairt lou boulangeir, p. b. sus une maison ke siet en Rimport, encoste la maison Weirit Xordel ke fut, k'il ait aquasteit a dame Collate, la femme Remiou lou poxour

---

¹) *Der Rand des Pergaments ist von 27 bis 45 beschädigt. Hinter* a *ist Platz höchstens für 5 Buchstaben.* v. 1281, 552 a Thiebaut lou Gronnaix, lou proveor de freres Menors.

²) v. 1267, 297 emey la teire daier la vies stuve en Chambres.

³) v. 1278, 146.

ke fut, permey XVI s. IIII d. moins de cens, et e. com l. e. en l'ai. lou d.

36 Renniers de la Rowelle de S. Julien p. b. sus I xamel de vigne ke geist a la creux, dezous la vigne Matheu Drowat, ou ban de S. Julien, k'il ait aquasteit a Lowiat Pyoree, per mei v s. de mt. de cens, et e. c. l. e. en l'ai. lou d.

37 Gerardas, li filz Collate la cordeire, p. b. sus jor et demey de vigne ke geist en la Donnowe, encoste la vigne Jennate, la fille Afelix, k'il ait aquasteit a Luckin, lou fil Wairin de Pulligney, permei X s. de mt. de cens, et e. com l. e. en l'ai. lou d.

38 Herbins li meuteirs p. b. sus I stal ke siet en la halle des boulangeirs en Chaubres, ke li est delivres per droit et per jugement encontre Jennat, lou janre Harecort, permei teil cens com li stalz doit.

39 Lietalz li boulangeirs p. b. sus II pieces de vigne ke geixent en Presten, deleiz la soie vigne meymes, et sus lou planteit en Martinmars, encoste la vigne lou preste de Chailley, et sus la moitiet de v jornalz de terre ke partivet a lui, ke geixent sus lou fousseit .... nelz,[1]) k'il ait aquasteit a Pierat, son serorge, en alluet, et e. c. l. e. en l'ai. lou dvz.

40 Jakemins Burterans li boucheirs de Porte Muzelle p. b. sus lai grainge et sus lou meis ki apant ke fut Poensignon Coieawe, ke siet ancoste la grainge ke fut Bauduyn lou Petit, en la rowelle ou om vant la chavrate, k'il ait aquasteit a Jakemate Coieawe, permey X [s. de] cens, et e. c. l. e. en l'ai. [lou d.]

41 Jakemins Bonechoze p. b. sus la voie ki alleivet daier la maison Jaikemate, la feme Poensignon Coieawe ke fut, ke siet entre la maison et la mairechausie Jakemin meymes, k'il ait a ley aquasteit, e. con l. e. en l'a. lou d.

42 Hennelos Corbelz [2])

43 Jehans Rafaus p. b. sus de kant ke Pierolz de Jeurue ke fut tenoit a Silleirs et ou ban, en toz us et en toz prous, k'il ait aquasteit a Thiebaut, lou fil Piero devant dit, et e. com l. e. en l'ai. lou d.

44 Jehans Rafalz ancor p. b. sus de kant ke Pierolz de Jeurue ke fut tenoit a Nowilley et ou ban, en tous us, et sus de kant k'il tenoit en la droiture de Choibey, en toz us, et sus les II moies et demee de vin chesc'an ke Pierolz tenoit a chaistelz,

---

[1]) *Rand des Pergaments beschädigt.*
[2]) *Die Zeile ist nicht ausgefüllt.*

ke li abbes [et li] covans de S. Vincent doient, k'il ait aquasteit a Bauduyn, lou fil Pierol devant dit, e. com l. e. en l'ai. lou d.

45* [E]n¹) la marie de Porsaillis. Ce sont li ban de paikes:
45 Richiers li feivres de Maiselles prant bans sus la moitiet de la maison ke fut Arnout de Maizelles, ke siet outre Maizelles, k'il ait aquasteit a Hanrit, son nevout, permei VII s. et demei de cens, et a. c. l. e. en l'ai. lou [d.]
46 Yngrans Forcons et Hanrias de Champelz p. b. por la chieze Deu des Bordes sus les III pairs d'un jornal de terre ereure ke geist deleis ceuls de la Belle Stainche, devant lou molin, et sus une pesse de terre devant la Belle Stainche, qu'il ont aquasteit a Mathelie, la suer Burtemin Fromont, per mei II d. de cens ke tous cist eritaiges doit, et a. com l. e. en l'ai. lou dv.
47 Li sires Simons, arceprestes de Teheicort, et Berterans, ces freires, p. b. sus une maison ke siet ou Grant Waide, ke fut Goudefroit, lou fil Ancel Boilawe, k'il ont aquasteit a Goudefroit devant dit, per mei XVII s. de cens, et a. c. l. e. en l'ai. lou d.
48 Simons li feivres de Maizelles p. b. sus une maison ke siet ensom la Triniteit, en Maizelles, k'il ait aquasteit a signor de la Triniteit, per mei XX s. de cens, e. com l. e. en l'ai. lou d.
49 Howignons, li fils Burtemin Roucel p. b. sus une piece de vigne ke geist dessous lou Chauol en IIII rowelles, k'il ait aquasteit a Mathion Roguenel, permei III mailles de cens, et e. com l. e. en l'ai. lou d.
50 Thomessas li cordeweniers de S. Arnout p. b. sus une maison ke siet a S. Arnout, encoste Jenat lou Roi, k'il ait aquasteit a ceulz de S. Martin et a ceulz de Chastillons et a signor Jehan de la Cort por les freires Menors, permei XI s. et II chappons de cens, et e. c. l. e. en l'a. lou d.
51 Theirions, li fils Jakemin Beudin, p. b. sus I jornal de terre ke geist a Blorut, k'il ait aquasteit a Nenmeriat de S. Clemant, permei XII d. de cens, et e. com l. e. en l'ai. lou d.
52 Li sires Andreus li prestes p. b. sus lou quart d'une maison ke siet en Bucherie, k'il ait aquasteit a Mergueron, la fille Theirion Belleron, permei VIII s. de cens, et a. con l. escriz en l'ai. lou d.

---

¹) *Das E, bestimmt schön ausgeführt zu werden wie bei 1*, ist nachher vergessen worden.*

53 Colignons Longuels p. b. sus une andange de vigne ke geist en la Corte Roie, a chamin, k'il ait aquasteit a Ancillon Bosse, ki est tiers meus les Bordes, e. com l. escriz en l'ai. lou d.
54 Jehans li Gorre p. b. sus la moitiet de la maison et dou ressaige ki apant ke siet devant l'osteil Watrin lou feivre, outre Saille, k'il ait aquasteit a dame Luckate, la suer Jehan Wernier, per mei xi s. de cens chesc'an, et a. c. l. e. en l'ai. lou d.
55 Pierissons li tonneleirs p. b. sus la moitiet de la maison et dou ressaige ki apant ke siet devant l'osteil Watrin lou feivre outre Saille, k'il ait aquasteit a dame Lucate, la suer Jehan Wernier, per mei xi s. de cens, et a. com l. e. en l'ai. lou d.
56 Renals li clars, li fils Fakignon de Vy, p. b. sus II s. de mt. de cens ke geissent ou Waide sus la maison Costan, ke siet ansom l'osteil Poncelo, k'il ait aquasteit a Garsat Boisson et a sa femme, ensi com les lettres lou devisent.
57 Benois et Colins, li dui fil Howin lou maior de Grisey, p. b. sus VI s. de mt. de cens k'il meismes dovoient sus une piece de vigne ke geist en Rollantmont, k'il ont aquasteit a Mergueruelle, la femme Jakemin Osson, a. com l. e. en l'a. lou d.
58 Colins li Borgnes de la Vigne S. Auol p. b. sus une vigne ke geist en Mallemairs, k'il ait aquasteit a Jenin l'escrowier, permei VIII d. de cens, et a. com l. e. en l'ai. lou d.
59 Pierexelz, li fils Otenat de Puxuels, p. b. sus xxvi d. de cens k'il meymes dovoit de son osteil ou il maint, k'il ait aquasteit a dame Nicolle de Sanerie,[1]) et e. com l. e. en l'ai. lou d.
60 Li sires Hanris, chanones de S. Thiebaut, p. b. sus teil aquast com il ait fait a Thiebaut lou Saive et a Burtignon, son freire, lou clarc, ke geist ou ban de Flocort et de S. Eiure, permei XXII s. de mt. de cens, et a. com l. e. en l'ai. lou dv.
61 Weiris de Teheucort p. b. sus une vigne ke geist en la Haute Pretelle, k'il ait aquasteit a Collin lou Flamandel, permei une maille de cens, et e. com l. e. en l'ai. lou d.
62 Jaikemas d'Ouwaville li cherpantierz p. b. sus la maison ke fut Cosin, ke siet vers lou tour, k'il ait aquasteit a Jenat Chaderon et a Lowit de Noweroit, permei XXXIII s. de mt. de cens, et a. com l. e. en l'ai. lou d.
63 Maistres Simons de S. Saluour p. b. sus la maison ke fut Tartarin lou cherpentier, ke siet devant l'osteit Simonin de Chaistelz, k'il

---

¹) Sanerie et *auf Rasur*.

ait aquasteit a Tartarin devant dit, permei xxIIII s. de mt. de cens, e. c. l. e. en l'ai. lou d.

64 Aurowins Habers p. b. sus xxII d. de cens k'il meismes dovoit de sa maison ou il maint, k'il ait aquasteit a dame Nicolle de Sanerie,¹) et e. com l. e. en l'ai. lou d.

65 Gerairs et Bertrans Dowaire p. b. sus une maison ke siet en Chapponrue, k'il ont aquasteit a la feme Colin de S. Mamin, permei v s. et demei de cens, e. c. l. e. en l'a. lou d.

66 Bertremins Rimilley p. b. sus I jornal de terre ke geist a Belnoir, et sus demei jornal de vigne ke geist en Mallemairs, k'il ait aquasteit a Jakemin Berrel, permei teil cens com il en doit, et e. c. l. e. en l'ai. lou d.

67 Bauduyns, li filz Collin lou Flamant, p. b. sus I jornal de vigne ke geist outre Saille, en Cortes vignes, k'il ait aquasteit a Matheu Roguenel, permei teil cens com il en doit, e. com l. e. en l'ai. lou d.

68 Eurias de Witoncort p. b. sus xv s. de mt. de cens ke geissent sus la maison ki est espertie, ke siet ensom la maison Odeliate Crowillon, k'il ait aquasteit a Mathion Roguenel, dont il redoit vi d. de cens a signor Cunon Bazin, e. c. l. e. en [l'ai. lou d.]

69 Simonas, li filz Jaikemin Viuien, p. b. sus une vigne ke geist ens Abowes, ensom la vigne S. Laiddre, k'il ait aquasteit a Like de Borgney, permei vIII s. de cens, et e. com l. e. en l'ai. lou d.

70 Poinsignons Grenille p. b. sus I jornal de vigne ke geist en Martinchamp, k'est quars meus S. Pol, k'il ait aquasteit a Collin Baiairt, permei une maille de cens, et a. com l. e. en l'ai. lou d.

71 Hanrias de Pairgney p. b. sus xv jornalz et demei²) de terre erreure et sus III s. de mt. de cens ke geissent ou ban de Maigney, k'il ait aquasteit a Fransois, lou fil Wernier lou corrieir, por lui et por Androwat, son serorge, permei teil cens com il en doient, et a. [c.] l. e. en l'ai [lou d.]

72 Burterans Beliars³) li Vadois p. b. sus une maison ke siet a

---

¹) Sanerie et *auf Rasur.* ²) et demei *übergeschrieben.*

³) Beliars *ist nachträglich übergeschrieben, um einer Verwechslung zwischen* Burterans li Vadois *(72) und* Burtemins li Vadois *(73) vorzubeugen. Von* s'en geixent *an steht der Satz auf Rasur. Er ist geändert worden, weil die Teilangaben über den Zins in die Rolle aufgenommen werden sollten. Da aber in der Zeile zwischen 71 und 73 wenig Platz war, so bog der Schreiber bei* s'en geixent *nach unten aus und schrieb den Rest von* jornal *und von* Weiriat *an in zwei kurzen Zeilen und in gedrängter Schrift darüber. Am Rande ist das Pergament beschädigt.*

tour, ensom la feme Jenin Blanche, et sus xiii s. de mt. de cens et iiii d., s'en geixent vii s. iiii d. moins sus la vigne en Herbertclos, ke Jenas de Grixey tient, et les autres vii s. iiii d. moins geixent [sus i] jornal de vigne ke geist a Bernartfontenne, ke Jenas Chauressons tient, k'il ait a[quasteit a] Weiriat et a Jehan, son freire, li anfant Remion Alart, et [a. c. l. e. en l'ai. lou d.]

73 Burtemius li Vadois li chaponniers p. b. sus la maisson Garserion lou Gossat, k'il ait aquasteit a lui, per mei v s. et une maille de cens, et a. com l. e. en l'ai. lou d.

74 Willames de Meirval p. b. sor jour et demei de terre ke geist a Awigney, ou ban de Merley, k'il ait aquasteit a Burthemeu, lou fil Mergot d'Awigney, per mei iii mailles de cens, et e. c. l. e. en l'ai. lou dv.

75 Weiris de Pontois p. b. sus de quant ke dame Anelz, li feme Theiriat Brisepain, avoit ou ban de Pontois, en tous us, k'il ait aquasteit a dame Anel devant dite, per mei teil droiture com il en doit, et e. com l. e. en l'ai. lou d.

76 Colignons de Luppey p. b. sus tout l'eritaige ke Mariate, li feme Jakemin de Montois, avoit ou ban de Luppey, en bois, en preis, en chans, en sances, an toz us, en keil maniere ke se soit, k'il ait aquasteit a lei, per mei teil cens et teil droiture com toz cist [eri]taiges do[it.]

77 Nenmeris Tauerne p. b. sus une maison a S. Clemant, k'il ait aquasteit a Poencignon, lou janre Odelie, permey vi s. de mt. de cens, et e. c. l. e. en l'ai. lou d.

78 Jenas Xaros p. b. sus une maison en la Vigne S. Auol, k'il ait aquasteit a Jenat l'ascrowier, per mey xxx s. de mt. de cens, et e. com l. e. en l'ai. lou d.

79 Vguignons Patairs p. b. por la chieze Deu de Nostre Dame de Villeirs sus les x s. de mt. de cens k'il ait aquasteit a Willame Naire, ke li chieze Deu devant dite dovoit sus la maison Poensate la Vadoize.

80 Jehans de Metri p. b. por Poensignon, son fil, et por Mabeliate, sa brus, sus tout l'eritaige ke fut lou signor Lowit de Maigney, et sus tout l'eritaige ke fut Theiriat, son fil, ke geist ou ban de Troignuel a Maigney, soit an fiez, soit an sansals, soit an allues, et sus kant k'il avoient en toz us ou ban de Maigney, permei teil cens com li eritaiges doit.

81 Et si p. b. ancor por Poinsignon, son fil, et por Mabeliate, sa

brus, sus tout l'eritaige ki est escheus a Jakemin, lou fil Remion de Colloigne, et a Lowiat Blondel, son serorge, ke lor est escheus de pair lou signor Lowit de Maigney, k'il ait aquasteit a Jakemin et a Lowiat devant dit, per mey teil cens com li eritaiges doit, et a. con l. e. en l'ai lou dv.

82 Burtadons Pietdeschaus p. b. sus kant ke li sires Pieres, li janres lou signor Jehan lou Trowant ke fut, et dame Nicolle, sa meire, avoient an Planteires et an kant ki apant, k'il ait aquasteit a signor Pieron devant dit, a. c. l. e. en l'ai. lou d.

83 Et si p. b. ancor sus c et IIII s. de mt. de cens ke geixent sus la maison Pierol en la plaice en Jeuruwe, k'il ait aquasteit a Thiebaut et a Baudowin, les II fils Pierol, a. com l. e. en l'ai. lou dvz.

84 Li sires Thiebaus Fakenelz p. b. sus une piece de vigne ke geist en la Pretelle, encoste la vigne Roillon de Ripigney, k'il ait aquasteit a Mergueron, la fille Jenin Pauceron, en alluet, et a. con l. e. en l'ai. lou dv.

85 Et si p. b. ancor sus III jornals et demey de vigne ke geixent ou clo de Maigney, k'il ait aquasteit a Wiborate, la feme Hanriat l'Ameral, e. c. l. e. en l'ai. lou dv.

86 Et si p. b. ancor sus la grainge ke fut Cunin d'Espinals et sus tout lou ressaige ki apant, ke siet ancoste lou Saic et ancoste l'osteit Jakemin Petitvake, k'il ait aquasteit a Baudowin Spenadel, en alluet.

87 Jaikemins, li fils Jenin Poirel, p. b. sus II pieces de terre ke geixent ou ban de Borney, et sus IIII s. de cens ke geissent sus la vigne a chief dou champ, et sus IIII s. de cens ke geixent en Seneual, k'il ait aquasteit a Jenat Chabosse, a. com l. e. en l'ai. lou d.

88 Renaldins li Bagues p. b. sus XXII s. et demei de cens et sus lou daimme ke geist sus la moitiet d'une crowee deleis Mercey, k'il ait aquasteit a Alerdin, son serorge, c. com l. e. en l'ai. lou dv.

89 Burtignons Paillas p. b. sus IIII lb. de mt. v s. moins de cens ke geisent sus l'osteit Grillat a la Posterne, et sus XXX s. de mt. de cens ke geisent sus la maison Richier Grantdeu, a tour, k'il ait aquasteit a Colin Mertignon, a. con l. e. en l'ai. lou dv.

90 Li sires Weiris Bairbe p. b sus la moitiet de la vowerie dou ban de S. Pieremont et sus de cant ki apant, k'il ait aquasteit

a Renaldin, lou freire lou signor Abert d'Ottonville, e. c. l. e. en l'ai. lou dv.¹)

91 Hanris, li fils Poence de Strabour, p. b. sus kant ke Jakemins de Montois et Perrins li Moinnes, ces freires, sui serorge, avoient ou ban de Montois et ou ban de Colanbeirs, en toz us, k'il ait a ous aquasteit, per mei teil cens com il en doit, et a. con l. e. en l'ai. lou d.

92 Androwas Burnas p. b. sus demey jornal de vigne en Mallemairs, k'il ait aquasteit a Jaikemin Herbert, en alluet, et a. con l. e. en l'ai. lou d.

93 Jennas Witiers p. b. sus une piece de vigne ke geist en Culloit, et sus la moitiet d'une maison ke fut Gerardin Colonbeirs en Maizelles, k'il ait aquasteit a Howignon lou feivre et a Bietrit, la fille Mathion lou Saiue, permei teil cens con il en doit, et a. com l. e. en l'ai. lou dv.

94 Weirias, li janres Berrois dou Champel, p. b. sus I stal ke siet areis lou pileir devant l'osteil Abert des Aruols, k'il ait aquasteit as anfans Tago et a Jenat, lor paraistre, per mei xi s de cens, et e. com l. e. en l'ai. lou d.

95 Abertins Galios p. b. sus x s. et demei de mt. de cens ke geissent sus la tavle Gilat Hake a Vies Chainges, et sus vi s. de mt. de cens ke geissent sus la maison ke fut Weiriat d'Oixey, ke siet outre Saille, et sus III s. et demei de cens ke geixent s[us] une maison ke siet an la rowelle Chaissevilain, k'il ait aquasteit a Matheu d'Escey et a Heilowit et a Mabelate, ces II serors, a. com l. e. en l'ai. lou dv.

96 Et si p. b. ancor sus une tavle ke siet a Nues Chainges, k'il ait aquasteit a Colignon Mertignon, per mei xxxII d. de cens, et a. com l. e. en l'ai. lou dv.

97 Weirias, li janres Berrois dou Chanpel, p. b. ancor sus teil partie con Arnouls Morillons, ces freires, avoit sus la maison lor peire en Visignuel, k'il ait aquasteit a lui, e. com l. e. en l'ai. lou d.

98 Jenas Creature p. b. sus teil partie de la maison con Jehans, ces serorges, avoit en la maison ou il maint, en Sanerie, k'il ait aquasteit a Jehan devant dit, permey teil cens com il en doit, et a. com l. e. en l'ai, lou d.

99 Jehans, li fils Thomais de Champels ke fut, p. b. sus une piece

---

¹) v. 1278, 316.

de vigne ke geist en la rowelle de Pertes, k'il ait aquasteit a Gilat de Valz, en alluet, et e. con l. e. en l'ai. lou d.

100 Vguignons Barekels p. b. sus xx s. de mt. de cens k'il meymes dovoit sus son osteil en la draiperie en Visignuel, k'il ait aquasteit a Lorate, la fille Collenat de Vy, e. com l. e. en l'ai. lou dv.

101 Dame Poince Alons p. b. sus teil partie con Lukins, ces nies, avoit en la maison ou ille maint, k'elle ait aquasteit a lui, permei teil cens com celle partie doit, et a. com l. e. en l'ai. lou dv.

102 [1]) Pieresons de la Vigne, li seurs Burtignon Wiel, p. b. sus x lb. de mt. de cens k'il ait aquasteit a Jehan Daniel dou Quartal, sus la maison ou il maint et sus tout lou ressaige ki apant, ke siet a Quartal, et sus toutes les maisons et sus sa grainge k'il a[voit en] la ruwe dou Preit de Mes, et sus de cant k'il ait d'eritaige en la mairie de Porsaillis, c'est a dire an chans, an preis, an bois, an sances, an vignes, an rantes, an droitures, en maisons, an chakeurs, et an toz autres eritaiges, en toz us, apres teil cens com toz cist eritages doit davanteriene-ment, et a[. c. li] e. en l'ai. lou d.

103 Baudowins de Flocort p. b. sus la maison ke fut Jenat, lou fil Felipin lou taillor ke fut, ke il ait aquasteit a Jenat devant dit, per mey vii s. et iii d. de mt. de cens, et a. com l. e. en l'ai. lou d.

104 Colignons Tristans p. b. sus iii stals ke geixent en la plaice devant la halle des permanteirs en Visignuel, dont il est bien tenans, per mei teil cens com il doient.

105 Guenordins li merciers de Visignuel p. b. sus une maison ke siet on Champ a Saille, ensom la maison ke fut Lowit lou maireschaul, k'il ait aquasteit a Garsat Donekin, per mei xx s. de mt. de cens k'ille doit Doreit, et a. c. l. e. en l'ai. lou d.

106 Et si p. b. ancor sus vi s. de mt. de cens ke geissent sus la maison Adan lou sainnor, sus lou Mur, k'il ait aquasteit a Garsat Donekin, a. com l. e. en l'ai. lou d.

107 Et si p. b. ancor sus teil partie,[2]) c'est a savoir iii s. de mt. de cens, ke Andreus li awilleirs et li fille de sa seror avoient

---

[1]) *v. 1278, 26 und 162.*

[2]) *Hinter* teil partie *ist com* durchgestrichen *und dafür* c'est a savoir iii s. de mt. de cens ke *übergeschrieben*, en la maison *ist abgeändert in* sus la maison, ke fut *hinter* maison *ist übergeschrieben*, et li fille de sa seror *steht auf Rasur.*

sus la maison ke fut dame Odelie Mullenaire, k'il ait aquasteit
a ous, a. com l. e. en l'ai. lou d.

108 Matheus Grantcol p. b. sus IIII jornalz de vigne ke geissent ou
ban de Feyt, en coste la vigne Simon Naire, k'il ait aquasteit
a Simonin, son oncle, lou fil Poinsat Facon, permey demey meu
de vin en l'aixe de cens, k'elle doit as signors de S. Pol, et
a. com l. e. en l'ai. lou d.

109 Dame Pescate Grantcol p. b. sus XXIII s. de mt. de cens, s'en
geissent XV s. sus une maison ou Champ a Saille, ke fut
Lanbert Taixairt, et VIII s. sus la mason les pucelles de Sus
lou Mur, k'elle ait aquasteit a Garsat Donekin, a. c. l. e. en
l'ai. lou d.

110 Dame Sairiate, li feme Joiffroit Pietdeschaus, p. b. sus XXXII
s. de mt. de cens ke geissent sus les II maisons Burtignon
Guepe, k'elle ait aquasteit a dame Nicolle de Sanerie, e. c. l.
e. en l'ai. lou dv., et cist cens est li davanteriens.

111 Li sires Richairs, doiens de S. Thiebaut, et Robins dou Pont[1])
et freires Jehans de l'ospital,[2]) li mainbor signor Theirit lou
prestre, p. b. sus X s. de mt. de cens ke geixent sus l'osteit
Gerardat lou cordeweneir en Chaipeleirue, ke sont doneit a la
chieze Deu de S. Thiebaut por Deu et en amosne, e. com l.
e. en l'ai. lou dv.

112 Theirias, li filz Jehan Lowit, p. b. sus LX et X s. de mt. de
cens des XX lb. de mt. de cens ke geissent sus la maison
Maheu Lowit ou Champ a Saille, ke Theirias ait eschengiet,
a Jehan de la Cort, contre ceu k'il avoit a Champels, a. c. l.
e. en l'a. lou d., et cist LX et X s. de cens sont davanteriens,
apres les IIII s. de cens ke celle maison doit a l'ospital dou
Nuefborc.

113 Simonins Papemiate p. b. sus une part[3]) de la halle des draipiers
a Quartal, k'il ait aquasteit a Boilo de Lieons, per mei teil
cens com li pairs doit.

114 Fransois Brullevaiche p. b. sus une tavle en Nues Chainges,
devant S. Seplixe, k'il ait aquasteit a Colignon de la Cort,
permei teil cens com elle doit.

---

[1]) v. *1275, 258* maistres de l'ospital ou Nuefborc.
[2]) v. *1279, 4* maistres de l'ospital en Chambres.
[3]) une part *übergeschrieben*, ı quart *durchgestrichen, nachher* li pairs *übergeschrieben*, cist quairs *durchgestrichen*.

115 Jehans Burterans p. b. sus une maison ke siet daier Sainte Creux, ke fut Bertremin Chaiteblowe, k'il ait aquasteit a Mergueron, sa fille, per mei IIII lb. de mt. et XVI s. et v d. de cens, et a. com l. e. en l'ai. lou d.

116 Jennas, li janres Simon lou meuteir, p. b. sus une maison ke siet ansom la maison ke fut Filippin lou taillor, k'il ait aquasteit a Yzaibel et a Perrin, son freire, les anfans Hanriat Ferrit, permei XX s. de cens, et a. c. l. e. en l'a. lou d.

117 Jaikemins Mairasse p. b. sus jor et demey de vigne ke geist daier Borney, ou ban S. Vincent, k'il ait aquasteit a Jennat Brussade, per mei v s. de mt. et une maille de cens, e. com l. e. en l'ai. lou d.

118 Ancillons dou Waide p. b. sus LXII s. de mt. de cens ke geissent sus la maison lou signor Jehan lou Trowant, ke siet outre Saille, k'il ait aquasteit a dame Nicolle de Sanerie, a. con l. e. en l'ai lou d., et cist cens est premiers.

119 Hanrias Thomessins p. b. sus v jornals de terre et sus une maison a Girey et sus la piece de boix, k'il ait aquasteit a Bueuela, permei teil droiture com il en doit, et e. c. l. e. en l'ai. lou devize.

120 Jennas Brussadels p. b. sus une maison ke siet ou Haut Champel, k'il ait aquasteit a Wacelin lou permantier, permey XXVIII s. de cens, et a. com l. e. en l'ai. lou d.

121 Felipins, li filz Filipe Tiguyenne lou xaving, p. b sus XXX s. de mt. de cens ke geissent sus la maison Jennat Minne, ensom l'osteit Burtignon Paillat, k'il ait aquasteit a Garsat Donekin, dont il redoit XX d. arier, et a. com l. e. en l'ai. lou d.

122 Berte li vieceire dou Champel p. b. sus une maison ou Champel, entre dous rouwelles, k'ille ait aquasteit a Fillipin lou xaving, per mei XXII s. de mt. de cens, et a. com l. e. en l'ai. lou d.

123 Boilo de Lieons p. b. sus¹) teil eritaige com il ait aquasteit a Poence de Colloigne et a Joffroit Malcheual, ke siet ancoste lou chakeur ke fut Robin de Lieons, permei v s. de mt. de cens, et a. com l. e. en l'ai. lou dvz.

124 Ferrias de Coloigne p. b. sus les XL s. de mt. de cens k'il meymes dovoit de sa maison ou il maint, ke siet entre la maison Lanbelin lou pezour et la maison Remion de Coloigne, k'il ait aquasteit a Thiebaut, son freire, e. c. l. e. en l'ai. lou dv.

---

¹) *Hinter* sus *ist* la maison et *durchgestrichen*.

125 Colins li boulangeirs de Porte Muzelle p. b. sus I stal ke siet en la halle des boulangeirs en Vizignuel, ke fut Perrin lou Virdenois, por tant com il ait paiet por Perrin devant dit, per escrit en arche, et permei teil cens con li stalz doit.

126 Perrins Bagairs p. b. sus XI s. et demey de mt. de cens ke geissent sus la grenge ke fut Piero de Jeurue, encoste la maison Colin Ruece, et sus les chans daier S. Andreu, k'il ait aquasteit a Thiebaut, lou fil Piero, e. c. l. e. en l'a. [lou d.]

127 ¹) Poencignons li prestes, li filz signor Howon lou Bague ke fut, p. b. por Lorate, sa niece, la fille Arnout lou Roi, sus VIII s. et demey de cens ke geissent sus la maison Jennin de Witoncort, ke siet ou Champel, dont om redoit arier III s. de cens a la femme Hanr[it]²) de Gramecey, et sus teil partie com Arnouz li Rois avoit d'eritaige ou ban de Colanbeirs de pair dame Katheline, sa³) seror, et a. c. l. e. en l'ai. lou dvz.

128 Boinvallas, li filz Joffroit⁴) lou Mercier ke fut, p. b. sus teil partie d'eritaige com Colins Hennebours avoit ou ban de Colanbeirs, ki [est]⁵) escheut a Aileit, sa femme, de pair dame Kateline, la fille signor Bauduyn lou Roy ke fut, k'il ait aquasteit a Colin Huneb[our] permei teil cens et teil droiture com toz cist eritages doit, et a. c. l. e. en l'ai. lou [d.]

129 Jakemins Berrois dou Champel p. b. sus tout l'eritaige Colin Berrois dou Champel, ke li est delivres per droit et per jugemant, por tant com il li dovoit, et per escris et sens escris, et permey teil cens com li eritaiges doit.

130 Jakemins Frankignons p. b. sus une piece de terre ke geist en la voie de Cuuerey, sus lou chamin, k'il ait aquasteit a Jaikemin, lou maior d'Awigney, en alluet, et e. c. l. e. en l'ai. lou d.

131 ¹) Poensignons li prestes, li fils lou signor Howon lou Bague ke fut, p. b. por Roenate, sa nesce, la fille Arnout lou Roi, sus XVII s. de mt. de cens ke geissent sus lou molin a Lumeurs deleis Ancerville, sus⁶) teil partie com Arnoulz li Roiz i ait, et sus VIII s. de mt. de cens ke geixent sus les III maisons en

---

¹) *Durchgestrichen.*
²) *Von 126—133 ist der Rand beschädigt, v. 1267, 242* Hanri de Gramecey.
³) *Vorlage* lor. Katheline *ist Schwester von* Arnout lou Roi. *v. 1278, 128 und 1267, 479.*
⁴) *Es folgt ein durchgestrichenes* Boinvallat.
⁵) *Vom Schreiber ausgelassen.*
⁶) sus *bis* i ait *übergeschrieben von Schreiber 9.*

Anglemur, k'il ait aquasteit a Arnout lou Roi, e. c. l. e. en l'ai. lou d.

132 ¹) Clemignons et Lowias, ces freires, li dui fil Lowit lou Mercier de Visignuel ke fut, p. b. sus les ɪɪɪ pairs de la grant maison Hanriat Bataille et sus la petite maison encoste et sus toz les ressaiges ki apandent, ke sient ancoste la maison Jennin Gerairt, k'il ont aquasteit a Jennat Bataille, permey teil cens com il en doient, et e. c. l. e en l'a. lou d.

133 Merguerite, li fille Colin Berrois de Vizignuel, p. b. sus ʟx et x s. de mt. de cens ke geixent sus la maison²) ke fut Lukin Coldoie, ke siet en Visignuel, k'ille ait aquasteit a Contasse et a Jaikemate et a Steuenat, les ɪɪɪ anfans Hanrion l'espicier ke fut, apres ɪ d. de premier cens, e. c. l. e. [en] l'a. [lou d.]

134 Et si p. b. ancor sus xʟ s. de mt. de cens ke geissent outre Saille sus la maison Jakemin de Montois ke fut, k'ille ait aquasteit a Mairiate, sa femme, e. c. l. e. en l'a. lou dvz.

135 Thiebaus Henmignons p. b. sus ɪ jornal de terre ke geist ou ban de S. Clemant, k'il ait aquasteit a Jaike Beudin, en alluet, et e. c. l. escriz en l'ai. lou d.

136 Felipins, li fils Jakemin lou Gornaix, p. b. sus la maison ke fut Maheu Mouretel, ke siet a la Posterne, k'il ait aquasteit a Colignon et a Joiffroit et a Lorate et a Poinsate, les ɪɪɪɪ anfans Maheu Moretel ke fut, permey c s. de mt. de cens, et e. c. l. e. en l'ai. lo d.

137 Thierias Mallebouche p. b. sus vɪɪ s. de mt. de cens ke geixent sus la maison Aburtin Hairowain,³) ke siet devant S. Martin, k'il ait aquasteit a Vguignon Cuneman, e. c. l. e. en l'ai. lou d.

138 Wicherdins Groignas p. b. sus les xɪɪɪ s. et ɪɪɪɪ d. de mt. de cens ke Poensignons li Bues avoit sus⁴) la maison Jennin Gerairt en Visignuel, ke li sont delivres ancontre Poencignon devant dit per droit et per jugement, et a. c. l. e. en l'ai. lou d.

139 Aileis, li fille Pieron Thomes, p. b. sus xxɪɪɪɪ s. de mt. de cens ke geissent sus la maison ke fut Watrin Dator en Chapeleirue, k'elle ait aquasteit a dame Yzaibel, la femme Howairt Jallee, e. com l. e. en l'ai. lou d.

---

¹) *Durchgestrichen, v. 1278, 155.*
²) ke geixent sus la maison *übergeschrieben.*
³) *v. 1275, 209.*
⁴) *Vorlage* sout.

140 Guerlairs et Otins p. b. sus la maison ke fut Simonin Glorieul, ke siet en Furneirue, k'il ont aquasteit a Weiriat de l'Aitre, permey LX s. de mt. de cens, et a. c. l. e. en l'ai. lou d.

141 Gerardins, li valas lou signor Thiebaut Fakenel, p. b. sus une vigne ke geist en Mallemairs, k'il ait aquasteit a la feme Colin Meudevin, per mey II s. et demei de cens, et a. c. l. e. en l'ai. lou d.

142 Garssas Mouins p. b. sus une maison ke siet en Maizelles, ancoste la soie meymes, k'il ait aquasteit a Arnout[1]) de Pairgney, por lui et por Poencignon Lucie, per mey XVI s. de cens, et e. com l. e. en l'ai. lou d.

143 Gillas li Belz p. b. sus I jornal de terre ke geist en Virkilley, deleis la soie terre meymes, k'il ait aquasteit a Colignon Villat, permei I d. de cens, et e. c. l. e. en l'ai. lou d.

144 Jakemins Faixins et Colins Badaires et Garserias, li troi fil lou signor Felipe Faixin ke fut, p. b. sus la grainge et sus tout lou ressaige ki apant et sus toz les chans et sus toz les preis et sus toz les bois ke geissent delai Grixey, et sus I jornal de vigne ke geist en Herbertclos, ke fut Vguignon Faixin, ke Poinsignons, li filz Vguignon Faixin ke fut, lor ait delivreit en plait et en justice, et e. com l. e. en l'ai. lou d.

145 Alexandres de Montois p. b. sus une piece de boix ke geist ou ban de Pontois, k'il ait aquasteit a Richier de Champelz, a. com l. e. en l'ai. lou d.

146 Jennas li Erbiers p. b. sus la grainge et sus ceu ki apant et sus les bois et sus les preis et sus les chans ke furent Vguignon Faixin, ke sient devant Grixey, vers les bois, et sus kant ke Vguignons ot onkes, en toz us, k'il ait eschaingiet[2]) a Jaikemin Faixin et a Badaire et a Garseriat, ces II freires, e. com l. e. en l'ai. lou d.

147 Jakemins Baizins p. b. sus les XVII s. et demei de cens ke geissent sus la maison a la Posterne, a tour, k'il ait aquasteit a Colin Bacal, e. com l. e. en l'ai. lou d.

148 Hanrias de Chanpelz p. b. sus XI s. et demey de cens ke geixent sus teil partie d'eritage com Aburtins Lohiers ait de par Pierol, son seur, k'il ait aquasteit a Bauduyn Piero, a. c. l. e. en l'ai. lou d.

---

[1]) Arnout *übergeschrieben*, Jakemin *durchgestrichen*.
[2]) *v. 1278, 32 und 144.*

aquasteit a Jenat Bataille, les keilz c s. il puent racheteir,
149 Jaikemins de Moielen p. b. sus la maison Vguignon de Mostiers et sus tout lou ressaige ki apant, ke siet devant l'osteit la dame de Roupeney, k'il ait aquasteit a Vguignon devant dit, per mey XL s. de mt. de cens, k'il en doit as dames de la Vigne, et e. com l. e. en l'ai. lou d.
150 Felippins li Gronais p. b.[1])
151 Li sires Jaikes de Lesses et li sires Gerairs, ces freires, p. b. sus tout l'eritaige ke li oir Simonin, lou prevost d'Espainges, avoient ou ban de Sorbey, en touz us, ou k'il soit, k'il ont aquasteit a ous, permey teil droiture com li eritaiges doit, et a. c. l. e. en l'ai. lou dvz.
152 Ailexate de la Nueve rue[2]) p. b. sus une maison ke siet en la Nueve rue, encoste la maison Hanriat Xillepaiste, k'ille ait aquasteit a Pierexel Chaneueire, permei XVI s. de cens, et a. com l. e. en l'ai. lou d.
153 Hennelos Corbelz p. b. sus tout l'eritaige ke fut Burtignon et Poinsignon, les anfans Goudefroit lou celleir ke fut, et sus II jornalz et demey de terre ke geixent en la fin d'Awigney, ke furent Jaikemin, lou maior d'Awigney, k'il ait aquasteit a Fransois Burlevaiche, permei X s. de cens, et a. c. l. e. en l'a. lou d.
154 Arnous Aixies et Robins et Thiebaus de Moielen p. b.[1])
155 [3]) Clemignons et Lowias, li dui fil Lowit lou Mercier de Visignuel ke fut, p. b. sus les III pars de la maison et de tout lou ressaige ki apant ki siet entre la maison Nicolle Brullevaiche et la maison Jenin Gerairt, en la plaice en Visignuels,
5 ke fut Hanriat Bataille, permey les III pairs de XXI d. de cens ke toute li maison et tous li ressaiges doit, et sus la petite maison et sus tout lou ressaige ki apant ke siet en la plaice en Visignuels, entre la maison devant dite et la maison Jennin Gerairt, permey XXX s. de mt. de cens ke li maisons et li
10 ressaiges doit, et permey C s. de mt. de cens, chesc'an, k'il en doient a Jennat Bataille sus tout l'eritage devant dit, k'il ont

---
[1]) *Die Zeile ist nicht ausgefüllt.*
[2]) Ailexate de la Nueve rue *steht auf Rasur. Vorher hat der Name einer Person da gestanden, deren Anmeldung nicht zur Ausführung kam, wie bei 150. 152 ist, wie der beschränkte Raum und die gedrängte Schrift beweisen, erst nach 151 und 153 eingetragen.*
[3]) *r. 1278. 132.*

jusc'a vi ans ades, kant il vorront, xx s. de mt. por xx lb., et a. com l. e. en l'ai. lou dv.

156* Ce sont li ban de paisques. En la mairie d'Outre Moselle:
156 Colignons Colemels prant bans sus teil partie com Matheus, ces freres, avoit en la maison en Anglemur, encoste Gerart lou bolengier, et sus teil partie com il ait en xii s. de cens sus une demeie maison en Anglemur, ensom Filipin Brehier, et sus teil partie com il ait en vi s. de cens sus la [maison]¹) Hanriat de Briey en Anglemur, k'il ait a lui aquasteit, e. c. l. e. en l'a. lou div.
157 Hawiate li Vadoise p. b. sus une maison en la rue S. Vy, k'elle ait aquasteit a Jennat et a Colignon, les enfans Parixat lou cherpentier, permei xiii s. et demei de cens, e. c. l. e. en l'a. lou div.
158 Remions et Lietals, ces serorges, li bolengier, p. b. sus lou molin Rainbadin lou bolengier et sus ceu ki apant, ke siet daier S. Jehan, et sus tot l'eritage k'il ait en la marie d'Otre Moselle, por tant com il ont paiet por lui, per escris en arche, et ki lor est delivres, permei teil cens com il doit.
159 Jennas, li fils Poinsignon Chaneuiere d'Ars, p. b. sus iii pieces de vigne ke geisent ou ban S. Arnolt d'Ars, k'il ait aquasteit a Steuignon Bellegreie, permei teil cens com il en doit a la cort S. Arnolt d'Ars, e. c. l. e. en l'a. lou d.
160 Jennas Clemignons p. b. sus une piece de vigne delai lou Chene, ou an contet iiii jornals, ou Rowal de Felieres, et sus lou preit desoz la vigne et sus lou triex desor, k'il ait aquasteit a Lorate, la femme Gerart de Vignueles, la vigne et lou triex en alluet, et e. c. l. e. en l'a. lou d.
161 Jehans Vallas p. b. sus can ke Domangins Pillas d'Ars et Abertins, ces freres, et Heiluate, lor suer, et Renaldins de Flauignei et Jennas Ruckas, lor dui serorge, li hoir Doignon Pillat d'Ars, et Lorance, sa femme, avoient en toz les bans d'Ars et de Grauei, en maisons, en vignes, en chans, ke li est [deli]vres en plait et per lou crant de toz les hoirs, por tant com Doignons et Lorance, sa femme, li doient, per escrit en arche.
162 ²) Pieresons de la Vigne, li seurs Wiel, p. b. sus x lb. de cens

---
¹) *Rand beschädigt.*
²) *v. 1278. 26 und 102.*

k'il ait aquasteit a Jehan Daniel dou Quartal, sus tout l'eritage k'il ait en la marie d'Outre Moselle, en chans, en preis, en bos, en censes, et en atre maniere, apres teil cens com il doit, et e. c. l. e. en l'a. lou d.

163 Maistres Nainmeris li cherpentiers p. b. sus une maison en Nikesinrue, encoste la soie meimes, et sus tout lou resage, k'il ait aquasteit a Thiebaut Loue, permei teil cens com elle doit, e. c. l. e. en l'a. lou d.

164 Jennas li soieres, li janres Fincuer, p. b. sus la moitiet d'une maison en Anglemur, ke part a Jennate la Vadoise, k'il ait aquasteit a Coustat d'Awigney lou charreton, permei VII s. et V d. de cens, e. c. l. e. en l'a. lou d.

165 Hawis, li suer Gerart lou doien de Wapei, p. b. sus une piece de vigne en Amexamelle ou ban de Wapei, ke fut Jaikemin Gai, k'elle ait aquasteit ai Abertin Huchat, permei VII sestieres de vin en l'axe k'elle doit a la cort de Wapei, e. c. l. e. en l'a. lou d.

166 Gerars li potiers de Franconrue p. b. sus une maison en Pousalrue, ke fut Ricowin d'Erlons, k'il ait aquasteit a Bernart, l'avelat Ricowin desor dit, permei XI s. de cens, e. c. l. e. en l'a. lou d.

167 Jennas de Cronei p. b. sus XII d. de cens ke geisent sus II jornals de terre d'atre part Corbonfosseit, ou ban de Marley, k'il ait aquasteit a Ferriat lou hardier de Porte Serpenoise, e. c. l. e. en l'a. lou d.

168 Alixandres li cherpentiers p. b. sus une maixere a tor de Romesale, encoste Otenat lou bolengier, k'il ait aquasteit as signors de [1]) S. Piere a Vout, permei XX s. de cens, e. c. l. e. en l'a. lou d.

169 Jennins Formeis de Chastels et Pierexels, ces freres, p. b. sus III pieces de vigne et sus V jornals et demei de terre, en alluet, ke geisent a Chastels ou ban l'Eveke, k'il ont aquasteit a Piereson lou feivre de Molins et a Jaikemate, sa femme, permei II sestieres de vin et VI d. ke li vigne doit de cens, e. c. l. e. en l'a. lou d.

170 Lowias d'Abes p. b. sus XI s. II d. moins et II chapons de cens k'il meimes dovoit sus une maison apres l'osteil Harecort, k'il ait aquasteit a Burtemin Moretel, e. c. l. e. en l'a. lou d.

---

[1]) *Vorlage* des S. Piere.

171 Poinsignons d'Ansey p. b. sus teil eritage com il ait aquasteit a Colate et a Marguerate, les II filles Nicole Marcout, ke geist ou ban d'Ansey, permei teil cens com il en doit, e. c. l. e. en l'a. lou d.
172 Waterins, li mares de Chastels, p. b. por lui et por ces freres sus une piece de vigne en Vadeloimont ou ban de Chastels, k'il ait aquasteit a Thiebaut, lou fil Poinsignon de Chastels, permei III s. de cens a Ste Glosanne, e. c. l. e en l'a. lou d.
173 Thierias Bitenas p. b. sus lou tiers dou jarding ke fut lou prevost de Moulins, et sus la grainge et lou for ensom et sus lou meis daier et sus can ki apant, ke geist a Molins, ke li est delivreis per droit et per jugemant contre Gerardin, lou janre la prevoste, cui il estoit delivres.
174 Stenenins de Chastels p. b. sus une piece de vigne ensom Longeuille, encoste Thieriat Rafaut, k'il ait aquasteit a Poinsignon Moreton, en alluet, e. c. l. e. en l'a. lou d.
175 Jennas Crote p. b. sus VI s. de cens k'il meimes dovoit sus jor et demey de vigne en Frieres ou ban de Lorey, k'il ait aquasteit a Colignon de la Xupe, e. c. l. e. en l'a. lou d.
176 Pieresons li feivres de Molins p. b. sus I jornal de terre en Preires ou ban l'Eveke, ensom Flastrainvigne, k'il ait aquasteit a Gerart lou corvesier, en alluet, e. c. l. e. en l'a. lou d.
177 Fakignons de Longeuille p. b. sus une piece de vigne louc Vakerue, as nappliers, ou ban de Siey, k'il ait aquasteit a Simonin, lou janre Anel la Taiche, ki est tier meu S. Piere, e. c. l. e. en l'a. lou d.
178 Werious, li fils Marsabile d'Ansey, p. b. sus tout l'eritage ke Vguins dou Rut avoit ou ban dou Rut et aillors, en vignes, en chaus, en maisons, k'il ait aquasteit as mainbors Vguin desor dit, permei teil cens et teil droiture com il en doit, e. c l. e. en l'a. lou d.
179 Rolas, li fils Leucart de Juxei, p. b. sus II jornals de terre en Bordes ou ban Ste Glosanne, k'il ait aquasteit a Jaikemin Palerin, en alluet, e. c. l. e. en l'a. lou d.
180 Marguerous, li femme Colin lou cherpantier de Rimport, p. b. sus III jornals de terre, en une piece, ke geisent ou ban d'Arcansey, arreis sa terre meimes, k'elle ait aquasteit a Poinsate, la fille Hanriat lou Gronais de Chambieres, en alluet, e. c. l. e. en l'a. lou d.
181 Jaikiers de Nonviant et Howars d'Arnaville p. b. sus la maison

Coustenat lou poxor a Nonuiant et sus cau k'il ait d'eritage, en toz us, k'il ont a lui aquasteit et k'il li ont relaixiet por xv s. de cens, et permei teil cens et teil droiture com il doit, e. c. l. e. en l'a. lou d.

182 Poinsignons, li fils Howon lou Bague, p. b. por Jehan, lou fil Pierexel Chaneuiere, et por Colate, sa femme, sus VIII s. de cens ke geisent sus la maison et sus lou resage ke fut Weriat Rotier en Anglemur, k'il ait aquasteit ai Arnolt lou Roi, e. c. l. e. en l'a. lou d.

183 Robers li Fransois de Franconrue p. b. sus une maison en Franconrue, davant l'osteil Rafant, ke fut Arnolt lou cherpentier, k'il ait aquasteit a Jennat Bernart, permey v s. et demey de cens, e. c. l. e. en l'a. lou d.

184 Fransois Bruleuaiche p. b. sus tout l'eritage ke Maheus, ces freres, avoit en bans de Longeuille et de S. Martin et de Wapey, k'il ait aquasteit a Colignon de la Cort, permey teil cens com il doit, e. c. l. e. en l'a. lou d.

185 Jehans Vallas p. b. sus VI jornals de terre ke geisent ver Ste Creus, entre sa terre meimes, k'il ait aquasteit a Ferrit, lou fil Jehan de S. Vicent, permey VI s de cens, e. c. l. e. en l'a. lou d.

186 Chiveliers Gaillars p. b. sus la moitiet de jor et demey de vigne ke geist ou Chapaige a Longeuille, tiercerasce S. Pou, ke li est delivreis per droit et per jugemant contre Hescelat, lou fil Adan Brisechamin.

187 Waterins, li fils Remion l'Apostole, p. b. sus demei jor de vigne a la Piere, deleis lou prevostel, et sus teil partie com Perrins, ces freres, avoit en la maison en Franconrue, ke li est escheut de part lor pere, k'il ait aquasteit a Perrin desor dit, permei teil cens com il en doit, e. c. l. e. en l'a. lou d.

188 Maheus Bertadons p. b. sus III pieces de vigne entre Siey et Lescey, et sus XVIII d. de cens ke geisent sus l'osteil Abertin Winart a Siey, k'il ait aquasteit a Frankin et a Jehan, les II fils la marasce de Jerney, et a Jennat Geustore, e. c. l. e. en l'a. lo d., permei teil cens com li vigne d[oit.]

189 Thiebaus Bertadons p. b. sus une grainge et sus tout lou meis encoste ke siet sus lou Rone, defuers Chambieres, ke li sont delivreit per droit et per jugemant contre Guersire lou parfeit.[1]

---

[1] v. *1281, 293*.

190 Colins Viuions li cherpentiers et Jennas, li fils lou prevost d'Ars, p. b. sus une teulerie ke siet ai Ars, desor la ferreie, et sus tout lou resaige, k'il ont aquasteit a Jennat lou Gronais lou cherpentier, permei teil cens com elle doit, e. c. l. e. en l'a. lou d.

191 Jennas de Rouserueles por la chiese Deu de Moremont p. b. sus XLI s. de cens ke geisent sus VII maisons en la rue lou Voweit, dont on redoit aier IIII s. et IIII d. a la chapelle de l'osteil l'archediacre Werrit, k'il ait aquasteit a Jennat Friandel, e. c. l. e. en l'a. lou d.

192 Et si p. b. ancor por la chiese Deu desor dite sus XX s. de cens ke geisent sus une maison en la rue lou Voweit encoste la rowelle a puix, apres les X s. de cens ke li maisons doit davant, k'il ait aquasteit a Colin Fessal, e. c. l. e. en l'a. lou d.

193 Jennas Noirons p. b. sus V pieces de vigne ke geisent en la coste de Chezelles, k'il ait aquasteit a Frankin, lou fil la marasce de Jerney, permey III s. et VII d. et maille et XII sestieres de vin en l'axe de cens, e. c. l. e. en l'a. lou d.

194 Goubillons Champions p. b. sus demey jor de vigne en Briey, tiercerasce S. Vicent, k'il ait aquasteit a Colin, lou fil Gerardat, e. c. l. e. en l'a. lou d.

195 Yngrans Forcons p. b. sus l'eutisme de la vowerie dou ban Ste Glosanne en Vals, k'il ait aquasteit a Colignon, lou fil Maheu Barbe ki fut, e. c. l. e. en l'a. lou d.[1]

196 Renals li Bagues p. b. sus II jornals de vigne a Lescey, c'on dist a la Sals, k'il ait aquasteit ai Alardin, son serorge, e. c. l. e. en l'a. lou div.

197 Li sires Thiebaus Fakenels p. b. sus une piece de terre encoste l'osteil les Cordelieres outre Moselle, ou an contet X jornals, k'il ait aquasteit a Poinsignon Clarambat, en alluet, e. c. l. e. en l'a. lou d.

198 Matheus de Plapeuille p. b. sus II jornals de terre ke geissent ou ban de Plapeuille, encoste lui meimes, k'il ait aquasteit a Poinsignon Clarambat, en aluet, e. c. l. e. en l'a. lou d.

199 Ferrias Chielaron p. b. sus une piece de vigne en Dailes, desor la vigne maistre Hanrit Jordain, k'il ait aquasteit a Petitmaheu, permey XII d. de cens, e. c. l. e. en l'a. lou d.

200 Ferris de S. Arnolt p. b. sus teil partie com Werias, ces freres,

---

[1] v. *1285, 256*.

avoit en IIII jornals de vigne daier lou mostier a Siey, ke furent la Blanche dame, et sus lou meu et demey de vin de cens a Siey, et sus les hommes et kan ki apant, ke li vent de part son pere, k'il ait a lui aquasteit, e. c. l. e. en l'a. lou d.

201 Guersas li clers de Nikesinrue p. b. sus la moitiet d'une maison en Nikesinrue, ensom l'osteil Baduyn Mouchat, k'il ait aquasteit a Loransat lou bolengier, permei VI s. de cens, e. c. l. e. en l'a. lou d.

202 Renaldins de Lescey p. b. por les enfans lou Poscant de Lescey sus II pieces de vigne, s'an geist li une en Dulixe et li atre en Bouxonvigne encoste Martin, lou fil Renalt, k'il ait aquasteit as hoirs Colate de Lescey, en alluet, e. c. l. e. en l'a. lou d.

203 Colignons Fakols p. b. sus I jornal de vigne ou ban S. Martin, c'on dist ou Preit, et sus demey jornal ou mont, et sus demei jornal en Bernartxamelle, k'il ait aquasteit a Belleamic, la femme Richart Mauaiseteste d'Ars, permei XIIII sestieres de vin de cens, e. c. l. e. en l'a. lo d.

204 Et si p. b. ancor sus II pieces de vigne, s'an geist li une en la Bruere encoste la soie, et li atre en la Bruere arreis Drowat Guepe, k'il ait aquasteit a Poinsignon Chaneuiere d'Ars, en alluet, e. c. l. e. en l'a. lou d.

205 Jaikemins, li fils Howignon l'aman, p. b. sus III jornals de vigne ou lairis de Vals, k'il ait aquasteit a Jehan lou domixor de Lucey, en alluet, e. c. l. e. en l'a. lou d.

206 Jennas, li fils Howignon l'aman, p. b. por lui et por Poinsignon Chalon lou Jone et por Colin Cobert s. XXII s. de cens I d. moins, ke geisent sus II jornals de vigne ou ban de Plapeuille, dont an redoit aier XXIII d. a S. Simphorien, k'il ont aquasteit a Jakemin, lou fil Simonin Malglane, e. c. l. e. en l'a. lou d.

207 Colignons Tristans p. b. sus la maison Jaikemate la vieseire daier S. Sauor, dont il est tenans, permei teil cens com li maisons doit.

208 [1]) Abertins et Jehans, li enfant Tumelouf, p. b. sus V pieces de vigne ke geisent ou ban de Nonviant, k'il ont aquasteit a Thieriat lou pator do Nonviant, e. c. l. e. en l'a. lo d.

209 Jaikemins Faxins et Badares et Guersirias, seu dui frere, p. b. sus les V moies de vin ke li sires Renals dou Nuefchastel doit a Poinsignon, lou fil Vguignon Faxin, ke Poinsignons lor ait delivreit en plait, et e. c. l. e. en l'a. lou div.

---
[1]) *Nachträglich in die Zeile von 207 geschrieben.*

210 Willames de la Cort p. b. por la chiese Deu de S. Piere a Vout sus la moitiet de vi s. de premier cens ke geisent sus une maison en la rue S. Vy, ke Lowias li clers de Sanerie et Nainmeris Noiron tienent, ke maistre Adans, li fil Martenate la wantiere, ait doneit por Deu et en amone a la chiese Deu desor dite.
211 Hanelos Corbels p. b. sus tout l'eritage ke Odiliate, li femme Joffroit Corbel, avoit en toz les bans de Wappei, dont il est bien tenans, permei teil cens et teil droiture com toz li heritages doit.
212 Mahens Morel p. b. por la chiese Deu dou Tauple sus Cunegate de Rouserueles et sus ces enfans et sus lor biens, k'il ait aquasteit a Jaikemin Grifon et a Colignon de Mardeney et ai Ancillon Troche, e. c. l. e. en l'a. lou d.
213 Et si p. b. ancor sus Willame, lou fil Cunin lou fornier de Chastels, k'il ait aquasteit a Joffroit d'Amanvilleirs, e. c. l. e. en l'a. lou d.
214 Thiebaus li Mares p. b. por Justemont sus les xx s. et iii d. de premier[1]) cens ke geisent sus une maison en Chambieres, entre l'osteil Boiemont et Afelix, k'il ait aquasteit a Petitmaheu, e. c. l. e. en l'a. lou d.
215 Herbins li meutiers p. b.[2])
216 Colins li bolengiers de Porte Muselle p. b.
217 [3]) Jaikemins Marions p. b. sus ii jornals de terre ou ban d'Escey, et sus i jornal de terre sus Muselle, k'il ait aquasteit a Howenat, lou fil Poinsignon dou Pux, en alluet, et e. c. l. e. en l'a. lou d.
218 Filipins Tiguienne p. b. por S. Pieremont sus x s. de mt. de cens ke geisent sus une maison en la rue lou Voweit, encoste Hawit dou Tour, k'il ait aquasteit a Jennat et a Wiart, les ii avelas Wiart lou permantier, e. c. l. e. en l'a. lou d.
219 Poinsate de Moielain p. b.
220 Poinsignons Fakenels p. b.
221 Thierias, li fils signor Ancel, p. b.
222 Vguignons Coieawe p. b.

223* Ce sont li bans dou mey awast, en la mairie de Porte Muzelle, quant Hanris, li fils Poence de Strabour, fut maires de Porte

---

[1]) premier *ist übergeschrieben.*

[2]) *v. 1278, 327.*

[3]) *Von 217 und 218 sind die Namen der Antragsteller gleichzeitig mit 215—222 geschrieben, was auf p. b. folgt, ist später hinzugefügt.*

Muzelle, Felipius, li filz Felippe Tyguienne, maires de Porsaillis, Thiebaus Kabaic maires d'Outre Muzelle:

223 Li sires Thiebaus Fakenels p. b. sus xxv de mt. de cens ke geixent eu Sanerie sus la maison Jakemin Bernaige, apres les xxv s. de mt. do cens ke li maison li doit davanteriennemant, k'il ait aquasteit a Poence de Colloigne, a. c. l. e. en l'ai. lou d. [1]

224 Maheus Cockenelz p. b. sus teil partie com Jehans Deuamins ait en la maison en Chieuremont, ou li meire Perrin lou Moinne maint, et sus tout l'eritaige k'il ait en la marie de Porte Muzelle et ou ban de Flocort, por teil date com il ait sus, per escris en airche.

225 [2]) Thiebaus li Maires de Chambres p. b. sus xxx s. de mt. et II d. de cens k'il ait aquasteit a Theibaut, lou fil Watrin Gaillairt de Chanbres ke fut, dout il en geist xxv s. sus la maison ke fut Watrin Gaillairt, ke siet ancoste la maison Thiebaut meymes, et v s. et II d. sus teil partie d'eritaige com Colins Dowaires, ces serorges, ait de pair sa femme, c'on puet racheteir, les xxv s. por xxv lb. de feste[3]) S. Jehan Baptistre ki or vient en II ans, et les v s. et II d. por c s. et XL d., et e. c. l. e. en l'ai. lou d.

226 Weiris li arceneires p. b. sus une maison ke siet en Rimport, en la rowe de la Stuve, ke fut dame Goidela, k'il ait aquasteit a l'abbeyt et a covant de Villeirs, permey vIIII s. et vi d. et II chapons de ceus, s'en sont li vi d. et li dui chappons[4]) de premier cens, et e. c. l. e. en l'ai. lou d.

227 Goudefrois li Stous p. b. sus la maison ke fut Aurowin lou Verret, ke siet en Dairangerowe, ke li est escheute por teil cens com il avoit sus.

228 Thiebaus li Maires p. b. sus une maison ke siet ou Veuier, daier son osteit meymes, ou prestes Cloppins manoit, k'il ait aquasteit a signor Cunon lou preste et a signor Jehan, lou preste de S. Estene lou Depaneit, en alluet, et e. c. l. e. en l'ai. lou d.

229 Poensignons li muniers p. b. sus une maison ke siet en Chambres, sus lou tour dou Veuier, k'il ait aquasteit a Bauduyn lou tauor

---

[1]) *v. 1278, 362a.*
[2]) *Durchgestrichen.*
[3]) feste *übergeschrieben.*
[4]) *Von* vIIII s. *bis* chappons *auf Rasur.*

et a Luciate, sa femme, permei XIII s. de mt. de cens, et e. c. l. e. en l'ai. lou d.

230 Weirias, li filz Euriat de Vairney, p. b. sus IIII s. de mt. de cens III d. moins ke geixent sus la maison ke fut Hanrit lou boucheir, ke siet a pont Renmont, k'il ait aquasteit a Colignon Vairnetel, son serorge, e. com l. e. en l'ai. lou d.

231 Colins Mairasse p. b. sus de kant ke Jehans Mairasse, ces nies, avoit a Auancey et ou ban, en touz us et en tous prouz, k'il ait aquasteit a Jehan devant dit, en alluet, et e. com l. e. en l'ai. lou d.

232 Thomessins Richelas p. b. sus I meis ke geist deilay Vallieres, encoste son jarding meymes, k'il ait aquasteit a Steuenin Charbonel de Vallieres, permey XII d. de cens, et e. c. l. e. en l'ai. lou d.

233 Forkignous d'Erkancey p. b. sus tout l'eritaige ke fut lou signor Matheu d'Erkancey, c'est a savoir en preis, en chans, en vignes, en maisons, k'il ait aquasteit a Ailexate, la fille signor Simon Poujoize ke fut, en alluet, et a. c. l. e. en l'ai. lou d.

234 Androwas, li maires de l'ospital, p. b. por la chieze Deu de l'ospital S. Nicolais ou Nuefborc sus II s. de mt. de cens ke geissent sus une piece de vigne en Deseirmont, dezour S. Julien, k'il ait aquasteit a signor Abert, lou preste de S. Ferruce, a. c. l. e. en l'a. lou d.

235 Besselas, li maires de Vermiey, p. b. sus tout l'eritaige Aurowin, lou janre Garsat Massue, ke geist ou ban de Vermiey, en toz us, ke li est venus de part Garsat, son seur, k'il ait aquasteit ai Aurowin devant dit, permei teil cens et teil droiture com toz cist eritaiges doit, et e. com l. e. en l'ai. lou d.

236 Et si p. b. ancor sus tout l'eritaige ke Garsas Massue avoit ou ban de Vermiey, en toz us, k'il aquasteit a tans Mergueron, sa dairienne femme, k'il ait aquasteit a Garsat devant dit, permey teil cens et teil droiture com touz cist eritaiges doit, et a. com l. e. en l'ai. lou dvz.

237 Willames de la Cort p. b. sus XII d. et IIII chappons de premier cens ke geist sus la grainge Colin Teste, ke siet daier sa maison en Aiest, k'il ait aquasteit a Poujoize Coulon.

238 Marsilions Heilachair li muneirs p. b. sus la moitiet d'un molin ke siet sus Mozelle en Seueneteire, ke part a Jakemin Pallerin, k'il ait aquasteit a Jaikemin Pallerin, permey XV s. de cens ke li moitiez dou molin doit, et e. c. l. e. en l'ai. lou d.

239 Burtemins de S. Arnout, li filz Gerardin Guerlat, p. b. sus jor et demey, ke meis ke vigne, ke geist ou ban de Montigney, k'il ait aquasteit a Poensignon l'Oie, per mey vIII s. de cens, et e. com l. e. en l'ai. lou d.

240 Simonins Pajas, li filz dame Wielant, p. b. sus vI s. de mt. de cens ke geixent sus la maison Colin Coupeit et sus tout lou ressaige ki apant, ke siet a Vallieres, k'il ait aquasteit a Jehan, lou fil Hanriat de Maizelles ke fut, e. com l. e. en l'ai. lou d.

241 Yde li Tuxate de S. Julien p. b. sus une piece de vigne ke geist en la Donnowe, ancoste la vigne Poinsignon Blanchairt, k'il ait aquasteit a Hanriat lou Tawon, permey III angevines de cens, et e. c. l. e. en l'ai. lou d.

242 Li sires Jehans, li prestes de S. Esteuene lou Depaneit, p. b. por la confrairie des clars dou Grant Mostier sus IIII s. de mt. de cens ke geissent sus une maison ke siet sus Mozelle, k'il ait aquasteit a dame Ameline, la femme Remiat Jallee ke fut, et e. c. l. e. en l'ai. lou d.

243 Gillas Makaires p. b. por la chieze Deu de Chastillons et por les pucelles de la Vigne sus x s. de mt. de cens ke geixent sus la maison Nicolle lou meutier, ke siet en Dairangerowe, encoste la maison Pierelin de Chailley, dont v s. en sont la chieze Deu de Chaistillons, et li autre v s. sont les pucelles devant dites, ke dame Roze lor ait doneit por Deu et en amosne, e. com l. e. en l'ai. lou dvz.

244 Poensignons de la Tour li celliers p. b. sus teil partie com dame Contasse, li femme signor Vgon Coulon ke fut, avoit en la maison en Rimport, ke fut Thiebaut de la Tour, et sus teil partie com elle avoit en la maixeire ke siet a la porte a la Sals, k'il ait aquasteit a ley, permei teil cens com toz cist eritages doit, et e. c. l. e. en l'a. lou d.

245 Lowias, li filz Burtremin de la Tor ke fut, p. b. sus la maison et sus tout lou ressaige ki apant ke fut dame Roze, ke siet en Rimport, devant la soie maison meymes, k'il ait aquasteit as mainbors dame Roze, en alluet, et e. com l. e. en l'ai. lou d.

246 Et si p. b. ancor sus I stal ke siet en la halle des drapiers en Chambres, ke fut Jennat Wastel, k'il ait aquasteit a Thiebaut, lou fil Ancel de la Tor, et a Colignon Vairnetel, en alluet, et a. c. l. escriz en l'ai. lou d.

247 Richerdins li chavreiz de Chambres b. b. sus la pertie dou molin¹) Poinsate la forneire ke part a Herman, son janre, ke siet sus Muzelle, et sus les vIII s. de cens ke sont contrewaiges a molin devant dit, et sus la maison Poensate devant dite, ou li fours est, ke siet a la porte en Chambres, k'il ait en waige de Poinsate devant dite, a. com l. e. en l'ai. lou dvz., et dont il est tenans, per mei teil cens et teil droiture com touz cist eritaiges doit.

248 Petres Hauelinc de S. Julien p. b. sus une maison ke siet a S. Julien, encoste la maison Poinsignon Walleran, k'il ait aquasteit a Hanriat, lou doien de S. Julien, per mei teil cens et teil droiture com il en doit, et e. c. l. e. en l'ai. lou d.

249 Colignons, li filz Jennat Merchant, et Tyguienne, sa mairaistre, p. b. sus IIII s. et II d. de cens ke geixent sus la maison Merguerite ke vant lou pain devant Ste Creux, et sus v s. de mt. de cens ke geixent sus la maison Willanbaut devant Ste Creux, s'en redoit om arrier XLV d. et une augevine, et sus III s. et III d. de cens ke geissent sus la maison Froimont en Sanerie, arreiz la posterne, s'en redoit om arrier XVIII d., k'il ont aquasteit a Gerardin, lou freire Colignon devant dit, et a Jenat, lo fillaistre Lietal lo perm[an]teir, et e. con l. e. en l'a. lo [d.]

250 Jehans dou Nuefchaistel p. b. sus XIIII quartes de bleif et sus XIIII s. de mt. de droiture, c'est a savoir lou bleif moitiet fromant moitiet avoinne, ke geissent a²) Retonfayt, k'il ait aquasteit a Ferriat, lou fil Jaikemel Chiere, e. com l. e. en l'ai. lou dvz.

251 Lambers li feivres de Sanerie p. b. sus la maison ke fut Aburtin lou feivre, ke siet en Sanerie, k'il ait aquasteit a dame Aileit la Tirande, permey XXIII s. de mt. de cens, et e. c. l. e. en l'ai. lou d.

252 Soifiate, li femme Perrin de Cligney ke fut, p. b. sus une piece de vigne ke geist a Flanville, daier l'osteil Cokerel, k'elle ait aquasteit a Mariate, la femme Ancillon, lou fil Escelin de Flanville ke fut, permei I d. de cens, et e. c. l. e. en l'ai. lo d.

253 Burterans Gemelz p. b. sus les x livrees de terre ke Jaikemins li Peirche ait ou tonneur de Mes, dont Burterans est tenans,

---
¹) v. *1279, 203.*
²) ke geissent a *anf Rasur.*

ki est wageire a Nicolle Gemel et a Burteran, son fil, a. com
l. e. en l'ai. lou dvz. ¹)

5 Et est a savoir ke bans ke Burterans Gummes ait pris sus les
x livreies de terre ke Jaikemins li Perche ot ou tonneur de
Mes de pair demme Clemanse, sa femme, ne sont niant nuxant
ai²) Arnout, lou fil Jaikemin lai Peirche, s'est a savoir sus lai
moitiet des x livreies de terre ke sont venut consuant Arnout
10 de pair demme Clemanse, sai meire, ke geixe sus lou grant
tonneur de Mes. Sist bans furent aimandeit per droit, a tans
ke Huwes Graisecher fut maistres eschavins, ³) ke son dist per
droit per lui et per ses peirs.

254* Ce sont li bans dou mey awast. En la mairic de Porsaillis:
254 a) Jenas de Rouzeruelles p. b. por la chieze Deu de Moremont
sus VI lb. de mt. de cens k'il ait aquasteit a l'abbeyt de Belpreit, e. com l. e. en l'ai. lou d.

b) Et si p. b. ancor por la chieze Deu devant dite sus VIII s.
de mt. de cens ke geixent sus la stuve a Poncel, k'il ait aquasteit a Poensate, la fille Chalons, a. c. l. e. en l'ai. lou dvz.,
et cist cens est li premiers.

c) Et si p. b. ancor por la chieze Deu devant dite sus XXV s.
de mt. de cens ke geixent sus la maison ke fut Vguignon de
Lieons en Forneirue, k'il ait aquasteit a l'ercediacre Jehan,
lou fil signor Richairt de Sus lou Mur ke fut, et e. com l. e.
en l'ai. lou dvz.

d) Et sus XVIIII s. et demey de mt. de cens ke geixent sus lou
four daier l'osteil Jake Roucel, k'il ait ancor aquasteit a
l'ercediacre devant dit, e. c. l. e. en l'ai. lou d.

255 Jakemins Graitepaille p. b. por la chieze Deu des Proicherasses
sus une maison ke siet en Chaipeleirue, c'on apellet la cort de
Vy, et sus tout lou ressaige ki apant, dont elles sont tenans, ⁴)
k'il ait aquasteit a Colignon, lou fil Jaikemin lou Mercier ke
fut, per mey IIII lb. et XII d. de cens ke li maisons et toz li
ressaiges doit a Hanriat Lanbert,⁴) et e. c. l. e. en l'a. lou d.

---

¹) v. 1278, 321 und 358.
²) Für ai ist dasselbe Abkürzungszeichen gebraucht wie für et.
³) Huwes Graisecher war Schöffenmeister 1282. Der ganze Absatz von Et est a savoir an ist also erst in diesem Jahre hinzugefügt. Der Schreiber 10 fand hinter und unter 253 knappen Raum für seinen flüchtig geschriebenen Zusatz.
⁴) dont elles sont tenans und a Hanriat Lanbert übergeschrieben.

256 Esselins li chavreis p. b. sus ɪ stal en la halle des tanors ou Champ a Saille, et sus ɪ stal en la halle des tanors en Chanbres, et sus les vɪɪ s. de cens ke geixent sus ɪ stal des tanors ou Champ a Saille, k'il ait aquasteit a Jehan, lou fil Hanrit de Maizelles, en alluet, e. c. l. e. en l'a. lo d.
257 Et si p. b. ancor sus vɪ s. de cens ke geissent sus la halle des tanors ou Champ a Saille, k'il ait aquasteit a Colignon Foville, e. com l. e. en l'ai. lou d.
258 Jaikemins Peuchas et Colins, ces freires, et Jennas, li fis Teiriat de Quencey, et Garsas de Glatigney p. b. sus une piece de terre ke geist deleis la Tuxate, k'il ont aquasteit a Burtemin Froimont, permei teil droiture com ille doit, e. com l. e. en l'ai. lou d.
259 Goudefrins et Renals et Abertins et Arnous, li ɪɪɪɪ fil Abert des Aruolz, p. b. sus la grainge ke siet devant l'osteil Thiebaut de Florehanges, k'il ont aquasteit a Wichart de la Tour, permey xx s. de mt. de cens, et e. c. l. e. en l'ai. lou d.
260 Merguerons Blanche p. b. sus les v s. et demey une angevine moins de mt. de cens, k'il meymes dovoit sus une maison ke siet encoste Willebor, k'elle ait aquasteit a dame Nicolle de Sanerie, e. c. l. e. en l'ai. lou d.
261 Jenas Rollans p. b. sus une maison ke siet ensom lou meis· Sainte Glossenain, k'il ait aquasteit a dame Guiselate et a Bague lou tonneleir, permey vɪɪ s. de mt. de cens, et e. con l. e. en l'ai. lou d.
262 Colignons Vilains p. b. por la chieze Deu de Nostre Dame as Chans sus la maison ke fut Jakemin Chamcure et sus tout lou ressaige ki apant, ke siet daier Nostre Dame, ke li est delivree per droit et per jugement por lou cens k'il avoient sus.
263 Isambairs li permanteirs p. b. sus une maison ke siet daier S. Euchaire, k'il ait aquasteit a Bertran lou tanor dou Champel, permey xvɪɪɪ s. de mt. de cens, et e. com l. e. en l'ai. lou d.
264 Wichars de la Cort p. b. por les chaingeors sus une maison ou Waide, ke Pieressons Rohairs li boulangeirs tenivet a cens des chaingeors, k'il lor ait aquiteit por lou cens k'il lor dovoit.
265 Steuenins li Bagues de S. Clemant p. b. sus une maison ke siet a S. Clemant, k'il ait aquasteit a Nenmerit Tauerne de S. Clemant, permey teil cens com ille doit, et a. c. l. e. en l'ai. lou dvz.
266 Henmonas de S. Clemant p. b. sus une piece de vigne ke geist

daier lou chakeur S. Thiebaut, ou ban S. Clement, k'il ait aquasteit a Pierisson Amon, permei teil cens com ille doit, et a. c. l. e. en l'ai. lou d.

267 Howignons, li fis Simonin de Werrixe, p. b. sus une maison ke siet areiz l'aitre S. Eukaire, k'il ait aquasteit a signor Jaike, lou preste de S. Medart, et a signor Weirit, preste de S. Leuier, ke sont maistre des sansals les prestes barrochas de Mes, per mey teil cens com ille doit, et e. c. l. e. en l'a. lo d.

268 Baudowins li cherriers p. b. sus jor et demey de terre ke geist en Mallemairs, k'il ait aquasteit a Aurowin Herbert, permey III mailles de cens, et a. com l. e. en l'ai. lou d.

269 Jenins de Chaistelz p. b. sus une piece de terre ke geist en la fin de Borgney, sus lou preit, k'il ait aquasteit a Colignon, lou fillaistre Jennat d'Abigney, permey I d. de cens, et a. c. l. e. en l'ai. lou d.

270 Lietals, li fils Jaikemin Herman, p. b. sus une maison ke siet en la rowe des Allemans, k'il ait aquasteit a Lorate, la femme Lowiat lou wastelier, et a ces anfans, permey XII s. de mt. de cens, et a. com l. e. en l'ai. lou dvz.

271 Howins de Herney p. b. sus lou tiers de la maison ke fut Jarran, ke siet en som la maison Burteran Galle, k'il ait aquasteit a Steuenin, son janre, permei teil cens com il en doit, et a. c. l. e. en lai. lou d.

272 Ancillons de Wermeranges p. b. por lui et por Steuenin lou boulangier et por Ancillon lou boucheir sus la vigne ke geist a weit sus la Greiue, et sus IIII s. III d. moins de cens ke geissent en Chapponrue sus la maison maistre[1] Watier, ke lor est delivres per droit et per jugemaut, por tant com il avoient sus, per escris en arche.

273 Lorans de Luckenexi p. b. sus une maison ou Haut Champel, devant l'osteit Jennat Chauin, k'il ait aquasteit a Perrin, lou fil Jaikemate la vieceire, permey teil cens com ille doit, et e. com l. e. en l'ai. lou d.

274 Jenas Noirons p. b. sus XVII jornalz de terre areure ke geixent entre Saille et Muzelle, ou ban de Mairley, k'il ait aquasteit a Theiriat, lou janre Jehan Chadeire, permei teil cens com il doient, et k'il li ait laissiet a moitiet, e. c. l. e. en l'ai. lou d.

---

[1] maistre *übergeschrieben.*

275 Huairs d'Ernaville p. b. sus une piece de vigne en Rollantmont, k'il ait aquasteit a dame Sefie, la femme Colin Merchant ke fut, permei teil cens com ille doit, et e. com l. e. eu l'ai. lou d.
276 Richars Warennes p. b. sus une piece de vigne ke geist en Rollantmont, k'il ait aquasteit a Jennat Bockere et a sa seror Ailesate, en alluet, et e. com l. e. en l'ai. lou d.
277 Goudefrins li parmanteirs p. b. sus 1 stal ke siet en la halle des parmanteirs, encoste la maison ke fut Baudowin Louve, k'il ait aquasteit a Lietal lou parmanteir, e. c. l. e. en l'ai. lou dvz.
278 Thiebaus Fakenels p. b. sus 1 preit ke geist dezous Cuuerey, ke fut signor Pieron de la Fosse, ke part a Jennin Gracial, k'il ait aquasteit a signor Lowit de Jandelencort, en alluet, et e. c. l. e. en l'ai. lou d.[1]
279 Jebans Mairasse p. b. sus 1 jornal de vigne ke geist en la Douceawe, k'il ait aquasteit a Jennat, lou fil Weiriat Chabosse, en alluet, et e. c. l. e. en l'ai. lou d.
280 Et si p. b. ancor sus une maison ke siet ou Haut Champel, k'il ait aquasteit a Jennat Brusadel, permey xxviii s. de mt. de cens, et e. c. l. e. en l'a. lou d.
281 Mathions de Conmersey p. b. sus 1 stal ke siet en la halle des parmanteirs, encoste la maison ke fut Bauduyn Louve, k'il ait aquasteit a Colignon Tristan, permey teil cens com il en doit, et e. c. l. e. en l'ai. lou d.
282 Colles Gomerels et Jennas Clemignons p. b. por la confrairie dou Tortis dou cors Deu de S. Seplixe sus iiii s. de mt. de cens k'il meymes dovoient a Sefiate, la fille Rikart lou cherpanteir, k'il ont aquasteit a ley, e. c. l. e. en l'ai. lou d.
283 Collins Ruece p. b. sus la maison Wernier lou feivre, ke siet sus lou Mur, et sus tout lou ressaige ki apant, ke li est delivree per droit et per jugement, por tant com il li doit, l'escrit en l'arche, et permey teil cens com li maison doit.
284 Maienssate de Montois p. b. sus vii s. de mt. de cens k'il ait aquasteit a Theiriou de Fakemont, sus sa maison en Chapponrue et sus tout lou ressage ki apant, apres v s. de cens ke li maison doit davanterienemant, e. c. l. e. en l'ai. lo d.
285 Coenrairs de la Vigne S. Avol p. b. sus teil aquast com il ait fait sus lou sorplus ke li maison Jakemenel lou tanor valt,

---
[1] v. *1278, 539.*

apres ceu ke Teirias de Lieons ait sus, per escrit en airche, ke sont delivreit a Coenrairt devant dit per droit et per jugemant.

286 Jehans li bolangeirs p. b. sus une maison outre Saille, devant la Triniteit, k'il ait aquasteit a Arambour, la femme Simonin Frexure, permei xi s. de mt. de cens ke li maison doit a Ste Glossenain, et e. c. l. e. en l'ai. lou d.

287 Theirias de la Stuve, li serorges Colin Poirel, p. b. sus la maison ke fut Colin la Chieure, ke siet ou Champ a Saille, k'il ait aquasteit a Burteran Gemel, permey xlviiii s. de mt. et iii d. de cens, et a. com l. e. en l'ai. lou d.

288 Poencignons de Raigecort li Gros p. b. sus la maison d'Andrevals et sus lou meis et sus kant ki apant, ke li est delivres per droit et per jugement encontre Poinsate, la fille Jaikemin la Peirche, por tant com Poinsate li doit, per escris en airche, et permei vi d. de cens ke cist eritaiges doit.

289 Witiers Lambers p. b. sus iiii s. et demey de mt. de cens ke geissent sus ii pieces de vigne en Planteiz, encoste lou champ Steuenin, lo fil Weiriat lo maior de S. Clemant, k'il ait aquasteit a Willemin Languedor, e. c. l. e. en l'ai. lou d.

290 Joiffrois Gerairs p. b. sus une piece de vigne ke geist a Awigney, ou ban de la Craste,¹) k'il ait aquasteit a Jennat de Coloigne, permei teil cens com il en doit, et e. c. l. e. en l'a. lo d.

291 Baudowins de Flocort p. b. sus une piece de vigne ke geist daier la maison Blowel, et sus i preit en la Nowe, et sus ii pareiz et la terre dezous ke geisent ou ban de Merdenei, k'il ait aquasteit a Teiriat Glorieul, permei teil cens et teil droiture com toz cist eritaiges doit, et e. c. l. e. en l'ai. lou d.

292 Ferrias Chielairon p. b. sus ii jornalz de vigne ke geissent outre Saille en Glorieul, k'il ait aquatseit a Ancillon, lou fil Jehan l'Allemant, permey xx d. de cens, et e. com l. e. en l'ai. lou d.

293 Poencignons Chalons li Jones p. b. sus Weiriat lou Bossut lou bergier, k'il ait aquasteit a Bauduyn Mairasse, en alluet, et e. c. l. e. en l'ai. lou d.

294 Colins Lowis p. b. sus la maison ke fut Ruecelin lou bolangeir, ke siet ou Haut Champel, ke li est delivree per droit et per

---

¹) *Von* Joffrois *bis* Craste *auf Rasur.*

jugement, por les xxv s. de mt. de cens ke li maisons et li ressaiges li doit.

295 Colins Janremaire p. b. sus une piece de vigne ke geist en la Douceawe, et sus une piece de vigne en Baipame, ke li sont delivrees en ain et en fons, permey teil cens com il en doit.

296 Willames Mairasse p. b. sus la maison ke fut Jaikemin lou Moinne, ke siet outre Saille, encoste la maison lou signor Howe Bairbe, k'il ait aquasteit as mainbors Jehan Bugle, permei teil cens com il en doit, et e. c. l. e. en l'ai. lou d.

297 Soiffiete, li femme Perrin Mairasse ke fut, p. b. sus xvIII d. de cens k'ille meismes dovoit a dame Nicolle de Sanerie, sus la maison Piereson Raijat ke fut, k'il ait aquasteit a dame Nicolle devant dite, e. c. l. e. en l'a. lou. d.

298 Pierissons Rochefors p. b. sus vII s. de mt. IIII d. moins de cens ke geixent sus une maison ke siet en Maizelles, et sus III jornalz et demey de vigne ke geixent a Awigney, k'il ait aquasteit a Ancillon, son freire, permei teil cens com il en doit, et a. c. l. e. en l'ai. lou d.

299 Jennas Ailleris p. b. sus une maison ke siet en Furneirue, ensom la maison les enfans de Gerney, qu'il ait aquasteit a Jakemin Bernaige lou clarc, permey xxvIIII s. de mt. de cens et e. c. l. e. en l'ai. lou d.

300 Hanrias Maixefer p. b. sus une maison ke siet en Furneirue, encoste la maison Jennat Aillerit, k'il ait aquasteit a Jakemin Bernaige lou clarc, permey L s. de mt. de cens, et e. com l. e. en l'ai. lou d.

301 Burtelos li celleirs p. b. sus une maison ke siet en Furneirue, encoste la maison Hanriat Maixefer, k'il ait aquasteit a Jakemin Bernage lou clarc, permey LXIIII s. de mt. de cens, et e. c. l. e. en l'a. lou d.

302 Laubers de Heu p. b. sus une maison ke siet en Furneirue, encoste la maison Burthelo lou cellier, k'il ait aquasteit a Jakemin Bernaige lou clarc, permey LX s. de mt. de cens, et e. c. l. e. en l'ai. lo d.

303 Gillas Haikes p. b. sus III stalz ke geixent en la vies halle des draipiers en Vizignuel, encoste la halle des permanteirs, do[n]t il eit aquasteit les II a Mathion Malroit et l'autre[1]) a Jakemin lou taileir, permey lor avenant de vI d. de cens ke tote li halle doit, et a. c. l. escrit en l'ai. lou devizent.

---

[1]) dot il eit *auf Rasur*, les II *und* l'autre *übergeschrieben*.

304 Jaikemins li tailleirs p. b. por la chieze Deu de l'Ille en Berrois sus x s. de mt. de cens ke geissent sus II maisons en Chapponrue, k'il ait aquasteit a Matheu Roguenel, e. com l. e. en l'ai. lou d.

305 Theirias li chaucieres p. b. sus une maison ke siet encoste lui meymes, ke fut Garseriat lou tonneleir, k'il ait aquasteit a Garseriat devant dit et a Domenion, sa femme, permei xxv s. de cens, et e. c. l. e. en l'a. lou d.

306 Pierairs, li fis Garserion Bouchat, p. b. sus I jornal de vigne ke geist outre Saille a chamin, k'il ait aquasteit a Jennat Menne, en alluet, et e. c. l. en l'ai. lou dvz.

307 Colignons Fakols p. b. sus IIII pieces de terre areure ke geixent en Cunonpreit ou ban de Mairley, et sus la moitiet d'un preit encoste ceste terre meymes, ke pairt a la dame de Vy, k'il ait aquasteit a Hanriat de Longeville et a Oleuier, son freire, et a Violate, lor seror, permey teil cens com ceste terre doit, et e. c. l. e. en l'ai. lou d.

308 [1]) Colignon Roillons p. b. sus XVI jornalz de terre areure ke geixent en la fin de Flirey dezour Houwaville, k'il ait aquasteit a Gerardin la Quaille de Tichiemont, permei teil droiture com il en doit a S. Arnout, et e. c. l. e. en l'ai. lou d.

309 Felipins li Gronnais p. b. sus les XVII s. de mt. IIII d. moins de cens k'il meymes dovoit sus sa maison ke siet a la Posterne, ke fut Maheu Moretel, k'il ait aquasteit a Arnout Noiron et a Merguerate, sa suer, les II anfans Jennat Coldoie ke fut, e. c l. e. en l'ai. lou d.

310 Panteconste, li fille Guenordin lou Grais ke fut, p. b. sus teil partie com Burtignons et Abillate, li anfant Hanriat Bataille, avoient en la maison ke siet ancoste l'aitre de S. Seplixe, k'ille ait aquasteit as enfans devant dis, permey teil cens com il en doit, et e. com l. e. en l'ai. lou d.

311 Thiebaus Baizins p. b. sus teil pertie d'eritaige com il li est escheus de pair Anel, sa femme, la fille Maheu Jeuwet; c'est a savoir en chans, en preis, en vignes, en bois, en maisons, en jardignes et en cens, et en tout autre eritaige keilz k'il soit.

312 Jennas Chauressons p. b. sus une piece de terre ke geist ou ban de Perthes, k'il ait aquasteit a Wiairt Cher, permey III d. de cens, et e. c. l. e. en l'ai. lou d.

---

[1]) *Der Eintrag gehört in die Liste der Mairie Outre Moselle, ist aber irrtümlich hier eingetragen infolge Verwechslung von Fleury bei Jonaville mit Fleury bei Pouilly.*

313 Hanrias, li filz Wibour de Grisey, p. b. sus II jornalz de terre ou ban de Grisey, k'il ait aquasteit a Goubert lou cherpanteir, permey I d. de cens, et e. c. l. e. en l'ai. lou d.
314 Renalz li clars, li fils Fakignon[1]) de Vy ke fut, p. b. sus XXII d. de cens ke geissent sus la maison ke fut Adan la Velle, k'il ait aquasteit a dame Nicolle de Sanerie, e. c. l. e. en l'ai. lou d.
315 Dame Nicolle, li femme signor Jehan lou Truant ke fut, p. b. sus VII s. de mt. de cens ke geissent sus la maison de la Triniteit et sus tot lou ressaige, ke siet outre Saille, k'il ait aquasteit a dame Nicolle de Sanerie, e. c. l. e. en l'ai. lou d.
316 Li sires Weiris Bairbe p. b. sus la moitiet de la vowerie dou ban de S. Pieremont, k'il ait aquasteit a Renaldin, lou freire signor Abert d'Ottonville, e. con l. e. en l'ai. lou d.[2])
317 Et si p. b. ancor sus XII jornalz de vigne ke geissent on ban S. Pol a Airey, k'il ait aquasteit a Gerardin Chairlat d'Airey, e. com l. e. en l'ai. lou d.
318 Pieresons Karitalz p. b. sus VI s. de mt. de cens ke geissent a devalleir de Sanerie sus maisons et sus maixeires, k'il ait aquasteit a dame Nicolle de Sanerie, e. c. l. e. en l'ai. lou d.
319 Jaikemins Mouretelz p. b. sus une piece de vigne en Rollantmont, k'il ait aquasteit a Lowiat lou Vilain, permey trois augevines de cens, et e. com l. e. en l'ai. lou d.
320 Colignons Merchandelz et Tiguienne, sa maraistre, p. b. sus V s. de mt. de cens ke geissent sus l'osteit Garsseriat de Prenoit en Staixons, k'il ait aquasteit a Gerardin, son freire, et a Jennat, lou fillaistre Lietalt, e. c. l. e. en l'ai. lou d.
321 [3]) Burterans Gemelz p. b. sus les X livrees de terre ke Jaikemins li Peirche ait ou tonneur de Mes, dont Burterans devant dis est bien tenans, ki est wageire a Colin Gemel et a Burteran, son fil, a. com l. e. en l'ai. lou d.
322 Jehans de la Cort p. b. sus kant ke dame Odelie, li fille Poencin Bellegree, et Theirias, ces filz, avoient a Chaupel d'eritage et ou ban, an toz us, et en kant ki apant, et sus kant k'il avoient d'eritaige ke geist delai Airey, k'il ait eschaingiet a ous, a. c. l. e. en l'ai. lou d.

---

[1]) *Vorlage* Frankignon, *aber 1278, 56, 1279, 79, 466, 1281, 70 ist* Renalz *als Sohn des* Fakignon de Vy *bezeichnet.*
[2]) *r. 1278, 90.*
[3]) = *1278, 253, 1. Absatz und 358.*

323 Howas¹) d'Estons li cordeweniers p. b. sus la maison en Staixon et sus tout ceu ki apant ke fut dame Ruece de Jeurue, k'il ait aquasteit a Jehan, lou fil Burtadon Pietdeschaus, permey xxx s de mt. de cens, et e. c. l. e. en l'ai. lou d.

324 ²) Vilains de Chambres p b.

325 ³) Nainmeris li merchans de Davant Sainte Creux p. b. sus la maison ke fut Hanrit lou Saive, ke siet en Staixons, k'il ait aquasteit a Burtignon et a Thiebaut, son freire, les anfans Hanriat devant dit, en alluet, et a. c. l. e. en l'ai. lou d.

326 Gerairs Patillon d'Airs p. b.

327 ⁴) Herbins li meutiers p. b.

328 Jenas Pouchas p. b. sus IIII jornalz de terre areure ke geixent a la Pixate sus lo rut de Maizelles, k'il ait aquasteit a Burtemin Froimont, ke maint a S. Arnout, permei teil droiture com il doient, et e. c. l. e. en l'a. lou d.

329 Jehans li Gronnais et Simonins Papemiate p. b.

330 Garssirias Faixins p. b.

331 Garssirias Faixins ancor p. b.

332* Ce sont li ban de la mey awost. En la marie d'Outre Moselle:

332 Maheus Cokenels prant bans sus teil partie com Jehans Deuamins ait en la maison en la ruelle davant lou Mostier, et sus III jornal de vigne ou Desert deleis Tignomont, ke furent Jehan Bellebarbe, dont il est tenans, por sa date k'il i ait, per escris en arche.

333 Thiebaus li Mares p. b. sus une piece de vigne ou an contet IIII jornals, daier lou mostier a Siey, encoste Thiebaut de Florehanges, k'il ait aquasteit a signor Bertran de Montois, en alluet, e. com l. e. en l'a. lou d.

334 Withiers Lambers p. b. sus IIII s. de mt. de cens ke geisent sus une grainge davant lou molin a Wapey, et sus I jornal de terre ki apant a la grainge, k'il ait aquasteit a Ysabel, la fille Jennecat Bruainne, e. c. l. e. en la. lou d.

---

¹) Lowias *durchgestrichen*, Howas *übergeschrieben*.

²) *Die Zeilen von 324, 326, 327, 329—331 sind nicht ausgefüllt, hinter 326—329 ist ausserdem je eine Zeile freigelassen, hinter 331 zwei.*

³) = *1278, 474, dort aber com Schreiber durchgestrichen, als er merkte, dass er es hier schon eingetragen hatte.*

⁴) *1278, 469 ist der Eintrag erfolgt.*

335 Maheus Bertadons p. b. sus XII s. de mt. de cens ke geisent sus l'osteil Ysambart lou corvesier outre Moselle, k'il ait aquasteit a dame Nicole de Sanerie, e. c. l. e. en l'a. lou div.
336 Jaikiers de Nonuiant li amans p. b. sus IIII moies et demeie de vin a mostaige de cens ke Jennas li Lous d'Ars avoit a Nonuiant, k'il ait a lui aquasteit, e. c. l. e. en l'a. lou div.
337 Bertadons Piedeschals p. b. sus toutes les terres areuses ke dame Contasce, li femme Steuenin Beart, ait eñ Chambieres, k'il ait a ley aquasteit, e c. l. e. en l'a. lou div.
338 Ferrias Fessals p. b. sus II jornals de terre ke geisent ou ban de Jerney, en pesses, deleis Pouxenate de Jerney, k'il ait aquasteit a Gerardin Muerdameir de Jerney, permey II. d. de cens, e. c. l. e. en l'a. lou d.
339 Jakemins li Jals, li fils Colenat de Vy, p. b. sus la maison signor Anchiet d'Amance, davant l'osteil l'arcediacre Werrit, k'il ait aquasteit a l'abbeit de S. Arnolt et a signor Jaike, prior de Lay, en alluet, e. c. l. e. en l'a. lou d.
340 Annels, li fille Colin Bailerel, p. b. sus une maison en la rue lou Voweit, encoste l'osteil Stroimarchiet, et sus tout lou resage, k'elle ait aquasteit a Gillat lou corvesier, permey XVI s. de cens, e. c. l. e. en l'a. lou d.
341 Colignous, li fils lou Barroit, p. b. sus une maison en Franconrue, entre l'osteil la femme Guerart et Perrin lou taillor, permey X s. de cens, et sus les II s. de cens ke li meis daier la maison doit, k'il ait aquasteit a Waterin l'Apostole, e. c. l. e. en l'a. lou d.
342 Guersirias, li fils Wernier Keutepoire de Chastels, p. b sus IX jornals te terre ke geisent en la fin de Chastels, ke furent Frankin, k'il ait aquasteit a Colignon, lou fil Frankin, et a Poinsignon Pouchet, permei teil cens com li terre doit, e. c. l. e. en l'a. lou d.
343 Ancels li feivres de Chacey p. b. sus une maison a Porte Serpenoise, encoste l'osteil Champaigne, k'il ait aquasteit ai Abert lou feivre, permei XX s. de cens, e. c. l. e. en l'a. lou d.
344 Fakignous de Longeuille p. b. sus demei jornal de terre ou ban de Siey, encoste Jakemat lou Couperel, k'il ait aquasteit a Jakemin, lou fil Burtemin de Longeuille, en alluet, e. c. l. e. en l'a. lou d.
345 Poinsignons de Ragecort li Gros p. b. por la chiese Deu de Chaherey sus I jardin a Chastels, daier lou chakeur S. Sauor,

k'il ait aquasteit ai Euriat lou Chien, permei x d. de cens, e. c. l. e. en l'a. lou d.

346 Poinsignons Peuchas p. b. sus une grainge et une chamineie et sus lou meis davant l'osteil Thiebat a Chastels, et sus la moitiet d'un meis en Vazelles, et sus la vigne en Aleuals et lou meis en Pixevaiche, k'il ait aquasteit as hors Frankin de Chastels, permey teil cens et teil droiture com il en [doit.]

347 Et si p. b. ancor sus jor et demey de terre en II pieces ke geisent en la Forterre et ou mont dexous ou ban de Haboinville, k'il ait aquasteit a Willemat, lou doien de Chastels, e. c. l. e. en l'a. lou d.

348 Perrins, li fils Remion l'Apostole, p. b. sus une piece de terre ke geist encoste la femme Poinsignon de la Barre et Clariet, et sus une piece de vigne a la Piere, encoste lou prevostel et Ste Creus, et sus une maison en Francourue, ou ces peres menoit, k'il ait aquasteit a Waterin, so[n] frere, permey teil cens com li eritages doit, e. c. l. e. en l'a. lou [d.]

349 Bertrans Clarambaus p. b. sus III pieces de terre ou an contet IIII jornals, ke geisent ou ban de Plapeuille, k'il ait aquasteit a Poinsignon, son frere, en alluet, e. c. l. e. en l'a. lou d.

350 Ermanjars, li femme Howe de Verdun, p. b. sus la maison et sus lou resage ke fut Jennat Jordin, ke siet en la rue lou Voweit, k'elle ait aquasteit a Wiart lou permantier et a Wiardin et a Jennat, permei xv s. de cens, e. c. l. e en l'a. lou d.

351 Poinsignons Mauesius p. b. sus VI s. de mt. de cens k'il ait aquasteit a Jennat et a Jakemin, les II fils Howeson lou bolengier, ke geisent sus lor maison ensom Viez Bucherie, et e. c. l. e. en l'a. lou d.

352 Colignons Marchaus et Tiguienne, sa mairaistre, p. b. sus XXXIIII s. de cens ke geisent sus la maison Vausant davant lo Grant Mostier, k'il ont aquasteit a Gerardin, lou frere Colignon desor dit, et a Jennat, lou fillaistre Lietal lou permantier, e. c. l. e. en l'a. lou d.

353 Renals li chamberlains p. b. por la chiese Deu des Grans pucelles en la Vigne sus III pieces de terre ou an contet XXIX jornals, ke geisent davant lou pont des Mors, k'il ait aquasteit a Jaikemin Gratepaille, permei XXIIII quartes de bleif de cens, e. c. l. e. en l'a lou d.

354 Richars, li freres Xerbot, p. b. sus une maison ke siet ou clols

S. Marcel, ke fut Piereson de Longeville, k'il ait acensit a Maheu Cokeuel, permei x s. de mt. chac'an, e. c. l. e. en l'a. lou div.

355 Nicoles li Gronais et Jaikemins, li mares S. Vicent, p. b. sus II jornals de vigne ke geisent ou ban de Longeuille, k'il ont aquasteit a Hanriat Chiuelier et a Ollivier, son frere, et a Violate, lor suer, les III enfans Jennat Wason de Longeuille, en alluet, et e. c. l. e. en l'a. lou d.

356 Maistres Nicoles Morels li avocas p. b. sus lou quart de la maison ke fut l'official Werit, ke siet davant l'osteil Jehan Noixe, permei teil cens com il doit, et sus XXII s. de cens ke geisent sus l'osteil Nainmerit lou cherpentier en Nikesinrue, k'il ait aquasteit a Jennat Morel, son frere, e. c. l. e. en l'a. lo[u d.]

357 Pieresons li bolengeirs d'Anglemur p. b. sus la maison ke fut Abertin Rohart en Anglemur, k'il ait aquasteit à Jehan Barbe, permei x s. de cens, e. c. l. e. en l'a. lou d.

358 ¹) Bertrans Gemels p. b. sus les x livreies de terre ke Jaikemins li Peirche ait ou tonneur de Mes, dont Bertrans est tenans, ki est wagiere a Nicole Gemel et a Bertran, son fil, e. c. l. e. en l'a. lou d.

359 ²) Pieresons Premey p. b.

360 ³) Abertins li chapeliers p. b.

361* Ce sont li bans dou vintisme jor de noiel. En la mairie de Porte Muzelle:

361 Li sires Thiebans Fakenelz p. b. sus la maison Willemin Gillebert ke siet ou Tonboif et sus kant ki apant, ke li est delivre per droit et per jugement, per mey les x s. de mt. de premier cens, ke li sires Jehans de la Cort et Willame[s],⁴) ces freires i on[t.]⁴)

362 a) Et si p. b. ancor sus xxv s. de mt. de cens k'il ait aquasteit a signor Poenson de Colloigne, ke geixent sus la maison ke Jaikemins Bernaiges tient, ke siet en Sauerie, apres les xxv s. de mt. de cens ke li sires Thiebaus i avoit davanterienemant, et a. com l. e. en l'ai. lou d.⁵)

---

¹) = 1278, 253, 1. Absatz und 321.
²) Durchgestrichen, Zeile nicht ausgefüllt.
³) Zeile nicht ausgefüllt.
⁴) Rand beschädigt. ⁵) c. 1278, 223.

b) Et si p. b. ancor sus l'eutisme de Flanville et sus kant ke Nenmerias, li fils Jennat Lohier, avoit d'eritage ki apant a ban de Flanville, k'il ait aquasteit a Nenmeriat devant dit, e. com l. e. en l'ai. lou d.¹)

363 Burterans Clairambaus p. b. sus la maison Hanrit lou poxour, lou fil Richairt d'Erkancey ke fut, ke siet a Arcancey, et sus kant ki apant, et sus IIII omeies de vigne ke geixent outre Rut ou ban d'Ercancey, k'il ait aquasteit a Hanrit devant dit, permey II d. de ceu[s ke li] maison do[it], a. c. l. [e.] en l'ai. [lou d.]²)

364 Jaikemins, li filz Ferrit de Nowesseville, p. b. sus I jornal de vigne en Bouwelz, k'il ait aquasteit a Waterat Hallegoutin, permey teil droiture com il en doit, et e. com l. e. en l'ai. lou d.

365 Howignons, li fils Symon de Nowesseville, p. b. sus une maison a Nowesseville, encoste la maison Cherdel Baiegoule, k'il ait aquasteit a Arnout, lou fil Watier de Nowilley ke fut, en alluet, et e. com l. e. en l'ai. lou d.

366 Renalz li chamberlains p. b. por la chieze Deu des Grans pucelles de la Vigne S. Marcel sus jor et demey de vigne ke geist a Poncel sus Muzelle, ke fut dame Merguerite Roze, k'il ait aquasteit as mainbors dame Merguerite, en alluet, et a. c. l. é. en l'a. lo d.

367 Gillas li clars, li filz Theirit lou Janre ke fut, p. b. sus tout l'eritaige Watrin Lousce, ke geist ou ban d'Aiees, k'il et Yzaibelz, sa femme, li ont aquiteit por la date k'il li doient, a. c. l. e. en l'ai. lou dvz., et permey teil cens com li eritaiges doit.

368 ³) Jaikes Rouscelz p. b. sus XXX lb. de mt. de cens k'il ait aquasteit as maistres et as convers et as malaides et a touz ceulz de S. Laidre, ke geissent sus kant k'il ont a Florey et ou ban, en toz us, et sus les cences k'il ont dedens Mes et fuers de Mes, et a. c. l. e. en l'ai. lo [d.]

369 Abers li Xauins et Hanrias Burnekins p. b. sus XL s. de mt. de cens ke geissent sus de kant ke Burtadons, li filz lou signor Abert lou xaving ke fut, ait a Glatigney, k'il ont aquasteit a lui, e. com l. e. en l'ai. lou d.

---
¹) *v. 1278, 545.*
²) *Rand beschädigt.*
³) *= 1278, 559 und 657.*

370 Jehans, li filz Poinsignon de la Bairre ke fut, p. b. sus la piece de vigne sus Muzelle c'on dist Vievigne, dezouz Mons[1]) la grainge signor Thiebaut Fakenel, ou om contet v jornalz, ke geist entre la vigne Felipin Potut et la vigne Thiebaut Razeure, ke fut Besselin dou Rait, et sus lou jornal de vigne ke geist a Arambatro c'om fait a moitiet a ennees, ke geist entre la vigne Jenin de la Tour ke fut et la vigne S. Nicolais de l'ospital ou Nuefborc, et sus demey jornal de vigne c'om fait a moitiet a ennees ke geist a la Rochelle, ancoste la vigne les signors de S. Sauour, ke furent Burtignon lou clarc, lou fil Lowiat de Chaistelz ke fut, k'il ait aquasteit a Howignon Fernagut, lou mainbour Burtignon devant dit, permey teil cens com toz li eritaiges doit, et a. c. l. e. en l'ai. lou d.

371 Ancelz li Waigne de Vallieres p. b. sus demey jor[2]) de vigne ke geist en Beustairtterme entre Vantous et Vallieres, k'il ait aquasteit a Goudefrin, lou fil Lowion de Vallieres, e. com l. e. en l'ai. lou d.

372 Poinsate, li femme Jehan de Metri, et Poencignons, ces fillaistres, p. b. sus teil partie com Lowias, li filz Hanrit lou cherpanteir, avoit en la maison ke fut Hanrit, son peire, ke siet en Rimport, encoste lou chakeur la femme Poinsignon de la Paillole, k'il ont aquasteit a Lowiat devant dit, permey II d. de cens, et e. c. l. e. en l'ai. lou d.

373 Garsserias, li filz Hanrit Luckin ke fut, p. b. sus II s. de mt. de cens ke geissent sus l'osteit Burteran Graiuisce lou clerc, encoste l'ospital en Chambres, k'il ait aquasteit a Vguignon, son freire, e. com l. e. en l'ai. lou d.

374 Felipins, li filz Felipe Tiguienne, p. b. por la chieze Deu de S. Pieremont sus la maison ke fut Domanjat Rayx, ke siet a chief dezous Bucherie a Porte Muzelle, encoste la maison Hanriat Rikeut, ke lor est delivre per droit et per jugement, por les XL s. de mt. de cens ke li maison lor dovoit, et permey teil cens com li maison doit davanterienement.

375 Colignons Poietelz p. b. sus III jornalz de terre ke geist a Antilley, deleis lou poncel, et sus une cowe de preit ke geist a Antilley, k'il ait aquasteit a Simon et a Colignon, son fil, en alluet, et e. com l. e. en l'ai. lou d.

---

[1]) v. 1285, 312 sus Mozelle en droit Mons, desous la grainge signor Thiebaut Fakenel.

[2]) Verbessert aus jor et demey.

376 Thieles li Allemans p. b. sus II pieces de vigne ke geissent en Braivigne, ke muevent de la costerie, ou om conteit jour et demey, k'il ait aquasteit a Aburtin et a Thomessin, les anfans Richairt de Nowesseville, permei teil droiture com les II pieces de vigne doient, et a. c. l. e. en l'ai. lou d.

377 Guerairs d'Ais, ke maint en Rimport, p. b. sus II pieces de vigne ou om contet II jornalz, ke geixent dezour la Pasture a S. Julien, encoste la vigne les Cordelieres d'une part et d'aute, k'il ait aquasteit a Perrin Malleerbe de S. Julien, en alluet, et e. c. l. e. en l'a. lo d.

378 Hermans, li filz Jakelo de Metri, p. b. sus la maison et sus tout lou ressaige ki apant ke siet en Rimport, ancoste la porte a la Saus, ke Jehans de Metri ait aquasteit a Watrin, lou fil Willemin lou texeran, permey VIIII s. et III d. de cens, ke Jehans de Metri ait doneit et aquiteit a Herman devant dit, e. com l. e. en l'ai. lo d.

379 Houwignons, li filz Gerairt de Vallieres, p. b. sus les II pairs des vignes et de l'eritaige ke furent Poensat Facon, ke geissent ou ban de Vallieres et ou ban de Vantous, ke sont escheutes Clomensate, sa femme, de pair Poensat Facon, son awel, permey les II pairs de XIIII s. de mt. de cens ke cist eritaiges doit, et e. com l. e. en l'ai. lou d.

380 Jakemins, li maris Lorate la wasteleire dou pont a Muzelle, p. b. sus une piece de terre ke geist ou ban d'Ercancey ancoste la chaneveire Richier, et sus une piece de vigne ke geist a Santal encoste la vigne Robin, et sus une piece de vigne ke geist en Trauersainmont encoste la vig[ne]¹) Robin, et sus une piece de preit ke geist ou ban d'Anerey suz Muzelle encoste lou preit Forkignon, k'il ait aquasteit a Poenciguon, son freire, en alluet.

381 a) Jennas Ferris p. b. sus tout l'eritaige ke li est escheus de pair Jehan Jaigin et de pair dame Aileit, sa femme, permei teil cens com li eritaiges doit.

b) Et si p. b. ancor sus teil partie d'eritaige com il est escheus a Simonin, son freire, de pair Jehan Jaigin et de pair dame Aileit, sa femme, et sus teil partie com il li est ancor escheus d'eritaige de pair lou signor Symon de Hombour, son oncle, c'est a savoir en maisons, en chans, en preis, an boiz, en vignes, en sances, en droitures, k'il ait aquasteit a Simonin,

¹) Rand beschädigt.

son freire, permei teil cens et teil droiture com toz li eritaige[s]¹) doit, et e. c. l. e. en l'ai. lou d.

382 Jennas Cowerelz p. b. sus une piece de vigne ke geist ou ban de Vallieres, c'om dist en la Pelisse, k'il ait aquasteit a Aburtin lou Sanaige, en werance, et e. com l. e. en l'ai. lou d.

383 Garserias, li filz lou signor Felipe Faixin ke fut, p. b. sus la maison ke fut lou signor Matheu de Chanbres, ke siet encoste la maison Jakemin Faixin, et sus I demey molin ke siet en Boweteiteire, ki est delivres a signor Felipe Faixin per droit et per jugement, dont Garserias de[vant]¹) dis est oirs et mainbors.

384 Colignons Xordels p. b. sus une piece de vigne ke geist ou ban d'Ercancey, ancoste la vigne lou prevost, k'il ait aquasteit a Jehan, son serorge, permey I d. de cens, a. c. l. e. en l'ai. lou d.

385 Willames de la Cort et li sires Cunes li prestes, ke sont chanone de S. Piere a Vout, p. b. por la confrairie de l'ospital des clars sus IIII s. de cens ke geixent sus la maison Loransat lou draipier en Chanbres, k'il ont aquasteit a signor Richairt lou preste, e. c. l. e. en l'a[i. lou d.]¹)

386 Gillebers li taneires de Chapponrue p. b. sus une maison ke siet en Rowes, ke fut Steuenin, lou janre Mastout de Chaipeleyrue, ke Steuenins li ait aquiteit por les X lb. de mt. k'il li dovoit, per escrit en airche, et dont il est bien tenans, permey teil cens com li maison doit.

387 Remions, li filz Lecate d'Oixey, p. b. sus VI jornals de terre areure, s'en geixent V jornalz en la fin d'Oixey et I jornal daier Pux, et sus demey fauciee de preit ke geist sus Niet, ke part a dame Merguerite, la femme lou signor Badowin
⁵ d'Oixey, et sus XII d. et maille de cens [ke]¹) Colate de Silleirs, li femme Teiriat lo cherpanteir doit, ke geixent sus II jornalz et demey de terre en Mandres ou ban de Silleirs, et sus la moitiet d'une maixeire ke geist a Oixey, k'il ait aquasteit a Vguignon, lo fil Colin Vizekin ke fut, en alluet, et
¹⁰ e. c. l. e. en l'ai. lou d.

388 Colignons Collemelz p. b. sus IIII jornalz et demey de terre areure ke geissent ou ban de Mons, k'il ait aquasteit a Burteran lou clarc d'Aiest, lou fil dame Odelie de Mons ke fut, en alluet,

---

¹) *Rand beschädigt.*

s'en geist III jornalz en Millures, ke fierent sus lou preit ke fut Burteran devant dit, et I jornal en Trauersainne piece ancoste la terre Garsat de Mons, et demei jor encoste la Treixe encoste lou Terme, e. com l. e. en l'a. lou d.

389 ¹) Jennas Houdebrans p. b. sus ....
....
....
.... sus la maison
.... et sus II stalz ke sient en la halle des tanors, ke sont delivres a Jennat per droit et per jugement.

390 Pierexelz li Afichies p. b. sus jor et demey de vigne ke geist a Vantous, k'il ait aquasteit a Jennin, son freire, en alluet, et e. c. l. e. en l'ai. lou d.

391 a) Androwas, li maires de l'ospital, p. b. por la chieze Deu de l'ospital S. Nicolais ou Nuefborc sus une piece de vigne ou om contet VII jornalz, en Bones vignes entre les II vignes signor Thiebaut Fakenel, k'il ont aquasteit a dame Nicolle de Sanerie, permey VII d. et maille de cens, et a. com l. e. en l'ai. lou d.
b) Et si p. b. ancor por la chieze Deu devant dite sus une piece de vigne sus Muzelle dezous Mons, ke geist arreiz la vigne Robin dou Pont, k'il ont aquasteit a Theiriat, lou fil Jennin Josterel de S. Julien ke fut, e. com l. e. en l'ai. lou d.

392 Jehans Grillas de la Posterne p. b. sus teil partie com Perrins, ces serorges, avoit en la vigne ke pairt encontre Jennat de la Bairre, ke Hanrekelz Muzeregne de S. Julien fait a moitiet, k'il ait aquasteit a Perrin devant dit, permey VI d. de cens, et e. c. l. e. en l'ai. lou d.

393 ²) Willemins li voweiz de Maigney p. b. sus teil partie de fiez et d'allues com il est venus consuiant Watrin Maluexin de pair lou signor Pieron Mauexin, son freire, ke li est delivree per droit et per jugement encontre Watrin devant dit, por $\overset{xx}{vii}$ lb. et x s. de mt.

394 Hanrias, li doiens de S. Julien, et Jaikemate, sa serorge, p. b. sus la piece de vigne Colin Joutelate, ke geist en la Donnowe, encoste la vigne Mathion de Xuelles, por tant com il ont paiet por Colin Joutelate, per escris en airche, dont li escris lor sont delivres et dont il sont bien tenans.

---
¹) *Dick durchgestrichen.*
²) = *1278, 496 und 640.*

395 Jennas Groignas p. b. sus v jornalz et demey de terre areure ke geixent ou ban d'Erkancey, k'il ait aquasteit a Maheu Poietel, en alluet, et e. c. l. e. en l'ai. lou d.
396 Fransois Burlevaiche p. b. sus une maison ke siet en Chadeleirue, ke fut Domangin Pestou, et sus lou ressaige, en alluet, et sus XIII s. de cens ke geixent sus la maison Merguerite la chadreliere, ke siet en Chadeleirue, devant les molins S. Pol, dont om redoit IIII s. et III d. et I chappon de cens a Hauriat Burnekin, k'il ait aquasteit a Thiebaut de Colloigne, et e. con l. e. en l'ai. lou d.
397 Roillons de Mascres p. b. sus la maison et sus tout lou ressaige ki apant ke siet en Rimport, ke Willames li clars de Vallieres li ait aquiteit, permey les XXII s. de mt. de cens ke Roillons avoit sus, a. c. l. e. en l'ai. lou d., et permey teil cens com li maison doit davanterienement.
398 Aburtas Guscerit de S. Julien p. b. sus I jornal de vigne ke geist en Orsain, k'il ait aquasteit a Poencignon Walleran, permey I d. de cens, et e. com l. e. en l'ai. lou d.
399 Garsas de Mons et Collate, li femme Simonin Bigoiz, p. b. sus trestout l'eritaige ke Gelias, li fis Mathion de S. Julien, ait ou ban de S. Julien et ou ban d'Erkancey, en toz us, permei teil cens com li eritaiges doit, por tant com il ont paiet por Geliat devant dit, per escris en airche et sens escris.
400 Burtemins Hertowis p. b. sus les II maisons ke furent Jakemin Crestinon, ke sient a S. Julien, et sus tous les ressaiges ki apandent, k'il ait aquasteit a Yderon, la feme Jakemin Crestinon, permei XIII s. de cens ke li petite vies maison doit, et e. com l. e. en l'ai. lou d.[1])
401 Otins li taillieres de Genaville p. b. sus la moitiet de la maison ke fut Howin, son peire, ke siet a pont des Mors, et sus la moitiet de de kant d'eritaige ke Howins,[2]) ces peires, avoit ou ban de Laibrie, en toz us, ke pairt a Perrin, son freire, permei teil cens et teil droiture com toz cist eritaiges doit.
402 Lietalz li bolangeirs p. b. sus XXIIII jornalz de terre areure et sus IIII omeies de vigne en Vallexine, et sus une fauciee de preit ke geist ou ban de Chailley, k'il ait aquasteit a Collin, lou fil Garcille de Chailley ke fut, permei teil droiture com toz cist eritaiges doit, et e. c. l. e. en l'a. l[ou d.]

---

[1]) v. 1279, 16.
[2]) Vorlage Otins.

403 Pieresons et Aburtins, ces freires, li anfant Weirieul de Saintois, p. b. sus demei jornal de vigne ke geist an Lambelinchamp ou ban de S. Julien, et sus demei jornal de vigne en Oicelinvigne ou ban de S. Julien, ke geist en mey leu des vignes Hanrit de Cuxey, k'il ont aquasteit a Abillate, la fille Burteran de Cuxey, per mey teil amosne com li piece de vigne an Lambelinchamp doit, et permey teil droiture et teil deserte com li eritaiges Burteran de Cuxey doit a ban de S. Julien, et e. com l. e. en l'ai. lou d.

404 Aburtins, li filz Richairt de Nowesseville ke fut, p. b. sus une piece de vigne ou om contet III pairs de jor, ke geist entre Dous chamins, ancoste la vigne Wicherdin Groignat, et sus une piece de vigne ke geist en Goulartplanteit, encoste la vigne Baudowin Wallan ke fut, permey teil cens et teil droiture com les II pieces de vigne doient, et e. com l. e. en l'ai. lou d.

405 Colignons Louus et Colignons Ceruel et Lowias Pioree p. b. sus II pieces de vigne tercerasses S. Vincent, ke furent Caipelo, dont li une geist en Dezeirmont et li autre en Cumines, encoste les anfans Abert Thomes, ke lor sont delivres per droit et per jugement, por tant com il ont paiet por Caipelo devant dit, per escris en airche, dont li escris lor sont delivres.

406 Oleniers, li fis Adan Gaillairt de S. Julien, p. b. sus III pieces de vigne moiterasses, ou om contet jor et demey, ke geixent ou Fontenis ou ban de S. Julien, k'il ait aquasteit a Watrin Guero lou boucheir, a. com l. e. en l'ai. lou d.

407 Garsas, li filz Hanrion lou Maiansois de Vallieres, p. b. sus une maison ke siet devant lou mostier de Vallieres, encoste la maison Jakemin Camelin, k'il ait aquasteit a Simonin Patairt et a Stouairt, ces II serorges, e. com l. e. en l'ai. lou d.

408 Felios li draipiers p. b. sus x s. de mt. de cens ke li sires Jehans de S. Pocort doit, ke geisent sus II jornalz de vigne k'il tient en Cortes vignes, k'il ait aquasteit a Jehan, lou fil Hanriat de Maizelles ke fut, e. c. l. e. en l'ai. lou d.

409 Jaikemins de Grais et Theirias, ces freires, p. b. sus la maison Bauduyn lou corvexeir, ke siet en Dairangerowe, encoste la maison ke fut Simon de Rinanges, et sus kant ki apant, k'il ont aquasteit a Bauduyn devant dit et a Colin lou clarc, son fil, permey XII s. de mt. de cens, et e. com l. e. en l'ai. lou d.

410 Alexandres de Werrixe p. b. sus v moies de vin de cens ke geixent sus lou chakeur en Stoixey et sus ceu ki apant, et sus

la vigne tercerasse ke geist en Allues, c'om tient de Mathion Maroit, k'il ait aquasteit a Garseriat Damelate, e. com l. e. en l'ai. lou d.

411 Hanrias Lanbers p. b. sus teil partie com Vguignons Vizekins avoit en XLI d. de cens, ke geixent sus II stalz en la halle des permanteirs en Chanbres, ke pairtet a Matiete, la fille Effrignon ke fut, k'il ait aquasteit a Vguignon devant dit, e. c. l. e. en l'ai. lou d.

412 Gillas Haikes p. b sus II jornalz de vigne ke furent dame Merguerite Roze, ke geixent ens Allues, k'il ait aquasteit a Yngrant Forcon et a Hanriat, lou fil signor Abert de Champelz ke fut, en alluet, et e. c. l. e. en l'ai. lou d.

413 Steuenins li frutiers et Jakemate, sa femme, p. b. sus une maison ke siet a pont des Mors, encoste la maison Thiebaut de Genaville, k'il ont aquasteit a signor Gerairt de S. Arnout, permey XX s. de cens, et e. com l. e. en l'ai. lou d.

414 Abrias Xauins p. b. sus la maison ke fut l'Amerade, ke siet en la Haute Sanerie sus lou cors, ancoste la maison ke fut la Tirande, k'il ait aquasteit a Poence de Colloigne, permei teil cens com il en doit, et e. com l. e. en l'a. lou d.

415 Li sires Matheus, li prestes de S. Alaire a pont Renmont, p. b. sus tout l'eritaige Abillate, la fille Jehan Jaigin ke fut, ke li est escheus de pair peire et de pair meire, ki est delivre a signor Matheu devant dit en plait et en justice, et dont il est tenaus.

416 Perrins de S. Julien li avocas p. b. sus tout l'eritaige Abillate, la fille Burteran de Cuxey, ke geist ou ban de S. Julien et ou ban de Charley et ou ban de Cuxey, en toz us, ke li est delivres per droit et per jugement, por tant com Abillate et Burterans, ces peires, li dovoient, per escris en airche, et permei teil cens et teil droiture com li eritaiges doit.

417 Xaudrins, li filz Piere Thomes ke fut, p. b. sus II s. de mt. de cens ke geixent sus la maison Gillat lou meutier, ke siet en la rowelle daier l'osteit dame Belle, k'il ait a lui aquasteit, apres X s. ke li maison doit de davanterien cens, et a. com l. e. en l'ai. lou d.

418 a) Hanrias Burnekins p. b. sus demey jornal de vigne ke geist a Mons, ancoste lui meymes, k'il ait aqaunsteit a Ameline,¹) la

---

¹) a Ameline *übergeschrieben*, a Aiceline *durchgestrichen*.

fille Jakemate Doree de S. Julien ke fut, permey xii d. de cens, et ce ne doit point de daimme, et e. c. l. e. en l'ai. lou d.

b) Et si p. b. ancor sus une mailliee de preit ke geist a Mons, entre la crowee signor Thiebaut Fakenel et lou preit Makaire, k'il ait aquasteit a Colin, lou freire Bescelin lou clarc, en alluet, et e. com l. e. en l'ai. lou dvz.

419 Yngrans Forcons et Hanrias de Champelz p. b. por la chieze Deu des Bordes dezour Vallieres sus demey jornal de vigne ke geist en la Longe Roie, deleis la vigne les convers de Villeirs, ke Heilowis li escolliere lor ait doneit por Deu et en amosne, ansi com les lettres saielees ke geisent en l'airche lou devizent.

420 Roillons Ysantrus p. b. sus iiii s. et sus iii quartes de wayn moitenge de cens ke geixent a Montigney, ke li sont delivres per droit et per jugemant encontre Poinsate, la fille Lowiat de Chailley ke fut, por tant com Roillons Ysantrus est ancombreiz por Simonin Jagin, son marit ke fut, per escris en airche.[1]

421 Jakemins Rabowans p. b. sus une piece de vigne ke geist en Sourelz, encoste la vigne Mathiat Noblat, k'il ait aquasteit a Jennat Baimin, lou fil Hanriat de Maizelles ke fut, en alluet, et a. c. l. e. en l'a. lou d.

5 Ancor p. b. Jakemins Rabowans sus une piece de vigne ou Cortis, ancoste la vigne Mathiat Noblat, et sus les v ordres encoste la vigne Baduyn Wichart, et sus i jornal de vigne ke geist a Champ, encoste la vigne Cherdat, et sus demey jornal de vigne ke geist en Orkes, ancoste la vigne Ancel la Wegne,
10 et sus demey jornal de vigne devant lou molin de Vallieres, ancoste la vigne lou signor Jehan de S. Polcort, et sus les vii s de cens ke geixent sus les meizes sus lou rut de Vallieres, et sus i jornal de vigne deleiz les meizes desor dites, encoste la vigne signor Theirit Laibrie, k'il ait aquasteit a Jennat
15 Baimin desor dit, c'est a savoir lou jornal de vigne deleiz les meizes permey vii s. de mt. de cens, et toute la remanance en alluet, et a. com l. e. en l'ai. lou d.

422 Colignons Pioree et Hanris de Cuxey et Waterins, li freires Teiriat Xallowit, p. b. sus une maison ke siet a la bairre en Stentefontenne, et sus une maison a S. Julien encoste Renkier, et sus une piece de vigne en Gawainvigne ou ban de Vallieres, k'il ont aquasteit a Lowiat Pioree et a Theiriat Xalowit et a

---

[1] v. 1278, 521 und 586.

Jennat de Cuxey, permey teil cens et teil droiture com toz cist eritages doit, et a. c. l. e. en l'ai. lou d.

423 Arnoulz Jozelz p. b. sus une piece de vigne ou om contet I jornal, ke geist a Allexey sus la fontainne a viuier, arreiz la vigne Licate, la suer Maheu Poietel, k'il ait aquasteit a Maheu Poietel, en alluet, et a. com l. e. en l'ai. lou d.

424 Ferrias Jeuwes et Colignons Mourelz p. b. sus lou tiers de la maison ke fut Jehan Giruaixe, ke siet en Chieuremont ke lor est delivre per droit et per jugement, encontre les oirs Colin, lou fil Jehan Giruaixe ke fut, per mei teil cens com li tiers de la maison doit.

425 Garserias de la Tor¹) p. b. sus II pieces de vigne ke geisent ou ban de Nowesseville, en alluet, et sus I champ a Vallieres, ou om contet V jornalz et demey, per mey IIII d. et maille de cens, et sus I champ ke geist deisai l'orme a Nowesseville, ou om contet I jornal, permey V d. de cens, k'il ait aquasteit a signor Teirit, lou preste de Millerey, et a Jennat et a Colignon et a Howignon, ces III freires, et a Mariate, lour suer, les anfans Jakemin Chiualleir de S. Julien ke fut, et a. c. l. e. en l'ai. lou d.

426 Jennas Chaderons p. b. sus teil partie com Matheus, ces freires, avoit en la maison et an tout lou ressaige ki apant ke siet en Chadeleirue, sus lou tour devant la posterne, ke partivet a lui meymes, k'il ait aquasteit a Matheu devant dit, e. c. l. e. en l'a. lou d.

427 Burterans Gemelz p. b. por lui et por ces freires sus les VIII jornalz de vigne ke geissent sus Muselle, ke furent Maheu lou chanberlain, ke sont en waige a Nicolle Gemel, per escrit en airche, et dont Burterans et seu freire sont bien tenans.

428 Jehans Rafalz et Colignons Sodas et Ferdelz et Friandelz et Pieresons Copechien p. b. sus tout l'eritaige ke Colins Joutelate ait ou ban de S. Julien, en toz us, ke fut Rennier, son seur, permey teil droiture com toz cist eritaiges doit.

429 Colins de Bu li cordeweniers p. b. ²)

430* Ce sont li ban dou vintisme jor. En la mairie de Porsaillis:

---

¹) Garserias de la Tor *und nachher* de cens k'il ait aquasteit *bis* Chivalleir de S. *auf Rasur*.

²) *Zeile nicht ausgefüllt, vorher eine, nachher zwei Zeilen freigelassen.*

430 Simonas Bobille p. b. sus xii s. de mt. de cens ke geissent ou Chanpel, k'il ait aquasteit a dame Nicolle de Sanerie, en alluet, e. c. l. e. en l'ai. lou dv.

431 Poencignons Grenille p. b. sus i jornal de vigne ke geist en Bauchieterme, k'il ait aquasteit a Remion Alairt, ki est quars meus S. Pol, e. c. l. e. en l'ai. lou d.

432 Gillebers dou Chanpel p. b. sus une maison ke siet ou Champel, k'il ait aquasteit as hoirs Jenat lou Pain et a ces mainbors, permey teil cens com li maison doit, et e. c. l. e. en l'ai. lou d.

433 Garsas li boulangeirs p. b. sus une vigne ke geist outre Saille, k'il ait aquasteit a Thiebaut Cabaie, per mey v s. de mt. de cens, et e. com l. e. en l'ai. lou d.

434 Hanris li Allemans p. b. sus une maison ke siet devant la maison Joiffroit lou Mercier, k'il ait aquasteit as ii filles Jennat Petrecol, per mey teil cens com li maison doit, et e. c. l. e. en l'a. lou d.

435 Collignons li olieirs p. b. sus une maison ke siet cusom la maison Androwat Ponsin, k'il ait aquasteit a Jehan, lou nevout Gerairt, permei xvii s. de mt. de cens, et e. com l. e. en l'ai. lou d.

436 Bauduyns li cherreis p. b. sus jor[1]) et demey de terre ke geist en Mallemars, k'il ait aquasteit a Colignon de Luppcy, per mey iii mailles de cens, et e. c. l. e. en l'ai. lou d.

437. Theirias Briselatte et Adenas de Challe p. b. sus une maison ke siet ou Waide, k'il ont aquasteit a Simonin Corssenzairme et a Martin, son serorge, per mei teil cens com ille doit, et e. c. l. e. en l'ai. lou d.

438 Goudefrins Moutas p. b. sus une vigne ke geist en dous pieces ou ban S. Clemant, k'il ait aquasteit a Nainmeriat de la Fontainne, per mey teil cens com li vigne doit, et e. c. l. e. en l'ai. lo d.

439 Bescelins de S. Clemant p. b. sus une piece de terre ke geist a Blorut, k'il ait aquasteit a Colat lou cherreton, en alluet, et e. con l. e. en l'ai. lou dvz.

440 Berterans de Vy, ke maint a S. Clemant, p. b. sus une maison ke siet a S. Clemant, k'il ait aquasteit a Colairt lou cherreton, per mey teil cens com ille doit, et e. c. l. e. en l'ai. lou d.

---

[1]) jor *übergeschrieben*.

441 Heilowis, li femme Simonin la Grive, p. b. sus ɪ jornal de terre ke geist ou ban S. Clement, k'il ait aquasteit a Wairin de Mailley, permey vɪ s. de mt. de cens, et e. c. l. e. en l'a. lou d.

442 Jaikemins Xairo p. b. sus ɪ jornal de vigne ke geist en Mallemairs en Belvoir, k'il ait aquasteit a Jennat, lou fil Buevelat, e. com l. e. en l'ai. lou dvz.

443 Viuions li waistelcirs p. b. sus la maison Simonin Moiueron de Mairley, k'il ait aquasteit a lui, per mey xʟv s. de mt. de cens, et e. com l. e. en l'ai. lou d.

444 Jennins Pikars p. b. sus demey jornal de vigne ke geist sus Maiselles, k'il ait aquasteit as enfans Perrin de Mennit, per mey teil cens com li demeis jornals de vigne doit.

445 Pierissons Xillekeur p. b. sus une maison ke siet outre Maizelles, k'il ait aquasteit a Renmon de Thiecort, permei teil cens com li maison doit, et a. c. l. e. en l'ai. lou dvz.

446 Michiez Charrue p. b. sus les ɪɪɪ pairs d'un jornal de vigne ke geist a Pallerin, k'il ait aquasteit a Crestine, la femme Foville, permey ɪɪɪ s. et demey de cens, et e. c. l. e. en l'ai. lou d.

447 Jennas Bondins de Maigney p. b. sus une piece de preit ke geist en Preeres, k'il ait aquasteit a Ruece de Prenoit, permey ɪ d. de cens, et a. com l. e. en l'ai. lou d.

448 Yzaibels de Montois p. b. sus jor et demey de terre ke geist deilay Flauville, k'il ait aquasteit a Steuol, lou freire Roillon de Montois, en alluet, et e. c. l. e. en l'a. lou d.

449 Bertremins, li fils Richairt de Montois, p. b. sus la moitiet de la grainge ke fut Weiriat Chabosse, k'il ait eschaingiet a Abertin Murdrepain, e. c. l. e. en l'ai. lou d.

450 Abertins Murdrepain p. b. sus la moitiet de la grainge ke fut Weiriat Chabosse, k'il ait aquasteit a Formeron Roze, e. c. l. e. en l'ai. lou d.

451 Abertins Murdrepain p. b. sus une mairechaucie et sus une cort daier la grainge ke fut Weiriat Chabosse, k'il ait eschaingiet a Burtremin, lou fil Richairt de Montois, e. c. l. e. en l'ai. lou d.

452 Gerardins, li janres Bouchairt, p. b. sus la mairechaucie ke fut Aburtin Murdrepain, k'il ait aquasteit a Aburtin Murdrepain, en alluet, et e. c. l. e. en l'ai. lou d.

453 Jenas, li fils Weiriat lou feivre, p. b. sus une grainge ke siet a Awigney, ensom lou meis Garsat lou Bossut, et sus ɪ jornal de vigne en la Nowe, ke geist encoste Gerairt de Buxi, por ɪɪɪɪ estaies, chescune de ɪɪɪ moies et demee de vin de cens, ke

Jennas devant dis ait sus cest eritaige devant dit, ke li sont demoreies a paier, et permey teil cens com toz cist eritaiges doit, et dont il est bien tenans.

454 Jennas de Rouzernelles p. b. por la chieze Deu de Moremont sus XXIII s. de mt. de cens ke geissent en la rowe des Allemans, k'il ait aquasteit a la femme l'Ameral, e. com l. e. en l'ai. lou d.

455 Burtadons, li fis Thomessin Wairade, p. b. sus une piece de vigne ke geist a Rouwal, k'il ait aquasteit a Jennat l'escuuier,[1]) permey teil cens com ciste vigne doit, et a. c. l. e. en l'ai. lou devize.

456 Poinsignons Coterels p. b. sus I stal en la halle en Visignuel, des coteleirs, k'il ait aquasteit a Colignon Tristan, permei teil cens com il li doit

457 Haurias, li fils Jakemin lou tanor, p. b. sus une maison ke siet en la Vigne S. Auol, ke fut la femme Burteran Braisdeu, et sus demey jornal de terre ke geist devant la Belle Stainche, k'il ait aquasteit a Burteran Braisdeu et a sa femme, e. c. l. e. en l'a. lo d.

458 Gillas de Vals p. b. sus les XXVIII lb. et II s. et demey k'il meymes dovoit a dame Bietrit, sa meire, por les fiez et por les alluez, a sa vie, k'il ait acheteit a ley, a. com l. e. en l'ai. lou d., ke furent Hanrit de Valz, son peire.

459 Thiebans Morins p. b. sus les III pairs de la maison ke fut la Broucairde, ke siet en Visignuel, k'il ait aquasteit a Perrin Brokart, permey XXXV s. de mt. et IIII d. de cens ke les III pars doient, et a. c. l. e. en l'a. lou d.

460 Et si p. b. ancor sus lou quart de celey meyme maison, k'il ait aquasteit a Jennat [de] la Bairre, permey V s. de mt. de cens ke cil meymes quars doit et e. com l. e. en l'ai. lou dvz.

461 Collins Mallebouche p. b. sus I jornal de vigne ke geist a la Pichate, devant lou champ Arnout d'Airs, ki est quars meus S. Pol, k'il ait aquasteit a Sefiate, sa suer, e. c. l. e. en l'ai. lou d.

462 Hermans li boulangeirs p. b. sus la maison Ancillon lou boulangier, qu'il ait aquasteit a la femme Ancillon de Flanville, e. com l. e. en l'ai. lou d.

463 Henchelos li taillieres p. b. sus IIII s. de mt. de cens ke geissent sus demey jornal de vigne a la porte des Allemans, k'il ait aquasteit a Colignon Lukate, e. c. l. e. en l'ai. lou d.

---
[1]) *Das erste u ist übergeschrieben.*

464 Baudowins, li fils Willeran, p. b sus ı meis ke geist en Hulouf, k'il ait aquasteit a Jehan Bamin, permey ıı s. de mt. de cens, et a. c. l. escriz en l'ai. lou d.

465 Huairs d'Ernaville p. b. sus une piece de vigne ke geist a l'Ormixel, k'il ait aquasteit a dame Seffie, la femme Colin Merchant ke fut, permey teil cens com il en doit, et e. c. l. e. en l'ai. lou d.

466 Ottenelz li corretiers p. b. sus xx s. de mt. de cens ke geissent sus la maison Guerairt lou taillor, ke siet a pont a Saille, k'il ait aquasteit a Ozelie, la femme Oxeldawe ke fut, e. com l. e. en l'ai. lou d.

467 Houwignons, li fils Burteran Roucel d'Outre Saille, p. b. sus la maison Theiriat de Chaistelz, et sus vıııı s. de cens ke li femme Ferrit dou Waide doit, k'il ait aquasteit a Colignon, lou fil Teiriat de Chaistelz, permei teil cens com il en doit, et e. c. l. e. en l'ai. lou d.

468 Coenrairs de la stuve ou Champ a Saille p. b sus une maison ke siet ou Champe a Saille, entre la maison Colin Jaikier et Jennin de Morville ke fut, k'il ait aquasteit a dame Yzaibel, la brus la Tirande, et a Jennat, lou fil Morat, permei teil cens com il en doit, et a. c. l. e. en l'ai. lou d.

469 Herbins li meuteirs[1]) p. b. sus la maison Otenat lou meutier, ke siet encoste la soie maison meymes, et sus kant ki apant, k'il ait aquasteit a Otenat meymes, permey xvııı s. et ıı d. et maille de cens, et a. c. l. e. en l'ai. lou d.

470 Hennelos, li janres Guerairt lou boucleir, p. b. sus la maison Joiffrignon Bonairt, ke siet en Sanerie, et sus kant ki apant, k'il ait aquasteit a Joiffroingnon devant dit, permey xʟ s. de mt. de cens, et a. c. l. e. en l'ai. lou d.

471 Abertins Braisdeu p. b. sus une tavle ke geist en Nues Chainges, k'il ait aquasteit a Hanriat de Noeroit et a Merguerite, sa suer, permey xxxıı d. de cens, et e. c. l. e. en l'ai. lou d.

472 Jennas Waterons p. b. sus la grant maison ke fut Esselin lou corrieir, et sus l'autre maison ke siet encoste en Sanerie, k'il ait aquasteit. a Guenordin, lo fil Felisate, et a Jennat Chaderon, permei xxxvıı s. de cens ke li grans maisons doit, et permei xvıı s. de cens ke li maison encoste doit, et a. con l. e en l'ai. lou dvz.

---

[1]) v. 1278, 215 und 327.

473 Hermans li clars de S. Jeure p. b. sus III s. de mt. de cens ke geissent a S. Arnout sus la maison Colin Hydous, et sus la vigne daier, k'il ait a lui aquasteit, e. com l. e. en l'ai. lou d.

474 [1]) Nenmeris li merchans de Sainte Creux p. b. sus la maison ke fut Hanriat lou Saive, ke siet en Staixons, k'il ait aquasteit a Burtignon et a Thiebaut, son freire, les anfans Hanriat devant dit, en alluet, et a. c. l. e. en l'ai. lou d.

475 Jaikes d'Airey p. b. sus la terre areure ke geist a Lorey, k'il ait aquasteit as oirs Viuion de Lorey l'eschaving, permey teil cens com il en doit, e. c. l. escriz en l'ai. lou d.

476 Steuenins, li fils Ydate dou Waide, p. b. sus III quarterons de vigne ke geist en Corte Roie, k'il ait aquasteit a Mathiat, lou fil Adan la Veille, permei III poujoizes de cens, et e. c. l. e. en l'ai. lou dv.

477 Idate dou Waide p. b. sus une maison ke siet ou Waide, k'elle ait aquasteit a Lodemant et a Domangin de Boixeires, permey XIII s. de cens, et e. com l. e. en l'ai. lou d.

478 Hanrias li chavreis de la Vigne S. Auol p. b. sus une maison ke siet en la Vigne S. Auol, k'il ait aquasteit a Jehan, lou fil Hanriat de Maizelles ke fut, permey XXX s. de mt. de cens, et a. c. l. e. en l'ai. lou d.

479 Esselins li chavreiz p. b. sus une maison ke siet en Chaureirue, ke fut Belin, qu'il ait aquasteit a Belin devant dit, permey VIIII s. de mt. de cens, et a. c. l. e. en l'ai. lou d.

480 Lorans li recovreires p. b. sus une piece de vigne ke geist en la plaice a Paixels, k'il ait aquasteit a Poencignon Grenille, permei VI s. et III angevines de cens, et e. com l. e. en l'ai. lou d.

481 Colignons, li fils Vogenelz, et Cunnels p. b. sus une maison ke siet sus Saille, k'il ait aquasteit a Arnout Aixiet, per mey XIII s. de mt. de cens, et e. c. l. e. en l'ai. lou d.

482 Garssirions Budris p. b. sus une maison ke siet en la Vigne S. Auol, et sus une piece de vigne ke geist a Chesne, et sus une vigne ke geist en Mallemars, k'il ait aquasteit a Willemin, lou fil Beudrit, permei teil cens com il en doit, et e. c. l. e. en l'a. lou d.

483 Colignons li feivres p. b. sus une maison ke siet en Furnierue, k'il ait aquasteit a Thiebaut Joute, permei LII s. de mt. de cens, et e. com l. e. en l'ai. lou d.

---

[1]) = 325, hier aus Versehen wiederholt und dann durchgestrichen.

484 Jennas Niennels p. b. sus II jornals de vigne ke geissent en Bachieterme, k'il ait aquasteit a Michie Charrue, en alluet, et e. c. l. e. en l'ai. lou d.
485 Howissons Blanspains p. b. sus une maison ke siet en Forneirue, k'il ait aquasteit a Thiebaut Rennaire et a Richerdin, son serorge, et a Howisson de Toul, permey XL s. de mt. de cens, et e. com l. e. en l'ai lou d.
486 Simonas Pansseron p. b. sus une piece de vigne ke geist outre Saille an Chantilleyrowelle, k'il ait aquasteit a Lodeman et a Domangin de Bouxeires, per mei teil cens com il en doit, et e. c. l. e. en l'ai. lou d.
487 Colins Mairasse p. b. sus I jornal de vigne ke geist en la Douceawe, k'il ait aquasteit a Jehan Mairasse, son nevout, en alluet, et e. c. l. e. en l'ai. lou d.
488 Goudefrins Bouchas et Ydate dou Waide p. b. por Lowiat, lo fil Adan lou clarc, et por Mergueron, sa femme, sus une piece de vigne ke geist outre Saille en la rowelle de Pertes, encoste Garserion Buderit, k'il ont aquasteit a Odeliate, la femme Wairin Culleit ke fut, permey I d. de cens, et e. c. l. e. en l'ai. lou d.
489 Jakemins Rabowans p. b. sus une maison ke siet ensom la maison Aburtin Galliot, k'il ait aquasteit a signor Jake lou preste, lou fil dame Belle, et a ces oirs, permey XLV s. de mt. de cens, et e. c. l. e. en l'ai. lou d.
490 Aburtins Gallios p. b. sus la moitiet dou preit Gillat de Valz ke geist ou ban de Cons, k'il ait aquasteit a Gillat devant dit, e. c. l. e. en l'ai. lou d.
491 Poencins, li filz Gerairt lou boucheir dou Champ a Saille, p. b. sus une maison ke siet a Maigney, devant l'orme, k'il ait aquasteit a Domangin Gremier, permei teil cens com ille doit, et e. com l. e. en l'ai. lou d.
492 Perrins Belamins p. b. sus II jornals de vigne ke geissent outre Saille en Glorieul, k'il ait aquasteit a Ferriat Chielairon, permey XX d. de cens, et e. c. l. e. en l'ai. lou d.
493 Jaikemins, li fils Gillon de Heu ke fut, p. b. sus une piece de vigne ke geist sus Hate Riue, k'il ait aquasteit a Lowiat lou Vilain d'Outre Saille, permey I d. de cens, et a. com l. e. en l'ai. lou d.
494 Guenordins li merciers de Visignuel p. b. sus la maison Lanbelin lou pezour, ke siet sus lou cors en Visignuel, et sus la

grainge ke siet en la rowelle S. Atre, k'il ait aquasteit a Lambelin lou pezour, permei vIIII lb. de mt. de cens, et e. c. l. e. en l'ai. lou d.

495 Hanrias de Noeroit p. b. sus II jornalz et demey de vigne ke geisent ou clos S. Laidre, k'il ait aquasteit a Perrate, la fille Jakemin Broucairt ke fut, permey VI s. de mt. de cens, et e. c. l. e. en l'ai. lou dvz.

496 [1]) Willemins li voweiz de Maigney p. b. sus teil partie de fiez et d'allues com il est venus consuiant Watrin Mauexin de pair lou signor Pieron Mauexin, son freire, ke li est delivree per droit et per jugement, encontre Watrin devant dit, por $\overset{XX}{VII}$ lb. et X de mt.

497 Jennas de la Bairre p. b. sus la maison ou il maint, ke fut lou signor Ferrit de Porte Serpenoize, ke li est venue de pair Lekate, sa femme, permei X s. de mt. de cens chesc'an.

498 Li sires Thomes, prestes de S. Eukaire, p. b. sus V d. de cens ke geixent sus II jornals de vigne en la Haute Pretelle, k'il ait aquasteit a Mathion Roguenel, e. c. l. e. en l'ai. lou d.

499 Et si p b. ancor sus une malle de cens ke geist sus une piece de vigne devant la Belle Stainche, k'il ait aquasteit a Jaikemin lou Roi, e. c. l. e. en l'ai. lou d.

500 Clemignons, li fis Lowit lou Mercier de Vizignuel que fut, p. b. sus II maisons ke sient en Visignuel, et sus les ressaiges ki apandent, ke furent Guenordin Felixate, ke li sont aquitees en plait, por les XII lb. de mt. de cens ke Clemignons devant dis avoit sus.

501 Jennins Gerairs p. b. sus XVI s. de mt. de cens ke geixent sus la maison ke fut Colin dou Pux, encoste la maison Grillat de la Posterne, k'il ait aquasteit a Adan Bellenee lou poxour, e. c. l. e. en l'ai. lou d.

502 Androwas, li maires de l'ospital ou Nuefborc, p. b. por la chieze Deu de l'ospital devant dit sus XVI s. de mt. de cens ke geixent sus la maison Aurowairt de Flanvillé, ke siet outre Saille ou Waide, ke Merguerite, li fille Aileit la Malle, lor ait doneit por Deu et en amone, e. c. l. e. en l'ai. lou d.

503 Et si p. b. ancor por la chieze Deu de l'ospital devant dit sus IIII s. II d. et maille moins de cens, s'en geissent XXVI d. sus lou four Lachebarbe outre Saille, et XVIII d. sus la maison

---

[1]) = *1278, 393 und 640.*

Roillon, lou freire Colleson, ke siet en la Vigne S. Auol, et III mailles sus I jornal de vigne ke geist en Bietritrowelle, k'il ont aquasteit a dame Nicolle de Sanerie, e. c. l. e. en l'a. lou d.

504 Et si p. b. ancor por la chieze Deu de l'ospital devant dit sus XVI s. et demei de mt. de cens, s'en geixent VII s. et demei sus une maison ke siet ou Baix Champel, ke li femme Bonairt de Sanerie tient, et VIIII s. sus la maison Ruecelin lou boulangeir ke fut, ke siet ou Haut Chanpel, devant la maison Jenin, lou freire Werrel, ke Pieresons Herney lor ait doneit por Deu et en amosne, e. c. l. e. en l'ai. lou d.

505 Aburtins Boufas et Burtemins, ces freires, p. b. sus I jornal de vigne ke geist en Martinchamp, ki est quars meus S Pol, et sus II jornalz de vigne a Terme, et sus jor et demey de vigne en II pesses a Tornelles, et sus II jornalz de terre areure dezous les Tornelles, ke lor est delivres per droit et per jugement encontre Thiebaut, lou freire Colin d'Airs, permey teil cens com toz cist eritaiges doit.[1])

506 Aburtins Boufas p. b. sus X s. de mt. de cens ke geixent sus la maison Willame lou masson ou Champel, k'il ait aquasteit a Mateu Roguenel, et e. com l. e. en l'ai. lou dvz.

507 Goudefrins li vieceirs p. b. sus II stals en la halle des cotteleirs, ensom la maison ke fut Baudowin Louve, k'il ait aquasteit a Maiensate, la femme lou pavor, et a Colignon lou pavour, son fil,[2]) permey teil cens com il en doit, et e. com l. e. en l'ai. lou d.

508 Wairins, li maires de Waville, p. b. sus une maison ke siet devant la maison S. Laidre, ke[3]) fut Jennat d'Onville, por[4]) tant com il ait paiet por Jennat devant dit, per escris en airche, et permei teil cens com li maison doit.[5])

509 Hescels li tignieres, ke maint en S. Nicolaisrue, p. b. sus la maison dame Clemance, la fille signor Gilon de Heu, et sus tout lou ressaige ki apant, k'il ait aquasteit a lei, permey teil cens com li maison et li ressaiges doit, et e. c l. e. en l'ai. lou d.

---

[1]) *v. 1279, 270.*
[2]) son fil *übergeschrieben.*
[3]) *Vor* ke *ist* ke li est *durchgestrichen.*
[4]) *Vor* por *ist* ke li est delivree per droit et per jugemant *durchgestrichen.*
[5]) *v. 1281, 490.*

510 Jaikemins Pallerins p. b. sus la maison ke fut Hanriat de Montigney, ke siet a S. Arnout, k'il ait aquasteit a Aicrate, la femme Hanriat de Montigney¹) ke fut, permey VII s. de mt. de cens, et e. com l. e. en l'ai. lou d.

511 Abrías Xauins p. b. sus XL s. de mt. de cens ke geixent sus la maison ke fut Steuenin de Colloigne, ke siet sus lou cors en Visignuel, et sus IIII lb. et demee de mt. de cens ke geixent sus l'osteit Burtel en Vizignuel, et sus XL s. de mt. de cens ke geixent sus la maison Theiriat de Jarney, daier les Cordeliers, k'il ait espertit encontre ces fillaistres, a. com l. e. en l'ai. lou d.

512 Colignons Facols p b. sus II pieces de terre areure ke geixent sus Cunonpreit dezous Ollerey, deleis la soie terre meymes, et sus une piece de terre ke geist dezour l'Ormixel en la voie de Joiey, k'il ait aquasteit a Piereson, lou fil Wernier de Rouzeruelles ke fut, et a Heilowate, sa suer, permey III mailles de cens, et a. c. l. e. en l'ai. lou d.

513 Et si p. b. ancor sus une maison ke siet outre Saille, ke fut Felipe Tiguienne, et sus la grainge encoste et sus toz les ressaiges ki apandent, en alluet, et sus XXI s. de mt. de cens ke geissent ou Waide, s'en geixent sus la maison Coustant ke fut X s. et sus l'osteit Poincelo, lou fil Eurit ke fut, ke siet encoste, XI s, k'il ait aquasteit a Colignon, lou fil Mertignon de Porte Ser[pe]noize,²) e. com l. e. en l'ai. lou dvz.

514 Colins Berrois de Visignuel p. b. sus la maison ke fut Ollevier des Aruolz, ke siet en Vizignuel, k'il ait aquasteit a dame Mertenate, la feme Jakemin Jallee ke fut, permey VIII lb. de mt. de cens, et e. c. l. e. en l'ai. lou d.

515 Thiebaus Henmignons p. b. sus VII jornalz de terre areure ke geissent ou ban de Mairley, k'il ait aquasteit a Burtremin et a Jennat, les II filz Marcout d'Awigney, et a Domanjat et a Yzaibel, sa femme, de Roupeney, permey teil cens com il doient, et e. c. l. e. en l'ai. lou d.

516 Et si p. b. ancor sus I jornal de terre areure ke geist ou ban S. Clemant, k'il ait aquasteit a Nenmerit, lou fil Colin Tauerne de S. Clement, en alluet, et a. c. l. e. en l'a. lou d.

517 Li sires Thiebaus, li moinnes de S. Syphorien, p. b. sus VII s.

---

¹) Montigney *auf Rasur*.
²) pe *vom Schreiber ausgelassen*.

de mt. de cens¹) ke geissent sus l'osteit Abert Noiron devant S. Tiebaut, ke Symons li meutiers ait doneit por Deu et en amosne a la chieze Deu de S. Syphorien, e. c. l. e. en l'ai. lo d.

518 Burtignons Paillas p. b. sus vIII s. de mt. de cens ke geissent sus la maison Anel, la femme Poinsignon de Chaistelz ke fut, ou ille maint, k'il ait aquasteit a Vguignon Damelate, e. c l. e. en l'ai. lou d.

519 Et si p. b. ancor sus I stal ke geist en la viez halle des drapiers en Vizignuel, k'il ait aquasteit a la fille Burtadee des pucelles de Mances et a la maistresse de lans, e. c. l. e. en l'ai. lo dvz.

520 Mateus Maguelo p. b. sus I jornal de terre areure ke geist a Chesne, k'il ait aquasteit a Odeliate, la femme Warin lou Vilat, permey II d. de cens, et e. com l. e. en l'ai. lou d.

521 Roillons Ysantrus p. b. sus xvIII s. de mt. de cens ke geissent sus III stals ke geissent en la halle des tanors ou Champ a Saille, ke li sont delivres per droit et per jugement encontre Poensate, la femme Simonin Jaigin ke fut, por tant com il ait paiet por Simonin devant dit, son marit, per escris en airche.²)

522 Jaikemins, li fils Jakemin lo Gornaix ke fut, p. b. sus lou sinkime d'un jornal de vigne ke geist a Montiguey, encoste lui meymes, k'il ait aquasteit a Jennat, lou fil Hanriat de S. Arnout, permei teil cens com li sinkimes devant dis doit a S. Ladre.

523 Aburtins, li freires Lietal lou permanteir, p. b. sus LX et X s. de mt. et III mailles de cens, s'en geissent xvI s. de mt. sus la maison Mariate, la femme Ancillon de Flauville, et xxvI s. de mt. et III mailles³) sus la maison Joiffroit Boilawe, ke fut Bietrit de Laigney, et xIIII s. de mt. sus la maison Colate, la suer Tomessin, et xIIII s. de mt. sus l'eritaige en Abouwes deleis la vigne S. Laidre, k'il ait aquasteit a dame Nicolle de Sanerie, e. com l. e. en l'ai. lou d.

524 Thiebaus, li fils lou signor Nicolle lou Gornaix ke fut, p. b. sus xxx s. de mt. de cens k'il meymes dovoit a Perrate, la fille Jakemin Brokairt, sus sa maison ou il maint, ke siet ou Champ a Saille, k'il ait aquasteit a ley, e. com l. e. en l'ai. lou d.

525 Jakemins Bellegree li amans p. b. sus L s. de mt. de cens k'il

---

¹) de cens *übergeschrieben*.
²) *v. 1278, 820 und 586.* ³) III mailles *übergeschrieben*.

ait aquasteit a Allexandre, son scrorge, des c s. de mt. de cens k'il avoit sus l'eritaige Colin Merchant, ke li venrent de pair son peire, et a. c. l. e. en l'ai. lou dvz.

526 Lambers li clars de Remilley p. b. sus tout l'eritaige ke Burtignons Guepe avoit ou ban de Remilley, en toz us, k'il ait aquasteit a Burtignon devant dit, permey XVIII d. ke li eritaiges doit, et a. c. l. e. en l'ai. lou d.

527 Jehans Mairasse p. b. sus II s. et demey de mt. de cens ke geissent sus I jornal de vigne ke geist sus la Pixate, k'il ait aquasteit a Jennat, lou fil Weiriat Chabosse, e. c. l. e. en l'ai. lou d.

528 Jennas Aurairs, p. b. sus une maison ke siet devant les chapponneirs a Porsaillis, k'il ait aquasteit a Thiebaut, lou fil Steuenin de Coloigne ke fut, permey L s. de mt. de cens, et e. com l. e. en l'ai. lou d.

529 Jehans li Gronais p. b. sus la maison et sus tout lou ressaige ki apant ou il maint, ke fut Nainmerit Lohier, ke siet encoste la maison lou signor Thiebaut Fakenel, k'il ait aquasteit a Jakemenel, lou fil signor Matheu de Chanbres, permey XX s. de mt. de cens, et e. c. l. e. en l'ai. lou d.

530 Thiebaus, li filz Jaikemin lou Gornaix ke fut, p. b. sus VI hommeies de vigne ke geissent deleis lou clos a Waizaiges, deleis la vigne Jakemin lou Vadois, k'il ait aquasteit a Burtemin d'Onville, ke maint a Nonviant, e. com l. e. en l'ai. lou d.

531 Watrins Maluexins p. b. sus tout l'eritaige ke fut Alairt de Silleirs, ke geist ou ban de Silleirs, ke li est delivres per droit et per jugemant contre Howin Nerlant, ke tenans en estoit a enneies, e. com l. e. en l'ai. lou d.

532 Vguignons Rembaus de la Vigne S. Auol et Bauduyns de Chaipeleirue p. b. sus les maisons et sus toz les ressaiges ki apendent ke sient outre lou pont a Saille, ke lor sont delivres en plait, por les LX s. de mt., ke les maisons lor doient.

533 Xandrins, li filz Piere Thomes ke fut, p. b. sus trestout l'eritaige ke Garserias li bordeires de Maigney ait ou ban de Maigney et ou ban de Flirey, en toz us et en toz prous, c'est a savoir en chans, en preis, en vignes, en maisons et en grainges, k'il ait aquasteit a Garseriat devant dit, et ce li ait relaissiet per mey V moies de vin de cens a toz jors mais, et e. com l. e. en l'ai. lou d.

534 Lorans li cherpanteirs p. b. sus III jornals de terre ke geissent

ou ban de Montigney, k'il ait aquasteit a Hawiate, la femme Jakemin Nicolat, permey teil cens com il en doit, et e. com l. e. en l'ai. lou d.

535 Watrins, li maires de Chauillons, p. b. sus la maison ke fut Burteran Malkeut, ke siet en la rue des Allemans, k'il ait aquasteit a ses anfans, permey teil cens com il en doit, et e. com l. e. en l'ai. lou d.

536 Abertins de Grixey p. b. sus II jornalz et demey de terre ke geixent a Grixey, ou ban S. Piere, k'il ait aquasteit a Odeliate de Borney, per mey II d. et maille de cens, et e. com l. e. en l'ai. lou d.

537 Marguerons Blanche p. b. sus une maison en la rowelle Willebor, k'il ait aquasteit a Colignon Alairt, per mey IIII s. et demey de mt. de cens, et e. com l. e. en l'ai. lou dv.

538 Willemins li Hungres p. b. sus demey une tavle ke geist en Vies Chainges, ke pairt a lui meymes, k'il aquasteit a Vguignon et a Burnekin, son freire, les anfans Thiebaut de l'Aitre, et a Yzaibel Chaneuiere, permey teil cens com il en doit, e. c. l. escrit en l'a. lo devisent.

539 [1]) Li sires Thiebaus Fakenelz p. b. sus lou preyt Jennin Graicial ke geist ou ban de Cuuerey, encoste lou preit ke li sires Lowis de Jandelencort ait vandit a Thiebaut Fakenel, en alluet, et e. com l. e. en l'ai. lou d.[2])

540 Jehans, li filz Poensignon de la Bairre ke fut, p. b. sus jor et demey de vigne ou ban S. Clemant, et sus une tavle en Chainges devant S. Seplixe, et sus I jornal de meis en la voie de Montigney, et sus IIII s. et VII d. et maille de cens ke geixent sus jor et demey de vigne a IIII Queiles, k'il ait aquasteit a Howignon Fernagut, per mey teil cens com tous cist eritaiges doit, et e. com l. e. en l'ai. lou d.

541 Thiebas Fouras, li fis Collenat de Vy ke fut, p. b. sus teil partie com Merguerate, li fille Aburtin de Vy, son freire, avoit a Belvoir et sus de kant ki apant, en toz us, ke li est escheus de pair Aburtin, son peire, ke Merguerite devant dite li ait aquiteit et mis en waige, e. com l. e. en l'ai. lou dv., et per mey teil cens com li eritaiges doit.

542 Lowias Karitalz p. b. sus XV s. de mt. de cens ke geissent sus la maison ke fut Gerardin lou sainnor, ke siet ensom Viez

---
[1]) *Links am Rande steht* a, *bei* 545 b.
[2]) *v. 1278, 278.*

Bucherie, k'il ait aquasteit a Herbin Wachier, e. c. l. e. en l'ai. lou d.

543 Jehans Burterans p. b. sus teil sansal et sus teilz ennalz deniers com Renalz de Chainney avoit en Awigney, ke pairt as oirs Gelin, k'il ait aquasteit a Renalt devant dit, e. c. l. e. en l'ai. lou d.

544 Et si p. b. ancor sus XVII s. de mt. de cens ke geissent sus la maison Stevenin lou Roucel lou tellier, ke siet encoste Ste Creux, entre l'osteit Patin lou berbier et l'osteit Godeire, k'il ait aquasteit a Jakemin Guerebode, e. c. l. e. en l'ai. lou d.

545 Li sires Thiebaus Fakenelz p. b. sus l'entisme de Flanville, k'il ait aquasteit a Neumeriat, lou fil Jennat Lohier, e. com l. e. en l'ai. lou d.

546 Garsserias Poterelz de la Plasse p. b. sus une tavle ens Chainges et sus I jornal de vigne outre Saille, en II pieces, k'il ait aquasteit a Vguignon, son freire, e. com l. e. en l'ai. lou d.

547 Arnous de Sallebour p. b. sus une maison en la rowelatte Kanelle, k'il ait aquasteit a Luckate, la femme Thiebaut de S. Clement, permey VII s. et demey de cens, et e. c. l. e. en l'a. lou d.

548 Aburtins Caynas de Siey p. b. sns I osteil ke siet outre Saille en la rowe dou Sac, k'il ait aquasteit a Rollat lou corretier, permey teil cens com il en doit, et e. com l. e. en l'ai. lou d.

549 Colignons de Borney p. b. sus II jornalz de terre ke geissent en la Grant rowe, k'il ait aquasteit a Baudowin Coreille, permei I d. de cens, et e. com l. e. en l'ai. lou d.

550 Colins d'Airs li corrieirs p. b. sus une maison ke geist ancoste l'osteil Colin de Chaistelz, k'il ait aquasteit a Jehan Winnoble, permey L s. de mt. de cens, et e. c. l. e. en l'ai. lo d.

551 Jennas Caloigne p. b. sus la maison ke fut Colle, ke siet ensom l'osteil Jennat Watheron, k'il ait aquasteit a Colle devant dit, permey L s. de mt. de cens, et a. con l. e. en l'ai. lou d.

552 Colins li olieirs dou Waide p. b. sus une maison ke siet ensom l'osteit Adrowat Poincin, k'il ait aquasteit a Jehan, lou nevout Gerairt lou tonneleir, permey XVII s. de mt. de cens, et e. c. l. e. en l'a. lou d.

553 Colignons, li fils signor Werrit Barbe, b. b. sus II maisons ke sient outre Saille, et sus jor et demei de vigne ou ban de

---

[1]) v. 1278, 362 b.

Montigney, et sus la droiture ke geist ou ban d'Espainges, ke part a Colin Poietel, et sus tout l'eritage ke geist ou ban d'Apilley, k'il ait aquasteit a Burtignon Gueppe, e. con l. e. en l'ai. lo d.

554 Jaicos d'Airey p. b. sus II pieces¹) de vigne et sus toutes les terres areures ke geissent ou ban de Lorey k'il ait aquasteit as oirs Veuion, lou maistre xaving de Lorey ke fut, permey teil droiture com toz cist eritaiges doit, et e. com l. e. en l'ai. lou d.

555 Formerons Roze p. b. sus la maison Matheu ke fut maistres des arenors, et sus la maison apres, ke sient en Chapeleirue, per mey teil cens com elles doient.

556 Jaikemins, li maires de S. Vincent, p. b. por la chieze Deu de S. Vincent sus de kant ke Gelias et Hanris, ces freires, li dui fil Renalt de Porsaillis ke fut, et Richerte, lor meire, avoient en la vowerie de Chailley sus Niet et ou ban et en toutes apandises, an toz us et an toz prous, ke li abbes Renniers de S. Vincent ait aquasteit a Geliat et a Hanrit devant dis, a. com l. e. en l'ai. lou dvz.

557 Et si p. b. ancor por la chieze Deu de S. Vincent et por Arnout Aixiet sus les III jornalz de vigne ke Renalz de Chenney ait ou ban de Crispey, ke Renalz ait mis en contrewaige a l'abbeit Rennier de S. Vincent et a Arnout Aixiet por les VII moies de vin de cens, k'il ont aquasteit a Renalt devant dit, a. c. l. e. en l'ai. lou d.

558 Cunins, li fis Domangin Xoibin, p. b. sus teil don com Burtignons Guepe li ait fait, si com des c s. de mt. ke Ameline ait sus la maison Willemin Andreu, por son dowaire, ke elle ait doneit et aquitiet a Burtignon Guepe, per lou crant de Cunin, son marit, et de Rolat lou corretier, por teil don com Burtignons Guepe en ait fait a Cunin devant dit, a. com l. e. en l'ai. lou dvz.

559 ²) Jaikes Roucels p. b. sus XXX lb. de mt. de cens k'il ait aquasteit as maistres et as convers et as malaides et a touz ceulz de S. Laidre, ke geissent sus kant k'il ont ou ban de Florey, et sus les cences k'il ont dedens Mes et fuers de Mes, et e. com l. e. en l'ai. lou d.

560 Et si p. b. ancor por Joiffroit, son fil, et por Merguerite, sa femme, sus X s. de mt. de cens ke geissent en la rue S. Mamin

---

¹) II pieces *verbessert aus* I piece. ²) = *1278, 368 und 657*.

outre Saille, k'il ait aquasteit a dame Nicolle de Sanerie, e. com l. e. en l'ai. lou d.

561 Colins Manegous p. b. sus la maison Sebille, la femme Lietal lou doien ke fut, ke siet outre Saille, et sus sa vigne a Grant Chauol, et sus sa maison a Oixey, et sus son eritaige a Purs, et sus toute la remanance de son eritaige ou k'il soit, k'elle ait aquiteit a Colin Manegout, apres teil raute com Lowis li clers de Sanerie i ait, et apres la wageire Piereson Carital, et permey teil cens et teil droiture com toz li eritaiges doit, et e. c. l. e. en l'ai. lou d.

562 Jehans, li fils Jaikemin lou Gornaix ke fut, p. b. sus XX s. de mt. de cens k'il ait racheteit a Perrin et a Nenmerit et a Theiriat et a Bauduyn, les IIII filz Colignon Badoche ke fut, k'il meymes lor dovoit de sa maison ou il maint, e. c. l. e. en l'ai. lou d.

563 [1]) Soiffiate, li fille Bouchairt de la Fosse, p. b. sus C et X s. de mt. de cens ke geissent sus tout l'eritaige Garseriat, lou fil Hanrit Lukin, k'il ait aquasteit a Vguignon, son freire, et sus tout l'eritage ke Garserias ait de pair lui, et ces C et X s. de cens devant dis ait elle aquasteit a la vie Poensate, sa suer, e. com l. e. en l'ai. lou dvz.

564 Vguignons Bellegree p. b. sus I jornal de terre areure ke geist ou ban de Merley, k'il ait aquasteit a Fillipin de Molins, permey I d. de cens, et e. c. l. e. en l'ai. lou d.

565 Odeliate Doussate, li fille Ottin lou cellier ke fut, p. b. sus tout l'eritaige k'elle ait aquasteit a Veuiou de Montigney, lou fil Nenmerit ke fut, ke geist ou ban de Montigney, e. c. l. e. en l'ai. lou dvz.

566 Weirias, li filz Felison de Merdeney, p. b. sus teil aquast com il ait fait a Ferrit, lou fil Hanriat de Merdeney, per mei teil cens com il en doit, et e. com l. e. en l'ai. lou d.

567 Pierairs de Chanbres p. b.

568 Jaikemin Faixin p. b. sus tout l'eritaige Jaikemin Chanal, ke geist outre Saille, k'il ait a lui aquasteit, per mey teil cens com li eritaiges doit, et a. com l. e. en l'ai. lou d.

569 Jaikemins Rabowans p. b. sus V s. de mt. de cens ke geissent sus une maison en Hulouf, ke siet encoste la maison Burtelo lou cherpantier, k'il ait aquasteit a Jehan, lou fil Hanriat de Maizelles ke fut, e. c. l. e. en l'ai. lou dvz.

---

[1]) = *1278, 865.*

570 Felipins, li filz Jaikemin[1]) lou Gornaix ke fut, p. b. sus la petite maison et sus tout lou ressaige ki apant ke fut Cunin d'Espinals, ke siet ancoste la maison Bauduyn Trabuchat ke fut, k'il ait aquasteit a Petitmaheu, lou fil Jennin de la Tour ke fut, en alluet, et e. com l. e. en l'ai. lou d.

571 Jenas de Tinkerey p. b.

572 Willames li Lombairs, li janres Jennat lou Roi, p. b. sus la maison et sus tout lou ressaige ki apant ke siet a Porsaillis, ke fut lou signor Bauduyn lou Roi, k'il ait aquasteit a Thiebaut de Moielain, per lou crant de Joifroit lou Bague, cui li maisons fut,[2]) et a. com l. e. en l'ai. lou dvz.

573* Ce sont li ban dou vintisme jor de noiel. En la marie d'Outre Moselle:

573 [3]) Colignons Fackols prant bans sus demei jornal de terre ou ban d'Ars c'on dist en Seilerit, k'il ait aquasteit a Gerardin, lou fil Fromont d'Ars, e. c. l. e. en l'a. lou d.[4])

574 Hanrias de Noweroit p. b. sus une maison en Anglemur, desoz les Proichors, et sus tout lou resage, k'il ait aquasteit a Margueron, la femme Chardat d'Abes, et a Thieriat et Ysabel, ces II enfans, permei teil cens com elle doit, e. c. l. e. en l'a. lou d.

575 Et si p. b. ancor sus XX s. de cens ke geisent sus la maison ke fut Richart de Nansei, k'il ait aquasteit a signor Jehan de la Cort et a Willame, son frere, e. c. l. e. en l'a. lou d.

576 a) Et si p. b. ancor sus XVIII s. de cens ke geisent sus la maison Chardat d'Abes.
b) Et si p. b. sus une maison encoste Chardat d'Abes et sus tout lou resage, k'il ait aquasteit a Willame de la Cort, permei XX s. IIII d. moins de cens, e. c. l. e. en l'a. lou d.

577 Vilains Quarterons p. b. sus I meu de vin de cens ke geist sus I chakeur a Juxei, k'il ait aquasteit a Domangin, lou fil Thiefroit de Juxey, e. c. l. e. en l'a. lou div.

578 Ysambars Xoibars de la Vigne S. Auol p. b. sus XI s. et III d. de cens ke geisent en Viez Bucherie sus l'osteil Chardat lou

---

[1]) li filz Jaikemin *auf Rasur.*
[2]) *Vor* fut *ist* est *durchgestrichen.*
[3]) *Nachträglich in die Zeile von 573* geschrieben.*
[4]) *v. 1279, 150.*

bouchier, k'il ait aquasteit a Jennat Boilo, son serorge, e. c. l. e. en l'a. lou d.

579 Hermans li clers de S. Geure p. b. sus xv s. de cens ke geisent sus l'osteil Richart lou bolengier, entre l'osteil Jennat de Goens et Alixandre de Vigney, k'il ait aquasteit a Poinsignon Lanbert, apres les v s. de cens ke S. Clemans i ait davant, e. c. l. e. en l'a. lou d.

580 Jennins, li fils Bertadon Piedeschals, p. b. sus Martin, lou fil Renart de Lescey, et sus toute sa porgenne, k'il ait aquasteit a Renalt de Chainney.

581 [1]) Abers Xauins et Abrias, ces freres, p. b. sus la maison et sus lou resage ke fut Drowin de Molins, ke siet a Molins, ke lor est delivreie per droit et per jugemant, por les xv s. de cens ke li maisons et li grainge lor dovoit.

582 Perrins Barbate p. b. sus la maison ke fut maistre Thierit lou maignien en la rue lou Voweit, k'il ait aquasteit a signor Matheu,[2]) lou preste Nicole Chapesteit, permei xvi s. de cens, e. c. l. e. en l'a. lou d.

583 Colignons li Barrois de Franconrue p. b. sus la maison Jennin Harol daier S. Jehan, k'il ait a lui aquasteit, permei v s. de cens, k'il en doit as dames de Fristor, e. c. l. e. en l'a. lou d.

584 Loransas li bolengiers p. b. sus teil partie com Jakemins, ces freres, avoit en la maison et en la grainge en Nikesinrue, ke part a lui meimes, k'il ait a lui aquasteit, e. c. l. e. en l'a. lou d.

585 Goudefrins, li fils Robin d'Onville, p. b. sus tot l'eritage ke Richars Mauaiseteste d'Ars avoit ou ban de Wauille, k'il ait aquasteit a Belleamie, sa femme, et a Jennat lou Louf d'Ars, permei teil cens com il doit, e. c. l. e. en l'a. lou d.

586 Roillons Ysantrut p. b. sus vii s. de cens ke geisent sus l'osteil Wiart, lou fil Colin de Marley, ke siet a S. Arnolt, ke li sont delivreit per droit et per jugemant contre Poinsate, la femme Simonin Jagin, por tant com Roillons est encombreis por Simonin, son marit, per escris en arche. [3])

587 Arnols Aixiez p. b. sus iiii moies et demeie de vin de cens, et sus la moitiet dou molin a Rongueuille, et sus lou demme de bleif ai Ansey, et sus vii s. de cens et ii chapons, et sus demey jornal de terre ai Ansey, et sus tot l'eritage ke Werniers Lohiers ait en bans d'Anséy, k'il ait a lui aquasteit, e. c. l. e. en l'a. lou d.

---

[1]) *Durchgestrichen.*
[2]) *t übergeschrieben.* [3]) *v. 1278, 420 und 521.*

588 Hanrias Rekeus p. b. sus III jornals de terre ke geisent ou ban d'Escey en Rainmars, arreis la terre les enfans lou signor Richart, k'il ait aquasteit a Jehan Chiotel, e. c. l. e. en l'a. lou d.

589 Li sires Wathiers li Lous p. b. sus I chakeur a Longeuille, ke fut Boukin, son seur, et sus tout l'eritage ke li est venus conseuwant de part Boukin davant dit.

590 Colignons Colemels p. b. sus les II maisons et sus les resages ke sieut en Anglemur, k'il ait aquasteit a Piereson lou charreton d'Anglemur, permei XXVIII s. de cens, e. c. l. e. en l'a. lou d.

591 Simonas li permantiers des Roches p. b. sus une maison ke siet encoste l'osteil Wiardin lou permantier, k'il ait aquasteit a Gillat lou Roucel de Maizelles, permei XVI s. de cens, e. c. l. e. en l'a. lou d.

592 Jennas Noirons p. b. sus V pieces de vigne k'il ait aquasteit a Thieriat lou pontenier de Molins, lou janre Girart Chadiere, permei teil cens com elles doient, et k'il li ait relaiet a moitiet tote sa vie et la vie Ysabel, sa femme, e. c. l. e. en l'a. lou d.

593 Jennins Dadat de Gorze p. b. sus VI jornals de terre ou ban de Flauigney, k'il ait aquasteit a Gerardat de Flavigney, permei teil cens et teil droiture com li eritages doit, e. c. l. e. en l'a. lou d.

594 Li sires Thiebas Fakenels p. b. sus XII jornals de terre, k'il ait aquasteit a Poinsignon Charambaut, s'an geisent V jornals encoste Thierit Domate, et V jornals en II pieces sus la ruelle de Turey, et II jornals ou ban d'Escey, encoste signor Remei, e. c. l. e. en l'a. lo d.

595 Et si p. b. ancor sus la maison et sus lou resage et sus V jornals de vigne, k'il ait aquasteit a Piereson, lou fil Thieriat dou Pux d'Ars, et ai Ailison, sa suer, et a Colignon Lorant, son serorge, permei teil cens com cist heritages doit, e. c. l. e. en l'a. lou d.

596 Et si p. b. ancor li sires Thiebas desor dis sus la maison Abertin Huchat en Chambieres et sus can ki apant, ke li est delivre per droit et per jugemant.

597 Richars de Werrixc, ki maint en Aiest, p. b. sus V jornals de terre ke geisent ou ban d'Escey, encoste¹) Jennin Fraxeawe, k'il ait aquasteit a Lowiat Burtignou, en alluet, e. c. l. e. en l'a. lou d.

---

¹) encoste *übergeschrieben*, ke partent a *durchgestrichen*.

598 Guersirias Luckins p. b. sus la moitiet d'un chakeur a Lescey et sus tout lou resage, k'il ait aquasteit a Perrin Chivelier, e. c. l. e. en l'a. lou d.
599 Et si p. b. ancor sus III jornals de vigne et sus la moitiet d'un chakeur a Lescey, k'il ait aquasteit ai Vguignon, son frere, e. c. l. e. en l'a. lou d.
600 Barangiers de Haboinville p. b. sus VI jornals de terre et une piece de preit ke geisent ou ban de Haboinville, k'il ait aquasteit a Willemat lou doien de Chastels, e. c. l. e. en l'a. lou d.
601 Jaikemins li mostardiers p. b. sus une maison en Francourue, ensom Lorant lou feivre, k'il ait aquasteit a Colin Kalandre de Chambres, permei XII s. de cens, e. c. l. e. en l'a. lou d.
602 Li sires Jakes, li prestes de Siey, p. b. sus une maison a Siey et sus lou meis et sus la vigne daier et sus tot lou resage, k'il ait aquasteit as hoirs Thieriat la Vaichate de Siey, permei III mailles de cens, e. c. l. e. en l'a. lou d.
603 Colins Dowares p. b. por la chiese Deu dou Grant Mostier sus la grainge c'on dist la Marchasie, ke fut maistre Estene de Luverdun, ke siet encoste Gerart lou Lombart, ke Gerars desor dis ait aquasteit a Marguerate, la femme Colin l'anluminor, permei XII s. de cens c'on doit a S. Sauor,[1]) e. c. l. e. en l'a. lo d.
604 Baduyus Barekels p. b. sus VIII s. de cens ke geisent a Ville sus Yron, sus la maison Alardin Akart, k'il ait a lui aquasteit, e. c. l. e. en l'a. lou d.
605 Jennas li Box de Juxey p. b. sus une maison a Juxei, k'il ait aquasteit a Sigart, lou marit Ailison, e. c. l. e. en l'a. lou d.
606 Steuenas, li mares de Plapeuille, p. b. sus II pieces de terre a Plapeuille, ou ban S. Simphorien, k'il ait aquasteit a dame Lorate Basin, permei III d. de cens, e. c. l. e. en l'a. lou d.
607 Lowias d'Abes p. b. sus II jornals de terre en la fin de Molins, k'il ait aquasteit a Hawiate la bergiere de Moulins, permei II d. de cens, e. c. l. e. en l'a. lou d.
608 Jennas de Daier S. Jehan p. b. sus une piece de vigne en Dales, encoste lou doien de S. Martin, k'il ait aquasteit a Hawiate, la femme Poinsin Dabeit, permei teil cens com elle doit, e. c. l. e. en l'a. lou div.
609 Jennas Bernars et Lowis de Noweroit p. b. sus XIIII d. de cens ke geisent sus IIII jornals de terre en la voie Ste Creus, encoste

---

[1]) c'on doit a S. Sauor *übergeschrieben.*

Jehan de la Cort, k'il ont aquasteit a dame Clemance Poterelle, por fare l'anniversare Ysabel, la femme Jennat Bernart, en l'eglise de Valieres, e. c. l. e. en l'a. lou d.

610 Burtignons Paillas p. b. sus III jornais de vigne en Vazore, et sus une fosce daier lou moustier a Siey, k'il ait aquasteit a Jehan, lou fil signor Gerart de Felix, en alluet, e. c. l. e. en l'a. lou div.

611 Jaikemins Gratepaille p. b. por les Proicherasces sus XXXV s. de cens ke geisent sus II maisons davant S. Vicent, ke furent Boudat lou bolengier, k'il ait aquasteit a Matheu lou bowey, e. c. l. e. en l'a. lou d.

612 Waterins, li mares de Chastels, p. b. por lui et por ces freres sus une piece de vigne en Bouxonvigne, et sus V s. de cens sus une vigne en Ste Marievigne, et sus une piece de terre en Genivals, k'il ait aquasteit a Drowignon de Chastels, e. c. l. e. en l'a. lou d.

613 Goudefrins Berlo de Longeuille p. b. sus demeie une maison a Longeuille, ke part a lui meimes, et sus tot lou resage, k'il ait aquasteit a signor Jaike, lou preste de Siey, en alluet, e. c. l. e. en l'a. lou d.

614 Rolins li clers de Chambres p. b. sus tout l'eritage ki est escheut ai Arnolt Maletraice de part Troixin de Ste Rafine, lo fil Boinvallat, en chans, en preis, en vignes, en maisons et en tote atre heritage, k'il ait aquasteit ai Arnolt desor dit, permei teil cens com toz li heritages doit.

615 Renaldins, li freres lou preste de S. Gergone, p. b. sus une maison en la Vigne S. Marcel, k'il ait aquasteit a Jennin de Pairgney, permei VI s. et I chapon de cens, e. c. l. e. en l'a. lou d.

616 Li sires Otes, li prestes de S. Gergone, p. b. por l'eglise desor dite sus XII d. de cens ke geisent sus la maison Thieriat, lou fil Guersire a Piet, en la rue S. Vy, k'il ait a lui aquasteit, apres V s. de cens k'elle doit davant, e. c. l. e. en l'a. lou d.

617 Pieresons de Ste Rafine li recuvreres p. b. sus I jornal de terre ou ban de Siey, k'il ait aquasteit a Rolin lou clerc, en alluet, e. c. l. e. en l'a. lou d.

618 Joffrois Bonars p. b. sus la maison Arnolt de Forpac lou permantier, ke siet davant l'osteil l'arcediacre Werrit, ke li est delivre per droit et per jugemant contre Arnolt desor dit, et permei teil cens com elle doit.

619 Jennas Noirons p. b. sus II pieces de vigne ke geisent en la coste de Chazelles en Gerartvigne et a Terme, k'il ait aquasteit a signor Baduyn lou preste, permei IIII sestieres de vin de cens, e. c. l. e. en l'a. lou d.

620 Willemins, li fils signor Gerart de Sorbey, p. b. sus tot l'eritage ke Jennas Bons avoit ou ban de Lorey, en alluet, et sus tot l'eritage k'il avoit ou ban de Vignueles, sauf lou droit de la vowerie, et sus lo meis ke Willames de Hombor aquasteit a la seure Lachet, k'il ait aquasteit a Willame desor dit, e. c. l. e. en l'a. lou d.

621 Perrins, li fils Gerardin lou berbier, p. b. sus une maison a Longeuille, encoste Steuenart, et sus tout lou resage, ke li est delivre per droit et per jugemant contre Poinsignon lou Cuxet, por teil cens com il i ait.

622 Pieresons Flawons et Goudefrins, ces freres, p. b. sus une piece de vigne daier lor maison a Siey, moiterasce Jennat Noiron, k'il ait aquasteit a Simonin et a Jakemin, les II fils Thiebaut de Siey, e. c. l. e. en l'a. lou d., et si doit Jennas Noirons avoir chac'an III moies de v[in] per davant sus la kuve.[1]

623 Sufiate, li femme Goudefrin de Lorey, p. b. sus une piece de preit en Rozeires, entre Vignueles et Wappey, k'elle ait aquasteit a Werneson Bosceron, permei teil droiture com li preis doit, e. c. l. e. en l'a. lou d.

624 Jehans, li fils Poinsignon de la Barre, p. b. sus XV s. de cens ke geisent sus la maison Robenat et Jennin, les olieirs c'on dist, ke sont permantier, ke siet en la rue lou Voweit, encoste Rollan lou corduenier, et sus VI d. de cens ke geisent sus la maison Parixat lou cherpentier a S. Sauor, encoste la maison la dame de Roupeney, ke furent Burtignon lou clerc, lou fil Lowiat de Chastels, k'il ait aquasteit a Howignon Fernagut, lou mainbor Burtignon desor dit, e. c. l. e. en l'a. lou d.

625 Colate, li femme lou maistre escheving de S. Martin, p. b. sus I chakeur a S. Martin et sus la maison davant et sus la vigne daier l'abie, k'elle ait aquasteit a Willemin Brehel, permei teil cens com elle en doit a S. Martin, e. c. l. e. en l'a. lou d.

626 Waterins li drapiers p. b. sus une piece de terre ke geist entre lui et Remiat, lou fil Mirel de Chambres, k'il ait aquasteit a Colin dou Rait, en alluet, e. c. l. e. en l'a. lou d.

---

[1] *Von* et *si doit an von derselben Hand (Schreiber 7) später hinzugefügt.*

627 Thierias Bitenas p. b. sus tout l'eritage Willermat lou doien de Chastels, en chans, en preis, en bos, en vignes,[1]) en maisons, en jardins, k'il ait a lui aquasteit, et k'il li ait relaiet permei ɪx quartes de wain, e. c. l. e. en l'a. lou d.

628 Et si p. b. ancor sus tout l'eritage ki est escheut a Jennat Geustore de part sa seure,[2]) en preis, en chans, en bos, en grainges, en maisons, ke geist en toz les bans de Jerney et d'Eurecort, ke li est delivres per droit et per jugemant.

629 Et si p. b. ancor sus tout l'eritage Filipin, lou fil Thiefroit, ke geist en la fin de Graviers, en preis, en terres areuses, k'il ait a lui aquasteit, e. c. l. e. en l'a. lou d.

630 Vguignons Bellegreie p. b. sus ɪ jornal de vigne[3]) ke fiert sus lou Mesnit a Lescey, k'il ait aquasteit a Waterin, lou fil dame Esceline de Lescey, en alluet, e. c. l. e. en l'a. lou d.

631 Alixate, li fille Sibiliate, la fille Joffroit lou Hougre, p. b. sus une maison daier S. Sauor, ensom Ayron de Cliguey, k'elle ait aquasteit a Thomes l'Englois lou taillor, permey xɪɪɪ s. de cens, e. c. l. e. en l'a. lou d.

632 Ozenate li couserasce p. b. sus une maison en Nikesinrue, davant l'osteil Jennat lou Gronais lou cherpentier, et sus tout lou resage, k'elle ait aquasteit a l'arcediacre Jehan, permei xx s. de cens, e. c. l. e. en l'a. lou d.

633 Thiebaus Lambers p. b. sus xxv s. de cens ke geisent sus l'osteil Bardel en Franconrue, k'il ait aquasteit a dame Nicole de Sanerie, e. c. l. e. en l'a. lou d.

634 Fakignons de Longeuille p. b. sus jor et demei de vigne ke geist a l'Ormexel en Planteis, k'il ait aquasteit a Steuenin de Chastels, en alluet, e. c. l. e. en l'a. lou d.

635 Jennas, li filz Hurtal de Montigney, p. b. sus ɪɪɪ jornals de vigne daier lou moustier a Siey, tiercerasce S. Pou, k'il ait aquasteit a Jennin Fraxeawe, e. c. l. e. en l'a. lou d.

636 Jaikemins, li fils Remion de Coloigne, p. b. sus une maison a Wapey, entre sa grainge et l'osteil Guersiriat, k'il ait aquasteit a Thiebaut Chanon, permei teil cens et teil droiture com elle doit, e. c. l. e. en l'a. lou d.

637 Goudefrins li Alemans p. b. sus ɪɪɪ stals en la halle des vieseirs en Chambres, k'il ait aquasteit a Meansate, la femme lou

---

[1]) *Von* en vignes *bis* ensi *auf Rasur.*
[2]) la marasce de Jerney *v. 1279, 315.*
[3]) terre *vor* vigne *durchgestrichen.*

pavor, et a Colignon, son fil, permei teil cens com il en doit, e. c. l. e. en l'a. lou d.

638 Waterius Mauesins p. b. sus la maison et sus la grainge Jakemat d'Ansey, et sus lou resage ke siet a S. Steule, k'il ait a lui aquasteit, permei teil cens et teil droiture com li heritages doit, e. c. l. e. en l'a. lou d.

639 Colignons Wachiers p. b. sus tout l'eritage ke Jennas Fakenels tenivet de part Anel, sa femme, por son doware, ke li vient de pair Bokin,[1]) ke li est delivreis per droit et per jugemant, permei teil cens com li heritages doit.

640 ²) Willemins li voweis p. b. sus teil partie de fiez et d'aluet³) com il est venut conseuwant Waterin Mauesin de part signor Pieron Mauesin, son frere, ke li est delivres per droit et per jugemant contre Waterin desor dit, permei $\frac{xx}{vii}$ lb. et x.

641 Jaikiers de Nouviant li amans, p. b. sus la maison Colignon lou Boistons de Nonviant et sus lou resage, et sus tout l'eritage k'il ait a lui aquasteit, et k'il li ait relaiet permei xx s. de cens, e. c. l. e. en l'a. lou d.

642 Colate, li femme Remion lou poxor de Rimport, p. b. sus iiii quartes de wain moitange de cens ke geisent sus ii jornals et demei de terre ou ban d'Escey, encoste signor Remei, k'elle ait aquasteit a Jaikelot, son janre, e. c. l. e. en l'a. lou d.

643 Willames de la Cort p. b. sus les iii pars de la moitiet de decant ke Hanrias de l'Aitre ait ou signerage et en la vowerie de Lorey, k'il ait aquasteit a Hanriat desor dit, e. c. l. e. en l'a. lou d., sauf les xx s. de fiez ke toute li ville de Lorey doit a la femme signor Jehan lo Trowant.⁴)

644 Jennins Langue p. b. sus une maison en Francourue ke fut Steuenin Musart, permei teil cens com elle doit, et dont il est bien tenans.

645 Jennas Friandels p. b. sus jor et demei de vigne en Arvals, encoste Bertadon Piedeschals, k'il ait aquasteit a Perrin Maleherbe, en alluet, e. c. l. e. en l'a. lou d.

646 Yngrans Gole p. b. sus teil partie com dame Esceline, li femme signor Werrit de Sanei, et Waterins et Matheus et Joffrois,

---
¹) ke li vient de pair Bokin *übergeschrieben von Schreiber 3.*
²) = *1278, 393 und 496.*
³) et d'aluet *übergeschrieben.*
⁴) *Von* sauf *an von Schreiber 3 hinzugefügt in flüchtiger Schrift (wie bei 660), aber wieder gestrichen;* de fiez *übergeschrieben,* de cens *hinter* doit *durchgestrichen.*

seu troi fil, et tut seu hor avoient en Sibiliate, la femme Gerart
lo Borgne de Lescey, et en toz ces hoirs et en tote lor por-
5 jainne et en totes lor tenors, et en Adenat de Lescey, et en
Jakemate, la suer Sibiliate, et en l'Abijois de Lescey et en
Guersat et en Domangin, ces II freres, et en Ysabel, lor suer,
et en III enfans Cramal de Tignomont, et en Adenat de Siey
et en Ameline, sa suer, et en Mabiliate de Noweroit, et en
10 Roillon et en Steuenin Razeur de Ste Marie a Chene, et en
toz lor hoirs et en totes lor porjainnes et en totes lor tenors,
et en toz les hommes et les femmes et en toz lor hoirs et
lor porjainnes et lor tenors can k'il en avoient d'atre part
Muselle et desai Muselle, kan ke muet des hommes et des
15 femmes desor dis, ke Yngrans Gole ait aquasteit a dame
Esceline et a Waterin et a Matheu et a Jofrois desor dis et
a toz ces hoirs, e. c. l. e. en l'a. lou d.

647 ¹) Colins d'Espinals p. b. sus la maison ke fut Colin Wachier,
outre Muselle, et sus la maxon daier et sus toz les resages,
k'il ait aquasteit a Steuenin Wachier, son serorge, la maison
permei IIII d. de cens, et la maison daier permei XII s. et II
chapons de cens, et e. c. l. e. en l'a. lou d.

648 Maheus Hessons et Poinsignons li Gronais p. b. sus une piece
de vigne en Dales, encoste ous meimes, k'il ont aquasteit a
Colin de S. Martin, lou fil Hanriat Chiot, en alluet, et e. c. l.
e. en l'a. lou d.

649 Maheus Hessons p. b. sus la grainge et sus lou resage ke siet
devant l'osteil Matheu de Plapeuille, k'il ait aquasteit a Colin
d'Espinals, permei VII s. de cens, c'on doit a S. Piere a Vout,
et e. c. l. e. en l'a. lou d.

650 Jaikemins Palerins p. b. sus I jornal de vigne ke geist vers
lou preit a S. Martin, k'il ait aquasteit ai Ayron, la femme
Hanriat de Montigney, permei XII d. de cens, e. c. l. e. en
l'a. lou d.

651 Li sires Bertrans, li prestes de Ste Creus, p. b. sus VI s. de
cens ke geisent sus une maison en Nikesinrue, encoste Mouchat,
k'il ait aquasteit a Loransat lou fornier, por l'anniversare
Guerart de la Rowelle, et Aileit, sa femme, et Ysabel, ces
II enfans, dont on redoit aier XII d. a S. Victor, e. c. l. e. en
l'a. lou d.

---

¹) *Dick durchgestrichen, der Abklatsch des dicken Tintenstrichs ist auf der Rückseite der Rolle sichtbar. Der Eintrag ist erneuert 1279, 584.*

652 Thiebas, li fils Jakemin lou Gronais, p. b. sus xvIII hommeies de vigne, k'il ait aquasteit a Burtemin de Nonviant, lou serorge signor Jake de Nonviant, permei I meu et II sestieres de vin de cens, et e. c. l. e. en l'a. lou div.

653 Jaikemins li mares p. b. por la chiese Deu de S. Vicent sus une piece de preit ai Ansei, encoste lor colambier, ke li abes ait aquasteit a Jennat, lou fil Renart d'Ansei, et a Jaikemin, son frere, permei xxv d. et une poitevine de cens, e. c. l. e. en l'a. lou d.

654 Et si p. b. ancor por la chiese Deu desor dite sus une maison en S. Vicentrue, c'on dist a la porte Patart, ke li abbes ait aquasteit a Jakemin Gratepaille, en alluet, et e. c. l. e. en l'a. lou d.

655 Jakemins li maires p. b. por la chiese Deu de S. Vicent et por Arnolt Aixiet sus vII moies de vin de cens en l'axe ke Renals de Chainnei avoit ens bans d'Ansey, ke muevent des quartiers d'Oisey, ke li abbes et Arnols desor dis ont a lui aquasteit, e. c. l. e. en l'a. lou d.

656 Jennins Bruleville p. b. sus la vigne en Wacon, encoste Jennat Thiebaut, et sus la vigne a Poncel, ke geisent ou ban de S. Martin, ke Renaldins, li fils Bouchart, et Bonars, li fils Erfignon de S. Martin, li ont mis en contrewaige, e. c. l. e. en l'a. lou d.

657 [1]) Jaikes Roucels p. b. sus xxx lb. de mt. de cens k'il ait aquasteit as maistres et as convers et as malades et a sous de S. Laizre, ke geisent sus can k'il ont a Flurey et ou ban, en toz us, et sus les censes k'il ont dedans Mes et for de Mes, e. c. l. e. en l'a. lou div.

658 [2]) Sufiate, li fille Bouchart de la Fosce, p. b. sus c et x s. de mt. de cens ke geisent sus tout l'eritage Guersiriat Luckin, k'elle ait aquasteit ai Vguignon, son frere, et sus tout l'eritage ke Guersirias ait de part lui; et ces c et x s. ait elle aquasteit a la vie Poinsate, sa suer, e. c. l. e. en l'a. lou d.

659 Hawiate, li fille Jaikemin de Bertranmeis, p. b. sus IIII s. et II d. de cens ke geisent sus la maison ke fut Jaikemin desor dit, ke siet a Mongaguier, k'elle ait eschaingiet a Jennat Buerneit, son serorge, e. c. l. e. en l'a. lou d.

---

[1]) = *1278, 368 und 559.*
[2]) = *1278, 563.*

660 Jennas Aixies p. b. sus la moitiet de tout ceu ke Joffrois, li fils Jehan lou Mercier, avoit ou signerage et en la vowerie de Sanei, et sus la moitiet de decant k'il i avoit, en toz us et en toz prous, k'il ait a lui aquasteit, e. c. l. e. en l'a. lou d., sauf les xx s. de fies ke li ville de Saney doit.[1])

661 Gerardins de Moielain p. b. sus les viii moies de vin de cens et sus viii s. de mt. de cens et sus tout l'eritage ke li sires Gerars de Sarley ait ou ban de Rouzerueles, en toz us, k'il ait a lui aquasteit, e. c. l. ˚e. en l'a. lou d.

662 Maistres Gobers li avocas p. b. sus tout l'eritage ke li sires Baduyns, li chanones de Ste Glosanne, avoit ou ban de Plapeuille et aillors, en toz us, k'il ait a lui aquasteit, e. c. l. e. en l'a. lou d.

663 Colars Morels p. b. sus la vigne en Gremalvigne ke siet en Pomeroit, et sus II atres pieces de vigne, k'il ait aquasteit as enfans Colignon de S. Arnolt, en alluet, et e. c. l. e. en l'a. lou d.

664 Ferrias Jeuwes p. b. sus la moitiet d'un molin et dou resage daier S. Jehan, et sus xv s. de cens ke geisent sus les maisons davant Longeteire et en Glatigney, k'il ait aquasteit a Lietal lo bolengier, permei teil cens com li molins doit, et e. c. l. e. en l'a. lou d.

665 Jennas Goule p. b. sus tout l'eritage ke Avrairs avoit ou ban de Wappey, en toz us, por tant com Ancillas de Staisons l'avoit en waige, per escris en arche, dont li escrit sont delivre a Jennat Gole, permei teil droiture com li terre doit a ban.

666 Marguerite, li fille Maheu Jeuwet, p. b. sus une maison a la creus outre Muselle, ke fut Waterin lou ferbor, ke li est escheute por xxii s. de mt. de cens k'elle li doit.

667 Buignas de Longeawe p. b.

668 Howignons, li fils Piere Thomes, p. b. sus une piece de vigne ke geist ou ban d'Ars en Aienchamp, ou an contet iii jornals et demei, k'il ait aquasteit a Colate, la fille Jennin Fakenel, en alluet, e. c. l. e. en l'a. lou div.

669 Pieresons Premey p. b. sus une maison ke siet en Chambieres, ke fut Wescelin lou poxor, k'il ait asansit a Bertran Piedeschals,

---

[1]) *Von* sauf *an hinzugefügt von Schreiber 3 in flüchtiger Schrift (wie bei 643), aber wieder gestrichen.*

permei x s. de cens, et permei xii d. de cens a S. Vicent, et
i d. et i chapon de cens a Colin Fransois, et c. c. l. e. en
l'a. lou d.
670 Colignons de Molins p. b.
671 ¹) Cist sont forjugiet por la paix:
Roillons de Clikenges,
Luckignons li terrillons,
Simonas, li fils Thiebaut Ferrechaite,
Felippins de Virduns, li celliers,
Jehans, li fils la mairasse de Gerney,
Theirias Riole de Gerney,
Aurowins li frutiers,
Collins Lousse,
Thierions Grosseteste, li cherpantiers.

¹) *Von Schreiber 3 auf die Rückseite von Blatt* iii *geschrieben.*

1279

1* En l'an ke li miliares corroit per M et CC et LX et XVIIII ans, quant li sires Jehans Corbels fut maistres eschavins de Mes, Hanris de Strabor maires de Porte Muzelle, Philippins, li fils Philippe Tiguiainne, maires de Porsaillis, Thiebaus Kabaie maires d'Outre Muzelle. Ce sont li bans de paikes. En la mairie de Porte Muzelle:

1 Gerardas, li filz Abert lou feivre ke fut, p. b. sus la maison ke fut Openel, ke siet en Stoixey, encoste la soie maison meymes, k'il ait aquasteit as freires de l'ospital ou Nuefborc, en alluet, et e. c. l. e. en l'ai. l. d.[1])

2 Theirias, li filz Jennin Josterel, p. b. sus II jornalz de vigne ke geisent a Meurepareir, et sus une piece de terre a Bairfontenne, et sus demey jornal de vigne ke geist a Weitro, k'il ait aquasteit a Abillate, la fille Burteran de Cuxey ke fut; c'est a savoir les II jornalz de vigne et la piece de terre permey VI s. de cens, et lou demey jornal de vigne en alluet, et a. c. l. e. en l'ai. l. d.

3 Matheus Chaderons p. b. sus la maison ke fut l'Amerade, ke siet en la Haute Sanerie sus lou cors, et sus lou meis daier, k'il ait aquasteit a Abriat, lou fil Jenin Xauing, permey XXV s. de mt. de cens, ke Matheus devant dis puet racheteir ades kant il vorreit por XXV lb. de mt., et permey III d. de premier cens ke li maixon doit 'a Hanriat Burnekin, et e. com l. e. en l'ai. l. d.

4 Freires Jehans, li maistres de l'ospital en Chambres, p. b. sus la maison k'il ait aquasteit a maistre Richairt lou fezicien, ke siet en Chanbres, et sus tout lou ressaige ki apant, permey XX s. de mt. de cens ke li maison doit a preste de S. Vy, et permey II d. de cens ke li maison doit a Jehan de Weiure, et permei II chapons de cens k'ille doit a la maison de l'ospital, et a. c. l. e. en l'ai. lo d.

5 Lowias, li filz Jakemin lou tanour de la Vigne S. Auol, p. b. sus demey jornal de vigne ke geist eu la Donnowe, ancoste la vigne Matheu Malroit, k'il ait aquasteit a Maheu et a Jenat et a Jakemin, ces III serorges, en alluet, et e. c. l. e. en l'ai. l. d.

6 Thiebaus de la Fontainne de Vantous et Burtignons, li filz Jehan de Repigney, p. b. sus une piece [de] vigne ke geist ou ban

---

[1]) e. c. l. e. en l'ai. l. d. = ensi com li escris en l'airche lou dist. *Weiter unten ist* a. = ansi, l'a. = l'arche, dv. = deviset, dvz. = devizet, div. = diviset, c. *ist abgekürztes* com *oder* con.

S. Pol a Vantouz, k'il ont aquasteit a Thomessin Bacon de Vantouz, permey teil cens com ille doit, et e. com l. e. en l'ai. l. d.

7 Harmans, li fils Jaikelo de Metri, et Poincete, sa femme, p. b. sus tout l'eritage ke Yzaibels li Vadoize, li avelette Abert Clairiet ke fut, ait ou ban d'Antilley et ou ban de Champillons et ou ban d'Erkancey et aillors ou k'il soit, an toz us, ke Yzaibelz devant ditte lor ait doneit et aquiteit, per mey XL s. de mt. ke Harmans et Poincete, sa femme, l'en doient doneir chesc'an, toute sa vie, et a. com l. e. en l'ai. l. d.

8 Lienairs li chavreis p. b. sus une maison ke siet as Roches, ke Richiers li holiers dou Pont li ait aquiteit, permey XVI s. de mt. de cens ke li maison doit a Richier devant dit, por tant com Lienairs ait paiet por Symonat, lou fil Odeliate des Roches, et por Gerardat, son freire, per escrit en arche.

9 Steuenins li frutiers et Jakematte, sa femme, p. b. sus une maison ke siet a pont des Mors, une maison antre dous, la maison ke fut Thiebaut de Genaville, et sus la cort et sus les II maisons daier et sus toz les ressaiges ki apandent, ke furent lou signor Willame de Chanbleis, k'il ont aquasteit a l'abbeyt Wernier de S. Airit de Verduns et a covant, permey XL s. de mt. de cens, et a. c. l. e. en l'ai. l. d.

10 Jehans Clairadine p. b. sus XXXV s. de mt. de cens ke geixent sus la maison ke fut Jehan Faconuers, ke siet an Rimport, k'il ait aquasteit a dame Nicolle de Sanerie, e. com l. e. en l'ai. l. d.

11 Wichairs Lorans p. b. sus une piece de terre areure ke geist a Xairt d'Apepine, arreiz lou champ Wichairt devant dit, k'il ait aquasteit a Maheu Poietel d'Allexey, en alluet, et e. c. l. e. en l'ai. l. dvz.

12 Androwas, li maires de l'ospital S. Nicolais ou Nuefborc, p. b. por la chieze Deu de l'ospital devant dit sus II pieces de vigne ke geixent en Sourelz ou ban de S. Julien, deleis la vigne Thiebaut de Moielain, ke Renbaus de Sanrey et Yzaibelz, sa femme, ont doneit por Deu et en amosne a la chieze Deu devant dite, permei XVI d. de cens ke les II pieces de vigne doient, et a. c. l. e. en l'a. lo d.

13 Clemignons li prestes de Vallieres p. b. sus une piece de vigne ke geist an Burnerowal, ancoste la soie vigne meymes, k'il ait aquasteit a Aburtin lou Sauaige de Vallieres, permey III d. d'amosne, et a. com l. e. en l'ai. l. d.

14 Jennins Aberons de Sanerie p. b. sus xvi d. de cens ke geixent sus la maison Philippin lou permanteir en Chadeleirue, dezous part les molins S. Pol, k'il [ait] aquasteit a Philippin devant dit, apres viii s. de mt. de cens ke li maison doit davanterienement, et a. c. l. e. en l'ai. l. d.

15 Dame Jaikematte Rennaire p. b. sus i demey molin sus Muzelle, entre lou molin signor Nicolle dou Nuefchastel et Jakemin Faixin, et sus une maison ke siet en Chambres, ancoste la maison maistre Symon Majonas, k'elle ait aquasteit a Herman, lou vailet l'ercediacre Watier, permey teil cens com touz cist eritaiges doit, et k'elle li ait relaissiet permey x quartes de wayn moitenge k'elle i doit avoir sa vie, et a. c. l. e. en l'ai. l. d.

16 Collins Paiens li corrieirs p. b. sus les ii maisons ke furent Jakemin Crestenon et sus toz les ressaiges ki apandent, ke sient a S. Julien, k'il ait aquasteit a Burtemin Hertowit, permey xiiii s. de mt. de cens ke li petite vies maison doit, et e. c. l. e. en l'ai. lo d.[1])

17 Burterans Clairanbaus p. b. sus la maison ou il maint et sus tout lou ressaige ki apant, ke fut Nicolle Moreton, son peire, k'il ait aquasteit a Pieresel, son serorge, permey teil cens com ille doit, et a. com l. e. en l'ai. l. d.

18 Mahcus de Lieons p. b. por la chieze Deu de S. Laiddre sus la maison ke fut Symonin as xi doies, ke siet ou Viuier en Chanbres, ke Thiebaus li Maires li ait aquiteit por les vii s. et demei de cens ke li maison doit a la chieze Deu devant dite, et permey teil cens com li maison doit davanterienemant.

19 Rolins li clars de Chambres p. b. sus ii s. de mt. de cens ke geisent sus une maison en Anglemur, ke fut Thiebaut Ferrechaite, apres les xiiii s. de mt. de cens ke Willames de la Cort i ait davanterienemant sus les ii maisons ke furent Thiebaut devant dit, k'il ait aquasteit a Hauriat, lou janre Thiebaut Ferrechaite, et e. c. l. e. en l'ai. l. d.

20 Jehans de Vandeires et Howins de Homborc li corvexeirs p. b. sus une maison ke siet en la rue dou pont a Muzelle, ke fut Alairt, k'il ont aquasteit a Jehan de Hessanges, permei teil cens com ille doit, et a. c. l. e. en l'ai. l. d.

21 Jennas li cloweteirs dou Viuier p. b. sus une maison ke siet ou Viuier, ancoste la maison Odat, k'il ait aquasteit a Piereson

---

[1]) v. *1278, 400.*

lou vieceir de Chanbeires, per mey XVI s. de mt. de cens, et a. com l. escriz en l'ai. l. d.

22 Ancillons li Picairs p. b. sus une maison ke siet en Stoixey, ancoste la maison Coustan, k'il ait aquasteit a Richart, lou maior de Werrixe, permey XVI s. de mt. de cens k'il an doit a Richart devant dit, et permey x d. et IIII chapons de cens ke li maison doit a S. Laiddre davanterienemant, et e. c. l. e. en l'a. lo d.

23 Renadins Josterelz p. b. sus une piece de vigne ke geist an Curtisxamelz ou ban de S. Julien, k'il ait aquasteit a Collate, la femme Symonin Bigois, permey VI s. et demei de mt. de cens, et a. c. l. e. en l'ai. l. d.

24 Thiebaus Pistal p. b. sus teil partie com Richelos, ces serorges, et Aileit et Katherine, ces II serors, et Lowias, lor serorges, avoient ou jornal de vigne daier Chastillons, ke lor est ancheus de pair Jakemin Qualle, ke paint a Thiebaut meymes, k'il ait a ous aquasteit, permey teil cens com ille doit, et a. c. l. e. en l'a. lo d.

25 Burnekins, li filz Thiebaut de l'Aitre ke fut, p. b. sus teil partie de daimme com dame Lucie d'Aix en avoit ou grant daimme et ou menut de Grais et de Glatigney, k'il ait a ley aquasteit, a. con l. e. en l'ai. l. d.

26 Li sires Thiebaus Fakenelz p. b. sus XX lb. de mt. de cens ke geixent sus tout l'eritaige ke Maheus Jeuwes avoit a Flauey, an toz us, k'il ait aquasteit a Garsat Donekin et a Colin Bakal et a Thomessin Sauaige, e. c. l. e. en l'ai. l. d.

27 Dame Merguerite, li fille signor Jehan Papemiate ke fut, p. b. sus IIII lb. de mt. de cens ke geixent sus la maison et sus la grainge et sus les apandixes de l'osteit Jehan, lou fil signor Lowit lou Gros de Lussambor ke fut, ke siet devant l'osteit Willame de Meirvalz, k'elle ait aquasteit a Jehan, lou fil signor Lowit devant dit, et cist cens est li premiers.

28 [1]) Burtadons Pietdeschaus p. b. sus les II maisons ke furent Domangin Rayx, ke siecnt ensom Bucherie a Porte Muzelle, sus XXX s. de mt. de cens ke geixent sus la maison Loratte la wasteleire, et sus II s. et demey de mt. de cens ke geixent sus les II maisons Luedanguel et Waterin, lou fil Hescel, devant la rive a Kaiste, et sus I stal en Visegnuel, et sus I stal en

---

[1]) *Durchgestrichen.*

Chambres, por teil date com Burtadons devant dis i ait, et por tant com il ait [paiet?] a Jennat Houdebrant, et permei teil cens com toz cist eritaiges doit.

29 Vguignons Cunemans p. b. sus la maison Moreton, ke siet en Rimport, ancoste lui meymes, k'il ait aquasteit a Poinsignon devant dit,[1]) permey xxx s. de mt. de cens.

30 Thiebaus li Maires, ke ment en Chambres, p. b. sus les xx s. de mt. de cens ke Merguerate, li fille Symonat Roncel de Rimport ke fut, avoit sus la maison et sus tout lou ressaige ki apant ke fut Poincignon Roucel, son oncle, ke siet an Rimport, devant la rive as Chevalz, k'il ait aquasteit a Merguerate devant dite, e. c. l. e. en l'a. lo d.

31 Jennas Morcelas p. b. sus la stuve ki est en la rowelle a Leudonpuix, ke fut Eckairt de Gankirkes, et sus la maison ke siet arreis la stuve devant ditte, ke fut Coenrairt lou cherpanteir, et sus toz les ressaiges ki apandent, k'il ait aquasteit a Jennin Spillebone, permei xxx s. de mt. de cens k'il l'an doit, et permey vIII d. et III chappons de cens ke cist eritaiges doit davanterienemant, et e. com l. e. en l'ai. l. d.

32 Thielos Louce p. b. sus une maison et sus ceu ki apant ke siet en Rimport, en la rowelle de la stuve, ancoste la maison Choible lou cherpantier, k'il ait aquasteit a Hennelo de Bouzonville, lou freire Willame ke fut, permei IIII d. et II chappons de cens, et e. c. l. e. en l'a. l. d.

33 Li sires Cunes dou Nuefchastel p. b. en alluet sus III jornalz de vigne ke Poinsignons Chalons ait a Vallieres, ke sont dou sansal des xxvI lb.[2]) de mt. de cens ke messires Cunes ait sus l'eritaige Poinsignon Chalons, a. com l. e. en l'ai. l. dv., ke li sont delivres an plait por la defaute dou cens, c'om ne li ont mies paiet.

34 Poinces de Colloigne p. b. sus les II jornalz et demey de vigne ke geissent en Chainalz, ancoste lui meymes, k'il ait aquasteit a Warenat Chofairt et a Colignon, son fil, k'il tenivent de lui a moitiet, et e. c. l. e. en l'ai. l. dv.

35 Dame Sairie, li femme Jakemin Burteran de Jeurue ke fut, p. b. (sus la maison Hawiate de Pertes)[3]) et sus la maison Blondel, ke sieent en Chadeleirue devant les molins, ke li sont

---

[1]) *Poinsignon ist vorher nicht genannt. 1245, 12 kauft Poincignons Laicillons von Colin Moreton ein Haus en Rinport.*

[2]) *v. 1279, 96 19.*

[3]) *Das Eingeklammerte ist durchgestrichen.*

delivrees per droit et per jugement, por contrewaige, et permei teil ceus com les maisons doient.

36* Ce sont li bans de paikes. En la mairie de Porsaillis:

36 Burtemius de Chaucey p. b. sus une maison ke siet en som la maison Bernairt lou caucin, k'il ait aquasteit a Formeron Roze, permey xxvi s. de cens, et e. c. l. e. en l'ai. l. d.

37 Pierissons li feivres de Molins p. b. sus iii jornals et demey de terre ke geixent ou ban de Merlley, k'il ait aquasteit a Theiriat lou Horsset et a Odeliate et a Chipole, permei teil cens com il en doit, et a. com l. e. en l'ai. l. d.

38 Hanrias, li filz Baillat de Pairgney, p. b. sus xvi jornalz de terre ke geixent ou ban de Prenoit, k'il ait aquasteit a Pierat de Vrigney, e. com l. e. en l'ai. l. d.

39 Ferrias de Montois et Steuenins, ces serorges, p. b sus xvi jornalz de terre ke geixent ou ban de Mairley, k'il ont aquasteit a Simonin, lou fil Hanriat Gelin, permey xvi d. de cens, et é. c. l. e. en l'ai. l. d.

40 Benois, li filz lou maior de Grixey, et Colignons, ces freires, p. b. sus une maison ke siet ancoste l'osteit Briselatte, k'il ait aquasteit a Jaikemin Willebour, per mey xvi s. de cens, et a. com l. e. en l'ai. l. d.

41 Guemuelz, li femme[1]) Willame Houec ke fut, p. b. sus une maison ke siet en Chaipeleirue, k'il ait aquasteit a Formeron Roze, per mey xxv s.[2]) de cens, et e. com l. e. an l'ai. l. d.

42 Jennas Moras p. b. sus xiiii s. de cens ke geissent sus une maison a l'antreir dou Saic, k'il ait aquasteit a Aburtin Couchion, e. com l. e. en l'ai. l. d.

43 Jennas Otignons p. b. sus une maison ke siet en S. Martinrue, ke fut Colignon Xocort, k'il ait aquasteit a Colignon Xocort, permey xv s. et iii[3]) mailles, et e. com l. e. en l'ai. l. d.

44 Bernowis, li freires Guerebode, p. b. sus la maison ke fut Guerebode, son oncle, et sus kant ki apant et sus lou tiers k'il ait ou ban de Chaminat, k'il ait a lui aquasteit, permey teil cens com il en doit, et e. com l. e. en l'ai. l. d.

---

[1]) femme *auf Rasur.*
[2]) xxv *aus* xvi *verbessert.*
[3]) *Aus* xvii s. et iiii *durch Radierung geändert, Rasur vor* mailles. *Wahrscheinlich hat es geheissen* xvii s. et iiii d. et iii m.

45 Freires Jehans, convers de la Craste, p. b. por la chieze Deu de la Craste sus une piece de terre ou ban d'Awigney, k'il ait aquasteit a Jennat, lou fil Marcout d'Awigney ke fut, per mey teil cens et teil droiture com il en doit, et e. c. l. e. en l'a. lo d.
46 Renalz li chanbrelains p. b. por la chieze Deu de la Craste, et Theirias Bugles por la chieze Deu de S. Benoit en Weiure p. b. sus la maison Remey Hautchaistel, ke siet a la Posterne, ke lor est delivre per droit et per jugemant, por teil cens com elles i avoient.
47 Poinsate Alons p. b. sus teil partie com Matheus, ces nies, avoit en la maison Marguerite Alons, son awele, k'elle ait aquasteit a Matheu devant dit, e. com l. e. en l'ai. l. d.
48 Lorate, li femme Gerairt de Prenoit, p. b. sus xxx s. de mt. de cens ke geissent sus la maison Waidel de Stansons et sus kant ki apant, k'il ait aquasteit a Watrin Wacel, e. com l. e. en l'ai. l. d.
49 Benoite, li fille Felippin lou Grant de S. Clemant, p. b. sus une maison ke siet a S. Clemant, k'il ait aquasteit a .Howin, lou fil Odeliate la Rigade, per mey xvi d. de cens, et e. com l. e. en l'ai. l. d.
50 Jennas Mathelie de la rue dou Preit p. b. sus i jornal de vigne ke geist ou ban de Montigney, k'il ait aquasteit a la femme Hanriat de Montigney ke fut, per mei teil cens com ille doit, et a. c. l. e. en l'ai. l. d.
51 Goudefrins Choible de Staisons p. b. sus une maison en Staixons, ke fut Jaikemin Strassous, k'il ait aquasteit a sa femme et a ces ii fis, permey xxxvi s. de cens, et e. com l. e. en l'ai. l. d.
52 Theirias Dediest p. b. sus teil partie com Watrins Dediest, ces nies, avoit en la maison ke fut Ailexate, sa meire, ke siet en Chaipeleirue, k'il ait a lui aquasteit, permey teil cens com celle partie doit, et e. com l. e. en l'ai. l. d.
53 Ancillons, li filz Coillairt, p. b. sus une vigne ke geist en Glairuelles, k'il ait aquasteit a Ancillon Bosse dou Waide, per mey vi s. de cens, et e. com l. e. en l'ai. l. d.
54 Jehans li Allemans de S. Arnout p. b. sus une maison ke siet a S. Arnout, k'il ait aquasteit as hoirs Howin dou Four de Clostre et a Symonat de Rouure, permey xi s. de cens, et e. com l. e. en l'ai. l. d.
55 Arnelins de S. Arnout p. b. sus demey jornal de vigne ke geist en Andreualz, dezous lou chavol, k'il ait aquasteit a la femme

Hanriat de Montigney, per mey teil cens com il en doit, et e. c. l. e. en l'ai. l. d.

56 Jennas, li filz Guertrut, et Domangins de Demmes p. b. sus ɪ jornal de vigne k'est moiterasse S. Pol, ke geist en Grantchamp, k'il ait aquasteit a Bietrit, la femme Watrin lou Four, et e. com l. e. en l'ai. l. d.

57 Lambers de Nowilley p. b. sus jour et demey de vigne ke geist en Planterel, k'il ait aquasteit a Lukignon Dantdaine, ki est moiterasse, e. com l. e. en l'ai. l. d.

58 Rechairs Wairenelz p. b. sus une piece de vigne ke geist outre Saille an la rowelle de Pertes, k'il ait aquasteit a Jennat Sueratte, permey ɪ d. de cens, et a. com l. e. en l'ai. l. d.

59 Remions de Coloigne p. b. sus ɪɪɪɪ jornals de vigne, s'en geixent ɪɪɪ jornals an Corchebuef et ɪ jornal an Peuenaille, k'il ait aquasteit a Theiriat et a Odeliate, les anfant Garseriat de Prenoit, permey ɪɪɪɪ d. une angevine moins de cens, et a. c. l. e. an l'a. l. d.

60 Clemignons, li filz Lowit lou Mercier ke fut, p. b. sus une maison ke siet an la rowe dou Sac, ke fut Lorate, la femme Colin Mairien, ki est delivre a Clemignon devant dit en plait contre Lorate desor dite, por tant com elle li doit, per escris en airche.

61 Et si p. b. ancor sus une¹) maison ke siet an la Vigne S. Anol, ke fut Collate, la femme Jennin Teste, ki est delivre a Clemignon devant dit en plait contre Collate desor ditte.

62 Joiffrois Bonairs p. b. sus ɪɪ maisonz ke sient²) an Vizignuel, entre la maison Yzaibel Lukin et Jennat Bacal ke fut, k'il ait aquasteit a Clemignon, lou fil Lowit lou Mercier ke fut, permey vɪɪɪ lb.³) de mt. de cens k'il an doit a Clemignon devant dit, et e. c. l. e. en l'ai. lo d.

63 Et si p. b. ancor sus une corcelle ke siet daier sa maison meymes, k'il ait aquasteit a Remion de Colloigne, permey xv s. de cens, et ses xv s. de cens ait Joffroit racheteit, a. com li escrit en l'ai. l. devizent.

64 Jaikemins Willebour p. b. sus une maison ke siet outre Saille en la Grant rowe, ator dou Grant Waide, et sus vɪɪɪɪ s. de cens

---

¹) *Auf Rasur. Der Schreiber hatte* ɪɪ *geschrieben, indem er die Einträge 61 und 62 verwechselte.*

²) *Ans* une maison ke siet *verbessert.*

³) *Von* vɪɪɪ lb. an *auf Rasur.*

ke li femme Ferrion dou Waide doit sus lou ressaige daier ceste maison meymes, ke muet de ceste maison, k'il ait aquasteit a Howignon, lou fil Burtremin Roucel, permey xl s. de mt. de cens, et a. com l. e. en l'ai. l. dv.

65 Jenins de Gorze p. b. sus iii s. et demey de mt. de cens k'il ait aquasteit a Baudowin Nochier de Puxuelz, ke maint a S. Clement, ke geissent sus sa maison et sus tout son eritaige, ou k'il soit, a. com l. e. en l'ai. l. d.

66 Jennas Marcowairs p. b. sus une maison ke siet en la rowe dou Preit, k'il ait aquasteit a signor Thiebaut, chambrier de S. Syphorien, per lou crant de son abbeyt, per mey xv s. de cens, et e. c. l. e. en l'a. l. d.

67 Androwas, li maires de l'ospital S. Nicollais ou Nuefborc, p. b. por la chieze Deu de l'ospital devant dit sus x s. de mt. de cens ke geissent a Fayt sus la maison ke fut Jennat Stockairt et sus kant ki apant, an toz us, k'il ait aquasteit a Esseline, sa feme, a. con l. e. an l'ai. l. d.

68 Theirias Mallebouche p. b. sus teil partie com il est ancheus Willame Naire[1]) de pair dame Poince, sa meire, ou pois de Porsaillis, et sus i jornal et demey de vigne ke geist an Dailles, ke li est delivres per droit, por tant com Willames Naires dovoit a Simonat, lou nevout Theiriat devant dit, l'escrit an l'airche, dont Theirias est mainbors.

69 Mathelie, li fille Gerairt lou boulangier, p. b. sus une maison ke siet sus lou Mur, devant l'osteit Colin Groignat, k'il ait aquasteit a Maheu Cowerel, permey xx s. de cens, et a. com l. e. en l'ai. l. d.

70 Veuions de Sanerie p. b. sus la maison ke fut Jennat Vigey, ke siet en Sanerie, et sus kant ki apant, k'il ait aquasteit a Poincete, la femme Jehan de Metri, et a Poinsignon, son fillaistre, permey teil cens com li maison doit,[2]) et a. com l. e. en l'a. l. d.

71 Hanris li hanepiers p. b. sus teil partie com Merguerate, li fille Waterin d'Elkezinges, avoit en la maison en Sanerie, ou il maint, k'il ait aquasteit a Lowit lou clerc de Chadeleirue et a dame Sebelie, sa suer, et a Lowiat Karetal, les mainbors Merguerite devant dite, per mey teil cens com il en doit, et a. com l. e. an l'ai. l. d.

---

[1]) Willame Naire *übergeschrieben.*
[2]) teil cens com li maison doit *auf Rasur.*

72 Garssirions Beudris p. b. sus I jornal de vigne en Mallemairs, k'il ait aquasteit as pucelles de la Vigne, permey une maille de cens, et e. com l. e. en l'ai. l. d.

73 Aubertins Burnas p. b. sus une grainge ke siet daier sa maison meymes, k'il ait aquasteit a Androwat Burnat, son freire, per mey VI s. de mt. de cens, et a. c. l. e. en l'ai. l. d.

74 Collairs Morelz p. b. sus les XL s. de mt. de cens ke li maison Jenin Morel, son peire ke fut, dovoit a Steuenin de Coloigne, et sus XXIII s. et IIII d. de cens ke geisent sus la maison Lowiat lou chassor ke fut, k'il ait aquasteit a Thiebaut, lou fil Steuenin de Coloigne ke fut, a. c. l. e. an l'ai. l. d.

75 Et si p. b. ancor sus XXX s. de mt. de cens ke geisent sus lou grant boix de Suligney, ke li abbausse de Ste Marie tient, k'il ait aquasteit a Gillat de Vals, a. c. l. e. an l'ai. l. d.

76 Et si p. b. ancor sus lou tiers d'un stal ke geist devant la halle des boulangeirs, a desxandre de la halle des draipiers an Visignuel, k'il ait aquasteit a Colignon Vairnetel, lou fil Wesselin ke fut, a. c. l. e. en l'a. lo d.

77 Et si p. b. ancor sus la vigne ke Jennas Mainneis tenoit de lui a tiers meu, ke fut les oirs Mairasse, et sus lou demey jornal de vigne ke fut Matheu, son peire, ke geist ancoste la vigne devant dite meymes, k'il ait aquasteit a Jennat devant dit et a Matheu, son peire, a. c. l. e. an l'a. l. d.

78 Howignons, li fils Burteran Roucel, p. b. sus X s. de met. de cens ke geisent sus la maison Heilowate de Pertes et sus la maison Howin de Buxit, ke sieent an Maizelles, k'il ait aquasteit a Gillat de Valz, a. com l. escriz an l'ai. l. d.

79 Renaulz li clers, li fils Fakignon de Vy ke fut, p. b. sus la maison ke fut Domangin Mairexal, ke siet a tour dou Waide, ancoste la maison Poinsignon, lou janre Herman, k'il ait aquasteit a Gerardin lou wercolleir dou Quartal et a Jehan, lou fil Theirion lou cordeir de Porte Muzelle, et a Jaikemin, lou fil Domangin devant dit, en alluet, et a. com l. e. an l'ai. l. d.

80 Symonins Papemiate p. b. sus la maison ke fut Poensat Facon, ke siet ou Nuefborc, k'il ait aquasteit a Jakemin, l'avelet Renalt dou Pux, permey IIII d. une angevine moins de cens k'elle doit.

81 Theirias Luckins p. b. sus lou douzime d'Anceruille et sus kant ki apant, ke li est venus conxeuwant de pair dame Clomance, sa feme, c'est a savoir an signeraige, en vowerie, en maisons,

an vignes, en awes, en broilles, en homes et an femmes, et sus de kant k'il ait a Silleirs et a Manit et a Failley, an tous us.

82 Philippins Filios p. b. sus lou preit ke Jakemins, li aveles Poinsat Facon ke fut, avoit sus Niet, c'on dist a la Peirche, k'il ait aquasteit a Jakemin devant dit, permey III d. de cens, et a. com l. e. an l'ai. l. d.

83 Aburtins Lohiers p. b. sus teil heritaige com il li est escheus de pair Pierol, son seur, por tant com Aburtins devant dis ait paiet por Pierol, son seur, per escris an airche et sauz escris.

84 Joiffrois, li fils Arnout Chaneueire, p. b. sus teil eritage con Renals, ces freires, avoit a Joiey, c'est a savoir an maisons, an cences, k'il ait aquasteit a Renalt devant dit, a. com l. escriz an l'ai. l. d.

85 Renadins, li fils Jehan dou Molin de Nonviant, p. b. sus II pieces de vigne ke geisent ou ban de Nonviant, ke Pieresons, li fis signor Ancel de Nonviant ke fut, ait aquasteit por lui a Jakemin Jalat de Nonviant, a. com l. e. an l'ai. l. d.

86 Garserions Bouchas p. b. sus IIII jornalz de vigne ke geisent outre Saille an la plaice as Paixels, k'il ait aquasteit a Gillat de Valz, an alluet, et a. com l. escriz an l'ai. l. d.

87 Jennas de Rouzeruelles p. b. por la chieze Deu de Moremont sus XXXII s. de mt. de cens ke geixent sus la maison ke fut maistre Werrit et sus tout lou ressage ki apant, ke siet an S. Thiebautrowe, k'il ait aquasteit a dame Contasse, la femme signor Vgon Coulon ke fut, a. com l. e. an l'ai. l. dv.

88 Ottenelz, li janres Jenin Cowe ke fut, p. b. sus la maison ou il maint et sus kant ki apant, ke siet outre Saille, devant la maison Jennat Bellamin ke fut, k'il ait aquasteit a Androwat Jallee, per mey XL s. de mt. de cens, dont Androwas Jallee an redoit X s. et VI d. et maille de premier cens a dame Mathiate, la femme Jakemin lou Gornaix ke fut, et a. com l. e. an l'ai. l. d.

89 Vguignons Patairs p. b. por la chieze Deu de S. Symphorien sus III s. et demey de cens ke li abbes et li covans ont aquasteit a Jenat, lou fil Hanriat de S. Arnout, sus sa maison a S. Arnout, ou il maint, apres XXXIII d. et maille ke li maison doit davanterienemant, et a. c. l. escriz an l'ai. l. d.

90 Pieras, li valas Hanriat de Champelz, p. b. sus V s. de mt. k'il meymes dovoit sus sa maison, ke siet en la rowelle devant

la maison Bugle, k'il ait aquasteit a Gillat de Valz, e. com l. e. an l'ai. l. d.

91 Dame Clemance, li femme Thiebaut Lohier, et Aburtins, ces fis, et Hanrias, li filz signor Abert de Champelz ke fut, p. b. por [la]chieze Deu de S. Clemant sus v s. de mt. de cens ke geissent sus la maison Pierat, lou valat Hanriat de Champelz, k'il ont aquasteit a Gillat de Valz, a. com l. e. an l'a. l. d.

92 [1]) Li sires Werris Bairbe p. b. sus kant ke messires Burterans de Montois et Jaikemins et Perrins, sui dui fil, ont a Montois et an toz les baus, an toz us et an toutes apandises, et sus de cant ke messires Burterans ait a Mercilley et a Manit deleis lou pont a Chacey et an kant ki apant, dont il est bien tenans, per mey teil droiture com touz cist heritaiges devant nommeis doit.

93 Dame Mertenate, li femme Jaikemin Jallee ke fut, p. b. sus xxx s. de mt. de cens ke geixent sus la maison Theiriat Bugle, ke siet outre Saille, arreis la porte des Allemans, apres v s. et II d. de premier cens ke li maison doit a l'aglixe de S. Eukaire, k'elle ait aquasteit a dame Abillete, la femme Jehan l'Allemant ke fut, a. c. l. e. an l'ai. l. d.

94 Lowias Monins p. b. sus tout l'eritage ke Aileis de Frontigney ait ou ban de Frontigney, an toz us, k'il ait a ley aquasteit per mey teil cens et teil droiture com toz cist eritages doit, et a. c. l. escriz an l'ai. l. d.

95 Pantecoste, li fille Guenordin lou Grais, p. b. sus tout l'eritaige ke Yzaibelz et Contasse, les filles Veuion de Montigney, ont ou ban de Moutigney et ou ban de Longeuille, por VIII quartes de wayn moitenge ke Pantecoste i ait, toute sa vie, et a. c. l. e. en l'ai. l. d.

96 Li sires Cunes dou Nuefchaistel p. b. sus la maison Poinsignon Chalons et sus kant ki apant, ke siet arreiz l'aitre S. Mamin, en alluet, et sus les v jornalz de vigne k'il ait a Grant chamin outre Saille, arreiz la vigne Xallebouton, permey II d. de cens,
5 et sus lou jornal de vigne ke fut la Flamande en alluet, et sus les VI jornalz de vigne k'il ait a Pertes, ke furent la Flamande, permey X d. de cens, et sus les II jornalz de vigne k'il ait an Mallemairs ou clos Paikeit permey XXXI d. de cens, et sus les v jornalz de vigne k'il ait a Awigney permey X d. de

---

[1]) *Durchgestrichen.*

10 cens, et sus la grainge k'il ait a S. Piere as Arainnes permey
v s. et demey de cens, et sus les II maisons a Porsaillis et sus
les II stalz ke furent Lorancin lo bocheir, ke sont escheutes
por les VII lb. et VII s. de mt. de cens ke Poinsignon¹) Chalons
i avoit, apres LX et XIII s. de cens ke les II maisons et li dui
15 stal doient de davanterien cens,²) et sus la maison a Porsaillis
ke siet arreiz la maison Steuenin Chermat, ke fut Jaikemel
lou boucheir, per mey XL s. de cens k'ille doit, et sus les XII
s. de cens k'il ait a Porsaillis sus l'osteit ke li fille Steuenin
Chermat tient, ki est dou sansal des XXVI lb.³) de mt. de cens ke
20 Poinsignons devant dis doit a signor Jake Bazin, a. c. l. e. an
l'a. l. dv., ki est delivres a monsignor Cunon per droit et per
jugement, por les estaies k'il li ait defaillit de paiement, et
por les adras k'il an doit, a. com l. e. an l'ai. l. dv.

97 Garserias Faixins p. b. sus la maison ke fut Collate de la Saus,
ke siet devant lou Preit a Virduns, ke li est delivre an plait,
por les XX s. de mt. de cens ke li maison devant dite li dovoit,
et a. com li plais lou tesmoignet.

98 Hanrias Thomessins p. b. sus teil escheuge com il ait fait a
Lanbelat, lou fil Malroit d'Airs, a. com l. e. an l'ai. l. d.

99 Et si p. b. ancor sus teil aquast com il ait fait a l'abbausse
et a covant des Cordelieres, an toz us, ou ban de Gerey et de
Champels, permey teil cens et teil droiture com il au doit, a.
com l. e. an l'a. l. d.

100 Li sires Thiebaus Fakenelz p. b. sus VIII lb. de mt. de cens
ke geixent sus la maison Garsat Donekin, ke siet a la Posterne,
ke siet ancoste la maison Garsat Guepe ke fut, et sus tout lou
ressaige ki apant, k'il ait aquasteit a Jennat Bon, a. c. l. e.
an l'a. l. d.

101 Et si p. b. ancor sus XLV s. de mt. de cens ke geisent sus la
maison Rochefort, ke siet ou Champ a Saille, devant la xippe,
k'il ait aquasteit ai⁴) Anel Douce, l'avelate Mathev⁵) de Chanbres ke fut,⁶) a. c. l. e. an l'a. l. d.

102 Ferrias Chielairon p. b. sus teil escheute com il li est venus de
pair peire et de pair meire, et per mey la date k'il an ait paiet.

---

¹) *Von* sus les II maisons *bis* Poinsignon *auf Rasur.*
²) *Von* Chalons *bis* davanterien cens *übergeschrieben.*
³) *v. 1279, 33.*
⁴) *Für* ai *ist dasselbe Abkürzungszeichen gebraucht wie für* et.
⁵) ai Anel Douce, l'avelate Mathev *auf Rasur.*
⁶) de Chanbres ke fut *übergeschrieben.*

103 Jehans, li fils Thiebaut de Moielain, p. b. por lui et por ces freires et por les anfans ke Thiebaus, ces peires, ait de Briate, la fille Doreit de Porte Muzelle, sus tout l'eritage ke Garcerias, ces oncles, li filz Jaike de Moielain, avoit an toz les bans de Vigney et an toutes les apandises, an keil maniere ke ce soit, k'il ait aquasteit a lui, a. com l. e. an l'ai l. d.

104 Joiffrois d'Aipremont p. b. sus une piece de vigne ke geist an la Fraisse a Airey, et sus une piece de vigne ke geist ou Famairt a Airey, k'il ait aquasteit a Perrin, lou fil Leucardon d'Airey, a. c. l. e. en l'ai. l. d.

105 Roillons de la Cort p. b. sus tout l'eritaige ke Jakemins et Joiffroiz, li dui fil Hanriat lou Saive ke fut, ont [eu] la marie de Porsaillis, ke li est delivres per droit et per jugement ancontre Jakemin et Joifroit devant dis, et k'il ait a ous aquasteit, a. c. l. e. en l'ai. l. d.

106 Poirelz li corvexeirs p. b. por la frairie de¹) Ste Yzaibel sus II s. de mt. de cens ke geisent sus. I jornal de vigne ke geist an la Cloze, k'il ait aquasteit a Thomessat Haizairt, a. com l. e. an l'ai. l. d.

107 Jaikemins Rabouwans p. b. sus lou tiers de la maison et dou ressaige ki apant ke fut Steuenin Pylaitre, ke siet ancoste l'osteit Robin dou Pont, et sus la moitiet d'une tavle a Nues Chainges, k'il ait aquasteit a signor Jehan Barbatte, lou preste de S. Mamin, et a Hennelo Corbel, les mainbors dame Bietrit, la feme Hennelo devant dit, permei teil cens com cist eritaiges doit, et e. c. l. e. en l'ai. l. d.

108* Ce sont li ban de pasques. En la mairie d'Outre Muselle:

108 Jehans li Alemans, li feivres prant bans sus les II maisons et les resages ke sieut outre Muselle, davant lou chakeur Ste Glosanne, k'il ait aquasteit a Howignon et Abillate, sa suer, les enfans Lambelin lou feivre, permei teil cens com elle doit, e. c. l. e. en l'a. l. d.

109 Winardas de Lorey p. b. sus teil eritage com il li est escheut de part peire et de part meire, et sus une piece de vigne et sus III s. de cens ke geisent ou ban de Lorey, k'il ait aquasteit a Colel Gomerel, permei teil cens et teil droiture com li eritages doit, e. c. l. e. en l'a. l. d., et sus tout l'eritage ke Winardas tient ou ban de Lorey.

---

¹) por la frairie de *auf Rasur*.

110 Simonins, li serorges Hanriat l'uxier, p. b. sus la maison Colate la wanpliere en Nikesinrue et sus tot lou resage, ke siet encoste lui meimes, k'il ait a lei aquasteit, permei vi s. de cens k'elle doit a sous de S. Sauor.
111 Cunels li bolengiers d'Alainmont p. b. sus une maison a Porte Xapenoise et sus i stal en la halle des bolengiers en Visegnuels, k'il ait aquasteit a Ferriat de Nonniant lou bolengier, permei teil cens com li maisons et li stals doient, e. c. l. e. en l'a. l. d.
112 Colignons Thierias li taillieres p. b. sus une maison a la creus outre Moselle et sus lou resage, k'il ait aquasteit a Marguerite, la fille Maheu Jeuwet, permei xx s. de cens, e. c. l. e. en l'a. l. d.
113 Hermans li clers de S. Geure p. b. sus iii s. de cens ke geisent sus sa maison a S. Arnolt, ou il maint, k'il ait aquasteit a Colin lou Roucel de Marley, apres les iiii s. de cens k'elle doit davant, e. c. l. e. en l'a. l. d.
114 Et si p. b. ancor sus ii s. de cens ke geisent sus une maison en la rue dou Benivout, et sus demei jor de vigne en Andreuals, apres les vi s. de cens ke li maisons doit davant a Ste Marie a Box, et li vigne iiii s. a S. Eivre, k'il ait aquasteit a Richart de Charixey, lou fil Xuflat, e. c. l. e. en l'a. lo d.
115 Jennas de Briey li taneres p. b. sus une maison ke siet as molins a Mongaguier, ke fut Jakemin de Bertranmeis, k'il ait aquasteit a Colin lou Rocel lou tanor, permei xv s. et demei et i chapon de cens, e. c l. e. en l'a. l. d.
116 Richardins de Chambres, chanones de S. Sauor, p. b. sus une maison en la rue lou Voweit, entre Sergent lou permantier et Wiart lou Borgon, k'il ait aquasteit a maistre Bertran lou permantier, permei xii s. de cens, e. c. l. e. en l'a. l. d.
117 Xandrins Boinvallas li clers p. b. sus v s. de cens ke geisent sus la maison Arnolt lou permantier, encoste lui meimes, k'il ait a lui aquasteit, apres les xvi s. de cens k'elle doit davant, e. c. l. e. en l'a. l. d.
118 Simonins de Mailley p. b. sus une maison a S. Arnolt et sus tout lou resage, ke fut Abert lou corduenier de S. Arnolt, k'il ait aquasteit a Jennin Girvout lou permantier, permei viii s. de cens, e. c. l. e. en l'a. l. d.
119 Jennas Blanchars d'Ars p. b. sus i poc de preit en Gerartnowe, en la fin de Graviers, k'il ait aquasteit a Gerardat Baixat d'Ars, en alluet.

120 Et si p. b. ancor sus III pieces de terre en la fin de Grauiers, k'il ait aquasteit a Thomes lou corretier, en alluet.
121 Gerardins Barbe d'Ars p. b. sus III jornals de terre a Bui, en la fin de Grauiers, k'il ait aquasteit a Poinsignon Chaneviere d'Ars, permei III mailles de cens.
122 Maheus Bertadons p. b. sus IX s. de cens ke geisent sus la maison Blanche, encoste S. Jorge, k'il ait aquasteit a Simonat Brisepain, ke li venrent de part sa femme, e. c. l. e. en l'a. l. d.
123 Waterins li corvesiers de Vals p. b. sus une maison ke siet en Vals, ou ban Abert, et sus lou resaige, ke fut Bezansons, k'il ait aquasteit a Howignon Barrel, permei III mailles de cens k'elle doit a ban.
124 Werias li Roncels de Chazelles p. b. sus une piece de terre en Planteres ou ban S. Pou a Chazelles, k'il ait aquasteit a Steuenin de Chastels et a Steuenin, lou fil Piereson de Chastels, permei teil droiture com elle doit, e. c. l. e. en l'a. l. d.
125 Waterins, li mares de Chastels, p. b. por lui et por ces freres sus une piece de terre ke geist sus Longeawe, ou li molins estoit, et sus la moitiet dou resage dou molin, k'il ait aquasteit a Steuenin de Chastels, en alluet, e. c. l. e. en l'a. l. d.
126 Et si p. b. ancor por lui et por ces freres sus une piece de terre ke geist sus Longeawe, arreis lui meimes, k'il ait aquasteit ai Anel, la femme Poinsignon de Chastels, en alluet, e. c. l. e. en l'a. l. d.
127 Jennins Formeis de Chastels p. b. por lui et por ces freres et por ces serors sus une piece de vigne en Vazeloimont, encoste Waterin de Porchiers, ke fut Anel, la suer Gigant, k'il ait aquasteit a Piereson Gigant de Chastels, en alluet, e. c. l. e. en l'a. l. d.
128 Jennas, li fils Waterin de Chastels, p. b. sus II jornals de terre ke geisent sus Longeawe, et sus x s. de cens ke geisent en la fin de Lescey a Hanamesnit, k'il ait aquasteit a Willemin, lou fil Thieriat Billeron de Chastels, e. c. l. e. en l'a. l. d.
129 Et si p. b. ancor por lou preste de Chastels sus x s. de cens ke geisent a Chastels sus une maison ou Jofrois maint, et sus la terre a Warnainville, k'il ait aquasteit a Steuenin de Chastels, e. c. l. e. en l'a. l. d.
130 Jehans Raiepaxel p. b. sus une maison en Chambieres, ensom

1279, 131—148 384

l'osteil Jehan Soupe, k'il ait aquasteit a Colin Joutelate, permei teil cens com elle doit, et e. c. l. e. en l'a. l. div.

131 Hanrias, li fils Jaikemin lou tanor de la Vigne S. Auol, p. b. por Lorate, sa fillaistre, sus x s. de cens, k'il ait aquasteit a Steuenin, lou janre Baduyn lou bouchier, et a Lorate, sa femme, sus lor maison ou il mainnent, ke fut Baduyn lou bouchier, apres les xx s. et vii d. de cens k'elle doit davant, e. c. l. e. en l'a. l. d.

132 Gerars, li fils Weriat Caienat de Siey, p. b. sus une piece de vigne en Dronvigne, tiercerasce S. Pou, k'il ait aquasteit a Xaudrin Boinvallat lou clerc, e. c. l. e. en l'a. l. div.

133 Maistres Pieres de Sercuers li clers p. b. sus une maison ke siet en la ruelle davant la grant porte signor Pieron de Verey lou chantor, devers S. Halare, k'il ait a lui aquasteit, permei teil cens com li maisons doit, e. c. l. e. en l'a. l. d.

134 Jaikemins et Bertrans et Adelate, li enfant Colin S. Quintin, p. b. sus les iii pars dou demei jor de vigne ou Chanel, et sus les iii pars dou demei jor de vigne ou planteit encoste Tieriat et Jennin lo clerc, k'il ont aquasteit a Mariate, la fille Martin de Roserueles, et a Colignon, lou fil Sclarieie, et a Costan lou poxor, permei x d. et maille et iii sestieres de vin en l'axe de cens ke les iii pars ou planteit doient, e. c. l. e. en l'a. lo d.

135 Warins Cuneis p. b. sus une maison en Chambieres, sus l'awe, ke fut signor Richart Piereabay, et sus tot lou resaige, k'il ait aquasteit ai Ysambart Truillart, permei v s. de cens k'il en doit a S. Sauor, e. c. l. e. en l'a. l. d.

136 Lambelins li Gimels p. b. sus ii pieces de vigne ke geisent en la fin de Siey, k'il ait aquasteit a Jaikier Pezeire de Nonviant, e. c. l. e. en l'a. l. d.

137 Colate, li femme lou maistre xaving de S. Martin, p. b. sus une piece de vigne daier l'abie de S. Martin a la posterne, k'elle ait aquasteit ai Arnolt Purit, permei iii sestieres de vin de cens k'elle doit a S. Martin, e. c. l. e. en l'a. l. d.

138 Hanrias, li fils Jaike de Chambres, p. b. sus ii jornals et demei de vigne ke geisent ou ban de Longeuille, k'il ait aquasteit a Maheu Hesson, en alluet, e. c. l. e. en l'a. l. d.

139 Colins Cuerdefer p. b. sus une piece de vigne ke geist en Verges, deleis l'abause de Ste Marie, k'il ait aquasteit a

Richardin Chardenel de Rouserueles, permei ɪɪɪ angevines de cens k'elle doit a ban de Rozerueles, e. c. l. e. en l'a. l. d.

140 Yngrans Forcons p. b. sus une piece de terre ke geist defuers l'aitre en Vals, ou ban Ste Glosanne, k'il ait aquasteit a Gerardat de Pumeruel, permei teil cens et teil droiture com li terre doit, e. c. l. e. en l'a. l. d.

141 Waterins li drapiers de Rimport p. b. sus xv s. de cens ke geisent sus une maison en Chambieres, ke fut Jennin Malglaue, k'il ait aquasteit a Perrin Malglaue et a Jaikemin Baillon, e. c. l. e. en l'a. l. d.

142 Jaikemins Claries p. b. sus l'eritage Renaldin lou Louf de Vals, ke li est delivres per droit et per jugemant, et dont il est tenans, permei teil cens et teil droiture com toz li eritages doit.

143 Willames Marasce p. b. sus tot l'eritage ke Willames li doiens de Chastels ait ou ban de Chastels, en maisons, en vignes, en preis, en chans, en bos et en tout atre eritage, ke li est delivres per droit et per jugemant, por tant com il li doit, per escris en arche.

144 Poinsignons Peuchas p. b. sus teil eritage com il ait aquasteit a Willemat lou doien de Chastels, en preis, en chans, en bos, permei teil droiture com li eritages doit, e. c. l. e. en l'a. l. d.

145 Jaikemins li prevos p. b. sus une maison en S. Vicentrue, encoste lui meimes, et sus lou resage, permei v s. de cens, et sus xx s. de cens ke geisent sus une vigne a Mesnit, k'il [ait] aquasteit a Colin Xandrin et a Biatrit, sa femme, e. c. l. e. en l'a. l. d.

146 Vertons, li valas les Treses, p. b. sus une maison arreis la porte en Anglemur, k'il ait aquasteit a Godefroit de Maignei, permei xxv s. de cens, e. c. l. e. en l'a. l. d.

147 Poinsignons Bolande p. b. por la chiese Deu de Fristor sus une maison ke siet sus lo Ruxel a Wappey et sus ɪɪɪ pieces de vigne ou ban de Wapei, ke furent Matheu, ke li sont delivre per droit et per jugemant, contre Abertin Huchat et Werion, son fil, por lo cens de ɪɪɪɪ ans, chacune estaie de vɪɪ s., s'an geist une piece ou Souerainrowal, et li atre sus la Xaueie deleis les Maleboches, et une piece encoste ke li janres Matheu lou recuvror tenoit.

148 Poinsignons Mauesins p. b. sus la maison Burtemin d'Onville, et sus la grainge encoste, et sus lou meis daier, et sus la court

davant, et sus la maixenate ke siet a Nonviant, k'il ait aquasteit a lui, e. c. l. e. en l'a. l. d.

149 Maistres Nicoles Morels p. b. sus une piece de vigne ou an contet v jornals, ou mont S. Quintin, desoz la vigne c'on dist Centmars, k'il ait aquasteit a l'abeit et a covant de Clervals, ensi com lor letres et les letres l'official lou dient, et dont il est tenans.

150 Colignons Fackols p. b. sus II jornals et demei de terre en Soilerit, ou ban d'Ars, k'il ait aquasteit a Poinsignon Chaneviere d'Ars, en alluet, e. c. l. e. en l'a. l. d.[1])

151 Katerine, li fille Jennat Hurteruel, p. b. sus III jornals de vigne ke dame Guepe, li fille signor Poinson d'Otre Muselle ki fut, ait en Briey, encoste la vigne[2]) Colin d'Espinals et la vigne signor Eurit lou preste, et sus les III jornals de vigne k'elle
5 avoit ou ban de Wappey, et sus teil droit et teil raison com elle avoit en VII osteils a Wappey en Aisey, et sus les VI jornals de terre k'elle avoit daier les Bordes encoste Bertadon, son frere, k'elle ait a ley aquasteit en alluet, a sa vie, et k'elle li ait relaiet por VII moies et demeie de vin a mostage et VI
10 quartes de fromant et une quarte de blans pois, e. c. l. e. en l'a. l. div.

152 Jennas li feivres de S. Nicolais p. b. sus XII s. de mt. de cens ke geisent sus une maison a Porte Serpenoise, ou Ancels li feivres maint, k'il ait aquasteit ai Abert lou feivre, e. c. l. e. en l'a. l. d.

153 a) Thiebas Strabor p. b. sus VI s. de cens ke geisent sus une maison pres de la porte Ste Marie as nonains, ke Burtignons de Pairgney li ait mis en contrewaige, por les XX s. de cens k'il li ait vendut, e. c. l. e. en l'a. l. d.

b) Et p. b. ancor sus totes les menandies ke Burtignons de Pairgney avoit en la rue de Porte Serpenoise, ke sient entre la porte Ste Marie as nonains et lou mostier S. Jehan, ke li sont delivres per droit et per jugemant contre Burtignon desor dit, por les II estaies de XX s. de cens k'il li ait laiet a paier, et por les adras, apres X s. de cens ke cil de Moremont i ont, et apres les XII d. de cens ke li eglise de S. Jehan i ait.

154 Jaikemas li vieseirs et Colignons Xocort li permantiers p. b. sus la maison dame Maiance et Colignon, son fil, la femme

---
[1]) v. 1278, 573.
[2]) la vigne übergeschrieben von Schreiber 5.

Willame lou pavor, ke siet en la rue S. Laizre, et sus can k'il ont d'eritage en la marie d'Outre Moselle, por tant com il sont randor por ous, per escris en arche, et lor est li escris et li wagiere delivre, et dont il sont tenant, per mei teil cens com il doit.

155 Ferrias Chielaron p. b. sus une piece de vigne ke geist ou ban de Longeville, k'il ait aquasteit a Jennat de la Barre, en alluet, et e. c. l. e. en l'a. l. d.

156 Et si p. b. ancor sus tout l'eritage ke fut Boukin et dame Colate, sa femme, ke li est venus conseuwant de part sa femme, permei les dates k'il en ait paiet, per droit et per jugemant, et per mey teil sans con sist eritaiges doit.[1]

157 Poinsate, li fille Nicole Goviou, p. b. sus II jornals de vigne en Dales, k'elle ait aquasteit a Filipin Tiguienne et a Hanriat de Noweroit, les mainbors frere Hanrit Jordain, e. c. l. e. en l'a. l. d.

158 Ferrias Jeuwes p. b. sus la maison ke fut Mariate Poterelle en S. Vicentrue, et sus la vigne en Felieres, ki estoient delivre a Domangin lou fornier, et ou il avoit pris ces bans, ke sont delivre a Ferriat Jeuwet, et dont il est tenans.

159 Hanrias Rekeus p. b. sus II jornals de terre ke geisent daier Chambieres, k'il ait aquasteit a Poinsignon Claranbaut, en alluet, e. c. l. e. en l'a. l. d.

160 Et si p. b. ancor sus IIII jornals de terre ke geisent a Poncel deleis Wapey, k'il ait aquasteit a Gerardin, lou doien de Wapey, permei teil droiture com li terre doit, e. c. l. e. en l'a. l. d.

161 Jaikemins, li mares S. Vicent, p. b. por S. Vicent sus la maison Maheu Sclariet, ke siet en la ruelle davant lou Grant Moustier, permei XV s. de ceus k'elle doit a S. Sauor, et sus les V moies de vin de cens ke Maheus Sclaries ait a Ste Rafine, ke Maheus desor dis lor ait doneit por Deu et en amosne, ensi com les escris saieleies lou dient.

162 Maheus Morels p. b. por la chiese Deu dou Tample sus les XL s. de cens ke Yngrans Goule dovoit a Baduyn Marasce et ai Ailixate, sa femme, k'il ait aquasteit a Baduyn desor dit et a sa femme, e. c. l. e. en l'a. l. d.

163 Androwas, li mares de l'ospital ou Nuefborc, p. b. sus teil partie com Clemansate li Vadoise ait en la maison ke siet

---

[1] *Von* et per mey *an von Schreiber 5 hinzugefügt.*

encoste l'osteil l'arcediacre Werrit, k'elle lor ait doneit por Deu et en amosne, e. c. l. e. en l'a. l. d.

164 Bertadons Piedeschals et Thiebaus Bernage p. b.
165 Colins Wachiers p. b.
166 Li sires Cunes d'Ars p. b.
167 Pantecoste, li fille lou Grais, p. b. sus[1]) une piece de vigne ke siet en Clostre a Siey, k'elle ait aquasteit ai Abertin Winart, permei teil droiture com elle doit a l'eveke, et k'elle li ait relaiet sa vie permei II moies et demeie de vin chac'an, e. c. l. e. en l'a. l. d.
168 Howins Nerlans p. b.

169* Ce sont li ban dou mey awast, en la mairie de Porte Muzelle, quant Jehans Chaderons fut maires de Porte Muzelle, Jaikemins de Raigecort maires de Porsaillis, Garcerias Faixins maires d'Outre Muzelle:
169 Ancelz li Wegne et Renmonins de Malleroit p. b. sus la moitiet d'une piece de vigne ou om contet II jornalz, ke geisent an la Waite ou ban de S. Julien, c'est a savoir la partie desor devers lou chamin, k'il ont aquasteit a Burtadon Xauing, en werance, et e. c. l. e. en l'a. lo d.
170 Perras li stuveires p. b. sus la maison Jakemin lou Borgon, ke siet devant la stuve Herbo en Chambres, k'il ait aquasteit a Jakemin devant dit, per mey XV s. de mt. de cens, et a. c. l. e. en l'ai. l. d.
171 ²) Remions Ruece p. b. sus de cant ke Hanris d'Alondres et Haibrans, li filz lou signor Jehan de Mouwaville ke fut, avoient a Talanges et a Montigney et ou ban, an toz us, et sus toutes les apandises, dont il est bien tenans.
172 Poinsignons, li filz Jehan de Metri ke fut, p. b. sus une maison ke siet en la rowelle a la Saus en Rimport, encoste la maison Renadin Chaketerre, per mei teil cens com li maison doit, k'il ait enpartit encontre Poinsate, sa maraistre, e. c. l. e. en l'ai. lo d.
173 Poincins Jornee p. b. sus une demee maison ke siet en Stoixey, ancoste la soie maison meymes, ke partivet a Wessat, k'il ait

---

[1]) *Vor* sus *steht* sus tout l'eritage, sus *ist stehen geblieben,* tout l'eritage *durchgestrichen.*

²) = *1279, 298.*

aquasteit a maistre Thomes lou corretier, permey v s. de mt. de cens, et a. c. l. e. an l'ai. l. d.

174 Symonins Papemiate p. b. sus la moitiet d'un molin sus Mozelle, ke siet an Boweteiteire, ke pairt a Jennat Aixiet, k'il ait aquasteit a dame Drude, la femme signor Matheu de Chambres, en alluet.

175 Luckins Chameure p. b. sus xii s. de mt. de cens ke Adans li cherpanteirs doit sus la maison ke siet devant l'osteit Poincin lou clerc, en la Nueve rue en Rimport, et sus les maixeires, et sus lou meis encoste celle maison meymes, ke furent Garcire Noixe, k'il ait aquasteit a Ferriat, lou fil Jaikemel Chiere ke fut, e. c. l. e. en l'ai. lo d.

176 Thiecelas li chavreis de Chambres p. b. sus une maison ke siet en Chambres, ensom la stuve Lowiat, k'il ait aquasteit a Jaikemin lou muneir, lou fil Wesselin Gadat, permei xxv s. de mt. de cens, et e. c. l. e. en l'ai. l. d.

177 Maheus Morelz et Clemignons li boulangeirs p. b. por Hanriat l'orfeivre et por Merguerate, sa femme, sus xl d. de cens ke geixent sus la maison dame Guepe ke fut, ke siet encoste l'ospital en Chanbres, et sus xvi d. de cens ke geixent sus la maison Jenin lou huchier, a l'antreir dou Viueir, k'il ont aquasteit a Robenat lou cellier, l'avelet maistre Roubert lou hauberjour ke fut, et e. com l. e. en l'ai. l. d.[1])

178 Jennins Groignas p. b. sus v jornalz de terre areure ke geixent an Chermois dezour Fontenelles ou ban d'Erkancey, arreiz lou champ Willemin et Renadin, les ii filz dame Yde d'Allexey, k'il ait aquasteit a Maheu Poietel d'Allexey, en alluet, et e. c. l. e. en l'ai. l. d.

179 Jennas d'Atorf p. b. sus la maison Watier lou texeran, ke siet en Rimport, et sus tot lou ressaige ki apant, k'il ait aquasteit a l'abbeyt et a covant de Sainte Marie a Boix, permey xvii s. et viii d. et iii chappons de cens, et ansi com les lettres saielees de l'abbeit et dou covant lou dient.

180 Hanris li feivres de Morehanges p. b. sus une maison ke siet a S. Julien, ancoste la maison Aileit, la femme Jennin de Mons, k'il ait aquasteit a Mariate, la fille Piereson de Virey ke fut, permei x s. de mt. de cens, et a. c. l. escriz en l'ai. l. d.

---

[1]) *v. 1279, 251.*

181 Dame Jaikemate Brisee p. b. sus la maison Xandrin lou Stout, ke siet an Rimport, encoste la maison Goudefroit lou Stout, et sus tot lou ressaige ki apant, k'elle ait aquasteit a Xandrin devant dit, permey XL s. de mt. de cens c'on doit ai sous de Chastillons,[1]) et a. c. l. e. en l'a. l. d.

182 Wicherdins Berbelz et Colignons Xordelz p. b. sus la maison dame Sebelie, la femme Nicolle lou Conte ke fut, ke siet en Chanbres, en alluet, et e. com l. e. en l'ai. l. d.

183 Aileit, li fille Wessel de Vantous ke fut, et Theirias, ces freires, p. b. sus I jornal de terre ke geist an Borguelles dezour Vantous, k'il ont aquasteit a Lukin, lou fil Jakemin lou quarteir de S. Julien ke fut, en alluet, et e. c. l. e. en l'ai. l. d.

184 Dousatte, li nesce lou signor Pieron lou chapelain, p. b. sus teil partie com Jaikemins li bolangeirs, li freires Loransat, avoit en la maison et ou ressaige ki apant ke siet devant la maison lou signor Pieron lou chapelain, k'elle ait aquasteit a Jaikemin devant dit, permei teil cens com li maison doit, et a. c. l. e. en l'a. lo d.

185 Burtignons Wielz et Ferrias Golz p. b. sus la grainge ke siet as Roches, daier la maison Ferriat devant dit et la maison dame Sebelie, la femme Nicolle lou Conte ke fut, k'il ont aquasteit a dame Aileit, la femme Adan Brixech'amin ke fut, per mey VI s. de mt. de cens k'elle doit a S. Symphorien, permey XVIIII s. de mt. apres, ke Burtignons et Ferrias devaut dis puent racheteir, kant il vorront, XII d. por XX s. dc mt., jusc'as XVIIII s. devant dis, a. com l. escriz en l'ai. l. d.

186 Li sires Garcilles, li filz Poencin de Champillons ke fut, p. b. sus tout l'eritaige ke Jennas, li filz Weirion de Failley ke fut, ait ou ban de Failley, an tous us, k'il ait aquasteit a Jennat devant dit, permey teil cens et teil droiture com toz cist eritaiges doit, et k'il li ait relaissiet per mey V moies de vin a mostaige de cens, k'en l'an doit doneir chesc'an, toute la vie lou signor Garcille devant dit, et com l. e. an l'ai. l. dvz.

187 Hennelos li texerans, li nies Gillat, p. b. sus une maison ke siet en la rowelle en Rimport, encoste la maison Mathion de Xuelles, k'il ait aquasteit as maistres et as confreires des arcenors, permey VI s. de mt. de cens, k'il en doit a la frairie des arcenors, et permey III d. et I chappon de davanterien

---

[1]) c'on doit *bis* Chaistillons *übergeschrieben von Schreiber 5.*

cens, k'il an doit a signor Theirit Laibrie, et e. c. l. e. en l'ai. l. d.

188 Paikate, li fille Arnout Chaneueire ke fut, p. b. sus xx s. de mt. de cens ke geixent sus une maison en Stoixey, a monteir de Dezeirmont, devant lou pont Renmont, et sus x s. de mt. de cens ke li anfant Besselin Gaielat de Malleroit doient sus preis ke geixent an Mullures ou ban de Mons, k'elle ait eschengiet a Maheu de la Tour, son serorge, e. com l. e. en l'ai. l. dv.

189 Sufiate,[1] li femme Perrin de Cligney, p. b. sus tout l'eritaige et sus teil droit com Yzanbairs Xauins avoit a Glatigney et ou ban de Villeirs, au toz us et en toz prous, k'elle ait a lui aquasteit, permey xlv s. de mt. de cens, et a. com l. escriz en l'ai. l. d.

190 Ferrias Jeuwes p. b. an alluet sus ii pieces de vigne ou om contet iiii jornalz, ke geixent a Chesne a S. Julien, ke fureut signor Jehan Bellebarbe, k'il ait pris en mariage en Mergucrite, sa femme.

191 Poinsignons li celleirs p. b. sus xxv s. de mt. de cens ke geixent sus la maison ke fut la Soiberte et sus tout lou resaige ki apant, ke siet an Rimport,[2] deleis la porte a la Saus, et sus les ii eires de meis ke geixent daier, k'il ait aquasteit a dame Nicolle de Sanerie, a. c. l. e. en l'ai. l. d.

192 Hanris, li filz Poence de Strabor, p. b. sus jor et demey de vigne ke geist a S. Julien dezour Burey, ancoste la vigne Hanriat lou doien, et sus une maison ke siet ancoste l'aitre a S. Julien, et sus iii s. de mt. de cens et i chappon de cens ke Howairs de Siruigney doit sus vignes deleis Villeirs a l'Orme, et sus tout l'eritaige ke Bietris, li fille Burtadee, ait, an toz us, ou k'il soit, k'il ait a ley aquasteit, e. com l. e. en l'ai. l. d.

193 Wichairs de la Tour p. b. sus toutes les cences et sus tout l'eritaige ke Thiebaus Noirons, ces serorges, ait en la mairie de Porte Muzelle, ke pairt a Wichairt devant dit, ke Wichairs ait au waige de Thiebaut devant dit, l'escrit an l'airche, et dont Wichairs devant dis est bien tenans.[3]

194 Gillas Haikes p. b. sus lou molin et sus tous les ressaiges ki apendent ke siet sor Muzelle en Boweteiteire, ke fut lou signor Pieron de Sanerie, k'il ait aquasteit a dame Nicolle,

---
[1] *v. 1279, 334,* Sufiate, li fille Nicole Chivelier.
[2] r *verbessert aus* n.
[3] *v. 1279, 281.*

la fille signor Pieron devant dit, en alluet, et a. c. l. e. en l'ai. l. d.

195 Hennelos Serlangue p. b. sus une maison ke siet a la barre a Stentefontenne, ki apartient a la maison ke fut Hanrit de Liestor, ancoste la maison Ancillon de Wirmeranges, k'il ait aquasteit a Colin Berdan de Nowesseville, permey IX s. de mt. de cens, et a. c. l. e. en l'ai. l. d.

196 Aburtins Roillons p. b. sus xv s. de mt. de cens III mailles moins ke geixent su[s] la maison Eurit des Roches et sus de kant ki apant, k'il ait aquasteit a Thiebaut lou Raille, e. c. l. e. en l'ai. l. d.

197 Burtemas, li vies maires de Maiey, p. b. sus II pieces de terre areure ou om contet II jornals, ke geixent ou ban de Maiey, s'en geist une piece an Anglures et une piece an Teneires, k'il ait aquasteit a Weiriat Herbert de Maiey, en alluet, et a. c. l. escriz en l'ai. l. d.

198 Jakemins de Colloigne de Sus lou Mur et Jennas Bomerelz de S. Julien p. b. sus la maison ke fut Jehan Maneval ke siet a S. Julien, ancoste lou chakeur lou signor Renalt de Marsal ke fut, k'il ont aquasteit a Garsat de Mons, en alluet, et a. c. l. escriz en l'ai. l. d.

199 Yngrans Forcons et Hanrias de Champelz p. b. por la chieze Deu des Bourdes dezour Vallieres sus une piece de preit ke geist en la Praielle dezour Vallieres, et sus IIII jornalz de terre ke geixent ancoste lou preit dezor dit, d'une pairt et d'autre, k'il ont aquasteit a dame Anel Brixepain,[1]) en alluet, et e. c. l. e. en l'ai. l. d.

200 Ruedolz li tripiers p. b. sus une maison et sus kant ki apant ke siet an Bucherie a Porte Muzelle, ancoste la maison Poinsignon Coieawe ke fut, k'il ait aquasteit a dame Nicolle de Sanerie et a ceulz de S. Laidre, per mey XXVI s. de mt. de cens, et a. c. l. e. en l'ai. l. d.

201 Ottins Andrepant de Wies p. b. sus une maison ke siet en Stoixey, ke fut Felepin de Peuelanges, k'il ait aquasteit a l'abbeit et a covant de Villeirs, per mey XXII s. de mt. de cens, et e. com l. e. en l'ai. l. d.

202 Jehans li Afichies p. b. sus une piece de vigne ke geist en Sourelz a Meurpareir, ancoste la vigne Lowiat Karetal, k'il

---

[1]) pain *übergeschrieben*, chamin *durchgestrichen*.

aquasteit a Willemin, lou fil Willemin Berdin, fillaistre Baiart, en alluet, et e. c. l. e. en l'ai. l. d.

203 Colins d'Espinalz et Gerardins d'Abeiville p. b. sus ɪ demey molin ke geist sus Muzelle daier les stuves, et sus ceu ki apant, ke pairt a Harman, lou janre Poinsate la boulangeire de Chanbres, per mey xxx s. de mt. de cens, et sus vɪɪɪ s. de mt. de cens ke geixent sus la maison Mostelate, ke siet en Chanbres, k'il ont aquasteit a Poinsate la boulangeire devant ditte, e. com l. e. en l'ai. l. d.

204 Robins dou Pont p. b. sus lou quart de la maison ke fut Forkignon lou Xauing, ke siet en la plaice en Rimport, et sus la maison ke fut Jennin Ferowel et ces fillaistres, ke siet en Stoixey, et sus la maison ke fut Roillon lou tanor, ke siet daier la maison Jehan Jaigin, daier S. Hylaire, kant ke Jehans Mathelie ot an ces ɪɪɪ maisons devant dittes, k'il ait aquasteit a Jennat Bataille et a Jehan Rafal,[1]) per mei teil cens com toz cist eritages doit, e. c. l. e. en l'ai. l. d.

205 Clemansate, li fille Colin Quadit ke fut, p. b. sus xxɪɪɪ jornalz de terre areure et une tierce et sus ɪɪ pieces de preit ke geixent ou ban de Uigey, ke li sont delivre per droit et per jugement, dont elle est bien tenans, per mey teil cens et teil droiture com toz li eritages doit.

206 Beliairt, li fille Ferriat d'Aiest ke fut, p. b. sus teil partie con dame Odelie, li femme Wernier lou paignor ke fut, avoit an la maison Collate la Walluce, ke siet en Aiest, ancoste la maison Lowiat Wesselin, k'elle ait aquasteit a signor Humbert de S. Laddre et a Poinsignon Bolande, les mainbors dame Odelie devant dite, per mei teil cens com ciste partie doit, et a. com l. e. en l'ai. l. d.

207 Pieresons li Borgons, li permanteris, p. b. sus une maison ke siet a pies des degreis de la porte a Spairnemaille, dezous l'orme, k'il ait aquasteit a Gillat Haike, permey vɪɪɪɪ s. de mt. de cens ke li maison doit a Gillat devant dit, et a. c. l. e. en l'a. l. d.

208 Thiebaus li Maires, ke maint en Chanbres, p. b. sus lou chakeur et sus tout lou ressaige ki apant ke siet devant lou pont a S. Julien, ke fut Burtadon lou Xauing, ke li est delivres per droit et per jugemant, por teil cens com li chakeurs devant dis li doit, et por les adras.

---

[1]) Rafal *übergeschrieben*, Mathelie *durchgestrichen*.

209 Jennas Chauressons p. b. sus les xxx s. de mt. de cens k'il
ait sus lou demey molin ke fut lou signor Richairt de Sus lou
Mur ke fut, ke siet sus Muzelle, k'il ait anpartit ancontre les
anfans lou signor Richart devant dit, a. c. l. e. en l'a. l. d.

210* Ce sont li bans dou mey awast. En la mairie de Porsaillis:

210 Euris li saibleiz et Domangins Zondac prannent bans sus une
maison ke siet daier S. Martin, ancoste l'osteit dame Clomance
la Matrauerse, k'il ont an waige de Colin Blanchate de Strabour,
per escrit an airche, por tant com Colins Blanchate lor doit,
per escrit en airche, et dont il sont bien tenant, per mey teil
cens com li maison doit.

211 Jehans Thomessins p. b. sus ii jornals de vigne ke geissent en
Ospreiz outre Saille, k'il ait aquasteit a dame Lekatte, la
femme Jennin Morekin ke fut, en alluet, et a. com l. e. en
l'ai. l. d.

212 Odeliate, li femme Cherdat de Florey ke fut, p. b. sus une
maison et sus une grainge ke sient deleis la maison S. Laiddre
a Flurey et sus kant ki apant, k'elle ait aquasteit a Richier
Faconvers, permei teil cens com elle an doit, et a. com l. e.
an l'ai. lo d.

213 Coenrairs, li fils la Rousse, p. b. sus une andange de vigne et
de terre ke geist a Chauol, sus lou preit, k'il ait aquasteit a
signor Thomes, lou preste de S. Eukaire, per mey ceu k'il an
doit, a. com l. e. an l'ai. l. d.

214 Domangins de Pertes p. b. sus une maison ke siet ou ban de
Pertes, k'il ait aquasteit a Roillon d'Aubes, permey iiii d. de
cens, et e. com l. e. en l'ai. l. d.

215 Aubertins Murdrepain p. b. sus une piece de vigne ke geist a
Grant Chauol, k'il ait aquasteit a Burtremin, lou fil Karowe
de Witoncort, en alluet, et a. com l. e. en l'ai. l. d.

216 Li sires Thomes, li prestes de S. Euchaire, p. b. sus iiii s. de
mt. de cens ke geissent sus l'osteit Abourjate, ke siet apres
l'osteit maistre Esselin ou Haut Waide, k'il ait aquasteit a
dame Nicolle de Sanerie, a. con l. e. an l'ai. l. d.

217 Sufiate li Vadoize, li xeuweire, p. b. sus une maison et sus
tout lou ressaige ki apant ke siet apres l'osteit Michiel Charrue,
k'elle ait aquasteit a Bernairt de Vileis, per mey viii s. et
demey de cens, et a. c. l. e. en l'a. lo d.

218 Hanekins de Sanerie p. b. sus une maison ke siet en Sanerie,

ancoste la maison Veuion,¹) k'il ait aquasteit a Jennin lou Noble, permey xxv s. de cens, et a. c l. e. an l'ai. l. d.

219 Goubers de Nancey li taneires p. b. sus ɪ stal ke siet en la halle des tanors ou Champ a Saille, k'il ait aquasteit a Jehan, lou fil Abert Mouxe, permei teil cens com il doit, et a. c. l. e. en l'ai. l. d.

220 Domangins li celleirs p. b. sus xx s. de mt. de cens, k'il ait aquasteit a Remion Ruece, des xl s. de cens k'il meymes li dovoit sus sa maison, ke siet ator de Forneirue, a. c. l. e. an l'ai. l. d.

221 Jehans Aberons p. b. sus une piece de vigne ke geist an Haute Riue, k'il ait aquasteit a Bietrit, la fille Matheu lou Saiue ke fut, permey x s. de cens, et a. c. l. e. an l'a. l. d.

222 Colignons Malpais p. b. sus une piece de vigne ke geist en Cherdenoit, et sus ɪɪɪ s. et demei²) de cens ke geisent sus l'atre pertie de ceste piece de vigne meymes, k'il ait aquasteit a Colignon Raibay, e. c. l. e. an l'ai. l. d.

223 Jennas Girons p. b. sus une maison ke siet en Chappourue, k'il ait aquasteit a Mariate de Sus les Fousseiz, per mei teil cens com il en doit, et a. com l. e. en l'ai. l. d.

224 Baudowins de Rembervilleirs p. b. sus la vigne ke fut Piereson Aberon, ke geist en ɪɪɪɪ rowelles, k'il ait aquasteit a Piereson devant dit, a. com l. e. an l'ai. l. d.

225 Burtignons li clers de Staixons p. b. sus une maison ke siet daier S. Eukaire, ke fut Abillate d'Alencort, k'il ait aquasteit as mainbors Abillate devant dite, per mei teil cens com il an doit, et a. c. l. e. an l'ai. l. d.

226 Jennas Mennelz et Steuenins, li filz Ydatte, p. b. sus une maison ke siet ou Waide, apres la maison Jennat Alart, k'il ont aquasteit a Merguerite, la fille Theiriat lou boulangeir, permei teil cens com il en doient, et a. com l. e. an l'a. l. d.

227 Ancillons Gans li meutiers p. b. sus une maison ke siet outre Saille, ansom la grainge signor Poinson de Strabor, k'il ait aquasteit a dame Poince Yngrant et a dame Collate, la suer Hanriat Thomessin, permey x s. de cens, a. c. l. e. en l'ai. lo d.

228 Theirias Bugles p. b. sus sa maison ou il maint, k'il ait aquasteit a Thiebaut Bugle et a Matheu Migomart, ces ɪɪ

---
¹) *Vor* Veuion *ist* Jennin *durchgestrichen.*
²) et demei *übergeschrieben.*

oncles, per mey teil cens com li maison doit, et a. com l. e. an l'ai. l. d.

229 Li sires Jehans, li prestes de S. Estene lou Depaneit, p. b. por la frairie de[s] clers dou cuer dou Grant Mostier sus vii s. de mt. de cens ke geixent sus une maison et sus tout lou ressaige ki apant, ke siet an la rue des Allemans, arreiz lou pux, k'il ait aquasteit a Poinsignon Peldanwille, a. c. l. e. en l'ai. l. d.

230 Lietaus li boulangeirs de Maizelles p. b. sus viii s. et demey de mt. de cens ke geixent sus la maison Boukerel, ke siet en Maizelles, k'il ait aquasteit a Androwat Burnat, e. c. l. e. en l'ai. l. d.

231 Et si p. b. ancor sus iii jornalz de terre en une piece ke geixent defuers les vignes an Virkilley k'il ait aquasteit a Thiebaut, lou nevout Pierexel l'Afichiet, en alluet, et a. c. l. escrit en l'ai. l. d.

232 Adelos li taneires de Chapponrue p. b. sus la maison et sus kant ki apant ke fut Matheu Damelate, ke siet en Chapponrue, k'il ait aquasteit a Matheu devant dit, permey teil cens com il en doit, et a. c. l. e. en l'ai. l. d.

233 Petres de Chapponrue et Adelos, ces serorges, et Aurowins de Werrixe p. b. sus jor et demey de vigne ke geist a Grant Chauol, moiterasse les dames de Lutre, et sus jor et demei de vigne a Chaminel, k'il ont aquasteit a Jennat Guis, permei teil cens com il en doit, et a. c. l. e. en l'a. lo. d.

234 Petres de Chapponrue et Gillebert li taneires p. b. sus une maison ke siet en Chapponrue, k'il ont aquasteit a Thiele de Fakemont, permei teil cens com ille doit, et a. c. l. e. en l'ai. l. d.

235 Collins de Chaistelz de Sanerie p. b. sus teil partie com Colignons, li filz Burtelo de Parix ke fut, avoit en la grant maison ke fut Burtelo, son peire, et an tot lou ressaige ki apant, ke siet en Sanerie, ke pairt a Colin de Chaistelz meymes, k'il ait aquasteit a Colignon, son serorge, permei teil cens com il an doit, et a. c. l. e. en l'ai. l. d.

236 Michiez Charrowe p. b. sus une piece de vigne ke geist en Veudeborsse, k'il ait aquasteit a Theiriat, lou fil Lowiat Charrue, permei teil cens com il en doit, et a. c. l. e. en l'ai. l. d.

237 Mahous, li fille Bertout de Fremerey, p. b. sus une maison ke siet ou Waide, k'il ait aquasteit a Pairissate, la fille

Ancillon Bousse, permey v s. de mt. de cens, et a. c. l. e. an l'a. l. d.

238 Cugnas de S. Arnout p. b. sus une maison defuers Porte Serpenoise, k'il ait aquasteit a la femme Jennat Petitvaske, permei xiiii s. et ii chappons de cens, et e. c. l. e. en l'a. l. d.

239 [1]) Hanris li couteliers p. b. sus une maison ke siet an la rowe des Sais outre Saille, k'il ait aquasteit a Theiderit, lou fil dame Aileit de S. Polcort, permey xix s. de cens, et a. c. l. e. en l'ai. l. d.

240 Aubers Suydach p. b. sus une maison ke siet ou Champ a Saille, ke fut Lanbert lou meutier, k'il ait aquasteit a la femme Lambert, permey l s. de cens, et a. c. l. e. en l'ai. l. d.

241 Yssambairs Xobairs p. b. sus une maison en la Vigne S. Auol, k'il ait aquasteit a Jehan de Venemont lou Borgon, permey viii s. de cens a S. Arnout, et a. c. l. e. an l'ai. l. d.

242 Jennins de Chaistelz p. b. sus i jornal de vigne ke geist en Bauchieterme, k'il ait aquasteit as maistres et a comun de la maison de[s] Bordes, permey i d. de cens, et a. c. l. e. en l'ai. l. d.

243 Jaikemate et Merguerate, les ii filles Lorel dou Champ a Saille, p. b. sus la maison ke fut Poinsat Creton, ke siet daier Ste Creux, k'elles ont aquasteit a Lekatte et a Poinsate, les ii filles Poinsat Creton, permey teil cens com elles an doient, a. c. l. e. en l'ai. l. d.

244 Weirias, li janres Berrois, p. b. sus une maison ke siet a tour devant outre la maison Jehan Bellamin ke fut, k'il ait aquasteit a dame Leucairt, la femme Ancel de Taney ke fut, permey xi s. de mt. de cens, et a. c. l. e. en l'ai. l. d.

245 Li sires Arnous, li prestes de Genauille, p. b. sus une maison ke siet outre Saille, ancoste la maison Lanbert d'Oixey, k'il ait aquasteit a Arnout de Sallebor, son nevout, permei vii s. et demey de mt. de cens, et a. com l. e. an l'ai. l. d.

246 Symonas de Gramecey p. b. sus une maison en Furneirue, k'il ait aquasteit a Jaikemin Bernaige lou clerc, permey xliii s. de mt. de cens, et a. com l. e. an l'ai. l. d.

247 Merguerite Scrolleboix p. b. sus une maison ke siet an Maizelles, et sus teil escheute ke li est escheus de pair sa suer, k'elle

---

[1]) *Der ganze Eintrag ist durchgestrichen. Zwischen* maison *und* ke *steht* defuers Porte Serpenoize k'il a. *Der Schreiber hat sich versehen und diese Worte aus dem vorhergehenden Eintrag wiederholt.*

ait aquasteit a Hanrit, lou nevout Arnout lou feivre, permei teil cens com elle en doit, et a. com l. e. an l'ai. l. d.

248 Jaikemins li Peirche p. b. sus la grant maison et sus la petite maison ancoste ke fut Poinsignon Brehel et sus tot lou ressaige ki apant, k'il ait aquasteit a Colignon Chameure, permey LX s. de mt. de cens, et a. com l. e. an l'ai. l. d.

249 Jakemins Chaneueire li boucheirs p. b. sus la maison ou il maint, ke siet a Porsaillis, ancoste la maison Jaikat Perraixon, k'il ait aquasteit a signor Abert lou Xauing, per mey IIII lb. de mt. de cens, et a. com l. e. an l'ai. l. d.

250 Jehans Loveus de S. Julien p. b. sus une piece de vigne ou om contet II jornalz, ke geixent an Mainbervalz ou ban de Mairuelles, k'il ait aquasteit a Weiriat, lou vies maiour de Mairuelles, per mei une angevine de cens, et a. c. l. e. an l'a. l. d.

251 Maheus Morels et Clemignons li boulangiers p. b. por Hanriat l'orfeivre et por Merguerate, sa[1]) femme, sus VII s. de mt. de cens IIII d. moins ke geisent sus la maison Odin l'armeor, lou fil maistre Gautier de Rains ke fut, k'il ont aquasteit a Robenat lou cellier, l'avelet maistre Roubert lou hauberjor ke fut, a. com l. e. en l'ai. l. d.[2])

252 Matheus li loremiers p. b. sus tout l'eritaige ke Merguerite, li fille Thiebaut Navel, avoit ou ban de Maiclive et ou ban de Chailley, an toz us, c'est a savoir au cences, en grainges, en bois, en preiz et an terres arreures, k'il ait a ley aquasteit, permei teil droiture com toz cist eritaiges doit, et a. c. l. e. an l'a. l. d.

253 Gillebers li tenneires de Chapponrue p. b. sus la maison Waterin d'Arencort, ke siet an Chapponrue, ancoste l'osteit Aurowin de Werrise, k'il ait aquasteit a Waterin devant dit, permey VII s. III d. moins de cens, et a. c. l. e. an l'ai. l. d.

254 Jennas Granscols p. b. sus une piece de terre ke geist a Grixey, daier sa maison meymes, k'il ait aquasteit a Jennat Crote, a. c. l. e. an l'ai. l. d.

255 Joiffrois Bairekes p. b. sus L s. de mt. de cens ke geisent sus la maison Ysabel, la fille Goudefrin de S. Polcort ke fut, ou elle maint, ke siet an S. Pocort, et sus la moitiet de sa maison k'elle ait a la Posterne, ke fut dame Pavie la huveire, son

---

[1]) sa *übergeschrieben*, lor *durchgestrichen*.
[2]) v. *1279, 177.*

avuelle, k'il ait aquasteit a Yzabel devant dite, apres les viii d. de cens ke li maison ou Yzaibelz maint doit, et apres viii s. de cens ke li maison a la Posterne doit, ai Arnout Aixiet,[1]) et a. com l. e. an l'ai. l. d.

256 Martins, li maires de Mairuelles, et Yzambairs, li maires de Cons, p. b. por Hanriat, lou fil Hemmerit de Mairuelles, et por Mathelie, sa femme, sus tout l'eritaige k'il ont aquasteit a Ferrit, lou fil Hanriat Ferrit ke fut, ke geist ou ban de Mairuelles, per mey teil cens et teil droiture com cist eritages doit, et a. c. l. e. an l'a. lo d.

257 Jehans li Erbiers p. b. sus une piece de terre ke geist an Balainmairs, ou om contet iiii jornalz, k'il ait aquasteit a Poensignon Poulain lou Roncel d'Airs, en alluet, et a. c. l. e. an l'ai. l. d.

258 Jennas de Rouzeruelles p. b. por la chieze Deu de Moremont sus v s. de mt. de cens ke geissent sus la maison et sus la grenge Hanriat de Suligney, ke siet a Porte Serpenoize, k'il ont aquasteit a Burtignon de Suliguey, a. com l. e. an l'ai. l. d.

259 Li sires Symons Bellebarbe, moinnes de S. Simphorien, p. b. sus xvi s. de mt. de cens, k'il ait aquasteit a Jehan de Suligney lou tonneleir sus sa maison ou il maint et sus la grainge davant, a sa vie, apres xxvi s. et iiii d. de cens ke li maison et li grenge doit davanterienemant.

260 Jennas li chandeliers p. b. sus la maison ke fut Colin Ysoreit lou clerc, ke siet an la rowe de Nostre Dame as Chans, k'il ait aquasteit a Heilowit, la femme Lambert lou meutier ke fut, et a Guertrut, la femme Jennin lou tourseleir ke fut, et a Colignon, son fil, et a Abert, son jaure, permey xv s. de mt. de cens ke li maison doit a l'ospital S. Nicolais ou Nuefborc, et a. com. l. e. en l'ai. l. d.

261 Filippins li Bagues p. b. sus teil partie com il ait an ii pieces de vigne, dont li une geist an la Baixe Pertelle, apres la vigne Pairexate Brusade, per mey vi d. d'anniversaire et une maille de chief cens, et li autre piece a Pallerin, ancoste la vigne Jenat Brusadel, per mey vi s. et iii d. de cens, k'il et Thiebaus Noirons ont aquasteit a Colignon lou Vizerat, a. c. l. e. an l'a. l. d.[2])

---

[1]) ai Arnout Aixiet *übergeschrieben von Schreiber 5, für* ai *steht dasselbe Abkürzungszeichen wie für* et.

[2]) r. 1279, 485.

262 Burtignons Paillas p. b. sus ıı stalz ke geissent an la vies halle des drapeirs, ancoste la halle des permanteirs, [an] Visignuel, k'il ait aquasteit a Maheu des Aruolz, an alluet, et a. com l. e. an l'ai. l. d.

263 Gillas Haikes p. b. sus ı stal ke siet an la vies halle des draipiers an Visignuel et sus ceu ki apant, k'il ait aquasteit a doien et a chapistre de S. Thiebaut, per mey son avenant de vı d. ke tote li halle doit de premier cens, et a. c. l. escriz an l'a. l. d.

264 Et si p. b. ancor sus ı stal ke siet an la vies halle des draipiers an Visignuel et sus ceu ki apant, ke fut les oirs Robin de Lieons, k'il ait aquasteit a l'abbeyt et a covant de S. Clemant, permey son avenant de vı d. ke toute li halle doit de premier cens, et a. c. les letres an l'a. lo devisent.

265 Jaikemins Bellegree p. b. sus teil wageire com il tient a Anceruille et a Failley de pair les voweiz d'Espinalz, et sus teil eritaige com il li est escheus de pair Forcon,²) lou janre son seur, ke geist a Anceruille et a Failley.

266 Baudowins de Flocort p. b. sus les ıı maisons Teiriat de Molins et sus toz les ressaiges ki apandent, ke sieent ansom la maison Symonat dou Pareir et la maison Parixe, k'il ait aquasteit a Jennat Godairt et a Colignon et a Goudefrin, ces ıı freires, per mey teil cens com elles doient, et a. c. l. e. an l'a. lo d.

267 Fransois li maireschaus p. b. sus la maison ke fut les Burdines, ke siet outre Saille, ansom la maison ou il maint, k'il ait aquasteit a ceulz de l'ospital ou Nuefborc, per mey xvı s. de mt. de cens, et a. com l. e. an l'ai. l. d.

268 Li sires Symons de Criencourt p. b. sus de kant ke Gillas de Valz avoit d'eritage a Hanacort et ou ban et an apandixes, an toz us, k'il ait aquasteit a Gillat devant dit, a. com l. escriz an l'ai. l. d.

269 Aburtins Boufas p. b. sus ı jornal de vigne ki est quars meus S. Pol, ke geist an Mertinchamp, k'il ait aquasteit a Theiriat Raville, permey teil cens com il an doit, et a. c. l. e. an l'ai. l. d.

270 Et si p. b. ancor sus ı jornal de vigne ke geist en Mertinchamp, ki est quars meus S. Pol, et sus ıı pieces de vigne a

---

¹) v. 1267, 444, Fourkes, li janres d'Espinals.

Terme et sus ıı pieces de vigne a Tornailles, et sus ıı jornalz de terre areure a Tornailles, k'il ait aquasteit a Thiebaut d'Ars, per mey teil cens com toz cist eritages doit, et a. c. l. e. an l'a. l. d. [1])

271 Sufiate Muxiquaraule p. b. sus ı jornal de terre areure ke geist an Virkilley, ke fut Teiriat de Mercey, k'elle ait aquasteit a Teiriat devant dit, per mey teil cens com ille an doit, et a. c. l. e. an l'ai. l. d.

272 [2]) Poinsignons, li filz Colin Chalons, p. b. sus lou tiers de la maison ke fut Baudowin Mairasse, ke siet ancoste S. Seplixe, ke li est delivres per droit et per jugement ancontre Badowin, por tant com Badowins li doit et por tant com il ait paiet por lui, les escris an l'airche.

273 Poinsignons li Gronais p. b. sus la maison Colignon Berrois, ke siet ou Champel, ke doit xxxıı s. de cens, et sus x s. de cens ke geissent sus une maison ancoste ceste maison meymes, et sus une maison ke siet ou Champel, ke doit vııı s. et demey de cens, et sus vııı s. ııı d. moinz de cens ke geissent an la halle as draipiers an Vizignuel, ke li sont delivres per droit et per jugement ancontre Colignon Berrois, por tant com Colignons Berrois li doit et por tant com il li est randeires, les escris an l'airche.

274 Androwas Vilains p. b. sus la maison Symonin lou foullon, ke siet sus Saille devant les molins.

275 Aburtins Gallios p. b. sus ı preit ke geist deleis Cons sus Saille, k'il ait aquasteit a Gillat de Valz, per mey xvııı d. de daimme, et a. c. l. escriz en l'ai. l. dv.

276 Vguignons, li fis Thiebaut de l'Aitre ke fut, p. b. sus la maison ke fut Viat, ke siet ou Champ a Saille vers Saille, k'il ait aquasteit a Theiriat Mallebouche et a Watreman lou feivre, les mainbors la femme Viat, permey teil cens com il doit, et a. c. l. e. an l'ai. l. d.

277 Merguerons Blanche p. b. sus demey jornal de vigne ke geist ou clos de Maigney, et sus demey jornal de vigne ou clos de Maigney, et sus ı jarding ou clos de Maigney, ancoste Chalons, k'elle ait aquasteit a Remion Alairt, a. com l. e. an l'ai. l. d.

---

[1]) r. 1278, 505.
[2]) *Durchgestrichen.*

278 Li sires Jaikes, li prestes de S. Medairt, p. b. por lui et por ces compaignons, les prestes barrochas de Mes, sus xi s. de mt. de cens ke geisent sus la maison Thomes lou corretier en la Vigne S. Auol, k'il ont aquasteit a Thomes devant dit, a. c. l. e. an l'a. l. d.

279 Li sires Andreus de Moieuvre p. b. sus la mairechaussiee ke fut lou signor Jaike Boilawe, ke siet ou Champel, ancoste l'osteil Chauin, et sus ceu ki apant, k'il ait aquasteit a Gillat de Vaulz, en alluet, et a. com l. escriz en l'ai. l. d.

280 Jehans et Merguerite, sa suer, li anfant Thiebaut de Florehanges, p. b. sus xii s. de mt. de premier cens ke geixent sus la maison Burtemin Toupat de Fayt, ke siet ansom Vies Bucherie, ke Symonas Malaikins lor ait anchaingiet[1]) contre les ii pairs dou boix c'om dist Thiemonpreit, ke fut lou signor Richairt de Sus lou Mur, ke lor vint de pair Colignon Godairt, lor oncle ke fut, et a. com l. escriz en l'ai. l. d.

281 Wichars de la Tour p. b. sus toutes les sances et sus tout l'eritaige ke Thiebaus Noirons, ces serorges, ait an la mairie de Porsaillis, ke part a Wichairt devant dit, ke Wichairs ait an waige de Thiebaut devant dit, l'escrit an l'airche, et dont Wichairs devant dis est bien tenans.[2])

282 Renalz de Chenney p. b. sus Euriat et sus Sufiate, sa suer, les anfans Lanbelin de Crepey, k'il ait aquasteit a Hanrit de Strabor et a Pallerin de Croney et a Thiebaut, lou fil signor Burteran de Montois, et a. com l. e. en l'ai. l. d.

283 Ferrias Chielairon p. b. sus tout l'eritaige ki est escheus a Rabouwan, son freire, et a Lorate et a Jakemate, ces ii serors, de par lor peire et de pair lor meire, k'il ait a ous aquasteit, a. con l. e. an l'ai. l. d.

284 Symonas Malaikins p. b. sus les ii pairs dou boix c'on dist Thiemonpreit, ke fut Colignon Godairt, lou fil signor Richairt de Sus lou Mur ke fut, ke Jehans et Merguerite, sa suer, li anfant Thiebaut de Florehanges, li ont[3]) conchaingiet[4]) contre les xii s. de mt. de premier cens ke geixent sus la maison Burtemin Toupat de Fayt, ke siet ansom Vies Bucherie, et a. com l. e. en l'ai. l. d.

---

[1]) *v. 1279, 284.*
[2]) *v. 1279, 193.*
[3]) *Hinter* ont *ist* couchiet *durchgestrichen.*
[4]) *v. 1279, 280.*

285 Merguerite, li fille Collin Berrois de Vizignuel, p. b. sus xxx s. de mt. de cens k'elle ait an vi lb. et demee de cens ke Thiebaus Bugles doit a Mahout, sa suer, sus la maison ke fut Theiriat de Liewons an Visignuel, a. c. l. escrit an l'a. l. dient.

286 Thiebaus, li filz lou signor Nicolle lou Gronnaix ke fut, p. b. sus les xiii s. de mt. de cens k'il meymes dovoit a Poince de Coloigne et a Androwat, lou fil Poinsignon Minne ke fut, ke gexivent sus la Follie, k'il ait a ous aquasteit, a. c. l. e. en l'ai. l. dv.

287* Ce sont li ban de la mey awost. En la marie d'Outre Moselle:

287 Lukins Chameure prant bans sus une maison en la Wade, davant l'uxelat des Proichors, k'il ait aquasteit a Sibiliate la couserasce, permei x s. de mt. de cens, e. c. l. e. en l'a. l. div.

288 Et si p. b. ancor sus xxxiii s. iii d. moins de cens ke geisent outre Moselle daier S. Marc sus les meizes ke furent Guersire Noixe, k'il ait aquasteit a Ferriat, lou fil Jaikemel Chiere, e. c. l. e. en l'a. l. d.

289 Colignons de Chastels, li fils Regalt, p. b. sus une piece de vigne en Wacon, et sus une atre piece en lou preit deleis lou chakeur S. Clemant, et sus ii s. et demei de cens ke geisent sus la maison Jehan, lou fil Durant, et sus la maixere ensom, k'il ait aquasteit a Jennat Geustore, permei teil cens et teil droiture com li eritages doit.

290 Jennins Bruleuille p. b. sus lou cuignat de preit en Lieteipreit, encoste lui meimes, k'il ait aquasteit a Forkignon, lou maior de Wapey, en alluet, e. c. l. e. en l'a. l. d.

291 Maistres Thieris de Mirabel, li clers, p. b. sus la maison et sus tout lou resage en Nikesinrue ke fut Howin lou clerc, k'il ait aquasteit a Thierit Corpel et a maistre Simon Jones, permei teil cens com elle doit, e. c. l. e. en l'a. l. d.

292 Poinsignons li Gronais et Wienas li feivres p. b. sus tot l'eritage ke Simons Bernars avoit en la marie d'Outre Moselle, en maisons, en vignes, en censes et en tout atre eritage, ki lor est delivreis per droit et per jugemant, permei teil cens com il doit, por tant com Simons Bernars lor doit et ait a fare ai ous, per escris en arche.

293 Maheus Cokenels p. b. sus i jornal de vigne ke geist ou mont S. Quintin, c'on dist Ste Creusvigne, dont il est tenans, permei vi sestieres de vin ke li vigne lor doit de cens.

294 Jehans de la Cort p. b. sus la maison Jaikemin Patart, ke fut Bernart, son seur, et sus tout lou resage, k'il ait releveit contre lou maior S. Vicent, por tant com il ait¹) en waige et por tant com il ait paiet por lui, per escris en arche, et por tant com il ait¹) releveit, permei teil cens com elle doit, ke li est delivre per droit et per jugemant.

295 Jaikemins Graitepaille p. b. sus xvi s. de cens k'il ait aquasteit a Colignon Fessal, sus tout l'eritage Eurit des Roches ke geist en Mes et ou ban de S. Martin, e. c. l. e. en l'a. l. d.

296 Jennins Formeis de Chastels p. b. et Pierexels, ces freires, sus tot l'eritage ke Marguerite et Bonefille, les ii filles Vguignon Faxin, avoient et tenoient ou ban d'Amauvilleirs, ke fut Fakau et Burtemate, sa femme, en preis, en chans, en bos et en tout atre eritage, k'il ait ai elles aquasteit, permei teil droiture com li eritages doit.

297 Jaikemins de Chalons li fcivres p. b. sus une maison eusom Viez Bucherie, apres l'osteil Nicole Baron, k'il ait aquasteit a Hanriat, lou fil Jaikemin de la Vigne S. Auol, permei xiii s. de cens, e. c. l. e. en l'a. l. d.

298 ²) Remions Ruece p. b. sus can ke Hanris d'Alondres et Habrans, li fils signor Jehan de Mowauille, avoient a Talanges et a Montigney et ou ban, en toz us, et sus toutes les apendisses, dont il est bien tenans.

299 Domangins de Juef li corvesiers p. b. sus une maison a pont des Mors, defuers la porte, ke fut maistre Piere lou masson, k'il ait aquasteit a dame Odilie, la femme Raiepaxel, permei viii s. de cens, e. c. l. e. en l'a. l. d.

300 Gueperate, li femme Matheu Boukel, p. b. sus toutes les vignes ke Warins de Molins ait ou ban de Ste Rafine et de Juxey et de S. Arnolt, et sus une maison et i jardin a Ste Rafine, k'elle ait en waige, per escris en arche, et permei teil cens com li eritages doit, et dont elle est tenans.

301 Ermanjars, li femme Ferrit de Gorze, p. b. sus une maison en la rue lou Voweit, davant l'osteil Colin Fessal, et sus tout lou resage, k'elle ait aquasteit a Guerriat lou corvesier, permei xxi s. et demei de cens, e. c. l. e. en l'a. l. d.

302 Escelins, li fils Howart d'Arnaville, p. b. sus la maison Guibert, son serorge, ke siet a Gorze, et sus tout lou resage,

---
¹) *Vorlage* il lait.
²) = *1279, 171.*

k'il ait aquasteit a Guibert desor dit, en allnet, e. c. l. e. en l'a. l. d.

303 Thierias, li avelas Thierion de la Stuve, p. b. sus une piece de vigne ke geist a Ste Rafine, en la voie dou mostier, k'il ait aquasteit a Domangin Preuostel de Ste Rafine, e. c. l. e. en l'a. l. d.

304 Matheus de Plapeuille p. b. sus xxii s. de cens 1 d. moins ke geiseut sus ii pieces de vigne et sus 1 jardin ou ban de Plapeuille, k'il ait aquasteit a Jaikemin Bernage lou clerc, e. c. l. e. en l'a. l. d.

305 Mariate li Vadoise p. b. sus une maison en la Wade, entre Roillon et l'olieir, et sus tout lou resage, k'elle ait aquasteit a Jehan l'ymaginier, permei vii s. de cens k'elle en doit as signors de S. Pou, e. c. l. e. en l'a. l. d.

306 Li sires Cunes, chanones de S. Piere a Vout, p. b. por l'ospital des clers sus une maison en Anglemur, ke fut l'Espinadelle, ke lor est escheute, por teil cens com elle lor en dovoit.

307 Hawis, li suer Gerart lou doien de Wappey, p. b. sus 1 jornal de vigne en Planteres, k'elle ait aquasteit a Gerart desor dit, permei vi sestieres et demeie de vin de cens, e. c. l. e. en l'a. l. d.

308 Pieresons li tixerans de Demes p. b. sus une maison en Chaponrue,[1]) sus lou tor davant lou pux, k'il ait aquasteit a Poinsate Boilawe, permei xi s. de cens, e. c. l. e. en l'a. l. d.

309 Poinsignons de Ste Rafine p. b. sus tout l'eritage ke li est escheut de part Thiefroit de Juxey, son seur, por tant com il ait paiet por lui, per escris en arche, et dont il est tenans.

310 Li sires Nicoles, li prestes de Jerney, p. b. sus toutes les vignes ke Anel[2]) li Taiche avoit ou ban de Plapeuille, k'il ait a ley aquasteit, e. c. l. e. en l'a. l. d.

311 Abillate, li fille Jehan l'Aleman, p. b. sus ii pieces de jardin ke geisent en Vals, defuers l'aitre, encoste ley meimes, k'elle ait aquasteit a dame Biatrit, la femme lou voweit de Vals, permei une angevine de cens, e. c. l. e. en l'a. l. d.

---

[1]) *Entweder hat es ausser der bekannten Chaponrue, die in der Mairie de Porsaillis vor der Stadt nördlich vom Deutschen Tor lag, noch eine Chaponrue in der Mairie d'Oatre Moselle gegeben, oder der Eintrag ist irrtümlich an diese Stelle geraten.*

[2]) Anel *übergeschrieben*, Ancels *durchgestrichen*.

312 Colignons, li fils Jaikemate d'Ansey, et Leudignons, ces serorges, p. b. sus ii pieces de vigne ke geisent en la fin de Dornant, dou ban S. Vicent, k'il ont aquasteit a Weriat Crestine, permei teil cens et teil droiture com elles doient, e. c. l. e. en l'a. l. d.
313 Drowignons de Chastels p. b. sus tout l'eritage ke Jennas, ces freres, avoit ou ban de Chastels et d'Amanvilleirs, ke li est delivreis per droit, por tant com il ait paiet por lui, per escris en arche et sans escris, et permei teil cens com li eritages doit.
314 Li sires Baduyns li prestes, prevos de Ste Marie as nonains, p. b. por la chiese Deu desor dite sus une maison a Molins, ke fut Jennat lou cawesin, ke lor est delivre per droit et per jugemant contre Jennat desor dit, por lou cens k'il lor ait laiet a paier.
315 Maheu Bertadons p. b. sus tout l'eritage ki est escheut a Jennat Geustore de part la marasce de Jerney, sa seure, ke li est delivreis per droit et per jugemant contre Jennat desor dit, et ke geist en bans de Jerney, permei teil droiture com il doit.
316 Thiebaus Domal p. b. sus une piece de vigne a Longeuille, ke dame Ysabels, li femme Burnekin, fait a moitiet, k'il ait aquasteit a Poinsignon lou taillor de Davant lou Grant Mostier, e. c. l. e. en l'a. l. d.
317 Jehans li clers de Rocheranges, ki maint en la cort de S. Pieremont, p. b. sus teil eritage com il ait aquasteit a Jehan et ai Abertin, les ii fils Roillon de Clowanges, ke geist ou ban de Clowanges, permei teil droiture com li eritages doit, e. c. l. e. en l'a. l. d.
318 Lambelins li Gemels p. b. sus jor et demei de terre sus Longeawe, ke fut Thieriat Billeron, k'il ait aquasteit a Steuenin de Chastels, en aluet, e. c. l. e. en l'a. l. d.
319 ¹) Symias li poxieres et Simonas li Gronais p. b. sus la maison ke fut Piereabay, encoste lou four Lowiat Rikart, en Chambieres, et sus ii jornals de vigne ke geisent ou ban de Plapeuille et de Tignoumont, ke furent Piereabay, permei teil cens et teil droiture com toz cist eritages doit.
320 Poinsignons li celliers p. b. sus v s. et demei de cens ke geisent sus i jornal de vigne ou ban de Juxey, k'il ait aquasteit a Renalt de Chainney, e. c. l. e. en l'a. l. d.

---

¹) *Von* Symias *bis* Tignoumont *auf Rasur.*

321 Marguerite d'Ax p. b. sus une maison ke siet apres l'osteil l'arcediacre Werrit en la rue lou Voweit, k'elle ait aquasteit a Godart lou cherbonier et a Marguerite, sa fille, permei teil cens com elle doit, et e. c. l. e. en l'a. l. d.

322 Abertins Bofas p. b. sus teil eritage com il ait aquasteit a Thiebat et a Simonin et a Gillin, les III fils Hanriat Gillin, ke geist entre Molins et Longeuille, en vignes, en chans, en maisons, en maixeres et en meizes, k'il ait aquasteit ai ous, permei I meu de vin ke li vigne ou meis doit de cens, e. c. l. e. en l'a. l. d.

323 Vguignons Patars p. b. por S. Simforien sus une maison en la rue lou Voweit et sus lou resage, ke fut Weriat lou permantier, ke lor est delivre per droit et per jugemant contre Burtignon Forcedeu, por lou cens ke li maisons lor doit.

324 Jennas Chauersons p. b. sus teil partie com Simonas Bouels avoit en la vowerie de Vals, ke Thiebaus de l'Aitre avoit en waige, ke li est delivre per droit et per jugemant contre les enfans Thiebat desor dit, por tant com il ait paiet por lui, per escris en arche.

325 Jaikiers de Nonuiant, li amans de S. Vy, p. b. sus la piece de vigne ke geist ou Tehier ou ban de Nonuiant, et sus la piece a la Vanne, et sus la piece en Fornels, et sus les II moies et demeie de vin de cens et sus les IIII s. et II d. de cens, k'il [ait] aquasteit ai Abillon d'Arnaville et a Jaikemate de Nonuiant, sa suer, et a Lowiat, lou fil signor Jehan Paillat, et as atres hoirs ke sont de Hawiate, la meire Abillon desor dite, permei III[1]) sestieres de vin de cens, et e. c. l. e. en l'a. l. div.

326 Et si p. b. ancor sus lou cellier k'il ait aquasteit a Burtemin d'Onville, ki maint a Nonviant, ke siet daier lou mostier a Nonviant, permei II d. et maille de cens k'il en doit, et e. c. l. e. en l'a. l. d.

327 Colins d'Espinals p. b. sus la maison ke fut Vguignon lou feivre, ke siet outre Moselle, encoste l'osteil Bernart lou feivre, k'il ait aquasteit a Perrin, lou fil Vguignon desor dit, et a Odat et a Deuamin de Moieuvre et a Willemat Chaipate, les III janres Vguignon, permei VI d. de cens, e. c. l. e. en l'a. l. d.

328 Ferrias Jeuwes p. b. sus la maison et sus la maixeire encoste et sus les II chakeurs daier et sus tout lou resaige ke sient

---

[1]) III *verbessert aus* IIII.

outre Moselle, davant l'osteil Jehan Barbe, k'il ait aquasteit a signor Jehan de la Cort, permei IIII lb. de cens k'il en doit.

329 Et si p. b. ancor sus la maison et sus lou resaige ke siet outre Moselle, encoste sa maison meimes, k'il ait aquasteit as hoirs Ysambart lou charreton, permei VI s. et III d. de cens.

330 Yngraus Goule p. b. sus la piece de box et sus toute la terre areuse et sus toz les preis ke li sires Thieris, li prestes de Croney, avoit entre Wernainville et Haboinville et Anout et en toutes les fins de ces III bans, k'il ait a lui aquasteit, permey IX d. de cens ke toz li eritages doit, e. c. l. e. en l'a. l. d.

331 Et si p. b. ancor sus une piece de vigne ou an contet V jornals, entre Longeuille et Siey, ke fut Thierion Raiebox, ke siet encoste la vigne Filipin lou Mercier, dont il est tenans, por tant com il ait[1]) en waige, per escris en arche.

332 Hanrias Rekeus p. b. sus V jornals de terre ke geisent ou ban de Maixeres, k'il ait aquasteit a Jennat Rekeu et a Jaikemin lou corvesier de Maixeres, en alluet, e. c. l. e. en l'a. l. d.

333 Jennas Rekeus p. b. por lui et por Jaikemin de Maixeres sus tout l'eritage ke fut Werit de Maixeres, can ke Nicoles Otins, li doiens de S. Sauor, en tenoit, k'il ont aquasteit as hoirs Werit desor dit, permei teil droiture com li eritages doit, e. c. l. e. en l'a. l. d.

334 Ysambars Xauins p. b. sus II pieces de vigne ke geisent ou ban de Lescey, ke Sufiate,[2]) li fille Nicole Chivelier, li ait mis en contrewaige por les XLV s. de cens k'elle li doit sus tout l'eritage k'elle ait ou ban de Glatigney, e. c. l. e. en l'a. l. d.

335 Poinsignons Wescelins li clers p. b. sus tout l'eritage ke Poinsignons li Cuxes ait ou ban de Longeuille, ke li est delivres per droit et per jugemant, por tant com il li doit, per escris en arche, et dout il est tenans.

336 Contasce, li fille Doignon d'Aiest, p. b. sus la maison ke fut dame Marguerite, la fille signor Filipe de Ragecort, ke siet davant les Proichors, k'elle ait a ley aquasteit, permei LXX s. de cens, e. c. l. e. en l'a. l. d.

---

[1]) *Vorlage* il lait.
[2]) *v. 1279. 189*, Sufiate, li femme Perrin de Cligney.

337 Guibers de Nonviant p. b.
338 Colins Wachiers p. b.
339 Colars Morels p. b. sus lou demei jor de vigne ke muet de la frarie S. Remey de Siey, ke geist encoste sa vigne en Gremalvigne, k'il ait aquasteit a signor Jaike, lo preste de Siey, et Abertin Caienat et Abertin Winart et a Richart, son frere, et a Piereson, lo fil la Treue, et a Gerart Caienat et a Jakemat Couperel[1]) et a Jaikemin Couperel, son fil, et a Pieresate et a Hanriat Parenon et a Jennin lou Sogue et a Jennat lou masson et a Jennat, lou fil Clemin, les confreres de la confrarie desor dite, en alluet, et dont il est tenans.
340 Cunins de Chastels p. b.
341 Goubers de Nancey p. b.
342 Ferrias Jeuwes et Colins Morels p. b.
343 Conrars d'Anglemur et Colins de Chievremont p. b.
344 Jennas Goule et Yngrans, ces freres, p. b. sus les v jornals de vigne a Longeville, ke furent Rainnillon lo permantier, dont il sont tenant, por tant com il ont paiet por lui et por tant com il lor doit, per escris en arche, et permei teil cens com li vigne doit.

345* Ce sont li ban dou vintisme jor de noiel. En la mairie de Porte Muzelle:

345 Li sires Thiebaus, li prestes de Brione, p. b. sus une piece de terre areure ke geist ou ban de Vallieres, entre la terre Symonin Monaire et Burtemat Faixel, k'il ait aquasteit a Steuenat, lou fil Vguin de Vallieres ke fut, en alluet, areiz ke dou daimme, et a. c. l. e. en l'ai. l. d.

346 Witiers Lambers p. b. sus xx s. de mt. de cens ke geixent sus la nueve maison devant la maison Nicolle de Sanerie, encoste la tupeneire, k'il ait aquasteit a dame Nicolle de Sanerie, apres une maille de cens ke li maison doit davanterienement, et e. c. l. e. en l'ai. lo d.

347 Colignons, li filz Aurowin Caitel de Vallieres, p. b. sus demey jornal de vigne ke geist en Cugnes devant les Bordes, k'il ait aquasteit a Jennat, lou fil dame Bietrit de la Cort de Vallieres, per mei teil droiture com il an doit, et e. com l. e. en l'ai. l. d.

---

[1]) a Jakemat Couperel *auf Rasur.*

348 Rembaus li boulangeirs p. b. sus une maison ke siet en Rimport, ancoste la maison Felippin lou corvexeir, k'il ait aquasteit a signor Jehan de Raigecort et a Drowat Guepe et a Weiriat Guepe, permei xx s. et demei et II chappons de cens, et e. c. l. e. en l'ai. lo d.

349 Gillas li clars, li filz Theirion lou Janre ke fut, p. b.[1]) sus IIII s. de mt. et IIII chappons de cens k'il meymes dovoit a signor Howon de Mirabel, sus XIII jornalz et demey de terre areure et sus une piece de preit ke geixent a Aiees et a Tremerey, k'il ait aquasteit a signor Howon devant dit, a. c. l. e. en l'a. lo d.

350 Pieresons Wallan de S. Julien p. b. sus I jornal de vigne ke geist an Belmont ou ban de S. Julien, k'il ait aquasteit a Colignon Pierexol, l'avelet Nicolle Chameure ke fut, et a Symonin et a Jaikemin, ces II freires, et a Gerardin d'Abeyville et a Rocin de Gorre, lor II serorges, et a Forkignon, lou fil Jaikemin Chameure, et a Colignon, son freire, et a Ailexate, la mairaistre Colignon devant dit, per mey I d. de cens, et a. com l. e. en l'ai. l. d.

351 Heilowate,[2]) li femme Jennat Sarrazin de Vantous, p. b. sus IIII pieces de preit, s'en geixent II pieces ou ban S. Jeure en preis de Leues, d'une part et d'autre lou fil Daguenel, et II pieces en Reut ou ban de Ritonfayt, k'elle ait aquasteit a Thomessin Bacon de Vantous, permei teil droiture com cist eritages doit, et a. c. l. e. en l'a. l. d.

352 Yngrans Forcons et Hanrias de Champelz p. b. por la maison des Bourdes dezour Vallieres sus demey jornal de vigne ke geist en la Longe Roie, ke pairt a ceulz des Bordes meymes, k'il ont aquasteit a Hanriat Boudat, per mey teil cens com il an doit, et e. c. l. e. en l'ai. lo d.

353 Pieresons Xeumedepres p. b. sus une demee maison ki est daier S. Hylaire, arreiz l'osteit Jehan Waze, et sus lou meiz daier et sus kant ki apant, k'il ait aquasteit a Theiriat Zangowin et a Ailexate, la fille Colin Lorel ke fut, per mey v s. de mt. de cens ke li demee maison doit a la chieze Deu de Fristorf, et per mey vi d. et II chappons k'elle doit as oirs dame Ruece,

---

[1]) b. p. *in dieser Reihenfolge auf Rasur.*

[2]) Hawiate *geändert, indem das erste* a *durchgestrichen und* eilo *übergeschrieben, das* i *von* Hawiate *aber stehen geblieben ist.*

et per mei III d. de cens k'elle doit a l'agleixe de S. Hylaire, et a. com l. e. en l'ai. l. d.

354 Rennolt, li valas Roillon Yzantrut, p. b. sus la maison ke fut Aburtin Atus lou masson et sus kant ki apant, ke siet daier S. Hylaire, ancoste la maison Ferriat de Chailley, k'il ait aquasteit a Jaikemate, la femme Aburtin devant dit, permey VII s. de mt. de cens, et a. c. l. e. en l'ai. l. d.

355 Maistres Gerairs li anlumineires p. b. sus une maison ke siet as Roches sus Mozelle, encoste la stuve ke fut Howairt, k'il ait aquasteit a signor Cunon lou prestre, chanone de S. Piere a Vout, permey XL s. de mt. de cens, et e. c. l. e. en l'a. l. d.

356 Jaikemins li Vogiens de S. Julien p. b. sus jor et demei de vigne ke geist a Arkancey, et sus la terre devant la vigne devant dite, k'il ait aquasteit a Burteran[1]) lou Grant de Chanbeires, permey VI d. de cens, et a. c. l. e. en l'a. l. d.

357 Rohairs li clars p. b. sus une maison ke siet apres l'osteit[2]) maistre Thiebaut de Genaville ke fut, k'il ait aquasteit a Forkignon Burnekin, permei teil cens com ille doit, et a. com l. e. en l'ai. l. d.

358 Burterans, li filz Arnoult lou masson ke fut, p. b. sus la maison ke fut Hanrit de Wies, ke siet encoste la nueve maison ke fut lou preste de S. Hylaire, k'il ait aquasteit a Jaikemate, la femme Brokairt ke fut, et a Jennat, son fil, permey XV s. et demei et II chappons de cens, et a. com l. e. en l'a. l. d.

359 Symons de Wies p. b. sus la moitiet d'une maison et sus ceu ki apant ke siet en Stoixey, encoste la maison Jehan lou meutier, k'il ait[3]) aquasteit a Collatte, la femme Burtignon Odewain d'Aiest ke fut, permey VIII s. de mt. de cens et permei XXI d. de premier cens ke Jehans de la Cort et Willames, ces freires, ont sus toute la maison,[4]) et e. com l. e. en l'ai. l. d.

360 Gerardas Chauins p. b. sus I jornal de vigne ke geist en Dezeirmont, arreiz la vigne Perrin lou Vake, k'il ait aquasteit a Odewain, lou fil Steuenin Boudernee, en alluet, et e. com l. e. en l'a. l. d.

361 Waterins, li filz Warnier lou maior de Vallieres, p. b. sus I jornal de terre dezour Vallieres ke muet dou ban de S. Julien,

---

[1]) a Burteran *übergeschrieben*, a Burtin *durchgestrichen*.
[2]) a pont des Mors, *v. 1279, 9.*
[3]) *Vorlage* ont.
[4]) et permei XXI d. *bis* maison *übergeschrieben*.

encoste la vigne Jehan Corbel, k'il ait aquasteit a Weiriat Jornee, en werance, et a. c. l. e. en l'ai. l. d.

362 Colignons Ceruelz p. b. sus jor et demey de vigne ke geist an Chievaiche, ou ban de S. Julien, encoste la vigne Colin Xalle, lou maior de S. Julien, ke Mathias Noblas fait a moitiet, k'il ait aquasteit a Mertenate, la fille Jennat la Peirche ke fut, en alluet, et e. c. l. e. en l'ai. lo d.

363 a) Clemignons et Lowias, ces freires, li dui fil Lowit lou Mercier de Visignuel ke fut, p. b. sus la maison Colin Manegout, ke siet en Aiest, ancoste la maison Jehan Bruynne, ke lor est delivree per droit et per jugemant, por tant com Lowis, lor peires, et il sont randors por Colin devant dit, per escris en airche, et por tant com il ont paiet por lui, per escris en airche, et per mey XL s. de mt. de cens ke li maison doit a Ferrit, lo fil Maheu Cokenel.[1])

b) Et si p. b. ancor sus la moitiet de la maison Poinsate Manegoude, ke siet en Stoixey, c'est a savoir la partie devers les boucheirs, por tant com Lowias Manegous lonr doit, per escris en airche, et per mey VIII s. de mt. de cens ke li demee maison lor doit.

364 Garcelias Faixins p. b. por lui et por ces freires et por ces serors ke sont de Ruecelate, sa meire, sus une maison ke siet en Chambres, ke fut Symoniu Gaillairt, et sus lou ressaige ki apant, k'il ait aquasteit a dame Jaikemate, la femme Symonin Gaillairt, en alluet, et e. com l. e. en l'a. l. d.

365 Ancelz li Wegne de Vallieres p. b. sus II pieces de vigne ou om contet III jornalz et demey, ke geixent en Gelochamp, k'il ait aquasteit a Colin Drowat, permei XVI d. d'amosne ke les II pieces de vigne doient, et e. com l. e. en l'ai. l. d.

366 Colignons Poietels p. b. sus I preit ke geist ou ban de Mercey, c'on dist an Neves, et sus I preit ke geist enz Allues de Stropes, k'il ait aquasteit a Gerardat, lou fil Domangin de la Porte, e. com l. e. en l'ai. l. d.

367 Poensignons li Gronnais p. b. sus II stals an la halle des drapiers en Chanbres, ke li sont delivre per droit et per jugemant, ancontre Colignon Berrois, por tant com il li doit et por tant com il li est randeires, per escris en airche, et permei teil cens com cist stalz doient.

---

[1]) a Ferrit, lo fil Maheu Cokenel *übergeschrieben*.

368 Jennins Pierairs p. b. sus la maison ke fut maistre Gerairt l'anluminor, ke siet en la rowelle as Roches, devant sa maison meymes, k'il ait aquasteit a maistre Gerairt devant dit, permei VIIII s. de mt. de cens, et e. com l. e. en l'ai. l. d.
369 Freideris li corvexeirs p. b. sus la maison Thiebaut lou Raille, ke siet en Stoixey, ancoste la maison ke fut la dame de Nowilley, k'il ait aquasteit a Thiebaut devant dit, permei XXII s. de mt. de cens ke li maison doit a la chieze Deu de Villeirs, et permey X d. et IIII chappons de cens ke li maison doit a ceulz de S. Laiddre, et. e. com l. e. en l'ai. l. d.
370 Ferris li boulangeirs, li maris la femme Aurairt, p. b. sus une maison ke siet an Stoixey, ke fut la Siwade, k'il ait aquasteit a Crestinete, la femme Watrin de Burtoncort ke fut, permey XXII s. de mt. de cens, et a. c. l. e. en l'ai. l. d.
371 Perrins li Vakes p. b. sus lou quart dou preit c'on dist en Pulligney, daier Malleroit, k'il ait aquasteit a Weiriat de Rouppeney, e. c. l. e. en l'ai. l. d.
372 Thiebaus Lanbers p. b. sus les II maisons dame Nicolle, la fille signor Pieron de Sanerie ke fut, ou elle maint, ke sient en Sanerie, et sus la grenge ancoste et sus toz les ressaiges ki apandent, k'il ait aquasteit a dame Nicolle devant ditte, apres les VII s. III d. et maille moins de cens ke cist eritaiges doit davanterienemant, et e. com l. e. en l'ai. l. d.
373 Abers li boulangeirz de S. Julien p. b. sus la maison Theiriat de Nowilley, ke siet a S. Julien, encoste la maison Coence lou cherpanteir, k'il ait aquasteit a Mergaerate, la fille Theiriat de Nowilley, per mey XV s. de cens, et a. com l. escriz en l'a. l. d.
374 Jakemins Sollate p. b. sus une piece de vigne ou om contet II jornalz, ke geist sus Muzelle, arreiz la vigne Abillate Jornee, k'il ait aquasteit a Abillate, la femme Jakemin de Hem ke fut, per mey VIII s. de mt. de cens, et e. com l. e. en l'ai. l. d.[1])
375 Jennins Vallerans p. b. sus II jornalz de vigne ke geixent sus Muzelle an vignes lou Conte, moiterasse, ke geist arreiz la vigne Watrel la Rosse, k'il ait aquasteit a Aibillate, la femme Jaikemin de Hem ke fut, e. c. l. e. en l'ai. l. d.
376 Aburtins, li freires Lietal lou permanteir, p. b. sus LI s. de mt. de cens ke geixent sus lou chakeur ki est an Stoixey, ou

---

[1]) Urkunde erhalten. M. Bez.-A., H 4198, 1.

Lowias Grennelos maint, et sus la grenge ki apant a chakeur, et sus tout lou ressaige ki apant, k'il ait aquasteit a dame Nicolle de Sauerie, a. c. l. e. en l'a. l. d.

377 a) Jehans de Weiure p. b. sus jor et demey de vigne ke geist dezour lou poncel, sus Muzelle, encoste lui meymes, et sus une omee de vigne ke geist sus Muzelle, encoste la vigne Jennat Wernier ke fut, k'il ait aquasteit a Perrin Broucairt, en alluet, et e. com l. e. en l'ai. l. d.

b) Et si p. b. ancor sus jor et demey de vigne et sus ceu ki apant ke geist sus Muzelle, a chief de la Pasture, encoste les vignes lo Conte, k'il ait aquasteit a Thiebaut Bernaige, permei teil cens com il doit, et k'il puet racheteir, a. c. l. e. an l'ai. l. d.

378 Poinsignons Wallerans p. b. por lui et por ces conpaignons sus IIII pieces de vigne, et sus VI s. et II d. de cens ke geixent sus une maison a Vallieres, encoste la maison Burtemin Mennegaut, s'en geist une des pieces en Ceneivalz, et une piece ancoste Aurowin Kaitel ou ban Laibrie, et une piece tercerasse S. Vincent ancoste la vigne Jakemin Camelin, et une piece a la barre a Vallieres, k'il ont aquasteit a Aburtat, lou fil Vguin Doreit de S. Julien ke fut, permei teil cens et teil droiture com cist eritages doit, et e. c. l. [e.] en l'a. l. d.

379 Jakemins Clairies et Vogenelz,[1]) li fis Abers Clairiet, p. b. sus les V s. ke Waterins Mauexins avoit an chaiteiz de Xuelles, chesc'an, ke Waterins lor ait donneit an fiez et an plain hommaige, et e. com l. escriz en l'ai. l. d.

380 a) Colignons Pioree p. b. sus demey jornal de vigne ke geist en la Donnowe, et sus I jornal de vigne ke geist en Orsain, et sus une maison ke siet a S. Julien, et sus III pieces de vigne ke geixent ou ban de S. Julien, ke furent Abert lou poxor, k'il ait aquasteit a Lowiat, son freire, permey teil cens com toz cist eritaiges doit, et e. com l. e. en l'ai. l. d.

b) Et si p. b. ancor por lui et por ces compaignons sus tout l'eritaige Yzambairt de Xuelles, per tout ou k'il soit, por tant com il et sui compaignon ont paiet por Ysaubairt devant dit, per escris en airche, dont li escrit lor sont delivre, et per mey teil cens com touz cist eritaiges doit.

381 Dame Louve, li femme signor Jehan Gouverne ke fut p. b.

___
[1]) Vogenelz bis p. b. *auf Rasur*.

sus tout l'eritaige ke Symons d'Antilley avoit au ban d'Erkancey et ou ban d'Antilley, en toz us, en preis, an chans, an vignes et an tout autre eritaige, keilz k'il soit, ke li est delivres per droit et per jugement, por tant com Simons devant dis li doit, per escris en arche, et permey teil cens et teil droiture com cist eritaiges doit.

382 Aurowins, li fils Xollebran, p. b. sus lou quart d'une maison ke siet sus Spairnemaille, ke pairt a lui meymes, k'il ait aquasteit a Gerairt, son serorge, per mei teil cens com cist quars doit, et e. c. l. e. en l'a. l. d.

383 Jennas, li fils Jaikemin Goule ke fut, p. b. sus trestout l'eritaige ke dame Kathelie d'Aiest ke fut avoit ou ban de Maiey et ou ban de Mercey et ou ban de Sanrey et ou ban de Vigey, en toz us, ou k'il soit, et sus toutes les cences k'elle avoit en Stoixey, fuers les IIII s. de mt. de cens ke geixent sus l'osteit Lukin de Montois, et sus la grenge ke siet en Dairangerowe, encoste l'osteit dame Goidela, k'il ait aquasteit a signor Oton, preste de S. Hylaire, lo mainbor dame Kathelie devant dite, permei teil cens et teil droiture com toz cist eritages doit, et e. c. l. e. en l'a. l. d.

384 Lowias, li fils Burtignon de la Tor ke fut, p. b. sus la maison et sus tout lou ressaige ki apant ke fut dame Merguerite Roze, ke siet a dexandre de S. Ferruce, devant la maison ceulz de Chaistillons, k'il ait aquasteit a Perrin Graicecher et a dame Merguerite, la suer Thiebaut lou Maior, et a Jennat, son freire, et a Jaikemin Frankignon, les mainbors dame Merguerite Roze, permei I d. de cens, et e. c. l. e en l'ai. l. d.

385 Domate, li fille Burtignon de la Tor ke fut, p. b. sus XL s. de mt. de premier cens ke geixent sus la maison dame Lekatte, la femme Jennin Morekin ke fut, ke siet en Rimport, encoste la maison Lowiat lou charpanteir, k'elle ait aquasteit a dame Lekate devant dite, et a. c. l. e. en l'ai. l. d,

386 Poinsignons li Oie p. b. sus teil partie com Wernessons, li filz Gerardin Buxey, avoit en II maisons ke sieent as Roches, ke li estoient escheutes de pair son awelle, ke sont delivre a Poinsignon devant dit per droit et per jugemant, permei teil cens com li partie devant ditte doit.

387 Li sires Jehans de S. Polcort p. b. sus une piece de vigne ke geist dezour Vallieres, encoste la soie vigne meymes, k'il ait

aquasteit a Merguerou, la femme Clomant de S. Julien ke fut, et a Steuenat, son fil, en alluet, et e. c. l. e. en l'ai. 1 d.

388 Aurowins Grandins de S. Julien p. b. sus I jarding ke geist defuers Burey, ancoste lou jarding Yzambairt Bardel, k'il ait aquasteit a Thomessin et a Odeliate, sa suer, les II anfans Hanrion Potier ke fut, en alluet, et e. c. l. e. en l'ai. 1. d.

389 Mathions de Conmercey p. b. sus I stal ke siet en la halle des parmantiers,. encoste la maison Vilain de Chambres, k'il ait aquasteit a Domangin Boucheruel, en alluet, et a. com l. e. en l'ai. 1. d.

390 Li sires Willames, chanones de Homborc, p. b. sus les XVI s. de mt. de cens k'il meymes dovoit de sa maison, ke siet ancoste la maison lou preste de S. Girgone, k'il ait aquasteit a Piereson Rochefort, lou fil Jehan l'Allemant ke fut, a. c. l. e. an l'ai. 1. d.

391 Hanrias Vertons de Vallieres p. b. sus II pieces de vigne ke geixent ou ban de Vantous, k'il ait aquasteit a Lukin, lou fil Jakemin lou quarteir, en alluet, et a. c. l. e. en l'ai. 1. d.

392 Howignons, li filz Gerairt de Vallieres, p. b. sus jor et demei de vigne ke geist ou ban de Vantous, s'en geist I jornal dezour lou Gros Pairteit de Vantous, et demei jornal a pont a Vantous, ke pairtent a lui meymes, k'il ait aquasteit a Jehan l'Afichiet, en alluet, et a. com l. e. an l'a. lo d.

393 Colignons Louus de S. Julien p. b. sus tout l'eritaige ke Yderatte, li fille Jennat Dantdaine d'Outre Saille ke fut, avoit ou ban de Chailley, en toz us, k'il ait a ley aquasteit, permei teil droiture com li eritaiges doit, et a. c. l. e. an l'ai. 1. d.

394 Dame Mathiate, li femme Jakemin lou Gronnaix ke fut, p. b. sus la maison Symonin et Colin, les II fis dame Yde, la fille Gochewin, ke siet an la Bucherie a Porte Muzelle, davant la rive, ke li est delivree per droit et per jugement por les XXX s. de cens k'elle i avoit davanterienement et por les estaies trespassees.

395 Hanrias Hertowis p. b. sus une maison ke siet sus Spairnemaille, arreiz l'orme, k'il ait aquasteit a dame Lorate Bazin, permey IIII s. de mt. de cens, et a. c. l. e. en l'ai. 1. d.

396 Poensignons Graicecher p. b. por les Cordelieres dou covant de Mes sus X s. de mt. de cens ke geixent an la rowelatte devant S. Ferruce sus II maisons, c'est a savoir V s. sus une maison ke fut Poensignon Coieawe, et V s. sus une maison ke

Jennas Aixies tient, k'illes ont aquasteit a Wiborate, la fille Jennat Merlo ke fut, a. com l. e. an l'ai. l. d.[1])

397 Vguignons, li filz Thiebaut de l'Aitre ke fut, et Burnekins et Jennas, sui dui freire, p. b. sus la piece de boix ke geist dezour Leues, encoste lou boix signor Renalt dou Nuefchastel, k'il ont aquasteit a Roillon de Montois et a Ferriat de Montois, son nevout, et a Steuenin de Chaistelz, per mei III d. de cens k'il an doient as signors de Heis, et a. com l. e. en l'ai. l. d.

398 a) Burtignons Paillas p. b. sus la moitiet de Maiey et dou ban et sus tout de kant ke dame Nicolle i avoit, en toz us, et sus les XIII s. de mt. de cens k'elle avoit sus la maison Ruedol lou trepier, ke siet en Bucherie a Porte Muzelle, k'il ait aquasteit a dame Nicolle devant ditte, a. com l. e. en l'ai. l. d.

b) Et si p. b. ancor Burtignons devant dis, en alluet, sus x lb. de mt. de cens ke Colignons Kaignate li doit, sus tout l'eritaige k'il ait ens bans de Vallieres et de Vantous et de Nowesseville et de Borney, ke Burtignons ait aquasteit a lui, et k'il li ait relaiet por les x lb. de mt. devant dittes, a. com l. e. en l'ai. l. d.

399 Jakemins, li filz Willame de Vantous ke fut, et Roillons, ces freires, p. b. sus III pieces de terre ou om contet v jornalz, s'an geist une piece an Borguelles ancoste Jakemin Camelin, et une piece an Champignuelles deleis lou molin a vant, et une piece ancoste la terre Jennat Roucillon de Maiey, k'il ont aquasteit a Mertenate et a Mathion et a Suffiate et a Yzaibel, les IIII anfans Jennat la Peirche ke fut, en alluet, et a. c. l. e. en l'ai. l. d.

400 Jakemins, li filz Willame de Vantous, p. b sus une piece de vigne ke geist an Wendremelclozel ou ban S. Martin a Vantous, ancoste la vigne Ancel la Wegne, k'il ait aquasteit a Watier. lou maior de Vantous, en alluet, et e. c. l. e. en l'ai. lo d.

401 Roillons, li filz Willame de Vantous ke fut, p. b. sus une piece de vigne dou Pairteit ki est en la Haikege arreiz la soie vigne meymes, k'il ait aquasteit a Weiriat, lou fil Matheu de Vantous ke fut, en alluet, et a. c. l. e. an l'a. l. d.

---

[1]) r. De Wailly, Notices et extraits. Paris 1878. No. 203.

402 ¹) Garsas Donekins p. b. sus II jornalz de vigne ke furent Jakemin Morel, ke geissent desouz lou Nuefchastel, delai, k'il ait aquasteit a Poensignon lou clerc, lou fil Jakemin Morel devant dit, permei III d. de cens ke li vigne doit a signor Renalt dou Nuefchastel.

403 Li sires Jehans de la Court p. b. sus la maison et sus tout lou ressaige ki apant, devant et daier, ke fut Watherin Gaillairt, ke siet an Chanbres, k'il ait aquasteit a Vguignon Cunemant, en alluet, a. c. l. e. en l'ai. l. d.

404 Dame Collate Beugnon d'Aiest p. b. sus lou daimme et sus lou redaimme de bleif de Virey, et sus xxx quartes de bleif chesc'an, c'est a savoir xv de wayn moitenge et xv d'avoinne, k'il[le] ait aquasteit a signor Jehan, lou fil lou signor Jaike dou Nuefchastel ke fut, a. com l. e. an l'ai. l. d.²)

405 Li sires Cunes li prestes, chauones de S. Piere a Vout, p. b. sus la maison Sufiate, la fille Tireabay, ke siet a pont des Mors,³) por la frairie [de] l'ospital des clers, ke li est delivree per droit et per jugement, por les II estaies dou cens ke li maison doit a Jaikemate, la femme Symonin Gaillairt, et a la frairie de⁴) l'ospital des clers, ke lor sont demorees a paier, et por les adras.

406 Jaikemins li charreis de S. Julien p. b. sus III jornalz de vigne ke geixent sus l'estan de Wirmeranges, et sus tout l'eritaige ke fut preste Besselin de Haikanges, ke geist ou ban de Wirmeranges, k'il ait aquasteit a Richairt, lou maior de Werrixe, a. c. l. e. an l'ai. l. d.

407 Aurowins Wicee li tenneires p. b. sus une maison et sus tout lou ressaige ki apant ke siet an Stoixey, encoste la maison Colin Banste, k'il ait aquasteit a Jennat Chaital, permei xv s. et III d. et I chappon de cens, et a. com l. e. en l'ai. l. d.

408 Steuenins Grejolas li boulangeirs p. b. sus la maison Aurowin lo bolangeir, lou janre Massue, ke siet en Stoixey, et sus kant ki apant, ancoste la maison dame Jaikemate, k'il ait aquasteit a Aurowin devant dit, permei xxIII s. de mt. et III d. et I chappon de cens, et a. con l. e. en l'ai. lo d.

---

¹) *An falscher Stelle eingetragen. Nuefchastel liegt nicht in der Mairie de Porte Moselle, sondern in der Mairie de Porsaillis.*

²) *r. 1285. 351.*

³) *r. 1290. 501.*

⁴) la frairie de *übergeschrieben.*

409 Colins, li filz Jaikemin lou vies maior d'Allexey ke fut, p. b. por lui et Poensate, sa seure, et por Willemat et por Renaldat, ces II freires, sus une piece de vigne ou om contet IIII hommees, ke geist outre Rut ou ban d'Erkancey, et sus une piece de terre areure ki est arreiz lou champ Odeliate, la femme Goudefrin lou Bague, et sus une piece de terre ke geist a Erkancey, areiz lou champ Yzanbairt Xillat, et sus une piece de terre an Maialle, areiz Jakemin, lo fil Mennat, k'il ont aquasteit a Steuenat Malroit, en alluet, et a. c. l. e. en l'ai. lo d.

410 Gillas li draipiers de Rimport p. b. sus la maison ke fut Jennat Cennatte et sus tout lou ressaige ki apant, et sus la maison ke fut Erowin Papoiure, ke sieent an Rimport devant Grant Meizes, k'il ait aquasteit a Poinsignon lou clerc, lou fil Lowit Wesselin ke fut, per mei teil cens com touz cist eritaiges doit, et a. com l. e. en l'ai. l. dv.

411 Thielos Louce p. b. sus la moitiet d'une maison ke siet defners la porte a Spairnemaille, ke fut Gerairt Winnebret, k'il ait aquasteit a Jennat, lou fil Adan d'Anerey ke fut, permei IIII s. et demei de mt. de cens, et a. com l. e. en l'ai. l. d.

412 a) Thiebaus li Maires, ke maint en Chambres, p. b. sus tout l'eritaige ke Watrins Maluexins ait ou ban de Vigey, an toz us, k'il ait a lui aquasteit, e. c. l. e. en l'ai. l. dv.
b) Et si p. b. ancor sus les xx s. de mt. de cens ke Merguerons, li femme Aburtin Faconuers ke fut, et Domate, li fille Burtignon de la Tour ke fut, avoient sus la maison et sus tout lou ressaige ki apant ke fut Poinsignon Rocel de Rimport ke fut, ke siet devant la rive a Cheualz, k'il ait aquasteit a Mergueron et a Domate devant dites, et. a. c. l. e. en l'ai. lo d.

413 Et si p. b. ancor sus x s. de mt. de cens ke geixent sus la maison Jennin Fauerel ke fut, ke siet a S. Julien, k'il ait aquasteit a Burtadon Xauing, apres VII angevines de cens ke li maison doit davanterienemant, et a. c. l. e. an l'ai. l. d.

414 Hanrias Lambers p. b. sus teil droit et sus teil raixon com Poinsignons, ces freires, avoit ou tonneur, k'il ait aquasteit a Poinsignon devant dit, a. com l. e. en l'ai. l. d.

415 [1]) Gerardins de Moielain p. b. sus teil partie d'eritaige com il ait anpartit ancontre Colin Bacal, ke geist en la marie de Porte Muzelle, ke li est escheus de pair Mathion Malroit, lou peire Colin devant dit, a. c. l. e. en l'ai. l. d.

---
[1]) c. 1279. 519 und 590.

416 Jakemins, li filz Weirit de S. Arnout ke fut, p. b. sus la maison maistre Richairt lou Gronnaix lou fezicien, ke siet an Chanbres, k'il ait aquasteit a maistre Richairt devant dit,[1]) permei xiii s. de mt. et iii mailles de cens, et a. c. l. e. en l'a. l. d.

417 Vguignons Hunebors p. b. sus les vi lb. de mt. de cens ke dame Bietrit, li femme lou signor Abert d'Ottonville ke fut, avoit sus la maison et sus lou meis ke fut Abertin Faconuers,[2]) ke li est delivre per droit et per jugemant ancontre dame Bietrit desor ditte, dont il est bien tenans.

418 Dame Merguerite, li femme lou signor Abrit Yngrant ke fut, p. b. sus les ii jornalz de vigne ke geixent en la Donnowe, ke Poinsignons Haizairs tenivet de ley, permei xx s. de mt. de cens, ke li[3]) sont delivre a dame Merguerite devant dite per droit et per jugement.

419 Li sires Theiris de Laibrie p. b. sus la corcelle dou Cairme, ke siet en Rimport, devers la porte a la Saus, ke li est delivre per droit et per jugement,[4]) por teil cens com li sires Theires i ait.

420 Perrins Graicecher p. b. sus une piece de vigne ou' om contet ii jornalz, ke geist sus Muzelle, c'on dist Hawitvigne, k'il ait aquasteit a Katheline, la fille Colin Nairadin ke fut, permei teil cens com ciste vigne doit, et a. c. l. e. en l'ai. l. d.

421* Ce sont li ban dou vintisme jour. En la mairie de Porsaillis:[5])

421 Jennas Chauressons p. b. sus teil eschainge com il ait fait a l'abbeyt de Sallinvalz et as dames de la Belle Stainche, et sus les ii jornalz de terre k'il ait aquasteit a Jenat l'Erbier, et sus les iiii jornalz de terre k'il ait aquasteit a Gerairt Patillon d'Airs, et sus les iii jornalz de terre k'il ait aquasteit a Lanbelat Malroit, et sus lou jornal de terre k'il ait aquasteit a Colin lou xaving d'Airs, ke geissent ou ban de Mercey, permei teil cens com cist eritaiges dovoit a Jenat Chauresson, et a. com l. e. an l'ai. l. dv.

---

[1]) devant dit *übergeschrieben*.

[2]) en Rimport *c. 1281, 349a.*

[3]) li *ist übergeschrieben.*

[4]) ke li est delivre per droit et per jugement *steht am Schluss des Satzes, ist aber durch Zeichen an die Stelle hinter* i ait *gewiesen.*

[5]) 421* *stand erst über 422 in der obersten Zeile des Blattes* ix (PS.), *ist aber dort ausgekratzt und mit dem Eintrag 421, der erst am Schluss des Termins angemeldet wurde, unten auf den frei gebliebenen Raum des Blattes* viii (PM) *geschrieben worden.*

422 Theirions li arceneires de Chapeleirue p. b. sus la moitiet d'une maison ke fut Hanelo de Brikelanges, ancoste la maison dame Odelie, la femme Burtadon, k'il ait aquasteit a Hanelo devant dit, permey vi s. de mt. de cens, et a. con l. e. an l'ai. l. d.

423 Gerairs Lucion de Bui p. b. sus tout l'eritaige ke Gerardas, li fils Ailexate la Growe, ait an la fin de Bui dou ban de la cort de Remilley, arreiz i meis et une chambre, k'il ait aquasteit a Gerardat devant dit, permei teil droiture com cist eritages doit, et a. c. l. e. an l'ai. l. d.

424 Colignons, li fils Benoit Belcouvainne, p. b. sus une piece de vigne ke geist an Chantecleirrowelle, k'il fait a moitiet de Garcerion Bouchat, k'il ait aquasteit a Colignou Mapais, a. c. l. e. an l'ai. l. d.

425 Howins li permanteirs de Preys p. b. sus une maison ke siet devant lou puix S. Jegout, ke fut Gerairt lou masson, k'il ait aquasteit a Jennolle Mallebouche, permey iiii s. de mt. de cens, apres viii s. de cens ke cil de S. Sanour i ont davanterienemant, et a. com l. e. an l'ai. l. d.

426 Theirias de Mercilley p. b. sus tout l'eritaige ke Mertins, li fis Colin Longuel, avoit des les Bordes de Vallieres en anlay, an preis, an bois et an chans, k'il ait aquasteit a Mertin devant dit, permey teil cens et teil droiture com cist eritages doit, et a. c. l. e. an l'a. lo d.

427 Werrions de Fourchies p. b. sus teil partie com Alexandres, ces freires, avoit ou boix c'on dist an Lanbertvalz, k'il ait aquasteit a Alexandre devant dit, a. c. l. e. an l'ai. l. d.

428 Siuerelz, li fis Adant l'Allemant, et Waterins, ces fils, p. b. sus une maison ke siet an Chapponrue, k'il ont aquasteit a Lowiat, lou fil Hanriat lou wasteleir, et a Poensate, sa femme, per mey teil cens com li maison doit, et a. c. l. e. an l'ai. l. d.

429 Jennas, li nevous Aieron, p. b. sus une maison ke siet an la court de Pawillon, k'il ait aquasteit a Gueremuet, la femme Willame Honec ke fut, permey xxiiii s. de mt. de cens, et a. c. l. e. an l'ai. l. d.

430 Jakemas de Hastrise p. b. sus une maison ke siet a S. Arnout, ansom la maison lou signor Poenson de S. Arnout, k'il ait aquasteit a signor Daniel, lou costor de S. Simphorien, per mey vi s. de mt. de cens, et a. c. l. e. an l'ai. l. d.

431 Mertins, li fils Longuel, p. b. sus demey jornal de vigne ke geist an la rowelle de Pertes, ancoste la vigne Jehan Thomessin,

k'il ait aquasteit a Theiriat Briselette, permey ɪ d. de cens, et a. c. l. e. an l'ai. l. d.

432 Vgnignons Hunnebors p. b. sus la maison Burtignon Guepe, ke fut Hanrecon, ke li est delivree per droit et per jugement ancontre Burtignon Guepe, per mey teil cens com elle doit.

433 Perrins Jacob p. b. sus ɪ jornal de vigne ke geist a l'Ormixel, ancoste Colignon Norlant, k'il ait aquasteit a Felippin Bouchate lou clerc, per mey xlɪɪɪɪ d. de cens, et a. c. l. e. an l'ai. l. d.

434 Perrins Chinalleirs p. b. sus ɪɪɪɪ lb. de mt. de cens xl d. moins ke geisent sus les ɪɪ maisons ou Champ a Saille ke furent Jennat Lohier, k'il ait aquasteit a Nenneriat, lou fil Jennat Lohier, a. c. l. e. an l'a. l. d.

435 Otignons de S. Clemant p. b. sus demey jornal de vigne ke geist an la crowee S. Clemant, arreiz Warin, ki est tiers meu S. Clemant, k'il ait aquasteit a Colignon Ameline, a. com l. e. an l'ai. l. d.

436 Goudefrins li olieirs dou Waide p. b. sus une maison ke siet ou Waide, ke fut Poensignon Potairt, k'il ait aquasteit a Lowiat, lou fil Poensignon devant dit, permei vɪ s. de mt. de cens, et a. c. l. e. an l'ai. l. d.

437 Jaikemius Willebor p. b. sus une piece de vigne ke geist an Forchelles, ancoste la vigne Jennin Riole, ke li dovoit vɪɪ s. et une angevine de cens k'il ait aquasteit a Odeliate, la femme Warin lou Vilat ke fut, a. com l. e. an l'ai. l. d.

438 Domanjas li muneirs p. b. sus une maison ke siet a chief de la Vigne S. Auol, k'il ait aquasteit a Colin lou Vake lou corvexeir, permey x s. de mt. de cens, et a. com l. e. an l'ai. l. d.

439 Symonas Viuiens p. b. sus une maison ke siet ou Waide et sus lou ressaige ki apant, ke fut Jennin de Wacremont, ke Wichairs de la Cort li ait laiet permey xxx s. de mt. de cens por les chainjors, dont il an puet racheteir xv s., a. c. l. e. an l'a. l. d.

440 Jaikemins, li fils Symonat Bellegreie, p. b. sus les ɪɪ meues et demeie de vin et sus les vɪ quartes de wayn moitenge ke Theirias Cullas de Chamenat li doit sus tot l'eritage ke Jaikemins ait aquasteit a lui, et k'il li ait relaiet permey lo vin et lou bleif devant dit, a. c. l. e. an l'ai. l. d.

441 Steuenas, li fils Houwat lou boucheir, p. b. sus la moitiet de la maison Jennat Chernat, ke siet a Porsaillis, ansom la maison

Arnout lou corvexeir, k'il ait aquasteit a Jennat devant dit, permey XXI s. de mt. de cens, et a. c. l. e. an l'ai. l. d.

442 Hermans li clers de S. Jeure p. b. sus XII d. de cens ke geixent sus III copons de meis an la Rauine, k'il ait aquasteit a Jennat Ravat, a. c l. e. an l'ai. l. d.

443 Renadins, li fis signor Geruaixe de Lessey ke fut, p. b. sus toute la terre areure et sus II pieces de preit ke furent dame Beliairt, la femme lou signor Esteuene lou Roi ke fut, ke li vinrent conseuwant de pair sa meire, ke geixent devant Malpas, k'il ait aquasteit a ley, en alluet, et a. c. l. e. an l'ai. l. d.

444 Willermins, li fils Baudowin lou chavreir, p. b. sus I stal an la halle des tanors ou Champ a Saille, k'il ait aquasteit a Vermeco lou tanor, an alluet, et a. c. l. e. an l'ai. l. d.

445 Li priors de Nostre Dame a Chans p. b. por la chieze Deu de Nostre Dame as Chans sus XII s. de mt. de cens ke Warins, li vies maires d'Owaville, doit sus sa maison devant l'osteit Giruaixe, ke Maiansate de Montois ait doneit por Deu et an amoue a la chieze Deu devant dite, a. c. li devise ke geist an l'ai. l. d.

446 Maheus de Lyeons p. b. sus IX s. de mt.¹) de premier sans, ke geisent sus la maison et sus lo ressaige ki apant ke siet an la plaice, devant l'osteit Jakemin Grantdeu ke fut, k'il ait aquasteit a Perrin et a Contasse et a Collate, les anfans Willemin Bazin ke fut, et a. c. l. e. an l'a. l. d.

447 Et si p. b. ancor sus VIIII s. de mt. de premier cens ke geixent sus la maison ke siet an la plaice, ancoste l'osteit Hanrit de la Barre ke fut, k'il ait aquasteit a Jennat de la Bairre, a. com l. e. an l'ai. l. dv.

448 Gerardas, li janres Matheu lou corretier, et Gerairs, li filz Heilowit lou mairasse de Lesses ke fut, p. b. sus une maison ke siet ou Petit Waide, deleis la maison Thiebaut lou Borgne, k'il ont aquasteit a Andreu d'Arencort, permey VIIII s. et III d. de cens, et a. com l. e. an l'ai. l. d.

449 Theirias, li baillis de Molins, p. b. sus toute la terre areure ke Felepins de Chaman de Molins ait an la fin de Molins, outre Muzelle,²) dont il est bien tenans, por tant com Philipins li

---

¹) de mt. *übergeschrieben*.

²) *Der Zusatz* outre Muzelle *fällt auf. Er ist verkehrt, wenn das Grundstück diesseits der Mosel lag; lag es jenseits, so gehörte es zur Mairie d'Outre Mazelle, dann steht der Eintrag an falscher Stelle.*

doit, per escris en airche et por tant com il ait paiet por lui, per escris an airche.
450 Hauris de Bergues p. b. sus une maison ke siet a la creux outre Saille,[1] ancoste la maison Ancel de Tancy, k'il ait aquasteit a Dame Leukairt, la femme Ancel de Taney, per mey xxx s. de mt. de cens, et a. c. l. e. an l'ai. l. d.
451 Hennemans li tonneleirs p. b. sus une maison daier S. Eukaire, ancoste la maison Hesselat, k'il ait aquasteit a Euriat de Witoncort et a Jennat, son freire, permey xx s. de mt. de cens, et a. c. l. e. an l'ai. l. d.
452 Jaikas Perraison p. b. sus une maison et sus tout lou ressaige ki apant ke siet a tor de Porsaillis, ancoste la maison Poensignon de Laibrie, ke fut signor Nicolle Burlevache, k'il ait aquasteit a Pierexel, lou fil Perrin Jacob ke fut, permey L s. de mt. de cens ke li maison doit a l'ospital ou Nuefborc.
453 Roillons d'Ames p. b. sus III quarterons de vigne ke geixent outre Saille a Bernairtfontenne, k'il ait aquasteit a Lanbelat lou boulangeir et a Aburtin, son freire, a. c. l. e. an l'ai. l. d.
454 Ailexate, li fille Hanrit Moretel ke fut, et Poinsate, li fille Colin Burtadon, p. b. sus I jornal de vigne ke geist an Bachieterme an Maizelles, deleis la vigne Paillat, k'elles ont aquasteit a Merguerate, la fille Colin lo Hungre ke fut, an alluet, et a. c. l. e. an l'ai. l. d.
455 Yngrans Forcons et Remions Ruece p. b. sus les XVIII s. de mt. de cens ke geisent sus la maison Adelin lou taillor et sus tout lou ressaige ki apant, ke siet an la droite rowe de Porte Serpenoize, k'il ont aquasteit por la chieze Deu des Cordelieres a Colignon Mertignon, a. c. l. e. an l'a. l. d.[2]
456 Poinsignons Clairies, li janres Burtel de Vizignuel, p. b. sus une maison et sus une maixeire ancoste et sus kant ki apant ke sont an la rowelle devant S. Piere as Arainnes, k'i[l] ait aquasteit a Hanriat de l'Aitre, permei v s. de cens, et a. c. l. e. an l'a. lo d.
457 Hanrias, li fils Wibour de Grixey, p. b. sus I jornal de terre ke geist an Fosses daier Grixey, k'il ait aquasteit a Jennat Seruant de Maizelles, permey v d. et maille de cens, et a. com l. e. an l'ai. l. d.

[1] Saille *übergeschrieben*. Muzelle *durchgestrichen*.
[2] *Urkunde erhalten, v. De Wailly, Notices et extraits, Paris 1878. No. 205.*

458 Jakemins, li filz Lambert de Silleirs, p. b. sus une maison et sus tout lou ressaige ki apant ke siet eu Chapponrue, k'il ait aquasteit a Anel de Coulevanges, la femme Adaut ke fut, permey v s. de mt. de ceus, et a. c. l. e. an l'ai. l. d.

459 Jakemins li massons p. b. sus une maison ke siet an Chaureiruc, ke fut dame Jennate, la suer Poinsat Facon, k'il ait aquasteit a Perrin Badoche, permey xxxii s. de mt. iiii d. moins de cens, et a. c. l. e. an l'ai. l. d.

460 Howignons, li fils Burtemin Roucel, p. b. sus la maison ke fut lou Moinne, ke siet outre Saille, k'il ait aquasteit a Willame Mairasse, permey xl s. de mt. de ceus ke li maison doit a Gillat Haike, et a. c. l. e. an l'ai. l. d.

461 Gerardas Figuredeu p. b. sus une maison ke siet ou Baix Champel, k'il ait aquasteit a signor Thomes, lou preste de S. Eukaire, permey xx s. de mt. de cens, et a. com l. e. an l'ai. l. d.

462 Hanris li couteleirs p. b. sus teil wageire com Yzaibelz, li fille Goudefrin de S. Pocort, ait de Formeron lou couteleir, por les iiii lb. et ii s. de mt. ke Formerons doit a Yzaibel devant dite, per escris an arche, dont li wageire et li escris sont delivre a Hanrit devant dit, a. c. l. escriz en l'ai. l. d.

463 Lambelins li boulangeirs dou Waide et Steuenins, ces fis, p. b. sus la moitiet de la maison ke siet en Chapponrue, ke pairt a Hennelo de Grucelanges, la partie devers Mes, k'il ont aquasteit a Jehan lo hanepier, permey ii s. de mt. de cens, et a. c. l. e. an l'ai. lo d.

464 Domenias li ollieirs p. b. sus iii quarterons de vigne ke geisent au Herbeclos outre Saille, apres la vigne Aburtin Malroit, k'il ait aquasteit a Jenat, lou fil Maiance, et a Otignon de Xocort, per mey v s. de mt. de cens, et a. c. l. e. an l'ai. l. d.

465 Colignons li Vakes p. b. sus iii s. de met. de cens ke geixent sus la maison Jennat Kallefairt an Maizelles, k'il ait aquasteit a Jennat devant dit, apres xxxi d. de cens ke li maison doit davanterienemant, et a. c. l. e. an l'a. l. d.

466 Renals li clars, li fils Fakignon de Vy ke fut, p. b. sus iii s. de mt. de cens ke geixent sus la maison Rikisse de Mercilley et sus tout lou ressaige ki apant, k'il ait aquasteit a Rikisse devant dite, a. com l. escriz an l'ai. l. d.

467 Aburtins Burnas p. b. sus iii s. de mt. de cens ke geixent sus une vigne outre Saille, k'il ait aquasteit a Colin l'Acrignois, a. c. l. e. an l'ai. l. d.

468 Jennas li Flamans p. b. sus une piece de vigne ke geist an Corchebuef, ancoste la vigne Bruynne, la femme Jaikemin Brullin ke fut, por tant com Colins de Luencort li doit, l'escrit an l'airche, et dont Jennas devant dis est bien tenans, permey vııı s. de mt. de cens ke cille vigné doit, ou Jennas ait ıııı s. de ceulz vııı s. devant dis.

469 Richairs li boulangeirs de Chanbres p. b. sus la moitiet d'un stal ke siet an Visignuel an la halle des boulangeirs, k'il ait aquasteit a Colin de Chieuremont lou bolangeir, per mey teil cens com il an doit, et a. com l. e. an l'ai. l. d.

470 Burtignons Paillas p. b. sus xv s. de mt. de cens ke geisent sus la maison Benoit et Colin, les anfans lou maior de Grixey, ke siet a Nuef pont, ansom la maison Teiriat Briselette, k'il ait aquasteit a dame Nicolle de Sanerie, a. c. l. e. an l'a. l. d.

471 Androwas, li maires de l'ospital S. Nicolais ou Nuefborc, p. b. por la chieze Deu de l'ospital devant dit sus demey jornal de vigne ke geist an Herbeclos, ke fut Remiat lou Roi, ke li est delivres per droit et per jugement, ancontre la femme Remiat lo Roi devant dit.

472 Et si p. b. ancor por l'ospital devant dit sus xv quartes et demee de bleif de rante et sus tout l'eritaige ke Collate, li femme Jennin Teste, avoit ou ban de Grixey et ou ban de Gerey, an toz us, ke li sont delivre per droit et per jugement ancontre Collate devant dite.

473 Jennas de Rouzeruelles p. b. por la chieze Deu de Moremont sus xvı s. de mt. de cens ke geisent sus la maison Symonin de Werrixe et sus tot lo ressaige ki apant, ke siet daier S. Eukaire, k'il ait aquasteit a Symonin devant dit, a. c. l. e. an l'ai. l. d.

474 Gillas Haikes p. b. sus ııı estalz et sus ceu ki apant ke sieent an la vies halle des draipiers an Vizignuel, k'il ait aquasteit a Luckin Chameure, per mey lor avenant de vı d. ke toute li halle doit de premier cens, et a. com l. e. an l'ai. l. d.

475 Et si p. b. ancor sus ı stal et sus ceu ki apant ke siet an la vies halle des draipiers an Visignuel, k'il ait aquasteit a Anel et a Mabeliate et a Lorate, les ııı filles Steuignon de Mairis ke fut, permey son avenant de vı d. ke tote li halle doit de premier cens, et a. c. l. e. an l'a. l. d.

476 Et si p. b. ancor sus ı stal et sus ceu ki apant ke siet an la vies halle des draipiers an Visignuel, k'il ait aquasteit a

Jakemin Merchandel, per mey son avenant de vi d. ke toute li halle doit de premier cens, et a. c. l. e. an l'ai. l. d.

477 Colignons Xocort li permantiers p. b. sus i jornal de vigne ke geist sus Haute Rive, autre la vigne Richier de Champclz et la vigne Matheu Cunegon, k'il ait aquasteit a Collate, la femme Weirion Malnouel, ke fut, permey ii d. de cens, et a. c. l. e. an l'a. l. d.

478 Hanris, li filz Poince de Strabor, p. b. sus une maison ke siet daier Sainte Creux, ancoste la maison Colignon Waingnevolantiers, k'il ait aquasteit a Colignon Creton, permey xxiiii s. de mt. de cens ke li maison doit a Willame de la Cort, et a. c. l. e. an l'ai. l. d.

479 Renalz li chamberlains p. b. por la chieze Deu des Grans pucelles de la Vigne sus xx s. de mt. de premier cens ke geixent sus l'osteit Werneson de Gorze an la droite rowe de Porte Serpenoize, k'il ait aquasteit a Colignon Mertignon, a. c. l. e. an l'a. l. d.

480 Goudefrins Boilawe p. b. sus une maison ke siet devant S. Piere as Arainnes, k'il ait aquasteit a Theiriat Mennegal de S. Piere, permey vi s. de mt. de cens, et a. c. l. e. an l'a. l. d.

481 Androwas Jallee p. b. sus lii¹) s. de mt. de cens, s'en geixent xxxii s. sus l'osteit Colignon lou Hungre ou Champ a Saille, s'en redoit iii s. de premier cens a l'ospital ou Nuefborc, et s'an geixent xx s. sus la grainge Jakemel Chiere et sus lou ressaige daier la grainge, k'il ait aquasteit a dame Jaikemate, la femme Symonin Gaillart ke fut, a. c. l. e. an l'ai. l. d.

482 Li sires Thomes, li prestes de S. Eukaire, p. b. sus xxi d. [de] mt. de cens ke geisent sus l'osteit Winkelatte d'Arencort, ansom l'osteit Abriat Maton, k'il ait aquasteit a Waterin d'Arencort, a. c. l. e. an l'ai. l. d.

483 Richairs Mouxas, li janres Burson, p. b. sus ii pieces de terre ke Hanrias Baigas li bolangeirs de Flurey ait ou ban de Flurey, s'en geist une piece a Rainbautpareir, et une piece a Tornelles de Rembautpareir an la Starpe, k'il ait aquasteit a Hanriat devant dit, permey teil cens com cist eritages doit, et a. com l. e. an l'ai. l. d.

---

¹) *Die Vorlage hat* LIII, XXXII *ist aber aus* XXXIII *geändert, die Aenderung von* LIII *in* LII, *die dann auch nötig war, ist unterblieben.*

484 Li sires Alexandres, chanones de Nostre Dame la Ronde de Mes, p. b. por lui et por touz les chanones de l'eglixe Nostre Dame devant dite sus II s. de mt. de cens ke li prevos et li chanone de Nostre Dame ont aquasteit a Matheu Roguenel d'Outre Saille, ke geissent sus la maison Gerairt la Molle au Chapponrue, ancoste la maison Waterin d'Airencort, apres les III s. de cens ke li maison doit davant a dame Odelie, la suer Baudowin Yzanbairt, a. com l. e. an l'ai. l. d.
485 Philippins li Bagues p. b. sus teil partie com Thiebaus Noirons avoit an II pieces de vigne, dont li une geist an la Baixe Pretelle, apres la vigne Pairexate Brusade, per mey VI d. d'anniversaire et une maille de chief cens, et li autre picce geist a Pallerin, de coste la vigne Jennat Brusadel, per mey VI s. et III d. de cens, k'il ait aquasteit a Thiebaut Noiron, e. com l. e. en l'ai. l. d.[1]
486 Li sires Werris Bairbe p. b. sus lou tiers ke Colins li Flamans avoit en la maison ke siet en la Grant rowe arreiz la chapelle, et sus teil droit com il avoit en la chapelle, k'il ait a lui aquasteit, en alluet, et a. c. l. e. en l'ai. l. d.
487 Dame Mertenate, li femme Jakemin Jallee ke fut, p. b. sus c s. de mt. III s. moins de premier cens ke geixent ou bour S. Arnout sus XIII maisons et sus une grenge, k'elle ait aquasteit a Jehan, lou fil Colin Wachier d'Outre Muzelle ke fut, a. com l. e. an l'a. l. d.
488 Jakemins Gratepaille p. b. por la chieze Deu des Proicheresses sus IIII jornalz de vigne ke geixent outre Saille an Pawillonchamp, ke furent Nicolle Marcout, ke Aileis, li fille signor Symon Poujoize ke fut, lor ait doncit por Deu et an amosne, per mey III d. de cens ke li IIII jornals doient.
489 Poensignons Graicecher p. b. por la chieze Deu des Cordelieres de Mes sus XXX s. de mt. de cens et III d. ke geixent sus la maison Jennat de Cronney et sus tout lou ressaige ki apant, ki siet devant la maison S. Laddre a Porte Serpenoize, k'elles ont aquasteit a Anel, la fille Garsat Graicecher ke fut, et a. com l. escriz an l'ai. l. d.[2]
490 Li sires Symons, li prestes de Sainte Glossenne, por lui et por ces compaignons p. b. sus les II maisons ke sieent au Vies Bucherie, ke furent Malclairiet lou boucheir, ke li sont delivres

---

[1] v. 1279, 261.
[2] *Urkunde erhalten. M. Bez.-A., H 4197, 1.*

per droit et per jugement ancontre Poinsignon Chalons lou Vel, por l'estaie dou cens k'il ont sus les II maisons, et por les adras, dont om lor ont defaillit de paiemant.

491 Vilains Hennebours p. b. sus demey jornal de vigne ke geist an Saint Niclochamp ke fut Collate, la femme Jaikemel lou boucheir, ke li est delivres per droit et per jugement, por teil cens com il avoit sus.

492 Poinsate et Yzaibel, les II filles Jaicob de Jeurue ke fut, p. b. sus XI s. de mt. de cens ke geisent sus la maison ke fut Jennin Bouchat en S. Martinrowe, k'elles ont aquasteit a Matheu Bouchat, a. com l. e. en l'ai. l. d.

493 Perrins Thomes li xavins et Poinsignons Bolande p. b. por l'ospital de Porte Muselle sus LX et X s. de mt. de premier cens ke geisent sus la maison Colin Haboudanges lou wasteleir, ke siet a Porsaillis, k'il ont aquasteit a Jennat de Maigney, et a. c. l. e. an l'ai. l. d.

494 Burtignous Wielz p. b. sus les III pieces de vigne ke geixent outre Saille, ke Jakemins Faixins et Colins Badaires, ces freires, ont aquasteit a dame Sebelie la Contasse de Chanbres, l'escrit an l'airche, permei VIIII d. de cens ke les vignes doient, por tant com Jakemins et Colins Badaires devant dis doient a Burtignon Wiel devant dit, per escris an airche, et dont¹) Burtignons Wielz est bien tenans.

495 Heilemans li tonneleirs p. b. sus la grenge Colignon Gruel, ke siet daier la maison Cuxin ke fut, k'il ait aquasteit as anfans Colin Gruel, permey XII s. de mt. de cens, et a. c. l. escriz en l'ai. l. d.

496 Weirias, li janres Berrois, p. b. sus II s. de mt. de cens ke geissent sus I stal ki est ancoste lou pileir de la maison Jennat Clemignon, ke Weirias meymes tient, k'il ait aquasteit a Jennat Pullekel, a. c. l. e. an l'a. l. d.

497 Sufiate, li femme Perrin Mairasse ke fut, p. b. sus II s. de mt. de cens ke geissent sus II demeis jornalz de vigne ke geisent deilay lou Grant Chauol, ancoste Jennat Brusadel, k'ille ait aquasteit a Jennat Brusadel devant dit, a. c. l. e. en l'ai. l. d.

498 Roillons de la Porte p. b. sus une pairt et sus ceu ki apant ke Pieresons, li fis Symonin de Cronney, avoit an la halle des

---

¹) dont *übergeschrieben*.

draipiers a Quartal, k'il ait aquasteit a Piereson devant dit, permey xv s. de mt. de cens, et a. c. l. e. an l'ai. l. d.

499 Symonins Chiuallas de Cronney p. b. sus une piece de vigne ke geist ou ban de Mairuelles, devant la maison c'on dist a Pairuel, k'il ait aquasteit a Ernelat de Longeville devant Chamenat, permey i cestier de vin de cens, et a. c. l. e. an l'a. lo d.

500 Gillas li Belz, li filz signor Gillon de Heu ke fut, p. b. sus i jornal de terre ke geist an Virkilley, ancoste les anfans Blancgrenon, k'il ait aquasteit a Hanriat, lou fil dame Wibor de Grixey, en alluet, et a. c. l. e. an l'ai. l. d.

501 Poincins li boucheirs p. b. sus i jornal de vigne ke geist an la tin de Maigney, apres la soie vigne meymes, k'il ait aquasteit a Aburtin Grillat de Maigney, permey ii s. et demei de cens, et c'est quite dou daimme, et a. c. l. e. an l'ai. l. d.

502 Garserias Faixins p. b. sus la maison ke fut Poinsignon¹) Poignel en Vizennuel, ke li est delivre per droit et per jugement, et ansi com li plais lou tesmoignet.

503 Colignons Nerllans p. b. sus la maison et sus tot lo ressaige ke siet an la droite rowe de Porte Serpenoize, ke fut Griuel, ke Colignons Griuelz ait aquiteit a Colignon devant dit, por la date des xl. lb. de mt. ke Jenas Griuelz doit a Colignon, son freire, l'escrit an l'airche, ke Colignons Griuelz ait donneit et aquiteit a Colignon devant dit, a. com l. e. en l'ai. l. dv., permey xiiii s. de mt. de cens ke li maison et toz li ressaiges doit.

504 Li sires Jehans Corbelz, li maistres eschavins, p. b. sus tout l'eritaige ke Jehans, li fis Poinsignon Corbel, son freire, avoit ou ban de Chaucey, k'il ait aquasteit a lui, per mei lx s. de mt. de cens, et a. c. l. e. en l'ai. l. d.

505 Poinsignons li celliers p. b. por la frairie de S. Annereit sus v s. de mt. de cens²) ke geixent sus la maison Benoitat lou poxor, ke siet³) a Poncel, k'il ait aquasteit a Rogeron lou cellier, e. com l. escriz an l'ai. l. d.

506 Arnous Aixies p. b. sus la moitiet de la maison Colin lou Nerf, ke siet ancoste l'osteit Waterin de Chalons, et sus les iii stalz

---

¹) sus la maison ke fut Poinsignon *auf Rasur.*
²) sus v s. de mt. de cens *übergeschrieben.*
³) siet *übergeschrieben,* geixent *durchgestrichen.*

en Visignuelz devant la halle des permanteirs, ke li sont delivreit per droit et per jugement contre Colin lou Nerf, permey teil cens com toz li eritaiges doit.

507 Poinsignons de Nancey p. b. sus la maison ke fut Jennin Bouchate, ke siet ancoste la maixon Pierexel l'Afichiet, et sus kant ki apant, k'il ait aquasteit a Poinsate et a Yzabel, les II filles Jaicob de Jeurue ke fut, permey LX et XI s. de mt. de cens, et a. c. l. e. en l'a. l. d.[1])

508 Jehans et Merguerite, sa suer, li anfant Thiebaut de Florehanges, p. b. sus les XL s. de mt. de cens ke geixent en premiers chaiteiz de Frainoit deleiz Forchiez, k'il ont aquasteit a dame Nicolle de Sanerie, a. com l. escriz an l'ai. l. d.

509 Garcelias de Moielain p. b. sus la maison et sus la grenge et sus toz les ressaiges ki apandent ke fut[2]) Colignon de S. Arnout, ke sieent a Mairley, et sus de cant ke Colignons avoit au toz les bans de Mairley, c'est a savoir an chans, an preis, an bois, en cences, en droitures, k'il ait aquasteit a Poinsignon et a Jennat et a Jaikemin, les III fils Colignon de S. Arnout ke fut, an fiez, et a. com l. e. en l'ai. l. d.

510 Clemignons et Lowias, ces freires, li dui fil Lowit lou Mercier de Vizegnuel ke fut, p. b. sus III jornals de vigne, s'en geixent II jornalz a Sorbeir, ancoste la vigne Jennat Chauresson, et li autres jornalz geist an Mallemairs, antre Beudrit et Vallerei,[3]) permey I d. de cens, ke lor sont delivres per droit et per jugemant ancontre Collin Manegout, por tant com Lowis, lour peires, et il estoient randors por Colin devant dit, per escrit an airche.

511 Felipins, li fis Felipe Tiguyainne, et Colignons, ces freires, p. b. sus une tauvle ke siet an Vies Chainges et sus kant ki apant, ke fut Colin lou maistre, k'il ont aquasteit a Collate, la fille Thomessin de Champelz ke fut, permey VI s. de mt. de cens, et a. c. l. e. an l'a. l. d.

512 Li sires Thiebaus Fakenelz prant bans sus XXVI d. et maille de cens k'il meymes dovoit sus ces vignes, k'il ait ou clos de Maigney, k'il ait aquasteit as anfans Willame Bazin ke fut, a. c. l. e. en l'ai. l. d.

---

[1]) v. 1275, 369.
[2]) Vorlage fut, nicht furent.
[3]) antre Beudrit et Vallerei übergeschrieben.

513 Thiebaus, li filz Jakemin lou Gornaix ke fut, p. b. sus une piece de vigne ke geist an Pixevaiche deilay Croney, k'il ait aquasteit a Burteran et a Howin, son freire, les II fis Badore de Nonviant ke fut, et a Odeliate, lor serorge, a. com l. e. en l'ai. l. d.

514 Et si p. b. ancor sus la maison Jehan de Nancey lou cordewenier, ke siet a Quartal, et sus tout lou ressaige ki apant, k'il ait an waige, per escrit an airche, et dont il est bien tenans, permey L s. de mt. de cens ke li maison doit a Joffroit Barekel, dont Jofrois en redoit XXXV s. de cens a Luckin Chameure.[1]

515 Dame Aileit, li femme signor Lowit lou Mercier ke fut, p. b. sus la maison et sus tout lou ressaige ki apant ke siet devant l'ospital ou Nuefborc, ke fut Wernesson Xeudetreue, por teil don et por teil date et por teilz esploiz com Poinsignons Symons et Jakemins li telleirs en avoient, et k'il ont doneit et aquiteit a dame Aileit devant dite, ke lor estoit delivre per droit et per jugement, et por tant com Merguerons, li femme Werneson devant dit, doit a dame Aileit devant dite, l'escrit an l'airche.

516 Perrins Bagars p. b. sus une piece de vigne ke geist an Herbertclos, ancoste la vigne dame Sebelie Berdel, k'il ait aquasteit a Richier de Champelz, en alluet, et a. c. l. e. an l'ai. l. d.

517 Loratte, li fille Collenat de Vy ke fut, p. b. sus tout l'eritaige ke li signor de S. Nicolais don Preit de Mes tenivent de dame Amcie, la feme Philippe Colon ke fut, et sus les LX s. de mt. de cens ke li eritaiges dovoit a dame Ameie devant dite. Si prant Loratte bans por XL s de mt. k'elle ait sus tout l'eritaige, et sus les LX s. devant dis, a. com l. e. an l'ai. l. dv.

518 Li sires Jaikes de Montenier Lombairs p. b. sus les II maisons et sus la grainge daier et sus tout lou ressaige ki apant ke sieent a monteir de Sus lou Mur, entre l'osteit Jaike Roucel ke fut et l'osteit lou signor Esteuene lou Trowant ke fut, per mey IIII d. et maille de premier cens ke cist eritaiges doit, et per mey XL s. de mt. de cens ke Matheus, li aveles Grancol, i ait, et permei VII lb. de mt. de cens ke li sires Jaikes devant dis en doit a Boinvallat et a Maheu et Burtemin et a Joiffroit,

---
[1]) *Von* permey *an Zusatz von Schreiber 5.*

les anfans Joiffroit Boinvallat ke fut, k'il ait aquasteit a ous, a. com l. e. en l'ai. l. d.

519 ¹) Gerardins de Moielen p. b. sus teil partie d'eritaige com il ait anpartit ancontre Colin Bacal, ke geist en la mairie de Porsaillis, ke li est eschens de pair Mathion Malroit, lou peire Colin devant dit, et a. c. l. e. en l'ai. l. d.

520 Burtemins, li fis Joiffroit Boinvallat ke fut, p. b. sus IIII jornalz de terre areure et sus une piece de preit, et sus teil partie com Arnous li Rois avoit ou boix ke siet deleis Awigney, ke part a signor Jehan, chivelier, k'il ait aquasteit a Arnout devant dit, et a. c. l. e. en l'a. lo d.

521 Symonas, li fis Hallowit lou feivre, p. b. sus la moitiet d'une maison ke part a lui meymes et sus cen ki apant, ke siet an la rowe des Allemans, k'il ait aquasteit a Jakemin, son freire, permei teil cens com il en doit, et a. c. l. e. an l'a. lo d.

522* Ce sont li ban dou vintime jor de noiel. En la marie d'Outre Moselle:

522 Gillas Macare prant baus por la chiese Deu de Chastillons sus une piece de vigne en Briey, c'on dist en Orionclo, deleis la vigne Bruainne, ke fut Ysabel, la femme Colin d'Espinals. et sus une piece de vigne en Wacon, ke fut Jaikemin Karital, et sus XX s. de cens ke geisent sus II jornals de vigne en Planteres, ke furent Steuenin Bouderne, ke Howignons de Chastillons ait doneit et aquiteit a la chiese Deu desor dite, e. c. l. e. en l'a. l. d., et dont il sont tenant, permei teil cens et teil droiture com toz li eritages doit.

523 Jennas Filsdeu li permantiers p. b. sus une maison en Anglemur, k'il ait aquasteit a Soibor, la femme Gerart la Molle, permei X s. de cens, et e. c. l. e. en l'a. l. d.

524 Jennas, li fils Hurtal de Montiguey, p. b. sus une piece de vigne a la mars ou ban de Siey, k'il ait aquasteit a Jaikemin Gratepaille, en alluet, et e. c. l. e. en l'a. l. d.

525 Howignons Graicecher p. b. sus VII livreies de terre ke geisent sus can ke Bertrans Boilo, ces niez, ait ou ban de Ville sus Yron, k'il ait a lui aquasteit, e. c. l. e. en l'a. l. d.

526 Thiebaus Fakenels p. b. sus tout l'eritage ke li baillis de Luverdun avoit ai Ars et ou ban, en toz us, k'il ait en

---

¹) v. 1279. 415 und 590.

waige, per escrit en arche, et dont il est tenans, permei teil cens et teil droiture com toz li eritages doit.

527 Poinsignons Graicecher p. b. sus teil eritage com il ait aquasteit a Jofroit, lou janre Howart Jaleie, ke geist a Juxey, ke fut dame Wibor de Hastrise, e. c. l. e. en l'a. l. d.

528 Thiebas Hainmignons p. b. sus demei jornal de vigne per pesses davant Chezelles, et sus demeie une maison a Chezelles, ke fut la femme Pielin de Doncort, en alluet, ke li est delivre per droit et per jugemant, et dont il est tenans.

529 Geradons li cherpentiers de la Creus p. b. sus la moitiet d'un molin sus Moselle, ke part a lui meimes, k'il ait aquasteit a Gerardin d'Aibeyville, permei teil cens com il[1] en doit, et e. c. l. e. en l'a. l. d.

530 Simonins, li fils Mahout dou Rut, p. b. sus IIII hommeies de vigne ke geisent ou ban dou Rut, a la Rochate en Erbier, k'il ait aquasteit a Fouchier d'Ansey, permei IIII sestieres et une quarte de vin de cens.

531 Bertrans, li niez maistre Simon Jones, p. b. sus I jornal[2] de vigne a Mesnit, k'il ait aquasteit a Jennat, lou fil Jennat de Molins, permei IIII s. de cens k'il en doit a S. Simphorien, e. c. l. e. en l'a. l. d.

532 Abertins, li freres Lietal lou permantier, p. b. sus XV s. de cens ke geisent sus la maison et sus lou resaige Poinsignon de Duedelanges en Franconrue, et sus III s. de cens ke geisent sus lo[3] jornal de terre Colignon don Rait en Girbernowe, k'il ait aquasteit a dame Nicole de Sanerie, e. c. l. e. en l'a. l. d.

533 Wathiers de Lorey li permantiers p. b. sus demei jornal de vigne en Ribautvigne ou ban de Lorey, k'il ait aquasteit a Humbelat l'olieir d'Anglemur, permei demey meu de vin a mostage et une maille de cens et XII d. d'aissise.

534 Jennas Garins et Abertins dou Marax et Gerardins dou Vinier p. b. sus jor et demei de vigne a Chene, entre Chauerson et Wescel, k'il ont aquasteit a Colin, lou janre Parroche, permei XVIII d. de cens, e. c. l. e. en l'a. l. d.

535 Colins Borsate p. b. sus une maison ke siet en la rowelle daier S. Marc, ke fut Heiluate la Cornuate, sa serorge, k'il ait

---

[1] il *übergeschrieben*, i *vor* en *durch untergesetzten Punkt als verkehrt bezeichnet.*

[2] *Erst* jornals, s *durch untergesetzten Punkt als ungültig bezeichnet.*

[3] lo *verbessert aus* 1.

aquasteit as freres et as convers de l'ospital ou Nuefborc, permei vi s. et iii d. et i chapon de cens, c'on doit a dame Yzabel, la femme Howart Jalee,¹) e. c. l. e. en l'a. l. d.

536 Colins Cuerdefer p. b. sus la moitiet ou champ en Feuergiet, ou an contet iiii jornals, k'il ait aquasteit a Jennat Fraxeawe, en alluet, et e. c. l. e. en l'a. l. d.

537 Hanrias, li mares de Lorey, p. b. sus une piece de vigne en Fontenoy ou ban de Vignueles,²) sus la sante encoste lui meimes, k'il [ait] aquasteit a Goudefrin Poirel de Vignueles, permei une quarte de vin et une maille de cens k'il en doit a S. Martin davant Mes, sauf lo droit de la vowerie.³)

538 Jehans li Alemans p. b. sus une maison ke siet en Anglemur desoz S. Alare et sus tout lou resage, k'il ait aquasteit as pucelles de la Vigne, permei viiii s. de cens, e. c. l. e. en l'a. l. d.

539 Colignons Raifes de Chezelles p. b. sus une piece de vigne en Colieus ou ban S. Vicent a Chezelles, k'il ait aquasteit ai Ayron de Chezelles et ai Abertin, son fil, permei i meu de vin en l'axe de cens, e. c. l. e. en l'a. l. d.

540 Jennas, li freres Wescelin de Ste Rafine, p. b. por lui et por Jennat de Lorey sus teil eritage com il ont aquasteit a Thieriat de Molins, lou janre Gerart Chadiere, ke fut Troixin de Ste Rafine, permei teil cens com il en doit, et e. c. l. e. en l'a. l. d.

541 Steuenins, li fils Abert de Chastels, p. b. por lui et por ces freres et por ces serors sus i jornal de vigne en ii pieces, s'an geist li une ou ban de Lorey et li atre ou ban de Vignueles, k'il ait aquasteit a Thieriat Pixot, permei teil cens com elles doient.

542 Heilnate, li fille Hesselat de Staisons, p. b. sus une maison en la Wade, encoste l'osteil Gueperon de Nouviant, k'elle ait aquasteit ai Odiliate de Gorze, permei vii s. et demei de cens, e. c. l. e. en l'a. l. d.

543 Ancillons Noirans li frutiers p. b. sus une maison ke siet davant outre l'osteil Thiebaut de Genaville⁴) et sut tout lou resage, ke fut Amion lou masson, k'il ait aquasteit a Domate,

---

¹) c'on doit bis Jalee Zusatz von Schreiber 5.
²) Vor Vignueles ist Lorey durchgestrichen.
³) sauf lo droit de la vowerie Zusatz von Schreiber 5.
⁴) a pont des Mors 1278, 413; 1279, 9.

la fille Burtignon de la Tor, permei xx s. et demei de cens, et e. c. l. e. en l'a. l. d.

544 Guersirias de Molins et Fraukins et Fraillins, seu dui frere, p. b. sus la moitaingne de vigne en Rapel et sus lou manbre de vigne ki en muet, k'il ont aquasteit a Lowiat Xarrant de Chezelles, permei teil cens et teil droiture com il en doient, e. c. l. e. en l'a. l. d.

545 Jennas Wiars li permantiers p. b. sus teil partie com Wiars, ces freres, avoit en la maison lor peire, ke siet ensom l'osteil Hawit dou Tor en la rue lou Voweit, k'il ait a lui aquasteit, permei teil cens com il en doit, et e. c. l. e. en l'a. l. d.

546 Hermans de S. Geure li clers p. b. sus IIII s. de mt. de cens ke geisent sus la maison Colignon de Moncels en Anglemur, k'il ait a lui aquasteit, e. c. l. e. en l'a. l. d.

547 Soibillons li chavertiers p. b. sus une maison ke siet davant outre l'osteil lou chantor de Verey, ke fut Renalt lou cherpentier, et sus tout lou resage, k'il ait aquasteit a Richerdin Ospenel et a Poinsate, sa femme, permei XXIIII s. de cens, e. c. l. e. en l'a. lo d.

548 Steuenins Forcons p. b. sus tout l'eritage ke li hoir Arnolt lou Clope d'Ansey tenoient de lui a cens, et sus lou contrewaige k'il en avoit, ke li est delivres per droit et per jugemant, permei teil cens et teil droiture com toz li eritages doit.[1]

549 Symonas li Roucels p. b. sus une maison ke siet ensom l'osteil d'Abes en la rue lou Voweit et sus tout lou resaige, k'il ait aquasteit a Thieriat de Molins, lou janre Gerart Chadiere, permei xv s. de cens, et e. c. l. e. en l'a. l. d.

550 Steuenins de Chastels p. b. sus une piece de vigne en Plantes, et sus une atre piece de vigne en Patuelvigne en Dales, et sus lou jardin ou Praiel, k'il ait aquasteit a Poinsignon Clarambat, permei teil cens com il en doit, et e. c. l. e. en l'a. l. d.

551 Drowins d'Anglemur p. b. sus une maison en Anglemur, ke fut Thieriat l'Abijois, encoste lui meimes, k'il ait aquasteit a preste de S. Alare a Xauleur, permei III s. de cens, XII d. a l'eglise et II s. a S. Piere as nonains.

552 Matheus, li fils Weriat lou Roucel de Chezelles, p. b. sus une maison et sus lou resaige daier ke siet a Chezelles, ou ban

---

[1] permei *bis* doit *nachträglich von Schreiber 7 selbst hinzugefügt.*

Jofroit Abrit, k'il ait aquasteit a Houdiate, la femme Howenat Mokin, permei teil cens com elle doit, et e. c. l. e. en l'a. l. d.

553 Clemans d'Ansey p. b. sus I jornal de vigne en v pieces ou ban d'Ansey, k'il ait aquasteit a Jennat Ravat d'Ansey, permei teil cens com il en doit, et e. c. l. e. en l'a. l. d.

554 Pierels de Bamey p. b. sus une maison ai Airs et sus la vigne davant, et sus demei jor de terre a port d'Ars, k'il ait aquasteit a Thieriat de Lieons et as hoirs Sigart d'Ars, permei teil droiture com il en doit, et e. c. l. e. en l'a. l. d.

555 Colignous, li fils Thieriat Cuignat d'Ars, p. b. sus une piece de vigne ke geist ou ban S. Arnolt d'Ars, en la fosce deleis la vigne S. Benoit, k'il ait aquasteit a Hanriat, lou fil Floriate d'Ars, en alluet.

556 Jaikemins Graitepaille p. b. por les Proicherasce sus IIII jornals de vigne a Wappey, deleis lou molin, et sus lou demey jor de vigne ki est escheut por lou demei meu de vin de cens k'elle dovoit, ke Colate, li fille Nicole Marcout, lor ait doneit por Deu et en amosne, et permey demey meu de vin de cens en l'aixe c'on doit a Simonin Pajat,[1]) e. c. l. e. en l'a. l. d.

557 Anels, li femme Poinsignon de Chastels, p. b. sus v s. et demei de cens ke geisent sus lou meis as Dous fosseis ou Salcis as Molins, k'il ait aquasteit as enfans Jennat, lou fil Fraillin de Molins, e. c. l. e. en l'a. l. d.

558 Ancillons li clers, li fils Blanche d'Outre Moselle, p. b. sus une maison ke siet en la Vigne S. Marcel, ke fut Symonin de Landes lou cherpentier, et sus tout lou resaige ki apant, kan ke Symonins davant dis i tenoit, k'il ait acensit a l'abeit et a convant de S. Vicent, permey VII s. de mt. et I chapon de cens, et e. c. l. e. en l'a. l. div.

559 [2]) Forkignons Xauins p. b. sus une grainge et sus une maison a Wapey et sus tout lou resaige, k'il ait aquasteit a Colin de Turey, e. c. l. e. en l'a. l. d.

560 Wathiers de Lorey p. b. sus une piece de vigne en la mars ou ban de Lorey, k'il ait aquasteit a Pierat Wichart de Lorey, permei teil cens et teil droiture com il en doit, et e. c. l. e. en l'a. l. d.

561 Lorate, li femme Villain Quarteron, p. b. sus tout l'eritage Filipin, lou fil Thiefroit de Juxey, ke li est delivres per droit

---

[1]) et permey *bis* Pajat *von Schreiber 5 über das Ende der Zeile geschrieben.*
[2]) *Nachträglich in die zweite Zeile von 558 geschrieben.*

et per jugemant, por tant com il doit a Villain, son marit, per escris en arche.

562 Jaikemas li Couperels de Siey p. b. sus III jornals de terre ke geisent en Preires, arreis la croweie Poinsignon Chaneviere, k'il ait aquasteit a Willemin Sclariet, en alluet, et e. c. l. e. en l'a. l. d.

563 Renaldins, li fils signor Geruaise de Lescey, p. b. sus la maison Foucheron de Lescey, lou fil Gerardat Colate, k'il ait a lui aquasteit, et k'il li ait relaiet permei III s. de cens, et e. c. l. e. en l'a. l. d.

564 Waterins li drapiers, li janres Crestenate, p. b. sus jornal de terre ke geist sus Pionfosseit, encoste sa terre meimes, k'il ait aquasteit a Colin de Turey, lou janre Charletel, en alluet, e. c. l. e. an l'a. l. d.

565 Maheus Cowerels p. b. sus totes les vignes et sus lou demey meu de vin de cens ke Werniers Lohiers avoit ou ban d'Ars, k'il ait a lui aquasteit, permei teil cens com les vignes doient, et e. c. l. e. en l'a. l. d.

566 Poinsius Jorneie p. b. sus une piece de vigne ke geist ou ban de Plapeuille, k'il ait aquasteit a Colignon Blanchart de Geurue, permei VIII d. de cens, e. c. l. e. en l'a. l. d.

567 Pierexels, li fils Perrin Jacob ki fut, p. b. sus VI s. de cens ke geisent sus eritage a Plapeuille, ke fut Meausate, k'il ait aquasteit a Poinsignon Graicecher et ai Anel, sa niece, et e. c. l. e. en l'a. l. d.

568 Thomes li rueirs p. b. sus une maison ke siet a la creux outre Moselle, davant outre l'osteil Colin d'Espinals, k'il ait aquasteit a Colin desor dit, permei teil cens com elle doit, e. c. l. e. en l'a. l. d.

569 Pieresons li Roucels de Lescey p. b. sus tout l'eritage ke Marions, li femme Rollant de Lescey, ait, ou k'il soit, ke li est delivreis per droit et per jugemant, permei teil cens com il doit.

570 Richardins li permantiers d'Anglemur p. b. sus une maison ke siet en Anglemur, encoste l'osteil Jennat Fildeu, k'il ait acensit a signor Cunon, chanone de S. Piere a Vout, permei XII s. et I d. de cens, e. c. l. e. en l'a. l. d.

571 Ysabels, li femme Howart Jaleie, p. b. sus une maison outre Moselle en la ruelle daier S. Marc, ke fut Matheu Jenwet, ke

li est delivre per droit et per jugemant, por lou cens k'elle li dovoit.

572 Symonas Viguelas p. b. sus une maison ke siet en Franconrue, encoste l'osteil Androwat lou bolengier, k'il ait aquasteit a Symonin et a Peskate, sa femme, la fille Gatier, permei IIII s. et IIII d. et I chapon de cens, e. c. l. e. en l'a. l. d.

573 Aileis Mandewerre p. b. sus une maison en Couperelrue, ke fut Grivel, et sus tout lou resage, k'elle ait aquasteit as hoirs Grivel, permei XVI s. de cens. e. c. l. e en l'a. l. d.

574 Thiebaus, li fils Jaikemin lou Gronais ki fut, p. b. sus II pieces de vigne, s'an geist li une en la voie de Gorze et li atre a la Louviere a Nonviant, k'il ait aquasteit a Bertran et a Howignon, les II fils Badore de Nonviant, et a Odiliate, lor serorge, e. c. l. e. en l'a. l. d.

575 Jaikemins Rabowans p. b. sus une piece de vigne ou an contet I jornal, et sus VI s. de cens I d. moins, per pieces, ke geisent ou ban de Juxey, k'il ait aquasteit a Jofroit, lou fil Steuenin de Chastels ki fut, e. c. l. e. en l'a. l. d.

576 Rolas, li fils Leucart de Juxey, p. b. sus toute la terre areuse k'il ait aquasteit a Domangin, lou fil Thiefroit de Juxey, ke geist en Bordes, permei I d. de cens, e. c. l. e. en l'a. l. d.

577 Poinsignons Graicecher p. b. por les Cordelieres sus X s. de mt. de cens ke geisent sus l'osteil Thierion lou cherpentier en Franconrue, k'elles ont aquasteit a Wiberate, la fille Jennat Merlo, e. c. l. e. en l'a. l. d.[1])

578 Jennas li Lous d'Ars p. b. sus VIIII s. de mt. de cens et sus cant ke Werniers Lohiers avoit ai Ars, k'il ait a lui aquasteit, e. c. l. e. en l'a. l. d.

579 [2]) Thierias Joute p. b. sus tout l'eritage ke Xandrins Keuprunne tenoit en toz les bans de Juxey et de Vals et de Ste Rafine, ke li est delivreis per droit et per jugemant contre Thieriat Bitenat, por tant com Jaikemate, sa femme, li dovoit, per escris en arche, et por tant com il est randeres por ley, per escrit en arche.

580 Jehans, li fils Gerart de Nonuiant, p. b. por lui et por Sufiate, sa suer, et por Warenat, lor frere, sus tout l'eritage ke Gerars, lor peires, lor laieit, permei teil droiture com li eritage doit.

---
[1]) *Urkunde erhalten, r. De Wailly. Notices et extraits, Paris 1878. No. 204.*
[2]) *Durchgestrichen.*

581 Burtignons Paillas p. b. sus une piece de preit, c'on dist en Preis de Mes, ke geist arreis les preis Bertadon d'Outre Moselle, k'il ait aquasteit a dame Nicole de Sauerie, permei xii d. de cens c'on doit a la chapelle a Saney, et e. c. l. e. en l'a. l. d.

582 Jaikiers de Nonuiant, li amans de S. Vy, p. b. sus ii moies de vin de cens a mostaige et i d. de chateil, k'il ait aquasteit a Thieriat, lou fil Berdin d'Airey, e. c. l. e. en l'a. l. d.

583 Colins d'Espinals p. b. sus i jornal de terre ke geist en Planteis davant lou pont Thiefroit, entre sa terre et la terre Jehan Barbe, k'il ait aquasteit a Jehan Wachier, en alluet, e. c. l. e. en l'a. l. d.

584 Et si p. b. ancor sus la maison et sus tout lou resaige ke fut Colin Wachier, ke siet outre Moselle, encoste la soie maison meimes, k'il ait aquasteit a Steuenin Wachier, permei iiii d. de cens, et e. c. l. e. en l'a. l. d.[1])

585 Maheus Hessons p. b. sus iii jornals de terre i quartier moins, en ii pieces, ou ban de Wappey, k'il ait aquasteit a Gerart, lou doien de Wappey, permei une quartelle de bleif[2]) ke li terre doit, et e. c. l. e. en l'a. l. d.

586 Gerardins d'Aibeuille p. b. sus iiii jornals et demey de terre ke geisent en Planteis davant lou pont Thiefroit, entre la terre Barbe et les enfans signor Forcon, k'il ait aquasteit a Jehan Wachier, en alluet, e. c. l. e. en l'a. l. d.

587 Felepins li Gronais p. b. sus tout l'eritage ke Symonins Chatebloe avoit ens bans de Noweroit et ou ban de S. Remey, ke li est deliures por[3]) les xl s. de cens k'il avoit sus tout l'eritage desor dit, et por tant com il ait[4]) en waige, per escris en arche.

588 Hanrias Rekeus p. b. sus iii jornals de terre ke geisent ou ban d'Escey, encoste sa terre meimes, k'il ait aquasteit a Howenat, lou fil Poinsignon dou Pux, en alluet, e. c. l. e. en l'a. l. d.

589 Et si p. b. ancor sus jor et demei de terre ke geist ou ban d'Escey, encoste Colate la Manaise, k'il ait aquasteit a Colin de Turey, en alluet, e. c. l. e. en l'a. l. d.

590 [5]) Gerardins de Moielain p. b. sus tout l'eritage ke Matheus Marrois avoit en la marie d'Outre Moselle, k'il ait espartit contre Colin Bakal com hoirs, e. c. l. e. en l'a. l. d.

---

[1]) r. 1278, 647.
[2]) de bleif *übergeschrieben*.
[3]) *Vor* por *ist* per droit *durchgestrichen*.
[4]) *Vorlage* il lait.   [5]) r. 1279, 415 und 519.

591 Jaikemins Palerins p. b. sus tout l'eritage ke Heiluate d'Ars avoit ou ban d'Ars, en toz us, et aillors, ke li est delivres per droit et per jugemant, permei teil cens et teil droiture com li eritages doit.

592 Bertrans Fakignons p. b. sus une maison ke siet en Viez Bucherie, encoste l'osteil la Picarde et l'osteil d'Oruals, k'il ait aquasteit as hoirs Domangin Empoisekeuse, permei xxii s. de cens k'elle doit, et ii s. d'amone a S. Jaike, e. c. l. e. en l'a. l. d.

593 Jennas Aixiez p. b. sus une piece de vigne en Briey, k'il ait en waige de Simonin Aixiet, per escris en arche, et dont il est tenans.

594 Colars Morels p. b. sus une piece de vigne ke geist ou ban de Siey, encoste sa vigne en Gremalvigne, k'il ait aquasteit a Biatrit, la suer Vguignon Hunebor, en alluet, e. c. l. e. en l'a. l. d.

595 Et si p. b. ancor sus une atre-piece de vigne ke geist ou ban de Siey, encoste sa vigne meimes, k'il ait aquasteit a Piereson de Hombor et a Yderon, sa femme, e. c. l. e. en l'a. l. div.

596 [1]) Cist sont forjugiet por la paix:
Kuchelo d'Odenowe,
Baudowins Mairasse,
Colins, li filz Warin de Puligney de S. Julien,
Burtemins Merchans.

---

[1]) *Von Schreiber 3 auf die Rückseite von Blatt* ix *geschrieben.*

www.ingramcontent.com/pod-product-compliance
Lightning Source LLC
Chambersburg PA
CBHW071613230426
43669CB00012B/1928